萧红印象

研究

章海宁　主编

黑龙江大学出版社

图书在版编目（CIP）数据

萧红印象·研究 / 章海宁主编. -- 哈尔滨 ：黑龙
江大学出版社,2011.12（2021.8 重印）
　（萧红印象丛书 / 章海宁主编）
　ISBN 978-7-81129-435-4

　Ⅰ．①萧… Ⅱ．①章… Ⅲ．①萧红（1911～1942）-
人物研究—文集 Ⅳ．① K825.65-53

　中国版本图书馆 CIP 数据核字 (2011) 第 148451 号

萧红印象·研究
XIAOHONG YINXIANG · YANJIU
章海宁　主编

责任编辑　李小娟　张怀宇
出版发行　黑龙江大学出版社
地　　址　哈尔滨市南岗区学府三道街 36 号
印　　刷　三河市春园印刷有限公司
开　　本　787 毫米 ×1092 毫米　1/16
印　　张　31.75
字　　数　549 千
版　　次　2011 年 12 月第 1 版
印　　次　2022 年 1 月第 2 次印刷
书　　号　ISBN 978-7-81129-435-4
定　　价　79.00 元

本书如有印装错误请与本社联系更换。

《萧红印象》丛书

编 委 会

（按姓氏笔画排序）

王连喜　彡猛平　叶　君　刘剑刚

安宏涛　季　敏　李小娟　肖又莲

张　抗　亥　权　章海宁　章景然

《萧红印象》丛书主编

章海宁

《萧红印象》丛书总策划

李小娟

《萧红印象》丛书序

林贤治

今年,距萧红诞生恰好一百周年。

在中国这块为她所深爱着的二地上,萧红仅仅生活了三十一个年头。在短暂的一生中,为了追求爱与自由,这位年轻女性背叛了自己的家庭,抛弃了早经布置的可能的安逸地位,告别了世俗的幸福而选择流亡的道路。在那里,她和广大底层的人们一起经历了各种不幸和痛苦,终至为黑暗所吞噬。对于命运所加于她的一切,她坦然接受,又起而作不屈的反抗。她以文学的最富于个人性的形式表达作为弱势者的立场,在悲悯和抚慰同类的同时,控诉社会的不公。十年间,她在贫困、疾病和辗转流徙中写下一百多万字的作品;其中,《生死场》、《呼兰河传》突出地表现了一个文学天才的创造力,在展开的生活和斗争的无比真实的图景中,闪耀着伟大的人性艺术的光辉。

常常以"自由主义"相标榜的精英批评家,在萧红的作品面前,往往表现出相当的傲慢,而被中国新一代文科学者奉为圭臬的《中国现代小说史》,洋洋几十万言,仅用寥寥数语就把萧红给解决了。几十年来,正统的文学教科书虽然给了萧红一个"左翼作家"、"抗战作家"的头衔,但是,它们重视的唯是群众集体,却轻视了作者个人;聚焦于阶级斗争和民族斗争的主题,却忽略了人性的内面世界。于是萧红作品的多义性和丰富性,被长期遮蔽在学术的阴影之中。

需要反教条主义的阅读。教条主义不但产生于意识形态灌输,某种强制式服从,而且来自迷信,甘愿接受所谓"权威"的引领。阅读萧红,必须先行去除所有这些眼罩。"弱势文学"的阅读者,如果不能回到弱势者的立场,不能接近被压迫、被损害的心灵,根本不可能获得真正的理解。除此之外,对于萧红的作品,倘要细读,还需了解流亡者萧红和写作者萧红的关系,质而言之,就是实际生活与文学创作的关系。我们知道,萧红是一个现实主义者,她为我们叙述了许多发生在 20 世纪二三十年代的中国乡村的故事,描写了许多受难的人们;假如能够了解萧红的个人经历,人际关系和生活场景,无疑将有助于我们倾听她唱给中国大地的哀歌。同时,萧红又是一个勇于自我表现的、内倾的作家,一个天生的先锋派,她的所有作品几乎都带有自序传的性质,都留有她的影子,且为她不安分的情感所支配,所以了解真实生活中的萧红,是解读萧红作品所不可或缺的。

章海宁先生主编的《萧红印象》丛书,正好为我们提供了这种阅读的必需,不仅仅是纪念萧红百年诞辰的一份纪念品而已。

由于文界的实质性的轻忽,研究萧红的文章不是很多,回忆录一样性质的文字也相当零散。这套丛书,可以说是集大成者。丛书共六卷,仅文字就有四卷,以编选的眼光看,各卷内容或有重叠的地方,但脉络是清楚的。首卷为《记忆》,次卷为《研究》,三卷为《序跋》,四卷为《故家》,其余两卷为《影像》《书衣》之属;人与书,则是贯穿丛书的两条线索。“人”,是对于萧红个人的忆述。叙述者有同时代人,也有晚生的作家;有萧红的情人、亲属、朋友、同学,不同的眼光看同一个人,层次感和丰富性就显现出来了。收入当代作家的追忆,可以看出萧红的影响力;扩大一点说,还可以从中辨识某种文学精神的谱系。至于“书”,即文本研究,其中若干带有比较文学性质的文字不乏创见,对《生死场》的解读亦颇具新意。此外,关于萧红研究在国外的综述,很可以开拓我们的眼界。丛书收录的文字,有一些散落已久,如孙陵等人的记述;特别是萧红早年同学的回忆,可谓吉光片羽,值得珍视。

可观察,可想象,可思考。把所有这些文字和图像合起来,结合萧红文集,就构成了萧红完整的形象。其实,该丛书的价值并不止此,我们还可以从中看到萧红之外的文坛人物的影像,寻绎他们之间的关系;通过两代人的比较,了解中国现代文化和文学的变迁。

主编章海宁先生到香港搜集萧红遗稿,路经广州时,和我有过一次晤谈;此前,为编辑《萧红全集》还曾通过几回电话。我知道,他一直在研究萧红文集的版本,功夫的扎实、细致自不必说,最使我感动的是他话间流露出来的对萧红的一份深情。关于学术,我从来反对所谓的“价值中立”,尤其在人文科学、文化艺术的范围之内。章先生热爱萧红,所以有此持续的研究,我以为这是有别于一般的学者的。

今天,很高兴看到《萧红印象》丛书皇皇数卷行将面世。章先生和他的朋友们做了一件有意义的工作。在此,希望读者凭借这样一套书,犹如凭借一张可靠的地图,去寻找萧红,寻找自由的乡土。

2011 年 5 月 20 日

萧红印象·研究

目 录 *contents*

1

2

第三编

第一编

苏区

萧红：大智勇者的探寻

孟悦　戴锦华①

一、命运

父亲的家与祖父的家

"1911 年,在一个小城里边,我生在一个小地主家里。父亲常常因贪婪而失掉人性,他对待仆人、对待自己的儿女,以及对待我的祖父都是同样的吝啬和疏远,甚至于无情……"

"呼兰河这小城里住着我的祖父","每逢我挨了父亲的打,便来到祖父屋里……祖父时时把两手放在我肩上,而后又放在我头上,我的耳边便响着这样的声音:'快快长吧,长大了就好了!'","从祖父那里,知道人生除掉了冰冷和憎恶而外,还有温暖和爱。"(《呼兰河传》)

---

①　本文选自《浮出历史地表——现代妇女文学研究》,中国人民大学出版社 2004 年版。
孟悦:美国加州大学饵湾分校东亚系教授。著有《历史与叙述》、《本文的策略》等专著。戴锦华:北京大学教授,从事电影史论、女性文学及大众文化领域的研究。著有《隐形书写——90年代中国文化研究》、《涉渡之舟:新时期中国女性写作与女性文化》等专著。

　　根据萧红和研究者们的回顾,似乎萧红自出世起便置身于两重世界:以父亲为象征的冰冷的家庭和以祖父为象征的温暖的世界。父亲和生母仅仅因为萧红是女儿便轻视和无视之,"女儿"作为一种原罪标志注定了萧红在父母之家的命运,她非但没有得到双亲的温情,反而尽尝了冷漠乃至打骂。封建双亲的冷酷是致命的:本能地需要双亲回护的幼女心灵上留下了亲情缺憾的烙印。也许萧红本人并未意识到,她稍后那些近乎恶作剧的行为(偷馒头、和穷孩子们躲起来烧鸡蛋等等)究竟是为了反抗家长的压迫,还是为了引起家长的注意(见《家族以外的人》),但换来的叱骂与毒打却一次重似一次地敲击、加深着那个烙印。缺憾成为伤害和创伤性记忆。然而,在这注定遭惩罚的父母世界之外还有另一世界,那便是祖父的世界。这个孤独老人与孙女之间溺爱加娇憨的关系在某种意义上替代着亲子之情。那祖孙共同劳作玩耍的后花园,那无限而丰富的天、地、草木,那无忧无虑的笑语和千家诗的吟咏,创造着萧红童年的快乐——没有恶意、伤害、粗暴和屈辱,但却有纯挚、温暖、信任和自由的世界。

　　祖父的家与父亲的家犹如地球的两极,犹如伊甸园之门与地狱之门,并立于萧红的幼年岁月,并立于萧红从婴儿成长为主体路途上的第一阶段。生存于其间的萧红不仅本能地寻求温情而规避冷酷,而且随着年事的增长,冰冷的亲子关系和温暖无拘的祖孙关系之两极对比,也成为萧红认识并解释人生、自我与他人的第一把钥匙、第一种格局、第一对概念。从萧红那些记述童年的散文名篇《家族以外的人》、《永久的憧憬与追求》、《呼兰河传》的有关章节,以及骆宾基的《萧红小传》中,我们得知,萧红正是通过这一格局或这一对概念来感受并建立自我与他人的基本关系的。她习惯于两种结交方式,一是祖孙那种真挚、无拘的关系式的扩大,如她与穷伙伴们的玩耍以及对有二伯的潜在认同;一是亲子冷漠关系式的延长,譬如她与后母及祖母的隔膜、异己感。她也习惯于两种与人心灵相处的方式:在冰冷、无视、伤害、屈辱面前,她会披挂一身冷傲自尊的铠甲,以孤独自守、封闭内心、缄口不言来护卫自己;但若遇到善良、真挚、无害的世界,她又可以敞开心扉,纯真坦率,自由豪爽。萧红那被爱与被憎、温暖与冰冷的幼年岁月不仅造就了日后一位才华横溢的女作家的艺术敏感,而且也造就了萧红作为一名个体最显著的心态特征。虽说人人都有着举足轻重的幼年和亲子关系,但萧红的幼年似乎并未随着她的成人而黯淡或退隐。相反,她成年至临终的生命故事似乎是对幼年的某种重演;她与友人、与爱人的关系最终给她带来的无非是温暖与冰冷两项对立的变形或延续:被爱、被珍视，抑或，被憎、被无视、被抛弃。她似乎没机会也没力量在现实中超越这一与生俱来的框限，尽管在艺术世界恰巧相反。

如果萧红活到今天，那么她也许会发现，她的幼年有更多的东西可写，那里埋藏着我们这个民族"精神奴役创伤"的一个重要根源，也埋藏着人类生存所无法回避的主题，关于人与人的关系，关于专制，关于自由，关于爱与孤独。

青春时代

在祖父支持下，萧红终于冲破父亲、继母以及包办未婚夫家庭的阻挡，离开偏远的呼兰县来到哈尔滨的区立第一女中读书。从中学生活始，经历了祖父去世、逼婚逃婚、受骗怀孕直至陷于哈市某旅馆顶楼面临被卖的绝境。萧红度过了一个特殊的少女时代，一个初次接触家庭之外的天地——社会文化的阶段，一个心理上并未成熟为女人但身心均已遭受女人屈辱的时代。

进入中学，意味着萧红从家庭的亲属——血缘关联域踏入社会的文化——意识形态关联域，这使她幼年特有的心态结构得到进一步扩展。中学的新文化空气、艺术写生的天地和学生间相对自由的聚合往来，使萧红对父亲之家的本能反叛情绪找到了某种社会性的精神归属或精神庇护。而且，文艺，特别是绘画，无异于萧红的又一个后花园。她仿佛在这片艺术的天空下重获幼年与自然相处时的那份任情、放松、自由和欢欣。因此，中学连同它的所有文化信息都自然连接着祖父的世界，它成了萧红从一个后花园中的快乐儿童向日后一个社会化然而自由理想的艺术世界的主人公的过渡。

然而，也正是在这稍后，随着祖父的去世，"父亲的家"的巨大阴影正对少女时代的萧红构成日益紧迫的威胁。继母的辱骂和囚禁、萧红的逃婚、汪姓未婚夫的欺骗与抛弃等一系列事件过后，萧红所面对的早已不是双亲对幼女的冷漠，而是社会对一个不甘就范的女性的排斥。上过第一女中的萧红受到父亲的家庭、继母的家庭、未婚夫家庭及其社会势力的迫害绝非咄咄怪事，他们在她这个女学生身上看到的是一个强大的敌对阵营。而萧红，也就以一己之躯承受着周围社会对敌对阵营的整套敌意和防范。除了中学时代之外，萧红的少年时期还充满了这种扩大了的、泛化了的、能置人死地的冷漠或敌视。她甚至没有来得及对爱情作何憧憬，没有来得及对同居作何选择，就陷入了被抛弃、身怀六甲而身无分文的生存绝境。

由温暖与冰冷构成的两极继幼年之后将萧红的青春时代一分两半，与幼女时

代不同的是,这两半的世界不再处于同一地平线,而是分别隶属于精神生活与肉体生存的两个层面,确切而言,分别标志了萧红的两重世界——想象世界与现实世界的特点。祖父的去世带走了温暖与爱的一方现实,萧红只能在艺术和文化的天地中去延续她那一半在祖父庇护下形成的快乐纯真的人格。而父亲、继母、未婚夫一家及社会的冷漠几乎是萧红青春时代的全部现实,这现实使一个敏感、自尊、深知自己是被憎恶的异己的少妇学会了隐忍。萧军描述他在哈市某旅馆顶楼上第一次见到萧红时的景象几乎是一幅高度凝聚了的象征:在现实中,她被囚禁在封闭的陋室,举目无亲,遭受着怀孕和饥饿的痛苦,而在精神上,她仍拥有一个自由超然的国度,她作画、素描、书法并渴望读书。在温暖无害的艺术——想象世界,萧红怡然自处,任意驰骋,而在冰冷的、充满敌意的现实中,她又显得那样隐忍被动,任人囚禁,任人虐待。这样一个少女时代过后,萧红似乎不得不以两种方式、两重自我生存于两重对峙的世界——想象与现实当中。萧红由此获得了走向艺术生涯的第一个冲动———一种必不可少的内心需求。

爱情与写作

1932 年,21 岁的萧红在绝境中遇到萧军,他们相爱并同居,萧红的生活进入了新的一程。新的精神环境和新的家庭生活为伴随萧红二十几年春秋的两重世界带来新的生机。一方面,她在祖父、后花园、新文化熏陶下生成的那种热爱自由的、博大的精神萌芽勃然焕发,她那充满艺术气质的灵魂也找到了载体——文学。另一方面,冰冷的现实世界似乎正在改变,她爱,同时被爱,她有了自己新的家——一个由共同的志向与追求,由患难中的互相扶助,由同舟共济的经历构造的两个人的家庭,也有了可信赖的师长和友人。那"永久的憧憬与追求"正在得到现实的允诺。即便是动荡贫困的生活也没有破坏萧红在精神与现实之间新找到的和谐,她走进了自己注定隶属的那个文化阵营——那一在中国大地上惟一一个反封建压迫的文化阵营。在与萧军共同生活的最初几年,萧红那冷傲敏感的自我与博大任意超然的自我正趋弥合,那向来被划分为两半的心灵世界正在合一。如果她足够幸运,那么她原本可能在现实与想象、爱情与文学中都同样感到放松、无羁、自由。

然而,萧红没这份幸运。随着生活逐渐安定,以及在阵营中位置的逐渐稳定,他们无须共同面对生存的危机,相反,倒是越来越面临着爱情——男性与女性的裂隙。与萧军由相爱到冲突乃至离异,乃是萧红生活中又一个巨大转折点。正是从这一转折中,我们看到原本已趋弥合的两片世界、两个自我骤然间迸裂开来,相距更加遥远。

关于"两萧"分手的真相,历来仁者见仁,智者见智,说法不一。但有些事实却是一致的,那就是"两萧"对爱情各有己见。萧红事后曾说:"我不懂,你们男人为什么那么粗暴,拿妻子作出气包,对妻子不忠实。"(见聂绀弩《萧红选集·序》)而萧军则道:"我爱的女人不是林黛玉、薛宝钗,而是王熙凤。"(《萧红书简辑存注释录》)可以想见,有着那样一份幼女和少女经历的萧红在爱情中会怎样以一颗饱受伤害的心灵渴望对方的温柔,要求被尊重与被珍视,而容不下粗暴与冷漠。更可以想见,素来以"强者"和英雄主义人物作自我要求和自我形象的萧军会怎样鄙视、摒弃或不如说逃避任何一种细腻与缠绵。萧红可以以冷傲自守抵御冰冷社会的敌意,但当爱情消除了心理防范后,敏感之处及沉睡的创口势必暴露无遗,一旦受伤便是重创;萧军可以拼却一切而救萧红于水火之中——那与他自我形象一致,却不屑于为了爱情做一个保护尊重妻子个性与心灵的体贴丈夫。这固然说明"两萧"分手是他们个性的必然,但同时也昭示了一种社会和历史的注定。在萧红的心态中可以看到几千年历史的重负——因为被虐待、被无视(或不如说,因为不甘被虐待被无视)而极易受伤害的心理脆弱点。她无法战胜童年的也是历史的创伤性记忆和不满于被奴役又习惯于受奴役的女性集体无意识。而在萧军的信念中却可以看到社会主导意识形态的缩影:将英雄主义与个人价值视为对立,在贬斥小资产阶级温情同时大男子主义找到更堂而皇之的根据,以及其他种种萧军未必想承袭但却实际承袭下来的封建男性集体记忆。显然,在两萧之间,萧军占有更多的意识形态优势和社会优势。在30年代,知识分子先是崇尚大众,继而是淹没、妥协于大众,后又服从抗战的紧迫需要,整个意识形态充斥了血与火的革命、刀枪相见的斗争、大众的苦难与暴动,以及消灭软弱、坚强无畏。相比之下,个人的痛苦荣辱、个性的解放以及与这个曾向封建势力发出战叫的"个人"概念相关的一切,包括温柔与爱,如果不是已沦为贬义字眼,至少也显得不值一顾,被弃置在时代边缘。从这样一种意识形态中已不难看到萧军身上那种"强者"或"拟强者"因素除去他个人气质之外的来源和内涵。由于这一意识形态的袒护,萧军可以不必愧对自己内在的个性和男性弱点。与萧军相反,萧红对温情与爱的需求是不受意识形态庇护的,在一个只提"被压迫的劳苦妇女"而不提知识女性的时代,萧红的内心呼唤在整个意识形态中找不到一个微小的支点,甚至,只能占一席被贬抑之地。

在社会生活方面,"两萧"各自的处境也有明显的性别役使色彩。尽管萧军一再申明他不要求萧红有多少妻性,但萧红仍是作为妻子出现在他与朋友的关系中,而且,萧红是常常为萧军抄稿的,这或许不出于自愿,但萧军却处之泰然,并未见有任何形式的还报。问题不在于萧军是否要求了"妻性",而在于萧红过于清楚,自己"每天家庭主妇一样的操劳,而他却到了吃饭的时候一坐,有时还悠然喝两杯酒,在背后,还和朋友们连结一起鄙薄我"。与萧军结合六年之后,萧红竟重新感受到某种娜拉式的孤独和痛苦。除了依附萧军,她自己是孤立无援的,她甚至没有自己的朋友。但她却不能像娜拉一样一走了之,她会被(萧军的)朋友们找回来,而那个最初接收了她的画院主持人也会反悔说:"你丈夫不允许,我们是不收的。"(见骆宾基《萧红小传》)确实,对许多人而言,如果承认"两萧"的家庭与玩偶之家有相似之处,势必会打乱意识形态内在的宁静,因为娜拉所受的性别压迫,在新的、左翼文化阵营中,按理说是不应存在的。人们甚至甘愿对这一压迫视而不见。

在这一意义上,萧红与萧军的冲突不全是情感冲突,而倒是某种"情"所无法左右的冲突,即女性与主导意识形态及至与整个社会的冲突。萧红所欲离异的不是一个萧军,而是萧军所代表的"大男子主义"加"拟英雄"的小型男性社会,以及它带给一个新女性精神上的屈辱与伤害及被无视的实际处境。"冰冷的世界"以一种和缓但不容置疑的形式复活了,与少女和幼女时代不同,这复活的冰冷来自同一阵营内部,对于这冰冷的伤害,萧红既不能够躲入祖父的小屋,又不再能够像中学时代那样,向一个遥远的精神之乡寻得安慰、解脱与庇护。此刻,不论萧红是否情愿,她已踏上了一条无可挽回的悲剧之路。一方面,她那无可弥合的两重世界愈发相去天壤:作为作家,她日益成熟,日益自由,正在像大鹏金翅鸟一样飞翔着;而作为女人,她却日益痛苦、日益隐忍,日益不堪社会和朋友们规定的角色的囚禁。另一方面,萧红的全部人生理想和追求,恰恰是当时历史的匮乏,正如骆宾基在《萧红小传》中所分析的,一个想在社会关系上获得自己独立性的女子,在这世界上很难找到支持者,"现在,社会已公认了这一历史的缺陷。那早已开始了这梦想的人,却只有希望于将来"。

女性的抉择

正由于这种历史的缺陷,萧红的悲剧沿着她生活的每一转折、每一抉择而走向深入。如今她已不仅是一个进步阵营中的作家,还是一个未被阵营承认的女人,一个未被时代和历史承认的性别的代表。她的前景是分岔的,"我好像是两个人……不错,只要飞,但同时觉得,我会掉下来。"广阔的、进行着生死搏斗的抗日战争的大天地固然宽阔,但女性的天空却是狭窄的。战场、前线、西北战地服务团,都并不是容得萧红舐伤口的理想之地,那里有萧军,那儿护卫作为进步作家的萧军,也护卫作为进步作家的萧红,但不护卫女性。于是,抗战爆发后不久,萧红发现自己陷身于民族、爱情、女性的三重危机,而且必须在主导文化阵营与女性自我之间作出紧迫抉择。选择前者是众之所愿,那里安全、稳妥,注定不会被历史抛弃,只需要稍稍顺从角色;选择后者则意味着孤军奋战,冒险而未知。萧红选择了后者。

在今天看来,这是一个天真的选择,又是一个大智勇者的选择。就天真而言,萧红放弃萧军而跟从端木,放弃粗暴者而选择怯懦者,或许是不无幻想的,但另一方面,萧红借端木而离开主导文化阵营,不啻也是一种对女性自由可能性的探索。显然,她是在拒绝于新阵营内继续扮演与旧时代女性无二的角色,她也是在否决那一在民族危难关头代表历史方向的文化群内部的封建性,及其对一个求解放的女性的冷漠与排斥。她通过这一选择向历史和社会要求着女性,以及中国人那曾经被允诺,但并未存在过的人的价值和人的自由,她以一个决然的姿态表明,新文化以来那些在主导意识形态内部潜含着、延续着的旧的历史残余,并不由于民族战争就该得到忘却和宽恕,实际上,对于女性这样一个被压抑的性别群体,它永远是压抑者的同谋。这里有的是一份敢于怀疑多数人的决定,敢于怀疑权威意识形态,敢于坚持自己选择的智勇。

萧红没有去西安,也没有去延安,而是随端木南下了。然而,也正是因为了这一选择,萧红以生命为代价穷尽了历史给女性留下的最后一份可能性。当然,就个人而言,她这一次又遇人不淑。她不但又开始给端木抄文稿,又开始忍受他对她写作的讥讽(这回是当面讥讽),而且,每遇风险,她总是端木的第一个放弃物。她曾孤身一人被抛在炮火威逼下的武汉,身怀九个月身孕绊倒在船坞,无人搀扶。但更重要的是,就女性而言,她发现自己仍然没有摆脱从属和附属的身份,她再一次被当做朋友们和端木共同的"他者"。作为一个女性,她注定是被无视、被抹杀的,尽管她身边的男人相对孱弱,尽管她肩头常负着那些端木自己不愿承担的重荷。想象一下萧红临终时的情景,沦陷中的香港,炮火和日本兵践踏下的城市的一所医院,萧红气管切开,口不能言,在她生命的最后几小时中,身旁无一人守护。这难道不是一幅关于在民族的三大灾难中绝顶孤独、绝对喑哑的女性命运的终极象喻么?

今天,我们已无从得知萧红本人对她与端木关系的完整看法了。她生命后几年的命运或许不全像聂绀弩所说,是"被她的自我牺牲精神所累,一头栽倒在奴隶的死所"(见《萧红选集》序)。她和端木的日子使我们想到逃婚后的萧红。她彼时顺从了素来厌恶的汪家少爷,此刻则顺从了明知不能患难与共的端木,似有几分相像。也许萧红曾爱过端木,但经过武汉的遭际、孩子的流产,爱情显然已不再是使萧红留在端木身边的理由。从女性的角度看,更有可能的动机倒是一种心灵上的平静、坦然或成熟。因为萧红此刻已经穷尽了另一种可能,已经承认并接受了这铁板一块的社会中女性必然面对的现实,即绝对孤独,更重要的是,已经决定在这种孤独中活下去,并且写作。在这种平静或成熟中,与谁在一起,离不离开端木,确实已是无所谓的事情。顺从不是爱情,也不是麻木,不是屈服依赖,正如她相信萧军若在会接她出院并不意味着反悔,而是一种居高临下的了悟。

萧红向历史和社会的反抗注定是一场孤军奋战。当然,假若她到了延安解放区,或许就不至于死得如此寂寞,但她那女性解放的思想和追求在乡土世界和当时当地的作家阵营中同样不会有更好的出路,除非她首先屈服——牺牲这份追求。萧红在这场孤军奋战中触动了历史那凝固未动的深层和女性的命运。只有在这个意义上萧红才是自我牺牲:她以个人的孤独承受并昭示了整个女性群体那亘古的孤独,她以自我一己的牺牲宣告了我们民族在历史前进中的重大牺牲——反封建力量的、人的牺牲;她以自己短促的痛苦的生命烛照着我们社会和文化的结构性缺损。她掉下来,一头栽倒在奴隶的死所后,才有人抬头望见,整个社会并没有一片可供女性飞翔的天空。萧红的确是"一只大鹏金翅鸟"(见聂绀弩《萧红选集·序》),但她的羽翼无法将一副女性之躯载过历史的槛栏。萧红的两重世界就这样被历史割裂开来,她只能在文化、文学和想象的精神世界飞翔,而在现实生活中却被钉牢在"奴隶的死所"。萧红的两重世界也就这样切开了历史,她女性的躯体埋没在历史数千年的积垢中,而她的灵魂却书写在今天与未来的天空。

二、女性的历史洞察力

大鹏金翅鸟陨落了,留在天空的数百万计的字迹,记录着这个大智勇者灵魂的翱翔和作为一个个人、一个女性对历史的诘问。一般认为,萧红的创作以1938年为界分为前后两期,前期作品包括与萧军合著的《跋涉》,以及《生死场》、《手》、《牛车上》、《商市街》、《桥》、《家族以外的人》等小说和散文,后期作品有《黄河》、《民族魂》、《鲁迅先生生活散记》、《山下》、《旷野的呼喊》、《小城三月》、《马伯乐》和著名长篇《呼兰河传》。

在以悄吟为笔名发表《王阿嫂的死》、《夜风》、《看风筝》等显然还十分粗糙的小说后仅仅一年许,萧红完成了她前期的力作《生死场》。于 1935 年底出版后震动了当时的上海文坛。当时的萧红还是一个在萧军及友人们鼓励下执笔写作不久的、作为萧军妻子兼手稿誊正人的、在某种意义上曾由萧军养活的女人,她的创作及社会生活皆以萧军为中介,因此在社会联络上和思想上都无形中处于中国 30 年代意识形态边缘。也许恰恰是由于这种边缘处境,她的想象力未曾框限于生活在都市环境中知识界的几种共趋的叙事模式。也许应提一句,除去"革命 + 恋爱"以外,30 年代小说中流行的模式还是很不少的。知识分子加深与大众的关系是一种模式,或从隔膜到钦佩,或从固守小我到摆脱自我,或放弃自己原有的环境投身革命洪流等等。农民在苦难中获得阶级觉悟和阶级反抗也是一种模式,或从安分守己转而抗争,或从愚昧顽固转而觉醒,或从盲目反抗走向自觉革命、投奔队伍等等。还有的模式是以阶级的、社会分析的观点写农村的破产、天灾人祸、经济崩溃、民不聊生……这些模式显然是以马克思主义理论为指导主题的,概念清晰可见,就作品本身而言,它们现实感很强,但就历史而言,却是一种神话式的现实感,在令农民大众作为一个阶级而醒悟的描写背后,潜藏着的是我们历史主人公的匮乏,这些小说多少都带有社会学理论的材料特点,它们仿佛只是说明了理论,却不曾提供现成理论之外的东西。

萧红来自这神话之乡,也生存于这神话之外,《生死场》作为一个边缘女性写作的边缘作品出现在我们面前,与那一望而知,以理论为主题的作品相比,它是那么本真、原始、粗粝,它是主导意识形态神话性叙事模式之外的粗野的叙事。这粗野的叙事提供了与主流模式不甚相同的东西。

自然——生产生活方式——无所不在的主人公

首先,《生死场》着重写出了 30 年代人们已不太注意的历史惰性。全书没有以人物为中心的情节,甚至也没有面目清晰的人物,这一直被认为是艺术缺陷的构思反倒暗喻了一个非人的隐秘的主人公。它隐藏在芸芸乡土众生的生命现象之下。在这片人和动物一样忙着生、忙着死的乡村土地上,死和生育同样地频繁,显示了

生命——群体生命目的匮乏与群体生育频繁繁衍的对立，人们的生命力是强大的，尽管有"自然的和两脚的暴君"，有贫穷的压折脊背的繁重劳作，有灭绝性的传染病，有刑罚、死亡和自尽，但人还是生存着。人们的生育力也是旺盛的，福发的媳妇、金枝、李二婶、麻面婆以及无数随着夏季到来变成产妇的人们，以及那出生后或活或死的小生命。但这生存和生育没有任何目的，生存并不是乐趣、感受生命并热爱生命，或有所希冀，生命只是存在。生育并不是为了"广子孙"的天伦之乐或生产劳动力的现实之需，生育甚至不是为了种族延续——后代们可以被随意摔死。生命——不是一两个人的生命而是这片乡村中的群体生命——失去了任何意义，即便是其最初的、最原始的目的，也已然失落或退化。它们成了一种机械、习惯、毫无内容的自然——肉体程序，它们不再是生命，而是以生命现象显示的停顿。

　　这种停顿是历史的停顿。第十节到第十一节那短短的片断中的时空意象透露了这一群体生命的隐秘主宰：与自然轮回联系在一起的乡土的历史——生产方式。这也是生死场隐秘而无所不在的主人公。十年过去了，历史的年盘并未因时间的流逝有所改变，生活的内容并未改变，靠天吃饭的农业生产生活方式连同那旧童谣都并未改变。在雪地上飘起从未见过的旗子之前十年、百年、千年，这封闭的乡土的世界演出着同一幕巨型戏剧，一枯一荣的大地，麦田、果圃、一季一换衣的山坡，夏季的生育与冬季的棉衣，春季的播种与夏季的麦收，人成了这幅无始无终的巨型戏剧的一个功能、一个角色。这幕戏剧在人的辛苦劳作与人的勉强的温饱之间玩弄着危险的平衡，以造成自身永不停止的轮回。群体生命和繁衍的目的就这样在辛苦劳作和勉强的温饱之间被埋没，被消弭，成为自然——生产方式轮回中的轮回的傀儡。乡土世界废弃了时间，成为永恒的轮回，而人在这轮回中旋生旋灭，自生自灭：这是怎样的一种历史写照！旋生旋灭的人众中没有一个英雄，也不可能有英雄，群体生命不能脱离这种乡土生活方式而生存，而只要群体还圈限在这一生产方式中，改变历史轮回的可能便微乎其微。在这种恶性循环中，你已分不清究竟是动物般旋生旋灭的人众造就了沉滞的生产方式，还是沉滞的生产方式造就了动物般的人众。而这种循环正是我们民族中最古老、最沉重的一部分，我们历史的惰性深层。

　　这一历史的轮回是在侵略者的践踏下戛然而止的。随着日本人吐着黑烟的汽车驶进静穆的小村，一切的一切都面目全非。麦田在炮火下荒芜，瓜园长满蒿草，鸡犬要死净，家庭生离死别，女人甚至孕妇们遭到奸污，婴儿遭到杀戮。没有了一年一度的春种秋收，没有了五月节，没有了繁忙的生育，甚至没有了坟地的野狗。

在侵略者铁蹄下,演出了几千年的自然轮回的生产方式巨型戏剧宣告结束。"年盘转动了"——这首先意味着那一无所不在的隐秘主人公——乡土的历史的失败和走向死亡。乡土历史之死是悲壮的,而且,正是这将死的历史赋予蚊子一样的愚夫愚妇们一种崇高:他们那惊天撼地的盟誓,那刺向天空的大群的号响,不也是对巨型戏剧幕落的宣布么?

无怪乎聂绀弩说,《生死场》写的是"一件大事,这事大极了",大得超越了阶级意识,超过了农民的觉醒与反抗,超越了30年代农村小说的表现视阈。她写的是历史,是我们民族历史的性格和命运,是我们民族大多数人众几千年来赖以生存的自然——生产方式和生活方式的惨败与悲剧。这一悲剧来自一个由外来民族入侵带来的世界性的视阈。

在苦难中倔强的王婆固然觉醒了,好良心的赵三也觉醒了,就连在世上只看得见自己一只山羊的二里半也站起来了,但在这乡土大众的觉醒背后,已暗含着萧红对历史的甚至可以说对农业文明的一种估计,一种质疑。她至少没有回避这样一个矛盾:即乡土大众——中国最广大最贫穷的人众如何生存是一个问题,而乡土生活是中国最普遍最落后的历史惰力,这又是一个问题。相比之下,30年代大批反映农村经济凋敝、社会矛盾、阶级对立、农民反抗的小说,似乎都没有达到或回避着这一乡土历史的、农业生产方式的、文明的悲剧和矛盾,这些小说通常以农民阶级意识的觉醒反抗作为中国历史前进的出路,这其中包含的历史估计无形中掩饰着在现实中不可调解的矛盾。在这个意义上,《生死场》提出的是30年代主导意识形态所忽略的问题。

另一种乡土人众

与对历史的估计相应,《生死场》另一个引人注目之点在于继鲁迅之后延续了对国民心态的开掘。不过在《生死场》中,国民灵魂的探讨对象已不是个人,而是以乡土大众的形象出现的群体心态。自然,惟其是群体,才与惰性的乡土生活方式完全相应。这里也显示了萧红对农民人众的一种估计。

在《生死场》中,大体可以归纳出与乡土生活样态相应的三种群体心态。一是与乡土自然生产方式相应的动物性心态。这种动物心态与在自然轮回中生命目的的泯灭俱来。他们的欢乐是动物性的,除肉体的欲望外没有愿望,他们的痛苦是动物性的,只有肉体的苦难而没有心灵的悲哀,他们的命运是动物性的,月英的病体

成为小虫们的饷宴,而孩子们的病体成为野狗的美餐,他们的行为、思维、形态也近于动物,他们像老马般囿于习惯而不思不想,秋天追逐,夏天生育,病来待毙。这动物性的人众有头脑而没有思想,有欲望没有希望或绝望,有疼痛没有悲伤,有记忆而没有回忆,有家庭而没有亲情,有形体而无灵魂。第二种,是与乡土社会生活相应的非政治、非文化心态,不妨称非主体心态。《生死场》描写了一群生存于一个隔绝于政治、文化层面之外的社会圈,隔绝于政治、胡子、革命党和以五寸长的玻璃针、橡皮管、药水为工具的西洋医病法的大众。文明信息的匮乏使人们丧失认识力和主体感:这是没有判断,不需要判断,没有选择,无必要选择,没有好恶,无可好恶。二里半在世界只看得见自己的山羊,赵三们只看见了加租的恶祸,但终究因了好良心,恶祸也不可恶了。因为没有判断、选择、好恶,《生死场》描写的乡土社会生活是没有主体的生活,大多数人没有像主体一样的行动,相反,他们是被行动的,不仅被自然、被欲望,而且被历史、被传统、被因袭的观念、被他人——行动。他们只能反应。固然,在这动物般的、奴隶式的心态层面之外,也有苦难中的倔强,有对生命的体认、选择和拒绝(譬如王婆),有属于人的心态,不过,在乡土人众中,“人”一般的直立者是十分罕见的,直到在侵略者铁蹄下死灭临头时,麻木人众的耻感和悲愤感才第一次觉醒,才如“人”一样站起来,尽管是那么不健全。

《生死场》揭示的是我们民族最大的利益集团——乡土人众的群体心态弱点。与 30 年代作品流行的模式——农民从昏睡到觉醒不同,萧红笔下的人众之所以昏睡,不是由于他们没有政治思想和社会眼光及对自身所处的阶级的自觉,而是由于他们的生存样态尚未剥离动物阶段,他们的心理结构尚未进入主体阶段。而这一切,与历史轮回的自然环境和生产生活方式密不可分。由于昏睡的性质、层次不同,他们的醒觉也便与多多头、老通宝、奚大有……不同,后者的觉醒是在“丰收成灾”等社会变迁中抛弃了以往坚信的生活信念和习惯,走上了阶级觉醒的道路,他们的醒觉是政治意识、或政治意义上的昏睡和醒觉,而《生死场》中的人们却必须首先经历从动物到人,从前主体非主体到主体的过程,他们需要从无信息到有信息,从无耻感到有耻感,从无悲无喜到有悲哀,从被选择到选择的过程。他们的醒觉是人的醒觉,主体的醒觉。这两种醒觉的区别是有原因的。固然作者所描写的地域有别,茅盾们描写的农村是社会分化中的农村,而《生死场》的农村是被侵占的“乡土”,但最主要的原因,恐怕还在于写作的意图的差异:写谷贱伤农的反抗也罢,丰收成灾的反抗也罢,天逼人反也罢,都是旨在写农民作为一个被压迫阶级终将成为推动我们历史的主人公,即我们历史"正剧"的主人公;而萧红写群体心态、国民灵魂,悲悯也罢不能悲悯也罢,所写的却是我们历史"悲剧"的主人公。换言之,萧红对乡土灵魂的估计是复杂的。乡土大众确实悲壮地觉醒了,但并不意味着径直走向了无产阶级大众革命的明天。不妨注意一下《生死场》对大众的处理与《水》、《田家冲》、《星》的不同。曾经以枪口对准心窝号啕盟誓的、已经组织起来的群体骤然集聚,又骤然松散了。群体本身并未继续走向自觉。甚至"群体"能否成立都是问题,因为王婆、金枝和金枝母亲的世界各自不同,赵老三与李青山、二里半、平儿对时代的感受也各个有异,吃爱国军饭者与投人民革命军者的选择又是那样偶然。在《水》中,历史只是一个顺延的转折,从压迫到反抗,从绝望到希望,而在《生死场》中,历史脱臼了,历史轮回的戛然而止,究竟是我们历史前进的希望,还是悲哀?要成为英雄,或为30年代流行的大众英雄和具有求解放阶级意识的英雄,那些脱臼出来的乡土人众还要拖着不健全的腿,从那结束的轮回、那结束后的空白向着无产阶级大众革命的大道走多么远!萧红确实无从悲悯她的人物,他们的苦难不是她悲悯得了的,但她也没有仰视他们,在她的视界里,他(它)们与她同一地平线——他们与她都生存于神话边缘,并向着这一神话发问。

女性的眼睛

《生死场》对历史的思索,对国民灵魂的批判,竟发自一个年轻女性的手笔,这引起人们的震惊。然而,这也许倒是并非偶然的,在某种意义上,《生死场》那超越了主导意识形态模式的历史洞察力与她后来在女性生活道路上向历史和社会惰性的挑战是有内在联系的。写作《生死场》时刚刚二十二、三岁的萧红固然在人事方面还很单纯,但由特定的经历形成的敏感与胆气却已不会轻易屈从于人所公认的信念。否则在后来生活道路选择上的大胆或许便很难理解了。当然,这里并非说《生死场》之所以对30年代小说模式有所突破是由于作者的女性身份,而是说明,她那份思索、感受、表现历史和乡土人众的洞察力与她后来对"阵营内"女性处境的敏感来自同一个角度、同一种立场——主导意识形态阵营的边缘,甚至是主导意识形态的盲点。这种边缘化的角度并不就是女性角度,但在当时情况下,它包含了女性角度。

C15

那么,作者的女性身份给作品带来的特点是什么呢?萧红的创作似乎与30年代左翼阵营中的大部分作家不同,她始终没有像白薇那样以女性为表现内容,但

也并不像丁玲转变后那样彻底放弃女性自我,在她对历史的洞察中,并没有丧失女性的眼睛。事实上,正是女性的洞察力和由女性感受而形成的想象力带来了《生死场》特殊的艺术构思。

《生死场》的主题是通过生与死的一系列意象连缀成的。其中生育行为——妊娠、临盆——这些女性经验中独有的事件构成了群体生命现象的基本支架。在萧红笔下,这些事件是有特殊解释的。在《菜圃》、《刑罚的日子》等节中,女性生育被描写成一种纯粹的肉体苦难。生育、做母亲并不带来她们精神心理的富足,这份既不是她们所能选择又不是她们所能拒绝的痛苦是无偿的、无谓的、无意义无目的的。这使我们想起萧红的第一篇小说《王阿嫂的死》,其中妊娠与生育也是一场无谓的苦难,甚至是死亡。这更使我们想起萧红本人亲历的事件。她的第一次妊娠和生育,那留给医院作抵押的第一个孩子的出世,不也是这样一种无偿无谓的纯肉体的苦难经历么?正是这种象喻意义上的、或许与作者女性经验有关的妊娠和生育成了作者透视整个乡土生命本质的起点,成了"生"与"死"一系列象喻网络中最基本的象喻。确实,没有比这种无偿、无奈、无谓、无意义无目的的纯肉体的苦难、那死一般的生育更能体现乡土社会群体生命目的的匮乏了。

女性的经验成为萧红洞视乡土生活和乡土历史本质的起点,也构成了她想象的方式,当萧红把女性生育视为一场无谓的苦难时,她已经在运用一种同女性经验密切有关的想象——象喻、隐喻及明喻。这倒不是说隐喻明喻是女性独有的想象方式,而是指她自身经历而言。作为一个女性,萧红从女儿到女人的道路中有着太多不堪回忆而又不可磨灭的东西,它们作为一种不可弥合的创伤记忆大概只能以象征形式出现,也只能以象征、联想的方式去回忆、表现和宣泄。不用说,这种象征与联想是萧红最为熟悉最为亲切的一种符号方式,因为它与她女性的心理历程相关,甚至是维持心理平衡的一部分。这种象征与联想虽然不是女性的标志,但却成了萧红女性经验与群体经验相融合的一种方式,也是女性自我与世界相处的一种符号方式。《生死场》正是这种源自女性心理的符号手段的扩大化和社会化。因此,它最意味深长的意义是以象喻形式表现的,动物性是一种象喻,历史轮回是一种象喻,不健全的腿是一种象喻,而不是以社会公认的小说学、人物、情节、客观的细节描写来表现。没有这种象喻联想,萧红可能就无法表达她感受最深的东西,无以在这样一部描写民族群体经验的巨大故事中投入并确立她的作家自我。不妨认为,象喻联想,是萧红那已然掩盖起来的女性自我通往这一中性社会的一条信息通道,是可以穿过女性目光的一个窗口。或许正因此,这种小说写法与当时主流小说相比才显得处于边缘、不成熟或不入流,但也正多亏有这样一种通道和窗口,有这样一种叙述描写方式,《生死场》的内蕴才如此力透纸背,我们才在《生死场》中看到发自女性的这样丰富的、尖锐、深刻的历史诘问和审判,以及那对历史的及乡土大众的独特估计。

三、彻悟与悲悯

抗战爆发后,萧红的精神生活面临着双重危难,民族生存的危难和女性——个人生存的危难,而且,这两重危难是交织互叠的。作为一个女性,她比同一阵营的男性友人们更直接地承受着封建历史那依然故我的滞重,因而也不像他们那样易于忘却这份依然故我的滞重。她的敌人不仅仅是日本侵略者和中国的统治阶级,而且还包括存在于人们头脑中和生活习性中的旧观念等历史沉积物。那种作为男人从属物的屈辱的女性的处境使萧红对中国历史的过去、现在、未来有一份并不像男性友人们那样乐观的,因而也更清醒的判断。在外族入侵、全国掀起抗日热潮的大时代面前,历史的惰性从人们的眼睛中消失了,但并未在萧红的生活现实中消失,相反,愈是民族危亡时刻,它反而益见沉重,它毕竟是古国文明在外族入侵下面临危机的内因。历史的惰性结构与外敌入侵摧毁力量的内外夹击,形成了一种民族的与女性共同的绝境。

但是这一份惟有自由女性才会感受到的滞重的痛苦以及女性对历史的观察在这样的时代注定没有位置,尽管它有它的真实。生存危机中的群体需要的不是怀疑,甚至不是真理,而仅仅是信念和意志。在这悲壮的大时代,萧红的思想是孤独的,一如她在爱情和生活上的孤独。于是,萧红便在这悲壮的大时代,以个人的身躯承受着历史的滞重,以个人的孤独承受着民族理性的孤独。

从这个角度为理解萧红后半期的创作提供了一条线索。譬如,她必然会深切地怀念着已逝的不妥协的历史批判者鲁迅,必然会如此强调要发扬鲁迅精神。再譬如,后半期的几部重要作品《山下》、《旷野的呼喊》、《小城三月》、《马伯乐》何以会充满早期作品所不曾有的坚忍、含蓄、冷静和郁闷。正如不少学者已经发现的,苦难——这个贯穿萧红所有作品的主题已从肉体的、生态的外放疼痛转化为精神不可外放的苦闷。她在抗战高潮初起时写作了《民族魂》这样爱国主义和抗日主

题的作品,但后来却不再选择这类题材,而把笔矛伸向抗日的时代激流表层下那凝滞迟缓的潜流。

当然,最能代表萧红思想发展的还是后期代表作《呼兰河传》。《呼兰河传》是继《生死场》后的又一部历史反思作品,看起来,《呼兰河传》似乎退到了《生死场》之前——作者童年的回忆,但在某种意义上,它却是《生死场》的续篇或重写。作为续篇,出没在《呼兰河传》中的历史形象已不再是《生死场》中那个自然生产方式的轮回,而是死水式的社会病态的文明的因袭,出现在《呼兰河传》中的国民灵魂也不再是动物性、非主体的乡土人众,而是无意识无主名杀人团式的群体,出现在《呼兰河传》中的希望也不再是某一个危机引致的大众觉醒,而是某种未被这文明社会所淹没的生命力。《呼兰河传》是萧红在她生命最后几年里对毕生经历和思想的凝聚。

《呼兰河传》一开篇便是《生死场》主题的复现——由春夏秋冬的无尽变异与小城生活同一内容的周而复始所体现的轮回。当然,有着十字街和东西二道街和无数小胡同的呼兰小县城已然不是以土地天时为衣食的纯自然形态的乡土地域,但它却照样体现我们乡土文明的特点——人对土地自然的依附或土地对人的因禁。如果说《生死场》还不过是写出了生产方式——农耕劳动中人对自然的人身、肉体、心理上的依附,那么在《呼兰河传》中,这种依附已然变本加厉地扩展为一种文明和文化,一种以人对自然的依附为前提,又以人对自然的依附为目的的、自觉的、至少是自律的文化。可以说,正是由这并不与土地直接发生关系的小城生活中,你才可以看到中国古已有之的文明传统怎样源自人对土地的依附,又怎样维护着这份依附关系。请注意一下,东二道街上那令人难忘的大泥坑的象征意义:人们想出种种办法制服这个泥坑,克服这泥坑带来的不便,而每一种制服办法都不过是回避,根本没有人想到用土把它填平。甚至也自以为从这泥坑获得了许多好处乐趣,创造了许多故事谈资。这并非愚昧,也并非懒惰,而是臣服自然、依附自然的文明所特有的思维方式和想象力,所有的思考、反应、行为、结果,都不过是对天造的泥坑、对自然环境的顺应、臣服的方式。这在某种意义上,人臣服、顺应依附于天地,是乡土文化发生发展的动力。然而,这还算不得乡土文化的精髓。更重要的是,这种以人对自然的依附为代价的文明一经建立,便立即扼杀着一切不肯依附的东西。人对自然、土地、环境的臣服依附从文化的前提成了文明的准绳、律令和核心。呼兰河人那些精神的盛举(即对鬼神的各种祭祀)所包含的内容,无非是崇仰天地鬼神而贬抑人的自主性，这些仪式本身就是强化人对土地依附关系的仪式，自然，这一文化容不得任何对此依附性稍有不恭的东西，就连并非古已有之的大泥坑淹死人，也被视为自然之神对那些不恭者如学校、读书求学者的报应。这一文化也容不得臣服和依附们怀有二心，譬如不容人们关注活人、热爱生命、同情不幸、尊重个性。不幸者们最好被划归异己，被视作傻子疯子。这文明下的心灵是不育的，小镇的生活几千年如一日，单调无奇。时间似乎死去，生老病死，事件发生，事件终止，不会在心灵上留下任何痕迹。这文明下的社会铁板一块，不容分毫差异，小镇的社会永远靠着因袭的观念来维持一统，排斥异己，小团圆媳妇若不像个团圆媳妇，若不像十二岁，便无以生存，甚至死后的阴间也与阳世同一。最后，这文化也容不得任何戳穿其依附性本质的行为，吃瘟猪肉可以，说瘟猪肉便要挨打，直到打得不再言语，于是，人便永远只能是臣服者、依附者和"一切主子的奴隶"。

这样一种由中国特有的农耕生活养育起来的又养育着中国农耕生活的文化，是萧红找到的又一历史惰性之源。

与这一思索成果相关，萧红对国民灵魂的观察与《生死场》时期相比也有了相当的变化。同样是群体，《生死场》那麻木的一群似乎仅仅是历史的受害者，萧红注意的是这些麻木群体对历史的菅滞应负的责任。他们确实是奴隶，是非主体，甚至也是动物性，也不怀恶意，但这些非主体一时被置于文化的主体位置上，置于社会生活的中心，便立即会成为"不怀恶意"的残忍暴君奴役者，小团圆媳妇不就是死于这些人无主名无意识的群体谋杀么？确实，如果国民觉醒仅仅意味着在外来侵略者打破旧的生活轨道后，从动物走向人，从非主体变成主体，那就未免太简单而理想化了。《呼兰河传》表现出的国民灵魂的麻木还不仅仅由于"动物性"，人不仅仅是自然和一切主子的奴隶，作为奴隶，他首先是一切主子的效仿者，是一切主子信条的执行者，比一切主子有过之无不及。在三四十年代探讨国民劣根性的作品中，在继鲁迅之后的现代文学史上，还很难找到像《呼兰河传》这样深刻地揭示国民群体无主名无意识杀人团本质的作品。有这样的扼杀人的文化，有这样无主名无意识杀人的群体，中国的历史便只能紧紧地、愈来愈紧地捆绑在轮回之轮上，坐以待毙，丝毫不可挪动半分。

这样一种以依附、臣服为宗旨的文明，加上这样一群无主名无意识杀人的群体，补充、修改着《生死场》所描述的由自然生产方式带来的历史命运，这命运几乎是一种宿命：在日本侵略者铁蹄下爆发的民族生存危机在几千年以前，在龙王爷、

娘娘庙和礼教出现之日便已奠定,中国人在遭受日本侵略者杀害之前,便已然在文明内部被自然和一切主子及一切主子的奴隶们杀死过了。正如钱理群指出,《呼兰河传》时期的萧红以自己年轻的女性之躯跋涉过漫长的道路,以自己女性的目光一次次透视历史,之后,终于同鲁迅站在了同一地平线,达到了同一种对历史、对文明、对国民灵魂的过去、现在、未来的大彻悟。如果说这一份思考使"五四"时代的鲁迅发出了清算历史的呐喊,那么40年代,在民族战争炮火中颠沛流离的萧红则透过这一份彻悟获得了某种沉静。"个人算什么,死又算什么?"这正是彻悟之人对自身遭际的超然的从容。在历史的命运之前,无须呐喊,无从呐喊,呐喊了也无人倾听;无须感伤,无可感伤,代替呐喊和感伤而升起的是一种平静、坦然和一份巨大的悲悯;悲悯这样一种不可更改的历史中那些曾经挣扎、还在挣扎的人们;悲悯那"黑乎乎笑呵呵"小团圆媳妇、那"响亮的"王大姑娘、那可笑的可怜的有二伯、值得尊敬的冯歪嘴;悲悯那慈祥、童心不泯的老祖父和填补他晚年寂寞的小孙女、那绚烂纯真的后花园的老主人和小主人、那一份难得珍贵的温暖和爱;悲悯距死亡仅仅两年的萧红自己。

这便是《呼兰河传》为什么有那样夺人心魄的美——那种如风土画、如诗如谣的叙事风格。在韵律和基调中,蕴涵的正是与大彻悟相伴生的坦然、平静和巨大的悲悯。说到底,萧红这份像自传而又不仅是自传的作品,表现的不仅是一份怀旧的心绪。怀旧不过是一种彻悟后的悲悯形式,在40年代那悲壮的时代,萧红确实带着含泪的微笑回忆寂寞的小城,但这却是由于她那时便已然能够站在历史的今天悲悯人,这恐怕是茅盾始料不及的。在这个意义上,萧红又一次证实了她作为大智勇的探索者的胸襟。

《呼兰河传》时期的萧红,女性思想已然成熟,但却没有像抗战时期其他女作家那样去写女性,写自己,女性的萧红自我依然留在一片沉默中,她女性的声音封锁于历史凝滞不动的深层。这一时期她的经历和感受成了后人之谜,成了女性生活记载上的一页缺憾。但在萧红,这也许是一种更大的选择的结果,而这一选择或许也与对历史的大彻悟有关。女性的命运乃是历史的命运,女性的结局在这一历史中是早已写出的。惟一未曾写出,而男性阵营们又无暇或无力去写的东西,乃是这淹没了女性、个人的生存的,注定了女性、个人的一切故事的历史本身,而这,正是萧红选择去写的东西,也是萧红与同时代女作家及男作家的根本不同。你不能不说,这是那时代女性给历史提供的一份不可多得的贡献。

女性的洞察

——论萧红的《马伯乐》

艾晓明①

一

萧红的作品,广为人知的是《生死场》和《呼兰河传》,不仅一般人不知道《马伯乐》,就连某些近期出版的工具书和专业研究著作,也是语焉不详。如由中国现代文学馆编的《中国现代作家大辞典》②,在萧红这一条目中列举的著作书目只是《马伯乐》的上篇,即1941年重庆大时代书局的版本,却没有列入包括《马伯乐》第二部共九章内容的版本,即由北方文艺出版社出版的《马伯乐》足本③。而在孟悦、戴锦华她们那本开拓性的女性文学研究《浮出历史地表》④一书中,著者为萧红列了专章,却对《马伯乐》这个长篇存而不论,该

---

① 本文原载《中国现代文学研究丛刊》1997年第4期。
艾晓明:当代女作家,中山大学中文系教授,中山大学妇女性别研究中心副主任。著有《青年巴金及其文学视界》、《中国左翼文学思潮探源》、《血统》、《天空之城》、《从文本到彼岸》。
② 《中国现代作家大辞典》,新世界出版社1992年版。
③ 萧红:《马伯乐》,黑龙江人民出版社1981年版,北方文艺出版社1987年再版。
④ 孟悦、戴锦华:《浮出历史地表——现代妇女文学研究》,河南人民出版社1989年版。

书对萧红作为"女性的历史洞察力"作了出色的分析，从而重新解读了《生死场》和《呼兰河传》；但忽略了《马伯乐》却是令人遗憾的，因为这部作品正是这种女性洞察的又一独特例证。

发现《马伯乐》的续稿，即第二部的文字，当归功于香港的作家学者，卢玮銮在《香港文纵——内地作家南来及其文化活动》①中有《十里山花寂寞红——萧红在香港》一文，文章最后提到萧红在健康很差的情况下，仍在拼力创作，《马伯乐》的第二部，在1941年2月出版的《时代批评》62期开始连载。更早的时候，则有刘以鬯先生的《萧红的〈马伯乐〉续稿》一文，专门指出美国学者葛浩文的《萧红评传》②书目中遗漏了一部重要作品，就是《马伯乐》的第二部。文章在1977年发表，我们在国内则是通过刘以鬯的文学评论集《短绠集》③看到。葛浩文看来是接受了批评，因为在他的《萧红新传》④中谈到了《马伯乐》第二部，并且由他从美国复印了《时代批评》上的连载，寄给国内学者王观泉，促成了足本《马伯乐》的出版。全书约18万字，原件最后有注："第九章完，全文未完"⑤。可以肯定的是，续稿连载至1941年11月，这是萧红生前发表的最后的作品。

在萧红研究中，一方面存在对《马伯乐》忽略不计或论之不全的问题，另一方面有些观点很值得商榷。例如，有论者认为萧红在《马伯乐》中的幽默和讽刺才能是她以前作品中"从未表现过"的⑥。此外，葛浩文的观点也颇有影响，他对《马伯乐》有褒有贬，既认为这"书中的幽默与讽刺笔调，刻画出战时的中国的形形色色，在当时可说是非常难得的"⑦；又指出"有时却流于低级的闹剧而变得令人讨厌。"⑧他赞成说第二部略有进步。也是他说"萧红在老舍改变文路后，试着继续他那讽刺的传统"。⑨ 王剑丛回应他的这个观点说，马伯乐"是萧红学习老舍的讽刺

---

① 卢玮銮：《香港文纵——内地作家南来及其文化活动》，香港华汉文化事业公司1987年版。

② （美）葛浩文：《萧红评传》，北方文艺出版社1985年版。

③ 刘以鬯：《萧红的〈马伯乐〉续稿》，载《短绠集》，中国友谊出版公司1985年版。

④ （美）葛浩文：《萧红新传》，三联书店（香港）1989年版。

⑤ 萧红：《马伯乐》，北方文艺出版社1987年版，第289页。

⑥ 盛英主编：《二十世纪中国女性文学史》上卷，天津人民出版社1995年版，第258页。

⑦ 孟悦、戴锦华：《浮出历史地表》，河南人民出版社1989年版，第135、132页。

⑧ 孟悦、戴锦华：《浮出历史地表》，河南人民出版社1989年版，第135、132页。

⑨ 孟悦、戴锦华：《浮出历史地表》，河南人民出版社1989年版，第135、132页。

艺术塑造出来的一个知识分子形象","但总的看来,稍嫌烦琐,对人物灰色的灵魂还挖得不深"①。

对上述观点的辨析,需要很长的篇幅,不必说,我是不赞成简单论之的。其实,在《马伯乐》之前的《生死场》和《呼兰河传》中,讽刺的笔墨亦比比皆是,当萧红写到女人的生产时,并置的画面是:"房后的草堆上,狗在那里生产"②,女人横在血光中时,"窗外墙根下,不知谁家的猪也正在生小猪"③。《生死场》中作者对乡村生活最具穿透性的洞察是把这里的一切描写为动物性的、为了本能的生存,"在乡村,人和动物一起忙着生,忙着死……"④"在乡村永久不晓得,永久体验不到灵魂"⑤。《生死场》就是这充满原始的冲动和野蛮的生死场所。这野蛮尤其见之于女性所受的虐待,不分阶级、民族,来自共同的另一性的虐待。男人活不下去了,去当义勇军;女人被日本人强奸,也被自己人强奸。因此那个挣扎在都市生死线上的女子金枝说:"从前恨男人,现在恨小日本"。最后她转到伤心的路上去:"我恨中国人呢?除外我什么也不恨。"⑥有关《生死场》,近来有海外学者刘禾从女性主义的立场解读⑦,从而发现和强调了作品中意义的分裂,即从历来的男性批评家划定的民族国家的大意义下,分裂出来的一个场所:女性的身体,及其这个身体产生出来的意义与民族国家的空间之间的冲突。

《呼兰河传》也是一样,与其说它是一部抒情的自传性的作品,不如说它是一部讽刺性的乡土传奇。在这个作品中,没有中心的主人公,如果要说有的话,主人公就是呼兰河这个地方,是这个地方的生存方式,是叙事者对于这一切的记忆。以这个特殊的地方,萧红为一种国民性的真相作传。有文字为证的不是萧红对老舍的继承,而是对鲁迅的继承。有一个很有趣的材料,不妨在这里引述。聂绀弩为《萧红选集》作序时谈到他在西安与萧红关于鲁迅的谈话。聂绀弩说萧红会成为一个了不起的散文家,萧红却大不以为然。我想是她听这种评语听多了,所以一下

①　王剑丛:《香港文学史》,百花洲文艺出版社,1995 年 11 月第 1 版,第 73 页。
②　萧红:《呼兰河传》,载《萧红萧军文集·萧红卷》,天地出版社 1995 年版,第 214 页。
③　萧红:《呼兰河传》,载《萧红萧军文集·萧红卷》,天地出版社 1995 年版,第 218 页。
④　萧红:《呼兰河传》,载《萧红萧军文集·萧红卷》,天地出版社 1995 年版,第 217 页。
⑤　萧红:《呼兰河传》,载《萧红萧军文集·萧红卷》,天地出版社 1995 年版,第 200 页。
⑥　萧红:《呼兰河传》,载《萧红萧军文集·萧红卷》,天地出版社 1995 年版,第 258 页。
⑦　刘禾:《重返〈生死场〉:妇女与民族国家》,载《性别与中国》,三联书店(北京)1994 年版,第 68 页。

子就道出其中的潜台词说:"又来了! 你是个散文家,但你的小说却不行!"①萧红说,我已听腻了。"有一种小说学,小说有一定的写法,一定要具备某几种东西,一定写得像巴尔扎克或契柯甫的作品那样。我不相信这一套"②,萧红说别人说她不会写小说,她气不忿,以后偏要写,并且要写鲁迅的代表作《阿Q正传》、《孔乙己》之类!"而且至少在长度上超过他!"③《呼兰河传》从精神上可以归于《阿Q正传》式的揭露国民性弱点这一启蒙主题,但不仅长度上超过鲁迅,不同的更在于著者的女性意识。这里含蕴着萧红乡土作品的特殊洞见。

例如,《呼兰河传》中讲了许多此地的奇闻轶事,包括女子的"望门妨"(婆家破落了,怪当年指腹为婚的女子"妨"碍)。女子不服,跑去上吊跳井。小说借题发挥道:

古语说,"女子上不了战场。"

其实不对的,这井多么深,平白地你问一个男子,问他这井敢不敢跳,怕他也不敢的,而一个年轻的女子竟敢了,上战场不一定死,也许回来闹个一官半职的。可是跳井就很难不死,一跳就多半跳死了。

那么节妇坊上为什么没写着赞美女子跳井跳得勇敢的赞词?那是修节妇坊的人故意给删去的。因为修节妇坊,多半是男人。他家里也有一个女人。他怕是写上了,将来他打女人的时候,他的女人也去跳井,女人也跳下井,留下一大群孩子可怎么办?于是一律不写,只写,温文尔雅,孝顺公婆……④

《呼兰河传》中讲的小团圆媳妇被活活整死的故事,冯歪嘴子的女人——王大姑娘的故事,都是写乡村的愚昧,这愚昧把健康的女人置于死地。由前面的轶事引起的反讽性议论,为后面两章的故事作了铺垫。在另一处,讲到娘娘庙里的塑像时,也有一段妙论:

塑泥像的是男人,他把女人塑得很温顺,似乎对女人很尊敬。他把男人塑得很

---

① 聂绀弩:《〈萧红选集〉序》,载《萧红选集》,人民文学出版社1981年3月版,第2~3页。
② 聂绀弩:《〈萧红选集〉序》,载《萧红选集》,人民文学出版社1981年3月版,第2~3页。
③ 聂绀弩:《〈萧红选集〉序》,载《萧红选集》,人民文学出版社1981年3月版,第2~3页。
④ 萧红:《呼兰河传》,载《萧红萧军文集·萧红卷》,天地出版社1995年版,第41页。

凶猛,似乎男人很不好。其实不对的,世界上的男人,无论多凶猛,眼睛冒火的似乎还未曾见过。就说西洋人吧,虽然与中国人的眼睛不同,但也不过是蓝瓦瓦地有点类似猫头的眼睛而已,居然间冒了火的也没有。眼睛会冒火的民族,目前的世界还未实现。那么塑泥像的人为什么把他塑成那个样子呢?那就是让你一见生畏,不但磕头,而且要心服。就是磕完了头站起来再看看,也绝不会后悔,不会后悔这头是向一个平庸无奇的人白白磕了。至于塑像的人塑起女子来为什么要那么温顺,那就是告诉人,温顺的就是老实的,老实的就是好欺侮的,告诉人快来欺侮她们吧。①

所以男人打老婆的时候便说:

"娘娘还得怕老爷打呢?何况你一个长舌妇!"

可见男人打女人是天理应该,神鬼齐一。怪不得那娘娘庙里的娘娘特别温顺,原来是常常挨打的缘故。可见温顺也不是怎么优良的天性,而是被打的结果。甚或是招打的理由。②

由此我并不是想说,萧红由于她的性别经验,所以对女性不是天生的,而是社会造成的这一女性主义的性别定义有天然的了解,这一点男性也可以认识到;关键是在,萧红深晓父权社会对女性身份、行为的界定,这并不只是愚昧男性接受着,也是整个乡村、扩而言之整个社会包括有识人士的认识。这里,女人也不同情女人(小团圆媳妇是被婆婆主持收拾的),穷人也不同情穷人(王大姑娘生了孩子,全院子的人都变成了窥视狂,给她"做论的做论,做传的做传,还有给她做日记的"。)③。更进一步来说,我们还可以看到,对女性身体痛苦的描述,是最大的一个分野。这也是性之不同于两性的意义,在男性将身体升华的地方,萧红停留并详加质疑。女性的身体在性与爱中通常都成为牺牲,而且对女性来说,身体的痛苦无可摆脱。经历身体的毁损而无法自救,比祥林嫂之类死后有没有灵魂的精神问题,是更普遍的困惑。

---

① 萧红:《呼兰河传》,载《萧红萧军文集·萧红卷》,天地出版社 1995 年版,第 47 页。

② 萧红:《呼兰河传》,载《萧红萧军文集·萧红卷》,天地出版社 1995 年版,第 47~48 页。

③ 萧红:《呼兰河传》,载《萧红萧军文集·萧红卷》,天地出版社 1995 年版,第 160 页。

从这一角度,我们也许可以解释,为什么两本同样描写边城的作品是如此不同,沈从文怀着异常的感动和爱写他的家乡,他把边城描写成具有古朴的风俗美、人情美的地方,借以表现他的理想。如他所说:"我要表现的本是一种'人生的形式',一种'优美、健康、自然,而又不悖乎人生的人性形式'。"①同样是在都市回望故乡,萧红却是不留情地揭露乡村的荒诞愚昧,她的沉痛和悲愤寓于嬉笑反讽之中。在中国现代作家中,以如此的沉痛、如此的嘲笑给予家乡以理性分析,打破了怀乡作品的描写惯例和优美境界的,萧红是最突出的一个。沈从文与萧红的差异想必要由他们不同的性别来考虑,作为女性,对女性的社会地位和实际处境体会深切,当萧红在《呼兰河传》里一遍又一遍地重复说:"我家是荒凉的",她也是在言说女性的无家可寻。正如刘禾也曾引用过的一段话,在《失眠之夜》这篇散文中,萧红写到,萧军是如何渴望如何迫切地怀想着家乡、沉浸于亲人相逢的热烈场面,

而我,我想:
"你们家对于外来的所谓'媳妇'也一样吗?"

她想到的是"坐在驴子上,所去的仍是生疏的地方,我停着的仍然是别人的家乡。"她说:"家乡这个观念,在我本不甚切,但当别人说起来的时候,我也就心慌了! 虽然那块土地在没有成为日本的之前,'家'在我就等于没有了。"②也正是从性别意识入手,有利于我们重读《马伯乐》。

二

《马伯乐》是一部让人惊异的作品,一般在第一次读到它的时候都会觉得奇怪,第一它不像萧红惯常的风格,不是写沦陷的东北乡村,不是《呼兰河传》式的童话叙述(童年视角和情境);第二它也不像一般女性作家的作品,不是写女性经验,不以女人为主人公。这些令人不解之处都吸引我,我想,如果这部作品打破了我们

---

① 沈从文:《从文小说习作选集·代序》,转引自凌宇《从边城走向世界》,生活·读书·新知三联书店 1985 年版,第 237 页。
② 萧红:《失眠之夜》,载范桥、卢今编:《萧红散文》,中国广播电视出版社 1993 年版,第 335 页。

习惯的对女性作品的期待视野,那么,我们的视野是不是有问题? 问题何在? 我们的盲点是不是正妨碍了我们去理解萧红特别想表达的东西? 在这样一部不循常规的作品中,是否也包含了我们称之为女性的立场和观念?

足本《马伯乐》共分两部,从空间来说,第一部写的是马伯乐从家乡青岛到上海,抗战开始后,他的太太和三个孩子也逃难来到上海,马伯乐决定带全家人离开上海去汉口。第二部前四章都是写马伯乐与全家是如何狼狈挣扎在旅途,如何由上海经南京,车船辗转到了汉口,后面第五章至第九章写马伯乐在汉口的一场恋爱和失恋。结束时这家人看来是决定再逃难到重庆。刘以鬯先生推测,萧红"还计划在下篇(即第三部)里写马伯乐在一家人从汉口逃到重庆的情形。重庆是战时中国的首都,写战时重庆的情形,必会将情节推向高潮"①。这个推论是有道理的。

就萧红已经完成的部分来看,作品中的人物已然成型,马伯乐,应该说是中国现代文学中还从来没有被描绘过的性格。他出身于青岛的一个有钱并且信洋教的家庭里,家里读《圣经》,守圣礼,讲夹生半熟的外国话。"伯乐"就是圣徒"保罗"的意思。这家的老太爷绝对地崇洋,但那点一知半解的洋道理全都用在了解释他的自私虚伪的合理性上。例如他辞了身强力壮的车夫,用一个又穷又病的车夫,给饭吃不给工钱。这车跑得慢,主人就自我安慰说"若是跑得快,他能够不要钱吗? 主耶稣说过,一个人不能太贪便宜"。② 在这一点上,马伯乐完全继承了其父的品质,他又自私又没本事,什么事也干不出来,也干不好,可是他总能为自己的自私和失败找到各种可以原谅的理由,他又特别善于夸张自己的痛苦和不幸,在被这种自伤自怜和自我激愤的情绪压倒时,马伯乐像阿 Q 一样,可以随意发泄到弱者头上,亦可以飞快地转化为一种自轻自贱的情绪。

但是和阿 Q 还不同,众所周知,阿 Q 最重要的特征是精神胜利法,这是阿 Q 赖以活命的精神支柱。马伯乐的特征可以说是相反,我觉得可以说是精神失败法。遇到什么困境,马伯乐的办法就是逃跑。"未发生的事情,他能预料到它要发生。坏的他能够越想越坏。悲观的事情让他一想,能够想到不可收拾。"③但他在逃跑的时候最重要的是为自己作充分打算,萧红就在这个以自私为中心的逃身之旅中

① 刘以鬯:《萧红的〈马伯乐〉续稿》,载《短绠集》,中国友谊出版公司 1985 年版,第 11 页。
② 萧红:《马伯乐》,北方文艺出版社 1987 年版,第 36 页。
③ 萧红:《马伯乐》,北方文艺出版社 1987 年版,第 11~12 页。

展示了其性格的可笑。当他为了追女人逃到上海去时,临走前他把太太的小东西都搜刮一空,尤其是拿走了太太俭省没舍得用的花手帕时,他得意地在心里说:"这守财奴呵,你不用你给谁省着?"①他又想到这可以送给那个"她",心里就更甜蜜了。

这种逃跑的戏剧在马伯乐率全家上火车的过程中达到一个悲喜剧的高潮,在那紧要关头,他一马当先,只顾自己上,同时还算计着太太装着财物的箱子。他给孩子们设计的逃难装备一点不能应付局面,弄得小女孩掉到江里,他自己也落花流水地败下阵。

马伯乐从来没有冲锋陷阵、为国献身的勇气,但为了表现自己,却可以把一个卖麻花的老人揍倒。马伯乐又是得过且过的,容易满足的,随时随地可以囫囵着过日子,酱油瓶子倒了都不扶的,几个包子就能安慰了失恋的痛苦的。

萧红写的是战时的生活,在她笔下,马伯乐这种自私自利,就是战时民众的一种真相。这种只求自保的精神状态,就在逃难民众的日常生活中制造着自相残杀的惨剧。她用冷峻的反讽描写人们冲过淞江桥的情形,我们民族自身的劣根性暴露无遗:"那哭声和喊声是震天震地的,似乎那些人们都来到了生死关头。能抢的抢,不能抢的落后。强壮如疯牛疯马者,天生就应该跑在前边。老弱妇女,自然就应该挤掉江去。""他们这些弱者,自己走得太慢那倒没有关系,而最主要的是横住了那些健康的,使优秀的不能如风似箭向前进,怎么办?""于是强壮的男人如风似箭地挤过去了;老弱的或者是孩子,毫无抵抗之力,被稀里哗啦地挤掉江里去了。"②

萧红描写战时民众的这种真相,其实也向主流文学叙事中高扬的民族士气表示了她的质疑。她写的是在当时的作品中备受排斥的,几乎被遗忘的国民性病态,难民们像阿Q一样自私又不知耻,无赖还振振有辞,自欺欺人和健忘。在那条开往汉口的破船上,船老板明明是发国难财,却口口声声为国家民族。萧红把代表民族正气的意义符号《义勇军进行曲》用在这种场合,血肉长城的意旨就改变了。它在难船、滔天的白浪烘托下显得可笑。况且,刚才还在风险中飘摇的人们,到了码头就一轰而散,"没有一个人在岸上住一住脚,或者回过头来望一望,这小船以后将出

---

① 萧红:《马伯乐》,北方文艺出版社1987年版,第6页。
② 萧红:《马伯乐》,北方文艺出版社1987年版,第173页。

什么危险！"①血肉长城在哪里呢？

三

　　上面讲到《马伯乐》的故事，至此，仍觉得作品中还有些特别的东西我们没有触及。

　　一个就是，萧红对人物的选择。她选择了一个市民阶层的人物，一个好像亦文亦商，又不文不商的无业游民作为国民性病态的代表，这是一个特别的选择。这个游民，和骆驼祥子那种苦力出身的游民不同，他们在某种程度上是可以作为知识分子来看待的（马伯乐念翻译小说、写文章和诗，还开了一回书店）。以这种人物作讽刺对象的作品，在中国现代文学中是很少有的。另一个就是萧红选择了一个男性人物代表这种病态性格，她的描写方式、她对人物关系的安排和她的叙述角度上都很别致。

　　从前面一点来看，在现代，当我们说到现代性、现代思想、现代人的时候，通常会联想到现代作家，比如鲁迅、郭沫若、曹禺、巴金，以及他们笔下象征新思想的人物。这些人物走出传统的家庭，由乡村进入都市，接受新知识，为新思想呐喊。

　　而在《马伯乐》这部书里，我们看到，一些象征新思想、现代性的意符，几乎都是被反讽地运用着，转变成另一种含义，就像《义勇军进行曲》一样。

　　例如，当马伯乐偷了太太的体己物，准备逃到上海去讲恋爱时，萧红这样表述他的内心逻辑：

　　　　这个家庭，他是厌恶之极，平庸、沉寂、无生气……

　　　　青年人久住在这样的家里是要弄坏的，是要腐烂了的，会要满身生起青苔来的，会和梅雨天似的使一个活泼的现代青年满身生起绒毛来，就和那些海底的植物一般，洗海水浴的时候，脚踏在那些海草上边，那种滑滑的粘腻感觉，是多么使人不舒服！慢慢青年在这个家庭里，会变成那个样子，会和海底的植物一样。总之，这个家庭是呆不得的，是要昏庸老朽了的。②

---

　　①　萧红：《马伯乐》，北方文艺出版社1987年版，第237页。
　　②　萧红：《马伯乐》，北方文艺出版社1987年版，第6~7页。

这里第一次出现了"现代"这个词,这一套现代观点,轻而易举地被人物挪用,为他的私欲作了辩护。接下来,在马伯乐嘴里更多地出现的是民族和国家一语,带着激愤和悲悯的感情,在萧红笔下,马伯乐并不是民族压迫下一个被动的不得已的受害者,而是带着一种无可理喻的热情,几乎是盼望着日本人的战火到来,一个类似心理学上受虐狂性格的人物。

当他看到市面上一切如常,一点逃难的样子也没有的时候,"他想中国人是一点民族国家的思想也没有的呀! 一点也不知道做个准备呀!"他的悲悯里边带着怒骂:"真他妈的中国人,你们太太平平的过活吧! 小日本就要打来了。我看你们到那时候可怎么办! 你们将要手足无措,你们将要破马张飞地乱逃,你们这些糊涂人……"①日本人入侵和马伯乐的私利有着奇怪的关联,连接着太太的逃难和太太可能带来的钱。盘算着这一点,马伯乐的感情在悲哀的高潮和仇恨的深渊里大起大落。萧红揭示出这样一种空洞和虚伪的心理,她把都市市民层里那种生存的被动性、与对民族国家利益的主动追求区分开来。于是,我们就可以看到,马伯乐这类特殊市民,姑且把它称之为文化游民(有一定文化程度的游民),他们的精神状态有一种特征就是随时随地地挪用各种时髦的语言概念,亦即是说他们特别善于操纵语言,这一点是萧红对现代中国人的性格缺陷的一个深刻发现。语言是他们的工具,也是他们的安慰,这全是基于语言是可以随意挪用的。

这样,通过这种方式,萧红也就对语言本身所能代表的意义表达了很深的怀疑。因此我还认为,萧红对中国现代知识分子所具有的现代性看来也十分怀疑。

例如,像马伯乐这样的人就是激烈地主张暴露黑暗的,更是拥护抗战文学的。他照着一本外国书写作,"总之他把外国人都改成中国人之后,又加上自己最中心之主题'打日本'"。作者一语双雕地写道"现在这年头,你不写'打日本',能有销路吗? 再说你若想当一个作家,你不在前边领导着,那能被人承认吗?"②双雕,即这种功利的想法既是马伯乐的,也是作者所讽刺的。

而马伯乐在现实中的任何挫败,都可以在精神领域,具体的说,在新旧诗词、格言、有关人生哲理的常言中找到解释,他的一切行动,他的受虐和转眼就向弱者施虐的行为,这些都具有了合理性。马伯乐的这些性格特征不知能不能解释几十年

---

① 萧红:《马伯乐》,北方文艺出版社1987年版,第76页。
② 萧红:《马伯乐》,北方文艺出版社1987年版,第17页。

后中国知识分子在一场又一场的政治运动中受虐及其同样向同仁施虐的行径。我的意思是，被称为中国知识分子的那一层人，并不都是鲁迅式的清醒者，其中大量是脱胎于都市的无业游民、文化游民式的人物。现代思想、观念于他们是容易脱换的衣装，随时升降的大旗。在关键时刻，既不是思想要紧，也不是人格要紧，而是饭碗要紧和保命要紧，这种无以自立的生存处境产生马伯乐性格，是这个性格喜剧中令人不安和需要深思的悲剧因素。

说到喜剧，还可以说，马伯乐的喜剧是琐屑的喜剧。萧红写到的喜剧情境大量是在家庭内部、在居所、在日常的家庭关系里发生。这种情境包括马伯乐怎样给孩子喂吃的，怎样在房子里开伙，怎样给自己炒蛋饭，什么时候吃几个蛋；他怎样一切生活用具不去洗，而是刮；怎样买了油又糊涂计较着，怎样和孩子演习卖包子。还有他是如何"一边思量着一边哭"，"仿佛他怕哭错了路数似的"①。

就常言形容的男子汉"大丈夫"，果断、理智、勇敢、以及锄强扶弱等特质来说，马伯乐的性格是一个彻底的消解。萧红恰恰在这些地方，在大话和小事的冲突中，在虚张声势、大言不惭行为和窝囊对付的生活态度造成的喜剧中推翻了男性中心的社会给予男性特质的一般概括。她用以推翻习惯定义的方式是采用日常琐屑的细节，在衣食住行、夫妻斗气等情境中呈现性格。这个性格还具有心理的深度，马伯乐的懦弱、他实际上的卑微地位和他作为男人的身分意识——某种自尊心吧，构成一种曲折的关系，形成他以哭代言、"哀兵必胜"表达方式。例如当他把太太的钱要到手，他便无声地哀哭，"太太照着过去的老例子，问他要什么"，一遍又一遍地猜。猜到后来"太太忽然想起来了：去年他不是为着一条领带哭了半夜吗？太太差一点没有笑出来，赶快忍着，装做平静的态度问着：

"你可是要买领带吗？"②

在这样的描写中，马伯乐变成了像张天翼笔下《包氏父子》中小包的兄长，像小包那样卑微且又要掩饰自己卑微，死要面子活受罪的人物。而太太，这个毫无新思想可言的，只懂持家过日子的旧妇女却显得实际和机灵。

---

① 萧红：《马伯乐》，北方文艺出版社1987年版，第160页。
② 萧红：《马伯乐》，北方文艺出版社1987年版，第161页。

在萧红描写的这个漫长的逃难之旅中，太太只是一个喜剧的配角，她和马伯乐不构成性别对立，不像莫里哀的《伪君子》中，那个太太远比受骗的丈夫聪明，太太要担负起教育丈夫、揭示真相的使命。马太太，除了不理解丈夫那种一会儿悲观、一会儿绝望的情绪之外，她和马伯乐是一样平庸的。只是她在拖家带口的方面抱着常识性的见解，就显得比马伯乐更通人性。在那场"攻火车"的行动中，太太攻了半天，只顾了三个孩子。马伯乐连影子都不见了。太太想起马伯乐小时候逃大水独享脖子上的馒头项链（我想，这是一个老故事的意义翻新）。太太在这里，构成了一个说故事的视角，是从另一性的角度，弱者的、女性的角度言说了优胜者一贯的姿势。

所有这些，无疑融汇了萧红自己作为女性和弱者在战争暴力下的痛苦经验。她亲身体验了女性和弱小者，自卫和逃生能力较弱，于同类同胞中也不得不首先忍受的牺牲和被弃的处境。由这种痛苦经验里得来的观察，我想就是这些东西本身支持了萧红与主流文学所提倡的东西保持了疏离的态度。她做的是不受支持的事，然而弱者的位置却使她看到了强者们，比如那些更受推崇的男作家所没有看到和表现的东西，民族生活中一如既往地存在的卑劣人格、私欲和虚伪，这些并没有因为战争危机而减少，倒是因为这个危机更直接地影响到普通人的日常生活。

四

我想再作一个比较，尝试打开另一个思路，涉及对萧红的历来评价问题。

《马伯乐》和《阿 Q 正传》相比：

《阿 Q 正传》由一个男性作家写他的同性人物，由一个觉悟的知识分子写一个不觉悟的农民，是在普遍的启蒙思潮支持下产生的启蒙作品。《马伯乐》由一个女性作家写男性，由一个游离于抗战主流阵营之外的文化游民写另一个文化游民（就生活遭遇而言，萧红比马伯乐更糟糕、更没保障、更多一重为人妻母的麻烦），是抗战时期文学中的属于少数的另类作品。

比较一下可以看出，萧红的位置比鲁迅当时是较为不利的，如果说，《马伯乐》在今天看来，可以归于"改造国民性"这一重大主题，那么，我们都知道，这个文学主题在"五四"时期获得发展，但 30 年代后就受到阻挠，最后到 40 年代末就根本中断了。萧红是在这个主题趋于衰落的时期写出她的一系列代表作的，而这些作品都贯穿了揭示国民性真相的努力。《马伯乐》是萧红在写作上有意坚持个人立场的一个证言。

这一个人立场,对萧红来说,就是 1. 写作,2. 个人的写作,3. 作为女性的个人写作。萧红的这种选择,本现为她的南下,她的舍延安而去香港。但不幸的是,她竟病殁于战乱中的香港。这个结局令人痛惜。问题在于,尽管如此,我们不应该把萧红个人文学上的选择、与她的感情取向、与她的病逝混淆起来看待,虽然这三者之间有联系。

先说写作。当文学与抗战的关系再度成为一个问题的时候,这个问题包括"文章入伍"、"文章下乡"(后来干脆直接变成了作家入伍和下乡),如何写抗战,甚至何为抗战生活等等,不少作家真正投入到军队中去了。如有关研究所示,两萧的分手,除了感情原因,在写作问题上更有一场大争执,萧军一心想去抗日打游击,萧红强调文学岗位和各尽所能。丁玲和萧红曾同度风雨之夕,也曾痛饮长谈,在回忆中她说:"延安虽不够作为一个写作的百年长计之处,然在抗战中,的确可以使一个人少顾虑于日常琐碎,而策划于较远大的。并且这里一种朝气,或者会使她能更健康些。但萧红却南去了,至今我还很后悔那时我对于她生活方式所参予的意见是太少了。"①关于萧红南下,梅志说:"所有的朋友听到这消息无不表示惊奇,怎么会想到离开抗战的祖国到香港去?"②恐怕是预料到了这一点,萧红他们走时也没有告诉朋友们。

关于萧红到香港去,茅盾的评价具有代表性,长期以来,几乎也成为萧红的"盖棺定论"。茅盾分析萧红在香港时期的心境,一言以蔽之:寂寞。他说:

在 1940 年前后这样的大时代中,像萧红这样对于人生有理想,对于黑暗势力作过斗争的人,而会悄然"蛰居",多少有点不可解,她的一位女友曾经分析她的"消极"和苦闷的根因,以为"感性"上的一再受伤,使得这位感情富于理智的女诗人被自己的狭小的私生活的圈子(而这圈子尽管是她所诅咒的,却又拘于惰性,不能毅然决然自拔),把广阔的进行着生死搏斗的大天地完全给掩蔽起来了,这结果

① 丁玲:《风雨中忆萧红》,原载《谷雨》第 5 期,1942 年延安出版,载王观泉编:《怀念萧红》,黑龙江人民出版社 1981 年版,第 27 页。
② 梅志:《爱的悲剧》,载《寂寞花》,安徽文艺出版社 1995 年版,第 187、173 页。

是,一方面陈义太高,不满于她这阶层的知识分子们的各种活动,觉得那全是扯淡,是无聊,另一方面却又不能投身到工农劳苦大众的群中,把生活彻底改变一下,这又如何能不感到苦闷而寂寞?①

　　然而事实是,惟其在香港,惟其在这种不是轰轰烈烈,而是寂寞的"蛰居"时,从 1940 年初至 1941 年 6 月,萧红以惊人的速度完成了她最重要的两部长篇:《呼兰河传》和《马伯乐》。惟其在香港,萧红找到了她一直在寻找的写作环境。萧红客居香港,并不曾设想落地生根,她只是为了写作而来,为了写作住了下去,如她在给华岗的信中所说:"香港的朋友不多,生活又贵。所好的是文章到底写出来了,只为了写文章还打算再住一个期间。"②

　　在抗战期间仍以写作为职责,这便是萧红当时坚持的一种个人立场。我认为,这并不是如茅盾所说,如当时许多人所理解,是陷入了个人感情的小圈子,与斗争的大天地隔绝。我认为,萧红是主动选择了她所重视的岗位,进入了一个人的战争。一个人,对人类精神上的愚昧、卑劣作战。这就是个人写作的意义和价值。"寂寞",是必要的寂寞,与个人写作相辅相成。

　　早在《七月》的作家和批评家讨论抗战以后的文艺或活动以及作家与生活的问题时,萧红就谈到了她对这种写作生活的看法。她紧接着前面艾青发言中所说距离现实生活太近,反而把握不住,事后再写,也许更清楚,萧红说:"是的,这是因为给了你思索的时间。如像雷马克,打了仗,回到了家乡以后,朋友没有了,职业没有了,寂寞孤独了起来,于是回忆到从前的生活,《西线无战事》也就写成了。"③

　　也就是说,萧红是体认了写作中的这种寂寞而去经历它的。这就是她对写作的理解。所以在她看来,作家的问题不是要到哪去体验生活,因为他们本来就在生活中。她反驳一位男作家"不打进生活里面去,情绪不高涨"的意见说:"不,是高涨压不下去,所以宁静不下来。"④

————————————

　　① 茅盾:《论萧红的〈呼兰河传〉》,载《怀念萧红》,第 10～11 页。

　　② 萧红 1940 年 6 月 24 日致华岗的信,载《萧红研究》,(83)黑出管字第 91 号,内部发行,第 8 页。

　　③ 《抗战以后的文艺活动动态和展望》,载《七月》第 7 期,1938 年 1 月 16 日,第 196～197 页。

　　④ 《抗战以后的文艺活动动态和展望》,载《七月》第 7 期,1938 年 1 月 16 日,第 197 页。

这都表明,就写作而言,萧红正是宁肯固守"寂寞"的。她并非被什么感情蒙蔽,这就是她所选择的。暂时平静、可供避难的香港没有辜负萧红,成全了她的创作。后来战祸蔓延,殃及萧红,这并不说明她选择个人写作的立场就错了。没有这种选择,萧红恐怕无从发挥她的写作才华,或者,我们会失去《呼兰河传》、《马伯乐》,这该更令我们遗憾吧。

选择个人写作也体现了作为女性的萧红对战争的态度。在厌恶战争这一点上,萧红与张爱玲不谋而合。"我憎恶打仗,我憎恶断腿、断臂。等我看到了人和猪似的睡在墙根上,我就什么都不曾恶了,打吧!流血吧!不然,这样猪似的,不是活遭罪吗?"①在另一篇文章中,萧红谈到她在西安看到八路军女伤兵的感受:

有一天我看到一个残废的女兵,我就向别人问:"也是战斗员吗?"

那回答我的人也非常含混,龟说也许是战斗员,也许是女救护员,也说不定。

等我再看那腋下支着两根木棍,同时摆荡着一只空裤管的女人的时候,但是看不见了,她被一堵墙遮没住,留给我的只是那两根使她每走一步,那两肩不得安宁的新从木匠手里制作出来的白白木棍。

我面向着帝国主义,我要讴歌了!就像南方的朋友们云到了北方,对于那终年走在风沙里的瘦驴子,由于同情万要讴歌她了。

但这只是一刻的心情对于蛮的东西所遗留下来的痕迹,憎恶在我是会破坏了我的艺术的心意的。

那女兵将来也要作母亲的,孩子若问她:"妈妈为什么你少了一条腿呢?"

妈妈回答是日本帝国主义给切断的。

成为一个母亲,当孩子指问到她的残缺点的时候,无论这残缺是光荣过,还是耻辱过,对于作母亲的都一齐会永为灼伤的。②

萧红对八路军女伤兵的感受是非政治性的,发自人性中的女性意识。她悲悯着的不只是人的躯体,而且是一个将要作母亲的躯体,以及这个伤残的躯体将要给作母亲的人永久的心理刻痛。在萧红眼里,这个女兵,不是英雄,而是弱者,她的弱

---

① 《抗战以后的文艺活动动态和展望》,载《七月》第7期,1938年1月16日,第197页。

② 萧红:《无题》,载《萧红散文》,第360~361页。

是在合理的情感下呈现的弱，两条木棍与作母亲的心是无法协调的。

也是在这篇文章中，萧红表述着她对"他们"的困惑，"他们"是一些自傲的、以生命力强为荣的作家。萧红陈述了她——被看作生命力不强的人，她不想与强者为伍的心情。

事实上，在整个战乱中，萧红本人也一直过着无力自保、颠沛流离的生活。如香港学者卢玮銮所说："她在那个时代，烽火漫天，居无定处，爱国爱人都是一件很困难的事。"①作为甲的孕妇，乙的妻子，她孤身上路，由甲乙之外的人照顾，最后婴儿死在医院里。而她的情感选择看来亦属孤立无援。当她决定离开搭救过她的恩人与另一个爱人同行时，她的反叛被当作负心和负恩行为，多么欣赏她的朋友也断然认定：她"那大鹏金翅鸟"，"从天空，一个筋斗，栽到'奴隶的死所'上了！"②

只有在我们今天读到了《呼兰河传》、《马伯乐》等此后的一系列作品，我们会重新看到萧红。被置于孤立状态，被自己的身体拖累，被情感困扰，尽管如此，她仍拥有一个写作的身份。那些认定她栽了的批评家、以及在情感上怜悯和道义上对她不以为然的朋友都最容易忽视了她的这一重独立的，并未迁就任何人，并未屈从任何潮流的身份——女性写作者的身份。我之所以强调这一点，是因为，人们正是这样，对萧红香港时期完成的作品估计不足，没有看到这些作品以独立的姿态对主流文学的反叛，没有看到由颠覆性的构思所显示的女性宽广的视界。

我由此想到另一位女作家玛丽·雪莱。当女性批评家注意到雪莱的夫人玛丽·雪莱的经历时，她们指出了其中对她的创作想象最为重要的因素，这因素并不是她的门第和教养，不是她与名人的交往接触，而是"她在成为一位作者、母亲的那一时刻过早而浑浊的经历"③。这使得她在作品中记录了母性的恐怖故事，这种母题是新的创造，她也开创了一个新的"女性哥特式"传统。后来继承这个传统的还有夏绿蒂·勃朗特、艾米莉·勃朗特等人，这帮女士"全使用幻想去颠覆父权制社

---

① 卢玮銮：《香港文纵——内地作家南来及其文化活动》，香港华汉文化事业公司1957年版，第167页。

② 聂绀弩：《在西安》，载《怀念萧红》，第35页。

③ 埃伦·莫尔斯：《文学妇女》，载玛丽·伊格尔顿编：《女权主义文学理论》，胡敏等译，湖南文艺出版社1989年版，第205页。

会——现代文化的象征性秩序"①。

萧红的《呼兰河传》、《马伯乐》都可作如是观，是一种颠覆，源自作者的女性经历。不同的是萧红的方式不是幻想故事，是写实性质和风格。而此时，她奉为导师、可以对她有所庇护的鲁迅已不在，这个不在我想对萧红有双重意义，一个是她必须独立写作，不倚赖任何人，另一个是一种写作权威也不在。我认为鲁迅并不十分重视萧红作品中那种女性想象的素质，他给《生死场》作序中说"叙事和写景，胜于人物的描写"，私下里则对萧红说，这句话并不是什么好话，"也可解作描写人物并不怎么好。因为作序文，也要顾及销路，所以只好说得弯曲一点。"②后来批评家胡风也有此一说，聂绀弩与萧红谈小说，发展了这一意见，且说到萧红根本没有能力创造人物，那种由个体向集体的英雄转变的人物，他的原因近乎于不容反驳："但是你这作者是什么人，不过一个学生式的二十二三岁的小姑娘！什么面目不清，个性不明，以及还有别的，对于你说，都是十分自然的。"③

由后者咄咄逼人的口气，已可以看出萧红在她的同行里，由于她的性别和年龄，所承受的无形的压力。在《七月》的座谈会上，萧红是到场的唯一一位女作家，我想，作为女人，在战时生存下来已十足不易，所以基于此，在男作家们提出与战时生活的距离时，萧红讲到："我看，我们并没有和生活隔离。譬如躲警报，这也就是战时生活，不过我们抓不到罢了。即使我们上前线去，被日本兵打死了，如果抓不住，也就写不出来。""譬如我们房东的姨娘，听见警报就骇得打抖，担心她的儿子，这不就是战时生活的现象吗？"④

我在前面讲到过，萧红写《马伯乐》，有文字可证的不是学习老舍，而是以鲁迅《阿Q正传》、《孔乙己》这种刻画性格的作品为模范，并且有意识超越它们的努力。在形式上，不用说，萧红做到了她想做到的一点，用长篇小说的形式书写国民性格。而在内容上，她选择了当下的事件——逃难。在我们今天看到的战时作品中，还找不到哪一部作品，着意这么一种庸众的日常，在通常被认为属于女性的生活空间——家居、夫妻关系，闹别扭斗气，在这里书写男性主角。

①　罗斯玛丽·杰克逊：《幻想：颠覆的文学》，载玛丽·伊格尔顿编：《女权主义文学理论》，胡敏等译，湖南文艺出版社 1989 年版 第 211 页。

②　转引自葛浩文《萧红评传》，第 65 页。

③　聂绀弩：《〈萧红选集〉序》，载《萧红选集》，第 6 页。

④　《抗战以后的文艺活动动态和展望》，载《七月》第 7 期，1938 年 1 月 16 日，第 197 页。

这种性别书写的反叛,不是中国左翼作家中的任何人启示了萧红,而是源于她的异国姐妹,她们强化了萧红的反叛精神,使她有勇气维护自己的经验和性别的文学价值。也只有在这个意义上,我们可以理解萧红何以如此推崇史沫特烈《大地的女儿》和丽洛琳克的《动乱时代》。萧红仅有的两篇书评文字,都是关于这两本书的。从其中还可以看出《马伯乐》(也包括《呼兰河传》)艺术构思的来源之一。

萧红写到,读着《动乱时代》,正是上海抗战的开始——

《动乱时代》的一开头就是:行李、箱子、盆子、罐子、老头、小孩、妇女和别的应该随身的家具。恶劣的空气,必要的哭闹外加打骂。①

"这书的一开头与我的生活就这样接近。"萧红叙述了作品的故事,是自传体,写作者童年时的逃难,一直写到她的成年和独立。

书的最末页我翻完了的时候,我把它放在膝盖上,用手压着静静地听着窗外树上的蝉叫。"很可以","很可以"——我反复着这样的字句,感到了一种酸鼻的滋味。②

逃难与童年成长,这我们在萧红后来的两部长篇《马伯乐》、《呼兰河传》中都看到了。

值得注意的特别是萧红对这两部作品中性别表述的重视:

男权中心社会下的女子,她从她父亲那里就见到了,那就是她的母亲。我恍恍惚惚地记得,她父亲赶着马车来了,带回一张花绸子,这张绸子指明是给她母亲做衣裳的,母亲接过来,因为没有说一声感谢的话,她父亲就指问着:"你永远不会说一声好听的话吗?"男权社会中的女子就是这样的。她哭了,眼泪就落在那张花绸子上。女子连一点点东西都不能白得,那管就不是自己所要的也得牺牲好话和眼

① 萧红:《〈大地的女儿〉与〈动乱时代〉》,载《萧红散文》,中国广播电视出版社1993年版,第354页。
② 梅志:《爱的悲剧》,载周锦刚选编《寂寞花》,安徽文艺出版社1995年版,第173页。

泪。男子们要这眼泪一点用处也没有,但他们是要的。而流泪是痛苦的,因为泪线的刺激,眼珠发涨,眼睑发酸发辣,可是非牺牲不可。①

　　对书中性别经验的这种敏感和深切的同情,显示了萧红自己性别意识的敏锐。同样的知识女性读者,比如胡风夫人梅志,反应就没萧红这么强烈。梅志认为《动乱时代》"写得太真实了,使我害怕,使我为孩子们担心。"萧红的书评也没有引起她的共鸣,且认为:"可惜她也没有作什么深刻的评介。看来她不适合写评论文章。"②

　　而萧红在这篇书评中还特别讲到一个经历,这经历在梅志这样的女读者那里也没有引起任何注意。萧红说"昨天为着介绍这两本书而起的嘲笑的故事,我都要一笔一笔地记下来"。以下是"仳们"如何地拿这书开玩笑,如何地问:"这就是你们女人的书吗?"如何地像遇到喜事一样笑得发狂。在文章结尾,在讲到了盲目的乞丐和报国无门的女同学的苦闷之后,萧红再回到了这两本书上,她说"根据年轻好动的心理,大家说说笑笑,但为什么常常要取着女子做题材呢?"

　　读读这两本书就知道一点了。
　　不是我把女子看得过于了不起,不是我把女子看得过于卑下;只是在现社会中,以女子出现造成这种斗争的记录,在我觉得她们是勇敢的,是最强的,把一切都变成了痛苦出卖而后得来的。③

　　何以这些意见,在萧红的同一阵营的女友那里也找不到回应呢? 我想是由于萧红和她们的性别处境不同。萧红是当时在左翼阵营中真正对男性作家的创造力和性别态度构成挑战的女性,她的挑战性不仅在天然的感受力和才华,更是在于,她的作品坚持了自己的性别,坚持了"她们"的经验与"他们"的经验是不一样的,问题和处境不一样,需要不一样的叙事指认。但是,作为女子,萧红得进入以男性

---

　　① 萧红:《〈大地的女儿〉与〈动乱时代〉》,载《萧红散文》,中国广播电视出版社1993年版,第355页。
　　② 梅志:《爱的悲剧》,载周细刚选编《寂寞花》,安徽文艺出版社1995年版,第187页。
　　③ 萧红:《〈大地的女儿〉与〈动乱时代〉》,载《萧红散文》,中国广播电视出版社1993年版,第358页。

为中心、为主体的阵营,它叫做左联、七月——就性别主体来说并无分别,才能找到施展才华和个性的空间。她要进入,先要通过男性作家和批评家的认可。她第一次怀孕、被弃而等待着获救,好比她这种写作处境的隐喻。但左翼阵营里没有为接受她独特的性别经验、性别叙事做好准备,这也正如生活中她所爱的人也没有为接受她作为一个写作的女人、一个精神上独立的女性做好准备。几乎半个世纪,她的《生死场》始终不是作为性别叙事,而是作为无性的抗战文学被接受的。她的寄寓于乡村女性原始而野蛮的生死场中痛苦的呐喊,要到80年代站在女性主义的批评立场的研究那里,才被听见,才有回声。

我不能说萧红的性别意识就是天然澄明,没有矛盾的,我也不能有更多的例证说明萧红受到了女性主义的影响。我只能说,性别,对萧红来说,是生存的一个问题,巨大和急迫的问题。从她的出生、求学、抗婚及至到社会上寻求自立,这个问题越来越紧迫,迫使萧红要在她的全部创作中去探寻,探寻在一个现代和传统交替的时代,对于一个不服从男子中心的性别秩序的女子,对于一个渴求表达自己的性别经验的女子,她的处境和困难所在。

五

有关《马伯乐》开始的话题,似乎可以结束了。但无可否认,《马伯乐》中还有我没有涉及的内容,如其中的女学生角色,对女子的恋爱心理的暴露,如作品中着墨颇多的马伯乐的孩子们,有关儿童心理和教育问题。还有,《马伯乐》仍是一个未完成的作品。我之所以用了这么长的篇幅来讨论,不是要证明,它是最好的,而是要说明,它可以呈现萧红作为女性的深刻意义,以及在萧红研究中历来的和依然存在的未被看见的东西。

我采用了女性阅读的立场,但我还不能声明我是一个女性主义的批评者。不是缺乏勇气,而是缺乏足够的知识。我的女性意识在这种阅读中有一个逐渐明晰的展开,混沌不明地带有肯定是存在的。我明白我对有关女性身份的概念、定义等词语的操作颇为吃力。因此我这样写也是为了探寻我自己的理解力和问题,这是这篇论文于我本人的意义。

1997 年 4 月 9 日

戏剧性讽刺

——论萧红小说文体的独特素质

艾晓明①

关于萧红的《呼兰河传》，茅盾的序言是一个经典，多少年来的评论都无法绕过。所谓"童年回忆录"、"牧歌式的情调"、"自传体"的说法，无非都是茅盾引述的观点或茅盾观点的发展。至于茅盾所说的"一些比'象'一部小说更为'诱人'些的东西：它是一篇叙事诗，一幅多彩的风土画，一串凄婉的歌谣"，②这三个"一"更是不知被多少人重复来、重复去，从未引起过任何质疑。

实际上，"一篇叙事诗，一幅多彩的风土画，一串凄婉的歌谣"的评语，可以用于众多的乡土文学作品，鲁迅的《故乡》、沈从文的《边城》，何尝不是如此。而值得我们深入探讨的是，茅盾对《呼兰河传》的这些优点的首肯是建立在这样一个假设上，那就是人们会觉得《呼兰河传》不是一部小说。而茅盾并不认为这是一个问题、一个要点，他只是觉得《呼兰河传》是不是一部小说，这个问题不重要。作为一本不像自传又不像小说的书，它有作

① 本文选自《中国现代文学研究丛刊》2002 年第 3 期。
艾晓明：广州中山大学教授、博士生导师，中山大学妇女性别研究中心副主任。
② 茅盾：《〈呼兰河传〉序》，载萧红：《呼兰河传》，黑龙江人民出版社 1979 年版，第 9 页。

为"叙事诗"、"风土画"、"歌谣"的优点就够了。

由"叙事诗"、"风土画"、"歌谣"这些比喻引申开去,只可能把《呼兰河传》读成一部怀乡的、挽歌风格的、抒情性的童年记忆。而茅盾序中不惜犯著文之大忌的重复——那重复了27遍的"寂寞"一词,至今也依然为某些论者沿袭;或者,更确切地说,滥调不绝于缕。

《呼兰河传》是萧红后期完成的一部完整的长篇小说(相对于《马伯乐》的未完成而言),是萧红小说创作的颠峰之作。萧红对小说文体的追求,萧红小说风格的建树,都见之于这部作品。而我认为,萧红小说风格最重要的特质,远非所谓抒情的、感性细腻的,而是在于戏剧性的讽刺。适应这种想象方式,萧红创造出场景性的小说结构,发展了一系列反讽手段,从而建立了她个人的成熟的小说文体形式。如果我们错过了这个最重要的特质,我们也就忽略了这位女作家孜孜以求的艺术建树,我们也就会错过在中国现代女性写作传统中如此可贵的一个新要素。

一、野台子戏:场景结构

《呼兰河传》一共七章,无标题。结构看似并不复杂,惟读来不似我们已有的现代小说故事。它既无堪称中心的小说人物,也没有连贯首尾的故事情节。鲁迅曾婉言《生死场》:"叙事和写景,胜于人物的描写",①而《呼兰河传》却证明,萧红不仅无意修正鲁迅及其同时代的男性批评家一致公认的她的缺点,而且一意孤行,恣肆叙事和写景,全然摈弃了小说人物、环境、景物的描写惯例。

这种反常规的特征首先体现在小说结构上。

小说结构是作品里将故事事件结合成一个整体的形式要素,这个形式关系到作家的想象如何被激发,又如何通过叙事完成。《呼兰河传》的结构,历来被认为是十分松散的,人们乐于用"散文化小说"来形容它。对这种常谈,我们应该问一个问题:"散文化"的小说与散文的区别在哪里?什么因素使散文化的小说不同于散文?

我认为,区别至少有如下几点:第一,一篇散文是自足的、独立成篇的。但是在一部长篇小说里,散文化的描述不是自足的,它们服从一个总体的叙述目的,犹如

① 鲁迅:《序言》,载萧红:《生死场》,黑龙江人民出版社1980年版,第7页。

一个套装结构里的各个组件。第二，在散文中，虚构的成分是有限的，因为散文通常会受制于一个限知性的叙述者；而在小说中，虚构的成分是无限的。第三，正因为小说有更大的叙述空间，小说又有更多的叙述的自由，因此小说可以创造出更强烈的戏剧性效果。

或者，换个说法，让我用人物型小说和场景型小说来作一区别。大多数现代中国长篇小说，都是以人物为中心的。无论这些人物的关系是基于一个家族、一个村落、一支队伍还是一窝文人。在这种小说里，总有若干人物贯穿始终（阿Q、祥子、翠翠、七巧、方鸿渐……）。《呼兰河传》与众不同，它的叙述是随场景展开和变化的。各章节之间是相关和并存的关系，不是连贯的因果关系。在第一、二章，作者描绘出对小城呼兰河的总体印象。第一章类似风景描写，第二章集中于人们的精神生活。第三、四章是作者的童年回忆。第五、六、七章依然是童年角度，所记者则是家族以外的人、左邻右舍。由这种开合式的分场、移步换景的聚焦，作者敞开同一空间里不同侧面的深度。

这也就是小说像自传又不像自传的原因。它吸取了自传中个人经验和回顾性的因素，但摈弃了自传的单一视角。它选择了小说中的自由联想，但去除了小说里的人物中心。被摈弃了的这些东西被别的什么所取代了呢？从一开头我们就看到，她把大量轶闻逸事，编织进以呼兰城为框架的地方故事里。这些轶闻逸事，成为章节主干，值得我们细读。

首先，这些轶闻逸事表现了作者的反叛性的叙事态度，直接关联着主题。在第五章小团圆媳妇的故事里，作者写到，呼兰河这地方，有满清翰林赋歌流传："溯呼兰天然森林，自古多奇才。"以至于街上捡粪蛋的孩子，也会如此高唱"我们呼兰河"。[①] 她随即反问道："可不知道呼兰河给了他什么好处。也许那粪耙子就是呼兰河给他的。"

正是在这里，作者戳穿了正史的虚伪："呼兰河这地方，尽管奇才很多，但到底太闭塞，竟不会办一张报纸。以至于把当地的奇闻妙事都没有记载，任它风散了。"而在这部回忆性的小说里，萧红把当地这些奇闻妙事一一捡拾；这个代表着封闭的生活方式、丑露的精神状态的"我们呼兰河"，被作者穷形尽相，彻底暴露。

就为国民性的缺陷做传这一点而言，萧红对鲁迅的继承是不言而喻的。但是

——————————

① 萧红：《呼兰河传》，黑龙江人民出版社1979年版，第147页。

与《阿Q正传》相比,鲁迅聚焦的是个人,萧红勾画的是群像。是在这样的散点透视下,逸事与轶闻得以进入小说。在这里,一个需要解决的问题是:如何赋予零散的素材以故事的趣味?又如何把分离的片段连缀起来,构成小说的整体?

我从第一、二章里选出三个例子,来探讨这个问题。我认为,萧红给予轶闻以小说趣味的方法是:充分展开一个情境,直到实现它全部的戏剧性;这种戏剧性,成为叙事的推动力。而在所有情境中,讽刺有共同的指向,它们彼此照应,投射出小说的主题。小说的整体性便体现在这里。

先看第一章里的一个小段子:卖麻花,它见于第一章的第六节。

《呼兰河传》里的第一章,描写线索是呼兰河的空间方位。萧红从街景开始,写道路、泥坑、作坊,再到胡同里巷。第一章共有九个小节,时间顺序是从冬天到冬天。假如从它的描写时间再来划分叙事层次的话,那么它的1－5节加上尾声的第9节,是一个"四季歌",构成外部层次的时间框架。在这个框架之内,从6－8节,描写的是小城一日,可以看做是内部层次的时间框架。

卖麻花属于小城一日这个层次,这是小街上的冷清寂寞被打破的时刻:卖麻花的来了。

从卖麻花者出现一直到这一节终结,可以按动作和情境的变换把买卖过程分解成25个类似电影里的分镜头,其中的动作性非常强。如写第三家女人带了五个孩子来买麻花,萧红先是快速写了前四个孩子的拿麻花,继而以特写镜头写最小的一个如何挑选、如何翻遍麻花把自己的小黑手染得油亮;然后写这群孩子抢麻花,母亲随之追打孩子摔在泥坑里,叉子扔出五尺远。

"于是这场戏才算到了高潮,看热闹的人没有不笑的,没有不称心愉快的。"而这出戏的结尾部分,孩子们被罚跪、母亲闹着退麻花。这"被挨家摸索过来的麻花",由一个脱牙的老太太买了去。老太太说:"这麻花真干净,油亮亮的。"

结果呢:

那卖麻花的人看了老太太很喜欢这麻花,于是就又说:

"是刚出锅的,还热乎着哩!"①

这个结语方式揭示了叙事的动力,萧红将一个琐碎事件的喜剧性(麻花被反复摸拿)发展到极致,与事实尖锐对立的结局形成反讽,阅读的悬念来自这个喜剧的

---

① 萧红:《呼兰河传》,黑龙江人民出版社1979年版,第28页。

张力。

第二个例子是第一章最后一节,与第 1 节相照应,寒冬景象周而复始。不同的是,这个"四季歌"多出一节:长冻疮。于是冬天的故事由抒情写景演变为喜剧小品:买膏药——贴膏药——赞膏药;冻疮不见好,膏药却如此耐用,"实在合乎这地方的人情"。"有些买不起膏药的,就拣人家贴乏了的来贴。"①写季节流逝并非抒发感伤情怀,它落实到长冻疮贴膏药,萧红追寻的是故事里人情的荒谬滑稽。

第三个例子是萧红写的野台子戏,见于《呼兰河传》第二章第 3 节。

作者先写演戏前如何搭台子,村人如何呼朋引类、接姑娘唤女婿;在这过程中,插入关于"偷看"、姐妹叙旧、送礼等细节,还有"指腹为亲"乃至女子跳井的奇谈故事。大戏开台,作者一一描绘出绅士调情、贫民打架、河滩露营等情境;尾声里村人提及戏码,各各不知所云。

倘说这里写的是乡村夜戏,我们会发现,"戏"本身是缺席的。作者根本没有写所演甚戏、甚人在演。倒仿佛是野台子现场有一个摄像机,这个摄像机缓缓扫过观众,录下民间聚会的一幕幕插曲,而喜剧性就是这里的戏眼。作者看似闲笔细写,一到可笑处,她的焦距就会推近,于是我们就听见了骂架的对话,看见了绅士的表情:

这时候,这绅士就应该站起来打着口哨,好表示他是开心的,可是我们中国上一辈的老绅士不会这一套。他另外有一套,就是他的眼睛似睁非睁的迷离恍惚的望了出去,表示他对她有无限的情意。②

我们还听到了作者的调侃:"可惜离得太远,怕不会看得清楚,也许是枉费了心思了。"

在读者哑然失笑之处,一种阅读的愉悦油然而生。它代替了情节动力,吸引读者继续追随戏剧性的场面。

因此我认为,在《阿 Q 正传》之后,《呼兰河传》创造了讽刺小说的新经验。它的故事片段是戏剧化的,而它的章节安排是场景性的。犹如民间地方戏开演时的

① 萧红:《呼兰河传》,黑龙江人民出版社 1979 年版,第 35 页。
② 萧红:《呼兰河传》,黑龙江人民出版社 1979 年版,第 56 页。

搭台子,拉大幕;小说里的呼兰河是一座大舞台,各个不同地方是它的小场景。这种由场景进入故事,把人物置于场景的方式,使得《呼兰河传》的结构接近现代影视观众熟悉的一种戏剧类型:情境喜剧。如果说它是散文化的小说,那么,我们应该研究这个散文与小说的关联和散文向小说的过渡。我认为,从叙事效果来说,它的散文笔法有利于情境的切割、场景的转换,以便出演不同的人物故事;而故事里内在的戏剧性和讽刺主题,则把片段的故事连缀成小说整体。由回忆与轶闻交错、故事和议论穿插的文体,萧红创造了更自由的小说叙述。她的闲笔戏写,看似漫无目的;但闲笔松动既成的理念,越过已有的框架和边界,让未被描述过的、沉淀在记忆和无意识深处的、被压抑的印象浮出。

二、众语喧哗:多重反讽

前面说到,《呼兰河传》里的叙事动力是故事或事件里的戏剧性,这里要进一步分析的是,小说里创造了多种多样的讽刺手段。

首先,呼兰河,这个小城就是一个总体的反讽对象。我之所以不认为这部小说是一部怀乡的作品,也根本不认为萧红对这样的家乡有什么怀念之情,就是在于,在萧红的这个小说里,讽刺的锋芒一直指向这样的整体:一种集体的愚昧、群众的野蛮;它在那样一个地方,不是个别的、孤立的存在,而是一代代人所承继着的生活样式。因此,呼兰河,既是地理意义上的地方,也是中国人生活现实象征形象。存在着这样一种基本的、难以理喻的现实,它是作品里一个总体的讽刺对象。

小说里的讽刺性描写,从其方式来看,又有这样几种类型:

一、对照型反讽

《呼兰河传》里一个显著的聚焦点是人们对待死亡的态度,小说里描写了众多死亡事件,它反衬出人们对待生命的漠视。这种对照又可以再分为几种:

1. 结构上的对照:这里指的是在各章节之间的对照。如在第一章里,前三节都写到死:一塌糊涂的动物死、寡妇的独子死、染缸豆腐房里的人死驴伤和孩子死,后面的第四节第五节则写到扎彩铺风景。前面人们草率的死亡和后面装点死亡的认真、热心形成对照。类似章节与章节之间的对照还有对小团圆媳妇婆家的描写。这个故事的高潮是在第五章,但是引子却在第四章的第四节,胡家的"孝顺家风",这里先作了铺叙,与后面的家庭暴力形成反比。在整体上,第二章与第一章也是一个对照,前一章写人们糊里糊涂的生死循环,后一章写为鬼而非为人的跳神唱戏,是人们生活价值颠倒的写照。

2. 场景间的对照:在同一章节之中,我们也可以看到这种对照。第二章的第四节,详写妇人拜娘娘后求子。而这一幕的开头却是丢孩子、警察看孩子、孩子胡乱答话的情形。没有教育、不重生命,求子的意义何在?这样,庙里和庙外、求子的妇人和迷失的孩子形成一个冲突性的场景。

3. 人物行为的前后对照:第四章里写到草房子里面做粉条的人们,房子摇摇欲坠都不怕,却会因为摘粉条的竿子掉下来害怕。给小团圆媳妇洗澡的时候,当女孩挣扎的时候,没有人去救她,等她没了生息,人们又拥上去要弄醒她。王大姑娘未出嫁前,人人夸她健美可爱,等到她和磨倌生了孩子,她以前的优点全都成了人们的笑柄。在这类描写中,作者重在暴露人们行为的矛盾性,从而引起对这种行为的质疑。

二、自白、对话与扩展型反讽

自白和对话,都是对人物语言的描写。萧红吸取了民间笑话里佯做不知的幽默因素,让愚人自白,重在讽刺人物心理。这种手法尤其见于小说第五章。

第五章可以说是全书的高潮篇,在这一章里,人们的无理性达到顶点。一个健硕活泼的小姑娘,因为她的健硕和大方,一步步被迷信和无意识的残暴置于死地。

然而,这里更可悲的因素在于,暴力和虐待是在人们自以为善的调教下进行的。所以,萧红特别聚焦于这种动机和效果的矛盾。作为家长的迫害者本身也是受害者,他们被迷信愚弄。人物的精神缺陷,构成第一重喜剧性,它由自白和对话体现。再则,这些人物观念意识里的无理性和超故事的叙述者、和读者的理性标准产生强烈的冲突,这个冲突造成第二重喜剧性。

这一章里最长的一节是第四节,占了全章的一半以上篇幅。在这一节里,说话者众语喧哗:村民的议论、老妇们的馊主意、小团圆媳妇婆家人的对话、这家人和出偏方的药铺厨子、诓钱的云游道士的对话;中间还有小团圆媳妇婆婆内心活动的转述。萧红用了一个独特的标点符号来处理,在开头两段正文之下,用了160个单括号,一直到结尾才用了另一个作为收束的双括号。

这个特殊符号的使用,在外部事件(胡家跳神)的进展里,开辟了层层深入的叙述层次,从而引领读者进入人物的心理皱褶。萧红不是用意识流小说的方式呈显意识,而是用夸张渲染的手法暴露愚昧。她的对话描写有两种形式,一种是作者

转述,采取"有的说……"(扎纸人、烧替身、画花脸)、"据周三奶奶说"(吃一个全毛的鸡)这种排比句式,而转述到人物的自相矛盾处时则改用直接引语,如引村民的反问:"你看见了吗?"

对这一节里"抽贴"一段作一个细读分析,可以帮助我们理解,对话与自白如何交织,而文本内的亚层次又是如何刻画人物心理、扩展了讽刺的深度的。

"抽贴"这段的行动过程只有简单的三步:说病、抽贴、付钱。而作者通过自白、对话和扩展型叙事,惟妙惟肖地画出了小团圆媳妇所在的这家人可恶、可欺又可怜的状况。

这段开始,大孙子媳妇和大娘婆婆各自对人解释病情。作者采用直接引语,大孙子媳妇先说弟妹本无病,来我家后就一天天黄瘦。她说的是真相,但她自己并不解其意。她的天真质朴与愚蠢可笑无异。

继而大娘婆婆自白如何虐待小团圆媳妇,作者没有插入任何议论,而是让她自己讲如何给媳妇下马威,如何吊打、烙脚心,让她的话里充满明明白白的谬误:"不狠哪能够规矩出一个好人来。""我是为她着想。"她的陈述变成一种喜剧性的恐怖。

接下来是道人讹诈,等他说出抽贴价钱,对这个外部行动的描写停顿下来,让位于当事人的心理活动。从这里生发出又一个小插曲:小团圆媳妇的婆婆从抽贴的钱开始盘算这钱所能派的用场。

萧红用民间故事的幽默风格写了人物的发财狂想:一吊钱买豆腐……一月一块,可以吃20个月。若养猪、喂鸡、卖鸡蛋、拿鸡蛋换青菜……鸡和蚂蚁一样多怎么办。

一个更进一步的内在叙述、节外生枝地展开来,这就是10吊钱养鸡的故事。这种卑微的物质欲望引人同情,但养鸡与养小孩的比较,又暴露出人物那种虐待狂的妄诞。她的话语是缺乏人性的,但她自己浑然不觉,叙事者的声音扮演话外音的作用:有一天,儿子踏死了一个小鸡子,她打她儿子三天三夜。接下来她自白说:"我为什么不打他呢? 一个鸡子就是三块豆腐,鸡子是鸡蛋变的呀!"

道人画字抽贴,妇人惨遭讹诈。在这个外部事件结束后,又是一个扩展型叙述,从妇人的心痛,写到她一贯的俭省吝啬,带出她从前手肿却拒绝买红花的故事。这个故事丰富了妇人性格,虐人与自虐互为补充,既可恶又可怜。

由单括号标志出的叙述,还见之于第五章的第5-8节,第七章冯歪嘴子故事的第 5、7、10 节。其作用除了上述的扩展叙述层面外,还有声音上的扩展。例如,1. 描写人们对某事件的各种议论("这事情一发,全院子的人给王大姑娘做论的做论,做传的做传,还有给她做日记的。")2. 作为叙事者的话外音,和故事内的叙事声音拉开距离。3. 以括号内叙事与括号外叙事形成对比:事件进展与人们反映的对比,让不同的态度、不同的声音并存,以一种无解决的结局延宕下去。

三、人物自嘲

有二伯的故事是《呼兰河传》里三个人物故事之一,作者刻画有二伯性格的主要手段是对他语言风格的描述。一开始,叙事者就说他性情古怪。的确,在现代小说中,这个人物很难归类,他作为艺术形象的新异正在于古怪。我们熟悉他的自卑与自傲、欺人与自欺、健忘和无赖;因为这些方面他和阿 Q 很像。但是有一点最不像,那就是他的语言风格。

在故事里,有二伯简直是一个高超的语言专家。例如有人问他的蝇甩子是马鬃的还是马尾的? 他就说:

"啥人玩啥鸟,武大郎玩鸭子。马鬃,都是贵东西,那是穿绸穿缎的人拿着,腕上戴着藤萝镯,指上戴着大攀指。什么人玩什么物。穷人、野鬼,不要自不量力,让人家笑话。"[1]

看这段话首句,是民谣里起兴式的大前提("啥人玩啥鸟,武大郎玩鸭子"),继而是形象的指代("马鬃,都是贵东西,那是穿绸穿缎的人拿着"),句式排比工整、琅琅上口("腕上戴着藤萝镯,指上戴着大攀指"),结语是首尾照应的自嘲("什么人玩什么物。穷人、野鬼,不要自不量力,让人家笑话。")就此而言,有二伯比阿 Q 富有思辨的能力。他联想丰富、语言生动,善用比喻。

有二伯的说话方式主要是自嘲、自贬。在上面的引文里,他把与自己对立一方——富人贬到了道德水准线下,即暗示有钱人是势利眼、拿穷人开心。自贬是自卫措施,同时也是以退为进的策略。站在这个自嘲的底线,有二伯给自己一种语言的自由,他指桑骂槐、肆意讥讽。

他不仅是语言上的批评家,而且还是行为艺术家呢。萧红正是这样描写的,她

---

[1] 萧红:《呼兰河传》,黑龙江人民出版社 1979 年版,第 161 页。

写他如何和砖头谈话,谴责转头如何不该砸他的脚;他如何痛骂燕雀瞎了眼,没把粪落到穿绸缎者身上,却落到他身上。

有二伯该不是萧红讽刺才能的启蒙老师吧?无论如何,萧红一定深受有二伯语言方式的吸引,有二伯的讽刺使日常生活里的事物发生奇怪而趣味性的关系。但他命途多舛,他的语言才智也是不健全的。萧红记录了他的自言自语、他特定的方言发音、他恼羞成怒的哭诉、他的吃语和诅咒。而所有这一切,又都放在儿童叙事者的"听见"却"没有听懂"这种一知半解的叙述里。这样,有二伯的故事变成了一个多边相关反讽:人物讥刺他的命运——人物被人讥讽(老厨子的戏弄)——儿童的懵懂使她听到的讽刺变形(兔崽子变成大白兔)——读者的判断能力被搅乱、被悬置。

四、叙事者反讽

在小说中发出反语的还有叙事者本身。实际上,《呼兰河传》叙事者的语调,基本上是以说反话为主的。

如她写各种过大泥坑者的行状,其中之一如下:

这一类胆小的人,虽然险路已经过去了,但是心里边无由地生起来一种感伤的情绪,心里颤抖抖的,好像被这大泥坑子所感动了似的,总要回过头来望一望,打量一会,似乎有话要说。终于也没有说什么,还是走了。①

被一个大泥坑所感动——感动前提毫无价值,人们心有余悸却逃避行动的做法被作者作了扭曲的表达,扭曲为一种相反的、矫情的姿势。

还有吃瘟猪肉,作者用了明显不合逻辑的转折描述:

于是煎、炒、蒸、煮,家家吃起便宜猪肉来。虽然吃起来,但就总觉得不大香,怕还是瘟猪肉。

可是又一想,瘟猪肉怎么可以吃得,那么还是泥坑子淹死的吧!②

① 萧红:《呼兰河传》,黑龙江人民出版社1979年版,第10页。
② 萧红:《呼兰河传》,黑龙江人民出版社1979年版,第13页。

将庄词谐用以及词语的错乱搭配也强化了叙事者反语的效果,如把那些造谣生事的邻居称做"探访员";这帮人全无文化,作者却用文言雅词,说他们"大放冯歪嘴子要自刎的空气"。又如下面"国货展览会"的比喻:

> 跳了井的女人,从井里捞出来,也不赶快的埋,也不赶快的葬,好像国货展览会似的,热闹得车水马龙了。①

长期以来,在评说女作家时,人们通常都会认为,所谓"女性气质"也体现在女作家的写作风格里。例如,她们感性细腻、温婉抒情;而理性明晰、睿智幽默等因素则被认为是男作家特有的"男性气质"。这样规范男女的性别气质,本身就有问题;而在评论作家时,它又造成新的刻板印象。首先,在理性优于感性的评价中,女作家的作品和她们的性别一样,被认为是位于第二的,所以好多女作家并不愿意被人们指认性别。其次,理性分析精神被归于男性气质,女性作家在这方面的成就很容易被漠视。《呼兰河传》总是被作为抒情小说看待,它的讽刺艺术从未被认真讨论,原因正在于此。讽刺,出于对人类缺陷的敏感,出于克制感情后对事物荒谬性的分析,要求保持距离的审视,它是思想和思辨的智慧结晶。

但是萧红做到了,而且,谁能做得如此出色? 在写最恐怖的景观时,用幽默和调笑方式写。小说中,小团圆媳妇洗澡一场,叙事者仿佛是一个超然的旁观者。小团圆媳妇被烫了三次,烫一次,昏一次;这个事件的痛苦不言而喻,但叙事者却舍弃牺牲者的角度,而集中笔力于众人的投入、兴奋,写他们从这场虐待的狂欢里得到的满足、他们愚昧的良善。在好奇的观看后、在妖魔化的传闻中、在星月满天夜色流逝无痕的静谧里,死亡如斯降临。由于这种叙事的冷静,可以预料的残忍转变成无法预知的奇观,引导读者思索愚民的残忍。

三、女童的声音与视角

《呼兰河传》里容易被认知的视角是第一人称的儿童叙事者。然而实际上,小说远不是一部视角统一的作品。它的第一、二章都是全知角度下的叙事,儿童叙事

---

① 萧红:《呼兰河传》,黑龙江人民出版社 1979 年版,第 13 页。

者到第三章才出现。即使在第三章以后，叙述里一直有全知视角。小说里混合运用了成人和儿童两种叙事角度。这个成人视角是超故事的叙事者，而儿童视角在故事内起作用。

这个儿童，特别值得重视的是她的性别。她是一个女童叙事者。她大概只有四五岁，她的声音清脆而轻快。由于她的出现，小说里有了另一种语调，一种轻喜剧的调性。她的句式多用短句，读起来朗朗上口；她用字简单，字或词的重复造成某种韵律，例如，她这样形容后花园：

花园里边明晃晃的，红的红，绿的绿，新鲜漂亮。①

如果说成人的声音是超然冷静的，孩子的声音则是兴高采烈的。它的欢快体现在很多拟人化的比喻和儿童口语风格的叙述里：

黄瓜愿意开一个谎花，就开一个谎花，愿意结一个黄瓜，就结一个黄瓜。若都不愿意，就是一个黄瓜不结，一朵花也不开，也没有人问它。②

女孩的不谙世事、一知半解与她眼里的成人形成两种理解。这个距离和陌生化的效果，正是反讽所需要的。具体来说，女童视角的作用有这样几点：

第一，它是一个位置。作为故事内的一个叙事者，这个小女孩的出入于孩子与成人、家院与邻里、主人和雇工之间。她的位置，决定了叙事的详略，也串连起不同场景。

例如，冯歪嘴子的生活就是这样进入叙事视野的。在第七章的第一节，作者主要围绕着磨房的后窗描写。这个后窗位于孩子玩耍的后花园墙边，季节的变迁是从挂在窗子上的黄瓜秧从旺盛到衰败完成的，人物的出现也是这样。等到后窗藤蔓落下，冯歪嘴子开始露脸。

第二，女童视角又是一段距离。在女童的眼睛里，现实改变了形象。大男人们被放在一个异常的镜头下被观看，显出自身的怪异。这一方面增加了作品的喜剧

① 萧红：《呼兰河传》，黑龙江人民出版社 1979 年版，第 64 页。
② 萧红：《呼兰河传》，黑龙江人民出版社 1979 年版，第 67 页。

感,另一方面也引起对男性、对成人是非价值的怀疑。

草房破旧,人们苟延残喘。谁会奇怪反问这里的荒诞呢? 在孩子的叙述里。草房子被表现成童话里奇异事物的发源地,人们为房顶长出蘑菇欢呼。叙事人的目光追随着采蘑菇的人的鞋子,看着它从房顶落下去,掉到锅里,再转移到锅边人的脸上:"锅边漏粉的人越看越有意思,越觉得好玩"。鞋子和粉条一起在锅里翻腾。作者的议论插入这个游戏感的画面:反正不是自己吃,也不用捞鞋子。

在小团圆媳妇的故事里,女童叙事者是惟一与众不同的观众。只有她认同这女孩"不是什么媳妇,而是一个小姑娘"。试想,如果不是在这样一个女童的判断下,如果不是从这样的常识出发,请神洗澡的一幕不过是某种风俗的重演,怎么会显得如此惊心动魄? 女童的视角让洗澡的肇事者成为读者观看的中心,配合括号内的扩展型故事,小团圆媳妇婆家人的心理仿佛被投影到一个巨型的屏幕,产生令人震撼的效果。

在写到有二伯的偷盗时,女童叙事者把自己表现为无意识的同谋:"他的肚子前压着铜酒壶,我的肚子前抱着一罐墨枣。他偷,我也偷,所以两边害怕。"场面的喜剧感缓解了偷盗行为与读者道德价值的冲突,唤起对有二伯性格复杂性的兴趣。

第三,现实的扭曲变形后,产生出富有童趣的意象。这些意象就比喻风格来说,是简单而鲜明的;但放在特定的情境里,它的意义却超过童话的边界,暗示了反面的意义。例如:

> 那粉房里的歌声,就像一朵红花开在了墙头上。①

这里用视觉形象比喻听觉形象,用的是打通感官、连接知觉的方法,可它比喻的氛围却不是欢乐,而是其反面:形象"越鲜明,就越觉得荒凉。"

在有些场面中,这个女童叙事者则是听而不闻的,仿佛关闭了听觉,只留下视觉图象。下面这一幕,完全没有声音,读者如同观看电影里的静场的长镜头:

> 有一回父亲打了有二伯,父亲三十多岁,有二伯快六十岁了。他站起来就被父亲打倒下去,他再站起来,又被父亲打倒下去,最后他起不来了,他躺在院子里边

---

① 萧红:《呼兰河传》,黑龙江人民出版社1979年版,第101页。

了,而他的鼻子也许是嘴还流了一些血。①

接着叙事的镜头推近,从院子的远处推向有二伯的特写,文字呈现出人物头部的色彩,比喻也是儿童化的;有二伯的头部黑白分明,"好像西瓜的'阴阳面'"。这个儿童的视线从人物头部继续延伸,到两个来啄食有二伯身边那些血的鸭子:

那两个鸭子,一个是花脖,一个是绿头顶。②

画面最后定格到鸭子身上,合乎儿童的好奇心理。而这两只似乎不关事的鸭子,从叙事的节奏来说,它造成一种停顿的感觉,延缓着悲剧在读者心里产生印象的时间。同时,两只鸭子也反衬着人情的冷漠,烘托出有二伯的孤立和凄凉。

在小团圆媳妇一章里,越到后来,这个牺牲者的形象越是被推到远处。可在最后一节,它化身为"东大桥"下的大白兔形象,走到童话传说的中心。只是,这只"拉过自己的大耳朵"擦眼泪的兔子,再也不能如传统的童话那样带来安慰。所有的喜剧和讽刺,浓缩于无尽的悲鸣。

把儿童想象和成人审视的作用一起考虑,把童心情趣放在呼兰河阴冷、封闭和无理性的文化背景下,我们就能看见荒诞和荒凉、喜剧和悲剧的交融。而儿童叙事者主体,我要强调的是,女童叙事者,这个天性淘气小女孩,她的悲剧命运已经被小团圆媳妇、王大姑娘的结局所预示。"我家是荒凉的",这句话像音乐里的主题乐句,它不断地出现在女孩童年回忆的首段,它对萧红那深切的体会——女子无乡——女子无乡可返、无家可归的体会,作出了最决绝的注释。

结　语

在中国现代小说中,《呼兰河传》是一块瑰宝,它与萧红同时期的另一讽刺杰作《马伯乐》合为双璧。它对女性昭示了另一条解放的道路:通过写作来解放自己。

"五四"之后的二十年代,当时还是女大学生的凌叔华给文坛名师周作人写信

---

① 萧红:《呼兰河传》,黑龙江人民出版社 1979 年版,第 181 页。
② 萧红:《呼兰河传》,黑龙江人民出版社 1979 年版,第 181 页。

求教,信中说:"中国女作家也太少了,所以中国女子思想及生活从来没有叫世界知道的,对人类贡献来说,未免太不负责任了。先生意下如何? 亦愿意援手于女同胞这类的事业吗?"①

无可否认,鲁迅、周作人、萧红同时代的男性作家,以各种方式给过他们的女性同行以援手。然而,这些无法替代女性独立的艺术探索。为了这种独立性,为了保有写作的空间和自由,萧红付出了生命代价。她对生活方式和情感的再选择,当年没有得到理解,至今仍在遭受非议。

这也是本文一开始提到茅盾经典序言的原因。那篇文章不惜把"寂寞"一词用 27 遍,强调的不是萧红的创作成就,而是作者的思想消极、情感苦闷;她"和广阔的进行着的生死搏斗的大天地完全隔绝了","这一心情投射在《呼兰河传》上的暗影不但见之于全书的情调,也见之于思想部分"。②

在萧红同时代人的回忆中,大量篇幅都是关于她的性格、经历和感情的讨论,却很少有对她作品的细读。茅盾是一个例外,虽然我不赞成他的"寂寞"论。

萧红去世近半个世纪后,在近年出版的一本专著中,作者对萧红的指斥更是惊人:她断不该离开"拯救她出苦海"的男作家,③"在生性孤傲、需要别人哄(骗)以及爱听好话的背后,我们见着了萧红的另一个侧面,或者说是她生来就有的致命弱点:酷爱虚荣!"④她对男权社会的痛恨,被该作者称为"病态的呻吟"⑤;她个人的情感选择叫做自食恶果,"满世界几乎没有一个人赞成她与他的结合"⑥。作者重复道:正如某某所说,她是一个斤二栽到'奴隶的死所'上了!"⑦

世界上有很多著名艺术家有过多次婚恋经历,中国男作家婚变与再婚者亦不计其数。为什么惟独萧红不可以有自己的再选择? 她和"拯救她出苦海"的男作家难道不是同样争取平等的战友吗? 她的苦海难道不是他的苦海吗? 人类的解放难道不包括女性的解放吗? "出苦海"者必须终生依附"拯救者"吗? 还有,作者有

---

① 龚明德:《凌叔华的四篇佚文》,载《博览群书》1999 年 5 月 http://www.gmdaily.com.cn/1_blqs/1999/19990507/gb/173%5EBL-590.htm。
② 茅盾:《〈呼兰河传〉序》,载萧红《呼兰河传》,黑龙江人民出版社 1979 年版,第 10 页。
③ 秋石:《萧红与萧军》,学林出版社 1999 年版,第 432 页。
④ 秋石:《萧红与萧军》,学林出版社 1999 年版,第 394 页。
⑤ 秋石:《萧红与萧军》,学林出版社 1999 年版,第 394 页。
⑥ 秋石:《萧红与萧军》,学林出版社 1999 年版,第 395 页。
⑦ 秋石:《萧红与萧军》,学林出版社 1999 年版,第 395 页。

什么权力如此叱责萧红:"萧红的心始终停留在哈尔滨东兴顺旅馆那间充作备用客房的阴暗、霉湿的储藏室里,而老是'长不大'"?①

值得思索的是,这本书广受好评,没有人认为诋毁一个过世的女作家实有不公。莫非在萧红去世五十年忌日,要用这样的磐石重新压服她不屈的灵魂吗?

萧红写作的时代,正如弗吉尼亚·伍尔夫分析的英国十八世纪之前:"关于妇女的情况,人们所知甚微。英国的历史是男性的历史,不是女性的历史。"伍尔夫说:"非凡的妇女之产生有赖于普通的妇女。只有当我们知道了一般妇女的平均生活条件——她子女的数目,是否有自己的钱财,是否有自己的房间,是否帮助赡养家庭,是否雇用仆人,是否承担部分家务劳动——只有当我们能够估计普通妇女可能有的生活方式与生活经验之时,我们才能说明,那非凡的妇女,以一位作家而论,究竟是成功还是失败。"②

伍尔夫的推理是,只有在法律、风俗、习惯诸方面都发生无数变化的时代,才有妇女写的小说出现。"在 15 世纪,当一位妇女违抗父母之命,拒绝嫁给他们为她选定的配偶之时,她很可能会挨打,并且在房间里被拖来拖去,那种精神上的气氛,是不利于艺术品的创作的。"③因为,艺术创作,需要不寻常的努力,而艺术家的心灵,又多么要求保护和支持。

以伍尔夫的分析来看萧红,她是一个创作的奇迹。在短短的三十年间,萧红走过了英国妇女三百年里的道路。生于呼兰河那样的传统社会,因为性别的原因连生日都被更改;抗婚、受骗濒临绝境;贫困煎熬、情感受挫、数次流产、几乎死在逃难途中;即使所有这一切都没有挫伤她的写作欲求,她还得面对强大的男性写作传统。她一直不倦地寻找自己的声音,一直坚守写作的位置。毫不奇怪,萧红写作的独特气质,一开始没有被完全接受,后来更被她所信任的男作家排斥。在这样的困境下,为了写作,萧红不惜众叛亲离,毅然远走。在香港短短一年多时间里,她终于写出两部长篇,成就了自己作为女作家的使命。

如果这就是她的"奴隶的死所",那么,这是她同时代任何女作家都没有能够

① 秋石:《萧红与萧军》,学林出版社 1999 年版,第 224 页。
② 弗吉尼亚·伍尔夫:《妇女与小说》,载弗吉尼亚·伍尔夫:《论小说与小说家》,瞿世镜译,上海译文出版社 2000 年版,第 50 页。
③ 弗吉尼亚·伍尔夫:《妇女与小说》,载弗吉尼亚·伍尔夫:《论小说与小说家》,瞿世镜译,上海译文出版社 2000 年版,第 51 页。

如此再现的死所:背负传统饱受摧残同时也参与着摧残的死所,乡村与边城普通妇女奴隶般的生存。但她决不是栽倒,她在飞翔。《呼兰河传》和《马伯乐》从艺术上证明,她在写作中何其自由、有多么强大的创造力。今天,将萧红形象锁定于失败者的努力是缺乏明智的。作为一个女性主义批评立场的学者,本文志在相反的方向,即重塑萧红形象,重现她挣脱锁链的翱翔。

论萧红小说兼及中国现代小说的散文特征

赵 园①

这位女作家长时间地吸引着深情的关注,似乎主要不是由于她的文字魅力,而是由于她富于魅力的性情和更加富于魅力的个人经历——尤其情感经历。很难说这是由于萧红本人的性格力量,还是由于读书界审美能力的薄弱。萧红,如果不是以其创作而受到足够的尊重,那至少也是一种对于她的不公正吧,——她所承受的"不公正"已经够瞧的了。浅水湾的墓地该是宁静的,作家本人已经不会再向这个世界要求什么,我们却理应不安,如果我们不能认识她的作品的全部价值的话。

我并不自信能认识"全部价值",但我仍想说点什么,说那个我由其作品中认识的萧红,作为小说家的萧红,而且试着改变一向的程序(我们的"研究"或"批评"早经程式化了),由最基本却又因其"基本"而备受轻忽的"文字"说起。

---

① 本文选自赵园《论小说十家》,浙江文艺出版社 1987 年版。

赵园:中国社科院文学研究所研究员,著有《北京:城与人》、《地之子——乡村小说与农民文化》、《明清之际士大夫研究》、《独语》、《红之羽》等。

从"文字组织"到结构

这正合于我的认识秩序。首先进入我的感官,触发了我的感觉,使我呼吸其间的,是萧红的文字。她作品中的一切:情绪,意念等等,无疑是借诸这原初的物质形态而诉诸我的审美感情和认知活动的。

这是一些用最简单以至稚拙的方式组织起来、因而常常显得不规范的文句。"文字组织"是太理性的对象,审美体验则是浑然、难以分析的。我们通常并不留意于"文字组织",只是经由审美感觉承受到了这种文字组织的功能罢了。"功能"也正反映着"组织"。

如果你论及萧红的文字而希望有足够的说服力,似乎只能让她本人的作品说话。她所使用的那种语言是经不起转述的。

呼兰河这小城里边,以前住着我的祖父,现在埋着我的祖父。

我生的时候,祖父已经六十多岁了,我长到四五岁,祖父就快七十了,我还没有长到二十岁,祖父就七八十岁了。祖父一过了八十,祖父就死了。

从前那后花园的主人,而今不见了。老主人死了,小主人逃荒去了。

那园里的蝴蝶,蚂蚱,蜻蜓,也许还是年年仍旧,也许现在完全荒凉了。①

几乎是无以复加的稚拙,——单调而又重复使用的句型,同义反复、近于通常认为的"废话",然而你惊异地感到"情调"正在其中,任何别种"文字组织"都足以破坏这"情调"。这也许就是鲁迅所说的"越轨的笔致"②?

文学语言更关心自己的功能,如萧红这里的传达一种情调——而且凭借"文字组织"本身——的功能。萧红的语言感正在于,她能让经她组织的文字,其"组织"本身就含有意味。也因而这是一种富于灵气的"稚拙",与"粗拙"是两种境界。

她以"文字组织"捕捉"情调",为此不惜牺牲通常认为的"文字之美",却又正与"情调"一起,收获了文字之美。同一目的("传达情调"),不但规定了文字组织,

---

① 这节文字茅盾在《〈呼兰河传〉序》中曾引用过。

② 鲁迅:《且介亭杂文二集·萧红作〈生死场〉序》,载《鲁迅全集》第6卷,第408页。

也规定了整个作品的组织。"文字组织"正与作品组织————一种近于稚拙的"无结构的结构"————相谐。

她通常不是依"时序"而是直接用场景结构小说,最基本的结构原则也即"传达情调"。你会发现,她对于"过程"显得漫不经心,而只肯把气力用在一些富于情致的小片断上。久贮在记忆中的印象碎片,她就这么信手拈来,嵌在"过程"中,使作品处处溢出萧红特有的气息,温润的,微馨的。这些"碎片"散化了情节,浓化了情致、韵味,对于读者,常常比之"过程"有更久远的生命。她的小说,也的确于散漫处,于似乎漫无目的处最见情致,比如《生死场》开头的大段文字。在被过于切近的"目的"所鞭策、急切地奔向主题的创作风气中,她的"散漫",也象是出于一种艺术敏感和才具。

"情调"对于描述萧红的文字,似乎还嫌"隔",也许应当引入一个更为"传统"的美学范畴:"味"。说"味",总难免虚玄。但我这里指的是情味,以及更平常的"感情意味"。"亲切有味"近于滥调,但这"味",也正是你经常地由萧红文字味得的那一种"味"。若是能够说清楚"味"之所从出,"滥调"也就未见得"滥"了。

鱼摆在桌子上,平儿也不回来,平儿的爹爹也不回来,暗色的光中王婆自己吃饭,热气作伴着她。

(《生死场》)

————岂不太过平淡了吗?但仍然能淡得有"味",————由特殊的文字组织中透出的"味"。"平儿"两句分拆了说,是萧红惯常的表述法,在此处即使得寂静、寂寞因而现出深长。"鱼","暗色的光","热气",正是农家晚炊最习见的情景。而"热气作伴着她",则平添了活气。萧红的叙述中永远有情境,完整的、满溢着生活味的情境。她惯于把对象作拟人的描写,而且出于最自然的态度,令人不觉其为"修辞格",笔触间处处见出作者对物情的体贴,————是"体贴"而不只是"体察"。她永远这样朴素而亲切地接近着她的生活。因而"味"在最朴素直感的文字。甚至令人不感到"文字":是"直感"本身。这样的文字连成一气,全篇也就被"亲切"那一种"味"浸透了。

这种"味"只能出自特殊的文字组织,是文字经组织后产生的审美特性。如果用了"风格学"的范畴,它们绝对难称"精美"。它们只是当构成整体(句、段、篇)时才显示为美。换句话说,那些文句只有在作品的整体结构中才是"美"的。也因而,它们不具有修辞学的典范性,甚至常常出于文法的"规矩"之外。也许是一种偏好,我所喜爱的,正是这样的逸出常规的、以"组织"强化了"功能"的语言运用。比如萧红这样的依赖"组织"的力量又保持了语言的自然的语言运用。这是富于"整体感"的语言。"规范"与否是语言学家的判断。在语言发展中,文学总率先承担起创造新规范的任务。

在萧红这里,语言经由"组织"不只产生了"意义",而且产生了超乎"意义"之上的东西,如上文所说的"情调","味",也可以说是意义外的意义,——"言外意","味外味",庶几近之。朴素到了极处,却每一笔都有味。这种文字趣味,正显示着、联系于作者那种在极其具体玲细的事物上发现情趣,对极微小平凡的事物保持审美态度的令人羡慕的才秉。古典文学语言因世代的积累易于产生的审美效能,现代语言只能在更为苛刻的条件限制中求得。这也是使现代汉语成为一种真正的文学语言所必经的努力。

萧红文学语言的上述特征很易于由读者的审美经验所印证。阅读她的作品,你不正是往往被"混沌"包裹,沉浸于作品提供的"语言场",而忽略了具体文句?我以为这也许正是作者所追求的境界,约略近于"得意忘言"。你也许感到了作品的文字之美,但那种感受如前所说是"浑然"的,"难以分析"的。它们决不因过分炫耀而割裂了你的审美感受的浑不可分的整体性。那是作为一个有机整体的构件的语言,而决不是以自身为目的的洋洋自得的语言。

我们再来说"味",——依赖于文字组织,作为文字组织的功能体现的"味"。"味"有不同,所谓"五味",不过取其粗者。很有些作者,味欲其浓,不惜反复形容。而萧红文字的这一种味,却是于无意中得之。她忘记了文字。她只用文字去摘取物象,倒让人亲切地感到了文字的力量。不惜"竭泽而渔",穷尽文字的所有、所能的,则会令人目炫五色,而不复感到文字之美。

萧红小说并不以"抒情性"为特征。"抒情"应当是以抒情主体的存在为前提的。萧红作品的情绪特征在于那浸透了文字的"感情意味"。这是一种不可离析出来——与文字,与内容——的元素,是萧红赋予她的文字的一种"属性",是她的文字本身。她的作品细节的魅力,也正在于这"感情意味"。

无论有意还是无意,对于"情调"、"情味"的追求都多少规定着她的作品的结构形式,即上文所说的"无结构的结构"。《牛车上》一篇,散漫地写来,如风行水

上，白云出岫，一派自然，而情致在焉。不以任何有形的控制，而以"氛围"、"情调"为内在的制约，创作心理则不在"收"，不在控制，而在"放"，在信口信腕。因而有其从容、暇豫，构成独特的美学境界。探究萧红创作与传统文学的联系，会令人感到无从着笔。但存在于萧红文字中的这种"联系"，又的确比之许多作家为强韧。那是化入文字中、不着形迹地透进整个艺术世界的中国式的审美趣味，——也向读者要求着这一种"趣味"，至少是"感应"。直白地说，她要有相应的修养，才能由萧红的单纯、平淡以至稚拙中读出风致、情味，识得其"文字之美"。

她以自己的美学追求，借诸自己的文字组织，有效地使戏剧性（在当时也是一种"小说性"）淡化了，使小说化解为散文，使"事件"丧失（或部分地丧失）其"情节意义"。也许"过程"仍然完整，并不曾被"化解"掉，但"过程"的时间骨架被极其具体的缺乏时间规定性的情境替代了，——而且多半是极其细碎的生活情境。其结果是散化，徐缓化，是"情味"化，是无底的沉静、寂寞……文字组织就这样"规定"着"结构"，节奏，"规定"着情感状态，以至"规定"着内容的性质。① 而"情味"始终是更其重要的，是作品的魂灵。

无组织的组织，无结构的结构，正属于中国式散文的结构艺术。用极俗滥的话说，"形散而神聚"就是。也正是在这种时候，你更能确信萧红是天生的散文作者，"散文才能"之于她，是犹如秉赋一样的东西。我由作品认识萧红的散文才能，同时由萧红的文字认识"散文性"。"散文"不只是情绪、韵味，不只是结构，它也是一种语言形式。

我已经一再地说到萧红文字的浑然不可分析性。这里应当补充说，"生活"在她的感觉里就那样浑然不可分。也许只有儿童，才能这样感觉生活吧。人类的智慧发展在一定程度上是以牺牲这类宝贵秉赋为代价的。在所谓"成熟"的人们那里，世界形象不免会是割裂的，破碎的。理性培养的诸种才能中，就有这种把世界拆卸后又组装过的才能。僵硬了的"艺术法则"在造成着另一种意义上的分解。②

---

　　① 这种文字组织也只是在与作品的情绪、心理内容的和谐一体中才呈现为"美"的。以《呼兰河传》式的琐屑用于讽刺小说，即使"讽刺"化淡。萧红缺乏那种把讽刺性一把攫出来的机敏和刻毒。因而那种絮絮如说家常，信笔所之，几乎全无约束，在《马伯乐》这样的作品里，即难免变成了短处。讽刺文字是要有一点精悍之气的，而所忌正是散漫无归。

　　② 对不少作品，你可以很轻易地以几条现成的美学原则分解开来，——它们原本就是用铆钉铆在一起或用针线缝合成的。

因而我想说,萧红作品提供了真正美学意义上的"童心世界",与大量平庸的"儿童文学作品"不同层级的"童心世界'。我是从较为严格的意义上谈论这种级差的。我注重的是儿童感受世界的方式(比如保有世界形象的"浑然性"的感受方式)以及表述方式(也是充分感性的),儿童对于世界的审美态度,等等。

也因而萧红的文学世界尽管单纯,却仍然较之许多复杂世界为"完整"。那是个寂寞的童心世界,寂寞感也是浑然不可分析的。"寂寞"不是主体的意识到了的表现对象,它是一种混茫的世界感受、生活感受,霰一样弥漫在作品里,也因而才更近于"整体性"的世界感受。

这种"混沌状态"正是许多创作者所企望却又不能达到的。"精神"的发展不免造成着精神上的某种丧失。对象世界对于思维者有时太清晰,有时又太模糊,以至浑然一体地把握那个浑然一体的世界,几乎变成不可能。正因此如萧红这样的对于世界的整体感受力,在审美活动中更见出可贵。基于这种理解,我由萧红想到了当代小说家王安忆。在这个层面上,不同时代的这两位作家是可以比较的,——真正有点价值的比较。

我也由此想到,创作要求着这一种智慧,保有自己对世界的整体性感觉,至少是对于世界形象进行"感性整合"的智慧,这种智慧的价值决不下于知解力等等,而且比之后者更难保有或获得。

上文中的"童心世界"半是借月,——不作这样的声明很可能被认为是对萧红的缩小甚或贬抑。诚然,萧红不只写了"童心世界";但萧红的确写了童心世界,而且那是她作品中最有光彩的世界。你会亲切地回味到《牛车上》一片稚气中的盎然情趣,和《后花园》、《小城三月》、《呼兰河传》(在我看来,这些是萧红作品中最美的篇什)中"童心"对于"世界"的覆盖。我还想说,即使在她那些未取儿童视角的作品如《生死场》中,也仍然有着"童心世界":那是由情趣、尤其由笔调,由上文反复提到的"文字组织"显示的①。你得承认,"童年印象"是她的作品中最具审美价值的部分。我非但无意于"贬抑",而且以为这种形象记忆、情绪记忆以至感觉记忆的能力,是她的文学才能的独特证明。

---

① 除文字的稚拙,感受的单纯"天真"外,还有生动的直观性。这也正是儿童看世界、思考世界的特有方式:不是诉诸经验与理性(那是成人世界特有的),而是诉诸生动的直观。萧红有时正是使你感到,对这世界,她似乎只在看,并不深想,但却"看"得很深。

　　曾经有过那样多的作家尝试复原自己失落了的"童心世界",成功者却屈指可数。"成功"从不来自对儿童的模仿,而来自在时间的迁流中不曾失去的儿童的生动感觉,不曾失去的儿童特有的世界模型,尤其"整合"世界形象的感性才能。凭着这才能,他们才有可能重造"童年",象萧红这样。

　　我想再作一点比较。我在本书的另一篇文章中谈到了孙犁对于美学意义上的"单纯"境界的追求。这里不妨说,萧红作品的"单纯"是与性情一体的,俨若由天性中流出,而孙犁作品的"单纯"则出于自觉的美学追求。换句话说,萧红的世界原本单纯,而孙犁是把世界"还原"为单纯。萧红式的单纯几不假人工,而孙犁的单纯则是依特定审美理想着意"选择"的结果。——这里只论风格,不涉优劣。仅据上述种种区分,也是无以论优劣的。在我看来,萧红与孙犁各自创造了属于他们自己的那一种"美",这就够了。

散文特征——由萧红说开去

　　在文学的形式方面,表现手段应当是"最革命的因素"。表现手段的更新、变易,则有社会生活的变动作为背景,即使是较远的较为间接的背景。中国现代小说史上的情形也不例外。表现手段的尝试、创造,到三十年代,即呈现出相当的活跃性。却也另有一些形式因素,稳定地存留下来,由新小说诞生期直到四十年代末。比如现代小说的"散文特征"。这种"稳定性",一定程度上正依赖了"传统"的力量。

　　从文学史上寻找证明是不至于太费气力的。自"五四"以来,新小说即有"散"的一派,并且时见佳作。关于这派小说,人们往往由鲁迅作品说起:由鲁迅的《故乡》、《社戏》(其实远不止这样的两篇)说到废名小说,由郁达夫、郭沫若说到初期"革命文学"作者洪灵菲,然后再说到三十年代的沈从文、芦焚、艾芜,一直说到写于四十年代初的《呼兰河传》,说到孙犁等等。即使细细梳理也仍然会有大片的遗漏,因为几乎每个较有分量的小说家都有"散文风"的小说,有这一种"风格面",有部分作品的"散文特征",或一部作品中的散文片断、散文成分。值得特别提到的,倒是以散文方式结构的长篇。

　　短篇小说在结构上易于更新,多半也因其篇制的短小。长篇的困难一向更大些。以中国新文学论,长篇在技巧方面始终落后于短篇,叙述方式也单调而少变化。"五四"时期的长篇（如王统照的《一叶》、《黄昏》等），像是当时那种短篇的抻长，不过略具长篇的"规模"而已。到三十年代小说创作"规范化"，新文学才有了近代样式的长篇。这种长篇较之"五四"时期的"准长篇"，结构固然大大复杂化也完备化了（以茅盾小说为代表），却又时时令人感到逼促，似乎少了那种适应于中国人的审美心理的从容裕如好整以暇的风致。

有"规范"即必有非规范、反规范。张天翼、端木蕻良作品中隐约可见的电影组接手法的借用，即是结构—叙述方面的创造①。此外还有路翎小说的"破碎"，——至《财主底儿女们》几达极端。而介于规范与非规范之间的"散文化"倾向，更为普遍，也更有美学根柢。散文化，这不只是一种结构手段或原则，也是一种心态，是作者的审美态度，是创作活动中一种特定的主客体关系。"无结构的结构"，不过是其外在形态而已。

其实，说"无结构的结构"不过是一种故意的夸张，如《呼兰河传》，如沈从文的《边城》、《长河》，都各有独特的结构形式，只不过异于当时更为通用的长篇结构罢了。较之那些有着贯穿情节、中心人物、锻铸周严的人物关系的长篇，宛曲回环的《长河》，舒卷自如的《呼兰河传》，其时空结构更具"开放性"。以我自己的趣味，偏好这种结构的"非结构性"，也因其更有自然之致。每每到得小说"太像小说"散文化，这不只是一种结构手段或原则，也是出了毛病。当此之时，结构的任何开放或松动，都能引起审美愉快。可惜到五十年代，结构形式更趋"统一"，虽有《铁木前传》这样的"不像长篇"的长篇，终不能成大势，只如一湾细流，蜿蜒在主河道旁的沙滩上。

由此看来，新文学史冷落了某些现、当代作家，也不全出于简单的政治上的原因，其间也有社会审美心理的变易，小说艺术自身发展过程中的选择。当然，"变易"与"选择"也曲曲折折地反映着"时势"。

不消说，这种"散文体式"并不能被认为是新的美学观念的形式体现，——如现代派的小说结构那样。就艺术渊源而言，这种结构形态毋宁说更与旧文学相近。因而中国现代小说的散文化，从一个方面实现了文学史的衔接、承续，在审美意识上沟通了现代文学与传统文学。文学史现象就是这么矛盾：一方面，有中国小说的

---

① 不只张天翼、端木蕻良，左翼文学以及前期抗战文学的"速写式"小说，都令人感到电影手法的影响，——主要在结构、叙述方面。

"现代化"，师法欧美，输入新潮，另一方面，又有骨子里的中国味，有审美心理、审美意识中的"传统的力量"。这种力量并非总是"历史的惰性力"，文学的逻辑究竟不等同于社会历史的逻辑。比如散文意识下结构形式的开放，不就接通了传统文学与现、当代文学，尤其文学形式变革的"新时期文学"？因而传统文学的"散文意识"中倒是有可能孕育、启示现代的形式感、结构样式呢。值得做的工作，是找到"传统""与"现代"的焊接点，解释这种审美意识的交错现象。

你看，人们正热衷于谈"断裂"，我却愿意同时注意一种深层的联系，且相信系结着文学历史的血脉，还不仅有这样一条。在中国，"传统"从来具有强大的延续力，即使在最称"彻底"的"五四"文学革命时期也不例外。但也惟此才叫"中国文学"。

"自然"，是中国传统美学的重要范畴。师法乎自然，师法乎造化，追求"化境"，追求消泯了外在形式痕迹的形式，消融了结构框架的结构，所谓"自然天成"，所谓"如风行水上，自然成文"。这多少像是一种神秘的能力。中国的传统文化确实在具有较高审美修养的人们那里培养了这种能力。中国古代散文的典范之作，也正体现了有关的审美理想。

在实际创作中，对"自然神韵"的追摹，又与敏锐的形式感统一在一起：出乎法度之外而又无往不合于法度。由此才有无"结构"的结构，不见"形式"的形式。中国式散文因其外在结构的隐蔽性，更加要求内在形式感、内在审美尺度的高度控制。没有外部的尺寸规格，即愈加强调"神"的统摄、"意"的贯通、"味"的渗透，愈加注重溶入创作意识之中的形式意识、高度"自由"的境界中的内在制约。① "自然"，是高度审美化了的境界，与原始形态的那个"自然"毋宁说离得更远。

萧红的作品正给人以这样的印象。

"五四"时期，新形式、新美学理论的输入，改造着人们的欣赏习惯。而文化的

---

① 我由此想到沈从文的小说结构——尤其在湘西诸篇里，又尤其在《边城》、《长河》中——即近于传统书画的"线的艺术"，流转自如，令人不觉其"结构"。《八骏图》是作者的得意之作，极叙述方式之多变、结构运用之灵活，却仍然不如湘西诸篇的了无转折痕，俨然出诸天工。这里有作者的审美心理与对象间的同构，并不全出于技巧。沈从文常说他的灵感得之于水流，说他的智慧中有水气。他的叙述，他的结构运用也真如水般柔活。似非出诸明确的艺术设计，随意宛转，无往不宜，——审美创造中近于"自由"的境界。中国书画艺术中线的流动，谁说不也得自河的启示？沈从文果真把他熟悉的沅辰诸水引进了"结构艺术"。

沉积却更内在地决定着普遍的审美价值取向。现代优秀的散文体式的小说；正以其形式与普遍的审美心理结构对立，自然易于引起审美愉悦。这一时期文学社团林立，有"排他性"的派别意识，而鲁迅的《故乡》却得到一致的好评。共同的"形式美感"，是这种共同的价值取向的依据。

既探究"形式感"，就不便一味在"情致"、"味"等过于虚玄的领域盘桓，否则会使人如坠五里雾中，无从把捉。而"形式感"所附丽的"形式"有实体性质，比如"文字组织"这一种"形式"。

古典散文的文字组织，其相对于古典诗歌的最外在的形态表现是"参差错落"。民歌也"参差错落"，但有一定限度。词曲亦"参差错落"，作为诗之"别体"，却被认为形式上已失"纯粹"，在同散文靠近了。

"散文美"相对于"诗美"，其形式美感即在文字组织的更大自由，更其"参差错落"，因而也更便于负载某种情感。有人以为凡诗所写，散文无不能写，这里也许有某种误解。散文与诗的区分，其一即在由文字组织规定的审美功能。同题的散文与诗，其"味"绝难混淆，终于不过"同题"而已。至于"参差错落"，本身就富于美感。如《呼兰河传》那种行云流水般的文字，和谐自然的节奏（它势必调整你的心理节奏，使趋于"和谐自然"），无疑是足以唤起审美感情的客体，对于浸润在或浸润过中国传统艺术的心灵，则显得尤为熨贴。如上所说，文字组织的错落有致中产生的"散文美"，是以人们的审美心理结构与作品的形式结构、作品的结构形态与其负载的情感形态的对应为依据的。

"参差错落"之间，也势必产生一种张力。钱锺书谈到过中国古典绘画的主要流派南宗画以"简约"为原则，以减削迹象来增加意境。用时下流行的说法，即以"简约"求得意象的"张力"。文字组织的"参差错落"，便于借"空白"刺激联想、想象，并由相应的韵律化的情感，自然地造成"情绪场"，完成作品"形式—内容"的和谐统一，一种近于"浑然天成"的统一。

萧红由于其"散文化'了的审美意识，不必用力寻求，文字即自然、有韵律，见出疏密有致、参差错落的美。"形式"又反转来"规定"了内容，使容纳其中的生活也"散文化"了。越不用力，越不为预设的目的所拘限，她越像自己，任何过分的用力都反伤自然。因而也可以认为这是一种娇弱的风格。这种风格的成熟（以《小城三月》、《呼兰河传》为标志），当然赖有四十年代文坛的鼓励。外在环境和文坛自身的变动，使趋于僵硬的意识（包括形式意识）"软化"、松动，鼓励了意向的多方

面伸展和不同艺术个性的自由创造。我已在有关骆宾基小说的文章中谈到了这种文学史的条件。

也许读者已经注意到,我谈散文体式,着眼的主要是作品的组织尤其语言组织,而不是被认为散文的主要性质的"抒情性";我更关心的,是由句式、句间关系、语言的组织所规定的萧红作品的情感表现及表现方式。

显然,萧红作品的语言结构不是在模仿生活,而是在模仿情绪,它们是依据作者本人极为深潜极为内在的情绪流来组织的,也因而往往有像是"随意"的省略,有其明显的有意的不规范性。你只有在这种语言结构的整体功能中,在这种语言与一种诗意情绪的对应关系中,在这种语言组织负载的情绪中体验那美。"抒情性"不能准确地概括萧红的小说。萧红作品特有的情绪特征、情绪力量主要不是经由主体的"发抒",而是经由她特殊的文字组织实现的。

"抒情性",是一种太过空泛的概括,因包容过大反而弄得缺乏意义。郁达夫作品的抒情性与沈从文作品的"抒情性"(我在下面将谈到,沈从文作品的散文特征并不在于其"抒情性")是难以相提并论。沈从文与萧红的作品都不曾试图唤起某种激情,它们的情绪色彩甚至比某些公认的写实作家(比如茅盾、丁玲)的作品更淡薄。在它们那里,你所遇到的,不是通常意义上的"抒情",而是充满感情意味的具体情景。这里才有中国传统散文特有的美感。中国式的散文,与其说"主情",不如说"主味",主"情致"。这是一些较之"情感性"、"抒情性"远为细腻、微妙的美感,属于中国传统美学的特有范畴。"情致"、"情味",很大程度上,正是一种文字趣味,极大地依赖于语词、句子的组合及组合方式,因而也难以由其语言载体中剥离出来。

有必要对上文中的概括作点校正。本节开头一股脑儿地罗列出的具有"散文特征"的小说作品,完全可以由其文学渊源划出不同的类型。现代小说的散文特征并非都源自传统散文。这里有中外文学的交叉影响。外国散文的评介,外国近现代小说结构方式的多样化,也影响到中国现代小说散文特征的生成。郁达夫被认为旧学根柢深厚,但由他的《沉沦》之属中几乎看不出与传统文学的形式联系,那些作品倒是有鲜明的"抒情性"。而他写于杭州——福建时期的那些笔触轻淡的小品文字,才更赖有祖上传下来的那份美学遗产。

依这样的区分,中国现代散文式小说承继"传统"而最见功力的,除沈从文、废名诸作外,也许就是孙犁小说吧。那是富于文字趣味、韵味十足的散文式小说,极其浅近平易,情绪因节制而含蓄内在。对于这一类现代文学作品,传统的美学思想、批评方法不但有用,而且非以此即不能搔到痒处。

中国传统艺术讲求情绪的节制,审美评价则以感情深沉内在、不形诸辞色为高品类,不能不影响到具有"散文倾向"的现代作家。沈从文对于对象的鉴赏态度,即表现出(或曰"实现了")情绪的节制。萧红式的"寂寞"("淡化"了的痛苦)也造成她特有的节制及节制的心理依据。这种情绪上的节制(而非"宣泄"),出于中国人的文化—心理结构,合于"温柔敦厚"的诗教,沟通了中国的艺术与哲学传统。

一度的冷落之后,"散文特征"似乎更引人注目地回到了小说。"新时期"一部分小说结构的散化,是更为大胆、活跃的"结构—形式"创造的一部分。也已有人追踪过某些作家作品的文学渊源①。在我看来,除汪曾祺、宗璞等少数作家外,大量小说作品的"散文性",属于另一美学世界。与传统文学即令"形"近,也仍有"味"异。这自然由于不同时期小说家的不同教养,文学创作的不同文化氛围。

新文学的前两代作者,因从旧文化中脱出,不免带有更多的蜕变痕迹。即使"后天"受到外国文学的熏染,富于"惰性"、偏于"保守"的美感仍然由"文字趣味"曲曲折折地反映出来。当代小说家(除汪曾祺等几数人外),与那个"传统"又远隔了一层,看起来似乎一脉相承,其实脉管里的血液已有不同。形肖而神不似,即使追摹亦令人感到力有未逮。论者喜欢以某当代作家与某现代作家相比拟,粗粗地比一比尚可,因为以谁比谁都嫌不妥帖。就"散文性"而言,所少的往往就正是那道微妙而又微妙的"味",难免要让嗜古成癖的雅人叹一声:"此道之不传久矣!"②

传统散文是一种美感,是一种心态,而且要求作者与读者间心理节奏的谐调。上述条件在变化了的社会环境中注定了不复存在,因而传统意味的散文的衰落正势所必至。已经有人著文谈到,近百年间小说兴盛,话剧崛起,散文却因过于成熟而至形式上不易变革。但"熟极"也才会有新变,而且有可能变得彻底,这也叫绝处逢生吧。由传统的散文美学中跳出来,生出全新的散文形态,而又由散文与小说的"杂交",衍生出不同于现代文学史上散文体式小说的新的文学品种。——也许,在我们刹那间的恍惚中,这品种已经生成了呢!

① 如黄子平:《论中国当代短篇小说的艺术发展》,载《文学评论》1984 年第 5 期。

② 当代小说创作生机蓬勃,可望从总体上超越现代三十年文学(局部已有超越),但当代散文创作则未可乐观,创作和鉴赏水平都有下降。这也更使得读书界迫切要求形式、内容一新的散文作品,要求新时期新的散文美学。

再说结构与叙述

即使"散文特征"是个包孕较广的概念,它也不足以容纳文学史上的萧红。我们仍然得谈萧红本身,谈这个艺术个性的内在丰富性。比如她所选择的结构形式。在本文第一部分中,我已由"文字组织"而及于结构。但"结构"毕竟包括了更多的方面。

到萧红创作小说的这一时期,新文学经十数年的积累,创作者的"结构意识"已经极大地丰富了。你由三十年代作品中,不但可以看到各种叙事角度的试用,看到小说与散文,小说与速写、报告文学"杂交"繁衍出的新的结构形式,也可以看到小说家不同的时空意识,这种意识的多种多样的结构表现。

萧红对于历史文化的理解集中寄寓在她作品的时空结构里。时序的概念对于理解萧红作品的结构有时全无用处。那些作品的各构成部分之间,往往不是依时序,而是由一种共同的文化氛围焊接(更确切地说,是"溶冶")在一起的。萧红更注意的,是历史生活中那种看似凝固的方面,历史文化坚厚的沉积层及其重压下的普遍久远的悲剧。她是用宽得多——比之当时的许多作品——的时间尺度度量这种悲剧的。《生死场》写了四时的流转,却没有借时间"推动"情节。占据画面的,是信手展示的一个个场景。如上文说到过的,她常常把看似孤立的情景(是空间单位而非时间单元)组接在一起,并不为了表现过程的连续,而为了传达"情调"。到《呼兰河传》的前半,她更索性使时间带有更大的假定性:是今天,也是昨天或者前天,是这一个冬天同时也是另一个冬天,是一天也是百年、千年。这里的时间感、时间意识从属于作者的主旨:强调历史生活中的共时性方面,强调文化现象、生活情景的重复性,由这种历久不变的生活现象、人性表现中发掘民族命运的悲剧性。由《生死场》到《呼兰河传》,时间由模糊、重叠、富于弹性到假设性、非规定性,因而也愈益增添了"非小说性"。不能想象凭借这样的"时间"来构造通常意义上的"情节"。小说特性在这里也被冲淡了①。

时间的假定性势必造成叙述的假定性,人物动作的假定性,以至整个情节架构

---

① 即使作为小说雏形的古老的故事,叙述的着重处也在具体的人。而散文,尤其记述风习的散文,才更关心现象的普泛性,常在叙述中以假定性代替特定性。

的假定性。出现在《呼兰河传》开头的，无论"年老的人"，还是"赶车的车夫"，以至"卖豆腐"、"卖馒头"的，都非特定的个人。上述称谓不是特指而是泛指——这些世世代代生活在呼兰河边的人们，以"赶车"、"卖豆腐"、"卖馒头"等等为业的人们。因而，即使"个人命运"在这里，也较之在作者的其他作品里，更带有"共同命运"的意味。在技术上却并非由于依"典型化"的原则对特征进行了"集中"，而是由于作者的那一种叙述方式，和包含其中的时间意识、历史意识。也因而《呼兰河传》才更像这部书的总题：那种叙述内容，坐实了，就没有了"呼兰河"的"传"①。时间的假定性，使特定的空间范围(呼兰河)在人们的感觉中延展了。是"呼兰河"的"传"，又不仅仅是呼兰河的。空间的特定性本是"风俗画"的必要条件，时间的非特定性则合于表现一种文化形态的目的。看似自身矛盾的时空结构，却在映现一种文化形态的"风俗画"中被作者统一了。

很难说这种时间意识是属于散文的，但至少它是足以弱化情节、弱化"小说性"的，也因而有可能助成某种"散文特征"。

叙述内容的假定性，如前所说，目的在于表现过程的重复性，生活的循环性。这不是具体的哪一天，因而才是无论哪一天，是无穷无尽的呼兰河边的日子。萧红要她的作品情境在虚实之间，在具体与非具体、特定与非特定之间，在历史与现实之间，在写实与寓言之间。《阿 Q 正传》的"序"至关重要。那里使用的也是近于假设的表述法，不是某一位可以考定的阿贵或阿桂，而是介乎虚实之间、具体与非具体之间的"阿Q"，这才更见出鲁迅悲剧感的广漠无垠。这种体现于"结构"中的历史认识，使作品于极其具体中多了一味"抽象"。《呼兰河传》首章中关于大泥坑的故事，不就既是"呼兰河生活方式"的象征，"意味"又更在呼兰河外，——不妨同时看作关于中国历史、民族命运的象征或者寓言？那是包含着深远的忧思和无尽的感慨的。但你并不感到有"哲理"对于你的强加。化入了"形式"的思想，本身即有可能成为审美对象。而叙述方式、时空结构又何尝只是"形式"呢？它们同时是内容。

---

① 《果园城记》(师陀)的构思命意与《呼兰河传》相近。师陀说："这小书的主人公是一个我想象中的小城，不是那位马叔敖先生——或者说那位'我'，我不知道他的身分，性格，作为，一句话，我不知道他是谁，他要到何处去。我有意把这小城写成中国一切小城的代表，它在我心目中有生命，有性格，有思想，有见解，有胃感，有寿命，像一个活的人。"(《果园城记·序》，1946 年5月)。既要写成"中国一切小城的代表"，——为一种文化形态作"传"，就必得着眼于普遍、重复性。《呼兰河传》、《果园城记》都如此。

沈从文也惯用这种方式叙述，强调现象的重复性。他的《腐烂》写上海闸北贫民区，也如《呼兰河传》那样，世相是他的"人物"，所写的是无论哪一个灰黯的萧索的日子。依着时间写下去，时间本身却是非特定的。世相因人生而不同，笔墨则随处流转。凭着经验和想象，就着一点时间和空间，他把想象纵横地铺开去。想象在任何一点上都可以生发，一切可能的场景、过程一一叙到，使诸形诸色都呈现其上，因而"过程"不但破碎而且不重要。这里是散点透视，没有贯穿线，却一端引出一端，环环相扣，节节呼应，"自由"中仍然见出"组织"。欲以一篇文章穷尽一类世相，这种不见结构的结构，倒是出于巧思呢。沈从文的小说，除《腐烂》外，《夜的空间》、《节日》、《黄昏》（《晚晴》）等，都使人感到了生的扰攘。叙述者分明地告诉你他不但在看，而且在设想，在以这种方式组织他的生活印象。他把关于"结构"的"设计"，也一并呈现给你了。

富于魅力的更有萧红的讲述。无论使用怎样的人称，那都是她在讲述，——一派萧红的口吻，因而本质上都是第一人称的。视角的单一则由叙事人性情的生动显现作为补偿。①《呼兰河传》的第一章没有出现"我"，你的意识中有"我"在，待到第二章"我"的字面直接呈现，你也不觉得突兀。在已经由叙述造成的整体氛围中，一切自然。

但作者、叙事者、作品中的"我"之间的间隙，你仍然由叙述中感觉到了。既然不是现场摹写，而是由印象、记忆中抄出，"时差"中就有心理距离。那里有微讽，以及沉重的、严峻的、悲悯的、无可奈何的诸种混作一团的情绪。保有儿童的感觉方式的作者，寄寓着作者形象的叙事者，毕竟不等同于作为作品主人公的那个孩子。因而，是"童心世界"又不是"童心世界"。其实，自传体（或带自传性质）的文学中的"童心世界"无不是在这种"时差"上构筑的。在这一点上，艺术"级差"往往正系于叙事者与作为儿童的人物间"间隙"的控制。

在萧红的作品中，《生死场》的结构过分自由（即使有"四时的流转"），带着一

---

① 萧红所追求的"语言的造型性"就正包括了叙述文字的"声音意象"的创造。即使下意识地，她在组织文字时，的确把声音因素作为了构造的根据。因而我们在阅读中所感到的"亲切"，在相当的程度上也正来自那诉说般的委婉语气。即使你并未分明地觉察到这种"诉说口吻"，那口吻中的"亲切"也已透入你的感觉了。"诉说口吻"也正属于声音层面。在这个层面上，你常常与"亲切"同时体验到"宁静"，极深的宁静。这也是你的声音感，属于听觉意识。如果你肯仔细地辨析一下你最初的感觉，你会相信那"宁静"果然是你听到的。

种稚拙的放任,几乎无所谓的"结构艺术"。然而《呼兰河传》中萧红创造的结构形式,其雏形正在《生死场》中。我不打算掩饰我对于《呼兰河传》,对于《牛车上》、《后花园》、《小城三月》这类作品的偏爱。《桥》和《手》自然是好的,但是太有组织,"结构"象 X 光下的骨骼一样呈露着,令人想到张天翼,——张天翼的小说结构正是呈露在外的,像骨节峥嵘、筋脉凸起的手。那种结构形态也许适于张天翼的才情,却会斫伤萧红作品自然流溢的生机。因此我宁取《呼兰河传》、《牛车上》等作品的浑成,以其更有"天趣"①。这样说,等于承认了我个人对于传统散文美学境界的偏嗜。在我看来,像《牛车上》这样的作品,才真令人感到有灵气灌注。借用了创造社诗人的话说,这种文章不是"做出来"的,而是"写出来"的。

"内容—形式"统一的深层依据:悲剧感

浅水湾黄土下的萧红有理由感到幸运,即使只为了茅盾那篇《〈呼兰河传〉序》。有几人能得这样深的理解呢?因而寂寞者也究竟并不寂寞。尽管如此,茅盾的有些批评仍然显得苛刻,而且不可避免地带有那个时期普遍的认识印记。②"愚昧保守"而"悠然自得其乐",难道不正是这样一种文化形态下生活的普遍悲剧吗?老舍笔下的旧北平人,沈从文小说中的湘西山民水民,都使人看到了这种悲剧。只不过沈从文往往把他的人物生活诗化了,而萧红人物的"悠然自得其乐",却能使你有超乎一般"悲哀"的悲哀。它不刻骨铭心,却茫漠无际。这自然不是同一时期的作品中常常可感的那种由灾难性的生活变异带来的尖锐的痛苦,而是因年深月久而"日常生活化"了的痛苦。很难说哪一种痛苦在悲剧美学的天平上更有分量。这是体现着不同的悲剧意识的悲剧,给人以不同的悲剧美感。

鲁迅在论及淦女士的创作时,曾经引述过匈牙利诗人裴多菲给 B. Sz. 夫人的

---

① 如果更细地比较,我还想说,《桥》的节奏形式是简单而显明的,简单到可以由段落中用笔划出来。《牛车上》等篇的节奏更内在,却使每个不只用了眼睛,而且用了"心"去读这些作品的人,生动地感觉到了其中的节奏和它的力量。

② 茅盾认为,在《呼兰河传》中我作者思想的弱点,"问题恐怕不在于作者所写的人物都缺乏积极性,而在于作者写这些人物的梦魇似的生活时给人们以这样一个印象:除了因为愚昧保守而自食其果,这些人物的生活原也悠然自得其乐,在这里,我们看不见封建的剥削和压迫,也看不见日本帝国主义那种血腥的侵略。而这两重的铁枷,在呼兰河人民生活的比重上,该也不会轻于他们自身的愚昧保守罢?"

如下题照诗:"听说你使你的男人很幸福,我希望不至于此,因为他是苦恼的夜莺,而今沉默在幸福里了。苛待他罢,使他因此常常唱出甜美的歌来。"引用这样的诗句不免要招致误解吧,因而鲁迅又有如下的解释:"我并不是说:苦恼是艺术的渊源,为了艺术,应该使作家们永久陷在苦恼里。不过在彼兑菲的时候,这话是有些真实的;在十年前的中国,这话也有些真实的。"①即使在引用了鲁迅所引的诗,又引用了鲁迅为防误解的解释之后,我仍然担心着误解。因为如前所说,人们对萧红生平的兴趣(包括追究她的悲剧的责任者)似乎始终超过了对作品的审美兴趣。我以为一切既成的历史都不妨作为理性剖析的对象,作者的个人悲剧在这里很可以被作为风格、艺术个性的成因之一而获得较为积极的解释。萧红的悲剧对于她个人固然显得残酷,我们却仍然不妨说,萧红的透骨的"寂寞",在某种意义上也"成全"了她,使她的浸透着个人身世之感的悲剧感,能与生活中弥漫着、浮荡着的悲剧气氛相通,那种个人的身世之感也经由更广阔的悲剧感受而达于深远。你能说庐隐是狭窄的,却不能这样说萧红,即使她在"一九四〇年前后这样的大时代"里"蛰居"着。她没有更多地表现惨烈的斗争也许可以算作某种损失吧,但作为小说家,她却由对于自己来说最有利的角度切入了生活。每个作家都注定了要在主客两面的限制中从事创造。你很难责备、苛求作为"小说家"的这个萧红。就她所提供的作品看,那也许正是她所能有的最好的选择。

萧红的悲剧感也自有其尖锐性,更不必说深刻性。她把自己对于生活的悲剧感受,集中在人类生活中如此普遍而"尖锐"的"生"与"死"的大主题上。她尤其一再地写死亡,写轻易的、无价值的、麻木的死,和生者对于这死的麻木。

"在乡村,人和动物一起忙着生,忙着死……"

(《生死场》)

与死神对过面的王婆,忙着为这个也为那个女人接生,"等王婆回来时,窗外墙根下,不知谁家的猪也正在生小猪。"

(《生死场》)

① 鲁迅:《且介亭杂文二集·〈中国新文学大系〉小说二集序》,载《鲁迅全集》第6卷,第245页。

也许应当说,这才是当她写《生死场》,并这样奇特地为她的书题名时,最尖锐地刺痛了她的东西。① 在萧红看来,最可痛心最足惊心动魄的"蒙昧",是生命价值的低廉,是生命的浪费。

生、老、病、死,都没有什么表示。生了就任其自然的长去;长大就长大,长不大也就算了。
……

(《呼兰河传》)

假若有人问他们,人生是为了什么? 他们并不会茫然无所对答的,他们会直截了当地不假思索地说了出来:"人活着是为吃饭穿衣。"
再问他,人死了呢? 他们会说:"人死了就完了。"

(《呼兰河传》)

恬静到麻木、残酷到麻木的,是这乡间的生活。这"麻木"在萧红看来,是较之"死"本身更可惨的。由《生死场》到《呼兰河传》,如果说有流贯萧红创作始终的激情的话,那就是关于这一种悲剧现象的激情吧。

染缸房里,一个学徒把另一个按进染缸里淹死了,这死人的事"不声不响地"就成了古事,不但染缸房仍然在原址,"甚或连那淹死人的大缸也许至今还在那儿使用着。从那染缸房发卖出来的布匹,仍旧是远近的乡镇都流通着。蓝色的布匹男人们做起棉裤棉袄,冬天穿它买抵御严寒。红色的布匹,则做成大红袍子,给十八九岁的姑娘穿上,让她去做新娘子。"至于造纸的纸房里边饿死了一个私生子,则"因为他是一个初生的孩子,算不了什么。也就不说他了。"

(《呼兰河传》)

---

① 因而这部与《八月的乡村》(萧军)齐名并以其题材特点造成了相当大的影响的作品,题旨与《八月的乡村》并不那么一致。《生死场》主要地不是一部关于时事的书,它的意义也不在这里。就其本身的性质来说,《生死场》与《呼兰河传》是互为呼应、有"贯穿主题"的姊妹作。

在作者看来,这里有真正的黑暗,深不见底的中世纪的黑暗。这黑暗也是具体的,现实中国的:这大片的土地还沉落在文明前史的暗夜里！尤其可痛心的是,"不惟所谓幸福者终生胡闹,便是不幸者们,也在别一方面各糟蹋他们自己的生涯"①。这不也正是使"五四"时期的启蒙思想家为之战栗的悲剧现实？这里的"五四启蒙思想",不是柏格森的"生命哲学",而是关于改造中国社会的思想。对生命价值的思考和改造民族生活方式的热望,构成了萧红小说有关"生"、"死"的描写的主要心理背景。

由燃烧着的东北大地走出,萧红不曾淡忘过"时代痛苦"。因而沈从文写化外之民,萧红在《呼兰河传》中所写,却是尘世中的阴界、地狱,尽管也在僻远的地区,远离"都市文化"的地方。沈从文写"化外"的文化,所谓"中原文化"的"规范"以外的文化,萧红却在同样荒僻的地方,写中国最世俗的文化,中国绝大多数人呼吸其中,构成了他们的生存方式的文化。沈从文发现了那一种文化的浪漫性质与审美价值,萧红却发露着这一种文化之下的无涯际的黑暗。沈从文写人性的自由,写一任自然的人生形态,萧红却写人性的被戕贼,写人在历史文化的重压下被麻木了的痛苦。萧红也以审美态度写习俗,最美者如放河灯(《呼兰河传》)。但即使这美,也美得凄清,浸透了悲凉感,从而与全书的情调相谐。萧红的作品,其基本特征属于当时的左翼文学,社会批评、文明批评的自觉意识,始终制约着她的创作活动。而沈从文,如我在收入本书的另一篇文章中写到的,有着不同于萧红的追求。

但透入萧红作品之中的心理内容却要复杂得多,——不仅有如上所说的相当一批现代作家共同的"心理背景",而且有作者个人独有的心理根据。仅仅"叙事内容"并不足以使她与别人区别开来。而"叙事内容"如果不与"叙事方式"同时把握,你不大可能真正走近这个作者。

萧红用异乎寻常的态度、语调叙述死亡,——轻淡甚至略带调侃的语调。我在下文中还要写到,不止"轻淡",她还有意以生命的喧闹作为映衬。当这种时候,她不只在对象中写入了她对于人生悲剧的理解,而且写入了她个人的人生感受,那种俨若得自宿命的寂寞感。她的关于"死"的叙述方式,曲折而深切地透露了这心态,有神秘主义倾向的人们,也许会由此敏感到这个人的命运的吧。这个性格的确自身包含着深刻的悲剧性。

① 鲁迅:《〈幸福〉译者附记》,载《鲁迅全集》第 10 卷,第 173 页。

王阿嫂死了，她的养女小环“坐在树根下睡了。林间的月光细碎的飘落在小环的脸上”（《王阿嫂的死》）。这是萧红的初作。

耿大先生被炭烟焗死了，

“外边凉亭四角的铃子还在咯棱咯棱的响着。

因为今天起了一点小风，说不定一会工夫还要下清雪的。”

（《北中国》）

这小说写在她去世的当年。

人生的荒凉也许无过于此吧。萧红的调子中却更有她本人关于人生的荒凉之感，那是笼盖了她短促生命的精神暗影。萧红笔下的“死”也有这内容——心理层面的繁复性，因此，即使“社会批评者”的萧红，也与另一批评者不同。

萧红不只透过自己的“荒凉感”看荒凉人间演出着的“生”与“死”，也把这荒凉感写进了人物深刻的人生迷惘旦。

骆宾基写他那篇《红玻璃的故事》时，在“后记”中声明小说的构思是萧红的。这小说的主人公——一个乐天的乡下老大妈，也像《后花园》里的磨倌冯二成子那样，“偶然地”生出了对于自己整个人生的怀疑。这的确是“萧红式的构思”。萧红一再地写这种顿悟式的人生思考，也一再描写精神上的枯萎和死灭，——甚至在《马伯乐》这样的长篇里。你在这些文字中同样发现着作者的敏感心灵中的荒凉。

《马伯乐》中的一个车夫，家破人亡，病上加忧，把他变成了“痴人”。

……每当黄昏，半夜，他一想到他的此后的生活的没有乐趣，便大喊一声：

“思想起往事来，好不伤感人也！”

若是夜里，他就破门而走，走到天亮再回来睡觉。

他，人是苍白的，一看就知道他是生过大病。他吃完了饭，坐在台阶上用筷子敲着饭碗，半天半天地敲。若有几个人围着看他，或劝他说：

“你不要打破了它。”

他就真的用一点劲把它打破了。他租了一架洋车，在街上拉着，一天到晚拉不到几个钱。他多半休息着，不拉，他说他拉不动。有人跳上他的车让他拉的时候，他说：

"拉不动。"

这真是奇怪的事情,拉车而拉不动。人家看了看他,又从他的车子下来了。

在《后花园》里,她更精彩地——也许惟她的文字才能这样"精彩"——写了生趣全无的人生。无论王婆(《生死场》)、冯二成子(《后花园》),还是《马伯乐》中的这个车夫,《红玻璃的故事》中的乡下女人①,都像是厌倦了生命,令你感到"生"的枯索。人物像是由极远极远的世代活了过来,因而累极了,倦极了。你由这些作品或描写中,恍然感到了萧红作品中潜藏最深的悲观,关于生命的悲观。

但愿"悲观"这种说法不至于吓退了神经脆弱的读者。我在下文中还将谈到萧红作品中表现得那样热烈(却也热烈得凄凉)的关于生命的乐观。在我看来,有这两面才使萧红更成其为萧红。

如果说《红玻璃的故事》前半的轻喜剧,骆宾基写来"本色当行"的话,那么这小说的后半,非由萧红本人动笔才会更有味道。正如骆宾基的才能不适于如此沉重的题材,尤其不适于这样一种扑朔迷离的悲剧,萧红的才能也不适于轻喜剧、通俗喜剧。我不能因为对萧红作品以及她本人的倾心,就一并称赞了她的《马伯乐》。我以为那个构思倒是很可以让给骆宾基的。

现代作家中,沉醉于"残酷"的,是路翎吧。路翎渲染残酷,有时让人感到是在不无恶意地试验人的心理承受力。比较之下,萧红显得过于柔和了。她习于平静、平淡地讲述悲剧,以至用一种暖暖的调子。② 她甚而至于不放过浅浅一笑的机会。当面对真正惨痛的人生时也不免会有这浅浅的一笑吧,只不过因"一笑"而令人倍觉悲凉罢了。这是秋的笑意,浸透了秋意的笑。对于这年轻的生命,这又是早到的秋,正像早慧的儿童的忧郁。

"节制"也像结构、文字组织一样,是无意而得之的。节制主要来自她特有的心态,作为她的心理标记的那种"忧郁"、"寂寞"。这种"忧郁"、"寂寞",是淡化了的痛苦,理性化了的悲哀,助成了她的作品特有的悲剧美感:那种早秋氛围、衰飒气象,那种并不尖锐、痛切,却因而更见茫漠无际的悲凉感。"忧郁"、"寂寞"自然不

---

① 我是在"萧红式的构思"这一意义上谈这篇属于骆宾基的作品的。

② 她惯用"侧锋",比如由局外的老人或儿童出发,而避免直写事态(如《看风筝》、《夜风》、《哑老人》等),其效果也在造成审美的距离感,使悲感因"淡化"而益显深切。

属于"激情状态",却很可能是有利于某种悲剧创作的情感状态。它尤其是便于传达萧红式的历史生活感受的情感状态。"激情"的对象往往是具体的,而萧红所感受到的悲剧却极普泛。因而在萧红的作品里,那"寂寞"只如漠漠的雾或寂寂的霜,若有若无。无处不在,而又不具形色。它正是萧红所特有的文字组织、叙述方式,也无法由字句间、由叙述的口吻中剥出。

萧红使自己与别人相区别的,正是她特有的悲剧感,融合了内容与形式的人生的荒凉之感。这种悲剧感,统一了主、客,具体又不具体,切近而又茫远,属于特定时地又不属于特定时地,是她的人物的更是她本人的。即使具体的生活情境别人也可以写出,那沉入作品底里的更广漠的悲哀,却只能是萧红的。这是一个过于早熟的负载着沉重思想的"儿童"。她并没有切肤的痛苦,没有不堪承受的苦难,却像是背负着久远的历史文化,以至给压得困顿不堪了。

在中国现代作家中,也许萧红比之别人更逼近"哲学"。由她反复描写的"生"和"死"中,本来不难引出富于哲学意味的思想。但萧红却在感觉、直觉的层面停住了。她不习惯于由抽象的方面把握生活。也因此,萧红是中国现代作家,她的思维特征是属于这个文学时期的。对于"生"、"死",她关心的始终是其现实的方面,而不是超越现实的哲学意义。中国现代作家普遍缺乏从哲学方面把握世界的能力,缺乏关于生活整体的哲学思考。有自己的哲学的作家永远是令人羡慕的。但也有过这种情况:过分清晰的哲学、过分强大的理性反而窒碍了审美创造。萧红的优势仍然在于她浑然一体的对于生活的把握,在于那寄寓在"浑然"中因而能有力地诉诸审美感情的生活思考。令我倾心的,正是这个萧红。

萧红写"生"与"死",写生命的被漠视,同时写生命的顽强。萧红是寂寞的,却也正是这寂寞的心,最能由人类生活也由大自然中领略生命感呢!一片天真地表达对于生命、对于生存的欣悦——其中也寓有作者本人对于"生"的无限眷恋——的,正是那个善写"人生荒凉感"的萧红。而由两面的结合中,才更见萧红的深刻。

三月的原野已经绿了,象地衣那样绿,透出在这里、那里。效原上的草,是必须转折了好几个弯儿才能钻出地面的,草儿头上还顶着那胀破了种粒的壳,发出一寸多高的芽子,欣幸地钻出了土皮。放牛的孩子在掀起了墙脚下面的瓦片时,找到了一片草芽子,孩子们回到家里告诉妈妈,说:"今天草芽出土了!"妈妈惊喜地说:

"那一定是向阳的地方！"……天气一天暖似一天,日子一寸一寸的都有意思。……

(《小城三月》)

有谁写出过这样融和的春意,而又写得如此亲切、体贴？她不像她"东北作家群"中某些同伴那样,努力去呼唤原始的生命力,大自然的野性的生命。她把"生命感"灌注入她笔下那些极寻常的事物,使笔下随处有生命在勃发、涌动。攀上后花园窗棂上的黄瓜,"在朝露里,那样嫩弱的须蔓的梢头,好像淡绿色的玻璃抽成的,不敢去触,一触非断不可的样子。"而玉蜀黍的缨子则"干净得过分了","或者说它简直是干净得连手都没有上过"。(《后花园》)并非有意的"拟人化",却一切都像有着自己的生命意识,活得蓬蓬勃勃,活得生气充溢。萧红并不大声呼唤生命,生命却流淌在她的文字里。

天真无邪的生活情趣与饱经沧桑后的人生智慧,充满欢欣的生命感、生命意识与广漠的悲凉感——不只不同的人生体验,而且智慧发展的不同层次,都在这里碰面了。也因而才有萧红的有厚味的淡,有深度的稚气,富于智慧的单纯,与生命快乐同在的悲剧感。你也仍然见不出"矛盾"间的"组织",它们和谐地浑然不可分地存在于萧红的作品里。你却感觉到了"功能":生命欢乐节制了她关于生命的悲哀,而悲剧感的节制又使关于生命的乐观不流于盲目。——两个方面都不至达于极端,既不会悲痛欲绝,也不会喜不自胜。

对人生有深切悲哀的人,对生命如此深情地爱着。也许有了这"悲哀"才会有那深情吧。如上文所说,这里也有萧红的深刻处。她仍然不是哲人,没有过自己的"生命哲学",但她的感情深刻。

萧红特有的生命意识,自然地进入了风格层面,直到结构形态。悲剧、喜剧意识,以至更为细腻的悲悯、嘲讽意识交相融汇,没有"纯粹形态",一个中掺入了另一个。因交叉重叠的情感"结构化",才能有上文所说的"意境的浑融",使"单纯"、"稚气"同时见出深厚。至于《看风筝》、《小城三月》、《北中国》诸篇异乎寻常的结尾形式,也无关乎"亮色"。给阴郁如严冬的故事一个明丽如春的收束,以两种人生形态、情感状态大胆组接,那色调氛围的反差谁说不正是在诉说着人生的荒凉、人与人之间哀乐的不能相通？"亲戚或余悲,他人亦已歌。"这种以朴素的生活理解为依据的悲喜剧意识的交融,令人更陷入了对人生普遍悲剧的沉思之中。

"结尾形式"仍嫌太"结构化"了,未免"着迹"。我更乐于体味的,是消融在了

"形式"骨架之中的作者的生活理解。在后花园的火炽(那儿有"火辣辣地"开成一片的"红得鲜明晃眼的大花")里写磨倌的寂寞,在暖融融的春阳下、牛车上叙说人生的创痛,在饱满到四溢着的生命之流中写人生的枯寂,把世界的诸多形色、人生的诸多滋味同时写出,从而使境界"浑然一体"的,是我所认识的萧红。在她这里更重要的不是"架构",而仍然是地那种语言组织、叙述方式及其传达作者内心隐微的能力,和对于世界形象的整体性把握。

回到文字

本文由"文字"说起,仍想结于"文字"。

即使有古典白话小说的成就在前,现代白话成为真正的文学语言,仍然经历了历史。现代白话是在几代作家手里,才具有了"艺术语言"的性质的。每一代作家对于这过程都有自己的那一份贡献。"五四"小说家的语言运用本身,是一种真正创造性的活动。一大批作者在较少规约也尚无范例的情况下进行文学语言创造,难道不是一种壮观的景象,至少与这个星球上其他民族那里呈现过的类似景象同样壮观? 创造者自身也正是历史的创造物。因而"五四"文学不但文白夹杂(保留了较多的文言句式、文言语词),而且作者往往出于思维习惯,以蜕变中的文学语言构造着古典文学中的常见意境(比如在郁达夫、庐隐的小说里),甚至造境手法也相近。大呼"解放"、"破坏"的时期,在这一方面也显示着自身的"过渡"性质。到三十年代,文学才有更畅达的白话,创作界才有更普遍也更自觉的"文字风格"的追求。"风格化"在这种新的文学语言的创设时期,永远是有效的推动力。文学语言方面生动的个人创造,是一个民族文学成熟的必要前提。

三四十年代新起的作家们,较之"五四"作家远为彻底地摆脱了文言文法规范。三十年代作家行文普遍的"欧化倾向",常使人误解为在精神上割断了与古典文学传统的联系。但这不免是皮相的观察,因为"联系"只不过变得更深潜、更内在罢了。这一时期的文学语言创造,一方面表现为改造利用外来的文法形式,另一方面是对日常用语的提炼、锻造。老舍发愿烧出白话的"原味儿"来①,在这一时期即很有代表性。这些作家中,萧红的造句、造境都是白话时代的,而且少"欧化句

---

① 老舍:《我怎样写〈二马〉》,收入《老牛破车》一集。

式"（也可称作"译文体"吧），但如上文所说，她的文字组织，尤其渗透其中的审美趣味，却联系于民族的文学传统。这"联系"不好从字行间拎出，却实实在在地存在于字行之间。

一批作者利用各自的便利，由自然形态的语言，由"俗"极"白"极的日常语言，由"现成话"中发掘着表现力，发现着使之成为"艺术语言"的可能性，萧红的追求显然与老舍不同。她并不致力于对方言的提炼。甚至有时完全不使人感到"提炼"。她好用"拙语"。自"新文艺"兴，渐有一种"新文艺腔"（被张爱玲挖苦过的），久读不免令人发腻。当这种时候，任何有别于那一道腔的语言风格都会令人感到"鲜味"：穆时英《南北极》中大都会底层社会、黑社会语言的大胆运用，师陀《结婚》《马兰》中轻松俏皮富于机趣的语风，张爱玲亦俗亦雅、恣肆泼辣的文字，都令人惊奇，一新耳目，获得审美愉悦。萧红语言的"拙味"、"生味"也是一种"鲜味"。经了萧红的性灵，尤有醇厚的美。

"东北作家群"中，语言以"俗白"胜的，还有骆宾基。骆宾基也用"拙语"，但与萧红文字的"拙味"并不同。叙述的平淡与从容，两个人也有相近处，而与这一作家群的某些作家迥别。同为"平淡"，萧红的文字有"悲凉"在，而骆宾基的神情才真的近于"恬淡"——心态与智慧类型也仍然彼此不同。本来这个"作家群"就不是"风格"的集合，也不具有严格的"流派"意义。

骆宾基、萧红的淡与路翎、张天翼的浓，构成了色调上的对比。这里所呈现的，是现代文学语言的色阶。骆宾基的像是随意似的用笔，他有时的故作唠叨，都是一种不用技巧的技巧，不见技巧的技巧。他的文字平滑而流畅，毫无窒碍。相比之下，路翎、张天翼当驱遣文字时，可就显得过分用力了。

不同于萧红的醉心于小场景，骆宾基更关心"过程"。"过程"往往冗长——主要是心理过程。骆宾基长于叙述，张天翼的小说中由"动作"承担的任务，他都交给了"叙述"。他一口气说下去，似乎没有大的激情，叙述方式本身却富于魅力，足使你忘其"冗长"。本文由萧红而及于骆宾基，无非想说明，不止萧红，其他许多小说家的创作，都有必要由文字的方面去研究。我们的"风格研究"还有几多疏漏呢！现代作家独特的文字修养，他们对于文学语言的提炼熔铸，往往被忽略了。似乎人的审美感觉在这一方面已经变得粗糙，鉴赏力在这一方面已普遍衰退，以至难以领略较为细腻的文字趣味，尤其俗白、素淡中蕴含的美。这也是当代小说"散文化"，而散文艺术却同时衰落的原因之一吧。当然不能说散文语言较之小说语言有更高的要求,但却可以说,散文创作因其艺术传统也因其没有"情节"、"故事"等凭借,往往更依赖于文字功夫。这和艺术的兴衰也在更大程度上取决于创作界与读书界对于文学语言的审美能力。

让我们回到萧红。

骆宾基的《萧红小传》认为萧红有一个从强者到弱者的变化过程(见该书《自序》),是由萧红与社会运动的联系着眼的。我以为,小说家的萧红所经历的,倒是相反的过程:从弱者到强者。对于这个萧红,"强者"的证明是其艺术个性的完成,是萧红作为艺术家的自我完成。写于"蛰居"中的《呼兰河传》,是这生命的悲怆有力的幕终曲。① 我们可以向有些作家期待更多,对于萧红,却不妨满足于她已经提供的这一些。

当着悄吟女士和三郎②一道,写收入《跋涉》一集中的短篇时,绝对没有成为"名家"的征兆。这个例子或许可以鼓励那些初学者。三十年代尽管已是新文学的繁盛期,却也还没有造成大的威压,使文学青年自惭其幼稚而不敢弄笔,因而他们尽有时间从容地成熟起来。在这一时期两个人的作品中,三郎蓬蓬勃勃的情绪,总像要把作品的外壳涨破;悄吟所有的,却是动人的细节。而有三郎式的粗粝的衬映,悄吟的文字已经显出了那可爱的稚拙。"稚拙"有可能成为美的。人类所创造的艺术品中,也许正是稚拙的美,最经久,最耐得住时间的磨损。但美学意义上的"稚拙",与幼稚只隔着一层纸。艺术上的幼稚却不可能唤起审美感情。萧红的作品如果说有一个水平的波动区域,那也就在这两间吧。(萧红的创作水平也的确起落不定,令人不免看得有些担心。)《王阿嫂的死》等是幼稚的。而《牛车上》、《小城三月》所显示的,才是审美化了的稚拙。

从《王阿嫂的死》到《牛车上》,萧红式的"单纯"才终于成其为美,具有了风格意义。仅仅说"自然而然"、"无意得之"是不完全合乎实际的。这里也有自觉的风格追求,有对于意识到了的个性魅力的审美显示。萧红也曾一度力求"规范",写依当时的标准看来"像小说"的小说。这作为一种艺术训练,对于她或许是必要的。但在"有意的追求"之后,这个个性却必得更为自由放任,因为任何拘限都会

---

① 她的小说中,《牛车上》、《王四的故事》、《后花园》、《小城三月》,甚至《北中国》诸篇,都不妨看做《呼兰河传》的延展,尤其风格、调子的延展。尽管其中有几篇写在《呼兰河传》之前。这是萧红的"《呼兰河传》时期",是作者浸润在关于呼兰河的情绪记忆里的时期。

② 悄吟、三郎,分别为萧红、萧军的笔名。

斫伤生机。她以追求"规范"使自己脱出了幼稚,她的成熟却最终在于她找到了适当的方式,得以最为自然地展示自己。

萧红的作品不多,真正的佳作更不多。但有《呼兰河传》,有《牛车上》、《小城三月》,萧红也就有了文学史上她自己的位置。近几年的"萧红热",多少让人感到有点虚浮。"量"的发现并不能为这名字增添什么。那个不甘瞑目的萧红,也许更希望人们识得她作品真正的美质,从而发现她作为小说家的全部价值。

一九八五年十一月

重返《生死场》

刘禾①

　　小说《生死场》是萧红的成名作。它描写的是"九一八"事变前后东北乡村的生活，其中女性的命运构成了这些富有乡土色彩的生活图画中的一个主色调。小说发表后，关于这部作品的解释和评价一直受着民族国家话语的宰制。同叶紫的〈丰收〉、萧军的《八月的乡村》（"奴隶社"的另两篇作品，都由鲁迅主持出版）一样，萧红的小说最初就是在国家民族主义的标准下得到认可的。②大多数评论者将它视为一部"民族寓言"，一部充满爱国主义精神的反帝国主义作品。这种批评传统限制并决定着对小说意义的理解，以至今天人们仍很难绕开它去评价萧红的创作。然而，文学批评中的这种民族国家话语迄今尚未引起那些依然身陷其中的文学史家的注意。我在此对萧红作品的解读不仅试图为研究这位作家提出的新的角

---

　　①　本文节选自刘禾《语际书写——现代思想史写作批判纲要》，香港天地图书有限公司1997年版。

　　刘禾：美国哥伦比亚大学教授，北京清华大学教授，从事文学理论、跨文化交流和新翻译理论研究。著有《语际书写——现代思想史写作批判纲要》、《交换的符码》、《持灯的使者》、《书写物性在中国》、《帝国的碰撞》等。

　　②　载《萧红研究》论文集，哈尔滨《北方论丛》编辑部1983年版。

度,同时更是为讨论和质疑民族国家话语和文学批评实践的复杂关联这一问题。因此,我关注的是有关萧红本文的两个层次的话语:生产层面与接受层面。前者涉及萧红在小说的空间里与民族国家话语的交锋,后者则指向力图将她的写作纳入民族国家文学名下的文学批评。

男性批评家的盲区 用"民族寓言"去解释萧红作品的基调最初始于鲁迅和胡风。众所周知,鲁迅和胡风分别为《生死场》的第一版写了序言和后记。作为"奴隶丛书"的编者,胡风作后记赞扬书中体现的抗日精神和中国农民爱国意识的觉醒:"这些蚂蚁一样的愚夫愚妇们就悲壮地站在了神圣的民族战争的前线。蚂蚁一样地为死而生的他们现在是巨人似地为生而死了。"①相比之下,鲁迅虽然没有在他后来被广为引用的序言中把民族之类的字样强加于作品,但他仍然模糊了一个事实,即萧红作品所关注的与其说是"北方人民对于生的坚强,对于死的挣扎"②,不如说是乡村妇女的生活经验。鲁迅根本未曾考虑这样一种可能性,即《生死场》表现的也许还有女性的身体体验,特别是与农村妇女生活密切相关的两种体验——生育以及由疾病、虐待和自残导致的死亡。民族兴亡的眼镜造成了鲁迅对萧红作品的阅读盲点。

男性批评家对大意义的关心使得国家民族主义的解读在萧红研究中非但不是例外,而且几乎是唯一的解读规则。③ 在40年代,茅盾评论萧红的另一作品《呼兰河传》时虽然与胡风观点不同,却同样是依据投身民族主义阵营的程度来判断作者的成就。例如茅盾在缅怀萧红生命最后瞬间时写道:

在1940年前后这样的大时代中,像萧红这样对于人生有理想,对于黑暗势力作过斗争的人,而会悄然"蛰居"多少有点不可解。她的一位女友曾经分析她的"消极"和苦闷的根由,以为"感情"上的一再受伤,使得这位感情富于理智的女诗人,被自己的狭小的私生活的圈子所束缚(而这圈子尽管是她咒诅的,却又拘于惰性,不能毅然决然自拔),和广阔的进行着生死搏斗的大天地完全隔绝了,这结果是,一方面陈义太高,不满于她这阶层的知识分子们的各种活动,觉得那全是扯淡,

---

① 胡风:《〈生死场〉读后记》,上海荣光书局1935年版。
② 鲁迅:《〈生死场〉序》,上海荣光书局1935年版。
③ 葛浩文的萧红研究表现出某一种从传统批评分离的倾向。在英文版《萧红》(波士顿特维尼出版社1976年版)里,他不十分赞成把《生死场》简单归入抗日作品一类。

是无聊,另一方面却又不能投身到农工劳苦大众的群体中,把生活彻底改变一下。这又如何能不感到苦闷而寂寞?①

的确,萧红没有表现出胡风曾在她作品里发现的那种国家民族主义热情(事实上在抗战后期,她甚至不再卷入全国作家抗战协会的反战宣传活动),但作为被茅盾贬为"情感富于理智"的女性,萧红所投身的是另一场斗争。那场斗争没有赋予她任何义务去接受茅盾关于个人和集体的观念以及他关于社会、民族、战争的男性中心意识形态。对《生死场》和《呼兰河传》的作者而言,"生"与"死"的意义主要体现在个人的身体,特别是女性的身体上,而不仅仅在民族兴亡。因此毫无理由把她"缺乏""民族主义"热情看作是一种败笔或缺陷。茅盾所不能理解的是:萧红并非不想抗日或对民族命运不关心——她的困境在于她所面对的不是一个而是两个敌人:帝国主义和男性父权专制。这一困境十分生动地呈现在她写于一九三六年的一篇短文《失眠之夜》里。在这篇文章中,萧红对沦陷中的东北故乡的暧昧态度,使她与情人萧军的怀乡之情形成了鲜明对比。萧红似乎很难与萧军那种热切悲壮的思乡之心发生共鸣,她从一个女性的角度向"家"这个概念提出了质疑:"而我呢?"她问道,"你们家对于外来的所谓'媳妇'也一样么?"②一个女性注定由于她的性别戳记而永遭放逐,她无法将"家"等同某个特定的地方:

> 而我呢? 坐在驴子上,所去的仍是生疏的地方;我停留着的仍然是别人的家乡……家乡这个观念,在我本不甚切,但当别人说起来的时候,我也就心慌了! 虽然在那块土地在没有成为日本的之首,"家"在我就等于没有了。③

无独有偶,萧红与国家民族主义及父权传统之间的矛盾在 30 年代并不是孤立的或区域性现象。例如英国女作家弗吉尼亚·伍尔芙(Virginia Woolf),也经历了相似的矛盾情感。伍尔芙的丈夫是犹太人,他的名字被纳粹德国列入通缉名单,属于一旦英国沦陷即会被缉拿归案之列。伍尔芙似乎因此会自动成为英国民族主义

---

① 茅盾:《〈呼兰河传〉前言》,上海寰星书店 1947 年版。
② 萧红:《失眠之夜》,载邢富君编:《萧红代表作》,郑州 1987 年版,第 59 页。
③ 萧红:《失眠之夜》,载邢富君编:《萧红代表作》,郑州 1987 年版,第 59 页。

的鼓吹者。但实际情况并非如此。这位女作家在其1938年首次印行的著作《三枚金币》里有一个明确的表态。该书的主要内容是这样的:作者收到三项希望她捐金币给各个团体的请求,其中有一座女子学院的建设基金会,一个帮助专业妇女就业的团体,还有一个反对和防止战争的社团。她以书信的形式答复了这些请求并表明了女权主义立场。在答复第三个请求时,伍尔芙表示,作为女性,不可能分享这一民族的斗争所提供给男性的光荣、利益和"男性的"成就感,况且妇女在英国几乎谈不上拥有土地、财富和产业所有权。如果男人说他是为了保卫女人而战,伍尔芙认为女人首先想到的是自己在国内受到的保护程度,其实这种保护是否存在大可怀疑。当被要求成为"我们国家"的一员时,她就回答,"我们的国家"在绝大部分历史时期都视女人为奴隶,剥夺她的教育权和财产分配权。因此,无论是过去还是现在,女人没有什么理由需要感谢英格兰。但是,伍尔芙的立场并不意味着她看不到反对希特勒独裁野心的必要性,最终她还是将自己的金币捐给了反战团体。只是她以女人的名义声明:"她将约束自己不参与任何爱国主义示威;不附和任何一种国家民族的自我吹嘘;不参与任何鼓励战争的团体和群众;不出席任何军事的展览、竞技、表演、颁奖以及一切类似活动。决不置身于这类场合,去鼓励将'我们的'文化或'我们的'统治强加于其他人群的欲望。"[①]弗吉尼亚·伍尔芙和萧红生活写作在全然不同的环境中,但在需要与自己的祖国认同时却不约而同地作出了反抗,这决不是偶然的。除了种族和文化差异,她们作为父权社会里的女性这一共同身份确实造成了她们在国家观念上不寻常的相似。

民族兴亡与女性的身体　对于《生死场》这部小说,除去鲁迅和胡风奠立的生硬的国家民族主义的解读外,是否可能有不同的阅读?围绕萧红本人为这部小说1935年版所设计的封面图案展开的一场争论似乎暗示了这种可能性。批评家对这幅画的确切含意一直观点不一。有人说画中黑色的块面喻示着一座旧碉堡,而背景上的深红色代表在抗日战争中死难的东北人民的鲜血。另一些观点认为那片黑色块面实际上代表的是日本统治下的满洲国地图。只有一位刘福臣在一篇讨论萧红的绘画及其他艺术创作的文章中指出,那片黑色的图案是一幅妇女头像的剪影,而切过封面的斜线则象征着中国被切割的国土。他认为,向上仰起的农村妇女

①　Virginia Woolf, Three Guineas. New York: Harcourt, Brace, and World, Inc. , 1938. P. 109. 引文为作者所译。

的脸庞和划过她嘴角及脖颈的笔直线条表现了与日本侵略者浴血奋战的东北人民的愤怒和力量。① 虽然刘福臣没有解释萧红何以用女性的而非男性的头像来代表东北人民,他的文章还是揭示了一种从性别角度解释萧红封面创作的可能性。不过这一可能性由于民族国家话语的遏制而未能展开。或许更有说服力的解读是,如若那片黑色勾勒的是女性头像,又与满洲国的地图相契合,那么完全有理由认为,图中斜穿而过的线条不仅象喻中国领土的分裂,而且也象喻着民族主体的分裂。同理,若是封面的深红色块可以联想为东北人民的鲜血,则也可将这同一片深红理解为女性的血,因为小说对女性之躯的表现总是与流血、伤残、变形与死亡密切关联的——不论是由于生育、被殴,还是自尽。当然,人们不一定接受以上读法,但围绕《生死场》封面设计引发的争论至少开辟了多种阅读的可能性。

孟悦和戴锦华在她们出色的著作《浮出历史地表》中,曾对《生死场》从女性主义角度出发作过评价。② 虽然她们没有直接与民族国家话语交锋,但已开始试图从女性的身体体验去看待生与死的意义。在此我想将她们对《生死场》的分析再向前推进一步,从以下三个层面探讨小说中的"场"的意义。一是《生死场》中前十章所描写的女性身体的种种经验,由于这些经验集中体现了"生"与"死"的特殊内蕴,因此,女性的身体就不能不成为小说意义生产的重要场所。其次,在小说的后七章中(全书共十七章),萧红笔锋一转,从女性世界伸向男性世界,大量描述国家民族主义进入村民意识的过程;这些描述不仅把"男人"和"国家"紧密联系在一起,而且深刻地揭示了民族主体根本上是一个男性的空间。最后,我以为《生死场》的写作有一点需要特别强调,即作者从女性身体出发,建立了一个特定的观察民族兴亡的角度,这一角度使得女性的"身体"作为一个意义生产的场所和民族国家的空间之间有了激烈的交叉和冲突。萧红以这样的做法在她的文本中创造了一个复杂的"意义场"——其中意义的复杂性,恐怕是当时许多男性写作难以企及的。

批评家经常诧异萧红的抗日题材小说何以要包罗如此繁多的乡村妇女生活细节,何以直到后几章才涉及日本侵略的事件。譬如在"刑罚的日子"一节中,叙事者描述了一个独特的妇女生育世界。她的语言交替浸满着同情与嘲讽——同情产

---

① 刘福臣:《萧红绘画琐谈》,载《萧红研究》论文集,哈尔滨《北方论丛》编辑部 1983 年,第 209~210 页。

② 孟悦、戴锦华:《浮出历史地表》,河南人民出版社 1989 年版,参见第 174~199 页。

妇所承受的肉体痛苦,嘲讽在本能驱使下的传宗接代无异于自我毁灭式的灾难。她的同情闪现在类似下述场面的描写里:

> 受罪的女人,身边若有洞,她将跳进去!身边若有毒药,她将吞下去,她仇视着一切,窗台要被她踢翻。她愿意把自己的腿弄断,宛如进了蒸笼,全身将被热力所撕碎一般。①

然而,正值婴儿出世的一刻,"窗外墙角下谁家的猪也在生小猪"。叙事者频繁地将人的性和生育与动物的交配繁衍并在一起,时时几近讥刺:

> 牛或是马在不知不觉中忙着栽培自己的痛苦。夜间乘凉的时候,可以听见马或是牛棚做出异样的声音来。牛也许是为了自己的妻子而角斗,从牛棚里撞出来了。……在乡村,人和动物一起忙着生,忙着死……②

生活与生育是女性面对的可怖现实,死亡亦如是。小说短短的篇幅内充斥了无数的死亡……有杀婴,有绝症,有战争以及瘟疫。叙事者对王婆自杀事件的描述将笔触径直落实在自杀行为的生理外观及其带来的身体残损上。她所呈现的是王婆嘴角堆起的泡沫,肿胀的胃和两腮,她可怕的嚎哭,眼中鬼一般的凝视等等身体细节。王婆的自杀既未表现成英雄行为,又不是反抗社会,在这里,唯一触目惊心的是可怖的身体的毁形。

小说中受病痛折磨所致的身体变形与死亡的毁形比比皆是。美丽的月英瘫痪之后,受到她丈夫的折磨。当村里的女伴前来探望她时,她们发现她因为长久得不到照看,身体的下半部已浸泡在粪便里。"从前打渔村最美丽的女人"就这样被折磨成形状可怕的怪物,"她的眼睛,白眼珠完全变绿,整齐的一排前齿也完全变绿,她的头发烧焦了似的,紧贴住头皮。她像一头患病的猫儿,孤独而无望"。③ 月英的下体腐烂成蛆虫的巢穴。王婆试着帮月英擦洗时,小小的白色蛆虫甚至掉在她

---

① 萧红:《生死场》,上海新文艺出版社1953年版,第71页。
② 萧红:《生死场》,上海新文艺出版社1953年版,第74页。
③ 萧红:《生死场》,上海新文艺出版社1953年版,第51页。

胳臂上。月英终于死了,不过那是在她亲眼从镜子中目睹了自己身体的毁形之后。

女性之躯任人摆布的无望还本现在乡村妇女的性经历中,而这份经历总是与怀孕相关。与男性身体相比,女性身体表现的是女性对自己命运的无法自主。这种无法自主倒不是因为性欲望是一种动物本能,而是由于欲望连同贞节的意义都由父权制决定着,都只服务于男性的利益。金枝发现自己未婚先孕时陷入了莫大的恐惧和绝望,这处境使她转而开始害怕和憎恨自己的身体。

金枝过于痛苦了,觉得肚子变成个可怕的怪物,觉得里面有一块硬的地方,手按得紧些,硬的地方更明显。等她确信肚子有了孩子的时候,她的心立刻发呕一般颤嗦起来,她被恐怖把握着了。奇怪的,两个蝴蝶叠落着在她膝头。金枝看着这邪恶的一对虫子而不拂去它。金枝仿佛是玉米田上的稻草人。①

女性在自己的身体防线被诸如暴力、疾病、伤残等打破时,常常会感受到自我遭到侵害,然而怀孕的意味却十分暧昧。怀孕的意义必定是由某一通过将女性身体规范化来控制妇女行为的社会符码所决定的。在这里,金枝将她的婚前孕理解为一种身体的畸变(邪异),将她腹中的非法胎儿视为外来的侵犯物。那一对自由交配的蝴蝶反衬的是她作为一个女人在人类社会中面对的走投无路的绝境;男权中心的社会体制要控制她的身体,苛求她的贞节,惩罚她的越轨行为。她的身体如同稻草人一样,被抽空了内容,简约成一个被父权制预定了功能的能指。

女性的身体在萧红这篇小说中是有血有肉的存在。由于它的存在,"生"和"死"的意义因此被牢牢地落实在生命的物质属性之上,而得不到丝毫的升华。"生",在女人的世界里指生育,它所引发的形象是肢体迸裂,血肉模糊的母体;"死"也指向一个与之相关的血淋淋的现实,让人看到肉体的触目惊心的变质和毁形,而绝无所谓灵魂的超拔。萧红在这里苦心经营了一个女人的叙事,它向读者展示女人是怎么活的;她与周围的世界怎样发生联系;为什么身体的经验对于女人又是那么实实在在的。反过来,萧红也向男权——父权社会提出了尖锐的批评,这一批评不仅针对男权——父权的等级制度对女人的压迫,而且还暴露了萧红的写作同男性写作的根本冲突。对于萧红来说,生命并非要进入国家、民族和人类的大意

① 萧红:《生死场》,上海新文艺出版社 1953 年版,第 30 页。

义圈才获得价值。在女人的世界里,身体也许就是生命之意义的起点和归宿。

由于大多数批评家看不到或不愿看到这一点,他们对《生死场》的结构往往产生困惑。他们奇怪小说中大量的对于乡村妇女悲惨命运的描写,与后七章中关于民族主义的叙述究竟有何关联。批评家历来对这个问题的回答都牵强附会。例如,邢富君给《萧红代表作》一书所写的前言有如下评论:

虽然《生死场》描写东北人民抗日行动的内容比较薄弱,还不如对农民日常生活悲剧的描写那样真实生动,但就唤起当时读者的抗日的民族感情来说,已经是足够了。

就表现东北人民的觉醒和反抗来说,《生死场》同表现共产党领导下的抗日游击战争的《八月的乡村》有异曲同工之妙。①

其实,《生死场》的"薄弱"处正是其精义所在,不必加"厚",亦无需加"强"。因此,两萧的小说并无同工之妙,却有异曲之实。我们只要把萧红对日军占领前的农村生活图景的描写和萧军的《八月的乡村》稍作比较,就不难看出,萧军小说中的乡村世界与萧红笔下的悲惨生活毫无共同之处,例如《八月的乡村》里有一段游击队员小红脸思念家乡的描述:

他默默地想着太平的日子。什么时候他再可以自由自在地咬着小烟袋去耕地?是不是马上就可以来的?那个神秘的日子来到的时候,是不是可以将欺负过他底人们,和硬占了他底田地的日本人,杀得一个不剩?②

这种太平的景象是萧红小说中所没有的。两萧眼中的社会图景如此不同,唯一可能的解释是他们的作品里孕含着不同的性别因素。萧军重在描绘男人的自足和戎马情状,而萧红却侧重于乡村女性的状况和命运。在《生死场》中,不论是占领前还是日据时期,女人的故事使作者无法将现存的父权——男权社会理想化。国家的劫难既不能解释,也不能抹去女人身体所承受的种种苦难。萧红在后七章

---

① 邢富君:《〈萧红代表作〉序》,载邢富君编:《萧红代表作》,郑州1987年版,第17页。
② 萧军:《八月的乡村》,北京1954年版,第4页。

中清楚表明,国家与民族的归属感很大程度上是男性的,这种归属与认同赋予乡村男性农人以民族主体意识,使他们得以克服自己低下的社会地位去向他们的女人传播新的福音。比如,王婆的丈夫老赵三,就对国家民族主义的说教有着极高的热情,并热衷于向寡妇宣传:

> 那夜老赵三回来得很晚,那是因为他逢人便讲亡国、救国、义勇军、革命军,……这一些出奇的字眼,……他把儿子从梦中唤醒,他告诉他得意的宣传工作:东村那个寡妇怎样把孩子送回娘家预备去投义勇军。小伙子们怎样准备集合。老头子好像已在衙门里作了官员一样,摇摇摆摆着他讲话时的姿式,摇摇摆摆着他自己的心情,他整个的灵魂在阔步。①

在老赵三心目中,他的宣传工作提高了他自身的价值。由于获得了新的自我定义,穷苦的男性农人得以藉助国家民族主义超越自己低下的社会地位。这个得到认可的新义在一个新的权力话语中仍将男性置于主体位置,因此,它与一个"衙门里的官员"并无根本区别,不过是旧有父权体系的翻版。耐人寻味的是,小说中参军的农妇无一例外都是寡妇,她们必须在以某种自戕方式拒绝其女性身份之后,才能成为中国人并为国家而战。男性的情形则全然不同。国家民族主义不仅给予男性以新的自我定义,同时还重振了他们的"男子汉"之气。在村人出发远征前立誓忠于祖国的庄严场合中,李青山的演讲明确无疑地传达出民族国家话语的性别涵义:

> 弟兄们!今天是什么日子!知道吗?今天……我们去致死……决定了……就是把我们的脑袋挂满了整个村子所有的树梢也情愿,是不是啊?……是不是……?弟兄们……?②

具有反讽意味的是,喊声先从寡妇群里传出:"是呀!千刀万剐也愿意!"寡妇在响应这一号召的同时丧失了自己的性别,加入了弟兄们的行列。

---

① 萧红:《生死场》,上海新文艺出版社1953年版,第114~115页。
② 萧红:《生死场》,上海新文艺出版社,1953年版,第120页。

小说中抗日情绪的高潮集中在第十三章。然而，这一章并没有去肯定国家民族主义，而叙述了民族主体的诞生过程。比如，老赵三在其过去的生命岁月里和其他人一样，不过是一个乡村家庭的家长，不敢反抗东家的懦弱的农人。他"从前不晓得什么叫国家，从前也许忘掉了自己是哪国的国民"①。只有通过一种话语——民族国家话语，赵三才发现了自己作为"中国人"的存在：

> 国……国亡了！我……我也……老了！你们还年青，你们去救国吧！我的老骨头再……再也不中用了！我是个老亡国奴，我不会眼见你们把日本旗撕碎，等着我埋在坟里……也要把中国旗子插在坟头，我是中国人……我要中国旗子，我不当亡国奴，生是中国人，死是中国鬼……不……不是亡……亡国奴……②

这段话有着一切民族国家话语的共同特征，如个体在一个共有空间（"中国"、"国家"）里采用主体立场发言（"我"、"我是"等等），并由此获取新的自我定义和发现新的生命意义（"拯救国家"）。就连那个离开自己的山羊就无法生活的二里半最后也成为这样的主体。与其他角色不同的是，二里半是个跛脚，因此可以说他的男性特征被象征性地阉割了；不仅如此，他同动物之间那种不寻常的依附关系也使他的身份更接近女性。正是这种"女性"特征妨碍二里半像别的男人一样爽快地投入抗日救国的行列。当村民说服他交出山羊作为献祭仪式上的牺牲时，他却设法找到了一只公鸡去代替，从刀下救出了老山羊：

> 只有他没曾宣誓，对于国亡，他似乎没甚伤心。他领着山羊，就回家去。别人的眼睛，尤其是老赵三的眼睛在骂他："你个老跛脚的东西，你，你不想活吗？"③

二里半最后还是表明了自己是一个"男性"——小说结束在二里半出发寻找革命军的情节上——但那是在他的妻子和孩子去世之后。父权——男权体系是以财产来衡量确立男人在社会中的地位和价值的，而妻子儿女正是男人的财产的重

---

① 萧红：《生死场》，上海新文艺出版社1953年版，第119～120页。
② 萧红：《生死场》，上海新文艺出版社1953年版，第121页。
③ 萧红：《生死场》，上海新文艺出版社1953年版，第121～122页。

要组成部分。因此，当日本侵略者夺走他们时，二里半才起来抗日，从一个"自私"的农民转变为一个爱国者。这一转变同失去丈夫的女人金枝的下场相比，表明在男性和女性之间，成为"中国人"的过程是十分不同的。① 在小说中，作为寡妇的女人只可能有两个下场：或是否定自己的女性身份，加入到"弟兄们"的行列，却无法分享那些男人所占有的自尊和地位；或是像金枝那样，为了生存而在男性的欺凌中挣扎。

金枝长期忍受丈夫的折磨，丈夫死后去城里作缝穷妇又被强奸，这一经验使她对女性的命运有了深切的认识。因此，当王婆斥责日本兵切开中国孕妇的肚子，残杀女人和婴儿的暴行时，金枝的反应是：

> "从前恨男人，现在恨小日本子。"最后她转到伤心的路上去。"我恨中国人呢？除外我什么也不恨。"②

小说的结局在金枝与二里半之间呈现了尖锐的对比。虽然也恨日本侵略军，但金枝却没有像二里半那样成为民族国家主体的承载者——在金枝那里，丈夫和强奸者给她带来的身体经验与由于日本军的侵略而造成的民族身份之间存在着尖锐的矛盾。萧军的《八月的乡村》也有女人被强奸的情节。但是在这部小说中，此类情节不过是抗日宣传的一种转喻。李七嫂的遭受凌辱被用来展示中国的困境。国家民族主义在此取代了女性身体的意义。这种话语否认女性自身经验的特定含义，将具体的强奸行为符号化，赋予扩大的象征性内涵：即中国受到日本入侵者的强暴。李七嫂的悲剧旨在激发中国人抗战的热情，而代价是让女性的身体去充当国家民族主义斗争的场所。相比之下，《生死场》中金枝被中国男人强奸的细节则巧妙地颠覆了萧军小说对女性身体的盗用。

女性的身体不仅在萧红作品中是生和死的场所，而且还是小说获得其内涵和意义的根本来源。作者拒绝将女性身体的意义升华和取代，这一拒绝使得小说在"民族主义"的表象下取得一种具有性别意义的立场。然而，历来关于这部小说的

① 关于女性与民族主体的矛盾关系，载《浮出历史地表》，河南人民出版社 1989 年版，第 27～32 页。

② 萧红：《生死场》，上海新文艺出版社 1953 年版，第 140 页。

男性文学批评都企图讲出一个截然不同的故事。它们或是无视、或是谴责萧红对"民族主义"的复杂情感，借此抹煞她对主流话语的颠覆。在这个批评实践的大背景中，重读萧红和她的作品的接受史必然导致对民族国家文学实践的质疑、反省和再思考。我对《生死场》的阅读采用了某种女性主义的立场，这是自不待言的。但我这样做时强调的不是对所谓女性自我或女性写作的发现和肯定，也不是对男人压迫女人的声讨（这常常是很多女性主义批评家反复纠缠的话题，它严重妨碍了女性主义文学批评的深入，我以为对此应当进行反省），而是为了揭示和暴露现代文学批评参与民族国家文学生产的历史过程。

『娜拉』言说

刘思谦①

　　"你将格外不幸,因为你是女人",而萧红又是女人中的格外不幸者。这个艺术天赋很高的、被鲁迅认为是"当今中国最有前途的女作家"②,她那柔弱多病的身躯几乎承受了那个动荡时代的全部屈辱和苦难:社会的、民族的和性别的;精神的和肉体的。萧红在缺少爱和温暖的家庭中度过了寂寞的童年、少年时代,尚未成年就被迫逃离了家门,开始了到处流浪的飘泊生涯。她的文学生涯始于飘泊也终于飘泊。从 1933 年 8 月她与萧军合写的第一个短篇小说、散文集《跋涉》出版,到她写于 1941 年"九一八"纪念日前夕的绝笔《九一八致弟弟》③,其间的全部作品都是在飘泊生活中写成的。在战火和敌机的追逐下,在饥饿、寒冷和病痛的折磨中,在个人感情生活的屡屡伤

　　①　本文选自刘思谦《中国现代女作家心路历程》,河南大学出版社 2007 年版。
　　刘思谦:河南大学中文系教授,博士生导师,作家。著有《文学梦寻》、《中国女性文学的现代性》、《写散文的"文学女人"》、《中国女性文学的人文主义传统》、《关于女性文学研究》等。
　　②　参见斯诺 1936 年 4～5 月与鲁迅谈话的记录整理稿,翻译家安危 1986 年 9 月在美国海伦·斯诺的住所发现。载《新文学史料》1987 年第 3 期。
　　③　1941 年 9 月 26 日(桂林)《大公报》。见葛浩文《萧红评传》的附录《萧红·绝笔?》,北方文艺出版社 1985 年版。

痛中,她颠沛流离于哈尔滨、青岛、上海、日本、北京、西安、武汉、重庆、香港之间,很少有安定、平静的日子。她的文学生命的起点和终点,恰恰连接了那个时代的两个大事件:"九一八"事变和太平洋战争爆发。这是一个战火连绵、多灾多难的时代。作为一个女人,萧红在这个时代里始终在贫困、愚昧的泥泞中跋涉,父权专制和男性偏见的阴影像鬼魂一样追逐着她,最终还是被它们借助于自然的力量打败了。她在临终前已顿悟到自己的失败,承认自己是"惨败了,丢盔卸甲的了"。柔弱多病的女性身躯耗尽了最后一点力气,已无力负载她那不屈的灵魂走出泥泞和阴影,跨越那个灾难重重的时代,终于在人类生存的又一场大激战的前夕寂寞地含恨告别了这个世界。像一根会思想的芦苇、一只无枝可依的孤燕,被风吹倒了,被乌云吞没了。但是,作为作家,她在文学的世界里却飞得很高很高。飘泊的孤燕在文学的蓝天变成了大鹏金翅鸟,超越了泥泞阴影,超越了时代,也超越了死亡,留下了百来万字"与蓝天碧水永处"的作品,成为"五四"以来很有成就的女作家。

    作为女人的萧红,在同父权专制、男性偏见的无望、无援的战斗中颓然倒下,留下了一条崎岖的、暗哑的失败者的路。失败者的路上没有声音没有色彩,连徐徐下垂的生命幕布也黯然无语,只留下了同情者几声无奈的惋惜几声轻微的叹息,留下了后来者如烟如雾的迷惘和无尽的思索。但是,作为作家的萧红,仅仅凭着《生死场》、《商市街》、《回忆鲁迅先生》、《呼兰河传》这几部作品就足以宣告她的胜利。而这条胜利者的路上没有鲜花也没有掌声甚至没有理解。她的文学路同样是寂寞路。鲁迅去世后,她在创作上不被理解的寂寞便更为浓重了。她在双重的寂寞中默默地走自己的路。同许多前代与同代的女作家一样,萧红也是感觉型、情感型作家。不一样的是她要摆脱那些外在于她的心灵的观念化世界的影响和外在于她的情感体验的创作模式的羁绊,更加困难。这是她的时代和她的社会环境所决定的。然而,萧红始终忠实于自己的眼光自己的观察体验,宁可忍受寂寞也不肯盲目地附和自己并不怎么明白的时尚和潮流。从这个意义上说,萧红又是幸运的。童年、少年时代算不上多么丰富的艺术启蒙,开发了她那清丽隽拔的艺术气质。坎坷多难的女性人生阅历,又培养了她敏锐的生存体验和历史感悟,使她出离了任何老式的和新式的女性神话和民族神话,在对呼兰河这个北中国边远小城的整体艺术观照中轻轻地揭开了沉重的历史帷幕。

    萧红说她常常觉得自己一身分裂为两个不同的"我":"不错,只要飞,但同时觉得……我会掉下来。"这种一面向上飞翔一面却觉得自己是在向下坠落的感觉,道出了她的生命顽强的向上挣扎终不能摆脱现实罗网的羁绊,道出了她短暂的一生中女人和作家的现实世界和精神世界的分裂。这并不是她的过错,尽管她在性格上也不无缺点。萧红一生作为女人的失败的坠落和作为作家的壮丽的飞翔便发生在这两重世界之中。

失败者无声的陨落

1

　　离家出走,这是五四以来现代知识女性普遍的行为方式,也是她们人生道路的起点。在边远小城的学校里读着鲁迅的《呐喊》、《彷徨》、《野草》和郁达夫的《沉沦》、《春风沉醉的晚上》的女中学生张乃莹,也要向那等待着她的恭立于公婆床头点烟递茶的温顺的儿媳妇的命运挑战了。同"五四"一代离家出走的女儿们相比,萧红的不同在于这反叛的决绝。这并非由于她特别的勇敢而是由于她格外的不幸。她的父亲张选三,这个北中国乡土社会的小官僚小地主,"常常为着贪婪而失掉了人性",对于竟敢冒犯父权规范的女儿更是冷酷无情。1931 年冬,正在哈尔滨街头流浪的张乃莹同父亲狭路相逢,父亲射到她身上的目光不仅形同路人而且形同仇敌。她知道自己没有退路,父亲阴冷的目光便是横在她的退路上的一块石头,容不得她去徘徊、眷恋。她决绝地叛离了父亲的家门,"走时穿着一件蓝士林布大衫,空着手坐着拉白菜的马车离开了家"[①],在羽毛尚未丰满之际便飞向了外面的世界,从此再也没有回过这个家。

　　萧红出生时,张家大合院对男性子嗣的期待已久。萧红的祖母一连生了三个女儿。她的父亲张选三(张廷举)是她祖父张维祯从堂弟家里过继过来的,娶妻后自然盼望能生男孩来继承张家的香火,可是萧红偏偏是个女孩子。这个同家族期望相悖的女儿身份,便成为一种性别原罪而构成她日后一切不幸的根源。冷酷的父亲自不必说,就是同为女性的亲生母亲和继母、祖母等,也仅仅因为她是女的而都对她十分冷淡。在这里,已不是一般的重男轻女心理所能解释的了。两千多年父权社会子承父制、父死子继的历史结构从根本上抹杀了女性的人身价值,长期的

---

　　① 　张抗:《萧红家庭情况及出走前后》,载《东北现代文学史资料》1982 年第 5 期。

制度文化板结为世代相袭的集体文化心理,窒息、泯灭了家庭内部天然的亲情之爱。张家大院里,只有人性、童心未泯的老祖父,还能够超越父权偏见之上给萧红寂寞的童年增添了一点温暖和乐趣。萧红离家出走后,距离"五四"运动已有十余年时间了,当年有幸被新文化运动主将胡适作传的、在性别压迫下死去的北京女子高等师范学校学生李超的名字,已渐渐被人们淡忘了,而在遥远的东北边陲"一年之中倒有四个月飘着白雪"的呼兰县城出生的萧红,却仍然要为这个并非她自己所能选择的性别而继续忍受屈辱。关于萧红离家出走的原因,近年来陆续发表了一些资料和评论,众说不一。有的说是为了逃婚,有的说是因为参加了哈尔滨中学生的爱国学生运动而触犯了父命,有的说是为了继续上学。不妨把这些因素综合起来看,那就是因为萧红的思想和行为全面违反了父权社会为"女儿"这一性别角色所规定的角色命令。为此,她的父亲、继母、祖母、舅父、伯父联合一致地对付她,她成了张氏家族的"异己"、"不肖"、"忤逆","和整个张家闹翻了",被迫出走之后又被父亲"开除了祖籍",并严令家人不许同她来往。①

2

拒绝服从父命毅然出走,是萧红第一个自主的人生抉择,在一定程度上使她获得了自由。那时她才十九岁,断绝了经济来源,无家、无业,无以果腹、御寒,无处栖身,终日流浪在哈尔滨的街头。据她的中学同学回忆,有段时间她只能趁同学们去上课时借她们的床铺睡觉,晚上便到处流浪,露宿街头。在出走的最初两年里,如果只是经济上的穷困潦倒总不致于那样快就濒临绝境。不幸的是萧红逃出了父亲的家门,却又先后遭到两个男人的伤害、欺骗。一个是她在哈尔滨上学时认识的"李姓青年",一个是由父亲包办的未婚夫汪殿甲。前一个也许曾经爱过她,但是向她隐瞒了已有妻室的事实。未经世故的萧红怀着天真的幻想跟随他到了北京,就在他的家中被他的妻子面对面地羞辱、鄙夷,陷入了十分尴尬的境地。萧红离家后的第一个幻梦破碎了,而且是被她所信赖的男人击碎了。她意识到自己不是来同他的妻子"争夺男人"的,便只身返回哈尔滨。不幸又被汪殿甲纠缠、玩弄之后抛弃,怀着身孕只身困居在东兴顺旅馆阴湿、狭窄的小阁楼里,险些被旅店老板卖

① 据张抗的《萧红家庭情况及出走前后》查对,张氏家谱中没有张乃莹的名字,是因为张廷举宣布开除了女儿的"祖籍"。

到妓院以抵偿汪殿甲所拖欠的六百元旅食费。如果说，那个"李姓青年"对萧红还可以算是传统的始乱终弃故事的重演，那么，汪殿甲则完全是乘萧红之危进行人身的玩弄。而他之能够得逞，竟然是凭依了萧红奋力抗争才得以挣脱的那桩包办婚姻。事情竟然是如此费解：萧红在父亲的家门内所拒绝的，竟然在父亲的家门外接受了。现在已无从知道萧红当时的真实想法了，只好以萧红性格上的软弱来作解释。其实，要说软弱，她的软弱也不是天生的。当她毅然迈出父亲的家门，切断同家庭的原始纽带，她便别无选择地将自己抛入了孤苦伶仃、软弱无力的地位，"感到全人类离得我更辽远"①。她自由了，然而彻底孤立了。当初拼命抗争才挣脱封建家庭锁链而获得的自由，现在反过来成为她不堪忍受的重负了。面对外面的陌生的世界，她成了无根的浮萍。出于女性的生存本能，她必然要寻求庇护要逃避孤独。汪姓纨绔子弟便利用了她的这种心理，在外面的世界得到了他过去在张家门内所得不到的东西，迫使萧红默然接受了他对自己的占有。由此看来，这外面的世界对萧红来说也仍然是太小了，她走到哪里也走不出父权社会男性中心及其意识形态的阴影，跳不出这个如来佛的手心。离家出走的张乃莹和后来成为文坛上有影响的女作家萧红，对于男性的依顺、忍让和委曲求全是一贯的。对此，她的朋友们均大感不解。一般来说，人们把这看做是萧红一生中最大的弱点而忽略了站在这个弱点背后的庞大的阴影。作为女人，萧红一生都笼罩在这个阴影之中。她不算困难地走出了父亲的家门，但终其一生也没有能够走出这个阴影。

3

萧红与萧军传奇性的相逢与结合，是她一生的重大转折，也是现代文坛上的一桩佳话。这是两个叛逆者、飘泊者在人生路上一个偶然的聚合点上的会合。聚合点的出现有许多偶然因素，而在这个聚合点上为了生存而结成一个两性的联合体却具有某种必然性。这就的确是大不同于一般男女青年正常状态下的恋爱结婚。严酷的、共同的生存问题压倒一切，两个人的吃饭问题、穿衣问题、住房问题、职业问题以及萧红临产的住院费问题，压倒了、取代了他们戏剧性的邂逅之后的相互了解和爱恋，淹没了这两个男女青年爱情生活中的浪漫蒂克色彩。或许可以这样说，这两个囊中羞涩的青年男女根本来不及选择来不及恋爱就自然而然地走到一起

---

① 萧红：《初冬》，载《萧红散文选集》，百花文艺出版社 1991 年版，第 71 页。

了。他们生命的小船必须由两个人同心合力、全力以赴才能免于沉没。在这种情况下，恋爱过程被极大地省略了简化了，它必须让位于一个能抵御摄氏零下三十度严寒的栖身之所，让位于一日三餐，让位于"列巴圈"和盐，让位于一双靴子一顶狗皮帽子。几年之后，萧红把他们这最初的共同生活片断写进了《商市街》和《桥》。在《商市街》和《桥》里，我们看到：他们中的一个鞋带断成了四截，另一个便把自己的鞋带"分成两段，两个人束着一条鞋带"；他们中的一个从清早吃了一碗玉米粥一直捱到太阳西沉，两个人饥肠辘辘相对而坐，其中一个为了不使对方听到这"肚子的呼唤"，便"把肚子翻向床，压住这呼唤"（《破落之街》）；他们租不起五角钱一天的铺盖，买不起五分钱一个的"列巴圈"（《欧罗巴旅馆》、《提篮者》）；他们中的一个空腹喝了一杯茶去给人家做家庭教师，另一个坐在小屋里像"饿在笼中的鸟一般，只想合起眼睛来静着、默着"（《饿》）；他们手里攥着仅有的一点钱去逛"破烂市"，什么都想买又什么都买不起（《买皮帽》）；他们穿着夏天通孔的鞋子在雪地上走（《过夜》）。但是，却惟独看不到爱情。爱情在这里是个沉默的缺席者。换句话说，爱情在这里本身就是鞋带，就是玉米粥、"列巴圈"，就是皮帽和棉鞋。1934年，两萧离开商市街二十五号迁居青岛，生活状况稍有改善，但是也只能说有了一点相对稳定的收入，勉强糊口罢了。据当时的山东大学女学生苏菲回忆，她两次去两萧住处，都发现萧红咳嗽得很厉害。第一次看到萧红在台阶前咳嗽着操作炊事，第二次看见萧红裹着毛毯倒在床上，因为萧军穿走了她的绒线衣，要等萧军回来脱下这件衣服她再穿上去做饭。苏菲建议她买点杏仁露来治咳嗽，萧红说等报馆发下钱来再买吧。萧红做着饭，萧军对客人说："悄吟一天到晚老生病。我可是不同，我差一天就炮兵学校毕业了。"这个生活细节包含着两萧共同生活中一些难言的隐秘。可以看出，萧红并不缺少所谓妻子的温柔，或者说，并不缺少女性的所谓自我牺牲。可是萧军对体弱多病的萧红，不是想到她体弱多病的原因中就包括了她的这种女性的自我牺牲，而是本能地感到了自己的不满足。这便是他后来同萧红分手时说的"她不是妻子，尤其不是我的妻子"的潜在语义。据友人们回忆，萧红会做俄式苏布汤，用平底锅烙的油饼"无与伦比"。她在市场上看到男人的裤子和衬衣，看到挂得高高的一排皮外套，想的是要是能给萧军买一件穿多好。她和萧军1934年同鲁迅会面之后所拍的那张照片中，萧军穿的那件高加索式外套就是萧红用一块格子布头做的，脖子上围的那条白色围巾上的俄文字母也是萧红绣的。如果生逢其时，如果能有个安定的家，萧红并非不能成为贤妻良母的。萧军所说的萧红不是妻子尤其不是他的妻子,不便明说的意思其实是指他们身体条件上的差距而带来的夫妻生活的不和谐,换句话说便是萧红未能克尽妻子的义务,是个"不合格"的妻子。

看来,他们是患难之交却并非天作之合。西蒙·波伏娃说过,女人在决定自己的终身伴侣时是冒着很大的风险的,因为她的性爱命运将被这个男人的个性所左右。何况萧红与萧军的结合并不是出于她自己的选择和决定。既然当初结合时在很大程度上是别无选择听天由命,那么结合之后的命运无论是苦是甜都无话可说。萧红的命不好,这次并非天作之合的结合苦多乐少。就两人的个性而言,相互的差距很大。萧军感情上比较粗,性情粗暴,而萧红大概是由于童年时代就缺欠亲情之爱,性格内向,对感情生活的要求较高,感觉敏锐纤细,对于爱和温暖怀着"永久的憧憬和追求"。而她的身体情况与萧军共同生活的六年中,并没有随着生活的改善而好转,反而每况愈下。他们从青岛到上海时,许广平看到萧红苍白的脸色、瘦削的身体和失去光泽的头发很是吃惊。从萧红五岁时同生母姜玉兰的合影来看,她并不是先天的身体素质差,可见,正是长年半饥不饱、挨冻受累、营养不良,加上两次不正常的生育和不正常的夫妻生活,摧残了身心的健康。面对体魄强健的萧军,萧红常自愧弗如:"你亦人也,吾亦人也,你则健康,我则多病,常兴健牛与病驴之感,故每暗中惭愧。"[1]这种性自卑和性压抑心理,反过来又影响了她的身体,加深了夫妻生活的不和谐,形成了恶性循环。这个看来似乎是生理上的身体上的问题,其实深藏着社会的、历史的根源。父权社会以男主女从为基本特征的婚姻,把两性之间自然的相互需要的关系改变为强制性的权力和义务的关系,而权利的重心习惯于向男性倾斜,义务的重心则一向落在女性身上。萧红的性自卑心理便是这种强制性的沉重的角色义务的压抑所致。萧军虽然身为抗日进步作家,思想上仍保留着浓厚的大男子主义和男性中心观念,对萧红偏重从义务方面苛求而不习惯于以平等的相互需要的态度处理两性关系。他一再说萧红不是妻子,除了在性别角色任务方面对萧红的不满足之外,还有一层意思便是他心目中的妻子形象同萧红对自己的要求不一样。在萧军看来,一个女人有了家有了孩子就足够了,可萧红却认为这是"简单的人生",是远远不够的。这"够不够"的分歧,触及到了女性解放

———————

[1]　萧红 1936 年 12 月末在日本时给萧军的信。载《萧红全集》,哈尔滨出版社 1991 年版,第 1286 页。

路途上纠缠不清的大难题,用现代语言来说,便是角色冲突问题。在这个问题上,男人和女人也是不一样的:

> 社会地位和事业上的成功是代表男人的雄赳赳一统天下的气质。女人则要表现大家认为她应该具有的女性气质,处处柔顺,被男人追求占有,一旦被占有后,就必须放弃对独立自主的追求。①

> 男人就不存在公共和私人生活的割裂问题;在行动和工作上他对世界把握的越紧,他就越有男子汉气……而女人自主的胜利却与她女人气质相抵触。②

也就是说,女人如果要反抗和超越性别角色的不合理安排,不甘于男人的从属地位,努力追求事业上的胜利和社会地位上的独立自主,便会被指责为"缺少女人气质"或"女性的失落"、"不像女人"、"不是妻子"等。两萧的矛盾,就实质而言也没有超出这个话题,因为萧军的思想观念没有超越女人应恪守女性角色本分的传统观念。他同萧红关系的恶化,没有发生在萧红基本上只是他"三郎"的一名读者和抄稿人的时期而发生在萧红创作上有了成就、艺术上日益成熟的时期,就足以说明两萧冲突的实质所在。用萧红的话来说,是"忍受屈辱,已经太久了",而用萧军的话来说则是萧红"过分自尊"。

两萧关系的恶化,发生在他们由青岛到上海一年多之后。从1936年夏到1937年春,不到一年的时间里萧红三次只身出走,三次都悄然而归③。她为什么要走?又为何回来? 这里一定有难言的隐痛。可是她对此却缄默无语,即使是当时写给萧军的信,也常常顾左右而言他,欲言又止。这期间她与萧军的真实情况,是否像萧军后来在《萧红书简辑存注释录》中所云,我们已不得而知了。从她这时所写的短诗《苦杯》和一些友人的回忆中,尚能捕捉到蛛丝马迹。据友人孙陵回忆,他们感情很坏,三郎(萧军)时常用拳头打她,有时把她的面孔打青了。她心绪不佳,常失眠、头痛、月经不调,许广平还向她介绍过治病的药方。而萧军此时一面忙于政

---

① (法)西蒙·波伏娃:《第二性》,湖南文艺出版社1986年版,第476页。
② (法)西蒙·波伏娃:《女性的秘密》,中国国际广播出版社1983年版,第221页。
③ 一次是1936年7月从上海东渡日本;一次是1937年1月从日本回到上海不久曾投宿于一个私人画院,不久就被萧军的朋友们找回去了;第三次是1937年4月23日从上海去北京,一个多月以后返回上海。

治活动，与胡风等"形成一个小派别"，一面还有暇陷入情网，即他自己后来所说的一次"无结果的恋爱"。萧红在《苦杯》中说：

　　带着颜色的情诗／一只一只是写给她的／像三年前他写给我的一样／也许人人都是一样／也许情诗再过三年他又写给另外一个姑娘。
　　往日的爱人／为我遮蔽暴风雨／如今他变成暴风雨了。
　　我幼时有个暴虐的父亲／他和我的父亲一样了。①

　　这些大概足以构成萧红出走的背景材料。易卜生的娜拉不愿做丈夫的玩偶而出走，萧红则应该说是萧军的玩偶兼家庭主妇、家事女佣、抄稿人和"出气包"②。娜拉一旦意识到自己的真实处境便再也不能忍受，可萧红却是一忍再忍忍无可忍了才决心出走的。她在十个月中竟做了三次"娜拉"，第二次出走前还像子君那样把家中仅有的一点钱给"涓生"留下了一半。而且，中国的"娜拉"——萧红每次都无可奈何地回来了。她每次回来大约总会对萧军重新抱有期望，可是每次都要备尝失望的苦果，如第二次走同第一次回来相距仅两三个月，她从日本回来不久，不是万不得已是不会投奔到一个私人画院门下的。可是当画院院长得知她"有丈夫"时，便拒绝收留她。她除了回去无处可去。对一个女人来说，有了丈夫便是有了归宿，社会从此便把她和丈夫视为一体了。她属于丈夫，她的地位、价值和安全感、归属感全在此。如果她不幸而要追求个人的自由独立，像娜拉那样先要学会做一个人，她便必须吞下孤独的苦酒。逃避自由其实也就是逃避孤独，因为自由与孤独相伴随，而要逃避孤独就要重新安于依附和屈辱，拱手交出自由和独立。在这个女人命定的现实世界里，萧红是弱女子。她在不堪忍受的男人的自私、粗暴、歧视、偏见和同样不堪忍受的自由的重负——孤独无依之间徘徊，在抗争、出走与屈服、忍耐之间摇摆，最终还是不得不面对现实，承认了自己无可奈何的失败。"我想我这是走的败路"，"我不知为什么把自己弄成这样，连精神都给自己上了枷锁了"。③

---

　　①　转引自田碧洁《心底的歌——读〈萧红自辑诗稿〉》，载《萧红研究》，第132、134页。
　　②　在西安时，萧红对聂绀弩说：'我爱萧军，今天还爱……可是做他的妻子太痛苦了。我不知道你们男子为什么那么大的脾气？为什么要拿妻子做出气包？为什么对妻子不忠实……忍受屈辱，已经太久了。"载骆宾基《萧红小传》，黑龙江人民出版社1981年版，第76页。
　　③　萧红在北京给萧军的信。转引自葛浩文《萧红评传》，第100、101页。

1937 年 10 月,两萧在日军炮火追逼下共同南下武汉,关系进一步恶化。1938年春在西安"永远分开"了。这也许是必然的结局。这里面有没有 DM 的乘虚而入都一样,DM 只是作为一个外因促成这一必然结局的到来。萧红之所以最终没有摆脱 DM 的纠缠,也许爱情之外的因素大于爱情因素,这便是两萧在动荡的时局中对待文学的态度的分歧已无法调和。萧红是视文学为生命,以文学为终生事业的作家,她预感到自己的时间不多了,极需要动乱中赢得时间写作;而萧军则热心于政治活动,执意要去"打游击"。萧红劝说无效,才下定了与他永远分手并随 DM 南下武汉的决心。① 在临汾、西安同萧红有过数月交往和友情的丁玲,为此深感遗憾,以为自己对她的生活方式的参与和影响太少了。其实,这恐怕不是丁玲所能够参与得了影响得了的。萧红虽然有时候像萧军所说的"单纯、淳厚、倔强","在处世方面简直什么也不懂",但她也像自己所说的,"在要紧的地方,我懂"。同萧军分手,南下专心从事创作,是萧红在人生道路的紧要关口作为女人和作为作家的决断。此后,在三年多的时间和极端困难的条件下,萧红写出了《黄河》、《旷野的呼喊》、《朦胧的期待》、《回忆鲁迅先生》、《呼兰河传》、《小城三月》、《马伯乐》等近百万字的重要作品。这些作品,尤其是堪为传世之作的《呼兰河传》,是对她这个以生命为代价的决断的永久的报答。

萧军对萧红早有不满,直到同她离异半个世纪以后,还说与作为妻子的她分手"没有什么可遗憾的"。然而,那句"我们永远分开吧"的话,却是萧红先说出来的。萧军说自己"可以迁就","如果她不先和我分手,我们还永远是夫妇,我决不先抛弃她"。② 对此,有位论者认为,"他已看清楚了萧红矛盾痛苦的状态,索性推她一把,让她自由去吧! 这表现了萧军的丈夫气,要快刀斩乱麻,对各方面都好"③。在这位论者看来,反倒是萧军的"丈夫气"成全了"柔性的萧红",拯救她于痛苦的深渊之中。而且"丈夫气"的萧军早就等着萧红自己说出那句愿意被他"抛弃"的话,以使"丈夫气"维持到底,此后她的一切痛苦都是她自己的事,与他无关!

---

① 萧红对萧军说:"我也并不仅仅是为了爱人关系才这样劝阻你,以致引起你的憎恶和卑视。这是想到了我们的文学事业。"

② 骆宾基:《萧红小传》,第 75 页。

③ 庐湘:《萧军萧红外传》,北方妇女儿童出版社 1986 年版,第 119 页。此书作者还认为,萧红对萧军那次"无结果的恋爱""始终不谅解,甚至以其人之道还治其人之身的办法进行报复,这是酿成临汾分手的内在原因,也是种下萧红早夭悲剧的基因"。

4

　　萧红跟 DM 南下,这里究竟有无爱情的因素已不得而知。不过,一些事实倒是比外人难以知晓的他们之间的有无爱情这个问题更重要也更能说明问题。第一,从 1938 年 4 月两人同去武汉到 1942 年 1 月萧红去世,只有三年多时间。在这三年多时间里,萧红经常寄住在朋友家中,如范士荣家、孔罗荪家、白朗和罗峰家,以及歌乐山上日本友人池田幸子和绿川英子的住处等。除掉这些日子,萧红和 DM 共同生活的时间也就是 1939 年 5 月之后在重庆北碚和 1940 年春抵香港以后这两段时间。应该说,他们之间是种时聚时散、若即若离的关系。第二,如果说萧红曾经对 DM 寄托过希望的话,那么可以肯定的是她很快就失望了。她看清楚了:"他惹了祸要我来收拾,自己关起门猫起来了","一当他的肩头该担负什么的时候,他就移到了萧红的肩上。"①彻底的失望建立在彻底的了悟之上,了悟到男性的一副自私、怯懦的肩膀和一颗萎缩的心。于是,这种失望转换成了看透之后的平静。不再期望什么了,也就为自己赢得了平静的创作心境。第三,她知道要维持这难得的、对她来说至关重要的平静,还需要继续忍让与屈从,需要缄默,把孤独、烦闷、痛苦通通往肚子里咽。她又开始替 DM 抄稿子、做饭了,又忍受他对自己作品的嘲笑、鄙薄了。靳以、曹靖华等友人对这样的事情都曾亲眼所见亲耳所闻。朋友们不理解她竟然能够"和这样的人一块共同生活了三、四年"。这原因主要是她比任何人都明白当时对她来说创作高于一切。不如此,她又怎么能够在那样短的时间里而且是在敌机的频频轰炸下写出那么多的好作品呢?② 她是为了赢得时间,这同对萧军的忍让与屈从就不尽相同了。

　　在男权中心的社会里,女人找丈夫也就是为自己寻找庇护寻找保护人,"将自己被动而温顺地献入另一个新主人之手"。可是萧红找的这副男性的身躯从未替她遮挡过风雨也谈不上与她共过患难。然而,社会却又开始把她与他视为一体了。武汉危急之际,DM 撇下她去了四川。萧红独自坐在舱口等船票,碰到了好友 M 等,想和他们同路去四川。"这要和 DM 商量商量。""为什么要和他商量?"她瞪

---

　　①　转引骆宾基《萧红小传》,第 90、91 页。

　　②　到了 20 世纪 80 年代,有的论者竟用萧红的这些作品来证明 DM 对于她的重要性,还说《呼兰河传》的书名是他给她起的。

大了眼睛，一下子没有明白过来。为什么？就因为他名分上是她的丈夫，就如当年那位画院主人所说的，"没有你丈夫同意，我们是不收的"。结果，萧红怀着八个月的身孕，口袋里只有五块钱只身入川。在宜昌码头上，她被缆绳绊倒。她挣扎着想爬起来，却怎么也起不来，仿佛身上的力气都耗尽了，只好躺在甲板上一直到天亮才被一个乘客扶起来继续赶路。这是一个很有象征意义的场面，代表了萧红作为女人的悲剧命运。她渴望自由却又害怕孤独，逃避孤独却又常常陷入孤独。她害怕一个人走路却又常常"一个人走路"，她渴望男性的温暖、友爱、保护却又总是被他们所伤害、歧视、抛弃。最后，连那位姓李的男性庸医也不放过她，将她误诊为喉瘤而割断了喉管。有口不能言，孤独生孤独死，好像也在暗示追求自由独立的女性注定孤独的命运。她短暂的一生充满了忍受孤独与忍受屈辱、反抗与屈从、追求自由与逃避自由的两难困境，摆脱不了，撕扯不开。她彻悟了自己的失败："你知道么？我是女性。女性的天空是低的，羽翼是稀薄的，而身边的累赘又是笨重的！而多么讨厌呵！女性有着过多的自我牺牲的精神。这不是勇敢，倒是怯懦……"①

5

萧红死后不久，两个男人为争夺她的版权在桂林打了一架，还到桂林上海杂志公司分公司去评判处理。其中的一个记下了萧红的"遗嘱"：《商市街》给她弟弟张秀珂，《生死场》给萧军，《呼兰河传》给 L。DM 因一无所得而大怒。此事正应验了萧红临终时的一句话："我一生最大的痛苦和不幸都是因为我是个女人。"②这个小插曲为她痛苦而不幸的一生添上了画龙点睛的一笔。

大约和这两个男人的事情同时发生的，是萧红的女友丁玲在延安得知萧红病逝的消息前后，写了两篇发自肺腑的散文：《"三八节"有感》和《风雨中忆萧红》。丁玲由萧红的死感觉到"一块肮脏的云成天盖在头上"，感觉到"那轻柔的柳絮和蒲公英都飘舞不起而沾在泥土上了"，感觉到"随风而倒的桃李在风雨中更迅速进出的苞芽"，从而感悟到作为女人在这个世界上生的艰难和死的悲凉。她从萧红的早逝中领悟到"死对于自己是莫大的损失"。"女人要取得平等，得首先强己"。女人要"使自己愉快"，"不要让自己生病"，"没有一个人能比你自己还会爱你的生

---

① 转引自骆宾基《萧红小传》，第73~74页。
② 转引自葛浩文《萧红评传》，第152、159页。

命"，"没有什么东西比今天失去健康更不幸"。这是萧红之死给予所有在泥泞中跋涉的女人的最重要的启迪。

壮丽的升腾

1

萧红的生命呈现为一种奇妙的分裂组合。在现实的世界里她受尽了磨难,女人的欢乐幸福被剥夺殆尽:作为女儿,她享受不到母爱、父爱;作为妻子,她得不到丈夫的温暖、庇护、支撑,没有一副坚实可靠的臂膀供她纵情放心地依靠、休憩。为了得到这些,她付出了自己的心血、健康、自由、尊严,到头来却落得满身伤痕满目凄凉,孤零零地告别了这个世界。作为母亲,她经受了两次生育的苦难,两次十月怀胎两次流血流泪艰难分娩却两次都是一场空,从未享受过做母亲的快乐。她被父亲开除了"祖籍"革出了家门,又被丈夫认为是不合格的妻子,她那按说应当是风华正茂的女性之躯遭到父权社会的放逐,在受尽了磨难之后赤条条来赤条条去,沉入了中国女性荒寂瘖暗的千年隧洞。可是在文学艺术的世界里,她却释放了生命所拥有的全部活力全部潜能,女性的早悟和智慧之光熠熠生辉,以她毫不逊于男性的"明丽和新鲜"(鲁迅语)、清澈和隽拔在文学的天空留下了明亮的一闪。在这里,她的灵魂拒绝了沉沦坠落获得了永久的救赎。肉体的坠落和精神的升腾,构成了萧红的生命景观。这只美丽的"大鹏金翅鸟"在文学的天空奋力翱翔,在白云和乌云中间翻腾飞行,在这个世界里赢得了终生渴望的自由和独立。可是在现实的世界里,她却无力战胜鬼魂一样追逐着她的厄运,艰难的跋涉、无望的挣扎撕裂了她的心耗尽了她的力,她翅膀下垂低头不语,坠落于走不尽的泥泞之中。这两者是否具有某种必然的联系呢? 也就是说,这难道是不甘沉沦坠落的女人的宿命? 她精神的升腾、文学的成功必定要以她肉体的坠落、现实的失败为代价吗? 要回答这个问题,我们应当向历史追问:历史为五四以来觉醒的女性究竟提供了多长、多宽的路? 然而历史对此缄口不言。我们所能够看到的,只是萧红这历史的女儿被历史唤醒之后抬头看天低头问路,却原来仍是沉沉黑夜茫茫长途,夜幕上只有一道闪烁的晨光,那便是文学这人类精神的家园,这是萧红命运之途上的"一线天"。她听从了文学的召唤,朝着这生命的晨光奔去,在短短八年的飘泊岁月里竟然写出了

一百来万字的作品,把她的生命潜能发挥到了极致。

2

和一般女作家大致相同的是,萧红也凭自己的感觉、才气、悟性写作,可是在创作思想上却是个自有思想主见的作家,并不随波逐流、人云亦云随着时尚和潮流轻易改变自己。她的创作之路也是在男人们的白眼、嘲笑中挣扎、踩踏出来的。写散文,他们说"你是散文家",言外之意是"你的小说不行";可是就散文论散文,他们(包括萧军和一些友人)又在背后议论"她的散文有什么好"。除了鲁迅,她在创作上竟没有一个真正理解她的知音。鲁迅以病重之身为她的《生死场》的出版奔走并为之序。鲁迅认为"现在能写什么,就写什么,不必趋时"①。她蔑视那些嘲笑同时牢牢记住了鲁迅的话,在 20 世纪 30 年代纷纭的文坛潮流中保持自己独立不羁的创作态度。鲁迅去世后,她知道自己在创作上也必须独立支撑,从 1938年初她在胡风主持的《七月》的一次座谈会上的发言和与聂绀弩的那次谈话来看,萧红对于自己的创作是经过了反复的独立思考和深思熟虑的,在创作思想上成熟了②。她在政治态度上无疑是属于抗日进步文化阵营之列的,也并不缺少民族感情和对民族战争的正义感使命感,然而她却不愿意因此而盲目接受一些流行的文学概念和创作模式。在她创作生涯的最后三四年间,她的创作思想达到了理性的自觉和文体、话语的自觉。她的作品,也是一种"难以定义规则化"的女性书写。这种女性书写并没有脱离生活脱离时代,要说"脱离",也只脱离了那种公式化概念化的、简单浮浅的"对生活的反映"。

3

萧红的创作思想在三个方面显示了她的独立不羁,使她的创作不仅在女作家中而且在 20 世纪 30 年代文坛上也是独到的。

---

① 鲁迅:《二心集·关于小说题材的通信》,载《鲁迅全集》第四卷,人民文学出版社 1981年版,第 369 页。

② 在那次座谈会上,人们都在谈作家和生活隔离的问题,她说:"我看我们并没有和生活隔离。"《抗战以来的文艺活动动态和展望》,载《七月》1937 年第 7 期。

民族战争与封建愚昧

萧红饱受战乱之苦,侵略者的铁蹄和炮火给她留下了切肤之痛。作为从东三省日伪统治区走出来的作家,她的创作之路的第一步便是从东北抗日进步文化人活动圈"牵牛房"①里走出来的。在这里,她呼吸着从上海文坛吹过来的"普洛文学"的气息,感应着中华民族反抗侵略的不屈的精神,和萧军、金剑啸、舒群、罗烽、白朗、王栗颖、袁时洁等举办义卖画展和演出,办刊物《夜哨》、《星星》。她和萧军的第一本创作集《跋涉》只卖了三本即遭日方查禁,他们因形势险恶而由哈尔滨出逃青岛。在青岛只住了半年多,为了逃脱日本秘密警察的监视而到上海,由此得以同鲁迅结识并通过鲁迅结识了上海文化界抗日进步人士和美国女作家史沫特莱、日本进步作家鹿地亘夫妇等。1936 年,她和萧军还在鲁迅提出的"民族革命战争的大众文学"宣言上签了名。这样的经历和社会联系,决定了萧红对民族解放战争的基本立场和态度,也决定了她的作品的基本的思想倾向。就此而言,将她列入"抗日作家"阵营大体上是不错的。萧红的独到之处,是在创作思想上始终没有遗忘封建愚昧这个渗透到民族心理深处的痼疾。这种弥漫于民族生存空间的历史惰性,对于萧红这样一个被损害被压迫的敏感的女性来说,即使是在抗日烽火的掩盖下也仍然同异族侵略之苦一样留下了切肤之痛。她忘不了父亲冷漠的目光,忘不了美丽而贫瘠的家乡呼兰县城善良而愚昧的居民,忘不了广大的乡土社会那些昏睡的人群,对于后来又沦入侵略者之手的"家"怀有同那些健忘的和过于乐观的人们不尽相同的、异样的心情:

家乡这个观念,在我本不甚切,但当别人说起来的时候,我也就心慌了! 虽然那块土地在没有成为日本的之前,"家"在我就等于没有了。

这失眠一直继续到黎明,在黎明之前,在高射炮的声中,我也听到了一声声和家乡一样的震抖在原野上的鸡鸣。②

---

① 这是哈尔滨抗日进步文化人士秘密聚会活动的地方。参见金伦:《"牵牛房"轶事》,载《东北现代文学研究资料》第 2 辑。

② 《失眠之夜》,载《萧红散文选集》,第 132 页。

　　她抓住了战争年代情感的焦点——"家",从切身的真实感受上把反侵略和反封建之间交织的错综的关系表达得何等清晰!这是经受着双重压迫的孤独的灵魂,在内忧外患的土地上发出的深沉的叹息。这个早就无家可归的女人,承受的是封建父权专制和侵略者双重的放逐。对她来说,这两者不存在孰轻孰重的问题,也不必用这一个来否定另一个。可是有的论者将创作题材与作家创作基本的政治倾向混为一谈,并据此而或褒或贬。文学还是有自己的规律的,最好还是如鲁迅当时所说的,"能写什么,就写什么"。萧红便是这样做的。她的作品大多是基于自己的生活经历、人生体验而将这两个方面结合起来,不过根据各篇的题材特点和艺术构思各有侧重而已。20世纪40年代以来,不断有论者根据"题材决定论"的褊狭标准,责怪她的有些作品(主要指《呼兰河传》)"看不见日本帝国主义那种血腥的侵略",由此断定她"现实的创作源泉已经枯竭","把握不住时代的脉搏",认为她"向现实屈服了",这"是萧红一生中最大的不幸"。其实,这些都是对她的很不公正的误解。

女性体验与群体生存

　　萧红的生活尽管饱尝辛酸,但从她的阅历和接触的社会生活范围来说,也还不能说多么宽广。这是女性角色地位所决定的。然而,她的艺术视野在女作家中却属最为广阔恢弘,作品中蕴含着厚重的历史感。她的笔下,没有出现"女儿国",尤其没有庐隐那样的同异性隔绝的"女儿国",在取材上也并不专注于女性人物和女性生活。出现在她的小说中尤其是她的代表作《生死场》、《呼兰河传》中的,常常是某种群体的生存方式,某种"类"或"群"的生活行为、思维话语。这里面有男的也有女的,彼此也并不怎么发生冲突、纠葛,而是日复一日地、仿佛从来便如此地活着。这种着眼于群体生存的艺术构思,从创作思想上说是以个人的即女性的体验为起点扩展到广大的人生(民族的、人类的)。萧红也许未必从理论上思考过女性的苦难同民族的、人类的苦难的关系,思考过女性的解放同民族的、人类的解放的关系,但是她的良好的艺术感知力和良好的情感化的艺术表现力帮助她以开阔的心胸去感受、消化、理解自己的体验自己的苦难,帮助她把个人的不幸、女性的痛苦同群体的生存境遇联系在一起。同聂绀弩的那一席即兴谈话,表明她对这个问题的理解已经达到了理性的自觉。她一定是反复阅读了鲁迅的小说并且理解了鲁迅的心:

鲁迅的小说的调子是很低沉的。那些人物，多是自在性的，甚至可说是动物性的，没有人的自觉，他们不自觉地在那里受罪，而鲁迅却自觉地和他们一起受罪……

我开始也悲悯我的人物，他们都是自然奴隶，一切主子的奴隶。但写来写去，我的感觉变了。我觉得我不配悲悯他们，恐怕他们倒应该悲悯我咧！①

萧红同鲁迅的"中国人从来也没有争得过人的地位"的感知是相通的。她渐渐知道了自己也是这中国人群体中的一员，知道了自己的痛苦不是哪一个男人造成的。或者纵然自觉到了自己也是"和他们一起受罪"，却没有办法拔着自己的头发脱离这个群体，于是她出离了悲悯，也出离了愤怒，使自己的笔自觉地"对着人类的愚昧"②。萧红创作思想上着眼于群体的愚昧的这种理性自觉，是"五四"时期基于人本主义理想的理性启蒙精神在她的创作中的承续。

寻找自己的形式和话语

萧红的小说作品不是任何一种小说所能够规范的。当她写《生死场》时，或许根本没有想过什么小说学。可是后来她听到了人们的委婉的非议，反倒刺激了她不就范于既定"小说学"的决心：

有一种小说学，小说有一定的写法，一定要具备某几种东西，一定写得像巴尔扎克或契诃夫的作品那样。我不相信这一套。有各式各样的作者，有各式各样的小说。③

这已经是在为自己的小说进行理论辩护了。她不要像什么既定的小说范式，而只要能表达自己要说的话。这里也表现了萧红在种种规范、模式面前的不甘驯服。

她的小说是什么式样的呢？一般来说，论者把它叫做散文化的小说和感情化

---

① 聂绀弩：《回忆我和萧红的一次谈话》，载《新文学史料》1981年第1期。
② 萧红在《七月》举行的一次座谈会上的发言。转引自葛浩文《萧红评传》，第166页。
③ 聂绀弩：《回忆我和萧红的一次谈话》，载《新文学史料》1981年第1期。

的语言,不过她也不是有意要这样写,而是独特的对人生对世界的感知方式使她不能不这样写。她对于这个世界上顺延的、线式的事物的发展不怎么在意,而对于集中的共时性呈现的人的普遍性生存境况却如"芒刺在背",这体现为她的小说结构一般来说是以某种生存环境即以空间而不是以时间作为结构方式,其间活动的人物没有什么包打天下的英雄也没有"集众苦难于一身"的人物。她的人物命运一般来说没有什么因果逻辑,她也无意于编出出奇制胜的曲折的故事情节。她的语言是女性的情感化语言,是"女性作者的细致的观察和越轨的笔致"(鲁迅语)。但她又极少单独的抒情的字句,而是将自己鲜明、浓郁的情感融化在描述对象之中,即使是写自然景色、地方习俗也字字浸透了她的情怀,句句饱蘸着她的情感色彩。鲁迅说她"叙事和写景,胜于人物描写",是就《生死场》而言的。后来,她显然要努力提高自己的人物描写能力,这在小说《手》、《家族以外的人》、《牛车上》、《朦胧的期待》、《呼兰河传》、《小城三月》和散文《回忆鲁迅先生》中都取得了成功。而长篇小说《马伯乐》(未写完)却并非成功之作。这种围绕着一个中心人物以时序联结的讽刺性文体,实非萧红之所长。鲁迅的《阿Q正传》、《孔乙己》对萧红观察、感知那些精神萎缩、言行琐屑的人物起到了深刻的影响,她也流露过想写这样的作品的想法,可是要以小说尤其是长篇小说出之,她的功力尚嫌不足。她的讽刺语言同鲁迅那种炉火纯青的"嬉笑怒骂皆成文章"还有较大距离,当她在大篇幅里以这样的语言方式对一个主人公铺陈开来着意渲染时,这种距离便明显地暴露出来了,全书因而显得单调沉闷,人物失之于漫画化。不过,萧红后期在话语方式上追求讽喻,毕竟为她的小说语言增加了一些冷峭。在《呼兰河传》里,人物的音容笑貌、神态举止都是她烂熟于心、呼之欲出的,如她对祖父、有二伯、冯歪嘴子、小团圆媳妇等人物的描写,不失分寸感的讽喻同她内心出离悲悯的苍凉和忧郁融化在一起,取得了远在《马伯乐》之上的成功。

4

萧红创作上的成功,在很大程度上取决于她的艺术感觉和艺术表现力。对于经历过的人和事,包括一些自然景物、生活细节,她不仅能在记忆中保持鲜活、生动的形象,而且历时愈久愈为活泼、生动。在她生命的最后两三年间写成的《呼兰河传》里,从她笔下涌出的每一个人物、细节,每一幅自然的和社会的习俗景观,都仿佛是在她的脑海里翻腾蹦跳已久,灌注了她性灵智慧的生气而从容地缓缓地流淌而出，流成了一条美丽清澈的女性形象记忆、情感记忆的小河。萧红的创作是情感的艺术表现而不是有的女作家那样的情感的宣泄。情感的宣泄是情感的自然表现，常常发自要迅捷地直接地传递、释放某种内在紧张情绪的压抑，往往会由于缺少控制而失去分寸感，显得浮燥、芜杂和缺乏意蕴。情感的艺术表现不是着眼于急迫的情感宣泄要求，而是"对自我内在情感的形态或本质进行发现、认识，最后使它的完整形式呈现出来的活动"。情感的艺术表现"带有创造、发现、整理、组织或探索人类感情之奥妙的性质"。① 真正的情感的艺术表现过程，就是某种内在情感的明朗化过程。所谓明朗化，也就是意象化，也就是只有当情感在头脑中转化成意象时，才算得上是艺术的表现。意象在作家头脑中的生成并呈现为某种文学的图式，少不了理性因子的作用，只是理性在真正的艺术表现中的作用，是无形地介入、渗透而不是外在地贴上去的理论标签。它的介入、渗透是在不知不觉中使情感内涵着评价、判断，内涵着思想的光芒，这大概就是马克思所说的"感觉直接在自己的实践中成了理论家"的道理吧。萧红的创作是感觉型、情感型的，但也是有清畅的理性之光照耀的创作。读她的作品，总感觉在情感的流动中潜藏着她对我们这个民族、这个世界，对人性和人类的生存有一种通达的理解却又是无可奈何的慨叹，潜藏着难以言说的人生、历史的苍凉感。《生死场》之引起文坛的惊异，也就在于这种潜在的、饱和着情感的理性之光在人们心中唤起了审美效应。鲁迅说《生死场》"力透纸背"，而这力透纸背之作竟出自一个二十来岁的女作者之手，不能不使人感到惊异。她后期的创作并非如有的论者所云是什么"走下坡路"，而是在《生死场》的起点上的升华、超越。这之后七八年间坎坷辛酸的人生路，身为女作家、身处抗日进步文化阵营却依然强烈感受到的女性的屈辱、痛苦，使她更深地领悟到历史那滞重的步伐，感受到充溢于生存空间的无所不在的冷漠、沉闷、苦涩的氛围，觉得"心就像被浸在毒汁里那么黑暗，浸得久了，或者我的心会被淹死的，我知道这是不对，我时时在批判着自己，但这是情感，我批判不了"②。从这种自己"正在经验着的"、"批判不了"的"真切的情感"出发，萧红达到了对人性、对历史的平静的了悟。正如有的论者所指出的，萧红以自己年轻的女性之躯跋涉过漫长的道路，终于同鲁迅站在了同一地平线，达到了对历史、对文明、对国民灵魂的彻悟。

---

① 滕守尧：《审美心理描述》，中国社会科学出版社 1985 年版，第 176 页。
② 萧红 1937 年 5 月 4 日自北京给萧军的信。《萧红全集》第 1292 页。

5

萧红小说中常见的意象是某种生存空间,这也是她基本的小说结构图式。或许是出于创作无意识,她的小说标题也习惯于用空间概念而基本上不用时间概念,如《生死场》、《牛车上》、《黄河》、《后花园》、《北中国》、《呼兰河传》、《小城三月》等,其中艺术概括力最强的自然是《生死场》与《呼兰河传》。这些空间图式是一个具有生命张力的生存场,是她对于环绕着人、控制着人、囚禁着人的生存环境的整体的艺术把握,是她的艺术感知活动凝聚而成的整体审美意象。"生死场"本身就是意象化的。在这个边界不清的生存空间里,生连接着死、死连接着生,生就是死、死就是生,活动于其间的芸芸众生不过是这一旋生旋灭、生死循环中的蚁蝼式的生灵。他们是自然的奴隶、环境的奴隶,是向一切称王称主的主子们臣服膜拜的奴隶。这里的时间是停滞的,历史发展是缓慢的,或者说是无时间无历史的。作者对时间的这种感觉,不是来自"城头"频繁变换着的"大王旗",不是来自异族的或本民族的统治者标榜的什么旗号,而是来自这里的人们日复一日、年复一年、世世代代的动物式的生存状态,来自"人和动物一样忙着生,忙着死"。人的非人状态,是《生死场》作者刻骨铭心的感觉,也是这个空间图式中的核心象喻。她对自己所有的比喻、象征、暗示话语都赋予这种感觉,以致让人略感冗繁,如开头"麦场"一节,就用了"他的面孔和马脸一样","喝水"像是马在喝"(二里半),"跟一捆稻草似的跟在后面","是一只母熊了","像一摊蜡消融下来","她的心永远像一块衰弱的白棉","孩子们说她像一只猫头鹰"(麻面婆)。王婆的三岁女孩子放到草垛旁摔到铁犁上死了,"和一条小狗给车轮压死一样"。还有"农家好比鸡笼","全庄像是海上浮着的泡沫"等等。第十节"年盘转动了"之后,沉重的时间之盘被侵略者"黑色的舌头"推卷着缓缓地转动了,日本人轰鸣的飞机、卷着烟尘的汽车和飘扬在小茅草房屋顶的宣传"王道"的五颜六色的小纸片扰乱了这里的平静,"人们已经失去了心的平衡",封闭的、自给自足的"生死场"被冲开了。这种被异族用汽车、飞机、洋枪洋炮开路而带来的变化是畸形的、病态的,田园荒芜、鸡飞狗跳,日子"比过去还苦"。在这样的历史年盘的转动中,有骤然揭竿而起的、杀山羊以盟誓的反抗,却没有群体的从动物到人的觉醒,没有自在的生存到自觉的生存的转变。这是《生死场》文本后半部一个潜在的空缺。出现这个空缺的原因是非技巧的。从根本上说,是萧红的感觉世界中还没有出现这样的根本的转变。这是《生死场》有别于当时文坛流行的从不觉悟到觉悟、从忍辱到反抗、从自发的反抗到自觉的反抗种种模式的地方。同这一文本空缺相谐调、照应的是，最后一节出现了"不健全的腿"这样一个标题，写的是原先只关心他的老羊的二里半，也追随着李青山式的反抗而去，然而却是拖着"不健全的腿颠跌着颠跌着"走去的。这是《生死场》中最后一个也是最为意味深长的意象。《呼兰河传》的群体生存空间，既是那个距哈尔滨城三十公里路的具体的呼兰河城，又是超越了这个具体的呼兰河城的空间意象。作者对小城的自然景色气候、地貌市容、民俗乡风和住在这里的人们，一条街一条街、一家一户、一个人一个人地娓娓道来，充分发挥了捕捉鲜明的细节形象以"叙事和写景"、状物和写人的特长，并不使人感到琐细和沉闷。因为这也是情感的艺术表现而不是自然主义的客观描写或单纯的思乡情歌。萧红在这部倾注了毕生心血的长篇小说里，仍然着眼于群体的非人的生存，但是其间蕴含的思想比《生死场》深刻了也成熟了，语言也相应地显得从容和隽永。生活在这个同样是封闭的、自给自足的空间里的人群，呈现出无差别的和不允许差别的心态，他们依附、顺应自然，依附、顺应土地，依附、顺应鬼神，按照几千年传下来的、从来如此的观念和规矩过日子，善意地或不怀恶意地无声地窒息、吞噬、扼杀一切差别、一切不驯、一切生机。小团圆媳妇仅仅因为"不像个团圆媳妇"就被视为妖怪、有鬼魂附身，活活地整死了。磨倌冯歪嘴子是这个群体里生命力最为顽强的一个，然而她只是默默地承受苦难，"逆来的，顺受了"的那种"原始式的顽强"（茅盾语）。

6

作为女作家，萧红一般并不专门写女性，以女性为主人公的作品也不多。她是写人群，在人群中活动着女性尤其是劳苦的被侮辱被损害的女性。这也是 30 年代女作家不同于五四时期女作家的地方。萧红基于她的人本理想和自身对屈辱和苦难的体验，把女性的苦难置于民族的、人类的苦难之中来表现，自是情理中的事。她的"生死场"、"呼兰河"等群体生存空间，对女性而言是限定是囚牢也是命运，女性在这里承受了更为深重的肉体的和精神的苦难。或许出于偶然，她的第一篇小说《王阿嫂的死》便是写底层妇女的生育和死亡的，或者说是写女性为履行生育的天职而死亡，生和死的连续以女性生命的苦刑或毁灭为代价，而且这代价的付出又是无意义无价值的：

等到村妇挤进王阿嫂屋门的时候,王阿嫂自己已经在炕上发出她最后沉重的嚎声,她的身子早被自己的血浸染着,同时在血泊里也有一个小的、新的动物在挣扎。①

王阿嫂倒在了自己的血泊中,那个新的"小动物不到五分钟也死了"。这里显然融入了萧红自己对生育和死亡的体验。她第一次生育在二十岁,年方二十便体验了生死交界处的挣扎,体验了没有爱情的生育和没有意义的动物式的肉体的苦难。人的非人的生存,把生育这一女人伟大的创造性的业绩降低到了动物的水平,迫使女人用自己的血淹埋自己,再由一个新的"小动物"接续自己非人的虽生犹死的生存。在《生死场》里,萧红继续写女性这种无意义无价值的生育和死亡。她直接把动物的生育和人的生育放在一起来写,小标题便是"刑罚的日子"。那是女人无可逃遁的和无谓的生命的浩劫。五姑姑的孩子和金枝的孩子先后落地了,"掉在炕上,像投一块什么东西在炕上响着,女人横在血光中,用肉体来浸着血"。女人就这样像"牛或马在不知不觉中忙着栽培自己的痛苦"。这里有苦难,却没有对苦难的感受和思维;有生育,却没有爱情。爱情在这里仍然是没有进入文本的空缺,它是精神的"奢侈品",它被欲望主要是男性的赤裸裸的欲望代替了,而满足欲望的方式便是那种"河沿里坏的事"式的、成业对金枝的那种"只是被本能支使着想要动作一切","管他妈的,活该愿意不愿意,反正是干啦"!萧红笔下唯一被性爱唤醒的女性是《小城三月》里那个漂亮的翠姨,可翠姨的爱情觉醒与对爱情的压抑几乎是同时发生的。她默默地爱上了"我"的在大学里读书的堂哥哥,又默默地把爱情埋在心底,直到抑郁而死。这里,萧红写出了女性作为人的精神的苏醒和醒后无路可走的悲哀。她以平静的语调写出了女人无力按自己的心愿决定命运的辛酸。翠姨的父母给她订了一个富足的、人还不错的未婚夫,要是嫁过去,"他们对我也会很好的,但是我不愿意……我的脾气总是,我不从心的事,我不愿意"。可是她从不了心。她死了。这是萧红的最后一篇小说。从第一篇王阿嫂的死到这一篇翠姨的死,恰恰连接了女人无爱的痛苦和虽有爱却又不能爱的困境,连接了女人作为人的艰难的觉醒和无声的死亡。

在《呼兰河传》里,萧红流露出更为自觉的女性意识,常常在行文中情不自禁

---

① 《萧红全集》,第8页。

地发出议论,如四月十八娘娘庙大会,本来是向娘娘求子求孙的,却要先到老爷庙去磕头,因为"阴间也是一样重男轻女,所以不敢倒反天干"。塑泥像的人是男人,他把娘娘塑造得很温顺,把老爷塑造得很凶猛,让人们觉得"娘娘还得怕老爷打":

> 可见男人打女人是天理应该,神鬼齐一。怪不得那娘娘庙里的娘娘特别温顺,原来是常常挨打的原故。可见温顺也并不是怎么优良的天性,而是被打的结果。甚或是招打的原由。①

几句话就把男权社会意识形态对女人的期望标准"温顺"给"颠覆"了,揭露了女人的"温顺"的实质所在。萧红挨过父亲的打、伯父的打、丈夫的打,知道"温顺"就是挨了打也要"温柔的顺着",知道封建父权、夫权强加在女人身上的那些类似"温顺"的规范是一条柔软的锁链,那些类似放河灯、逛娘娘庙的规矩、习俗"都是为着鬼神,不是为着人的",尤其不是为着女人的。实足年龄才十二岁的黑乎乎、笑呵呵的小团圆媳妇,就是因为"太大方了","不像个小团圆媳妇"而被红烙铁烙脚心,被吊在大梁上用鞭子抽,最后被放到热水缸里烫三遍又用冷水浇三遍。萧红深知这"不像"的厉害。她被暴虐的父亲和后来"像父亲一样了"的丈夫判定为"不像女儿"、"不像妻子"。她写到小团圆媳妇死后变做哭泣的大白兔,隔三差五地到桥下来哭。"她说她要回家"。萧红飘泊到香港又客死于香港,现在她的孤魂寂寞地躺在广州沙河的银河公墓已有三十五个年头了。她临终时也说她想回家。她也许忘记了:老祖父死了。祖父死时她写过"我若死掉祖父,就死掉我一生中最重要的人,好像他死了就把人世间一切爱和温暖带得空空虚虚"。她也许还忘记了:祖父死的时候,她"喝了酒,和着泪"。②

---

① 《萧红全集》,第 753 页。
② 白桦:《寂寞的呼兰河》,《南方日报·南方周末》1992 年 1 月 17 日。

启蒙视角下的民间悲剧：《生死场》

陈思和①

一、民间和启蒙的汇集与冲撞

在1930年代的文学创作中，由于"民间"的进入，给新文学的创作带来了一股不同以往的生机和活力。民间文化的思潮不像"五四"新文化运动，是在陈独秀、胡适自主意识很强的情形下推动起来的，它是自发的、无意识的（这些作家中，恐怕只有沈从文有些自觉）。中国现代文学发展到1930年代，"五四"知识分子的启蒙精神，实际受到了很大的阻力。在这种情况下，知识分子不可能永远处于上不着天、下不着地无所依傍的状态，所以这时很多知识分子，包括鲁迅，以及当时的一些左翼作家，都在思考以知识分子启蒙精神为特征的文学，或者说文化普及运动，如何真正地跟它的对象——中国的民众——结合起来。

---

① 本文原载《天津师范大学学报》2004年第1期。
　陈思和：复旦大学人文学院副院长，中文系主任，教授，博士生导师，上海作协副主席，中国现代文学研究会副会长。著有《中国现当代文学名篇十五讲》、《笔走龙蛇》、《鸡鸣风雨》、《犬耕集》、《谈虎谈兔》、《草心集》、《海藻集》等。

这时就有一批新生代作家崛起了,他们的新的艺术实践,使得这些问题的解决在创作上得到了回应。这批作家来自于中国民间和社会底层,跟"五四"一代不大一样。"五四"一代作家大多数都曾出国留学,接受西方思想,然后带了一套新思想或社会改革方案回到国内(北京、上海)来推广,有点像今天的海归派。而老舍、沈从文、萧红、艾芜、沙汀、李劼人等等,除了李劼人是留法学生,绝大多数来自于生活底层,带了一身属于他自己的乡土文化,进入到这个文坛。像老舍,他是从北京市民中长大的知识分子,与市民文化有着割不断的血肉联系。萧红则来自开阔和粗犷的北方,坎坷的生活经历和敏感的内心,使得她的文字非常贴近中国的现状。我把他们的创作思潮,界定为民间文化的思潮。

由此而来的是民间与启蒙的关系问题。从表面上看,它们是对立的。以启蒙的眼光来看,中国的民间始终处于封建的野蛮的落后的愚昧的生活状态中,是需要现代知识分子来启蒙的。启蒙,就是拿了西方先进的文明思想武器来开启民众的心智,提高民众的素质,这是启蒙文学的基本特征。鲁迅所开创的乡土文学就有这个特点,我们读《阿Q正传》、《风波》、《药》等等,不难发现鲁迅笔下的很多人物处于被启蒙状态。而民间则是另外一种状况,当一批作家从民间社会来到中心城市,并且从事文学创作的时候,便不自觉地连带出自身的生命能量,他们所要表现的是,在高度的压迫之下,在非常残酷的生存环境之中,中国的民间是如何生存的。

中国的民间其实是非常有力量的,没有力量,它就不可能生存下去。如果以启蒙的角度来看,民间就是落后的、愚昧的,没有力量的,它也理所当然是不合理的,肯定要被消灭。如果用进化论的眼光来看,文明的一定要战胜愚昧落后的,强大的一定要消灭弱小的。但是,真正来自于民间的作家不是这样理解的,他们从另外一个角度来看:中国的民间那么愚昧、落后、糟糕,可是,它没有被淘汰,还在顽强生存。他们在追问维持这种生存的真正力量在哪里? 中国的民间生活方式有没有合理性? 这些问题过去没有人认真考虑过。萧红谈到过她与鲁迅的区别:"鲁迅以一个自觉的知识分子,从高处去悲悯他的人物。……我开始也悲悯我的人物,他们都是自然奴隶,一切主子的奴隶。但写来写去,我的感觉变了。我觉得我不配悲悯他们,恐怕他们倒应该悲悯我咧!悲悯只能从上到下,不能从下到上,也不能施之于同辈之间。我的人物比我高。这似乎说明鲁迅真有高处,而我没有或有的也很

少。……这是我和鲁迅不同处。"① 这一方面道出了她的创作受到鲁迅的影响，《生死场》就有对国民性的批判，另一方面又表明萧红是站在与鲁迅不同的位置上来观察和表现生活的。她作品里面包含了两方面因素：一方面她是受了新文学的影响，她要用"五四"新文学的启蒙意识，来剖析她的家乡生活；可是另一方面，她自小接受的家乡民间文化与个人丰富的生活经历，抵消了理性上对自己家乡和这一种生活方式的批判。这两者之间就产生了非常巨大的冲击力。

《生死场》中，启蒙和民间两种元素体现得都很充分。从大的方面讲，作品写这里的人是如何从愚昧、麻木的状态到最后的觉醒和反抗，这很明显是以启蒙的眼光来看的。比方说作品中的人物，都如同动物一般生活着，用胡风的话说，就是"蚊子似地生活着，糊糊涂涂地生殖，乱七八糟地死亡"②，用这种居高临下的眼光看待民间生活，芸芸众生都像没有灵魂的动物一般。如麻面婆，作者总是用那些蠢笨的动物来形容她："眼睛大得那样可怕，比起牛的眼睛来更大"，"那样，麻面婆是一只母熊了！母熊带着草类进洞"，"让麻面婆说话，就像让猪说话一样，也许她喉咙组织法和猪相同，她总是发着猪声"。③ 同时，作品中对农民文化的软弱性的批判也很强烈，比如赵三本来要反抗地主的压迫，却不幸因失误而进了牢狱，地主为了笼络他，把他从监狱中弄了出来，他出来以后锐气顿失，不断地说"人不能没有良心"，拼命为地主讲好话。作者在写这个人的时候是用一种嘲讽的笔法，带着批判意味，至少可以说他是没有觉醒的，还处于蒙昧的意识中。这都带着启蒙的印记，但如果《生死场》仅仅是这些，那它最多是一部思想进步的作品而已，还谈不上是一部有生命力的艺术品。值得注意的是，与此同时，作者凭着她对民间世界的了解和对底层人的情感，以她特有的艺术直感，写出了民间生活的自在状态，这使《生死场》又具有非常震撼的真实性。作者没有粉饰什么，就像赵三，中国农民就是这样，为情感而打动，重伦理，讲良心，看重民间简单的原始道义。中国农民天性中本来也有着不稳定性，受了惊受了挫折，他就不敢再尝试了，这是非常真实的，而没有故意去塑造一个高大的农民英雄。包括后来日本人来了，这里的民众已经萌发了反抗意识的时候，作者也没有刻意去拔高，写"爱国军"举着旗子从家门口走过，"人

① 转引自聂绀弩《〈萧红选集〉序》，人民文学出版社1981年版，第4页。
② 胡风：《〈生死场〉读后记》，《萧红全集》，哈尔滨出版社1991年版。
③ 鲁迅：《萧红作〈生死场〉序》，《鲁迅全集》，人民文学出版社1982年版。

们有的跟着去了。他们不知道怎样爱国,爱国又有什么用处,只是他们没有饭吃啊!"(一五、《失败的黄色药包》)这是大实话。在第十三章《你要死灭吗?》中,因为抗日宣誓,找不到公鸡,只好杀与二里半相依为命的羊,二里半舍不得,但也清楚救国事大,所以酸酸地说了句:"你们要杀就杀吧!早晚还不是给日本鬼子留着吗!"但当人们在庄严地宣誓时,一个非常有戏剧性的场面出现了:"只有二里半在人们宣誓之后快要杀羊时他才回来。从什么地方他捉一只公鸡来!只有他没曾宣誓,对于国亡,他似乎没什么伤心。他领着山羊,就回家去。"这是非常逼真的一幕,在中国民间,似乎没有什么比与个人生存相关的东西更被看重的了。作者在写这些的时候,并非一味地批判,相反,她在更大程度上是不断地在认同和强化这些生存的法则。

这里要谈到爱国主义的问题。那是什么时候?是抗日战争烽火起来的时候,"九一八"事变,东三省已经建立了满洲国,日本人马上要侵略全中国,民族感情高涨的时候。在这种时候,很多人出于爱国,出于激励民众保卫国家的需要,往往是把日本人占领以前的生活描写得很好,田园风光,农民与世无争,处在田园牧歌中。然而日本飞机来轰炸了,老百姓流离失所,一切都变得暗无天日。有一首歌叫《我的家在东北松花江上》,就是说家乡的土地多好,庄稼多好,人多好,现在我们都失去了。当时抗日的时候,这样的一种宣传是需要的,而且这种宣传是能够激励起大多数人的爱国情绪。但是,萧红不是这样。萧红写到的那种不能忍受的生活,就像胡风说的,像蚁子一样的生活(我觉得小说的前半部分写得好,被占领以后的场景还是比较概念化的),恰恰是日本人占领以前,是在抗战以前的中国,一个古老的中国。那么当日本人进入以后,生活更糟糕,连蚁子一样的生活也做不到了,人都被杀掉了,然后这些人要起来反抗,那么,以前是不是值得留恋呢?也不值得留恋。鲁迅曾经说过一句话,当我们在提醒读者做异国的奴隶是很糟糕的时候,千万不要因为这样宣传了,就反过来说,我们宁做自己人的奴隶。做自己人的奴隶也是糟糕的。对于人类来说,只有两种生活状态,一种是自由尊严的生活,一种是奴隶一样的没有自由没有尊严的生活。对于没有自由没有尊严的生活,不管是自己人统治还是外国人统治,都是一个概念,都应该对这种生活方式深恶痛绝。所以,萧红的《生死场》整个境界就比当时宣传抗日的一般作品要高得多。但是这样的东西不容易被人接受,人家会说,中国东北的农民那么苦,那么落后,那么愚昧,日本人应该进来。可是萧红作为一个作家,就在这里体现了她的良知和严肃性。她并不因

为日本人侵略了,就要把以前说得那么美好,这也是《生死场》比较独特之处。

过去很多启蒙知识分子离开自己家乡的时候,好像是掐灭一个香烟屁股,恨不得赶快把这噩梦一样的生活结束掉,然后奔向新的生活。就像上世纪 80 年代许多人出国时的感情一样,可是到了新的现实生活环境当中,在现代社会一滚一爬,沾了很多污秽的东西以后,突然发现生活并不是他想象的那么简单。所以有的时候,这两种文学也是有冲撞的。这种冲撞在萧红的作品里表现得特别强烈。

萧红不像沈从文,沈从文是用美化自己家乡的办法来抗衡都市的现代文明,而萧红则在坚持启蒙立场,揭发民间的愚昧、落后、野蛮的深刻性与展示中国民间生的坚强、死的挣扎这两方面都达到了极致。所以,我毫不犹豫地认为,萧红应列于中国现代文学最优秀的作家之林,张爱玲跟她相比就差得多了,不是差一点,整个生命的容量不是一个等级的。张爱玲完全是大都市培养出来的一个非常苍白的聪明女人,可是,萧红是很不聪明的,很粗糙的,甚至有点幼稚、原始,但是,在生命力的伸展方面,她所能包容的丰富性和深刻性,远在张爱玲之上。中国的读者喜欢张爱玲而不喜欢萧红,我觉得是很可悲的。

二、《生死场》的文本解读

1. 原始的生气和生命的体验

《生死场》创作于 1934 年。萧红跟萧军结合后,一人写了一本长篇小说,萧军写的是《八月的乡村》,萧红是《生死场》。当年的 4 月 20 日至 5 月 17 日,《生死场》曾以《麦场》、《菜圃》为题在哈尔滨的《国际协报》副刊发表了前两章,后来萧红萧军从大连逃到青岛,在青岛完成了这部作品,并将原稿寄给了远在上海的鲁迅,那时他们也不认识鲁迅。同年 11 月,他们也到了上海,生活没有着落,作品也发表不出去,只好求助于鲁迅。因国民党图书检查委员会审查未被通过,鲁迅只好以"奴隶丛书"的名目自费出版,其中只有三部书稿:叶紫的《丰收》,萧军的《八月的乡村》,萧红的《生死场》。鲁迅分别为它们写了序言,对于《生死场》似乎特别重视,还请胡风为它写了《读后记》。他们高度评价了萧红的创作,一下子就奠定了她和萧军在上海文坛的地位。

萧红后来还写过一部长篇小说《呼兰河传》,一个短篇《小城三月》,都是非常精致的小说,但我对还不太成熟的《生死场》格外关注。并不是说我不喜欢《小城三月》和《呼兰河传》,其实《呼兰河传》是萧红的一个精品,艺术上几乎达到了炉火纯青的状态,而《小城三月》是一个迷你的《呼兰河传》。但是,我更喜欢《生死场》,主要是看重它给中国文学带来的冲击。这个作品很不成熟,但是它有原始的生气,有整个生命在跳动,有对残酷的生活现实毫不回避的生命体验。

《生死场》写了东北一个小村庄中一群人生生死死的生命状态,写法上可能会让人挑出很多粗糙的毛病,但作品中惊心动魄的力量也直逼人心。比如第七章《罪恶的五月节》中写到的王婆服毒自杀,棺材买了,坟也挖好了,剩下最后一点气息了,"嘴里吐出一点点的白沫",这时候几年没有见到的女儿回来了,她不知道母亲这个样子,她本来是生活不下去,投奔母亲而来的,看到这个情景,感情有一个巨大的逆转:"那个孩子手中提了小包袱,慢慢慢慢走到妈妈面前,她细看一看,她的脸孔快要接触到妈妈脸孔的时候,一阵清脆的暴裂的声浪嘶叫开来。"这种哭声是迸发出来的,带着一种埋在心底的力量,非常有穿透力。男人们却在嚷叫:"抬呀!该抬了。收拾妥当再哭!"好像人死了根本不当一回事儿,他们完全没有感情,只是在完成一件工作,所以要"收拾妥当再哭",这也不是那种细腻的情感,而是粗糙的,没有一点软绵绵的温情。女儿的到来让大家弄清楚王婆自杀的原因,原来是当胡子的儿子死了。大家在心理上已经接受了王婆的死,可谁知道事情却突然又有了变化:"忽然从她的嘴角沁出一些黑血,并且她的嘴唇有点像是起动,终于她大吼两声……"于是有人慌忙喊死尸还魂,怎么办? 拿扁担去压!"赵三用他的大红手贪婪地把扁担压过去。扎实的刀一般的切在王婆的腰间。她的肚子和胸膛突然增涨,像是鱼泡似的。她立刻眼睛圆起来,像发着电光。她的黑嘴角也动了起来,好像说话,可是没有说话,血从口腔直喷,射了赵三的满单衫。"血都喷了人一身,写得够恶心的,但在垂死挣扎中人的顽强的、坚忍的生命力也可见一斑。写到这里,大家觉得她必死无疑了,人也装到棺材里面了,要钉棺材盖了,但是"王婆终于没有死,她感到寒凉,感到口渴",她说了句"我要喝水",就活过来了。前面非常夸张地写到了死前的挣扎,可是这么平静的几句叙述中她又活过来了,如果我们从理性的角度说,至少前面应该有一个铺垫,她没有死,可是前面写到她那么像死的样子,怎么又会活过来? 当然一定要找理由也是可以找到的,赵三拿扁担一压,黑的血吐出来,就把毒的东西吐出来。但是我觉得,萧红的小说里,好多这类场景中对生命的那种体会、那种感受,都写到了极致。生命不是按照我们正常逻辑在那儿慢慢演

化,她写到人死的时候,就把死的状况写到了极点,好像生命已经死灭,可是突然一个转变,生命又活过来,爆发出一个新的迹象。在这种极端的状况下生命中本质的东西才显露出来。如果是进入到文明状态,她不会这样写,这种极端的状态属于另外一套话语系统。再比如里面写到金枝怀孕以后非常痛苦,她摘柿子,把青色的柿子摘下来,她妈妈一看到这个情景非常生气,就用脚踢她,然后她就说,"母亲一向是这样,很爱护女儿,可是当女儿败坏了菜棵,母亲便去爱护菜棵了。农家无论是菜棵,或是一株茅草也要超过人的价值"(二、《菜圃》)。看到这里,我就想到萧红的《呼兰河传》中所写到的"在我三岁的时候,我记得我的祖母用针刺过我的手指","她拿了一个大针就到窗子外边去等我去了,我刚一伸出手去,手指就痛得厉害"。(《萧红全集》P759、P760)估计这是萧红小时候真实的经历,在生命非常粗糙的环境当中,野蛮已经成为习惯,甚至弥散在亲人之间了。萧红有这种惨痛的经验,她才会写出金枝和她母亲的这种关系。

《生死场》写得很残酷,都是带血带毛的东西,是一个年轻的生命在冲撞、在呼喊。我觉得这样的东西才真是珍品!她的生命力是在一种压抑不住的情况下迸发出来的,就像尼采所说的"血写的文学"。这样的作品,在文学史上具有至高无上的价值。这不能用一般的美学观念去讨论,它要用生命的观念去讨论。所以,这部《生死场》是一部生命之书。

关于民间理论,我曾写过很多文章,但是,我一直没有写出一篇谈民间的美学理想的文章。民间的美是什么?很难一下子说得清,但它有这种能力,把一切污秽的东西,转换为一种生命的力量。这样一种东西,很难说美,美不美就看生命充沛不充沛。而生命充沛总是美的,它带来一种原始的血气、一种粗犷、一种力量,这样的东西在美学上,我认为是最高的境界。第一义的美一定是来自于原始生活,来自于朴素的大地,是健康的,与大自然是沟通的。至于残缺的美、病态的美、生肺病的美,这是第二义的,第二境界的。就好像我们在讨论人物,像林黛玉当然是很美的,但这是一种病态的美,病态实际上不美,它里面有心理层面,有感情层面,很多东西配上去才是美的。好像一片原始森林浩浩瀚瀚,郁郁葱葱,才是美的,总是比一个盆景,一棵松树树枝弯来弯去的要美。你把树枝弯了十二道弯,手工很巧,但这不是树本身美,是你做出来的。但是另一方面,自然本身又是可怕的,残酷的,当我们在讨论这个美的时候,绝对不能忘记它残酷的一面。中国的古诗、西方的名画在表现大自然的时候,总是表现恬静的静止的东西,它只选取一个场面,把某个大自然的景象定格下来，这当然非常美。但是，如果你进入到生活场里，到大自然本身当中去，它根本就不是静止的、定格的，它是生生不息的；它美，就是因为它有生命。当我们在讨论自然美的时候，静止的美是第二义的，更高的美是一种动态的美，永远在涌动的这样一种生命的东西才是真正的美。这样一种美的东西，它一定不是纯净的、纯粹的。所以我想用一个词，这个词其实很不好，我把它活用了，就是"藏污纳垢"。藏污纳垢是很可怕的，污和垢都是生命当中淘汰出来的东西，但问题是，大自然一定是藏污纳垢的。我们仔细看看空气，空气里都是细菌、肮脏的东西，大地也是这样，生命也是这样。死的东西，它转化为腐蚀质来肥沃土地，就转化出另外一种生命。你走进原始森林，首先闻到的就是一股腐烂的味道，大量的树叶都掉下来腐烂，然后它形成一个新的有生命的世界。

《生死场》中所描绘的世界就是一个"藏污纳垢"的民间世界。这个作品的开场似乎是很诗意的田园图景。作者笔下的榆树、山羊、大道、菜田、高粱地、农夫，这是东北特有的风光，但你马上就会发现它跟沈从文笔下的场景截然不同。《边城》在言说自然美之后，接下来是写民风的淳朴，连妓女都带着情义，但《生死场》首先出场的是"罗圈腿"，他的羊丢了，就没头没脑地去找羊，又因踩了邻人的菜而打架。即使是农民劳动之后的休息时间，大家坐在一起闲谈，内容也毫不温馨，与沈从文笔下的老爷爷给翠翠讲的故事不能比拟。这里王婆讲的故事是充满血腥的，是讲她怎么把三岁的孩子摔死，这完全是一个混乱的、肮脏的、甚至令人恐怖的世界。小说中几次写到了坟场，那种弥漫着死亡气息的地方，是当地人生命状态的一种形象的展示，这个场景也充满着隐喻性。先是小金枝被父亲摔死后，所展现的乱葬岗的情景：孩子已经"被狗扯得什么也没有"，"成业他看到一堆草染了血，他幻想是小金枝的草吧！他俩背向着流过眼泪。""成业又看见一个坟窑，头骨在那里重见天日。""走出坟场，一些棺材，坟堆，死寂死寂的印象催迫着他们加快着步子。"（七、《罪恶的五月节》）生命消失了连个痕迹都留不下，可见生命的价值和分量。这里不是给亡魂们安宁的墓园，它是躁动的、永远也无法安宁下来的世界。在这个世界中，所谓的痛苦和忧愁已经脱离了它本来的意义，变得既不重要但又深入骨髓。在第九章《传染病》中，瘟疫再次将死亡带给了这里的人们，作者写坟场的笔调很低沉，在这低沉的调子背后是一股强调的力量，被压抑得要崩溃的力量，它在展示生命如蚊虫一样低微的同时，也展示了生命的韧性：

乱坟岗子,死尸狼藉在那里。无人掩埋,野狗活跃在尸群里。

太阳血一般昏红;从朝至暮蚊虫混同着蒙雾充塞天空。

……

过午二里半的婆子把小孩送到乱坟岗子去!她看到别的几个小孩有的头发蒙住白脸,有的被野狗拖断了四肢,也有几个好好的睡在那里。

野狗在远的地方安然的嚼着碎骨发响。狗感到满足,狗不再为着追求食物而疯狂,也不再猎取活人。

完全是一幅生命自生自灭,没有人理会没有人关心的图景,这是民间世界自在的图景。它带着原始的野蛮和血气,就像作品中几次写到的:野狗在咬死尸,"嚼着碎骨发响"。这是生命跟生命之间凶残的吞噬,完全是一种令人颤栗的原始状态。作为一个女性作家,萧红能够感受到生活中的这种粗犷和力量,也正是她不同于别人的显得大气的地方。

2. 生的坚强和死的挣扎

接下来的问题也很明显,在这样一个民间世界中,人们之间究竟有没有爱的存在?有人认为,在萧红的作品里,男女之间的爱、父母与子女之间的爱以及对祖国的爱,这三层爱的意义都是一个由肯定到否定的过程,换言之,爱在萧红的作品里都是毁灭性的。我觉得,这个问题实际上涉及到对于民间文化现象的一种认知,在我们中国普通的民间,所有爱的萌芽都会被现实生活所毁灭。这种人生是悲哀的。这种悲哀是从"五四"以来启蒙主义者的观点来看的,像鲁迅就说过,中国是一个"无声的中国",就是说这个民族没有生命力。因为它所有的生命力都被统治阶级压抑住了,那种极端的贫困,那种野蛮的文明,把人的个性全部抹杀了,建立在个体之上的各种各样的心理因素和感情因素都失落了。

那么,我们该怎么看《生死场》?从这个作品的出版到今天已将近七十年过去了,如果里面的小金枝活着,现在已经是老太婆了,为什么一直到今天我们还在讨论它,讨论爱存在不存在这些问题?我觉得事隔70年,农村的现实状况变了什么,还有什么没有变,这不是很重要的问题,重要的是人类的感情生活、人类的生命力的表现,这个问题是超越时空的,而不是以时间为尺度来计算的。这跟科学不一样,科学有一个时间的界定,比如我们用的是什么车,我们可以用动力、速度等要素来加以区分,今天是马车,明天会变成汽车,后天火车,再后天会变成新干线、磁浮列车,它总要变,而一旦变了,就可以把前面的东西基本淘汰掉。历史也是有时间界限的,我们谈历史一定要谈时间,公元前是什么,公元后是什么。但是,文学是诉诸人的感情和生命的,而人对自我的感受,对生命的感受,永远是从一个原点出发,它不随着时间的发展而变化,在这个意义上是没有时间的。我们今天读屈原的诗,读唐诗宋词,读《红楼梦》,读西方的一些文学名著的时候,如果我们说这本书只不过是古代的一部伟大著作,跟我们今天已经没关系了,那我觉得这部书就该淘汰了。但真正的文学是不会被淘汰的。我们今天读很多古代作品,不能感动,是因为语言变了,比如《诗经》或《楚辞》,我们先要拿了一本词典查,边查边读就趣味索然了。如果我们没有语言障碍的话,其中还是具有诉诸人的最基本的东西。一部好的文学作品,哪怕它隔了几百年、上千年,到今天,我们读起来仍然会有很多感受,它好像依然活在我们身边。这是文学的魅力。文学之所以一代一代不断地被人咏唱,就是因为它诉诸人的生命、人的感情。但感情是非常不牢固的,因为现实生活要发生变化,它不可能永恒、不可能持久,尤其是要达到非常纯粹的、跟生命相连的状态,只能是在人生中非常短暂的瞬间,它稍纵即逝。最好的例证在《浮士德》(Faust)里,浮士德一生都不满足,直到生命的最后时刻他才说,人生是多么美好啊,时光你停一停。那时候他的眼睛已经瞎掉了,他感受到的是幻觉,但这个幻觉当他真实感到并吐露出来时,他的灵魂就被魔鬼抓去了。因为他跟魔鬼签定了协定,不能满足,不能感受生活的美好。也就是说,即使在西方基督教文化里边,美好也只是一瞬间的,当你感受到这种美好的生活,灵魂已经被上帝或者被魔鬼带走了。但人类存在一天便会不停顿地去追求它、去迷恋它、去感受它,对这样一种情感或生命状态的叙述和表达就是文学,所以我们才会有一代一代的文学。一代一代的文学作品反映咏唱的永远是一个主题,即我们人类生命最本体、最本原的东西,无论用音乐、用绘画、用文字、甚至于现在用现代化的电影。人类在不同的时间,用不同的手段,他所表现的永远是稍纵即逝的东西。如果这个东西像一块石头一样存在在那儿,那就不需要人类一代一代去咏唱,只要有一块石头就够了。而恰恰它不是永恒存在的,是稍纵即逝的,所以,爱情是没法证明的,你所有被证明的已经不是爱情,是另外的东西了,它真正存在你心中,也就是一瞬间。那就是人对于美好、对于完美、对于爱这样一系列人类精神生活的永恒探索。文学就是人类一代一代去探索的这样一个永远不能达到、但永远要追求的东西。

　　萧红的《生死场》首先就是把自己所有的生命感受跟生活经验毫无保留地、赤裸裸地写给大家看，所以，我相信，《生死场》就是萧红家乡的一个描绘，如果没有这种生活经验就不可能写到这个程度。比如她如果没有自己体会到生孩子的痛苦，她就写不出那么恐怖的生孩子的经验。同样，没有母亲那么残酷地对待子女，她就写不出金枝和她母亲之间的关系。[①] 我们在冰心的小说里是读不出这些东西的，冰心整天在说"梦话"：什么天上下雨了，鸟躲到树里，是一种力量，一种真心的祖露。现在有很多作家，心理比较阴暗，老是去找一些肮脏的东西给人看。但是，萧红这个作品非常坦率地把她对生活的感受和生活的真相都告诉大家，她并没有刻意去强化它，她的有些议论是内心自然、真诚的流露。比如金枝的母亲打女儿，她就说："母亲一向是这样，很爱护女儿，可是当女儿败坏了菜棵，母亲便去爱护菜棵了，农家无论是菜棵，或是一株茅草也要超过人的价值。"（二、《菜圃》）她这些话中没有那种知识分子高于民众、对民众的愚昧的嘲笑，或者愤恨，而且正是在这种表现当中，萧红把自己的爱心也表现出来了。尽管她描写的所有的人都是野蛮的，都是我们今天看来不能忍受的，可是，所有这些人又恰恰是我们生活当中最最宝贵的生命，每个人都是有尊严的。就像麻面婆，她是一个低能的女人，可是这样的女人也知道努力，知道要引起人家注意，她"听说羊丢，她去扬翻柴堆，她记得有一次羊是钻过柴堆，但，那在冬天，羊为着取暖。她没有想一想，六月天气，只有和她一样傻的羊才要钻柴堆取暖。她翻着，她没有想。全头发洒着一些细草，她丈夫想止住她，问她什么理由，她始终不说。她为着要作出一点奇迹，为着从这奇迹，今后要人看重她。表明她不傻，表明她的智慧是在必要的时节出现，于是像狗在柴堆上耍得疲乏了！手在扒着发间的草杆，她坐下来，她意外的感到自己的聪明不够用，她

---

　　① 1932 年 8 月的一个黑夜，萧红在洪水中的哈尔滨被急送到医院待产，后在极其痛苦的情况下产下一女婴。萧红后来曾在小说《弃儿》中记下自己这一痛苦的经历："芹肚子痛得不知人事，在土炕上滚得不成人样了，脸和白纸一个样……"，"这种痛法简直是绞着肠子，她的肠子像被抽断一样。她流着汗，也流着泪。"（《萧红全集》，第 157 页）关于她跟生母和继母的关系大体是这样的：她出生在一个重男轻女的家庭中，三岁的时候，弟弟出世，后夭亡；六岁的时候，次弟出生，母亲把更多精力和爱心都倾注到弟弟身上，对她感情逐渐淡漠。九岁的时候，生母去世，不到三个月，父亲即续弦，"这个母亲很客气，不打我，就是骂，也是指着桌子或椅子来骂我。客气是越客气了，但是冷淡了，疏远了，生人一样。"（萧红：《祖父死了的时候》，载《萧红全集》，第 927 页）以上情况也可以参见季红真《萧红传》第 19 章《生产前后》，十月文艺出版社 2000 年版。

意外的对自己失望。"(一、《麦场》)一看就很好笑,傻傻的,笨笨的,但作者的笔调却非常严肃,麻面婆一直想努力把事情做得好一点,这就是人活着的尊严。包括金枝,也包括王婆的丈夫赵三,还有二里半,都是很委琐的人,可是,到最后真正关键的时候,那种顶天立地的豪情也都迸发出来了。赵三在抗击日本人的宣誓中流着泪说:"国……国亡了! 我……我也……老了! 你们还年青,你们去救国吧! 我的老骨头再……再也不中用了! 我是个老亡国奴,我不会眼见你们把日本旗撕碎,等着我埋在坟里……也要把中国旗子插在坟顶,我是中国人! ……我要中国旗子,我不当亡国奴,生是中国人,死是中国鬼……"(一三、《你要死灭吗?》)他年轻的时候反抗地主没有成功,窝囊了一辈子,这个时候豪气又被激发出来了。二里半最后不也是在打听"'人民革命军'在哪里"吗?萧红写了一群不像人的人,可是萧红没有说,这种不像人的人就没有生存的权利。这些人过的都不是正常人的生活,可是,就在这种生活当中,人也有尊严。正如胡风在《读后记》中所说:在一个神圣的时刻,"蚁子似地为死而生的他们现在是巨人似地为生而死了"[1]。

　　由此来理解中国民间社会"爱"的问题,很多问题可能会更明朗。爱本来是一个很抽象的名词,它只有跟情连在一起,并转换为一种感情,作为感情当中的一种因素,我们才能把它说到实处。在西方,爱的界定,我认为最早是跟宗教、跟神的概念连在一起的,爱首先是从对上帝的爱开始,把自己完全奉献给上帝,是献身。献身,就是把自己交给别人,或者说,把我的身体或一切奉献给一个抽象的东西,那就是上帝或者神。这个过程叫爱。这个感情后来世俗化,变成人的爱情、情欲、欲望等等,但是在世俗化里面,人们在界定爱情的时候,一定有个概念。比如,有人说,他们结合不是为爱情,她是为了一座房子,这种说法很多的,那就是人家看出这个爱里面有功利,你是有索取的,有索取的不是爱,爱是一种献身,是一种奉献。当你因为一种喜欢,而不是被迫的,愿意把自己一切交给对方,或者愿意为对方做出自己力所能及的,甚至是力不能及也要去做,这样一种动力叫爱。

　　那么,这种动力是哪里来的? 这是一个感情的因素,但是同时,我认为也有生命的因素。回到伦理学上来说,这是人的一种本能。在人的生命本能里面,有一种东西是要求牺牲自己的。因为人的生命没有永恒,生命从生出来开始,每一分钟、每一秒钟都在死去,生命能量就是不断地在耗费。就是说,生命的过程不是一个生

----

[1]　胡风:《〈生死场〉读后记》,载《萧红全集》,哈尔滨出版社1991年版,第146页。

长过程，而是一个消耗的过程，就好像一盆火，火不会永远烧下去的，火点燃了以后，它就是在消耗燃料，到最后，燃料没有了，火就熄灭了。宇宙、地球，实际上都是一个消耗的过程，人的过程也是消耗过程，这是最本质的，生命就是这种状态。但是，生命跟其他东西不一样，一本书你把它撕坏，就没了，一个动物或者一个人，他虽然老了死了，可是他有再生殖的能力，会再生出另外一种生命力量。比如说，他通过结合生孩子，那么他把生命又移交给孩子，他死掉了，可是孩子还能够活着。我们说某某人的精神永垂不朽，如果这个精神没人问了，那早就死掉了；如果他的思想学说、能量能够传播给别人，别人继承下去，这叫永垂不朽。整个人类也是这样。生命不仅有消耗的本能，还有再生的本能。这是生命的基本状态。这样一个过程，是生命运动的过程。而爱，我认为，是一个人的生命本质的感情，它符合两个标准，一个是消耗的过程，所谓的爱一定要把自己的东西消耗出去。另外，爱是有再生能力的，比如我这个爱给予了她，她可以再生出爱。不是说一生只有两分钟的爱情，比如结合以后，爱的形式变了，会更爱，它会一直生存下去，那么这就是再生的力量。所以我觉得，如果人类没有爱，这个种族就不会延续下去，种族需要通过繁殖，通过生存来使生命延续。这个延续过程中，爱是一种凝聚力量。爱又是一个比较抽象的概念，如果我们分解到原始的感情，那就是自我牺牲的感情。种族为了使生命保留下来，需要这种自我牺牲，他会牺牲掉某种东西来维护一个群体的东西。我认为，我们在讨论爱的时候，这是一个最根本的问题。

可是，随着我们进入了文明时代以后，特别是进入到资本主义时代，人们的宗教意识已经非常淡漠。说西方人的爱是建立在上帝之上，这在两千年以前大概是这样，现在就很难说了。随着资本主义的发展，人对于物质利益的无限制的贪婪和追寻，人类原始的生命的东西已经渐渐消失，被遮蔽掉了。此后，对爱的意识和理解，已不是本质的东西，是再生出各种各样的意识形态，包括哲学，包括文学，包括很多东西，它在那里演绎什么是爱，然后就会出现各种各样被各种利益所渗透和篡改的爱的意义。这种意义现在已经被普遍接受，所以当大家讨论到爱的时候，比如说什么是爱，首先想到的，爱应该是在一个很幸福的地方，家庭是非常和睦的，大家已经幻想出现代文明标准下面的爱。反过来按照这样一个在一定的物质条件、文明环境下面被修正过的爱的定义，大家就感到，超出文明圈的范围就没有爱。比如我们不能想象，像萧红这样的文学作品还有什么爱，里面到处都是打啊骂啊，都是吵啊闹啊，生命那么容易被消灭，哪里有爱？因此我觉得，我们读文学作品要有这种能量，即穿透今天遮蔽在我们眼前的种种文明世界给我们的障碍，深入到生命的本原当中去把握，人的生命是怎么来体现爱的。比如农民在萧红的笔下，首先表现为对土地的爱、对羊的爱、对马的爱。二里半为找一头羊可以发疯一样，王婆牵了一头马要去上屠宰场，这个时候那种深沉的感情，我认为这就是爱，这就是人类生命本原的表现，因为这是跟土地、跟生存、跟生命的原始状态连成一片的，所以它会有一种出自本能的爱。

我们不妨看一看第三章《老马走进屠场》中所写的人与牲畜的情感。作者首先写出了一个落叶飘零的深秋凄凉的情景："深秋带来的黄叶，赶走了夏季的蝴蝶，一张叶子落到王婆的头上，叶子是安静的伏贴在那里。王婆驱着她的老马，头上顶着飘落的黄叶，老马，老人，配着一张老的叶子，他们走在进城的大道。"深秋的落叶，是生命终结的象征，老人、老马、老叶子，既是实景，又是互有联系的生命。这正是内心最虚弱的时候，偏偏又在路上遇到二里半，问她凌晨赶马进城干什么，王婆的表情和动作非常准确地体现出她内心的震动和悲痛：

> 振一振袖子，把耳边的头发向后抚弄一下，王婆的手颤抖着说了："到日子了呢！下汤锅去吧！"王婆什么心情也没有，她看着马在吃道旁的叶子，她用短枝驱着又前进了。
>
> 二里半感到非常悲痛。他痉挛着了。过了一个时刻转过身来，他赶上去说"下汤锅是下不得的，……下汤锅是下不得……"但是怎样办呢？二里半连半句语言也没有了！他扭歪着身子跨到前面，用手摸一摸马儿的鬃发。老马立刻响着鼻子了！它的眼睛哭着一般，湿润而模糊。悲伤立刻掠过王婆的心孔。哑着嗓子，王婆说："算了吧！算了吧！不下汤锅，还不是等着饿死吗？"

我们看到王婆的动作已经变得很机械："振一振"、"抚弄"、"颤抖"，到"什么心情也没有"，这是内心在震颤。而这马也不是二里半家的，跟他应当没有什么关系，但我们看到他听到要送去屠宰后的第一反应，不仅是"非常悲痛"，而且是"痉挛着"，慌得不得了。这完全是一个农人对牲畜的天然的情感，这种情感丝毫不矫情，看他用手去摸马的鬃发就能感到真诚。在这里，牲畜是人赖以谋生的工具，但它们却不是简单的工具，而是无所傍依的农人们的伴侣、家庭成员，他们用对待自己孩子样的感情去对待它们。接下来处处在渲染老马的最后的情景，是用王婆悲悯的

眼光，又痛惜、自责的心情来看的：

老马不见了！它到前面小水沟的地方喝水去了！这是它最末一次饮水吧！老马需要饮水，它也需要休息，在水沟旁倒卧下了！它慢慢呼吸着。王婆用低音，慈和的音调呼唤着："起来吧！走进城去吧，有什么法子呢？"

细声细气地恳求老马这番话，也是说给自己听的，她在减轻自己内心的负疚感，从某种程度上看，王婆也从老马的命运中看到了自己的命运，是自己生命耗尽后所不得不面对的结局，下面这段话更清晰地道出了这一层意思："五年前它也是一匹年青的马，为了耕种，伤害得只有毛皮蒙遮着骨架。现在它是老了！秋末了！收割完了！没有用处了！只为一张马皮，主人忍心把它送进屠场。就是一张马皮的价值，地主又要从王婆的手里夺去。"最为让人感到心酸的是王婆经历了对可怕的刑场的种种场面的回忆与折磨，终于将马送到了屠宰场要逃开的时候，马是什么也不知道的，它只想跟主人回去，所以又跟着她走了出来，"无法，王婆又走回院中，马也跟回院中。她给马搔着头顶，它渐渐卧在地面了！渐渐想睡着了！忽然王婆站起来向大门奔走。在道口听见一阵关门声"。最后王婆是送葬一样地回到家中。这像无声电影中的一个画面，生离死别的场面。如果说他们的生活是极其粗糙的话，那么在这种生活中，同样有细腻的、动人的情感存在。

从生命的本能来看，人是要生存的。生命在一秒一秒地消失，在这个消耗过程中，人类有一种本能的抗衡，这就出现了一个相反的概念，就是生存。生存就成为人类的伦理的第一任务，我们经常讲"生存第一"，因为它是生命最本原的，他明明知道自己生命一天一天在消失，但是，他必须要有一种意识把它拉住，其实是拉不住的，那你不拉住，生下来就死掉了，他还是要拉住。所以这里就出现了人的生命的张力，这个张力就是人跟自身的消耗之间，一场无情的非常艰巨的斗争，我想这个斗争的张力是人类生命当中的第一因素。这种张力在作品中就是鲁迅所说的"对于生的坚强，对于死的挣扎"[1]。这是在死亡、饥饿、疾病等各种阴影的压迫下，人们默默生存的一种力量，一种坚持下来不被打倒的力量，像作品中一句话所说的

---

[1] 鲁迅:《萧红作〈生死场〉序》，载《鲁迅全集》第 6 卷，人民文学出版社 1982 年版，第 408 页。

那样:"死人死了! 活人计算着怎样活下去。冬天女人们预备夏季的衣裳;男人们计虑着怎样开始明年的耕种。"(四、《荒山》)不是说他们没有感情,而是在强大的生存压力下,他们的感情容不得从容地表达,只能以极端的形式表现出来。成业摔死了小金枝,如果完全是个铁石心肠的人,为什么还要到坟场去看? 王婆摔死了自己的孩子,如果一点感情没有,为什么要不断讲起? 他们的心上都是有伤痛的,他们这是不断地在挤出自己的脓血来疗治伤痛。《生死场》中没有太多温情脉脉的东西,它所展示的乃是人生最为残酷的也是最为真实的一面,而在这里蕴涵的情感则是人类的大爱、大恨和大痛。

三、细致的观察和越轨的笔致

有人以梵高的艺术来说明萧红的创作,这一点非常好。无论是梵高,还是萧红,他们都不是预设一个艺术形式,他们的创作完全是为了给自己的感情世界寻找一个表达存在的方式。梵高要表达一种非理性的蓬勃的感情,梵高的画只能这样画。从绘画来说,它主要是空间艺术,欧洲的绘画传统从达·芬奇开始,就有透视法、远小近大等等一系列表达空间的方式。可是,在梵高的作品里,所有的内在的东西都打开了,所有的都展示在一个平面。这样的创作方式,中国绘画史上也很多,中国山水画从来不用透视法。陕西户县的农民画也是这样,农民脑子里就没有空间概念,高兴在角上画一个房子,就画一个房子,高兴在这个地方画朵花,就画一朵花,他脑子里出现的是一种内在生命展现的平面,所有的意象都同时展示在一个空间里面。萧红的小说就给人这个感觉。小说是时间概念,它一定要有先有后,一个长篇小说一定要发生在哪一年,然后按照时间线索一路下来,如果写到以前的事情,那么还要有一个倒叙。可是在萧红的作品里,你很难找出一个时间线索。虽然仔细地看,她是有时间安排的,但在整个感觉上,她一会儿写这个,一会儿写那个,一个个场面同时展现在你面前,在同样一个平面上来展示她的叙事艺术。我们通常说萧红的作品是一种散文化的小说,或者说诗化小说。其实小说本来就没有一个固定的形式,只是我们人为地加以界定,好像小说一定要有时间线索,有中心,有高潮等等。你看,乔伊斯(James Joyce,1882~1941)写《尤利西斯》(U lysses)或后来的《芬尼根守灵夜》(Finnegans Wake)就是这样,其实只是很短一点时间,把它无限扩大以后,并置地写出许许多多时间段,在同一个场面上展示出来。他们把以前

的对小说的理解完全粉碎了。西方意识流或者心理小说,虽然没有时间线索,但有心理时间,在萧红的作品里,她连心理时间都抛弃了,展示出来就是一个个人性的场面,这些场面争先恐后地出现。比如她前面一段写一个小女孩跟一个男人在那儿约会,后面一段突然写到一个老太婆牵一匹马去屠宰,这毫无关系,你找不出里面的线索,也没必要找。她的小说给人的感觉就好像中国农民画。这是一种给小说空间带来无限张力的表现方式,而且表达的容量也很大。

为什么会出现这样一种小说的形式?我的感觉,女性作家跟男性作家是不一样的。男性作家写小说,时间性是非常强的。时间的概念在男性的思维里面非常重要,所以他们的叙事往往都是直线,一条或者两条直线一泻到底。多数长篇小说都是男性作家写的,四卷五卷,一条基本线索连续不断,然后其他枝枝蔓蔓可以旁延出去。我觉得,男性作家表达这样的一种思维方式非常恰当,当然他要故意打乱叙事时间、搞意识流也是完全可以做到的。女性作家的思维也有这样线性发展的,比如丁玲的《太阳照在桑干河上》也是一部非常好看的小说,她跟男性小说的模式是一样的,完全是一种男性思维。而萧红开创了另外一种带有女性思维的叙事方式。

萧红的小说,每一个小阶段有一个旋律,过渡到另一个阶段,又是一个旋律,这样不断地推进,然而旋律跟旋律之间是没有关系的。这样的叙事特点当代也有,现成的例子如当代女作家林白,林白的小说就是萧红的思维,她也写长篇、中篇,但好像从来没有一个小说故事非常完整、一条线一贯到底的,她的故事也会发展,也会有主人公,但是她的叙事,她的情绪,总是一个一个小高潮,一个一个小故事。她脑子出现的空间场面,是一个一个片段,很多很多的空间并置在上面。关于这一特点,林白也好萧红也好,都还停留在比较感性的、不自觉的阶段,还没有提炼到一个高的层次。我读英国女作家弗吉尼亚·伍尔芙(Virginia Woolf,1882~1941)的《海浪》(The Waves)时,有一种一直压在海底下的感觉,就好像身体感受着海浪不断打上来,一波接一波。人生从生到死,就像海浪一样,一浪又一浪从年轻开始,到年长,最后到死亡,生命就是圆的旋律,一波一波的旋律。这篇小说的节奏感非常强,但是,难以找出一个中心人物,一个中心事件,一条主线。小说的整个故事是跟着生命的旋律在走。《生死场》也是这个样子,每一章开始的时候,往往是一个静态的画面和情绪,但人物出现了,就动起来了,当人的内心冲突达到高潮的时候,自然的画面又插进来了,形成一个回旋,接着再向前冲击开去,形成下一个轮回。从整个作品看,前九章是展现乡村的不同生活场景,但不是平铺直叙,而是在画面的内部有着激烈的冲突,生生死死的壮剧,都是在这种平静的叙述中,在略带着一点死寂的气氛中展开的。当瘟疫传播开来,人们感觉"要天崩地陷了"的时候,前半部分突然结束了,中间插进了一个第十章《十年》、十一章《年盘转动了》。这两章在全书中起到承前启后的作用,但绝非可有可无,它不但给前面的故事以缓冲的余地,而且启动了后面故事,在全书的节奏上起到非常关键的作用。它作了一个小小的停顿,如乐章低沉下来的小回旋,但又酝酿着后一个高潮的到来。第十章只有四段话,但是萧红在语言节奏的把握上非常准确:"十年前村中的山,山下的小河,而今依旧似十年前。河水静静的在流,山坡随着季节而更换衣裳;大片的村庄生死轮回着和十年前一样。"就是这种不紧不慢的语调,而接下来开始缓缓地启动新的变奏了:"雪天里,村人们永没见过的旗子飘扬起,升上天空!""这是什么年月? 中华国改了国号吗?"马上紧张起来了,搜查、杀人、反抗都来了。有意思的是,这中间又插进了金枝到城市中谋生的遭遇,这不仅使后半部分的内容与前半部分有了联系,不至于割裂,而且又使小说后半部分的叙述呈现不同的层面,不单调。结尾,金枝要去做尼姑,实际上使叙述的调子再次低沉下来,而二里半的远行,则给了人们很多期待和猜想,再次上扬了一下,但不是高扬。《生死场》在整个节奏上就是这样一唱三叹,回旋往复,非常有特点。在西方文学里,弗吉尼亚·伍尔芙是一个异数,在中国文学里,萧红是一个异数。

萧红是中国现代文学史上最有文体意识的作家之一,她曾经明确地表达过:"有一种小说学,小说有一定的写法,一定要具备某几种东西,一定要写得像巴尔扎克或契诃甫的作品那样。我不相信这一套,有各式各样的作者,有各式各样的小说。"①在一生短短的创作历程中,萧红常有大胆的"越轨的笔致",这从《生死场》中可以看出,到后来的《呼兰河传》、《小城三月》已形成特有的风格,那带有诗意的笔致、抒情的句子、回旋的情感,形成了萧红独有的文体特点。但是我们的评论家对作品进行价值判断、美学判断的时候,常常情不自禁地按照比较传统的思维方式,去关心这部小说情节有没有高潮,线索是不是清楚,主线是什么,副线又是什么,矛盾冲突是不是激烈,因此用巨大的理性的思维方式去套萧红,去解读《生死场》,那你根本没有办法解释,她的表达不在这个审美的范畴里。但如果你仔细读

---

① 转引自聂绀弩《〈萧红选集〉序》,人民文学出版社 1981 年版,第 4 页。

《生死场》,换一种眼光去理解,去贴近这篇小说,你真会感到萧红的心在跳动,萧红的血在奔涌,感觉到她的灵魂跟你一起在那儿呼号,你仿佛听得见萧红的声音。我觉得这就是艺术,这就是艺术的冲击力。

《生死场》的文本断裂及萧红的文学贡献

摩罗①

一部断裂的文本

《生死场》自诞生以来，读者对它的接受跟作品本身一直有某种距离，我在读萧红时深深感觉到这一点。为什么人家阐释的《生死场》跟我感受中的《生死场》不一样呢？

我们都知道，现代文学这个学科是1949年以后，在现代文化史和现代革命史的影响下逐步建立起来的，它很大程度上被用来阐释现代革命的合理性，阐释新一代政权即中华人民共和国这个政权诞生的合法性。在建构学科理念和体系上，在作家的取舍和评价上，在每一部具体作品的阐释上，都难免带着这种比较功利的眼光。比如某些作家在现代文学史上实际上影响很大，但在建构现代文学这门学科时，人们或者对他进行批判、

① 本文节选自刘禾《语际书写——现代思想史写作批判纲要》，香港天地图书有限公司1997年版。

摩罗：中国艺术研究院中国文化研究所副研究员，著有《六道悲伤》、《耻辱者手记》、《因幸福而哭泣》、《不死的火焰》、《悲悯情怀》等。

或者进行回避、或者进行歪曲，这样就使他们在教科书上的面貌与他在文学史上本来所具有的面貌相距甚远。许多作家就这样在文学教科书中和读书界起起伏伏，沉浮不定。不光作家有这样的命运，一些作品也经历了这样的起落。《呼兰河传》和《生死场》可以说都是比较典型的例子。《呼兰河传》在20世纪40年代刚诞生时，没有多大反响，20世纪80年代却备受欢迎。《生死场》刚刚问世就名噪一时，后来一直被看作抗战文学的代表性作品受到称道，当这种定位无法激发读者的阅读兴趣时，就逐步受到冷落。

《生死场》写于1934年。萧红二十来岁在哈尔滨开始了她的文学生涯。1931年"九一八"事件爆发，日本人大约半年之内占领了东北全境，萧红他们作为难民离开东北往内地跑。1934年萧红和她的伴侣萧军来到青岛，萧军在这里写《八月的乡村》，《八月的乡村》是直接写抗战活动的小说，萧红在这里写《生死场》。两本书写完之后就寄给了鲁迅。鲁迅看了很欣赏，经过不太长的周折就帮他们在上海出版了。书出版的时候，萧红萧军本人已经到了上海。"九一八"事变以后，中国社会抗日情绪非常强，不太夸张地说，全国都在关注东北的命运。在这种情况下，对于《八月的乡村》和《生死场》，大家把注重点都集中到了作者的独特身份（东北人）、作品的独特地域（东北）和独特情绪氛围（抗日）上，两部小说都被定位为抗日小说，两位年轻的作者一下子名声大震，享誉全国。《生死场》就以这种方式得到了广泛传播。这是《生死场》刚诞生时文学界读书界对它接受的角度——认定它是一部反映东北人民抗战生活的小说。

鲁迅为《生死场》写序的时候，日本人在关内一些地区也已经咄咄逼人，鲁迅还到租界去躲过日本佬的枪炮。鲁迅写序就是从抗日角度写的，读者就更有理由从抗战的角度来解读这部作品。

一直到20世纪70年代末，文革结束后，中国一家出版社重新出版《生死场》，请萧军为《生死场》写序交待一些有关情况，萧军于是写了一个出版前记。他把《生死场》和《八月的乡村》放在一起，说这两部小说都是为了反映在日本人占领东北之后，东北人民坚强的生活和愤怒的抗争。他这个阐释也是比较权威的，对读者也产生了相当大的影响。

现在流行于高校的现代文学史教材，把《生死场》放到左翼文学运动的后期来讨论。左翼后期的文学主张和文学作品，有两个主要的内容，一个是反映民族内部关系的阶级压迫问题，写劳苦大众的苦难生活和反抗压迫的阶级要求；第二呢，当时共产党积极谈论抗日,企图通过抗日高潮消除国民党对他们构成的军事压力,于是左联号召作家强化抗日舆论。今天的学者在这样的框架中讨论《生死场》,自然也是比较多地看到它与抗战的关系。

可是我读《生死场》的时候,感觉不是这样。多年以来我一直在想这个问题。我觉得从抗日角度来阐释《生死场》虽然有合理的一面,但是第一,这显然是不全面的,第二,可能有很大程度的歪曲。我不知道在座的有多少人读过《生死场》,读过的同学请举手示意我。举手的不多,这正说明萧红20世纪90年代以来与大家的距离确实大了一点,要是在20世纪80年代,来关心萧红讲座的人肯定大部分都读过她的小说。

我认为《生死场》主要不在于写抗战。《生死场》一共七八万字,如果看成八万字的话,前面的三分之二大约五万多字内容与抗战毫无关系。"九一八"之前的十来年,约1921年前后,这个时期东北两个村庄的老百姓是怎么样过日子的,怎么样地生病,怎么样病了没钱看医生,怎么样地死亡,怎么样贫穷得养不起孩子只能把孩子摔死……全是写的这种东西,这是前面三分之二的内容。简单来说,就是写生民的生、老、病、死,这体现了萧红最深切的人生感触。

写过这些东西之后,小说怎么收住呢?

萧红作为一个难民逃到了关内,回望备受异族蹂躏的故乡和比平时更加苦难深重的父老乡亲,她很可能意识到自己的文学作品应该担负起某种与时局有关的责任,对日本侵略者进行谴责和控诉,表达一个具有亡国之忧的人收回故土的愿望。在这样的情感背景下,萧红把《生死场》的后三分之一尽力朝抗日的方向上拧,这是可以理解的。另外,萧红在学习文学创作的过程中,受到萧军、舒群、金剑啸这几个人的影响。舒群、金剑啸都是共产党员,萧军也是左翼倾向很明显的人。他们的影响也会使得萧红的创作有时候主动向左联的文学主张靠近。于是我们看到,她笔下的这帮普通老百姓,他们生老病死的过程突然发生了某种变化,日本人占据村庄以后,他们的生活便多了一个内容:反抗日本人。这样,在小说前三分之二和后三分之一之间,内容有了一定程度的断裂。

作者其实意识到了这种内容的断裂。铺写了生存意义上的生老病死之后,她知道转到抗日主题上十分不容易,对读者缺乏说服力。于是她费尽心机,用了两章来作过渡,而这两章并没什么具体内容。第九章还在写生老病死,第十章的名字叫《十年》,只有大约两百字,努力在作过渡,她说"十年过去了,老百姓还是那样生老

病死,就这样过了十年。"到了十一章,名叫《年盘转动了》,字数更少。这一章总共只有四行,才几十个字,用于承前启后。全文是这样的:

雪天里,村人们永没见过的旗子飘扬起,升上天空!
全村寂静下去,只有日本旗子在山岗临时军营门前,振荡的响着。
村人们在想:这是什么年月?中华国改了国号吗?

这两章是作者在结构上做的缝合手术,目的是弥补文本内部的断裂。萧红刻意经营这两章,说明她自己意识到了作品内容前后不一致。

以这个裂口为界限,《生死场》前半部分所占篇幅更大,有三分之二以上,所以在文本解读的时候,应着重于前一大半。后一小半所体现的抗日主题,在中国的许多作品中都得到了体现,萧红笔下的这两万来字,并不比别人的同类作品深刻,没有什么过人的特色,而前面一大半写人们的生老病死的文字,其特色其深刻,在中国现代文学史上却是极其少见的。萧红由于个人特殊的经历、特殊的遭遇和她非常特殊的才能,以《生死场》的前面部分为现代文学史作出了独一无二的贡献。

在现代,一般把鲁迅看作最伟大的作家,到现在为止,中国那些杰出作家其写作主题还总是会跟鲁迅挂上某种关系,从他那里找到灵感的原点,然后延伸开来,可见鲁迅的影响多么巨大。但是根据我个人的体会,《生死场》前三分之二所达到的某种东西,是连鲁迅作品也没有达到的,鲁迅没有以这种角度来审视我们的生死与人生,所以我认为《生死场》前三分之二非常有价值,萧红完全靠自己的天才和独一无二的苦难经历,触及了生老病死的重大主题,而不是用思想触及了这么深刻的东西。在现代文学史上,这种深刻的资源非常少见,如果我们能够比较忠实地阐释《生死场》,就能得到这种比较新鲜的、稀少的资源。如果只从抗战文学或者左翼文学的角度理解《生死场》,那就等于放弃了这种稀有资源,那是十分可惜的。所以,我们有必要特别强调《生死场》前三分之二在现代文学史上的独特意义。

《生死场》之所以受到读者这么多的误解和歪曲,一方面因为读者的眼光受到时代风尚的引导,忽视了作品之中与时代风尚不一致的气质和信息,另一方面也因为,作者在写作的时候,她不仅有意接受了时代风尚的影响,还无意间受到时代风尚的熏染和制约。在这里说时代风尚不带贬义,而是中性的。萧红很自然地参加到了抗战时代氛围、时代潮流之中,转变写作观念,扭转写作思路,导致了她对自己的作品的扭曲、歪曲和误解。由此可见一个作家要坚持自己的独立性是很不容易的。曾经有不少人批评钱钟书在抗战时写的《围城》、《谈艺录》跟抗战没关系，我在私下里也讲过批评的话，这种批评也不是完全没有道理。可是文学与学术本身有它们自身的要求，从这个角度上说，钱钟书在从事小说创作和学术研究的时候，尊重文学和学术的内部要求，恪守一个作家和一个学者的独立性，不受时代风尚的影响，这也是值得我们肯定的。如果当年萧红也像钱钟书那样坚持自己的艺术追求，沿着自己的文学主题发展下去，今天我们从《生死场》中看到的文本断裂就不会存在，她给我们提供的独特资源就会更加丰富更加完整。尽管断裂本身是可以理解的，但在文学意义上毕竟令人遗憾。

生命意识的麻木

《生死场》前三分之二，究竟蕴含着什么独特的气质和信息？今天我主要就谈谈我在这方面的想法。

首先，萧红在这部作品中极力书写乡民们生命意识是如何麻木。

我们知道，课堂上老师讲鲁迅最喜欢讲的就是鲁迅文章里所写的人物灵魂如何麻木，但是他们俩有所不一样。鲁迅可以说是跟时代风尚结合得最紧密的作家，他身上最好地体现了时代精神，但跟所有别的作家都不一样，他有能力驾驭时代精神，有能力把时代精神跟他的文学揉到一块。怎么个揉法呢？他把所有的时代命题，包括社会政治层面的命题，都揉到精神层面来说话。他生活和创作在一个社会很动荡、阶级矛盾很激化的时代，他也一直很关注这种动荡和激化，但是他不像茅盾等人那样全面铺排社会政治问题，而是从精神角度切入社会。所以鲁迅的小说虽然涉入时尚很深，却不是追逐时尚，而是将所有的文字都聚焦到国民的精神麻木这一点上。

萧红也写人们的精神麻木，但是她没有重复鲁迅的发现，也没有重复鲁迅的手法和角度。鲁迅所写的精神麻木是结合特定时代的要求和时代使命来说话，比如他写阿Q的精神麻木是从遭遇革命、糟踏革命、最后被革命所糟踏的革命角度来表现，但萧红写精神麻木的角度我认为更加根本，萧红是从一般的日常生活，或者说是从生存本身的意义上来写人精神的麻木、灵魂的麻木。鲁迅作品处理的是人与人、人与社会（阶级、国家、政府）的关系，萧红作品处理的则是人与存在的关系，甚

至包括人之外的其他生命与存在的关系。所以,我觉得萧红写的角度是鲁迅小说所没有自觉涉及的角度。

《生死场》给我的印象最深的,是第六章《刑罚的日子》。她所谓刑罚的日子是指哺乳动物的生产,当然也包括人的生产。鲁迅小说一直是写人的,而萧红不单单是写人,她写的是包括人在内的所有生命,所以刑罚的日子是写所有生命的生产。她先讲房子后边草堆上狗怎么样在生孩子,猪怎么样在生孩子,然后再写人怎么样在生孩子。这样就使作品的涵义迅速扩大,主题升华得更加深刻和丰富。她对于一个新生命从娘胎里诞生的可怖、恐惧与痛苦写得非常真切,充满了血污和血腥,读《生死场》的人几乎没有谁不对此留下深刻印象。

萧红写小说尽管比较主观,但她一般不站出来议论。可是,当她写到妇女生产的时候却禁不住站出来诅咒上苍。我念上几句让大家感受一下,这个产妇在痛苦的时候,萧红写道:

> 可是罪恶的孩子,总不能生产,闹着夜半过去,外面鸡叫的时候,女人忽然苦痛得脸色灰白,脸色转黄,全家人不能安定。为她开始预备葬衣,在恐怖的烛光里四下翻寻衣裳,全家为了死的黑影所骚动。……

生孩子是哺乳动物的繁衍方式,是人类生活的重要内容,尤其对女性来说,简直是推不掉的使命和天职。萧红就是在天职意义上写生产的苦难,这是生命的基本苦难。正是在写这些内容的时候,萧红发了一句感慨,这句感慨非常入骨。她说:

> 在乡村,人和动物一起忙着生,忙着死……

生和死是一个过程,完成生老病死的过程是每一个生命的天职。这句话与其说是她的感慨,不如说是她的独特发现。她一定是被这个发现所深深震撼,才按耐不住用一部小说、用一生的创作来展示她的这一发现的冲动。这句话可以看作是这部小说的主题所在,它暗示这部小说写的就是,所有生命都在完成一个生老病死的苦难过程,她要写的就是这个过程本身。

她写生命不光是关心肉身的生命,还关心生命的另一种形态:灵魂,因为灵魂也是生命的真谛所在。她沉痛地说："在乡村,永久不晓得,永久体验不到灵魂。"又说:"在乡村永远也感受不到灵魂,只有物质来充实他们。"也就是说她写的是地球上这些生命在肉身意义上的痛苦和灵魂意义上的麻木。对于生命层面的麻木,鲁迅小说没有自觉地涉及。鲁迅展示人物的灵魂麻木,是以一个启蒙者的眼光,展示他们如何没有自我意识,如何没有尊严,如何屈辱而偏偏不知屈辱,他的笔触耕耘在社会层面和文化层面。而萧红一笔就戳到了生命层面的痛穴,表现的是更加本原、更加永恒的苦难。所以,我觉得萧红的作品具有非常独特的价值,在现代文学史上,涉及这种主题的作家实在不多。

像萧红这样深刻地将笔触伸句生命的,我认为还有一个废名。废名是个一直不受重视的作家,现代文学史上许多不受重视的作家,在文革结束后大多先后被重新挖掘出来而名噪一时,比如周作人、张爱玲、沈从文、钱钟书、林语堂、徐志摩等等。废名却一直没有这样的好运气。他跟萧红都是直接涉及生命与存在的关系的作家,而且各有偏重。萧红偏重于展示存在的痛苦,废名偏重于诉说存在的虚无。废名在文体上处理得比萧红更加优美更加精致。萧红实际上文化水平不高,文学修养也远不深厚。废名有广泛的文化、文学修养。萧红的成就主要是凭天资达到的,她的文本直到最后的《呼兰河传》才显得比较漂亮,她前期的作品在文本上可以说都是比较原生态的,缺乏打磨和修饰。《生死场》的面貌就很有点质朴粗糙,如果推迟半个世纪,在20世纪80年代或者20世纪90年代,我敢肯定它发表不出来,编辑肯定会说作品尚不成熟,不好发表,叫她修改又改不了。幸好这部作品产生得早。

萧红能够用这样的眼光写东西,不管她跟佛家佛学有没有关系,她的内心素质、内心感受方式是非常接近佛学的,她以一种悲天悯人的眼光看待芸芸众生、看待现象界生老病死的苦难过程。她具有佛家心性。而废名在佛学上非常有修养,甚至有精深的研究。他还写过专著与熊十力争论佛学问题。

萧红同废名两人都能写好对生命苦难的感受,是因为他们都有跟佛家很相近的感受方式,这是一个写生命意识麻木的角度。

萧红在铺陈人性的麻木时,特别注重成年人对于孩子的态度。一个成年人对于生命界的理解,对于人类社会的理解,肯定会体现在对于弱小生命的态度上。这弱小生命包括两个方面,一个是比人弱小的生命,如昆虫、小动物、小花小草之类,还有一个弱小的生命就是人类的孩子。长者对于孩子的态度,完全可以体现他对于整个生命世界的态度和对于人类本身的态度。很多作家关注到这一点，周作人、鲁迅都曾反复讨论过这样的问题。萧红作为一个女性，作为一个夭折的孩子的母亲，对这一点感触尤深。所以她的笔触总是不可遏止地伸向孩子。

《生死场》篇幅这么短，却有好多地方写到孩子。那个王婆跟祥林嫂一样，老跟人讲自己一个孩子三岁的时候怎样摔死。她把三岁的孩子放在草堆上，自己去干活，偏偏那个铁犁放在草堆下面，孩子没人照看一摔就摔在铁犁上。她过去一看，孩子流着血已经死了。王婆经常念叨着这个血淋淋的场面。作者通过王婆的讲述，给读者一种强烈的提示，孩子在这样的境遇中是非常受苦受难的。

王婆除了老说孩子外，还老说自己生孩子时的恐怖情景。即使一个来自偏远乡村、见惯了血腥场面的人，听到王婆的介绍也可能会感到毛骨悚然。王婆说：

这庄上的谁家养孩子，一遇到孩子不能养下来，我就去拿着钩子，也许用那个掘菜的刀子，把孩子从娘的肚里硬搅出来。孩子死，不算一回事，你们以为我会暴跳着哭吧？我会嚎叫吧？起先我心也觉得发颤，可是我一看见麦田在我眼前时，我一点都不后悔，我一滴眼泪都没淌下。

她为什么早早把难产的孩子用刀子绞出来？因为她要赶快下田干活去。她说第二年看见自家的麦粒比谁家都大，心里感到很充实、很幸福。

《生死场》中有个少女金枝，她不小心踩到一棵菜，她的母亲就暴怒地骂她，恨不得揍她一顿，这时候萧红议论说："母亲是爱着孩子的，可是母亲更爱她的菜，更爱她的庄稼。"把生命跟庄稼放在一起比较，人们选择庄稼不选择孩子，可见在人们心中庄稼的地位更重要，孩子是无足轻重的。萧红感慨道："妈妈们摧残孩子，永久疯狂着。"一个女人的母性，在生存苦难中受到严重压抑和遮蔽，于是成为一个麻木的女人，一个残酷的母亲。

父亲也许比母亲更加残忍。金枝结婚以后，生计有困难，丈夫就老是发脾气骂老婆，骂孩子。有一天这个父亲气急之中真的把孩子拿起来往地上一掼，就把自己的孩子摔死了。

通过大人对孩子的这种态度，萧红写出了在乡村世界人们的生命意识的完全麻木，根本不把生命当作生命。从存在的意义来写我们生命意识的麻木，这是萧红对现代文学的一个重要贡献。

生存困境

《生死场》另一个引人注目的特色,是它对生存困境的强调。

很多现代作家写到生存困境,但是写的角度和深度各不一样。别的左翼作家从什么角度来铺陈这个主题呢?都是写阶级矛盾阶级对立,地主老财盘剥呀,官府敲诈呀,我们受穷啊。这样写当然很真实,但这是一个社会的公共经验,其中缺乏作家本人的独立发现。因此写不出独特之处。但是萧红不是从社会的层面、政治的层面,不是从阶级矛盾、阶级对立的层面来写生存困境,她从生存本身意义上展现人们的生存困境,其中包含着她个人的切身体验和独立发现。

一种情况是贫穷的直接压迫。我们在座的朋友,有的人对乡村贫困群体和城市贫困群体可能也有一定的了解,能够意识到贫穷对人的压力有多大。金枝的丈夫摔死孩子,直接的原因就是贫穷。金枝作为《生死场》的主人公之一,充分体现了贫穷对人性的扭曲。她曾到城里去找活干,出发时她母亲千叮咛万嘱咐,叫她千万别跟男人接触,一定要学好不要学坏。金枝给人家缝衣服。那个男主顾故意多给她一点钱,对她提出性要求,她在金钱的诱惑下也只能是半推半就。她回家给了一块钱给她妈妈,她妈妈知道她的钱是怎么来的,这个时候她妈妈跟原先的想法不一样了。金枝在家里才住了一晚上,她妈妈就赶快叫她到城里去挣钱。在贫穷压迫下,一个人要想按照自己的观念保持自尊是难以做到的。

第二种情况是疾病的折磨。萧红写疾病的折磨写得很成功。萧红在三十一岁的时候因为肺结核病死去,她可能二十一岁时就有这个病,甚至可能十一岁时就有病。她写《生死场》的时候很可能有肺病在身。一个身体不好的人对病的体验特别深。《生死场》写少妇月英,生病在床没人照看,两个村妇来看她,掀开被子发现满床臭烘烘的,她的排泄物都在床上,于是这两个村妇帮她擦拭。擦拭的时候发现她身上已经长了白蛆了。然后村妇从隔壁借来一面镜子,让这个生病的人看看自己的样子。月英一照镜子就嚎啕大哭,说我这哪是人啊,分明是鬼啊,老天你让我早死吧!活埋了我吧!

《生死场》还有一章题目叫《传染病》,写村里的一场瘟病,家家户户都被死亡的恐怖所笼罩,很多人在家里等死。官府派穿白大褂的西医,其中还有外国人一起来做救治工作,而乡村对西医这种治病方式不理解,抱着半死的孩子远远地躲开那

些医生。他们就在这种瘟疫的折磨之下一个个死去。萧红对疾病的威胁，也没有从阶级的角度上去阐发，她更有感触的是跟生命一起诞生的存在的苦难。那些视野开阔、思想深刻、立意深远的作家常常受到观念体系的局限，一不小心就露出浅薄的马脚，倒是弱女子萧红更像一个具有深度的哲学家。

最后还有一点，这种生存苦难还包含着战争。日本佬打进来了，他们又多了一重生存苦难。村子里那个李青山组织人去打日本佬，有位寡妇的儿子被日本人打死。这个老妈子就跑过来揪住李青山，说我十九岁守寡守大一个儿子你把他带去死掉了，你这个坏蛋你还我儿子。她哭着说我现在也不能活我也死吧，又对小孙女说你也死吧，在日本佬的眼前你还想长大吗？第二天人们到她家，发现那个老妈子真的与孙女一起吊死在屋梁上。萧红说"那梁上挂着像两块干鱼"。《生死场》虽然是个断裂的文本，可是后面的抗日故事其实差不多也可以纳入到前面三分之二之中。战争是人类摆脱不了的永在的苦难之一，你写人的苦难当然可以包括战争。生老病死应该加两个字：一个是贫，一个是斗，变成生老贫斗病死。人类之间的冲突和伤害，是如此残忍如此血腥，战争是其中最严重的形态。萧红写抗战跟别人就不大一样，别人写抗战小说是写抗战英雄，拿着党旗拿着军旗，冲冲杀杀，写胜利凯歌。萧红从人的苦难上去写。你以为你把日本人打死了你也死了你就胜利了？有人说战争永远没有正义可言，还有一句，同样可以并列起来：战争永远没有胜利可言。战争没有胜利者，所有的人都失败了。因为战争本身是永在的苦难。所以萧红写战争她选择一个老妈子的角度，用一个生命的屈辱和毁灭对战争提出严正抗议，把战争转化到诸多生存苦难之中的一种来理解它。这和别的作家的写法也是有所区别的。这种写法对这个断裂的文本有一定的弥补作用。

两性伦理中心灵的荒凉

下面要讲的问题是《生死场》里最突出的东西，也是最能打动读者的东西，是什么呢？我把它叫做心灵的荒凉。萧红的这一感受跟鲁迅很相近。

我认为萧红写心灵的荒凉写得比鲁迅更加生动，因为鲁迅是放在一个比较功利的框架里来写，他始终摆脱不掉社会革命、思想启蒙的公理目标。萧红没有这样强烈的功利目的，没有如此严重的束缚，所以她写得更加生动、更加逼真，更加贴近她的原初感受。

《生死场》里第一个值得说的是男人和女人相处中所体现出来的心灵的荒凉。一个年轻的女作家通常比较善于处理爱情题材的写作,因为男女之间的爱情应该是她最向往的情感归宿,是最渴望的心灵慰藉。但是萧红笔下就没这事儿,就没这种东西,这颗心永远是封闭的,从来没有打开过,即使是热恋的时候也是没打开的。我们来看看萧红是怎样处理爱情的。《生死场》写了一对年轻人从热恋到结婚到生孩子到死,就是成业和金枝,他们的故事和命运是这部松散作品的重要线索之一。我稍微念几句萧红笔下的热恋,这跟琼瑶大不一样(众笑)。她写这一对热恋的情人到河边约会,一点诗情画意的过渡都没有,萧红直接写道:

五分钟过后,姑娘仍和小鸡一般,被野兽压在那里。男人着了疯了! 他的大手敌意一般地捉紧另一块肉体,想要吞食那块肉体,想要破坏那块热的肉。尽量的充涨了血管,仿佛他是在一条白死尸上面跳动,女人赤白的圆形的腿子,不能盘结住他。于是一切音响从两个贪婪着的怪物身上创造出来。

这是一场非常激烈非常疯狂的肉体挣扎,这就是热恋的内容。这一场疯狂的浪漫过后,成业全身舒畅,喜滋滋地回到家里。也许萧红应该像他一样喜滋滋地描述一番幸福的感觉,可是萧红知道成业心中并没有体验到爱情,她不想欺骗笔下的人物也不想欺骗读者,她觉得有责任将一些虚假的东西戳穿。于是她安排一个过来人对成业的感受发表一番评价。当成业喜滋滋地告诉婶婶,他要娶金枝做老婆时,婶婶马上猜到了河边的浪漫故事,她没有为侄子高兴,而是泛滥着满心的苍凉。作品中这样写道:

婶婶完全悲伤下去,她说:
"等你娶过来,她会变样,她不和原来一样,她的脸是青白色;你也再不把她放在心上,你会打骂她呀! 男人们心上放着女人,也就是你这样的年纪吧!"

这个婶婶,面对热恋中的侄子,一句话就揭穿了侄子恋的并不是人,不过是肉欲。至于超肉欲的感情,她没有看见过,所以不相信。

婶婶为什么这样满目阴凉? 萧红给了读者一个交代,让读者理解了婶婶是多么言而有据。正在说话的时候,婶婶远远地看见自己的丈夫来了,她不敢再跟侄子

说话,赶快装着在收拾柴草的样子,装着干活的样子——她站在这里跟侄子说几句话的权利她没有,丈夫可能会骂她,骂她不干活,所以她必须装出正在干活的样子。丈夫回来拿过东西走了,她又给侄子回忆着自己恋爱的经过,然后深有绝望地说:"这时节你看,我怕男人,男人跟石块一般硬,叫我不敢触一触他。"她还说:"年轻人什么也不可靠,……这时他再也不像从前了!那和死过的树一样不能再活。"婶婶没有从男人那里感受到温爱,所以即使面对热恋中的侄子她也只会满心荒凉。这方面写得最出色的,是那个生病的女性月英。男人娶老婆干什么?乡下流行的说法是烧饭、洗衣、陪睡觉。月英生病卧床,无法履行这些责任。男人就一边干活一边唠唠叨叨地骂她。月英除了绝望和寒凉还能有什么别的感受呢?她对前来看望她的村妇说:

你们看看,这是那死鬼给我弄来的砖,他说我快死了!用不着被子了!用砖依住我,我全身一点肉都瘦空。那个没有天良的,他想法折磨我呀!

这个女人没有了经济价值也没有了性的价值,一个男人就是这样对待女人的,萧红把那种心灵的荒凉、那种没有人气、那种人性灭绝的状态,写得很生动,令人颤栗不已。

请注意这些砖头,这是一个非常冷非常硬的意象,它与那些灭绝人性的故事交织在一起,象征着残忍、冷酷和荒凉。我写过一篇文章,叫做《冷硬与荒寒:二十世纪中国文学的主要美学特征》,一个世纪的文学就是这样令人不寒而栗。当我们对这个世纪的文学表示轻蔑的时候,千万不要忘了它其实基本上体现了中国人人性死灭、心灵冷漠、情感荒凉的精神现实。

我所不能容忍的是,为什么绝大多数作家都只是客观地再现这样的精神现实,而不能用自己的热血和爱心创造一个百花盛开、天慈人悲的世界,对这样的精神现实构成否定、改造和提升?如果因为文化资源不够、精神力量不够、个人修为不够无法创造出这样的世界,无法改变现实的残酷与荒凉,至少可以因此而焦虑、而痛苦、而无望地呼号。有人说,一个有教养的人就是要为无可改变的悲剧现实承担责任,顺而言之,一个作家就是要对令人绝望的世界担当情感痛苦。不是每个人都有能力拯救世界,不是每个人都有条件创造未来,但是,为苦难的世界担当情感痛苦却应该是一个作家的精神底线。在二十世纪的中国作家中,我之所以特别推崇鲁迅和萧红,是因为在我看来他们至少已经达到了这样的精神底线。他们的灵魂痛苦流淌在每一个意象、每一行文字之中,颤栗在每一个人物的声音里和眼神里。他们写了许多寒冷刺骨的作品,可是他们都在用绝望的悬崖上残存的那么一丝微弱的温热,尽心尽意地包裹着这个世界的寒凉。这一层薄薄的包裹,大大缓解了那些残忍寒冷意象对于读者的伤害与摧残。

一般人伦关系中的心灵荒凉

人心的荒凉不只是体现在两性伦理上,也体现在一般伦理上。萧红的作品经常涉及一般人伦关系中的心灵荒凉。如果说得远一点,日本人打进中国这本身就是一种人性灭绝的行为。无端侵略他国他人,必定有顽强抵抗,有顽强抵抗必定有更加顽强的征服。人心的自私、残忍、罪恶在战争中无不发展到极点,叫人不敢正视,即使千百年过去,依然不忍回顾。然而,哪里等得到千百年后让人回顾,间隔不了几年,新的战争又会气势汹汹地打响。一场又一场战争简直叫人目不暇接。

战争中的人心荒凉可能还常常有人为之开脱,日常生活中的人心荒凉则是无法开脱的。《生死场》里的赵三,有一回他把一个小偷的腿打折了,事后他的第一反应不是给那个人救命疗伤,为了逃脱打伤人的责任,他想干脆把这人打死,悄悄埋在雪堆里。他的同伴表示反对,可是他反对也不是出于道义,而是考虑到春天来了雪堆就要化了,尸体一暴露还是要查到凶手。所以这个反对的人说,不如把他扔在井里。这些人不说什么道义和良知,起码的善良起码的恻隐之心也完全泯灭掉了。伤害了他人不但不想挽救和弥补这种伤害,反而故意施加更彻底的伤害以求逃脱责任,这种心态在当今的中国社会十分普遍。比如那些在交通事故中伤害他人的司机,你压伤人了肯定是个过错,可是常常有肇事者不是把伤者送进医院,而是开车逃掉。如果事故发生在偏僻地区,肇事者往往更加放心地选择逃逸。所以说赵三的选择并不是萧红刻意虚构的特例,他跟肇事司机逃逸一样,体现了人性的死灭与荒凉。

《生死场》的主人公之一王婆,有一次吃药自杀,她吃药之后整个村庄没有一个人想到应该找个郎中来抢救,也没有一个人尝试着用灌肥皂水之类的土办法让她吐出来,大家只是那么很刺激地喊叫着:要死了要死了。她的丈夫也扔下她不管,直接跑到城里去买棺材。王婆的女儿从外村赶过来,趴在妈妈身上哭得死去活

来。经这一刺激,晕死的王婆身子在动弹,好像马上要活转过来。乡下人传说,一个人死而复活,是要抱着一个人跟他一起死。所以,王婆动弹着身子,大家不是去帮助她抢救她,而是设法让她赶快死。她的丈夫用扁担揿着她肚子,不让她爬起来。大家恐惧地嚎叫着,要他揿紧揿紧再揿紧。王婆被他揿得两头翘起,本来是一个活人的话也要被揿死的。这个故事、这个场景对我刺激特别大。我第一次读到它怎么也无法接受,老觉得这么恐怖的故事怎么会发生?以后我无数次读《生死场》,发现书中许多东西跟这个故事血脉相通。我终于发现,萧红是要告诉我们,人心的荒凉是多么惨不忍睹,她对这种荒凉无法忍受,她想抗议可是她连抗议都于心不忍,她只好带着强烈的疼痛躲在文字背后哭泣。不知诸位是否注意过,一种过于巨大的精神忧思,会引起强烈的生理反应。鲁迅在"三一八"惨案后,一连几天无法吃饭。在十八世纪法国政府迫害新教徒时,流亡国外的布鲁逊博士因为过于痛苦而大病一场,最后战胜内心的怯懦,回到法国与那些苦难的教徒一起承担患难,直到献出生命。这里的厌食和生病,都是心灵疼痛的表现。萧红将这种疼痛转化成了血淋淋的画面和奇绝惨厉的文学风格,表现方式与厌食和生命不一样,但内在的善良和悲悯是一致的。

死亡恐惧与乱坟岗意象

萧红的一生比较凄惨。童年时期没有享受到正常的父母之爱,情感世界荒草丛生。少女时期感情受骗,被人抛弃在旅馆做人质,这种打击是毁灭性的。后来跟萧军相依为命,但是性格不合,常常产生矛盾冲突。她性格极其敏感也极其软弱,同时还自尊心特强。

萧红的这么一种经历,这么一种状态,这就培养了她看世界的独特视觉。什么样的视觉呢?《呼兰河传》中有一段文字,简直就是为自己作的一个总结,特别凄惨,特别感伤,还有一种在感伤之中慢慢死去的美感,一种凄凉的美感。这段文字是这么写的:

生、老、病、死,都没有什么表示。生了就任其自然的长去;长大就长大,长不大也就算了。

老,老了也没有什么关系,眼花了,就不看;耳聋了,就不听;牙掉了,就整吞;走不动了,就瘫着。这有什么办法,谁老谁活该。

病,人吃五谷杂粮,谁不生病呢?

死,这回可是悲哀的事情了,父亲死了儿子哭;儿子死了母亲哭;哥哥死了一家全哭;嫂子死了,她的娘家人来哭。

哭了一朝或者三日,就总得到城外去,挖一个坑把这人埋起来。

埋了之后,那活着的仍旧得回家照旧地过着日子。该吃饭,吃饭。该睡觉,睡觉。

假若有人问他们,人生是为了什么? 他们并不会茫然无所对答的,他们会直截了当地不加思索地说了出来:"人活着是为了吃饭穿衣。"

再问他,人死了呢? 他们会说:"人死了就完了。"

这段文字体现了萧红看待人生的一个稳定视角,那就是生老病死的视角。他基本上是用佛家那种悲天悯人的眼光看待人类生活和生命的。而在现代以来的中国作家中,用这种贴近生存真相的眼光来描述我们的生存、我们的生活的人,极其稀少,萧红是极其难得的一个。所以我觉得萧红的作品应该成为我们一种非常珍贵的文学资源,我们来加以继承,也应该来发扬光大。

萧红并不是佛教徒,也没有别的宗教的皈依,所以他没法依仗某种终极意义来化解生老病死的痛苦或者提升生老病死的价值。她所展示的生老病死只能是没有价值归属的虚无主义状态,只能是一种荒芜的、荒寒的痛苦。她在生老病死之后加上一个"完"字,表现了她对于这种没有意义归属的人生的深刻绝望。萧红直到临死之前才把"人死了就完了"这句话写在《呼兰河传》之中,可是早在《生死场》中她已经用类似的方式表达过这种感受和发现。"在乡村永久不晓得,永久体验不到灵魂,只有物质来充实她们。"这样的句子充满了精神死灭的焦虑。正因为这样,死亡的恐惧弥漫了萧红的所有作品,自然也弥漫在《生死场》的文本之中。乱坟岗子的意象反复出现,几乎成了《生死场》的重心。请看几段引文:

年轻的妈妈过了三天她到乱坟岗子去看孩子。但那能看到什么呢? 被狗扯得什么也没有。

成业他看到一堆草染了血,他幻想着小金枝的草吧! 他俩背向着流过眼泪。

乱坟岗子不知晒干了多少悲惨的眼泪? 永年悲惨的地带,连个乌鸦也不落下。

成业又看见一个坟窟,头骨在那里重见天日。

走出坟场,一些棺材,坟堆,死寂死寂的印象催迫着他们加快着步子。

——《生死场》第七章

乱坟岗子,死尸狼藉在那里。无人掩埋,野狗活跃在尸群里。

赵三踏着死蛤蟆走路;人们抬着棺材在他身边暂时现露而滑过去! 一个歪斜面孔的小脚女人跟在后面,她小小的声音哭着。又听到驴子叫,不一会驴子闪过去,背上驼着一个重病的老人。

……

过午二里半的婆子把小孩送到乱坟岗子去! 她看到别的几个小孩有的头发蒙住白脸,有的被野狗拖断了四肢,也有几个好好的睡在那里。

野狗在远的地方安然的嚼着碎骨发响。狗感到满足,狗不再为着追求食物而疯狂,也不再猎取活人。

——《生死场》第九章

如果将《生死场》看作两个文本的勉强连缀,其第九章实际上就是前一个文本的最后一章。就这个文本而言,乱坟岗子不但是人生舞台的中心,许多人物、许多矛盾都在这里交会并得到解决,也是所有生命旅程的终点,是生命悲剧最后的归属。有人说二十世纪中国文学缺乏悲情,我很认同这个说法,同时又觉得必须补充一点:在萧红、苏曼殊、鲁迅的作品中,以及许地山、李叔同等人的某些作品中,这种悲情常常有星星点点的闪烁。在萧红笔下,许多人物的命运饱含悲情,她的创作作为一个整体,其切入生活的视角、其情调、其氛围,都可以说是中国文学中最具悲情的作品。完全可以说,在二十世纪中国文学史上,萧红的作品是真正的珍稀物种。她的作品不但因为独特而成为不可复制的绝品,而且因为具有这种非常深沉的悲情气质而开拓了读者的审美视野,启迪了读者的生命体验,并且一定程度地弥补了现代文学的浮躁与浅薄,从而为下一个时代的文学发展开启了另一种别具一格的资源,标示出文学的另一种可能性。这就是我们必须重视萧红作品的理由。

余　论

我再结合我个人的精神经历和目前的状态,谈谈我从萧红作品里得到的启示。

萧红将没有价值、没有意义的生老病死状态铺写一遍,给读者留下了深刻印象。虽然萧红用一种温馨的悲悯之情包裹着这些意象,可是那些意象本身所具有的悲惨、寒冷气息依然透过包裹向我们扑面而来。我们作为一个文学读者,怎么承受这些侵入骨髓的寒凉?

我可能是在这种阅读中所感受到的压力太大,我渐渐觉得自己承受不起。先是承受不起这样的作品,然后呢,当这个作品把你的生命意识打开了,你就会承受不起自己。所以我最近几年老感觉到我承受不起自己,觉得自己精神上越来越空虚,我被这些空虚和荒寒压得承受不住。

在这种情况下,你就得找一种跟你的现状相反的东西,能够克服空虚和荒寒的东西。什么东西能够克服虚无呢?用虚无肯定抵抗不了虚无,用屠杀,再多的屠杀再多的尸体也抵抗不了这个虚无。二十世纪人类所付出的尸体难道还少吗?无论是苏联、德国还是中国,付出了许多的尸体,可是这许多尸体没有抵抗住虚无对我们的侵扰,虚无给我们的压力照样存在。

肯定要有一种价值上的东西才能够用来抵抗虚无。应该找到意义,找到人与人之间精神上哪怕一点点温馨的东西来对这个荒芜进行克服。如果你一天找不到你就不得不成天承受荒寒的烤炙,那是地狱里的刑罚,永无尽期。

可能信仰和与之相关的宗教是解决心灵重压的方式之一。比如在基督教里有耶稣被钉在十字架上帮你承担,耶稣承担我们一切罪过和荒寒。佛教里有涅磐世界让你向往。我们老觉得佛教是消极遁世的,其实不是,它是要普渡众生的,它是"我不入地狱,谁入地狱",它要为这个世界承担苦难和荒寒。人本身是虚无的谁都知道,可是那些宗教它都能找到一种方式,建构一个价值世界来克服这种荒寒,克服这种虚无。既然它们能够这样做到,我们为什么不可以借助宗教信仰资源来解决问题呢?

但是我们知道,1949 年以后,中国大陆是一个无神论思潮占主宰地位的社会,我们受教育的整个过程都在加强对无神论的信赖。所以即使我们意识到信仰的重要,也不是几步就能走过去的。就拿我个人来说,我已经为解决信仰问题耗费了三四年时间,如果要拉得更长一点的话,我已经耗费了十多年。我明确意识到这个问题其实是 1990 年,那一年我写了一篇文章,叫做《站在自己的墓碑上发问》,就是结合俄国小说《当代英雄》讨论信仰问题的。后来虽然中断了这种讨论,最近三四年我已经在写作中反复言说这个问题。

　　我花了这么长时间,还没有让自己从无神论的状态进入任何一种宗教之中,所以我觉得,我们作为一个无神论者要进入信仰状态非常难,这有一个非常痛苦的寻找和挣扎过程。

　　在这个挣扎过程中,从文学这里得到资源是好的方式之一。其实越是把人生的虚无写到顶点的作家,他离信仰可能就越近。在中国现代文学史上,离信仰最近的作家可能是著名的无神论者鲁迅。鲁迅是没有信仰的,他公开批评过基督教、佛教,批评过有神论,但是他可能是离宗教最近的。萧红作为跟鲁迅非常相通的人,就直接面对人的生存层面说话这个角度来说,萧红比鲁迅走得更远,体验得更深,她也是离信仰最近的一位作家。我觉得恰恰是在这两个人这里,我们可能能够得到克服冷硬与荒寒的某种资源,这也是我特别重视鲁迅和萧红作品的原因之一。

流亡：溃败人生的挣扎循环

季红真①

萧红小说中溃败人生的生命故事，大致可以分为几大类，自己的故事、家族的故事、革命的故事和乡土的故事。其中，革命的故事是自己故事的外延，乡土的故事是家族故事的外延，自己的故事又是家族故事的分蘖，因此，就使她的故事序列在不同的表层连缀方式中，具有了深层结构语义的同一性，所有的叙事都生成为聚合的关系，所有的故事都是自己的故事。而流亡则是这个基本的聚合关系中，最基本的叙事动机，也就形成了A. J. 格雷马斯所谓的行动元叙事模式。而且，所有的故事都关联着相同的历史情境、意识形态的知识谱系、移民文化传统与古典诗文传统，家族、革命与乡土故事与自己的故事形成多种矩阵的结构，自己的故事便涵盖了普遍的历史文化和泛人类学的属性。

① 本文原载 2011 年 1 月 26 日《文艺报》。
季红真：文学评论家，作家，教授，沈阳师范大学中国文化及文学研究所研究员。著有《萧红传》、《文明与愚昧的冲突》、《忧郁的灵魂》、《世纪性别》、《女性启示录》、《众神的肖像》等。

一

　　萧红写作伊始,流亡的叙事模式就无意识地凸显出来。公开发表的第一篇小说《王阿嫂的死》与第一篇散文《弃儿》,因为签署日期与原发刊物的问题,而不能确定写作时间孰先孰后,但两篇作品的本事却有明显的交集,都与生殖与失去家的流浪有关。

　　《王阿嫂的死》讲述的是两个人的故事,雇工王阿嫂与孤女小环的悲惨命运。前者的丈夫被克扣工钱而陷入疯狂,并被地主放火烧死,王阿嫂怀胎七月又被地主踢得早产,与婴儿一起死去。小环是遗腹子,5岁时,母亲被地主儿子强奸气愤而死,就"开始做小流浪者了",从姑姑家到姨妈家,都因为贫困而被迫离去,在地主家过了一年挨打受骂的日子,后被王阿嫂领养,王阿嫂死后,重新成为没有家的流浪者。《弃儿》自叙生产前后的经历,中心事件生殖遗腹子与王阿嫂的生产情节重合,而无家可归则与小环相似,"这是两个雏鸽,两个被折了巢窝的雏鸽"。语义的交集有左翼意识形态的阶级标志,也有现实处境的认同,农妇所谓"有钱人家的儿女是儿女,穷人的儿女分明是孽障",萧红也被家族视为孽障,而且我"现在变成了没有钱的孩子"。失去父母的小环频繁迁移,与她1931年冬到1932年秋之间的频繁寄寓有着同构的相似。

　　由此出发,流亡的行动元置换在萧红所有的生命故事中,《生死场》的最后五节,基本就是所有人逃离乡土死地的故事,结束在最保守的二里半也颠着"不健全"的跛腿,跟着李青山投奔了革命军。《看风筝》开始的革命者生命故事,也都是以逃亡结束,而且是失踪般的结局。而家族——乡土的故事更是普遍呈现着逃亡的叙事模式,只是方式与结局各异,但都是求生的挣扎。有的付诸于行动,比如《黄河》中的破产农民阎胡子,父母葬身洪水,由山东而山西。也有的限于想象,如《出嫁》中的菱姑和妹妹,都想逃出精神窒息的家庭,一个幻想到工厂做工自立,一个要"我跟姐姐上南京"。她发表的最后一篇小说《红玻璃的故事》,由骆宾基复述,是生命垂危时刻最后的叙事,主人公王大妈洞悉了可怕的生命之谜,临终遗言是让儿子到黑河挖金子,乡土守望者像散落尸骨一样倾圮的茅屋,象征着乡土观念最后的消散。而《逃难》派生出来的《马伯乐》,更是在表层结构中就完全以流亡为推动叙事发展的情节主线。关于外国流亡者的故事,则是以再度流亡为结局,挣脱了危难险境的亚丽,奔回可怜的祖国朝鲜。索非亚试图逃出白俄的欺压回国的愁苦,表明"穷党回国是难的"。

开始就是结局,结局就是开始,挣扎的循环使萧红的流亡行动元叙事模式,区别于其他行动元叙事模式的特征。

二

萧红挣扎循环的流亡行动元叙事模式,呈现着萧红感怀自身命运最基本的心理情结,经年流亡的感受浓缩在这个基本的叙事模式中。在自己的故事中,她以各种文体强调着没有家的流浪处境。在《祖父死了的时候》,她就下定了决心:"以后我必须不要家,到广大的人群中去……"在《初冬》中,面对弟弟"女浪人"的指称与回家的呼唤,她的回答是"那样的家我是不愿意回的。"在自述小传《永久的憧憬与追求》中,她叙述了童年生活的创伤性记忆,"20岁那年,我就逃出了父亲的家庭。直到现在还是过着流浪的生活"。情感的重创,使她在《沙粒》中喟叹流亡的命运:"从异乡又奔向异乡……迎接着我的是乡村的风霜。"全民抗战爆发,激起东北流亡作家打回老家去的热烈情绪,而她却陷入更深的惆怅。在《失眠之夜》中写道:"家乡这个观念,在我本不甚切的,但当别人说起来的时候,我也就心慌了,虽然那块土地在没有成为日本的之前",家"在我就等于没有了"。可见,离家——流亡是萧红文学最核心的主题,挣扎循环流亡的基本行动元叙事模式就是这个主题原型置换在所有生命故事中的基本形式。

作为家族叙事开端的《王阿嫂的死》,在阶级论包裹的意识形态话语中,是她对家族的极端愤恨,张姓地主无疑是家族的指代。王阿嫂早产生下遗腹子,《弃儿》中的"她"也有两次入院的早产经历,而且未婚夫失踪,王阿嫂的故事是自己故事的替代;孤女小环显然是自我指涉,萧红最初的学名是张秀环,而且在自己的故事中,多次提及在家中挨打受骂的往事,祖母用针扎自己的手指,母亲不十分爱她,父亲把她打倒在地……甚至因此怀疑自己的身世。《王阿嫂的死》叙事终止在小环养母死后无家可归的绝境中,而《弃儿》中产后限于困境的"她",则回忆母亲、祖父死去和离家三年的经历。因此,这篇小说实在就是萧红把自己历时性的故事,分别置换在两个乡土女性共时性的生命故事中,获得了社会群体的归属感,也释放了与家庭对抗的心理纠葛,女性生命本体的精神也得到彰显,女儿性与母性都充分地

流泄出来。其实,这才是萧红所有故事最本质的情感源泉。这种替代的故事,具有借他人之酒,浇心中块垒的心理治疗功能,小环可以绝望得大哭,而真实的萧红则经常是"泪到眼边流回去"。左翼的意识形态使她对家族的仇恨具有了道义的合理性,而王阿嫂产后死去,作为她文化心理的寓言,承担着与旧的文化身份诀别的功能;此后,小环居于叙事的中心,则是她对流浪者身份的自我确立,小环拒绝回张姓地主家,转喻着她拒绝回家的决绝态度。她通过叙述王阿嫂的死,了断了和家族所有情感联系,完成了从张家女儿到弃儿(孤儿)的文化身份蜕变。连她关于身世的疑虑,都是这一心理转折的表征。1937 年,她对从呼兰家中辗转逃到上海的弟弟张秀珂说,那样的家不提也罢。

<h2 style="text-align:center">三</h2>

萧红笔下自己——革命故事和家族——乡土故事,虽然呈现着同样挣扎循环的行动元叙事模式,两者之间在表层的连缀关系中有明显的差异。

同样基于求生本能的逃亡,萧红的流亡比金枝们多了一重精神情感的追求。她最初逃离的动机是抗婚与求学,进入左翼文化阵营之后,则主要是逃避各种政治势力的迫害,其次则是逃出情感的困境。萧红以逃亡而求得生存发展,王阿嫂们却无处可逃,只能悲惨死去。同样是流浪者,萧红有明确的憧憬和追求,而小环们则是别无选择的处境。在和父亲的对抗中,萧红属于主动决裂的一方,而王阿嫂和小环们则都是被动地受欺压。逃亡或死亡,两项的对立中,体现了萧红坚毅的立场,《生死场》中村民被迫盟誓抗日一节,题目就叫做《你要死灭吗?》,第二人称的单数是指墨守陈规的二里半。

这就牵连着启蒙话语的思想系谱,自述——革命的故事,基本以成功的逃亡为标志;而家族——乡土故事,则基本以失败的逃亡为特征。《记鹿地夫妇》是自己故事与革命故事的高度重合,在"八一三"之后的严峻历史时刻,东躲西藏的鹿地夫妇,终于摆脱了命悬一线的险恶处境,胜利逃脱种族、党派政治等对手的迫害,萧红在这个故事中是得力的帮手。《呼兰河传》中小团圆媳妇,只能被虐待而死;《小城三月》中的翠姨则无法逃离乡村的婚姻制度,抑郁死去。而《牛车上》的五云,以被正法为逃亡的终点。

这些都是极端的例子,当然也还存在着中间项。《看风筝》和《两只青蛙》都以革命者被捕入狱结束叙事，而《生死场》中所有有名有姓的男性人物几乎都活到了叙事的终点。而且她自己的逃亡故事也有一个转换，最初逃离乡土，"当年我升学了，不是什么人帮我，是我向家庭实行了骗术"。此后的自述，多数情况下都有格雷马斯所谓的帮手。尽管她的对手力量强大，从家族制度、文化传统到日伪法西斯……但她的帮手也阵容强大，从学校到文坛，从国内到国际，左翼文化战线始终都是她的后援。最大的帮手则是"三四"新文化精神，意识形态的力量支撑着她走独立而艰难的流亡之路。这使她的故事与刘成们的革命故事重合，也与《生死场》中投奔"爱国军"与"革命军"，成功逃离死地的男人故事重合。在革命故事与家族——乡土故事之间，自己的故事是中间项。

一般来说，在乡土故事中，能够成功逃亡的都是男人，女人只有金枝似的败退。而男人成功逃亡之后，死亡阴影则甩给了他们的家人，鳏寡孤独者要么自杀，要么挣扎在死亡线上。无论乡土故事还是革命故事，都不曾溢出这样的结局，这也使两种故事在语义深层最终聚合为一。萧红也经历过多次失败的逃亡，因此感叹"痛苦的人生"，"服毒的人生！""我老是一个人走路。"她逃出了父权制的家族囚禁，又陷落在左翼文化性别政治的罗网，特别是她与萧军的情变、和端木蕻良的结合，受到所有左翼作家朋友的质疑，无法平衡爱情和友谊的跷跷板。这和被同胞强暴的金枝无法说清最恨日本人，还是最恨男人，有着大同小异的相似。自己的故事与其它故事中的女性，有着弱势群体的共同属性，仍然是一个中间项。她临终前感叹，"我一生最大痛苦和不幸却是因为我是一个女人！"精神的抗争也完结在向父亲投降的告白，自己——革命故事和家族——乡土故事再一次重合，回到出发的原点，聚合成新的家族故事。由此，自己的故事与所有的故事交集，成为所有女人的故事。挣扎循环的流亡行动元叙事模式，也以自己的故事为核心，形成了独特的矩阵关系。

四

在萧红挣扎循环的流亡行动元叙事模式中，在表层的叙事连缀关系中，不同的故事功能项有明显的差异。一般来说，家族——乡土故事中的功能项是齐全而明确的，而自己——革命的故事功能项则常常是缺失或者隐晦的。这与特定历史情境相关，故事发生的年代几乎就是讲述的年代，她置身其中，自然要顾及故事讲述的方式，这是人命关天的事情，而且，就是在革命故事中，革命者也不是主角。而家

族——乡土故事的叙事，则是在她脱离家族——乡土之后，和故事的主角们的对手、反帮手们，有着空间的距离，即使他们被激怒，也鞭长莫及，除了口头开除等话语绞杀之外，别无良策。

在自己的故事中，功能项经常缺失，对手与帮手不断变化，帮手和反帮手之间更是"移步换景"，使自己的故事像迷宫一样诡谲。而且，阻滞与阻缓的原因也以留白处理，如烟如雾一样扑朔迷离，求学的直接对手是父亲和伯父，而父亲缄默的原因与伯父劝阻的理由，几乎都不可思议。萧红对自己的婚约讳莫如深，对未婚婆家的叙事闪烁其词，加上未婚夫在哈尔滨沦陷后突然失踪，都可以看到更强大的对手一直隐蔽在故事之外。她在北平穷愁潦倒的生活，帮手是明确的，而对手则是含混的。她在东京孤独的生活，在香港深深的寂寞，在故事叙事中都忽略了对手，帮手则相对比较稳定。《呼兰河传》中的自述章，祖父是最大的帮手，其次是有二伯和兰哥，对手则是祖母开始扩及到整个乡土社会的愚昧民众，鲁迅所谓"无主名无意识杀人团"，以及支撑着他们的代表着衰败文明的古旧信仰。

在家这个固定的空间中，对手和帮手也经常"移步换景"，比如有二伯自己是受害者，在冯歪嘴子一章中，则参与了对他和王大姑娘的话语施暴。迷宫式的矩阵结构中，施虐与受虐的场景呈现了民族政治迫害的集体无意识。这些积淀着漫长时间的文化心理，统治着所有阶级的精神，是她求生的流亡中最大的阻滞力量，这是比父亲和伯父更巨大、更可怕的敌手。惟一的帮手是年老的祖父，随着他的死去，家对萧红来说就不存在了。逃离家庭，也意味着逃离强大对手的家族传统。而且，帮手与敌手的力量对比悬殊，只有靠骗术争得求学的生机。

而家族——乡土的叙事，对手、帮手与反帮手都确凿而稳定。《北中国》中的乡绅之家，最大的对手是外来的侵略者，大少爷为了反抗而偷偷离家出走，家庭从此散了心，忠诚的老仆是帮手，也是这个家族衰败的见证人，老厨子等趁火打劫的家人则是反帮手，精神失常的耿大先生被藏在凉亭中，最终死于了炭火。这部写于全民抗战时期的作品，使萧红的家族——乡土故事中的功能项发生了根本的变化，自己故事的对手变成了新的家族故事的主角。

另一部小说《后花园》，也属于由家族外缘构成的乡土故事，则以挣扎循环的行动元叙事模式，容纳了溃败人生另一种形态的生命故事——不变空间中的时间性逃亡。由乡村到小城人家来帮工的磨倌儿冯二成子，是一个未婚的中年鳏夫，生命的意识沉睡在墓穴一样封闭暗淡的磨房中，终年敲打着过时的报更用具梆子，周而复始地麻木劳作。直到邻居女孩儿的笑声唤醒了他的生命意识,朦胧的爱恋由于自卑而压抑着,姑娘出嫁以后,他又默默地关照着她的母亲,直到有一天,姑娘回来接走了她。冯二成子终于走出了单调封闭的时空体程式,追送她们到城外,发现了自然的美好(自然的时空),忆起童年的趣事(生命周期),也陷入大的空虚,追问起人生的意义。寡妇老王的开导使他重新沉静下来,两个人结合生子,过着平静简单的生活。老王死了,孩子也死了,后花园换了主人,冯二成子仍然沉静地敲打着梆子磨面。这是一个精神逃亡的故事,最终亲人离去的结局连接着孤独的开始,在螺旋形的上升中,同样的生活形式获得了全新的意义。主角的帮手是邻家姑娘和寡妇老王,《王阿嫂的死》中生殖的母亲与流浪的孤女,在《后花园》中,演变为承担着启蒙和拯救功能的快乐的女孩儿与善良的母亲。

　　萧红生前发表的最后一篇小说《小城三月》,则是将所有的故事类型融会在一个悲凉的爱情故事中,叙述了一个无效的挣扎循环。第一人称对于家的叙事,强调了它维新的特征,父亲早年秘密加入了国民党,这就以时间为纵轴,和自己——革命故事之间,由对立的连缀关系转换为聚合的同质关系。自己的故事也在开放民主的家庭气氛中,获得欢快的情感记忆。主角翠姨的悲剧在于两种文化时空形式交错中,无法挣脱的文化弃儿身份,在传统文化与现代文明中都处于受歧视的边缘劣势。而且,只有对手而没有真正的帮手,也就是说谁也帮不上她。对手除了强大的文化传统之外,还有可望而不可及的现代文明,如鲁迅所谓"梦醒了却无路可走"的悲哀。但是,她是满怀幸福地抑郁死去,幸福来自堂兄的真爱、洋学生们的尊重;抑郁则是无法摆脱的旧式婚姻,死亡是终极的解脱。小说以凭吊完成叙事,是又一种螺旋形上升的挣扎循环为生命周期的逃亡行动元叙事模式。

五

　　在萧红的家族故事中,有两个爱情悲剧,都是以死亡结束情感的困境。除了《小城三月》之外,还有写于1934年的《叶子》,第三人称的主人公显然是萧红自己的化身,自己的故事隐蔽在家族的故事中,而男主角莺哥也是因为听到家庭为他订婚之后,而抑郁死去。只是他临终惟一的愿望没有满足,他希望叶子来看他,而双方的家长基于贫富与宾主的差异而隔绝了他们最后的心愿。这两则爱情故事都是家族中人与家族以外的人相恋,而且恋爱双方都是姻亲,是否透露出萧红无意识中

的某种恐惧,这个家族带有不祥的阴影?自己也是不祥的人?所有爱上他们的人,都只有死亡。她在写给萧军的《春曲》(二)中,开篇就是"我爱诗人又怕害了诗人",联系到关于她生日的争执,特别是未婚夫的失踪……都可能隐藏着更深的情结。

实际上,流亡在萧红最初并不是被迫的,比如,早年到哈尔滨求学,一直梦想到巴黎学画,更像是源自血液的遗传性生命图式。作为乾隆封禁期间,挑着担子偷越柳条边墙逃荒的移民家族,祖父任凭家道败落躲在诗文中度日,伯父独自远走垦荒、涉足洋务,父亲坚持到省城读书、秘密参加国民党,六叔到北平读大学、组织抗日民团……都说明这个家族维新的倾向包裹着不安分的灵魂。她在《九一八致弟弟书》中,提起一个祖父常讲的笑话,"我们的曾祖,是担着担子逃荒到关东的。而我们又将是那个未来的曾祖了,我们的后代也许会在哪里说着,从前他们也有一个曾祖,坐着渔船,逃荒到南方的"。听说弟弟到了上海,第一个反应是,"……这可糟了,又来了一个小吉卜西"。结束于"这都是我的不好,我在前边引诱了你"。这样的家族血液与文化传统,使她的灵魂里充满着冒险的精神,绝对不会接受坐以待毙的命运,也过不了只求温饱的小康日月。流亡或者死亡的两项对立,对于他们来说,只有别无选择的流亡一项,因此,萧红的流亡只是这个家族的生命图式一次简单的重复,应该说挣扎循环的流亡行动元叙事的模式起源于这个古老的家族记忆。

萧红故事讲述的年代,几乎生活在流亡的东北作家群之中,而且,所到之处,都遇到东北的流亡者。抗日的历史语境以浓浓的乡音,强化着她流亡者的自我意识。她曾经发表过两篇致东北流亡者的书信,都是以月圆之夜起兴,发表于1938年的《寄东北流亡者》,以"你们的心总被悲哀装满"开篇。没有家的忧愁,把自己和其他流亡者区别开来。而发表于1941年的《给流亡异地的东北同胞书》,则以"我们的心总被悲哀装满"开篇。人称的变化,反映了她乡土归属的自我认同,也从没有家的悲哀中挣脱出来,吻合着她新的家族故事。东北的开发史不过几百年,流亡的东北人中不乏与萧红相同宿命的家族记忆,流亡由此成为广大群体的文化代码,覆盖了一个时代的国人乃至一个时代的人类宿命,并且最终超越了时空,成为所有流亡者共同的生命图式。挣扎循环的流亡行动元叙事模式,因此才具有了泛人类学的结构意味。

流亡也是中国文学一个重要的情节原型,从宋人平话到四大历史小说都隐藏着流亡的基本行动元模式,而且都有由聚到散的情节框架,近似于萧红挣扎循环的行动元叙事特征。《儒林外史》更是以马二先生游走着的目光看儒林的诸种现象，时间上的迂回几乎是中国小说推进情节的基本方式。萧红从小和祖父读诗，里面充满了对时间的感悟，而最深刻的印象是祖孙俩儿关于离家的问答，失去家园的最初恐惧就起于这语言音韵的启蒙。萧红熟读《红楼梦》等古典小说，回答聂绀弩才女赞扬时说，我不是《镜花缘》里的人，是《红楼梦》里和黛玉学诗的痴丫头香菱。文学传统的滋养，使她流亡的行动元模式具有了神话原型的许多特征。《马伯乐》与《儒林外史》的结构异曲同工，当然还有域外流浪汉小说的模本；家族故事衔接着曹雪芹开辟的家族叙事，其中的爱情悲剧更是将宝黛悲剧置换在文化撞击时代的日常生活中，《小城三月》里的翠姨明确地被称为"林黛玉"，可见萧红运用原型的自觉。而她所有故事中的敌手也几乎都有原型的参照，而且是跨文化或者交集着两种文化的原型。腐败的老太婆（祖母与继祖母）、女皇一样专制的校长，都是老巫婆的化身。民间叙事中恶毒的继母，分别在《两个朋友》和《亚丽》中借尸还魂，一个是家族——乡土故事中使少女樱花失去朋友的对手，一个是革命故事中使朝鲜女孩亚丽失去父亲的对手。萧红以"女神"赞美亚丽，则有中外文化对少女神性膜拜的神话原型的变体，投身革命牺牲的王婆女儿与唤醒冯二成子生命意识的邻家女孩儿，也属于这个人物原型的类别。

祖父是自己故事中最大的帮手，也一生维系着萧红的精神家园，是温暖和爱的象征。这可以追溯到中国民间故事中白发仙人的神话原型，而且不断地置换在对其他人物的叙事里。上海时期的鲁迅和香港时期的柳亚子，都承担着这个原型的帮手功能。萧红曾对朋友说，鲁迅像祖父，形容他"像一个安静的乡下老人"。她给柳亚子的题诗，是"天涯孤女有人怜"。在萧红成长的早期，大伯父和父亲，也承担着这样的帮手功能。大伯父是她童年惟一崇拜的人，因为他的话总关乎着正理；父亲则以新的知识结构造就了家族的现代文化思想氛围，都有思想启蒙的意味。随着自己故事的发展，这两个帮手变成了敌手，也还可以看到贾政一类专制家长的原型。母亲则是片段的感情碎片，只有虚构的故事中出现地母特征的原型，收留小环的王阿嫂和《后花园》里的寡妇老王，都是地母的变型。《呼兰河传》里的王大姑娘，则是以生殖为转折，完成了从神性少女到地母的自然转身，这也是萧红自己心理的转变过程。

和所有的经典作家一样，萧红也缔造了新的原型，自己的故事成为后续女性叙事的基本样式，而挣扎循环的流亡行动元模式依然是溃败乡土中最基本的叙事类

型。而《生死场》中连服毒也难求一死的王婆,也被置换在否定性的乡土叙事中。自视甚高、一无所用的马伯乐,出现在寻根文学的经典作品里,以肤浅的乡村新党形象,承载着作者们忧患意识之一维。

萧红从自己的故事开始,以挣扎循环的流亡行动元叙事模式,完成了对革命、家族与乡土的生动叙事,把繁杂的历史生命故事浓缩在一个基本的框架形式中,在时间和空间两个向度,沟通了多个叙事传统,创造出不朽的文学形式,进入了经典作家的行列。

生存边界性的话语意义

——《生死场》的叙述策略

王本朝①

六十年前,萧红为中国现代文学史提供了一个丰富的意义文本《生死场》,对它的阅读与阐释可以从多种话语背景入手。具有第三世界文学特质的中国现代文学,其话语结构建立在传统/现代,启蒙/救亡,中心/边缘的意义之中,《生死场》的叙述构思显然拥有这种潜在的意义范式,同时,作为三十年代左翼作家的代表作,隐含于其间的阶级意识与反帝反封建思想观念也在不断的叙述延续中显露出来,而拥有丰富女性气质的萧红和创作于流亡时期的特殊境遇更增添了《生死场》独特的审美感受和诱人的叙述力量。在我看来,《生死场》显示了复杂的意义内涵,个体经验与社会观念,历史积淀与文本形式,这些意义都指向并聚积为一个中心意义:对人的生存边界性的勘探和叙述。

---

① 本文原载《中国现代文学研究丛刊》1997 年第 2 期。

王本朝:西南大学文学院副院长、教授。著有《20 世纪中国文学与基督教文化》、《中国现代文学制度研究》、《中国当代文学制度研究》、《文学的现代传统》等。

一、生命的自在与自觉

人的生存边界性即是生命的意义限度,或说是划分人是否值得生存以及如何生存的意义尺度,一旦超越了这个尺度,人的欲望、理想与爱情也就会失去价值规范,而成为某种自然生命或缺乏类本质的个人力量。《生死场》中"对于生的坚强,对于死的挣扎"的"力透纸背"的表现①,实际上就是对生命的生存与死亡边界性的敞露,或说是对生命的自在与自觉意义限度的呈现,萧红以"细致的观察和越轨的笔致"直接进入生命的自然性与日常性状态,逼视生命的意义转换和生成命题。

萧红曾与聂绀弩谈起她对鲁迅小说独到的理解,"鲁迅小说的调子是很低沉的。那些人物,多是自在性的,甚至可说是动物性的,没有人的自觉,他们不自觉地在那里受罪,而鲁迅却自觉地和他们一齐受罪。"②她在言说鲁迅,事实上也是在说自己,《生死场》中的人物也沿着固定的生存空间和循环的生存时间像动物一样"忙着生,忙着死","死人死了! 活人计算着怎样活下去",他们忍受着人生中生老病死的自然轮回和循环,担负着巨大的日常生活的挣扎与磨难。萧红区别于鲁迅表现人的自在性的一大特点在于借助于人们的日常生活,着眼于自在性与自觉性之间的意义边界,表现了"为自然而存在"到"为我们存在"的意义转换。

萧红通过人与自然的对象关系表现了人的自在而循环的生存方式。马克思认为人与自然的对象关系显示出两方面意义,一是人的对象化,人必须依靠自然界,并在对象中直观自身,实现人的类本质;二是对象的人化,人通过有意识地改造对象世界而使它转变为属人的内涵。《生死场》着重表现了人的对象化,那里的人们挣扎在生存的边缘,忙碌着生、老、病、死,他们的"生"是自然地生,缺乏意识的生存,日出而作,日入而息,按照千百年来的习惯和自然本能的需要从事着生活的生产和生命的繁衍——割麦、种菜、卖马和结婚繁殖后代,一切仿佛都是不自觉的,度过了春夏秋冬,耗尽了风花雪夜,"十年前村中的山,山下的小河,而今依旧十年前,河水静静的在流,山坡随着季节而更换衣裳;大片的村庄生死轮回着和十年前一样。"直至像老马一样老掉,生病或死亡,回到那"永年悲惨的地带,连个乌鸦也不

---

① 鲁迅:《〈生死场〉序》,载《生死场》,上海荣光书局 1935 年版。
② 聂绀弩:《〈萧红选集〉序》,载《萧红选集》,北京人民文学出版社 1981 年版。

落下"的坟场。这种人与自然的对象化关系既缺乏征服自然,改造自然的主体性和独立意识,又缺乏超越对象的意义升华,所以,作者说:"在乡村,永久不晓得,永久体验不到灵魂,只有物质来充实她们",缺乏精神和意识的生活只能是动物式的生活。

那么,是什么造成这种生活方式呢?作者认为除了他们自身的弱点以外,阶级对立也是一个重要原因。在"老马走进屠场"一节,作者写王婆卖了老马以后所获钱财全被地主取走。阶级意识的觉醒促使了人们秘密组织"镰刀会"进行反抗,但残存在农民心里的良心和道德很快被地主东家的"温情"所唤起而消解了阶级的复仇欲望。赵三的感恩与沉默是作者笔力剔骨见髓的表现,赵三是组织镰刀会的主要骨干力量,但因误伤小偷而被抓去坐牢时被地主东家一句话放了出来,他便开始忏悔,说"人不能没有良心",每天弄一点白菜给东家送去,弄一点地豆也给东家送去,这样反抗的欲望土崩瓦解,"地租就这样加成了!"作者的深刻之处在于揭示了农民身上的阶级意识面临着传统文化中根深蒂固的伦理情结的冲击和消解,探讨了农民从自在到自觉的意义转换中,他们自身的精神觉醒和文化更新是其先决条件,否则,就无法完成真正意义上的转换和觉醒,进入到自由自觉的生存状态。这是三十年代其他左翼作家没有注意到的,他们大都只注重农民身上蕴藏的阶级性和革命性的发掘和渲染,而忽视其自身弱点的阻碍,这可说是萧红既有左翼作家的艺术构思,又有鲁迅式的眼光。

民族战争催发着人们的觉醒,"年盘转动"以后,人们开始生长"黑色的舌头",日本军队进入村庄开始烧抢掠夺,强奸民女,这激发起人们的民族爱国意识,"为土地而复仇",为国家而斗争,他们的"灵魂在阔步"向前,赵三醒悟了,他发誓:"我是中国人!……我不当亡国奴,生是中国人,死是中国鬼。"就是开始有些彷徨犹豫的跛脚农夫二里半在文中的最后也拖着"不健全的腿"跟随李青山参加"革命军"去了,抛弃了那令他迷恋舍不开的"老山羊"。民族战争唤起了人们的觉醒和民族情感,改变了人们的自然自在的生存方式,而觉醒为自为自觉的生命形式,尤其是在表现转变过程中着眼于农民与自然和土地的复杂关系,更是深刻之至!农民对土地的依恋以及对一头牛、一匹马和一只羊的情感常常会达到令人难以置信的地步,但萧红真实地表现了农民如何摆脱与土地和牲畜的自然联系,而跃入到一种民族的精神情感联系,农民从"依自然而生存"转变成"为我们而生存"的新型对象化关系。

因此,萧红丰富复杂地表现出生命的自在与自觉之间的意义限度,那就是自然与自为,物质与精神,个人与民族的价值尺度,显而易见,她在《生死场》中极力张扬的是人的自为意识、精神觉醒和民族情感等意义内涵,一旦超出或缺乏这样的生存边界,生命就缺乏意义,或者说就坠落为动物式的生活——本能而自然,沿袭着千百年来的老习惯,构巢筑穴,繁衍下去。只有拥有社会的与民族的,全体的与创造性的生命才是属人的有意义的生活,《生死场》这样告诉我们。

二、女人的意义尺度与父性权威的消解

男人与女人的关系是我们进入《生死场》阅读的无法绕开的阐释视点,而《生死场》并没有提供给我们一幅男耕女织美丽的神话,充满在它字里行间的是那女人如注的眼泪和悲愤的抒情,女人这个字眼被萧红写进了男人工具的辞典里,她的注释是,女人:男人的工具,满足男人本能需要,她像老鼠怕猫一样怕她的男人……

我读《生死场》时常生起疑惑,作者是不是在写自传?尤其是写男人与女人的关系时,很容易令我们联想起萧红那悲惨的童年和不幸的爱情遭遇,至少可肯定的是,作者在叙述过程中会不自觉地融进一些亲身经历和感受。比如在写金枝"到都市里去"的流浪经历和饥饿感受,分明就像写她自己的经验,作者在爱情和家庭方面的丰富经历为《生死场》描写男人与女人的关系提供了坚实的感性经验基础,男人与女人的关系时常成为萧红创作的心理情结,一片心灵创伤,一段美丽的情缘和一股难以抑制的愤激情绪。

《生死场》里所表现的众多女人形象都挣扎在生活的死亡线下,掉进生、老、病、死组成的无底洞穴,发出哀伤如水、悲凉似云的呻吟,萧红用女人的眼泪、沉默、怨恨和坚韧编织起一个个凄凉而感慨的故事片断。老实本份的麻面婆面对生活的煎熬和折磨从不说一个"不"字,"她的心永远像一块衰弱的白棉"。具有鲁迅笔下祥林嫂似的生活经历的老王婆以她那满贮着悲怨和仇恨的心胸储存了一个个不幸的故事,以至于摧垮了她生命的信心而服毒自杀,最后从死亡的棺材里爬出来,顽强而坚韧地活着,像一棵生长在北方原野上风雨经年的老树。《生死场》常把女人与动物放在一起比较,写女人忙着生小孩,而"狗也在那里生产""不知谁家的猪也正在生小猪",预示出女人像猪狗一样。作者表现女人的生老病死最使人触目惊心,震撼读者灵魂的是美丽而多情的月英的惨死。月英是打鱼村里最漂亮美丽的

女人,她那双多情的眼睛常使人感到"落到棉绒中那样愉快和温暖",可是现在完全消失了,无期的病魔摧残着她只剩下"线条组成的人形,只有头阔大些,头在身子上仿佛是一个灯笼挂在杆头","她像一头患病的猫儿,孤独而无望"。

如果仅仅表现女人自然生命的生产、衰老与病死,那也不过只说明了女人自然生命的短暂与不幸,缺乏更高更深的悲剧意义,实质上,《生死场》对女人的叙述始终是置于男性中心主义和男性权威的覆盖之下,女人的悲剧性的叙述就构成了对男性权威的批判和消解。萧红在作品中以维护女性的价值眼光认为"男人是炎凉的人类",他们对待女人如"石块"般冷漠,"太阳"般的暴烈,"老虎"般的凶狠,"禽兽"般的本能欲望和需要,"石块"、"太阳"、"老虎"、"禽兽"和"猫"等都被作者作为男人的象征意象,形容女人的词汇也常常是"老鼠"、"猪狗"、"稻草人"、"罪人"……等语言符号。《生死场》中的女人被男人当成满足本能需要的工具和服侍生活的奴隶,贯穿文本叙述始终的有两个女人形象,一是叙述王婆从生命的自在到意识自觉的转变,其意义显示出生命价值的自在与自觉边界性的规范,第二个人物就是金枝,作者对她的叙述基本上没写她的意识觉醒和变化,而主要是把她置于与男人的关系中去表现男人如何诱惑女人满足他的欲望,如何冷漠残酷地对待女人,直至摔死她的女儿像截断一根稻草那样自然,最后成了寡妇的金枝勇敢地走进都市,但却又遭到男人的强暴,"她无助的嘶狂着,圆眼睛望一望锁住的门不能自开,她不能逃走,事情必然要发生"。女人生活在男性中心的社会里,她们的命运无法选择,带有命定的必然性,金枝悲哀而绝望地表白"从前恨男人,现在恨小日本子",接着又说:"我恨中国人呢?除外我什么也不恨。"金枝无路可走,只好到尼姑庵做尼姑去,谁知尼姑庵在日军进来后早已空了,孤独的金枝仍然无路可走。显而易见,作者借助金枝形象表明在男性中心的社会中,女人生存空间就是男人的工具和奴隶,社会没有给她们提供更大自由和宽松的生存场所。

中国几千年的封建家族制度生长出坚实而牢固的男性权威,女人的性别和位置从来没有得到承认过,她们的人生被限定在道德和工具两大功能上,不守贞洁的女人被认为是不道德的,是祸水和女妖,而不能生儿育女的女人也被认为是不结果的树,像植物和动物一样可以任意使唤和践踏,或者像奴隶一样使用。中国封建社会的女人从来没有争得做人的地位和价值,男性权威与女人悲剧在行动与默认、认同与分享中繁殖下去,造成一代又一代人的循环轮回,男性权威也就铺展开成为父性权威,母亲也时常加入悲剧的制造者行列。

《生死场》不仅叙述了许多女人的悲剧命运,解构了男性中心主义,批判了男性眼光的工具论和冷酷态度,同时,作者还进一步地表现了女人缺乏意识自觉和精神需要而默许了男人的权力合理存在,以至于不自觉地进入到父性权力之中。小说第四节"荒山"一开头就写女人们的相互逗乐,调笑,绘声绘色,是整个小说中绝无仅有的欢快喜剧气氛,女人们为房事的有无、次数而取乐,她们"每个人为了言词的引诱,都在幻想着自己,每个人都有些心跳;或是每个人的脸发烧",但她们却永久体验不到灵魂和精神,只有拿物质和本能来充实自己。那么在萧红看来,女人被男人工具化、本能化,也与女人自身的弱点很有关系,萧红曾发出感叹:"女性的天空是很低的,羽翼是稀薄的,而身边的累赘又是笨重的!"女人自身的性格弱点和精神缺陷在某种意义上默许或承认了男性中心主义的存在和延伸。另一方面,《生死场》中金枝的母亲很爱护儿女,但当"女儿败坏了菜棵,母亲便去爱护菜棵了。"她像老虎一般踢打着女儿,充当了父性权威角色,就是王婆对待孩子平儿,麻面婆对待她的儿子罗圈腿也都不自觉地表现父性权威的尊严、冷漠和专制。她们已经忘掉了自己的女性角色和母性慈爱,转借而使用着父性权力,因而父性权威已渗透到女性的潜意识之中,并如乌云一般弥漫开来,结构为社会的意识中心。

萧红的《生死场》通过女人的生命形式和与男人的关系提出了一个意义尺度:消解父性权威而建立爱心与温暖。作者曾说她对"温暖"和"爱"的方面,"怀着永久的憧憬和追求"①,这可说是她的人生宣言,但《生死场》所表现的是,在没有爱心和温暖的父权社会里,带来了无数女人和小孩的悲剧。

三、叙述话语的抒情性与意识中心的凸现

在阅读《生死场》的过程中,我发现萧红以两种面目和角色在作品中出现,"个人体验"的萧红与"社会意识"的萧红,或者说是启蒙者的萧红与左翼作家萧红,它们在文本中形成两种叙述话语——个体抒情与社会意识的凸现。个体抒情的话语风格表现为哀怨而苍凉,社会意识却隐含在愤激与仇恨的话语风格里,因而组成一个叙述的话语二重奏,沉浸在文本叙述的延展过程,显示了《生死场》话语形式的张力特征。

---

① 萧红:《永久的憧憬和追求》,载《萧红选集》,北京人民文学出版社1981年版,第4页。

《生死场》缺乏严密而完整的故事情节，它以众多故事片断像电影"蒙太奇"式的结构方法把它们组接起来，有的人物显得有头无尾，有的人物又在叙述中无端地冒出来，比如，小说第二章"菜圃"里提到给金枝与成业说媒提亲的福发夫妇，以后的章节再也没出现过，还有女人凤姐也在这章提到过，但以后的叙述就换成了叫另一个名字的女人，或者干脆就以"女人"称呼，说五姑姑的姐姐就直接用"女人"这个符号代替。有时作者叙述时突然又冒出一个人物来，如王婆的女儿突然在第八章出现，就说"她的女儿来了！王婆的女儿来了！"，怎么来的，以前的叙述中又没提到她，怎么要来就来呢。实际上这正显示出《生死场》的文本特点，仿佛既不是以故事情节为叙述中心，又不以人物的精雕细刻占据太多的篇幅，有的研究者把这种特点称为萧红小说创作的散文化倾向。小说的散文化不过是萧红创作的结构特点，究《生死场》而言，如果从叙述话语角度看，它拥有较为完整的话语结构，从"哀其不幸，怒其不争"经过置之死地而后生，最后到达叙述民族的仇恨激发起人们的反抗斗争，哪怕是思想最落后的二里半也受到了精神洗礼，男人找到了他们的价值归宿，但女人金枝却在乡村与都市都无法待下去，彷徨于无地，在乡村怕日本人抓走，到都市又被中国男人诱奸，就是遁入佛门也无门可入。当作者叙述到二里半参加了抗日革命军，欣喜之情来自于民族意识的完全确立，但同时作者又叙述到金枝无路可走，"金枝又走向哪里走"的追问留给我们读者的是那更深沉的悲凉，女人仍缺乏她们的生存空间，战争是属于男人的，而女人呢？作者没回答。这又融进了作者独特而丰富的个体体验和情感，可见，《生死场》从一开始到结束都包含有苍凉与愤激、哀怨与仇恨两种话语风格。

《生死场》一共十七章，如果稍作划分，带有哀怨而悲凉的叙述风格的章节是一、二、五、九、十、十四、十六等章，带有愤激与仇恨的话语风格的章节是三、四、六、七、八、十二、十三、十五、十七等章，第十一章是叙述的中介点或说是转折点，十一章以前的哀怨与悲凉渊源于作者的启蒙者眼光，是对自在自然生存中的人们的感叹，它所表现出来的愤激是针对父性权威而言的，它叙述中的仇恨情感是对地主的剥削而言；十一章以后的哀怨悲凉话语是前几章的叙述延续，而愤激仇恨的话语风格却是由强烈的民族意识而引起。

当然，《生死场》里的部分章节是同时包含有两种话语风格，这样的章节要推第三章"老马走进屠场"和第四章"荒山"，依我看来，这两章是整个小说写得最精彩部分，它们既表现了作者丰富的人生体验——生命的"老"和"病"，这是否隐含

着作者对祖父和自己因"生产"而住在医院的那段刻骨铭心的经历感受？不然会写得既如冰骨浸心，又文采飞扬，请看这样的语句，"老马——棕色的马，它孤独的站在板墙下，它借助那张钉好的毛皮在搔痒。此刻它仍是马，过一会它将也是一张皮了！"（着重号为引者所加）"孤独"二字与"马""皮"间的互相转化，瞬间而偶然，给人的印象是只有萧红才写得出如此深刻的语句。另一方面，在这两章里描写了"老马"与"月英"的个体感受后，作者直接就表现了"愤激"与"仇恨"——对地主的恨和反抗，这样又凸现了文本的意识中心，显示出作者的思想高度和左翼作家的社会角色的认同和规范。由此我们也可看到《生死场》整个文本的叙述话语规则，以个体体验和生命激情作为话语叙述的底色，又以悲凉与愤激、哀怨与仇恨的交叉、对应和重叠作为整个文本的话语风格，随着叙述的不断延展，推进而逐渐敞开生命的意义边界，自在/自觉，物质/精神，温暖/冷漠，爱心/父权，直至凸现文本的意识中心：爱国主义与民族意识的觉醒和张扬。

任何一个文本的叙述和完成都必须拥有作者的个体体验和感受的浸润，并借助于作者在叙述过程中施以有效的控制手段，才能让整个文本在一种和谐而通畅的状态下表现叙述欲望，结构意义，达到叙述的预期目的。凭此而审视《生死场》的叙述过程和叙述效果，可以说是成功的，文本的前半部分（十一章为界线），作者的叙述欲望是勘探生命的自在与自觉和女人与父权的意义边界，悲叹于人们的动物式的生活和女人们的不幸命运，愤激于人的不自觉和父性权威的冷漠和残酷。在小说的后半部分，叙述完成了关于人的从自在到自觉的意义转换，民族爱国意识激发起人们的觉醒和斗争，同时又延续了关于女人命运与父性权威的深刻思考，作者并没有简单地消解它们间的冲突和矛盾，民族战争并没有完全解除女人与父性权威之间的需要与工具，冷漠与被迫的深层对立和文化歧视，属于女人的位置依然是孤独无望，金枝是小说写到的最后一个女人，她的走投无路很有深层意义，显示出萧红对女人的命运和价值思考的严肃和紧张忧虑。《生死场》整个文本的叙述欲望沿着两条思路行进，生命的从自在状态到自觉意识的叙述完成，女人命运的思考和父性权威的消解，前者循着自在状态——民族意识——精神觉醒的叙述过程而进行，但在认识上却忽略了个人意识的觉醒和准备是真正完成人的全面觉醒的逻辑前提，从"自在存在"到"为我们而存在"之间的完全过渡、转化还需要一个"为自己的人"的理性认识。《生死场》在叙述中忽略了这一点，可说是叙述的"遗忘"，或者说是作者理性认知的"遗忘"，这一点也在某种意义上是整个左翼作家创作上的叙述忘却，发展到解放区文学以至当代文学，对个体自觉的叙述遗忘已成为普遍现象，从叙述"我"到"我们"也就成为了中国现代文学的叙述学转化。就《生死场》而言，这种叙述遗忘表明作为左翼作家和流亡作家的萧红的叙述在多大程度上认同和表现自己的叙述身份和角色，它与女性的个体的萧红是否存在角色冲突与融合。

对女人命运、生存空间的思考和探索始终保留着萧红女性的、个人的丰富体验，这种体验生成为叙述话语的三富情感，从悲怨与愤激到苍凉与孤独无望逐渐深化，如一团浓烈的迷雾笼罩在文本的话语之中，形成了《生死场》话语叙述的抒情性特征。左翼作家、流亡作家的萧红常以"意识中心"的寻找出现在文本的叙述里，而女性的、个体的萧红又以情感的抒发建构了整个文本的话语风格，《生死场》就在这样的情感体验与意识中心的张力与融合之中完成了文本的叙述策略。

《呼兰河传》与《回忆鲁迅》的跨文本阐释

皇甫晓涛①

一

1936年,作为"民族魂"的"现代之父"鲁迅先生逝世,三年之后,作为"现代之子"的女作家萧红写出了《回忆鲁迅》的文学传记。再过一年的1940年,萧红又写出了她的独特的传记式文学作品《呼兰河传》。这之间有着怎样的联系?倘若深入探讨,也会涉及到鲁迅与萧红、现代之父与现代之子、传记与文学、别传与自传、国殇与故土、现代与本土、口传与书写的诸多思想文化联系。

鲁迅逝世三年后的诸多回忆录、传记文学,皆着力塑造着这位世纪伟人的形象:鲁迅或者是"匕首"与"投枪"式的革命战士,或者是"救救孩子"的"现代之父",或者是"我以我血荐轩辕"的"民族魂",等等。随着民族危亡的加深与抗战的全面爆发,在新民主主义文化主导的书写中,鲁迅被奉

① 本文原载《中国现代文学研究丛刊》2008年第2期。
皇甫晓涛:北京交通大学人文学院教授,著有《萧红现象——兼谈中国现代文化思想的几点困惑点》、《现代中国:新文学与新文化》、《世纪中国:百年文化思辨录》等。

为时代的圣人、民族的脊梁、革命的圣火、新文化的旗帜。

与此不同，萧红的文学传记《回忆鲁迅》却从鲁迅最普通的生活情趣说起，于是开篇就有"笑"、"烟"、"咳嗽"，就有生、老、病、死相伴的友、情、真、神，在日常的衣食住行的朴素描写中呈现出作为人的鲁迅的喜怒哀乐。这日常的描写甚至细到每日的作息：

> 鲁迅先生从下午两三点钟就开始陪客人，陪到五点钟，陪到六点钟，客人若在家吃饭，吃过饭又必在一起喝茶，或者还没走就又来了客人，于是又陪下去，陪到夜里十二点，这么长的时间鲁迅先生都是坐在藤椅上不断的吸着烟。
>
> 客人一走，已经是下半夜了。本来已经是睡觉的时候了，可是鲁迅先生正要开始工作了。
>
> ……
>
> 许先生说鸡鸣的时候，鲁迅先生还是坐着，街上的汽车嘟嘟的叫起来，鲁迅先生还是坐着。
>
> ……
>
> 人家都起来了，鲁迅先生才睡下。
>
> ……
>
> 鲁迅先生刚一睡下，太阳就高起来了。太阳照着隔院子的人家，明亮亮的；照着鲁迅先生花园的夹竹桃，明亮亮的。
>
> 鲁迅先生的书桌整整齐齐的，写好的文章压在书下边，毛笔在烧瓷的小龟背上，一双拖鞋停在床下，鲁迅先生在枕头上睡着了。

这个作息时间表里，很重要的工作有两项，书写与社交。鲁迅的社交与书写，多在下午、黄昏与夜晚之中完成，当然有时代的黑暗背景，有夜的静谧中战斗与活动的安全，真是"惯于长夜过春时"，"夜"字在《鲁迅全集》中出现过四千多次，许多重要作品都是在夜中写的，在"夜"的背景中完成的。"夜"是鲁迅书写文化的一道幕布，有现实之"夜"，时代之"夜"，也有五千年的长夜。由此可做一"互文"的解读。

这是鲁迅的春夏秋冬。春天来了，萧红建议到公园携孩子一道的"短途旅行"，可是"只是想着而未有做到"，只是在家中，"春天很温暖的抚摩着门口长垂着

的帘子,有时候帘子被风打得很高,飘扬的饱满的和大鱼池似的,那时候隔院的绿松照进玻璃门扇里来了"。这样感知着春日的到来。而炎热的上海之夏,鲁迅还是在病的挣扎中度过的。秋天呢?萧红在传记中写了 1935 年 10 月 1 日的鲁迅,大病一个多月之后,在秋雨之夜与萧红对伪满洲国之事的长谈;东北的沦陷,已不再是萧红故土的问题,而是事关民族危亡与国家领土的本土大计。冬天的鲁迅,传记为我们诉说了 1935 年冬,鲁迅最后的一个冬天,是把瞿秋白几十万字遗稿的校样看了三遍。就在这年冬天,许先生说:"周先生的身体是不如从前了。"再就是我们知道,鲁迅冬天从不戴手套,不戴围巾,用他自己的话说,是"从小就没有戴过围巾,戴不惯"。而许先生永远为家之冬季打着毛织活,如一般的主妇一样。而鲁迅的冬装,就是"墨石蓝的棉布袍子,灰色帽子"和"黑帆布胶皮底鞋"。从内发到外,鲁迅的冬天是有着瘦硬之风的。

在萧红的鲁迅传记里,我们看到、听到的鲁迅之爱,有他对许广平和孩子无言的关爱与细节,岁月如常的静默与拥有,不知疲惫的工作与责任,忘我之身的交际与倾谈,还有他对于美、色彩、女人、装扮的关注与美学见解,生命濒危之际依然珍藏着苏联画家的作品,那画画着"一个穿大长裙子飞散着头发的女人在大风里边跑,从她的旁边的地面上还有小小的红玫瑰花朵"。还有每周末他与周建人一家亲朋相聚的关爱(为别人叫车先走,自己则像"一个乡下的安静老人"一样和家人在路边坐下等电车),对于民族危亡之时北上抗战的红军将士的关爱(在家中不避险情会见陈庚将军),更出乎我们意料的是,他对"人猿泰山"、"复仇艳遇"等电影的喜爱……还有在家中"手按着桌子一跃就跃过去"的童心再现,这个爱的世界是博大、深厚的,更是真实、自然的。许多重要的细节,是只有身临其境或亲承謦欬者才会捕捉到的人文传记与口传文化。

鲁迅的经济生活,是节俭的,包括每餐的豆腐、黄花鱼与咸菜烧笋。会友的鱼肉,则略慷慨,包括所吸之烟,也分出自己吸的便宜烟卷与供客用的好烟,就是校样纸的废品资源,也要在餐桌、卫生间再利用。为别人付车费,自己带着孩子等公交车。做事一丝不苟,操作完每一个细节,如捆绑邮书。鲁迅的口味,喜食北方菜,吃硬的,而鲁迅的生活作风,却有着瘦硬之风,包括鲁迅的谈鬼、遇鬼与踢鬼,都有着这样的风骨与风格。

然而死神还是在"静悄悄"中向鲁迅逼近,这样一个不怕鬼、写过鬼而"不惮于暗夜"的先行者,也不怯于看见自己尸髓的幻化之魂(见《野草》),这是怎样的生死观与生死哲学、生存逻辑呢？萧红的传记有写得更为入木三分的灵魂史：

鲁迅先生感到自己的身体不好，就更没有时间注意身体，所以要多做，赶快做，当时大家不解其中的意思，都以为鲁迅先生不加以休息，不以为然……

鲁迅先生知道自己的健康不成了，工作的时间没有几年了，死了是不要紧的，只要留给人类的更多……

不久书桌上德文字典和日文字典又都摆起来了，果戈里的《死魂灵》又开始翻译了。

作为医生的鲁迅，为国弃医从文，以笔与纸为匕首与标枪，以书写为前沿与阵地，在与五千年暗夜搏斗，与现实重重黑暗搏斗中，忘却了医理，忘却了医生的角色，忘却了自己，毅然不顾一切地走向牺牲、选择死亡，这一抉择乃是以自我之死，医社会之病，将书写当医疗，将文化当做科学，将医理当做人文的"越位"与浸染。萧红也写到，许广平口述的鲁迅在北大授课时间或向下掠一眼的"旷代的全智者的催逼"。

正是鲁迅的生与死、神与智，无形中构筑了萧红的文之魂与视角，使她怀着深深的爱与恨去发掘自己的故土，于是有了她的乡土传记文学《呼兰河传》。

二

写作《回忆鲁迅》（1939年10月）及《呼兰河传》（1940年12月）之后不久的1941年5月5日，萧红在香港《华商报》副刊"灯塔"上发表了《骨架与灵魂》，结尾是这样的：

这是始终不能想到的，而死的偶像又转活了，把那在墓地里睡了多年的骨架，又装起灵魂来。

谁是那旧的骨架？是"五四"。谁是那骨架的灵魂？是我们，是新"五四"。

这涉及到《呼兰河传》的现代性文化视角与本土性文化批判问题，也涉及到她的文学传记《回忆鲁迅》的现代文化精神对其《呼兰河传》这一传记文学的思想文

化影响问题。"五四"新文化的"国民性"反思主题,抗战前后民族文化复兴的本土性文化重构思潮,作为"民族魂"与"现代之父"思想巨人的鲁迅双重影响,在《呼兰河传》的本土人文传记中是矛盾地存在着、发展着。

新文学写故乡主题较有影响的,当首推鲁迅,但鲁迅的《故乡》仅写出了 20 年代中国乡间凋敝的影像与当时中国农民和知识份子间的隔阂,尚未写出故乡之思与本土之传。20 年代,集中写故乡主题的较为突出的作家还有许钦文,"许钦文自名他的第一本短篇小说集为《故乡》,也就是在不知不觉中,自招为乡土文学的作者。"①而许钦文、蹇先艾等"乡土文学"作家,是现代中国远离故土时侨寓校园与都会中的"现代之子",一半眷恋着故土,一半用"现代性"反思着故土,同时又审视着本土文化的变故与"转型",从而催生了现代民俗美感的乡土派文学传记作家群②。他们为故乡所做的人文之传,多是故乡主题的现代性审视,而缺乏为本土做传的深度与厚重,仍局限于"五四"新文化单一层面的启蒙主题。而抗战前后萧红的《呼兰河传》(1941 年)、沈从文的《边城》(1943 年 10 月)、老舍的《四世同堂》(1944 ~ 1948)等本土大地的人文之传,则从一般的命运主题走向了民族命运的深处与本土文化的多重资源的发掘。萧红的作品以东北热土的故乡之思偏重于现代性对本土性的反思,沈从文的作品受湘楚文化的浪漫气息影响,偏重于本土性文化回归与重构乡土中国田园文化诗学,表现出对现代性的抗诉与反弹,老舍之作则在本土文化与现代性的反思之整合中,表达了深厚的爱国之情与本土之恋。三者都有现代文化矛盾情怀与本土文化眷恋之心。

美国人类学者克拉克·威斯勒(Clark Wissler 1870.9.18 ~ 1974.8.25)曾在文化区域的人类学研究中,提出三种文化整合形态,即丛林文化、台地文化与冻土文化(又叫苔原文化),丛林文化为南亚、东南亚大部分与非洲、亚马逊河等地,台地文化以中国、小亚细亚、地中海南岸、南欧与西伯利亚南部为主,冻土文化为欧亚北部、美国北部、加拿大与巴塔哥尼亚南部。这三大文化圈的划分恰与中国的湘楚长江文化、黄河农牧文化及东北边塞文化的地理环境、资源体系、人文类型与文化模式相吻合,而恰是在这一文化圈层与文化边际切割线上,出现了中国现代文化三大

---

① 鲁迅:《中国新文学大系·小说二集序》,《且介亭杂文二集》,载《鲁迅全集》第 6 卷,人民文学出版社 1981 年版,第 247 页。

② 见皇甫晓涛《乡土文学与现代文化》,载《东北师大学报》1998 年 3 期。

区系的空间分布与本土人文之传的大作家与代表作。以中国区域之广阔，文化之悠久，仅以南北方的划分或以英国史学家汤因比提出的长江文明、黄河文明来划分是远远不够的，这也就是东北作家群出现的深层文化意义。在新旧文化交融、转换与本土文化重构中，作为冻土文化、边塞文化的东北文化，是有其一席之地的。它与新文化的联系，与中匤本土文之的联系，在《呼兰河传》中都有着更为深刻的体现。一般说来，丛林文化具有浪漫气息与神话氛围，台地文化具有文明的承传渊源与正统力量，而冻土文化则有天生的野性与粗犷豪迈之气。丛林文化追求理想主义的完美之境，台地文化追求博大、坚韧的深厚之境，冻土文化追求自然、粗犷的豪纵天性与无拘无束的原始野性。《边城》、《四世同堂》与《呼兰河传》恰恰写出了这三种文化人类学形态。值得我们注意的是，当乡土之思步入本土情节后，人文背景也由乡村转向了负载着大地本土精神的城镇。

三

茅盾当年在为萧红的《呼兰河传》做序时曾说："也许有人会觉得《呼兰河传》不是一部小说。他们也许会这样说：没有贯穿全书的线索，故事和人物都是零零碎碎，都是片段的，而不是整个的有机体。也许又有人觉得《呼兰河传》好像是自传，却又不是完全像自传。但是，我却觉得正因其不完全像自传，所以才更好，更有意义。而且我们不也可以说：要点不在《呼兰河传》不像是一部严格意义的小说，而在于它这'不像'之外，还有些别的东西——一些比'像'一部小说更为'诱人'些的东西：它是一篇叙事诗，一幅多彩的风土画，一首凄婉的歌谣。"茅盾不愧为大家，凭直觉抓住了《呼兰河传》为本土文化作传的文学传记价值。的确，在这一文学"传记"中，萧红没有展开一个完整的故事或典型的人物，而是在风俗画面、民俗事象中展开情景与情节，让我们领略其文化资源的人文类型。文学传记，一般要有真的传主与情节、历程；传记文学，则要有形象谱系来展开人文类型、文化模式的书写；重事象的文学传记与重人物的传记文学，在《呼兰河传》可谓兼而有之。作为文学传记，它是对呼兰河镇的民俗事象所做的本土人文之传；同时又兼有作家成长自传的成分或因素。

《呼兰河传》在"冻土文化"的自然、人文背景下，以"我"的童心故土之思与"域

外文化视角"①,敏锐地抓住呼兰河小镇的文化性格与人文类型,民俗事象与世代人生,自然环境与社会风貌,精神世界与心灵生活,为我们展示了关东"冻土文化"的丰富景观。

大雪封门,赶车的,卖豆腐的,卖馒头的,人,马,狗,井,缸,门,窗,一切都要经过这"冻土文化"的检验,又是大自然凝结的"冻土文化"层的一部分,还有小城十字街口"CBD 商圈"的人间百业与万象,盐店、药店、金银手饰店、茶庄、布庄。而"东二首街"的文化事象更是别具一格,从"火磨"、学堂、龙王庙到埋葬过许多牲畜的"大泥坑",都有它的社会性和文化性格。"那里边的人都是天黑了,就睡觉,天亮了就起来工作。一年四季,春暖花开,秋雨,冬雪,也不过是随着季节穿起棉衣来,脱下单衣去的过着。生老病死也都是一声不响的默默的办理。"

严寒的大地,严酷的生存抉择,使人们失去了同情心与人生、人文不可缺失的人类之爱:成了病态的人,病态的人群,病态的人生态度与病态的"国民性"。

萧红的批判是犀利的,在这犀利的眼睛的背后,有一个是已经出走的小女孩的童心与纯真对本土文化的叩问,有一个是鲁迅式的"旷代的全智者的催逼"对"现代性"凝视。

这里有跳大神,唱大戏,跳秧歌,舞狮子与旱船,逛庙会,所有这些"盛举"都是为鬼而作,祭鬼而行。这里还有小团圆媳妇的死,一个健康的年轻生命被这样病态的人群认为有病,用病态的方法活活把她给折磨死。还有有二伯的苟活于世与偷安人生。

这是"现代性"文化对本土性风俗文化的一个全面检讨,"五四"新文化的反传统启蒙精神,对于本土人文的反思与批判。它的理性基础是进化论的科学主义、历史主义与人文主义文化。"'现代性'这个概念,原来也是起源于西方民族中心主义的,它表达了欧洲近代以来逐步形成的对自己的近代文化的推崇,它的根源与进化的文化观一致。现代性将欧洲近代史当成是世界史的总体未来,将现代国家的预期混同为社会的现实,相信其他不同的文化传统只有接受或接近这种新的政治

---

① 关于萧红《呼兰河传》创作之前 1937 年创作生涯"意义空白"与创作《呼兰河传》"域外文化视角"的关系,参见皇甫晓涛《萧红现象——兼谈中国现代文化思想的几个困惑点》,天津人民出版社 1991 年版,以及寂生的《读〈萧红现象〉》,《博览群书》1992 年 3 期,《萧红现象》有一章《扶桑之旅——梦回呼兰河》探讨这一问题,寂生之文,也谈到"扶桑之旅给予萧红的是距离透视的历史焦点,由此才形成作家笔下的呼兰河那悠远,那寂静"。

方式后,才能够拥有'适者生存'的能力。因而'现代主义'的基本主张,就是与传统的决裂,就是将人从原始的生活方式、社会组织、经济、信仰与仪式中'解放出来',成为国家机器的螺丝钉,这些变革带有深刻的地方差异性和历史复杂性。但是,作为一种观念形态的现代性,却相信这几方面的变化已经成为事实,或者注定成为事实。因而,现代性的另一层意思,指的就是对上述几个方面的文化变迁的想象、预期及信仰。"①无可回避,《呼兰河传》是凭"现代"理想来对现实的本土文化进行反思的书写,《故乡》式的知识者与农民、迅哥与润土的隔阂主题,又在这里得到了发挥。"现代"的先觉者为本土的拯救而呐喊、而努力、而牺牲;但"本土"却依然故我,丝毫没有对"现代"的回应,为不再生产闰土的愚者悲剧,现代智者选择了牺牲与死亡,而呼兰人与闰土们一样对此毫无感知与呼应。一纸之隔,这里埋藏纸后的是现代书写文化与本土承传文化的矛盾。鲁迅在进行"现代性"思考时一直彷徨于无地的矛盾心态,在萧红的《呼兰河传》里转化为徘徊于"现代"之思与"本土"之恋的矛盾心态。

"理解文化一词的含义,其最初的困难之一就在于从评价的角度使用它的习惯,就像我们提到文化人一样。因此,我们一提到文化人,有时就会想到一个受过教育,举止文雅的人,也许他对艺术或者音乐还颇有造诣。按照这种习惯应用,这个术语就意味着优越,但是,将其应用于作为一个整体的民族时,这种用法的含义就有所不同了,因为在历史和社会科学中,我们认为这个或那个民族的生活方式才是他们的文化。"②幸而《呼兰河传》也为我们书写了"冻土文化"的生活方式,并且萧红也超越了新文化的峻切与鲁迅的犀利。其实就是鲁迅,在故乡主题的人文传记中,也同样留下了闰土少年月光之下童年的情趣、生命的美丽与人文的生机。这一本土人文之传的矛盾心态,一直到老舍的《四世同堂》,依然存在着眷恋与反思、批判与怀旧的双重主题与复调阐发。而京派作家沈从文的《边城》,则从神话氛围到时代浪漫情调,写出本土人文之传的牧歌风情。这又涉及到《回忆鲁迅》中萧红对鲁迅这一时代先驱、文化巨匠、民族魂的怀想:一边是启蒙先驱如常人般的生老病死,一边是本土众生世代相因的生老病死;一边是传记文学的真切细致与超拔,

---

① (美)马歇尔·萨林斯(Marshall Shahlins):《离我远去》,参见王铭铭《人类学是什么》,北京大学出版社 2002 年版。

② (美)克拉克·威斯勒:《人与文化》,钱岗南等译,商务印书馆 2004 年版,第 5 页。

一边是文学传记的犀利、厚实与超脱。二者在"现代性"与"本土性"精神世界的叠合与人文空间的撞击，可以使我们以深切的"现代"之思怀疑本土文化，也可以让我们以厚实的本土人文怀疑"现代"文化的导向，都留下"现代"与"本土"对话与对抗的深刻印记。

四

旧红学探讨和争论的一个核心问题，乃是《红楼梦》到底是自传还是他传，是传记文学还是文学传记？萧红的《呼兰河传》，同样存在这一问题。从《呼兰河传》"自传"性的本土人文之传书写中，我们读到的是作者对故乡的爱，对生命的爱，还有对自我成长历程、童心与青春、父老乡亲、邻里之爱的眷恋之怀与"永久的憧憬和追求"（萧红语），在"他传"性的文学传记书写中，我们读到的是作家从西方文化、现代文化的"彼岸"视角对现实人生、本土人文的关怀与反思。这部文学传记文本中的"自传"与"他传"的矛盾交织，植根于作家自我与"他者"的矛盾。这也正是鲁迅在《呐喊》自序中所想象的被关在铁屋子的人群与外面的呐喊者的矛盾，华老栓与革命者夏瑜之间的矛盾。这种矛盾在萧红的创作里，转换为《回忆鲁迅》传记文学的传主与《呼兰河传》文学传记之传主呼兰人的矛盾世界，它投射出文学文本与现实世界、文化转型与时代发展、本土文化与现代人文的矛盾本质，于是就成了既是自传与他传，又不是严格意义上的传记文学和文学传记的文本形态。中国现代文学传记的许多作品都是如此，也都是现代人文与本土文化矛盾交织的产物。一面是从鲁迅到萧红，作为作家的现代人有着"狂人家族"的"家族相似性"与"生活形式上"的相似性，一面是作为中国芸芸众生相，作为本土人文存在上的"家族相似性"与"生活形式"①上的相似性。这使我们有可能对相关的文本进行"跨文本"的阐释。

这里所谓"跨文本"，既是史学、文学文本的"类连结"，又是传记文学与文学传

---

① "生活形式"与"家庭相似性"，是维特根斯坦文化学说中的两个哲学概念，是对海德格尔"共在""生活形式"与"家庭相似性""常人"理论进行反思与批判的一组概念，详见王节庆《解释学海德格尔与儒道今释·论海德格尔哲学中的社会存在论》一章，中国人民大学出版社2004年版。我们在这里借以阐发中国民俗社会，承传文化与知识社会，书写文化的人文构型，不涉及其与海德格尔的哲学思想关系。

记的"类连结"，既是现代之思与本土人文的"类连结"，又是作家创作资源链与知识链的"类连结"①。并以之形成文本互释与文化连类的长卷。文学传记，一方面作为文学，要用想象呈现本土文化与人文的形象谱系与地缘世界；另一方面作为"传记"，要叙述作家"亲在"世界的人生阅历与人文世界，要有"现代"视角切换与人类的"共在"背景②。二者因此可以互文互释。如果说《回忆鲁迅》包含着鲁迅的"亲在"与萧红的"亲在"，《呼兰河传》则暗含着鲁迅与萧红的现代性"共在"，以及萧红与呼兰人的本土性"共在"。如此现代性与本土性的互文互释上，为我们解读传记文学与文学传记提供了一个很好的文学个案与文化镜像。

中国现代文学，典型的或严格意义的传记文学并不多，更多的是富于人文之传意味的文学传记，如邻里人文与北平传记（老舍）、都市文化与上海传记（茅盾、张爱玲）、家族文化与"大河"传记（巴金、李劼人）、故乡人文与江浙传记（鲁迅）、边城文化与湘西传记（沈从文）、乡土文化与东北传记（萧红、丁玲）、西部文化与边区传记（赵树理）、田园文化与冀中传记（孙犁、刘绍棠）等等，由此开展更为系统的研究，这对于深化和拓展现代文学学术研究，是非常重要的。在中国现代文学和文化书写中，曾有较多的区域文化与地缘文学、史学的思考与人类学探索。如林语堂对南北文化的论述，张君俊对南北族群的论述，梁启超的中国文化南迁论，维新派的满汉南北论与华南汉心说，潘光旦、周建人的人文地理"优生论"与"善种学"，王造时、付绍曾的"自然民族性"，费正清的大陆、海洋中国观③，几乎都是扬南抑北，视北方亚细亚本土为封闭、落后的传统之根与荒芜之族，也都贯穿着以长江、黄河、华

---

① "类连结"，是后现代主义史学家沃尔什的一个历史哲学概念，沃尔什意指束缚在一起的运作，历史学家运用这种方法把事件联系起来，以便提供对其发生的理解——"当一个事件通过沃尔什所说的'类连结'的方法被置于其'语境'之中时，按照这种分析，历史学家的解释任务就可以完成了。"（海登·怀特《后现代历史叙事学》，陈永国等译，中国社会科学出版社 2003 年版，第 85 页。）

② "共在"与"亲在"，是海德格尔主义哲学解决"谁之在"的相对应的两个范畴。"亲在"又译为"此在"，参阅王庆节《论海德格尔哲学中的社会存在论——从"谁之在"分析中的"共在"概念谈起》，载王节庆《解释学·海德格尔与儒道今释》，中国人民大学出版社 2004 年版。我们在这里将其移为对文学传主"述他"文学文本与作家自述的历史文本的跨文本主体性、主体间性的分析及对文化原型与文学典型的文化诠释，还有对本土"亲在"自我空间与现代性"共在"时代的时间分析。

③ 上述有关现代学者中国人文地理学观点，见（美）孙隆基《历史学家的经线》，广西师范大学出版社 2004 年版。

北、华南式的南、北两大范畴,来探讨中国人文的现代性与本土性、国民性与民族性的思路。这可以看作现代文学京派、海派文化分野的学术背景。

萧红的文化视野超越了京派和海派。在她的《回忆鲁迅》的《呼兰河传》中,文与史、文学传记与传记文学、本土文化与现代文化的跨文本"类连结"更为复杂有味。一方面,它们在中国现代人文分野、文史划界的南北文化之外,揭示了"东"、"西"互动的本土文化课题,即东北与关内、塞外与中原、满与汉相对应的文化课题,并由此来探讨民族文化的新生机与新问题。另一方面,又从民族魂与现代之父鲁迅的生命影像中找出"北方"的博大、厚实与坚韧,如《回忆鲁迅》中多次写到鲁迅的静默、坚韧与瘦硬、勇毅之风与"南人北相"的人之习,像北方老农的静默,喜食北方硬瘦之食的习性,勇毅、厚实的北方人文心态等。这也正是《回忆鲁迅》与《呼兰河传》跨文本"类连结"的深层文化情节与书写深意所在。

《呼兰河传》的文学汉语及其意义生成

文贵良①

萧红的《呼兰河传》，1937 年冬天在武汉动笔，1940 年冬天在香港完成。《呼兰河传》对呼兰河城的散落追忆，植根于萧红在寂寞中道出的言说。这种言说，塑造了属于萧红个人的"新方言"。② 我的问题是《呼兰河传》的文学汉语是如何生成了那种透骨的孤独的，并由此确定《呼兰河传》的文学汉语在何种意义上挪移了"五四"以来文学汉语的想象边界，为文学汉语的现代实践提供了新的方式。

一

鲁迅用"越轨的笔致"③褒扬《生死场》的汉语，"越轨"也许暗含着超出平常和越出正常两个

---

① 本文原载《文艺争鸣》2007 年第 7 期。

文贵良：华东师范大学中文系教授。

② 借用梅洛·庞蒂的说法："作家本身就是一种自行建构的新方言。"转引自德里达《书写与差异》(上)，张宁译，三联书店 2001 年版，第 17 页。

③ 鲁迅：《萧红作〈生死场〉序》，《鲁迅全集》第六卷，人民文学出版社 1995 年版，第 408 页。

相异的纬度。鲁迅以长者的身份自然更多是对青年人的鼓励。而年轻的胡风对《生死场》汉语的批评来得直接有力:"语法句法太特别了,有的是由于作者所要表现的新鲜的意境,有的是由于被采用的方言,但多数却只是因为对于修辞的锤炼不够。"①比如,写小孩罗圈腿:"这个孩子的名字十分象征着他。"②写中午太阳的毒辣:"午间的太阳权威着一切了!"写妇人们的惊恐:"妇人们被惶惑着了。"罗圈腿名如其人,用"象征着"确实很特别;"权威"一般用作名词,但是萧红用作带宾语的及物动词;"惶惑"一般是主动态,萧红用作被动态。这些词语放置在规范的现代白话文中就显得十分生硬,在《生死场》汉语生硬的背后,潜藏着萧红汉语诗学的艰难实践。

　　《生死场》的基本语词和基本句式都属于现代白话。《生死场》汉语的重心不在叙事,而在摹状。萧红用现代白话呈现生死场上人与物的状态时,因状态的多面性与丰富性而显得力不从心,于是只能向另外的空间来铸造语词:啮嚼、倒折、吹啸、裸现、沉埋、扰烦、消融、贮藏、哭抽、悸动、残败、忧郁、撩走、睡倒、拔秃、埋蔽、遮蒙,这类词语在《生死场》的语句中比比皆是,它们往往是两个单音节的词合并而成,这种组合方式恰恰是古代汉语的组合方式,词语双音节化是汉语自身发展的内在规律之一。萧红的语词铸造无意中显露了现代白话向古代汉语回望的艰难实践。萧红铸造的这些语词在现代白话中格格不入,但是这些语词正显示一种汉语的意向性展现。这些语词呈现意象的状态,意象的多面性与丰富性杂糅其中,信息的密集使语词获得了重量,从而使《生死场》的文学汉语获得了刚硬。

　　《生死场》的文学汉语在句子组合上体现了散点透视的特色,所谓散点透视,是指打破人的主体视角,把人的视角与物的视角并列,人的视角不具有优先性。萧红在写作《生死场》之前,已经写了若干短篇小说和散文,如1933年写的《弃儿》的开头就不同凡响:

　　水就像远天一样,没有边际地漂漾着,一片片的日光在水面上浮动着。大人、小孩和包裹青绿颜色。安静的不慌忙的小船朝向同一的方向走去,一个接着一

---

①　胡风:《〈生死场〉后记》,《胡风全集》第二卷,湖北人民出版社1999年版。
②　萧红:《生死场》,《萧红文集·中短篇小说集》,安徽文艺出版社1997年版,第224页。下文《生死场》的引文均出自该版本,不一一注明。

个……

一个肚子凸得馒头般的女人，独自地在窗口望着。她的眼睛就如块黑炭，不能发光，又暗淡，又无光，嘴张着，胳臂横在窗沿上，没有目的地望着。[①]

这是萧红刚刚开始写作时的汉语，干净洗练。"漂漾"写洪水漫无边际的荡漾；"一片片"写日光的状态，"浮动"写日光随着水的漂漾而晃动；"青绿"形容大人、小孩和包裹的颜色。[②] 眼睛暗淡无光、嘴张着、胳膊横着，寥寥几笔把一个孤立无援的被抛弃的孕妇写活了，孕妇的呆滞、绝望跃然纸上。洪水、日光、大人、小孩、小船这忙碌着的一切，与孕妇似乎没有任何关联，与孕妇并列而出现，他们不是孕妇的眼中之景，没有成为孕妇这个主词的宾语。

这样一种对等而出的语义呈现在文学汉语的句子组合上体现为散点透视。这一特色在《生死场》中仍然保留下来。如写成业的婶婶在知道成业和金枝的事情后，感到他们与自己夫妻的命运一样，而她年轻时候的喜欢与浪漫，完全被女人对男人的惧怕代替了，甚至当她丈夫叙说从前他们的趣事的时候，她想笑一下都不敢："她完全无力，完全灰色下去。场院前，蜻蜓们闹着向日葵的花。"写成业在金枝有病的时候，还提出本能的要求，金枝"打撕着一般"拒绝，这时"母亲的咳嗽声，轻轻地从薄墙透出来。墙外青牛的角上挂着秋空的游丝"。二里半的老婆生小孩后，王婆回来时，"窗外墙根下，不知谁家的猪也正在生小猪"。如果这些人和物的同等表达还有某种用物烘托人的嫌疑，那么到了写王婆赶老马进屠宰场一段，人和物的共存独立就彻底实现了："老马，老人，配着一张老的叶子，他们走在进城的大道。"老马、老人在语意价值上是同等的，"在乡村，人和动物一起忙着生，忙着死……"[③]乡村就是生死场，忙着生和死的是人和动物，人之生和死，与动物之生和死，在生存的状态上同归于"忙"。人作为灵长的优越性荡然无存。有学者认为，

① 萧红：《弃儿》，载《萧红文集·中短篇小说集》，安徽文艺出版社1997年版，第14页。
② "青绿"一词的理解可以联系茅盾在《子夜》中对"金绿"的运用，茅盾在《子夜》的开头曾经描写苏州河在5月的夕阳下，"浊水幻成了金绿色"。我想哈尔滨洪水的颜色与东北黑土地有极大的关系，"青绿"可能是"黑绿"，青色在汉语中可以指代黑色。这恰好体现了"女性作者观察的细致"吧。
③ 萧红：《生死场》，载《萧红文集·中短篇小说集》，安徽文艺出版社1997年版，第272页。

《生死场》最富光彩的地方是"将人推到非人的境地来考虑其生命活动的同时,也从'死'的境地逼视中国人'生'的抉择"①。"将人推到非人的境地"是通过语句的散点透视、人物对等而出得以实现的。

二

《生死场》之后,《手》和《牛车上》的文学汉语开始走向成熟。《呼兰河传》放弃了向古典汉语来铸造现代文学汉语的努力,《生死场》中那种汉语的硬性消失了,整部作品更加温婉有情,流畅别致。《呼兰河传》的汉语表达可以说是萧红最成熟、最本真的言说方式。

《呼兰河传》保持了《生死场》中那种散点透视、人物对等而出的汉语特征,但有了新的发展。雅各布逊说:"在言语的各个层次,诗的人为手法的本质就是周期性的反复。"②雅各布逊尽管说的是诗的人为手法,但是在《呼兰河传》的文学汉语中,"周期性的反复"却是一个非常明显的特征。在用语上,萧红似乎非常吝啬自己的语词,不惜让语词自身反复,自我同一。这点在《生死场》中初露端倪,如写西红柿:"菜圃上寂寞的大红的西红柿,红着了。小姑娘们摘取着柿子,大红大红的柿子,盛满他们的筐篮。""大红""红着了""大红大红"三次写西红柿,都是突出"红"。到了《呼兰河传》中,萧红不仅没有收敛,而且张扬了这一点。如:

> 就连房根底下的牵牛花,也一朵没有开的。含苞的含苞,卷缩的卷缩。含苞的准备着欢迎那早晨又要来的太阳,那卷缩的,因为它已经在昨天欢迎过了,它要落去了。
> 花园里边明晃晃的,红的红,绿的绿,新鲜漂亮。
> 秋雨之后这花园就开始凋零了,黄的黄,败的败,好像很快似的,一切花朵都灭了。③

---

① 皇甫晓涛:《萧红现象》,天津人民出版社2000年版,第33页。
② 转引自托多罗夫《象征理论》,王国卿译,商务印书馆2004年版,第381页。
③ 对《呼兰河传》的引文均出自《萧红文集·长篇小说集》,安徽文艺出版社1997年版。

黑体语词自身的反复不仅使得阅读有向回缩的后望,而且表达这样一种语义:含苞的自含苞,卷缩的自卷缩,红的自红,绿的自绿,黄的自黄,败的自败。花草呈现的状态完全是自身的,对于周围其他的花草不存在照面的意味。花草的红、绿、黄、败,含苞和卷缩,所有的意向都是向内回收的,不具有意向性的展示。语词的自我反复,对内而言,省略了过程,割去了历史;对外而言,失去了关联,掐断了意向。

《呼兰河传》还有一种语句,也属于语词反复的类型:

没有什么显眼耀目的装饰,没有人工设置过的一点痕迹,什么都是任其自然,愿意东,就东,愿意西,就西。

喂着小的,带着大的,他该担水,担水,该拉磨,拉磨。

前一句写后花园景物的自在状态,把事物只能在那儿的状态,转化成意志的自愿。而后一句把冯歪嘴子的日常生活拉进担水、拉磨的交替中。

上述两种反复在下面这段文字中最为明显:

花开了,就像花睡醒了似的。鸟飞了,就像鸟上天了似的。虫子叫了,就像虫子在说话似的。一切都活了。都有无限的本领,要做什么,就做什么。要怎么样,就怎么样。都是自由的。倭瓜愿意爬上架就爬上架,愿意爬上房就爬上房。黄瓜愿意开一个谎花,就开一个谎花,愿意结一个黄瓜,就结一个黄瓜。若都不愿意,就是一个黄瓜也不结,一朵花也不开,也没有人问它。玉米愿意长多高就长多高,他若愿意长上天去,也没有人管。蝴蝶随意的飞,一会从墙头上飞来一对黄蝴蝶,一会又从墙头上飞走了一个白蝴蝶。它们是从谁家来的,又飞到谁家去?太阳也不知道这个。

只是天空蓝悠悠的,又高又远。

可是白云一来了的时候,那大团的白云,好像洒了花的白银似的,从祖父的头上经过,好像要压到了祖父的草帽那么低。

我玩累了,就在房子底下找个阴凉的地方睡着了。不用枕头,不用席子,就把草帽遮在脸上就睡了。

在这里,语词自身的反复展示的是语词向自身的回望。语句没有那种向外的

扩张。花开,鸟飞,虫叫,一切都是健康的,活跃的,都有无限的本领。"要做什么,就做什么。要怎么样,就怎么样。""要……,就……"和"愿意……,就……"的句式好像表达了它们无限的可能性,它们的意志随时可以得到实现,但是正是这种上帝式的句式抹杀了无限的丰富性,因为语句本身自己把自己鋈断了。倭瓜、黄瓜、蝴蝶似乎愿意怎样,就可以怎样,但整个语句的意思却是告诉读者,它们都只有在自身的范围内才有那种可能性。蓝天悠悠,白云悠悠,"我"在荫凉的地方用草帽盖着脸睡觉了。天、地上的物、人似乎是和谐共处,那是没有外向性的共存。所有的意向性展示,都是回望各自的内心。回望内心的语义指归,使得人和物分别为自己的存在而获得存在的价值,由此实现了物为自身的取向,物不是作为人的场景、陪衬等出现,它只是为自己而出现,于是,人的优先性、主体性在这样的语句中与其说是被压抑,还不如说是被扩展。

德里达把书写对言语的束缚和强制称之为"呼吸的焦虑",他说:"呼吸自行中断以便回到自身,以便换气和回到它的第一源头。因为说话是要知道思想的自我离异以便得以说出和呈现。因而它要自我回收以便献出自己。这就是为什么从那些坚持最大限度地接近写作行为之源的真正作家的语言背后,能感觉到后撤以重新进入中断的言语的姿态。"①呼吸的焦虑,也就是书写的焦虑,同时也是言语的焦虑。言语中断、后撤、回归、重新出发,形成了完整的序列。按照德里达的说法,萧红可能是最接近写作行为之源的作家了,言语的焦虑在《呼兰河传》中表现得十分明显。围绕大泥坑的言说,是一次次言语的焦虑的展现,晴天时,车马陷进大泥坑,便抬车救马;涨水时,人走过大泥坑,胆大胆小都得过;救起校长儿子后,议论拆院墙,种树木;呼兰河人吃淹猪肉,借口大泥坑淹死的,其实是瘟猪肉。言语总是在中断后回到大泥坑这个出发点,然后重新出发。第三章写"我"幼时的生活,总共九个小节,除了第三、第九两个小节外,其余七小节都是以祖父或者祖母开头,中断以前的言语,继续新的言说。第四章写"我"家,共五小节,除第一小节外,其余四小节的开头分别是:我家是荒凉的/我家的院子是很荒凉的/我家的院子是很荒凉的/我家是荒凉的。每个小节就是一个完整的言说序列,也就是呼吸一次。第六章写有二伯,前面十一小节都是以"有二伯"怎样怎样开头。给人的感觉是,萧红每写完一节,就换一口气,然后继续写。继续的起点不是像德里达所说的中断处,而是

① (法)德里达:《书写与差异》(上),张宁译,三联书店2001年版,第13页。

上一次的出发点。于是言说的每个小序列,是完整而独立的,这些小序列不会在逻辑上和时间上构成更大的序列,从而使得《呼兰河传》的文学汉语在最大限度上拉住了时间的流动。

语词的重复和言语的焦虑,都是生命呼吸的气息。生命呼吸的匀称使得《呼兰河传》的文学汉语形成了一种对称的美学特征。汉语是对称性的语言。中国古代的赋、诗、词、曲等文学样式,淋漓尽致地展现了汉语的对称性。这种对称性主要表现为字数相等、平仄相对、语义相对或者相类等等。而《呼兰河传》是现代白话小说,它的汉语不可能追求赋、诗、词、曲等文学样式中的对称性。但它有一种对称性的节奏,最典型的莫过于"满天星光"一段,如果稍作调整,排列成如下形式,对称性更加明显:

满天星光,满屋月亮,
人生何如,为什么这么悲凉。
过了十天半月的,又是跳神的鼓,当当地响。
于是人们又都着了慌,爬墙的爬墙,登门的登门,
看看这一家的大神,显的是什么本领,穿的是什么衣裳。
听听她唱的是什么控调,看看她的衣裳漂亮不漂亮。
跳到了夜静时分,又是送神回山。
送神回山的鼓,个个都打得漂亮。
若赶上一个下雨的夜,就特别凄凉,
寡妇可以落泪,鳏夫就要起来彷徨。
那鼓声就好像故意招惹那般不幸的人,打得有急有慢,
好像一个迷路的人在夜里诉说着他的迷惘,又好像不幸的老人在回想着他幸福的短短的幼年。
又好像慈爱的母亲送着她的儿子远行。又好像是生离死别,万分地难舍。
人生为了什么,才有这样凄凉的夜。

这段话如果加上《跳神之夜》之类的题目,就成了优秀的现代白话诗,语言的委婉有致与情感的凄凉浑然一体。排列的十四个句子,每句有两个小句(也有三个的),两个小句的字数基本相等,这两个小句表达一个相对完整的语意,构成了《呼

兰河传》的基本句式，从而形成了不规则对称的白话美学特征。这种不规则对称在《呼兰河传》的叙述语言中随处可见，如写扎彩铺："虽然这么说，羡慕这座宅子的人还是不知多少。/因为的确这座宅子是好：清悠、闲静，鸦雀无声，一切规整，绝不紊乱。/丫鬟、使女，照着阳间的一样，/鸡犬猪马，也都和阳间一样，/阳间有什么，到了阴间也有，/阳间吃面条，到了阴间也吃面条，/阳间有车子坐，到了阴间也一样的有车子坐，/阴间是完全和阳间一样，一模一样的。"不仅仅在叙述语言中是这样，在人物语言中也体现了这一美学特征，有二伯的语言和众人对蘑菇房上蘑菇的赞美都是很典型的例子，在这里不多说，这里举出的是小团圆媳妇的婆婆的说话："她来到我家，我没给她气受，/哪家的团圆媳妇不受气，一天打八顿，骂三场。/可是我也打过她，那是我要给她一个下马威。/我只打了她一个多月，虽然说我打得狠了一点，可是不狠哪能够规矩出一个好人来。/我也是不愿意狠打她的，打得连喊带叫的，/我是为她着想，不打得狠一点，她是不能够中用的。/有几回，我是把她吊在大梁上，让她叔公公用皮鞭子狠狠地抽了她几回，/打得是有点狠了，打昏过去了。/可是只昏了一袋烟的工夫，就用冷水把她浇过来了。/是打狠了一点，全身也都打青了，也还出了点血。/可是立刻就打了鸡蛋青子给她擦上了。/也没有肿得怎样高，也就是十天半月地就好了。……"

在现代小说的汉语中，没有哪个作家的文学汉语具有这样的对称性。《呼兰河传》文学汉语的这种不规则对称性，不是来自民初《玉梨魂》中的那种四六体，而是来自萧红生命的呼吸。

三

陈思和在解读《生死场》时指出，凡·高与萧红的创作，"都不是预设一个艺术形式，他们的创作完全是为了给自己的感情世界寻找一个表达存在的方式。"[1]《呼兰河传》中语词的同一和语义的回缩、言语的焦虑、言语的不规则对称共同构成了其文学汉语的特质，从而形成了其表达存在的独特形式。

语词的同一和语义的回缩，显示了《呼兰河传》意义生成的方式。维特根斯坦说："想象一种语言就意味着想象一种生活形式。"沃尔科特说："改变你的语言，必

---

[1] 陈思和：《中国现当代文学名篇十五讲》，北京大学出版社 2003 年版，第 288 页。

须改变你的生活。"他们的话表达了相同的意思:语言展现的是生活形式。而这种生活形式在《呼兰河传》的解读中转化为对萧红生存形式的描述,也就是意义生成的探讨。语词的同一和语义的回缩,展示的是萧红回归的意向。回归暗示了某个原点的存在。《呼兰河传》的文学汉语,表达的是离开原点与回归原点的反复。如此看来,原点有两种互相排斥的力量:一种力量使得离开原点成为可能;另一种力量又使得回归原点成为可能,两者不断较量,总是不分胜负。但是《呼兰河传》中的原点绝对不是以往论者所说的萧红所描写的故土、萧红所追忆的童年,而是另外一种根本与它们异质的东西。

《呼兰河传》的开头深深打动了我:"严冬一封锁了大地的时候,则大地满地裂着口。从南到北,从东到西,几尺长的,一丈长的,还有好几丈长的,它们毫无方向地,更随时随地,只要严冬一到,大地就裂开口了。"在"毫无方向地,更随时随地"的两个"地"后面似乎还应该有后续的结构。如果没有了,"毫无方向"和"随时随地"本身就成为大地上那些裂口的状态,一切后续的动词或者形容词可能在萧红的叙事中都是多余。大地上的裂口!没有方向,没有规则。裂口是对大地的无序撕扯,成为阳光照不到的阴暗之所。但裂口又成为大地的见证,成为平整的见证。裂口是一种伤痕,是一种撕扯,又是一种封闭。萧红在1937年的冬天开始写作《呼兰河传》的时候,她从武汉的冬天追忆呼兰河的冬天,大地的裂口、大地满地裂着口,成为追忆呼兰河的起点。裂口的撕扯见证了大地的坚强。

第一章写呼兰河城里的药铺,火磨房,学校,小胡同,还有傍晚的火烧云,这些是多么平常啊,如果仅仅是这些,呼兰河城就不会留给萧红那么深深的记忆了。城市本来是平整的,整齐的,清洁的,有序的,规则的。可是小说的叙事焦点放在城市的裂口上,这个裂口就是大泥坑。大泥坑是呼兰河城的裂口。呼兰河城因为有了大泥坑的存在,才好像显得有了底蕴。

第二章,写跳大神、放河灯、野台子戏、四月十八娘娘庙大会,是人的裂口。跳大神名为人治病,实际是弄鬼;唱大戏是唱给龙王爷看的,七月十五的放河灯,是把灯放给鬼,让他顶着个灯去脱生,四月十八也是烧香磕头地祭鬼。鬼是人的裂口。人在世上是痛苦的,恐惧的,不安全的;人也是没有价值的,在小团圆媳妇的婆婆眼睛中,人不如鸡鸭,不如猪狗,不如杂物,不如植物。人总会长的,在大人看来,小孩只是在消耗。物质匮乏导致了对物质的极端渴望,消耗物质的弱者,就没有价值可言。于是人瞧不起自己,也无法拯救自己,人在人的身上找不到安全,找不到保障,

于是人只有打开人的规则，裂口显露出来，鬼的世界被创造出来。人在惧怕中寻找安慰，在寻找中又会制造新的痛苦。

第三章和第四章写大花园是家的裂口。"我"和爷爷在大花园中有很多快乐。但仔细一想：春天到夏天，繁花似锦，红花绿叶，那是充满活力的，生机勃勃的场面，但是一个小孩与一个老人在里面，就很不协调，《红楼梦》中大观园那才是人与园相得益彰。其中，一个老人戴着大草帽，一个小人戴着小草帽，栽花，拔草，下种，说快乐也有快乐，对于一个小孩来讲，那是一种寂寞的快乐，逃避的快乐。与第四章写家一对照，这点就十分清楚。后花园的寂寞的快乐是荒凉的家的裂口。

后三章中，小团圆媳妇是童养媳，尽管童养媳是有家的，但是娘家没有权力管她，婆家又不把她当人看，童养媳以她的未成年人的幼小，并没有获得人的权益。有二伯是长工，无家无室；冯歪嘴子是磨倌，寄住他人家。在中国传统社会中，家族是社会的基本结构，家与家成为族，族与族成为社会。小团圆媳妇、有二伯和冯歪嘴子，是在家族之外的，他们都是属于无家的人，都是属于萧红所说的"偏僻的人生"[1]。他们都处在家与家的缝隙之间。"偏僻的人生"是社会的裂口。

大花园是家的裂口，对家的躲避与遮蔽；家是社会的细胞，社会在自身的结构之间产生了缝隙，童养媳、长工和磨倌这些人正是在这些缝隙中的人，这些"偏僻的人生"恰好成了社会的裂口。社会的基础是人，人在现世是痛苦的，不安全的，人给自己打开了一个裂口：鬼。鬼是人的对立世界，但人要敬仰鬼。人生活在城里，这就是呼兰河城，城本来是整齐的，可是大泥坑成了城的裂口。最后，呼兰河城是大地的裂口。

原点就是这一系列裂口，裂口是对家庭、社会、人世、大地的撕扯，这种撕扯见证了偏僻的人生的存在；同时裂口在撕扯中产生的痛苦又使得逃离裂口成为可能。《呼兰河传》的写作，可以说是萧红在裂口上的行走。在裂口上行走，成为萧红写作《呼兰河传》的生存方式，同时也是萧红对人生的深切体验。"我总是一个人走路，以前在东北，到了上海后去日本，现在的到重庆，都是我自己一个人走路。我好像命定要一个人走路似的……"[2]这种方式在香港还是在继续，与萧军、与端木蕻

---

① 萧红：《祖父死了的时候》，载《萧红文集·散文诗歌集》，安徽文艺出版社1997年版，第53页。

② 梅林：《忆萧红》，载《怀念萧红》，黑龙江人民出版社1981年版，第68页。

良的共同生活,总是抹不去萧红内心的孤独,尤其是当这两个男性都瞧不起萧红写作的时候。走这样的路,萧红为反抗包办婚姻当年冬天一个人在哈尔滨街头行走时有一种体验:"孤独并且无所凭据。"①在哈尔滨街头最直接的威胁,是寒冷与饥饿的威胁,是生存的威胁。面对生存的威胁而无所凭据,这种置于绝地的孤独同时也产生了强大的勇气。正是有了这种强大的勇气,使得萧红不断在裂口上行走有了可能:"走吧! 还是走,/若生了流水一般的命运,/为何又希求着安息!"②"从异乡又奔向异乡,/这愿望多么渺茫! /而况送我的是海上的波浪,/迎接着我的是异乡的风霜。"③萧红从东北家乡流亡到上海,在抗战中从上海流亡到武汉、重庆等地,最后暂时栖身香港,潜心创作《呼兰河传》,此时在战争中,她并没有受到寒冷与饥饿的威胁,她仍处于"孤独并且无所凭据"的绝地么? 其实创作《呼兰河传》的萧红,精神在裂口上行走,此时的孤独是裂口上的孤独,没有历史的孤独,无法植根的孤独。由此在精神的谱系上萧红真正与鲁迅的精神贯通了,萧红的孤独上接的是鲁迅彷徨于无地的彷徨。鲁迅在新文学的热潮退后,在新文苑与旧战场之间,"荷戟独彷徨",鲁迅此时的彷徨,还是有所凭据,至少"两间"为鲁迅提供了彷徨的场域。到了《影的告别》中,影子不愿被黑暗吞没,又不愿光明把它消失,在黑暗与光明之外是无地,影子只能于无地彷徨,这种彷徨才是置于绝地的彷徨。无地彷徨对鲁迅来说是一种伴随终生的体验,其实并没有因为《野草》的完成而结束;萧红的裂口上的孤独也是她一生的体验,不是因为她进入香港才有的。

四

《呼兰河传》的文学汉语在何种意义上继承了新文学白话的传统,在何种意义上开创了自己的个性? 新文学白话的传统之一是主张言说方式的自由,按照现代人的说话方式说自己的话,强调的是对现代经验的表达,对个体言说方式的认定。所以,鲁迅的小说和杂感,郭沫若的新诗,周作人和胡适的散文,都是显示个人独特言说方式的形式。这背后是对个人权利的肯认,也就是人的发现。言说方式的发

---

① 萧红:《过夜》,载《萧红文集·散文诗歌集》,安徽文艺出版社1997年版,第58页。
② 萧红:《萧红文集·散文诗歌及其它》,安徽文艺出版社1997年版,第363、368页。
③ 萧红:《萧红文集·散文诗歌及其它》,安徽文艺出版社1997年版,第363、368页。

现和人的发现是同步的，又是同质的。《呼兰河传》可以说很好地体现了这一点，但是问题的关键在于《呼兰河传》的文学汉语为现代文学汉语的生长提供了什么。

萧红的文学汉语在拒绝现代时间性的同时也拒绝了主体的优先性。郭沫若的《女神》之所以被认为是五四精神的体现者，重要的一点是极大地放大了主体的自我。《天狗》中作为天狗的"我"，可以吞没日月星球和宇宙，可以拥有全宇宙的能量，可以咀嚼自己的皮肉血和心肝；《晨安》中的"我"可以穿越时空，对所有东西呼唤；《女神》中的"我"宣告人作为主体可以超越万物宇宙，可以凌驾时间历史。到了30年代，沈从文的《边城》改写了作为主体的人与万物的关系：

翠翠在风日里长养着，把皮肤变得黑黑的，触目为青山绿水，一对眸子清明如水晶。自然既长养她且教育她，为人天真活泼，处处俨然如一只小兽物。人又那么乖，如山头黄麂一样，从不想到残忍事情，从不发愁，从不动气。平时在渡船上遇陌生人对她有所注意时，便把光光的眼睛瞅着那陌生人，作成随时皆可举步逃入深山的神气，但明白了人无机心后，就又从从容容的在水边玩耍了。

"长养"这个词语用得很好，既指翠翠的身体发育，又指翠翠与风与日的和谐相处，并且自然对她的影响向着健康美丽的方向发展，不然，就不叫"养"，如"养病"之"养"朝着健康发展，"养颜"之"养"朝着美丽发展。"翠翠在风日里长养着"，"长养"描写的是翠翠发育生长的健康状态，"而自然既长养她且教育她"中的"长养"描写的是自然对翠翠作用的状态，自然对翠翠要作用的状态（后一个长养），就是翠翠从自然中获得的状态（前一个长养），于是自然与人之间的对抗消失了，在自然与人之间真正成了和谐共生的状态。翠翠的生长与自然的赋予、翠翠的美丽与自然的美丽趋向同一。

而萧红的文学汉语不是这样，景物自成景物，人物自成人物。《呼兰河传》中，严寒来了，大地的裂口，与手背上的裂口，处于平等的意向中，景物不是作为人的陪衬出现，它是它自身。大地的裂口只对大地有意义，手背上的裂口只对人有意义。大地的裂口和手背上的裂口并呈。《女神》开创的是人对物的超越，《边城》开创的是人与物的交融，而《呼兰河传》开创的是人与物分别在回归自身时显示了同等而独立的语意价值。

《商市街》的创作心境与情感世界

马云①

萧红的散文集《商市街》的写作时间大约在1935年至1936年初，1936年8月由上海文化生活出版社出版。全书共收散文四十一篇，主要内容是回忆两萧在哈尔滨时期的一段艰苦的生活经历，具有较强的纪实性和自传色彩。但是它又与一般的自传不同。对此，葛浩文曾经指出："《商市街》一书中虽然与自传不同，缺少有关作者'真实性'的资料，但读者却能由此书得到相当丰富的、宝贵的知识——而对萧红在写作时期的心理有所了解。"②他注意到了《商市街》是经过时间的过滤和作者情感的沉淀以后才创作出来的，在回忆中融入了作者创作时的情绪这一问题。的确，《商市街》虽是回忆性题材，但与萧红创作时的情感和心境有着密切的关系。至于这部作品表现了萧红怎样的心境和情绪，葛浩文没有作进一步的分析。我们的研究就从这里开始。

① 本文选自马云著《中国现当代作家作品研究》，人民文学出版社2007年版。
马云：河北师范大学文学院教授，老舍研究会副会长，著有《中国现代小说的叙事个性》、《端木蕻良与中国现代文学》、《中国现代散文的情感与交流》等。
② 葛浩文：《萧红评传》，北方文艺出版社1985年版，第72～73页。

危机中的两人世界

萧红的创作视野并不狭窄。她的小说很少局限于个人生活的天地,她关注更多的是社会以及那些被侮辱受损害的人。即使她生活在家庭的小圈子里,她仍然写出了像《生死场》那样表现重大题材的作品。那么,在她完成了《生死场》之后,她为什么如此关注她与萧军的两人世界? 在四十一篇散文中,几乎篇篇离不开"我"与"郎华",几乎达到了重复与雷同的地步。这又意味着什么呢?

从外在原因上讲,萧红初到上海,人生地不熟,一时找不到创作的感觉,需要一个酝酿和积累的过程。反映一下刚走过的那段不寻常的生活经历,做一个纪念,也是自然的;同时,萧红和萧军到上海以后,在鲁迅先生和朋友们的帮助下,生活安定下来了,与在哈尔滨时所过的饥寒交迫的生活形成了对比,回忆那段往事也在情理之中。但是除此之外我们感到,《商市街》的创作还有某些重要的原因。

从创作心理学上讲,作家所写的往往就是他最关注的。因此我们可以推断,萧红在这个时期如此关注她与萧军的两人世界,恰恰是因为两人世界出了问题。从一些资料上看,萧红和萧军到上海以后,两人关系出现了重大裂痕,在一个时期内,萧红曾一度达到了难以排解的程度,最后只好远渡日本,通过分离来疗治情感的创伤。但这种情况究竟是从什么时候开始的,没有详细记载。不少传记作者认为,两萧的关系从一开始就潜存着危机,他们的情感一直并不和谐。有些事情早在哈尔滨时期就已经发生了,只是到了上海以后更加突现罢了。

对此,萧军总是直言不讳,他坦率地讲到了两人的不和谐处和冲突处。他提到的一件事,也足以说明这个问题。他说他和萧红到上海安顿下来以后,房子里能够安放下两张床了,而过去他们只能挤在一张床上。两张床放好的第一天晚上,萧红就提出要分床而睡。但是到半夜里,萧红却在独自低泣。当萧军前去询问时,她掩饰地一笑说,"电灯一闭,觉得我们离得太遥远了。"①实际上可能远不是那么轻松,萧红是很隐忍的,萧军也多次说萧红很隐忍。那么,在萧红的内心深处究竟隐藏着怎样的悲伤和哀痛? 这些,我们只有通过对《商市街》的细读才能寻找到答案。

在《商市街》中,萧红对当时艰辛生活的回忆,对相濡以沫的伴侣萧军的描述

---

① 转引自肖凤《萧军 萧红》,中国青年出版社1995年版,第133页。

所传达的情绪,不是没有甜蜜和快乐,但更多的是寂寞、痛苦和惆怅。散文记叙的是两个人的生活,但更多的时间是她孤独一人。虽然"郎华"的名字在文章中频频出现,但读者看到的常常是他的背影,或者说他的形象是模糊的。而萧红是不乏捕捉人物形象的才能的,尤其是与她亲近的人。她写祖父的慈祥和爱心,写鲁迅的生活,都是那样细腻传神,栩栩如生。由此不难看出,萧红在《商市街》中对萧军的描写和感受,从某种程度上看,情感是压抑的。

这些,许广平在与萧红的接触中感觉到了。她说:"萧红先生无法摆脱她的伤感。""有时谈得很开心,更多的是勉强的谈话,而强烈的哀愁时时侵袭上来,像用纸包着水,总没法不叫它渗出来。自然萧红女士也常用力克制,却好像加热水在水壶上,反而在壶外面满是水点,一点也遮不住。"①梅志也谈到她在鲁迅家里看到萧红失魂落魄的精神状态。由此不难想象萧红创作《商市街》时,已经感受到情感的危机,创作情绪处于低落时期,回忆往昔的生活而带着创作时惆怅的情绪。

我们看到,在《商市街》中,为了生计,萧军总是在外面奔波,即使两人在一起的时候,也很少倾心交谈,而在萧军的此类作品中却完全是另外一番面貌。

如《绿叶的故事》,全篇都是两人热情、浪漫、欢愉的对话。在萧红的记忆中,萧军与她最深入的交谈,往往是萧军谈到旁的女人的时候。

《夏夜》回忆了萧军与汪林之间的关系,他们总是在外面谈到很晚,萧红独自睡去,萧军什么时候回来都不知道。终于有一天,萧军告诉萧红,汪林爱他,但他不能接受,因为有萧红。

《家庭教师》回忆了萧军的一段细语:一天晚上,他向萧红打开了幽禁的心灵,讲述了他与从前的恋人敏子姑娘的事,他仍对敏子姑娘怀有深深的爱恋,反复自语般地说:"很好看的,小眼眉很黑……嘴唇很……很红啊!……嘴唇通红通红……啊……"。萧军讲到忘情时,完全忘记了身边的萧红和她的感受。萧军很率真的,也是粗心的。他不大能够体察萧红细腻而丰富的内心世界。往往在无意之中伤害了她的感情。

《册子》一文回忆了她与萧军有一次在江边游泳的事。萧军上岸以后,发现衣服不见了。光着膀子不好在大街上走,萧红只好跑回去给他拿衣服,同时萧军捉的一条鱼也让她带回去。当她满头大汗地跑来把衣服递给萧军时,他首先关注的是

---

① 许广平:《忆萧红》,转引自肖凤《萧军 萧红》,中国青年出版社1995年版,第83页。

那条鱼，而不是向萧红致谢。萧红敏感到："他不是问我，他先问鱼。"萧红感到不悦。对此，萧军认为萧红过于神经过敏，是一个神经质的人。

《十三天》回忆她有一次生病，萧军把她送到朋友家中，托付给朋友照看。这让自尊的萧红在情感上难以接受。她暗自悲伤、哭泣。萧军说是三二天去看她一次，结果直到第八天才来看她。她感到受了委屈，好像受了虐待一般难过心酸。因为一个生病的人，更需要亲人的温暖和照顾。她感叹道："穷人是没有家的，生了病被赶到朋友家去。已是十三天了。"

在《一个南方姑娘》中，她以一个妻子的敏感，察觉到两人面临的危机。这一切都在萧红心中留下了深深的创痛，而她却在极力掩饰自己的情绪，就像她有一次挨了萧军的打在朋友面前掩饰一样，尽管装出自然的表情，但是留在脸上的伤痕说明了一切。

从生理饥渴到情感饥渴

1932 年到 1934 年间，萧红和萧军在哈尔滨的生活陷入了极度贫困。他们找不到职业，吃了上顿没下顿。萧军在外面奔波，找职业、借钱，常常空手而归；萧红在无奈时曾向她过去的老师借钱。实在借不到钱的时候，她把自己准备防寒的棉衣当掉了。萧红对于当时饥寒交迫的生活记忆犹新，描写十分细腻。为了填饱肚子，她甚至想到过偷面包；在肚饥难忍的时候不敢面对面包，她形容那种感觉，好像"不是我想吃面包，怕是面包要吞了我"；听到邻居家厨房里的铁勺子响都像说："炸酱面炸酱面。"在《商市街》中，类似的描写比比皆是。但是，我们感受到，萧红在回忆这种生理饥渴的时候，不仅仅是表现生理饥渴，同时也隐含着情感饥渴。或者说，萧红创作《商市街》的时候，已经由当时的生理饥渴转换成情感饥渴。

我们在《商市街》中看到，萧红无时不在等待中，她在等待萧军带回面包，更在期待着萧军带回爱与温暖。因为萧红所追求的人生，并不仅仅是为了吃饭穿衣。如果仅仅为了吃饭，她就没有必要放弃家中富裕的生活，多次出走，四处流浪。有一次，她在哈尔滨街头流浪时遇到弟弟，弟弟看到她此时的境遇，十分担心，恳求她回去。但她拒绝了。在她身陷绝境的时候，萧军的侠义相助，使她对萧军产生了好感和爱恋。但是生活的艰辛，使得他们分的时候多，聚的时候少，萧红所得到的是不尽的等待，寂寞孤独的生活，这显然不是她所期待的理想生活。她回忆起自己可怜的情感:每当萧军出门时,她总是追到门外问他,"什么时候回来?什么时候回来?"她感到萧军对于她"好像很久捉不到的鸟儿,捉到又飞了!失望和寂寞。虽然吃着烧饼也好像饿倒下来"。虽然萧军对萧红很照顾,甚至从自己的口中省下面包给萧红。但是作为爱人,萧红对萧军的期待更高。

《买皮帽》回忆了他们一块上街给萧军买皮帽的事。他们左挑右拣终于给萧军买了一顶皮帽,只剩下五毛钱了。萧红想买点瓜子,这自然是有点小孩子的脾气。萧军没有满足她。且然萧红能够理解"这不是给爱人买瓜子的时候,吃饭比瓜子更要紧;饿比爱人更要紧"。但从这样的话语中,我们不难感受萧红那种失落的心情。在这样的时候,她想得到的可能不仅仅是瓜子,而是自己在爱人心中的地位。在文章的结尾她风趣而自嘲地说:"风雪吹着,我们走回家来了,手痛,脚痛,我白白地跟着跑了一趟"。

萧红在回忆两人的过去时,常常在反思:在那艰苦的生活中,两人互相关心,互相依赖,关系能够维持下来。两个性格不同的人在一起,能够走到今天,渡过了那一段最艰难的时光。是什么在支撑着他们? 萧红清楚地知道,他们的结合不是基于情感和性格的和谐,而是基于生存的基本需要。她说那时候"只要有的吃,他也满足,我也很满足,其余什么都忘了"。在当时的条件下,除了填饱肚子,他们彼此都没有更多的期待和要求。她回忆起她和萧军在"牵牛房"朋友家做客的一件事。他们两人在吃松子的时候,不谋而合,都把松子当饭吃。事后他们谈到此事,不由得会心一笑。因此萧红明白了一个道理:"两人的感受怎么这样相同呢? 其实一点也不奇怪,因为饿才把两个人的感觉弄得一致的。"在那个时候,面包和盐,成了他们唯一的生命线,同时也被当作了感情线。而在创作的时候,萧红是带着自卑自怜的心情回忆过去的,她为自己沦为最低级的动物感到伤感。她多次这样描述在家中等待食物的情感感受:

多么无趣,多么寂寞的家呀! 我好像落下井的鸭子一般寂寞并且隔绝。肚痛,寒冷和饥饿伴着我,……什么家? 简直是夜的广场,没有阳光,没有暖。(《搬家》)

我不也是和雪花一般没有意义呢? 坐在椅子里,两手空着,什么也不做;口张着,可是什么也不吃。我十分和一架完全停止了的机器相像。(《雪天》)

　　白昼使我对着一些家具默坐,我虽生着嘴也不能言语,我虽生着腿也不能走动,我虽生着手而也没有什么可做,和一个废人一般,有多么寂寞!(《他的上唇挂霜了》)

　　萧红十分清醒地意识到,人,特别是女人,不能只做一个被人喂养的动物,她所期待的不仅是面包和衣物,还有更重要的情感以及所有属于人的东西。萧红从切身体验中感受到:生理的饥渴是难耐的,情感的饥渴更难耐。在夫妻关系中,生存的需要是重要的,情感的需要更为重要。在生活困窘的时候,很容易把两者混为一谈。而当生活有了转机的时候,情感需要就突现出来,两人的关系不得不面临新的考验。

寂寞中的爱

　　萧红在《商市街》中表现的情绪是寂寞的。这寂寞源于爱的失落。萧红是爱萧军的,爱得专一,爱得真纯。但是这种爱不是对等的。正如她在《苦杯》诗中所说:"爱情的账目/要到失恋的时候才算的/算也是不够本的。"因为她与萧军相识的特殊经历,在两人关系中,萧军总是扮演着拯救者的角色,萧红处于被拯救被保护的地位。这种关系在甜蜜中隐藏着痛苦,时时伤害到萧红的自尊,她对这种人身依附关系既不满又无奈。

　　萧红到上海登上文坛以后,意识到自己的人生价值,从而更加不满这种笼中鸟似的家庭生活,她渴望像男人一样,有自己的追求和事业。她以一个知识女性特有的敏感和觉悟,根据自己的切身感受,对女性在家庭中充当的角色和她们的社会地位进行了反思。

　　她在《女子装饰的心理》一文中清醒地看到:"男子处处站在优越的地位,社会上一切法律权利都握在男子手中,女子全居于被动地位。虽然近年来有男女平等的法律,但在父权制度之下,女子仍然是被动的。因此,男子可以行为自由,女子至少要受相当的约束。"虽然她在努力追求,企图改变现实的命运。但是最终她发现,"女性的天空是低的"。女性在家庭中只能处于从属的地位。女性在经济中不能独立,所以对男子的依附性就更大。萧红关注自己的命运,同时也在关注其他妇女的命运。她的心不在小家庭里,她在家中总是感受到有一种强烈而无奈的被束缚的感觉：

在房间里，阳光不落在墙壁上，那是灰色的四面墙，好像匣子，好像笼子，墙壁在逼着我，使我的思想没有用，使我的力量不能与人接触，不能用于世。

在这样的感受中蕴藏着萧红巨大的生命热情。她无时不在注视着外面的世界，但她只能通过小小的玻璃窗向外看。街头上乞讨的女人、贫穷的孩子，都会引起她的同情。但是她只有同情而已。她的心在流泪：

窗子一关起来，立刻生满了霜，过了一刻，玻璃片就流着眼泪了！起初是一条条的，后来就大哭了！满脸是泪。好像在行人道上讨饭的母亲的脸。

萧红对于人世充满关爱和同情，虽然她自己还在受苦。而对人间的苦难，她的心总是藏着哀痛。哪怕在欢乐的时候。《商市街》有几篇散文表现了少有的欢快的情绪。《春意挂上了树梢》就是其中之一，文章用的是她后来在《小城三月》和《后花园》中的笔调，热情的节奏好像手风琴奏着的欢快的乐音：

春是来了，街头的白杨树抽着芽，拖马车的马冒着气，马车夫们的大毡靴也不见了，行人道上外国女人的脚又从长统套鞋里显现出来。笑声，见面打招呼声，又复活在行人道上。商店为着快快地传布春天的感觉，橱窗里的花已经开了，草也绿了，那是布置着公园的夏景。

……这样好的人行道，有树，也有椅子，坐在椅子上，把眼睛闭起，一切春的梦，春的谜，春的暖力……这一切把自己完全陷进去。

听着，听着吧！春在唱歌……

但在这样的时候，萧红却听到了哀哭。在墙根、转角处，老人、孩子、母亲们，那些被春天遗忘的人们，被人间遗忘的人们在哀哭。从这部作品中可以看到，萧红心里有多少寂寞，就有多少生命的热情。这种用世的热情随着萧红的自我发现日益强烈，她对家庭的束缚感也越明显，与萧军的冲突也就越尖锐。

但是萧红对家庭和对萧军的情感是分离的，两者不是一回事。她对于家庭的

感受是孤独寂寞单调乏味的,没有多少快乐可言。这正是她与萧军的冲突所在。萧军需要的是一个贤良的妻子,但萧红做不到。所以多少年后,萧军对此仍有怨言。然而萧红对萧军的情感依赖是很深的,她离不开萧军。因此,萧红的思想是矛盾的:她一方面认为家庭是牢笼,是枷锁,企图突破出去;另一方面她又害怕失去爱人,恐惧被抛弃的命运。

萧红回忆了萧军给她的温暖和爱:在饥饿中,萧军从外面回来,看到面包就忍不住吃起来。可是他一看到萧红,就把送到嘴边的面包省下来,并且不断自责:"我吃得真快? 真自私,男人真自私。"于是他用白水充饥。对于这些萧红是永远不能忘的。

萧军的坚强,也是萧红精神上的有力支撑,在那艰难的岁月里,萧军给了她极大的力量和安慰。当他们的书引起日本宪兵的注意遭到查禁以后,随时面临被捕的危险,每天过着担惊受怕的日子,精神高度紧张。夜里,萧红听到门的响声或者狗叫的声音,心就剧烈的跳动起来。这时候,萧军就像对待被噩梦惊醒的孩子似的,把他的大手按住萧红的胸口。不住地安慰她:"不要怕,我们有什么? 什么也没有。"萧红感到萧军的那双大手就像母亲的手。

《商市街》还回忆了她和萧军在一起的快乐时光。当他们有了钱的时候,当他们的书出版了的时候,萧红就像一个孩子那样欢天喜地。在她的心情明朗些的时候,她往往用风趣的笔调描写苦痛,用爱怜的态度回忆萧军的一举一动。《他的上唇挂霜了》描写萧军在寒冷的冬天到很远的地方给人家上课,回来的时候,上唇挂着霜,就像小姐们耳朵上挂着的耳环。《当铺》描写她当掉棉衣买回包子后,饥饿中的萧军狼吞虎咽的样子:"他在吃包子的嘴,看起来比包子还大,一个跟着一个,包子消失尽了。"《借》回忆她和萧军出去借钱而不得。回来后萧红的肚子又冷又饿,萧军找了一个玻璃瓶盛热水给她暖肚子。不料玻璃瓶底炸掉了,水洒了一地。萧军拿起没有底的瓶子当号筒来吹。这时候苦涩的生活也显得富有情趣。萧红是爱萧军爱生活的,通过这些她咀嚼着生活和爱情的酸甜苦辣。

独白中的对话

《商市街》是萧红的情感经历和心灵记录,是独语。何其芳说过,"可爱的灵魂都是倔强的独语者。"萧红在《失眠之夜》中也讲到,她与萧军在谈话时,两人往往喜欢打断对方。他们都愿意倾诉而不愿意倾听。萧红发现："我们讲的故事彼此都好像是讲给自己听，而不是为着对方。"那么可以说，《商市街》也首先是萧红写给自己看的，是对自我内心世界的重新审视。她要静下心来反思一下两人的关系和感情，究竟哪里出了问题。有些文章通篇都是作者内心的独白。

《度日》回忆她在做着烦琐的家务：火炉台擦亮；碗、筷子、小刀摆在格子上；点起火炉、擦地板、铺床、削土豆、炒菜；饭后又是洗碗、刷锅、擦炉台、摆好木格子。循环往复。显然她不愿意围着锅台转。可是她只有劝慰自己："这不是孩子时候了，是在过日子，开始过日子。"《雪天》《搬家》等许多散文都是作者的自我劝慰：饥饿、寒冷、寂寞，可是他在外面更冷、更饿。家庭生活琐碎，无意义。不愿做家庭妇女，可是"不做妇人，哪里会烧饭？不做妇人，哪里懂得烧饭？"是自言自语，自说自话。《饿》甚至表现了一些下意识和潜意识活动，她想逃离家庭，但有一种高处不胜寒的感觉：

> 窗子在墙壁中央，天窗似的，我从窗口升了出去，赤裸裸，完全和日光接近；市街临在我的脚下，直线的，错综着许多角度的楼房，大柱子一般工厂的烟囱，街道横顺交织着，秃光的街树。白云在天空作出各样的曲线，高空的风吹乱我的头发，飘荡我的衣襟。市街像一张繁繁杂杂颜色不清晰的地图，挂在我们眼前。楼顶和树梢都挂住一层稀薄的白霜，整个城市在阳光下闪闪烁烁撒了一层银片。我的衣襟被风拍着作响，我冷了，我孤孤独独的好像站在无人的山顶。每家楼顶的白霜，一刻不是白银了，而是些雪花、冰花，或是什么更严寒的东西在吸我，像全身浴在冰里一般。

然后她重新回到现实之中，回到家庭之中。接下来写她的老师来访，问她是否一个人住。她回答"是"。回答后又自责：明明是和郎华同住，怎么说自己住呢？老师接着说了一番话，倒不如看作是萧红的心里话更恰当：

> 还是一个人好，可以把整个的心身献给艺术。你现在不喜欢画，你喜欢文学，就把全心身献给文学。只有忠心于艺术的心才不空虚，只有艺术才是美，才是真美情爱。这话很难说，若是为了性欲才爱，那么就不如临时解决，随便可以找到一个，只要是异性。爱是爱，爱很不容易，那么就不如爱艺术，比较不空虚……

　　这一段描写是萧红内心的感受,痛苦和矛盾,在家庭与个人之间,爱情与事业之间彷徨无主。虽然是对往事的回忆,却隐含和交织着现实的焦虑和苦闷。

　　同时,《商市街》又是萧红写给萧军的,是对萧军的情感交流和深情对话。过去的日子虽然不堪回首,但是毕竟是两个人共同走过的,有痛苦,也有甜蜜。萧红对萧军仍然是依恋的,可是她感到萧军却在逐渐离她远去,心中有一种隐痛,但又无人倾诉。萧红是隐忍的,她不愿伤害萧军。后来她在给萧军的信中坦言:"我虽写信并不写什么痛苦的字眼,说话也尽是欢乐的话语,但我的心就像被浸在毒汁里那样黑暗,浸得久了,或者我的心会被淹死的。"①许广平回忆说,"他们虽然彼此分离,但两方都从没有一句不满的话,作为向对手翻脸的理由,据我所听到,是值得提起的。"②

　　萧红抑制着内心的苦痛创作了《商市街》,她细心地审视了过去的生活,回忆着内心的体验,袒露了自己真实的情感世界。有些地方可能只有萧军才能真正读懂。在这个意义上可以说,《商市街》记录的是萧红的生活、心理和情感历程。

---

　　① 萧红致萧军(1937年5月4日),载《萧红文集·散文诗歌及其它》,安徽文艺出版社1997年版,第321页。

　　② 许广平:《追忆萧红》,载《萧红文集·散文诗歌及其它》,安徽文艺出版社1997年版,第377页。

萧红及其文采

（美）葛浩文①

一、作品主题及其写作态度

萧红作品的主题，大体而言，可以分成两大类：（一）在非小说类的散文杂感中，她的作品主题大多是自传体记叙文；（二）在小说类中，作品主题主要是描写农民。前类以《商市街》为代表，即使她那相当长的《回忆鲁迅先生》也是以自传体为主，她在文中写她自己的篇幅几乎和写她书中主角——鲁迅——的分量不相上下。在萧红散文中，读者很难找到富哲理式的长篇大论，至于文学理论或宣传式的文章，她显然既无雅兴，也缺此学养②。此外，在她的作品中，也几乎看不出那些可帮助我们了解她创作动机，写作习惯和方法的痕迹（这偶然在她的书信，谈话记录中出现）。即使连她本人可能也说不出那些使她产生灵感、创造体裁以及她所受外在影响及各种成就的因素。

---

① 本文选自葛浩文著《萧红传》，复旦大学出版社 2011 年版。
葛浩文：美国圣母大学教授，翻译家，萧红研究专家。
② 这不是说她完全不顾文学之宣传效果——她在重庆和香港写的散文偶尔具有呼喊和唤醒民众的作用。

一般而论,萧红是不太擅长散文和杂感的,所以她的此类创作并不多。当然《商市街》及《回忆鲁迅先生》是显然的例外。以写作技巧和文体清顺而论,她的其他散文杂记,很少可与这些作品一较长短的。

(一)农民角色

萧红主要是以小说创作在当代中国文坛留下盛名的。她的美誉仅建立在四部小说上,且其中有三部小说比当时一般所谓的小说要短些。她就以这些小说和屈指可数的一些短篇故事成了当时文坛描写中国东北农人生活的前卫作家之一。当然,萧红不仅是只写东北农人;她的《马伯乐》以及《马伯乐》前身的那个短篇《逃难》,都是很不错的作品。而那些故事中的背景都是大城市,而其中的主角都是"城里人"而不是"乡下佬"。萧红作品中还有其他不同的主题以及各式各样的人物,像《红的果园》中的日本教师,《黄河》中的船夫,以及《孩子的讲演》中的那在革命学校中演说的小孩等。在萧红大部分成功的作品中,农人的故事还是极占分量;她对农民的态度是错综复杂的——是一种兼混着怜悯和憎恨的情感。她之所以为农人们仗义执言,主要是因为农人们一向受那些贪得无厌的地主们、城市中的市侩们、军阀的部队、列强侵略者以及反复无常的大自然的无穷迫害。在萧红心目中,那些农人既可怜可悲,又勇武可爱。他们受尽虐待,但又极端顽强。他们并不聪明,因此他们往往是悲惨命运的保持人。

萧红不是共产主义者,因此她没有一般党员在党领导下可改变现状的信心。她认为只有农人自己才是改革他们生活现状的惟一希望。她一方面赞扬农人们与生俱来的无限潜力,也同时对他们那种泥古不化的保守作风予以申斥。在思想上,她既不属于社会主义,也不是马克思主义,而是个道道地地的人道主义和个人主义的信徒(这一点她与她的恩师鲁迅也不分上下),因此她对农人们那种愚昧无知的残酷和缺乏同情心大加谴责。因为农人们这种行为和态度不得不使她痛心疾首,而她认为他们这样做等于自取灭亡。在《呼兰河传》中描写极端惨无人道虐待团圆媳妇的一段,可算是她作品中最强有力的控诉。一个无辜的生命,尤其是个女人,竟会遭到如此残酷的精神和肉体上的虐待,对萧红而言,简直是天地不仁,以万物为刍狗,毫无公理可言。像这类的题材,一再出现在她的作品中。

冯歪嘴子是在这种残酷虐待下的另一个牺牲品:他和他的同居妻子受到像团圆媳妇般的迫害,但冯歪嘴子却屹立不摇,他对那些虐待置之不理。此外,在萧红

的故事中又揭露了农人的另一种弱点,她痛责那些有病态好奇心的无数旁观者,喜欢看执行死刑及其他有关不人道的人类暴行:

有的看了冯歪嘴子的坑上有一段绳头,于是就传说着冯歪嘴子要上吊。

这"上吊"的刺激,给人们的力量真是不小。女的戴上风帽,男的穿上毡靴,要来这里参观的,或是准备着来参观的人不知多少。

西院老杨家就有三十多口人,小孩不算在内,若算在内也有四十口了。就单说这三十多人若都来看上吊的冯歪嘴子,岂不把我家的那小草棚挤翻的吗?就说他家里那些人中有的老的病的,不能够来,就说最低限度来上十个人吧。那么西院老杨家来十个,同院的老周家来三个——周三奶奶,周四婶子,周老婶子——外加周四婶子怀抱着一个孩子,周老婶子手里牵着个孩子——她们是有这样的习惯的——那么一共周家老少三辈总算五口了。

还有磨房里的漏粉匠,烧火的,跑街送货的等等,一时也数不清是几多人,总之这全院好看热闹的人也不下二三十。还有前后街上的,一折了消息也少不了来了不少的。

"上吊!"为啥一个好好人,活着不愿意活,而愿意上吊呢?大家快去看看吧,其中必是趣味无穷,大家快去看看吧。

再说开开眼也是好的,反正也不是去看跑马戏的,又要花钱,又要买票。

所以呼兰河城里凡是一有跳井投河的,或是上吊的,那看热闹的人就特别多,我不知道中国别的地方是否这样,但在我的家乡确是这样的。

投了河的女人,被打捞上来了,也不赶快的埋,也不赶快的葬,摆在那里一两天,让大家围着观看。

跳了井的女人,从井里捞出来,也不赶快的埋,也不赶快的葬,好像国货展览会似的,热闹得车水马龙了。

其实那没有什么好看的,假若冯歪嘴子上吊,那岂不是看了很害怕吗?

有一些胆小的女人,看了投河的,跳井的,三天五夜的不能睡觉。但是下次,一有这样的冤魂,她仍旧是去看的,看了回来就觉得那恶劣的印象就在眼前,于是又是睡觉不安,吃饭不香。但是不去看,是不行的,第三次仍旧去看,哪怕去看了之后,心里觉得恐怖,而后再买一匹黄钱纸,一扎线香到十字路口上去烧了,向着那东西南北的大道上磕了三个头,同时嘴里说:

"邪魔野鬼可不要上我的身哪,我这里香纸的也都打发过你们了。"

有的谁家的姑娘,为了去看上吊的,回来吓死了。听说不但看上吊的,就是看跳井的,也有被吓死的。吓出一场病来,千医百治的治不好,后来死了。

但是人们还是愿意看,男人也许特别胆子大,不害怕。女人却都是胆小的多,都是振着胆子看。

还有小孩,女人也把他们带来看,他们还没有长成为一个人,母亲就早把他们带来了,也许在这热闹的世界里,还是提早的演习着一点的好,免得将来对于跳井上吊太外行了。①

诸如此类的描写,时常出现在萧红叙述农家生活、农人态度和价值观念的章节中;她对农人时而怜悯时而讽刺,与 19 世纪法国多产作家乔治·桑(George Sand)及一些其他作家专门美化农村生活的态度大相径庭(因曾有人将萧红与乔治·桑相比②)。萧红对农人的看法是忠诚的,她认为农人每天与环境挣扎,辛勤工作以谋糊口,不仅是社会急需解决的问题,而且农村实况也是个非常值得报道的题材。

《生死场》出版后,萧红曾向朋友如此表示过她对她笔下农民的态度:

我开始也悲悯我的人物,他们都是自然的奴隶,一切主子的奴隶。但写来写去,我的感觉变了。我觉得我不配悲悯他们,恐怕他们倒应该悲悯我咧!悲悯只能从上到下,不能从下到上,也不能施之于同辈之间。我的人物比我高。③

虽然她小说里所表现的和她本人的话语偶尔不合(这点证实文学作品的独立性,一经写出后与作者某些方面已经脱离关系),但我们仍不妨断定,由于萧红发表了几部小说和几个短篇,她便成为 20 世纪初期最前卫而且最有成就的东北农民生活代言人。

(二)女权主义

笔者在本书中,曾多次提到萧红对男性大为不满的态度。事实上,女权主义在

① 《呼兰河传》,香港版,第 236～238 页;黑龙江版,第 205～207 页。
② 许定铭:《论萧红及其作品》,载于《文坛》(香港),第 329 号(1972 年 8 月),第 59 页。
③ 聂绀弩:《〈萧红选集〉序》,二版(1981,北京),第 4 页。

萧红的作品中,除《马伯乐》之外,是最常见的题材。在萧红个人生活方面。她本身就是个以女性为玩物的男性中心社会中的受害者。因此像这种女权主义的论调,在她的作品中屡见不鲜是不足为奇的。萧红的反男性态度在她的作品中,以下列两种姿态出现:一种是直接的,独特化的,常以大吼大叫来表现;另一种是比较间接而且是非常有效的方法。在作品中,以哀怜的女性为主角,让读者自己一步一步领会到女性们在以男性为中心的社会里所占的可怜卑下的地位。例如《牛车上》一文中的五云嫂,是她丈夫无能维持家庭生计下的受害者。《山下》中,那瘸腿女人和她的女儿被丈夫遗弃。在《桥》一书中,有几篇都是描写女人被欺侮的故事。此外在《生死场》和《呼兰河传》两书中,也都有生动有力的章节,描述女性在男性手下受摧残的情形。最后《小城三月》中的女主角——翠姨——是被那剥夺女性选择幸福权利的社会制度所活活逼死的。为了怕读者忽略掉她书中女性主义的信息,萧红从她最早的作品到《呼兰河传》中都穿插了一些时而讽刺,时而愤恨及动人心弦的对男性虐待女人的强烈反感。从下列《呼兰河传》摘文中所描述的城中两个大庙——老爷庙及娘娘庙——的情况,可了解到她笔锋下的讽刺、愤恨及动人的三个方面:

塑泥像的人是男人,他把女人塑得很温顺,似乎对女人很尊敬。他把男人塑得很凶猛,似乎男性很不好。其实不对的,世界上的男人,无论多凶猛,眼睛冒火的似乎还未曾见过。就说西洋人吧,虽然与中国人的眼睛不同,但也不过是蓝瓦瓦的有点类猫头的眼睛而已,居然间冒了火的也没有。眼睛会冒火的民族,目前的世界还未实现。那么塑泥像的人为什么把他塑成那个样子呢?那就是让你一见生畏,不但磕头,而且要心服。就是磕完头站起来再看看,也绝不会后悔,不会后悔这头是向一个平庸无奇的人白白磕了。至于塑像的人塑起女子来为什么要那么温顺,那就告诉你,温顺的就是老实的,老实就是好欺负的,告诉人快来欺负她们吧!

人若老实了,不但异类要来欺负,就是同类也不同情。

比方女子去拜过了娘娘庙,也不过问娘娘讨子讨孙。讨完了就出来了,其余的并没有什么尊敬的意思。觉得于孙娘娘也不过是个普通女子而已,只是她的孩子多了一些。

所以男人打老婆的时候便说:

"娘娘还得怕老爷打呢?何况你一个长舌妇!"

可见男人打女人是天理应该的,神鬼齐一。怪不得那娘娘庙里的娘娘特别温顺,原来是常常挨打的缘故。可见温顺也不是怎么优良的天性,而是被打的结果,甚或是招打的原由。

上面这段引文中,显示了萧红好些观点不但睿智达理,而且辞意畅通。

在另一章节中,萧红以极尽讽刺手法,揭露萧军的一个朋友嫖妓的故事。这是她作品中有关男人对女人性关系态度的篇章之一:

"那些女人真可怜,有的连血色都没有了,可是还站在那里拉客……"他常常带着钱去可怜那些女人。

"最非人生活的就是这些女人,可是没有人知道更详细些。"他这态度是个学者的态度。说着他就搭电车,带着钱,热诚的去到那些女人身上去研究"社会科学"去了。①

一般而言,萧红尽量避免在作品中谈到性问题,即使提到也极保守。但她也曾在《生死场》一书中破过一次例,她写金枝与她情人之间的绘声绘影的爱恋,文中充满着淫荡兽性;那段除了最早的一版刊载外,以后的版本都删除了。

(三)抗日作品

文评家常说萧红作品大部分是以抗日为主题。持这种论调的人都显然将主题和作品的时代背景混淆。诚然,她写的四部小说中的三部(如果把《生死场》最后的三分之一代表全书,而笔者不同意此看法),以及大部分在 1937 年后写的短篇小说及散文都是以战争作背景,但这些作品的主题却是另有所指;我们需要到书中仔细研究。作品中战争只不过是偶发事件,它的主要功能只是背景陪衬而已。当然如果我们说萧红从没写过所谓"抗日文学"或说她不是"抗日文学"的发起人之一,那也是不对的(她于哈尔滨写的《看风筝》和于重庆写的《旷野的呼喊》就是写抗战事)。但遗憾的是,到前几年为止,一般文评家过分强调她的"抗日文学",而事实上那只不过是她写作事业的奠基。从文学观点来看,"抗日文学"根本不是她作品

---

① 萧红:《三个无聊人》,收入《桥》,第 103 页;《萧红散文》,第 21 页。

中显著的特色（她自己说过："作家们写作的出发点是对着人类的愚昧。"①她的生活经验范围虽窄,但她的文艺观点反而特别广）。当萧红的写作才能与日俱进时,她在文评家眼中的地位反而江河日下,后来竟落到人们仅把她当成抗日作家看待。而持此种论调的人所凭据的,只不过是她作品中,从纯文艺角度来看比较弱、技巧比较不圆熟的一本小说——《生死场》——而那小说的效果被勉强以"抗日收场"为结局所严重地破坏了。

自然,她对"王道"的厌恶与其他的同胞,特别是"流亡异地的东北同胞"一样深;她的一些散文很清楚地证实这点。不过,散文不是小说,而小说里的人物和作者都住在不同的世界里;我们在此所谈论的是"小说世界"。

萧红的导师鲁迅,之所以在中途放弃医学是因为:

我便觉得医学并非一件紧要事,凡是愚弱的国民,即使体格如何健全,如何茁壮,也只能做毫无意义的示众的材料和看客,病死多少是不必以为不幸。所以我们第一要着,是在改变他们的精神,而善于改变精神的是,我那时以为当然要推文学。（《〈呐喊〉自序》）

萧红的看法或许相同:抗战事业虽然很重要,但治好中国"体格上的病"后,国家就会全好了吗？若国民或全人类的"愚昧"还没消灭,那不可能吧。因此,和鲁迅一样,萧红用她的笔杆来揭露、分析甚至于讽刺中国人,特别是农民,认为他们最基本的弱点是他们的"愚昧"。说萧红是位"抗日文学"的小说家,不但是个误会,更是小看了她的文学贡献。

二、萧红的文体与技巧

（一）"诗"与"人"

当我们讨论到萧红的文体时,首先要谈的是她那简洁、不雕琢、自然得像诗样

---

① 引自《七月》中的一次座谈会笔记录。转载于邢富君、陆文采《论〈呼兰河传〉及其评论》,1981年4月（未发表）,第6页。

美的精练行文。除了在《呼兰河传》全书中及其他几篇特别优美的篇章外,她这种优美精简的文笔,当读者初读时很易被忽略,原因是她的行文太流畅,太自然了。她这种如行云流水般的文体,也就是她成功的关键所在。萧红的文章是真挚感人的,从不转弯抹角或使人扯不清楚,并且特别女性化。这并不是说她的文章柔弱无力,因为强有力的笔调并不一定要夸大其词,也并不是说简洁的文章就等于儿诗童话一样缺乏深度。要想行文有力,那么文句一定要与书中景况相吻合,更要设法配合书中角色的身份。以她书中的背景主题和角色而论,她无论在对话还是叙述的章节中,已经是非常技巧地避免使用华而不实、枯萎无力或过分缠不清的语句。即使当她书中人物因感情不逼真或个性没能充分发挥而缺乏深度时,那些人物仍能表现得诚挚自然而扣人心弦、栩栩如生。

在前面数章中我们曾提到过萧红的记叙日常偶发事物和情景的惊人本领。她能将一件大事提纲契领,用画龙点睛的笔法而使她的作品显得自然诚挚。而又常因她那种话音未落尽的叙述本领,不论是悲欢离合或讽刺幽默的日常貌不惊人的琐事,也被写得淋漓尽致,使她作品里带有种令人欲罢不能的吸引力。简言之,她那支为读者创造书中人物、情景以及事物精华的生花妙笔,加上过人的写作技巧,使得她的作品富有真实感。

上头曾说过,萧红的行文美"像诗样"。这个"诗"字用得一点也不随便,一点也不夸大。萧红写过诗①,一共十题六十首,"最短的只有两行,最长的也不过三十几行"②。诗是萧红最早发表的文章③,诗是萧红最早阅读的文学作品④,诗也是萧红身边少不了的东西⑤。不过,她写小说,写散文的时候,也是用诗人之笔来写,她

----

① 萧红在日本时的心境可从她写的一组定名为《沙粒》的短诗中看出来。这组小诗集据推测是 1937 年 1 月 3 日她在东京写的。这三十四首像日本俳句似的小诗,以悄吟为笔名在 1937 年 3 月 20 日《文丛》的创刊号上发表(第 164～170 页)。诗中很明显地表露出她的自怜及远离亲朋的伤感。

② 余时(姜德明):《萧红的诗》,第 13 页。萧红的自抄诗集是姜氏于北京的鲁迅博物馆发现的;这红色的小本子是许广平保存下来的。

③ 《春曲》是她的真正的处女作——发表于 1932 年中的《国际协报》上。

④ 见《呼兰河传》第三章,及张秀琢:《重读〈呼兰河传〉,回忆姐姐萧红》,刊于《海燕》,1979 年第 5 期,第 57～61 页;又收入《怀念萧红》,第 48～55 页。

⑤ 她在 1936 年 9 月 9 日给萧军的信中说:"唐诗也快寄来,读读何妨? 我就是怎样一个庄严的人,也不至于每天每月庄严到底呀? 尤其是诗,读一读就像唱歌似的,情感方面也愉乐一下。"见《萧红书简辑存注释录》,第 44 页。

"是一位富有诗人气质的小说家和散文家"①。有一位评者说得好:萧红"不以诗名,别具诗心"②。请看,〈呼兰河传〉的"尾声"不是诗吗:

呼兰河这个小城里边,以前住着我的祖父,现在埋着我的祖父。

我生的时候,祖父已经六十多岁了,我长到四五岁,祖父就快七十了。我还没长到二十岁,祖父就七八十岁了。祖父一过了八十,祖父就死了。

从前那后花园的主人,而今不见了。老主人死了,小主人逃荒去了。

那园里的蝴蝶,蚂蚱,蜻蜓,也许还是年年仍旧,也许现在完全荒凉了。

小黄瓜,大倭瓜,也许还是年年地种着,也许现在根本没有了。

那早晨的露珠是不是还落在花盆架上,那午间的太阳是不是还照着那大向日葵,那黄昏时候的红霞是不是还会一会工夫会变出来一匹马来,一会工夫会变出来一匹狗来,那么变着。

这一些我不能想象了。

听说有二伯死了。

老厨子就是活着年纪也不小了。

东邻西舍也都不知怎样了。

至于那磨房里的磨官,至今究竟如何了,则完全不晓得了。

以上我所写的并没有什么幽美的故事,只因他们充满我幼年的记忆,忘却不了,难以忘却,就记在这里了。③

看过《呼兰河传》这本"叙事诗"④的读者,谁忘却得了呢?

萧红在她作品中惯用的手法,是侧重在文字的洗练和她个人与故事的密不可分的关键上。而她很少在人物的创造、心理分析研究或冗长的戏剧场面上下过工夫。萧红在本质上是个善于描写她私人经验的自传体式作家。她个人自身与作品的关系愈疏,则该作品失败的成分就愈大,反之亦然。她作品中小说虚构的成分愈

① 余时:《萧红的诗》,第 12 页。

② 熏风:《不以诗名,别具诗心》,此文将萧红诗及萧红文中的"诗义"和"诗艺"分析得很好,值得一读。

③ 《呼兰河传》,香港版,第 249 ~ 250 页;黑龙江版,第 217 ~ 218 页。

④ 茅盾:《〈呼兰河传〉序》,载《呼兰河传》,香港版,第 32 页;黑龙江版,第 9 页。

浓,则故事的感人性则愈少。

她小说中的所有主角除了一两个例外,几乎都是女性。她小说中的女性角色可算是她书中惟一写得好的人物。除了角色们性别的关系以外,她作品中还有其他几个特点:其中之一是她书中有仆役阶级的人物,另一就是那一再出现的小孩子,仅与父母之一相依为命,或与祖父母之一过着日子。毋庸置疑的,她的作品大都是悲剧性的,而绝大多数都是描述穷苦无告的可怜人。有时我们在她作品中也发现有些人受折磨,是因他们自身的缺点而咎由自取,她小说中大部分的恶棍,却是地主、富豪以及中外军人们。在她某些故事中却又显出,那些折磨,像对宇宙大嘲弄似的来到人间,好像命运之神硬要让那些最不该受苦难的人受到人间最残酷的惩罚,又好像是说人们的善良和勇敢就是他们受苦致命的根源。

像萧红这样有才华和声誉的作家,竟只创造出马伯乐那个惟一令人难以忘怀的角色,实在有点令人惊讶不已。即使马伯乐也只是讽刺角色中的陈腔滥调,他既没经过小说人物发展的特别过程,他的举止也没令人惊异之处。遗憾的是,萧红这种人物创造上的弱点,也见之于其他短篇故事和她那富有高度插曲性的长篇——《生死场》一书中。在短篇里,这类弱点并不大显著,因为所谓的短篇本身就很难有让故事中人物高度发展的机会(这一点,《手》里的王亚明和《小城三月》里的翠姨可能是例外)。萧红的第一本小说缺乏主角(即缺乏真正有深度的人物),是她作品不能一鸣惊人的主要原因之一。因此我们可以推断身为作家的萧红最常犯的是不容易在她作品中创造令人信服或惊讶的角色来。这并不是说她作品中的人物都是毫无特色或个性;相反的,那些人物有许多表现得很有理想,非常感人,且永留在读者记忆中。萧红所写的大部分作品,即使是缺乏以上所谓的多元性个性的角色,但仍极优秀,因此我们不免想象,如她能在这方面多下工夫,能将人物描写运用自如的话,她的成绩又该会达到何种程度呢?

我们假如从另一角度来看萧红书里的人物,那就是以"社会效果"而不是"艺术效果"来看,也许会与下面的结论发生共鸣:

你所写的那些人物,当他们是个体时,正如你所说,都是自然的奴隶。但当他们一成为集体时,由于他们的处境同别的条件,由量变到质变,便成为一个集体英雄了,人民英雄,民族英雄。①

又:

萧红所要完成的,正是鲁迅曾经提出过的历史任务:真实地、历史地写出我们民族、人民从"个人主义"到"集团主义"其间的桥梁。萧红的历史贡献也在这里。②

(二)情感与小说

白朗曾说过:

萧红是一个神经质的聪明人。③

许广平曾说过:

当然不能否认,萧红先生文章上表现相当英武,而实际多少还赋予女性的柔和,所以在处理一个问题时,也许感情胜过理智。④

萧红自己曾说过:

我的心就像被浸在毒汁里那么黑暗,浸得久了,或者我的心会被淹死的,我知道这是不对,我时时在批判着自己,但这是情感,我批判不了。⑤

萧红的80年代的读者则认为:

---

① 聂绀弩:《〈萧红选集〉序》,第4~5页。
② 钱理群:《"改造民族灵魂"的文学——纪念鲁迅诞辰一百周年与萧红诞辰七十周年》,载于《十月》1982年第1期,第234页。此文在论萧红与鲁迅之间的关系(特别是思想和文艺成就)方面算是一篇力作。
③ 白朗:《遥祭》,第9页。
④ 景宋(许广平):《追忆萧红》,载《怀念萧红》,第18页。
⑤ 《萧红书简辑存注释录》,第26~27页。

没有谁比鲁迅与萧红更重视感情在创作中的作用的了。鲁迅说："创作总根于爱"，萧红以为"一个题材必须要跟作者的情感熟习起来，或者跟作者起着一种思想的情绪"。他们从不以旁观、冷漠的态度进行创作，总是把自己的全部感情倾注于描写对象之中；在塑造"民族魂"的同时，他们真诚地显示着自己的灵魂。①

总而言之，萧红确是一位富有感情的人；她这些感情，在她生活上，固然是她的悲剧的根源之一，但在她的文学作品中，竟是最具撼动力的一面。

（三）导师·端木·萧红

很多文评家曾针对其他作家对萧红的影响大做文章。梅林曾说：……自从她和萧军离开后，除了保存几分坦直的性格而外，无论在哪方面都可以看出她的"可塑性"，容易受接近她的人的影响，甚至作品的风格②。在萧红个人生活方面，梅林这种论调似乎无可厚非，萧红这种"可塑性"自她成年后就非常显明。至于说她自己与萧军分手后她的文风也轻易受别人影响，那似乎令人难以信服。

我们早已提过萧红与萧军分手后的两部主要作品之一——《马伯乐》——这书可能是受过老舍早期作品的影响。但她这书绝不像她的朋友们所写过的任何一本，我们从中也看不出她这书受过她周围人的任何影响。但另一方面，她的《呼兰河传》，虽然在文风和主题上仍是她自己的一贯手法，但却与另一作家——端木蕻良——的《大江》好有一比。这两本文风迥异的作品，在主题上却数处相同，而此书正是端木与萧红同居时期的作品③。

我们在前述章节中曾偶尔涉及萧红笔下有关家乡日落的奇景异象。那些所谓多彩多姿的"火烧云"也在《大江》中露面。但它的效果远不如萧红所写。端木惯用开门见山式的直叙，而萧红则喜用暗示性的隐喻；端木是以知识分子的理智来处

---

① 钱理群：《"改造民族灵魂"的文学》，第 234 页。

② 梅林：《忆萧红》，第 35 页。此段在《怀念萧红》里被删去；全段是：她到了香港近两年的样子，写了两个长篇小说：一为《呼兰河传》，一为《马伯乐》，但都不如她前期底作品富有生活实感和生活色泽；同时也仿佛失去了她自己原有的那种牧歌似的风格，但不足为异，她自从和萧军离开后，除了保存几分坦直的性格而外，无论在哪方面都可以看出她底"可塑性"，容易受接近她底人的影响，甚至作品的风格。

③ 《大江》，晨光出版公司 1947 年版。此时，萧红才写完《呼兰河传》的稿子。

置他的题材,而萧红则全凭她个人的感觉及喜好。对她而言,写景叙情是她那大景致和社会现象画面上的写作主干,但对端木而言,那只不过是个衬景。《呼兰河传》和《大江》中都有段相当长的"跳大神"的描述,且介绍驱邪赶鬼的仪式。萧红在《呼兰河传》第二章中,以生花妙笔描绘了"跳大神"的种种,在团圆媳妇那节中再加强谈"跳大神"的事。端木在《大江》中的跳大神叙述也很长,他的有关跳大神措施虽然和萧红近似,但他那种学术性的叙述却不及萧红在《呼兰河传》中的描绘来得动人心弦。端木在此类故事中超然的立场正如萧红那种非常主观而与书中情节密不可分的关系一样的明显,但萧红的描述比较让读者满足,她的细心地检视她的主题使得书中人物更生动,这是端木所不及的。

他们两人互相参照或模仿是有可能的。但问题是究竟谁参照谁,谁模仿谁?不论这问题是否与本文有关,我们是无法得到一个十分肯定的答案的。但由萧红巧妙地运用她书中的各种主题所产生的超越效果来看,即使那些手法技巧不是她开始使用,她也有此能力的。总之,无论其他作家对她个人生活的影响有多大,但在写作上,她自有主见,绝不依靠别人的观念,她全仰仗她的天然禀赋[1]。

从萧红将近一百万字的全部作品看来,她之所以能在中国现代作家林中占相当重要的地位,主要是由于下列作品:《生死场》(并不全是为该书的文采,而多半是因为它的历史价值及影响)、《商市街》、《马伯乐》及《呼兰河传》。如果读者想更进一步研究,那须亲自读原著才行。现在我们在此作一结论:萧红的天才,体现在她有重述她过去生活中的景象,以充满感情、理解及清澈的笔触去叙述东北农人生活及介绍她家乡秀丽山川的本领。她的这种本领,使她像个以语言作媒介来表达她意向的艺术家,她的成功的作品,就是她极端感人和引人入胜的艺术品。

结　论

萧红的一生几乎跨越了自1911年辛亥革命到抗战胜利这段战火连绵、多灾多难的岁月。她短暂的生命历程非常吸引人,远比笔者在这本专题研究中所能介绍

---

① 端木蕻良在这方面有他的意见:他对一位评论家之认为萧红与端木结婚后,她的作品就变成"枯燥无味了"的话,如此说:当然也可以看出萧红的文风是有些转变,至于好坏,姑且不去谈,这点我还很佩服他的眼光,因为萧红确实有所转变。这改变是表面上的;萧红的气质、文笔、风格是一贯的,从她短文章一直到长的文章那是一贯的。(1981年访问记录)

的一切,更令人神往。她的一生大部分可说是由中国政治现状所形成,所局限。而她的英年早逝也可说是由中国政治现况所招致。若我们回顾她成年后的生活,不难看出萧红的一生并不能列入所谓的"中国传统女性模式"中。她的生活方式可说大半是受一连串不幸事件和她生长的危险时代以及她周围人所影响,很少是受她天生反叛性或来自她内在的任何力量所驱使。

所谓的"新秩序"至少在理论上是提倡"男女平等",这张招牌无可否认地具有相当吸引力。尤其在大都市中,年轻的一代都在寻找着新的"模式"。萧红就是这一代为了所谓"现代化",不惜付出任何代价的一大部分人中的典型人物。遗憾的是他们那些人往往在身心方面都欠缺面对新生活方式的准备。对女性而言,这新的变革和考验是非常艰辛的,惟有那最坚强的人才能安然无恙地渡过难关。但萧红却不是个坚强的女性,她在一个非常保守的家庭中长大,自幼就乏人垂爱。成年后她又在一个非常不健全的环境中成长,加上她那天生的敏感性和不更世故的毛病。如果她的问题仅止于此,她也许还能勉强期望过一个相当平稳简单的生活。可是,由上文中,我们可看出由于内外两种阻力,使这理想无法实现。当萧红二十岁时,对日抗战可说是从她家乡开始了,而她的余生就是一直在逃离战乱中度过。在那不到八年的岁月中,她到处奔波,从没在一处住过两年以上。往往待一阵就再逃,自离开哈尔滨后,她被逼近的战火赶到青岛和上海,又到临汾、西安、武汉、重庆,最后当第二次世界大战正式开场时,她终于逃到了香港。从她最后误听人言,决定逃港这件事看来,她那不幸的心理上缺乏主见的缺陷,对她日后的影响,远比对日战争来得大。

至于谈到其他因素,从萧红个人的写作及她朋友们的回忆中可看出,她虽极端地渴望着能自恃自立,但事实上却证明她极端需要依靠他人——特别是男人。由她厌恶那些真正关心她的女性朋友的劝告,而常依顺男人的需求索取的行为显出了她这个缺点。她一生中这是个最大的缺点——那也正就是她一切不幸的根源。萧红好像对把自己牵入无须有的困境,然后再选择其中最困难的出路,因此使她自己陷进更大的悲愁中有着过人的本领。我们从她那受尽折磨的一生中可看出,她好像有种被虐待狂似的,把她自己的过人才智和平静心田去供那些男人利用,去为他们做那些下贱和辛劳的琐事,如抄写东西,做做情妇以及管管家等。萧红自认为她是娘娘庙中的娘娘;她那敦厚的秉性,使她成了那些讨厌而不诚实的男人们欺侮的对象。在那几个拥有这声名的男人中,萧军虽然给萧红的待遇是最令人难堪的,但他的动机却比其他几个也许纯洁多了。当萧红一反常态竟敢离他而去时,萧军真是大吃一惊。如果早知如此,那妄自尊大的萧军可能会想尽办法好好待她。萧军之所以对萧红如此,除了归咎于他那反复无常的性格外,他对男女地位的错误观念是主要因素。他以简洁清晰的笔调记下他的看法:

"爱的! 这就是人生吗? 有了爱,有了家……"
每当她快乐的时候,就要勾紧我的脖子,逼着我解答她一些奇妙的问题。
"唔……这就是人生!"
"不,人生总不会就是这样简单……一定还有些别的? ……"
"再有的是……有了爱,有了家……再有的是……就该是孩子们了……"
"除开孩子。——""没有了……"我作着思索的样子,接着说:
"这对于一个女人的需要,已经是够了!"
"我不是单独说的女人……'人生'并没有分别着男人和女人的……"
"那么,对于一个男人……再加上一项,就是赚钱……"①

他既说出他的看法,他爱萧红就是根据这观点,可是对萧红而言,那是不够的。
萧红刚从日本回来的时候,因为"恩师"鲁迅已去世,她与萧军间的情感也受到打击,所以,这可能是她一生中情绪上最痛苦的日子;她于 1937 年 5 月 4 日给萧军写信中这样哀叹她的命运:

这几天我又恢复了夜里骇怕的毛病,并且在梦中常常生起死的那个观念。
痛苦的人生啊! 服毒的人生啊!
我常常怀疑自己或者我怕是忍耐不住了吧? 我的神经或者比丝线还细了吧?
……

我哭,我也许不能哭。不允许我哭,失掉了哭的自由了。我不知为什么把自己弄得这样,连精神都给自己上了枷锁了。
这回我的心情还不比去日本的心情,什么能救了我呀! 上帝! 什么救了

---

① 萧军:《为了爱的缘故》,收入《一月十五日》,第 168 页。

我呀!①

在此信的注释中,萧军说:"我知道这一次痛苦主要是我给予她的。"②他又说:"如果说对于萧红我引为终身遗憾的话,应该就是这一次'无结果的恋爱',这可能深深刺伤了她,以致引起她对我深深的、难于和解的愤恨!"③

至于对端木蕻良,因为他与萧红的性格相差太远,又无法满足萧红精神的要求,他们实无"同舟共济"之缘。结果,萧红之肯与他同居实令人费解。但这事却更加强了我们认为她是个非常寂寞的女人的看法,她甚至不惜牺牲自尊而去追求一个永久的归宿。虽然萧军和端木蕻良不是仅有的二位使萧红饱受挫折、忧郁和难以名状的愤怒之苦的人,但他们却是其中最重要的人物。萧红无力或不愿从与男人们那种不愉快的关系中分手自立,使得她的女友们大为惊愕。她们都认为这种"委曲求全"的心理就是萧红所有问题的症结。绿川英子曾写道:"进步作家的她,为什么另一方面又那么比男性柔弱,一股脑儿被男性所支配?"④

与萧红低落的情绪和心理问题结伴而行的是她那日渐衰弱的身体。各式各样的病一直纠缠着她而且阻碍着她的创作。这种情形影响到她的事业和心情,因此她常因身体不适而致中断写作。她自己曾对萧军说过:"三郎,我知道我的生命不会太久了,我不愿在生活上再使自己吃苦,再忍受各种折磨了!"⑤

在当时的状况下,从某种程度上说,萧红其实大可不必感到寂寞和痛苦。自哈尔滨起到香港止,萧红崛起于文坛的短短十年间,结识了不少政界及文坛有名望的朋友。她与鲁迅夫妇交谊甚笃,而鲁迅夫妇也对她非常关爱。她与茅盾、胡风和无数别的作家、编者、出版家都是朋友。她也与曹靖华(1987)、柳亚子、丁玲、史沫特莱、孔罗荪等有过短暂而愉快的交谊;这些都证明她交游广阔。在她逝世后源源不断的追悼诗文中,大部分都表现出感伤而亲切的情谊,这点证明萧红为很多人所敬爱。

---

① 《萧红书简辑存注释录》,第 26 页。
② 《萧红书简辑存注释录》,第 28 页。
③ 《萧红书简辑存注释录》,第 28 页。
④ 《忆萧红》,收入《怀念萧红》,第 57~58 页。此段为池田幸子所云,绿川加以引述。
⑤ 《萧红书简辑存注释录》,第 19 页。丁玲曾如此说:"有一次我同白朗说:'萧红决不会长寿的。'"见《风雨中忆萧红》,收入《怀念萧红》,第 27 页。

萧红去世后，一般读者及文评家对她个人生活及她的作品的兴趣，历久不衰。1957 年 7 月人们终于找到了她的骨灰并且把它挖出。同年 8 月 3 日由香港文艺界举行了一个简单的迁葬仪式，然后由端木以丈夫身份将她骨灰改葬广州。此事件，吸引了香港作家们的兴趣，激起了他们的灵感以及怀旧的情怀。在此后的十五六年中，他们写出了无数有关萧红个人及她作品的文章①。

由上述诸事，我们可看出萧红在友朋和故旧中的人缘。甚至其中的某些人对她的兴趣不但没因时衰退，反而与时俱增。不过这仅是证明萧红是个重要作家的事例之一而已。要想建立她在中国文坛不朽的地位，我们仍得继续努力找寻其他例证。首先我们应明白萧红有几点与众不同之处：她是抗日文学的草创人之一，她在文坛上的崛起正与中国文坛走进理论与宣传式的创作同时；她是中国文坛为男作家所称霸时期的少数女作家之一；她是鲁迅内围小团体中的唯一女性。以她那短短的创作生涯来看，她在当时可算是最有才气、最成功的女小说家。除此而外，萧红足可名列民国时期女小说家的前茅。我们记得鲁迅在 1936 年时曾说过，萧红具有凌驾丁玲而成为中国首席女作家的潜能。那时他主要是根据萧红《生死场》一书而作此评论。从萧红日后的作品看来，她的确是轻而易举地取代了丁玲的地位（当然丁玲的影响力仍是远在萧红之上）。鲁迅所言纯是针对左翼作家而言，一般而言，当时是左翼作家控制中国文坛，而事实上，左翼作家大都是当时比较优秀的作家。（萧红之所以被列入左翼作家之林，主要是她与那些左翼人物的关系，并非基于她当时的政治活动。）由此而论，萧红可算得上是当时最前卫的女作家之一。不仅如此，如萧红自己说："人生"并没有分别着男人或女人的……。因此在文坛上我们似乎也不应增强人为的男女之别。

萧红在左翼文艺圈有相当的影响力，然而这种影响力大部分是她个人的交谊（并非由于她自己在文坛上的建树）。在她逃到香港之前，她仅出版过一本小说《生死场》，一本描写她和萧军在哈尔滨生活的杂记《商市街》，加上一些短篇和杂感而已。自 1937 年 7 月抗日战争全面爆发以后，她不是封笔不写，就是与当时文坛写作潮流脱节，因此她得罪了不少的朋友。那时朋友们责备她误入歧途，完全沉

---

① 关于这事件的详细情形请参阅下列各文：（一）叶灵凤：《寂寞滩头十五年》，载于《文艺世纪》，1957 年 9 月 1 日；（二）叶灵凤：《关于萧红女士的事情》，载于《文汇报》，1957 年 8 月 3 日；（三）阿甲：《花开时节忆萧红》，载于《乡土》杂志，1957 年 7 月；（四）叶德星：《萧红迁葬十六年》，载于《明报月刊》，1973 年 6 月 16 日。

溺于自怜的环境,她成了一个迷失了方向的作家,并且"完全将她自己关在自己的小圈子里"①。其中柳无垢的批评可算其中的代表:"她想着世界上其他在苦难挣扎斗争里的人群,她便是其中的一个,但她却又似乎不属于大众,和人群隔离。"②

萧红的朋友认为,由于她身心所遭受的苦痛,使得她与现实生活及中国社会主流脱了节,因此也使她产生不出健康的作品。在很多当时的作家及后来的文评家眼中,萧红后来的创作既未能发挥她的潜能,也没能符合当时时代的需要;这样一来,萧红在中国文坛的地位,也就岌岌可危了。

自1949年后直至80年代以来所写的文学史中,萧红竟被列入二流作家之林。她的私生活成了人们讨论的题材,而她的作品反而成了次要。萧红的早期作品,如《生死场》及其他各色各类短篇杂文,都被称颂不已,但她后期的作品却被谴责为"白费精力"。根据这些研究文学史的专家们的评鉴,萧红不但不能和当时中国文坛巨子,如鲁迅、巴金、郭沫若、茅盾和老舍等辈相提并论,甚至也不如那些不及她才气及知名度的一批政治作家。

如硬将萧红与当时文坛其他作家相较量,我们很清楚可看出,无论从题材或写作方法和态度上着眼,其他作家和萧红甚少有相同之处。如果我们在文学立场上对萧红成败的评断正确的话,那么,我们对萧红的成就可作下列结论:萧红作品之所以能得传世不朽,是在于她与众不同的题材和文笔。在她主要成功的作品中,只有一本《马伯乐》可算得上是纯小说。而《马伯乐》是一本非常幽默的讽刺小说。所以可以说萧红是一个与众不同、独具风格的作家。

当我们将萧红与当时文坛一些最具影响力、最多产及最有才气的作家,如幽默小说家老舍、社会小说家茅盾、浪漫革命小说家巴金相比,她与这些人之间的区别是很明显的。当时那些一般作家主要作品中的题材和所要传达的政治信息——如爱国式、共产式或无政府主义的思想意识——是萧红作品中所缺乏的。萧红以她独具的艺术才华,加上她个人对世事的感应写下了不朽的篇章。她的作品是超越时间和空间的。因此萧红的作品要比她同时代作家的作品更富有人情味,且更能引人入胜。由于萧红的作品没有时间性,所以她的作品也就产生了"持久力"和"亲切感"。就因为她作品中的这种"持久力"和"亲切感",于是就逐渐拉近了读者

① 石怀池:《论萧红》,第101页。
② 石怀池:《论萧红》,第100页引文。

与作者之间的距离。这种读者与作者之间的"亲和力",使她的杰作在我们这批对30年代以及40年代中国动荡不安的政局,只有知识上的好奇而比较缺乏情感上牵挂的读者面前更具吸引力。当时的大部分小说反映当时的革命活动或鼓励大家参加革命行列,就是由于他们这种"时间界限",使得那些作品很快变成"明日黄花"。相反,萧红的作品却能与时俱进、流传不朽。

当然此时此地,我们很难对萧红在中国20世纪文坛地位下一放之于四海而皆准的断语(即使勉强下了,也是会涉及主观的价值判断)。虽然萧红的作品不算很多,且其中有些也不尽如人意,但总括起来,她至少有三本(或者有更多些)作品将会传世。当许多三四十年代的作品因受时空限制而遭读者唾弃时,萧红的力作将因它们历久常新的内容及文采,终究会使她跻身于文坛巨匠之林。

她的名声姗姗来迟

（德）沃尔夫冈·顾彬①

　　尽管用马尔库塞（Herbert Marcuse,1898—1979）的话来说，艺术和杀戮是相互排斥的，这一时期的中国文学却用各式各样的方式方法提出了相反的纲领：文学就是要倡导斗争，根据各自的政治阵营有不同的对象，有时是日本人，有时是地主阶级，有时是资本家，有时是封建家长等等。如果不是它们都发挥了其效用，获得了翻译，并为其作者们招徕了持久的后世名声的话，带着这些内容信息的作品，本来可以轻易忽略过去。成问题的与其说是这样一个事实，毋宁说是文学批评方面解读的不足。这种解读如果做得细致入微，至少能把那些作品提到一个适当的政治性讨论的水平上。这里举出一个稍稍详细的例子来证明这点。在端木蕻良的圈子里，还有两个东北籍作家，萧军（1907—1988）和萧红（1911—1942）。这两位作家分担了共同的命运，都饱受驱逐和新闻检查，此外还通过有问题的恋爱关系彼此结合在一起。从

　　① 本文节选自（德）沃尔夫冈·顾彬《二十世纪中国文学史》，范劲等译，华东师范大学出版社2008年版。标题为编者所加。
　　沃尔夫冈·顾彬：德国文学翻译家、作家，波恩大学东方语言学院中文系教授。

今天的视角来看,这个事实也许令人惊讶,即多病而早逝的萧红在文学上比她两位朋友都更经住了时间的检验,尽管比她活得长得多的萧军和端木蕻良都曾试图压低她,认为自己是更优秀的文学家。从她与萧军的通讯中可以看出来,她在艺术上不太有自信。① 如果了解萧红的小说作品明晰的结构和抒情的语言,会对她从日本写的那些书信中蹩脚的汉语而感到吃惊,她看上去完全就像没有勇气向收信人写出更好的文字。两个作家的巨大差异,通过比较他们产生于同一时期的两部小说就能显现出来,那就是萧军的《八月的乡村》(1934)和萧红的《生死场》(1934)。

······

萧红选取了一个女性角度来观察日本的占领,她没有停留在革命和纪律的问题上。对这位女作家来说,男人就是最基本的恶,这种恶在入侵的日本士兵形象中达到了登峰造极。女主人公金枝有一句话非常有名:"从前恨男人,现在恨小日本鬼子。"萧红自己为她的小说设计了扉页画,上面画着一只羊(中文字"羊"没有清楚地区分出山羊或绵羊)。这种动物作为屈服和苦难的形象在 20 世纪中国文学中一再地出现。从佛教角度说,这是愚昧无知的象征,而从基督教角度上可以解释为"上帝的羔羊",它在这两种情况下都保留着人性内涵。② 孟子(前 372—前 281)的看法又一次得到了证实,"人之异于禽兽者几希"。萧红甚至走出了更远一步:动物优于人,是的,连讲到收获也是如此,因为人活着靠了动物的肉和造化的果实,所以他的所思所想全在于维持他的有机环境。一句话,在动植物的秩序中,人只是通过这些四足动物和谷物才成其为人。因此,重要的不是单个个人的维持,而是田地、厩圈和草场的保存。

萧红的世界是农村的世界,这在她后来的小说中也是如此。③ 与"五四"时期以及无产阶级文学的代表作家相反,她并没有把农民呈现为启蒙的对象和反抗的主体,她没有美化他们的生活。农村里有一种让读者感到无所适从的幼稚愚钝,影响了读者的接受,在读者中没有获得热情的接纳,只有情理之中的距离感。④ 作品

---

① 萧军:《萧红书简辑存注释录》,黑龙江人民出版社 1980 年版。

② Friedrich A. Bischoff:《萧红的生死之轮》("Hsiao Hung's Wheel of Birth and Death"),载于 CLEAR2/2(1980),249~257 页。

③ Xiao Hong:《小城之春:短篇小说集》(Frühling in einer kleinen Stadt. Erzählungen),Ruth Keen 译自中文[Käln:Cathay 1985]。

④ 标志性的就是夏志清的《中国现代小说史》中对萧红完全避而不谈!

对大男子主义的批判也是毫不留情的,这种男性原则给世界带来了憎恨,也造成了妇女悲惨的命运。

这部小说与萧红后来创作的一部小说《呼兰河传》(1942)一样,都是一部零散的插曲小说(Episodenroman)。小说没有情节发展,只有叙事者对它的时代全景的铺陈。小说对多个主题的灵活运用避免了叙述过程支离破碎,成为一些毫无联系的场景。这其中最重要的主题就在小说的名字上,它要归结到第六和第十章中叙事者的评论上。"场"本身在宗教意义上就是一个分隔开的举行仪式的处所。"生死"指的是孕育、诞生、生活和死亡的前后相继,这个前后相继又在轮回循环。这当然是一个盲目的再生产,在这后面只是自然力单独在起作用,与人的作为没有关系。因此故事是非常清醒地提起20年代之初哈尔滨附近的一个村庄:"在乡村,人和动物一起忙着生,忙着死。"对10年后日本人入侵前夕的描写还是如此简洁:

> 十年前村中的山,山下的小河,而今依旧似十年前,河水静静的在流,山坡随着季节而更换衣裳;大片的村庄生死轮回着和十年前一样。

像这样的引文[①]证明,这篇小说并非简单地用一个十年的时间间隔分成两个部分,而是要用令人难忘的形象来呈现那种"一样"的统一特征。同样,小说的首尾部分都有一只山羊的形象,这个形象伴随了情节的进程。独立于政治和战争事件之外,女作家构思了一个空间,在其中"生老病死"[②]的链条并不会被历史所打断。这种非历史性,是由大量的直接和间接的动物比喻才得以实现。最有名的是如下的诗意并列:"老马,老人,配着一张老的叶子,他们走在进城的大道。"[③]实行对日绥靖政策的国民党禁止这部小说的事实,对人们误以为它是即将开始的抗战文学的先导肯定起了作用。日本人的侵略无非意味着一向就在上演的憎恨和暴力的一次升级。在这个世界里,每次出生就是一种惩罚,一个孩子就是一桩罪过,母亲就是她的孩子们的仇敌。作家要表现的不是一个日本入侵前后的历史中国,而是在中国大陆上人类生存的一个示范性、象征性的场所。因此,小说也就具有了

---

① 《生死场》,德文版(Xiao Hong:Der Ort des Lebens and des Sterbens),第73、94页;《萧红全集》第1卷,第99、113页。

② 《生死场》,德文版,第54页;《萧红全集》第1卷,第87页。

③ 《生死场》,德文版,第39页;《萧红全集》第1卷,第77页。

"影片的"特点,范例性的东西需要有生动形象的、高超手法一个接一个地呈现出来的画面去加以展示。

像《生死场》这样的作品抒情性多于分析,是一种辛酸的严肃。萧红对当时左翼文学的第二种表现形式——讽刺文学——也做出了贡献。这一点为她的小说《马伯乐》①所证实,这部小说发表于1940年,原本不属于我们这里讨论的时间范围,但它拾取了一个30年代初期张天翼(1906—1985)——"中国短篇小说大师"②——再去表现的主题,也就是爱国主义和耍嘴皮子,民族主义和狡猾。萧红只是间或地运用讽刺,张天翼则是完全以戏谑为主。

......

梁实秋所代表的如此辛辣的幽默在他所处的时代里非同寻常。人们更愿意沉湎于新生的憧憬和沉沦的幻象。人们也不会像他一样去注意到生活中的细微、隐蔽的事物。他在杂文中谈小孩、男人和女人,谈衣服、发型、谈狗,谈写信等等。显然这里没有涉及到什么伟大的东西。通常说来,十分伟大的东西才值得一谈,因为事实上就有一道深渊在中国的未来面前裂开,一道比方说被曹禺和萧红象征性地把捉过的深渊。就其中一位,我们会涉及到战争时期最重要的戏剧作品,《北京人》(1941),而就另一位,则会涉及到一部了不起的在作者死后出版的小说《呼兰河传》(1942)③。这样,我们就过渡到40年代占重要份量的女性文学,以此来结束民国时期的文学史。

......

曹禺的象征世界是一个现代世界:老鼠、鸽子、乌鸦、猴子成为现代人,或者正向现代过渡的人的标志。同样,萧红的象征世界也基本上以动物为标志,但是因为

---

① 谭克作的一个部分翻译和书目索引见《袖珍汉学》2/2000,第113～135页。

② 夏志清:《中国现代小说史》(英文版),第212、231页。

③ 《呼兰河传》德译本:Xiao Hong:Geschichten vom Hulanfluβ,Ruth Keen译自中文并附有Ruth Keen和顾彬的后记,法兰克福:岛屿出版社1990年。原文见《萧红全集》第2卷,第698～878页。阐释见Gudrun Fabian:《萧红的呼兰河故事:论体裁问题》("Xiao Hongs Geschichten vom Hulanfluβ. Ein Beitrag zum Problem der Gattungen"),载于:《东方/方向》2/1990,第83～105页;葛浩文(Howard Goldblatt):《萧红》(Hsiao Hung),波士顿(Boston:Twayne Publishers)1976年,第104～111页;Ruth Keen:《自传和文学:中国女作家萧红的三部作品》(Autobiographie und Literatur. Drei Werke der chinesischen Schriftstellerin Xiao Hong),慕尼黑:密涅瓦出版社(Minerva)1984年,第27～64页。

她的小说《呼兰河传》发生在农村,于是动物就像家庭一样被赋予了另一种角色。两位作家在对形象的塑造上不约而同,这形象生动地反映了照他们看来中国所处的状况。两种情形中最基本的特征都是麻木:不管是城市中的人,还是乡村中的农民都是如此。在曹禺那里,是由一口反复上漆的棺材象征了中国社会的僵化,在萧红那里则是一个代表了中国人麻木和看客心理的泥坑子,都是一种显然要招致凝滞的心理状态,通过描写她的故乡呼兰——这原是靠近哈尔滨的一条松花江支流的名字——的这种自然现象,作家从动物转而谈到人。让我们来看这段长长描述的开头和结尾:①

……而且东二道街上有大泥坑一个,五六尺深。不下雨那泥浆好像粥一样,下了雨,这泥坑就便成河了,附近的人家,就要吃它的苦头,冲了人家里满满是泥,等坑水一落了去,天一晴了,被太阳一晒出来很多蚊子飞到附近的人家去。同时那泥坑也就越晒越纯净,好像在提炼什么似的,好像要从那泥坑里边提炼出点什么来似的。若是一个月以上不下雨,那大泥坑的质度更纯了,水分完全被蒸发走了,那里边的泥,又黏又黑,比粥锅潋糊,比浆糊还黏。好像炼胶的大锅似的,黑糊糊的,油亮亮的,那怕苍蝇蚊子从那里一飞也要黏住的。

小燕子是很喜欢水的,有时误飞到这泥坑上来,用翅子点着水,看起来很危险,差一点没有被泥坑陷害了它,差一点没有被粘住,赶快的头也不回的飞跑了。

若是一匹马,那就不然了,非粘住不可。而不仅仅是粘住,而是把它陷进去,马在那里边滚着,挣扎着,挣扎了一会,没有了力气那马就躺下了,一躺下那就很危险,很有致命的可能。但是这种时候不很多,很少有人牵着马或是拉着车子来冒这种险。

……

总共这泥坑子施给当地居民的福利有两条:

第一条:常常抬车抬马,淹鸡,淹鸭,闹得非常热闹,可使居民说长道短,得以消遣。

第二条就是这猪肉的问题了,若没有这泥坑子,可怎么吃瘟猪肉呢?吃是可以吃的,但是可怎么说法呢?真正说是吃的瘟猪肉,岂不太不讲卫生了吗?有这泥坑

---

① 《呼兰河传》德译本,第16、17、27页;《萧红全集》第2卷,第710、711、717页。

子可就好办,可以使瘟猪变成淹猪,居民们买起肉来,第一经济,第二也不算什么不卫生。

显然作家从她老师鲁迅那里学到了很多:人们没有振作精神,没有填平泥坑,反而乐得好奇观看;人们也没有去消除危险和病灶,反而自欺欺人。但是显然作家还远远不止是对泥坑进行纯粹表面上的刻画。她通过她的象征也描绘了一幅"永恒"中国的形象:一切都处于循环之河中。泥洞是代表普遍的东西,它生来如此,本质上从没有改变过。人和动物来而又去,他们似乎给这个万古不变的泥坑形象带入了一种运动。但因为对于危害他们的泥洞的态度根本没有变化,于是他们的出现只是对无法改变的自然命定之物的肯定和深化。日本诗人松尾芭蕉(1644—1694)在他著名的俳句"古池塘,青蛙跳入水声响"里完美展现了这种现象:水的永恒不能被一种动物所打扰。一切存在者,如果他曾以活动为标志,都会回复到另一种存在、不动的存在。在不动者面前,活动物始终只是一个候乎即逝的片刻。不动者尽管在微微一刻间为活动物所鼓动,但是活动物终将在不动者中失去它的动能,归回到无始无终的寂然状态。人们称这种叙事手法为"萧红味"。我们从上面可以清楚地看到,一开始还笼而统之地谈燕子的行为方式,然后叙事者就切换到一个具体环境中,就仿佛在许多年后她再度站在她故乡的泥坑子前:"差一点没有被黏住……"翻译这种非常规风格给许多人都带来了很大的困难。能否驾驭这种风格决定着萧红在一种异国语言中的成功和失败。

萧红在中国后方经过了长年的颠沛后,1940年12月20日终于完成了这部小说。就像她在一则后记中写道,她在这里忆起了她在中国东北主要是和祖父一起度过的童年。回忆的力量是一条红线,它在一开始时串起了这七章,这一点很少被人认识到。有些人认为这部作品没有形式可言。茅盾是最显眼的持这种观点的发言者。《呼兰河传》不是小说,不是自传,看不出有什么上下文联系,他在1947年如此地总结了人们——包括后来的评论家在内——的种种看法。从西方的观点来看,这些指责并不成立。正如德国汉学界多次指出的,这里它同艾伯哈特·莱默特(Eberhard Lämmert)(生于1924年)所讲的渲染环境气氛的小说以及弗朗兹·斯坦泽尔(Franz Stanzel)(生于1923年)意义上的全景描绘都有相通之处。大量的情节、事实、人物和回忆在此被引入来对农民的生活世界作生动刻画,正如作家在她后记中所说,这种生活如今已经消失了。除了那种经常是诗意盎然的回顾的本领

外,许多场景的象征性铆接,最终都可以让我们说这是一部叙述得经常是扣人心弦的杰作。让人称奇和赞叹的是,一位英年早逝的女作家在战争和艰难的个人生活的处境下竟能有这样的成就。她的名声姗姗来迟。她在中国文学史上所占的巨大分量只是在现在才清楚地显露出来,与此同时,批评的眼光却让那时代一些当时被叫好的作品和强势作家不可挽回地没落下去。

萧红的『女性身份』及其抗战作品

陈洁仪①

一、其他作品中的"自我"迷失和不安

《商市街》大部分篇章写于 1936 年的上海,在书里的追忆有将"昔"比"今"之意,不过如果把此书与萧红发表于哈尔滨的作品比较,可见《商市街》所表现的"自我迷茫",与哈尔滨时期的作品一脉相承,同样充满无所依傍的情绪。

萧红作品中与哈尔滨时期有关的,可分为两

① 本文节选自陈洁仪《现实与象征——萧红自我、女性、作家的身份探寻》,香港中文大学出版社 2005 年版,第 127～142 页,题目为编者所加。

陈洁仪:香港中文大学文学博士,香港科技大学助理教授。著有《现实与象征——萧红自我、女性、作家的身份探寻》等。

个层面来讨论：第一是发表于哈尔滨或之前的作品，①另一类是日后追忆哈尔滨时期的生活片段，其中包括已分析过的《商市街》及部分散文，②两类作品合计二十四篇。这些作品，虽然在内容、风格、气氛情调上或有别，但从"身份"追寻的角度来说，都有共通之处。尤其对于个人命运或自我定位的不确定感、对于未来表现无可依持的悲观看法，都弥漫在哈尔滨时期的作品里。

除《商市街》外，一共有八篇作品记述哈尔滨的生活。这些作品无论是写于哈尔滨的《广告副手》、《破落之街》、《烦扰的一日》等，还是像《商市街》一样于1936年追述当年生活如《索非亚的愁苦》和《初冬》等，其内容、情调及人物的自我定位（低下层的穷苦人），都跟《商市街》很相似。其中最不同的是，这些作品与"三郎"的关系较疏，或记载"我"认识"三郎"前在哈尔滨的流浪生活，或与亲人、朋友的见面情景。或许这也是作者没将这类作品收录在《商市街》的原因。八篇作品中的人物，与《商市街》中所表现的自我迷茫和失落，皆有不谋而合的地方，包括"我"的声音很突出，方便直接呈现自我的内心世界。"我"通常处于低下层的位置，前景未明，无可凭依，老人、乞丐以及相类似的穷人，反复出现（八篇中至少有五篇），有时候还要加上各类残疾人的描写，例如乞丐中的"聋哑人"、③"多腿人"等，④读之深感作者把人物位置推向社会上的最底层，并把自我投射的悲苦心情推向极致。在《商市街》里，萧红面对中央大街的都市繁华，只能作个站于街外的局外人。在另一篇作品中，萧红同样站在一条不属自己的"破落之街"上，住在这条街上的贫

---

① 这类作品包括收录于《跋涉》里的 5 篇作品、《桥》的 5 篇、以及约 10 篇没有结集的佚文；《跋涉》中的作品除诗外，还包括《王阿嫂的死》(1933)、《广告副手》(1933)、《小黑狗》(1933)、《看风筝》(1933)和《夜风》(1933)，这数篇作品多发表于长春《大同报》副刊《大同俱乐部》。详见《萧红全集》（下），哈尔滨出版社 1988 年版（下同），第 1461 ~ 1462 页。《桥》中包括《夏夜》(1934)、《烦扰的一日》(1933)、《破落之街》(1933)、《离去》(1934)、《蹲在洋车上》(1934)，此数篇作品多发表于哈尔滨《国际协报》的《国际公园》。详见《萧红全集》（下），第 1469 页。《桥》中包括《夏夜》(1934)、《烦扰的一日》(1933)、《破落之街》(1933)、《离去》(1934)、《蹲在洋车上》(1934)，此数篇作品多发表于哈尔滨《国际协报》的《国际公园》。详见《萧红全集》（下），第 1469 页。

② 这 4 篇作品包括《访问》(1936)、《初冬》(1936)、《过夜》(1936)和《索非亚的愁苦》(1936)等。

③ 萧红：《哑老人》，载《萧红全集》（下），第 1040 页。

④ 萧红：《清晨的马路上》，载《萧红全集》（下），第 1044 页。

民，"猪猡"，如"污浊的群"，活得毫无尊严。① 面对低下层人物的悲苦命运，萧红或身处其中，或感到无能为力，作品所表现的，只是失落和孤独，认为完全没有可供凭依的出路，剩下的只有不确定、不可知、听天由命的此刻和未来："然而我怎样做呢？他向天跪着，他向天祈祷。……"②

在"我"与哈尔滨的社会关系上，以《访问》和《索非亚的愁苦》两篇为代表，同样表现了"我"与社会（尤其是"俄化社会"）的隔阂，其中与《商市街》不同的是，人物并非通过如欧罗巴旅馆等象征事物，被动地受到"俄化社会"的排斥和欺压，而是通过与俄国人的接触，直接表达自己对"俄化社会"的观感。在《访问》中，"我"从女房东的谈话里，带出旧俄末落贵族种种自以为是的骄傲。③ 由俄国女房东所象征的文化和态度，"我"显然无法接受。④ 跟对女房东的反感不同，在《索非亚的愁苦》里，"我"对于俄文教师索非亚充满同情，原因是"我"与索非亚都有共同的伤痛——离乡别井的飘泊之苦——在索非亚身上正投射了"我"的乡愁。然而，即使愿意理解、沟通，即使同阶级、同感受，但两种国族之间的文化差异，犹如隔山，"我"始终无法融入其中："她的母亲说的完全是俄语，那些俄文的街名，无论怎样是我所不懂的。"⑤最后，八篇作品中的人物总得不到的安稳、确定的结局，反而无所着落、不知何去何从，其中以《烦扰的一日》、《过夜》和《初冬》，最能表示人物无家可归的失落处境。作品虽然流露出无家可归的迷茫，然而哈尔滨时期的萧红，仍不认为另建幸福家庭就是取得新认同归属的捷径。换言之，作为妻子的女性身份，仍未算是萧红在哈尔滨时期所确认的归属，在《烦扰的一日》里，她甚至认为家庭是女性的包袱和负累。⑥

以上将萧红描述哈尔滨时期的生活与《商市街》对读，不难看到人物在"自我身份"追寻上的一致性。1936 年她在《初冬》里，追忆哈尔滨的生活，事隔虽久，但回溯起来却仍然回归原处，无法忘记当初女浪人的漂泊心情。《初冬》反复在"回家"与"漂泊"的答问中坚持自己不回家的信念，反而突显"家族认同"对她的诱惑。

① 萧红：《破落之街》，载《萧红全集》（中），第 698 页。
② 萧红：《烦扰的一日》，载《萧红全集》（中），第 676 页。
③ 萧红：《访问》，载《萧红全集》（中），第 702～704 页。
④ 萧红：《访问》，载《萧红全集》（中），第 704 页。
⑤ 萧红：《索非亚的愁苦》，载《萧红全集》（中），第 714 页。
⑥ 萧红：《烦扰的一日》，载《萧红全集》（中），第 676 页。

弟弟的逼问既是真实的情景,亦可视为萧红内心另一声音的召唤,在"出走"和"复归"之间出现的内心挣扎。无家可归的身份迷茫的却令人疲惫。然而,萧红最后还是选择继续流浪,这个结局——不约而同地,与《商市街》的结尾互相呼应——当然,同样也预示了萧红日后"永远在他方"的现实人生道路:

> 太阳在我的脸上闪闪耀耀。仍和未遇见弟弟以前一样,我穿着街头,我无目的地走。寒风,刺着喉头,时时要发作小小的咳嗽。①

除了描述哈尔滨生活的作品外,萧红写于哈尔滨时期(1933年—1934年6月)的作品,其内容虽或与哈尔滨无关,但人物命运却可折射萧红当时无所依傍的心境。从内容而言,这些作品大约可分为两类:其一是有关农村生活与革命者的故事,例如《王阿嫂的死》、《看风筝》、《夜风》和《清晨的马路上》等;其二是追忆少年或童年的往事,例如《蹲在洋车上》和《夏夜》等。

比起萧红的代表作,第一类的故事在艺术上无疑逊色得多,然而却能折射萧红当时特殊的心境。这类小说虽然不少都表现了鲜明的阶级意识,但是最特别的是,萧红笔下的无产阶级或革命者故事,却没有光明的结局。尤其在革命者的故事中,焦点通常不是在革命者的英勇抗争或无私牺牲上,反而回落他身边受苦的亲人,例如《看风筝》描述老人因为有一个不肯归家的革命儿子,只能孤独终老;《清晨的马路上》革命者没有死去,但他的父母却因而失踪,剩下一对孤儿。在阶级压迫的故事里,《哑老人》略去女工受管工虐打至死的挑衅场面,却笔致感人地集中笔力描写老人茫无所依的悲惨。在农村故事中,众多作品里只有《夜风》一篇,佃农得到最后醒觉,起来反抗,其余人物不是以死亡、失踪、出走告终,就是孤独告老。有些甚至不理情节推展过快,总之要在匆匆收笔之前,刻意"处死"或"处掉"所有人物才肯罢休,当中以《王阿嫂的死》最具代表性,王阿嫂不但死去三个孩子,自己也死了,连新生下来的小孩不到五分钟也死了,只剩下一个领养的孤儿小环。② 除了悲惨结局外,在这些篇章中也出现不少小孩或儿孙角色,象征"未来"或"前景"。这类角色,若不是死去(例如《哑老人》的儿子和孙女、《看风筝》的女儿等),就是成

---

① 萧红:《初冬》,载《萧红全集》(中),第722页。
② 萧红:《王阿嫂的死》,载《萧红全集》(中),第526页。

为无所依归的孤儿(例如《清晨的马路上》的小林等),暗示"未来"的绝望与"前景"的茫然不可知。灰色、阴暗的调子,弥漫在阶级斗争的作品里。《王阿嫂的死》一篇,哭声更成为故事的背景音乐,其中以王阿嫂近乎失控的歇斯底里的哭声和全体女性的"哭祭",最具震撼力。①

在这类具阶级意识、立意鲜明而且发表在进步刊物的作品中不但没有一显斗争的力量,反而突出死亡的威力,间或不惜罔顾情节发展的合理性,也要营造悲惨的气氛。这种违反故事类型愿望的干预和操纵,萧红在《王阿嫂的死》等作品中对于"女性人物"和"小孩角色"的处理,似乎跟她受到始乱终弃的感情打击有关,亦反映她对亲生孩子的思念。② 不过,从一系列的作品可见,萧红对于悲惨结局的留恋,并不是特殊的例子,亦不是只受个别遭遇所影响,而是散见于不同作品里,延续在整个哈尔滨时期。在本应可以表现"抗争意识"的故事类型中,作者仍无法压抑内心的郁结,最后终于逆其道而行,从侧面可见萧红对于处境/前景不明下的悲观情绪。

就第二类有关少年或童年往事回忆的作品可见,萧红在回忆里流露出较愉快的情绪,反抗意识反而比革命者等故事为强。例如《蹲在洋车上》的"我"回忆儿时顽皮娇纵和家里的热闹情景、《夏夜》中追忆自己和菱姑对祖母的反抗情绪、《出嫁》强调知识女性有出走抗争的可能等。不过,在这类看似愉快、正面的回忆中,仍抹不掉隐藏其中的忧伤情绪——《蹲在洋车上》结尾以"现在变成个没有钱的孩子了"一句收束,不单强调"没有钱"的社会地位改变,更重要的是失去"孩子"的身份——再没保护自己的爱与温暖。《夏夜》以"城市工厂女工遭受剥削"的现实,打破少年菱姑对于逃出家庭的天真幻想。《出嫁》中"我"虽然是唯一具反抗能力的人,但在姊妹妯娌中受到排斥的局外人处境,仍然令萧红感受很深。③ 在故乡、同性中竟然成为局外人,萧红对于自己的反抗,感慨不少。身处哈尔滨的萧红,在第二类貌似乐观的作品里,仍然不无隐忧,失落的心情仍未能减退。

以上可见,在萧红整体的创作脉络里,有两类作品可与《商市街》对读。第一类是记录哈尔滨生活的作品,第二类是写于哈尔滨时期、但却与当时生活无关的作

① 萧红:《王阿嫂的死》,载《萧红全集》(中),第526页。
② 葛浩文:《萧红新传》,第22页。
③ 萧红:《出嫁》,载《萧红全集》(下),第1053页。

品。前者无论是写于哈尔滨的、还是到上海的追忆,在内容、形式和气氛情调等各方面,都与《商市街》相似,一方面人物常将自我投射在低下层人物身上,另一方面却又与社会格格不入,不时流露出无家可归、迷惘不安的心境。后者的内容虽或与哈尔滨无关,但人物命运或故事结局,却可折射萧红无所依傍的处境。当然"无家可归"差不多是她大部分作品的基调。① 不过,萧红其他作品所涉及的家或故乡,对象都较明确具体。至于可以对思乡之情避而不谈,但人物却又始终未能安顿,表现出自我无法定位的不安,则仍以《商市街》及哈尔滨时期的作品为代表。

二、其他作品中的"女性命运"

萧红于 1934 年 6 月中至 10 月底居于青岛,并于此段期间完成《生死场》。要确定什么作品写于《生死场》之前并不容易,因为写作日期与发表日期可以相隔一段时间,即使作者在篇后所附注的日期也未必可靠,《夏夜》一篇即为佳例。② 不过,由于写作日期一定不可能后于发表日期,如果从发表日期来推断,萧红在《生死场》以前的作品只发表至 1934 年 5 月为止,而且全部发表于哈尔滨的报刊上,她在青岛期间并没有发表其他作品。③ 至于她到上海后所发表的作品,虽然有可能写于《生死场》之前,但由于难以确定,故不拟在此讨论。换言之,写在《生死场》之前的作品只有约二十篇,大部分都是上文分析过的作品。

萧红在这些早期的作品里,对于"女性"身份虽然不乏自觉,很多作品都以"女性"为主角,但是,在传统社会里,"女性"身份的肯定,多源自妻子和母亲的角色,

---

① 据笔者粗略统计,除了本书分析的四部萧红中长篇作品外,萧红短篇也不时提及"家"的意象或其相关的字眼,较明显的至少有 38 篇,现罗列如下:《王阿嫂的死》、《看风筝》、《小六》、《烦扰的一日》、《桥》、《离去》、《索非亚的愁苦》、《蹲在洋车上》、《初冬》、《牛车上》、《家族以外的人》、《黄河》、《王四的故事》、《朦胧的期待》、《旷野的呼喊》、《逃难》、《山下》、《莲花池》、《孩子的讲演》、《哑老人》、《清晨的马路》、《渺茫中》、《马房之夜》、《亚丽》、《汾河的圆月》、《花狗》、《后花园》、《北中国》、《小城三月》、《红玻璃的故事》(萧红口述,骆宾基代笔)、《弃儿》、《失眠之夜》、《来信》、《天空的点缀》、《无题》、《寄东北流亡者》、《九一八致弟弟书》和《给流亡异地的东北同胞书》等。

② 萧红:《夏夜》,载《萧红全集》(中),第 691 页。萧红于此文末注明"1936 年 2 月 21日",唯事实上已刊于 1934 年 3 月的哈尔滨《国际协报》。据全集者推断,篇后注明的时间,可能是编《桥》集稿的时间。

③ 见《萧红全集》(下),第 1469 页有关萧红 1934 年的著作目录。

而她对于这种肯定却甚为疑惑,乃于《烦扰的一天》中直接流露出厌恶的情绪。撇开妻子的角色而言,在萧红早期作品中,与"女性人物"匹配的男性大多都隐而不见,倘若不是死掉(例如王阿嫂的丈夫,《夜风》里长青妈妈的丈夫),就是没有明确的交代(例如《哑老人》的孙女和不同篇章中出现的"我"等,身边都没有与之相配的男性)。仿佛女性无论已婚还是未婚,她们的另一半都不重要,萧红要集中审视的是"女性"角色,而这些女性人物,多仍以悲惨结局告终。

萧红早期作品中,"女性"身份只是孤独、苦难的代名词,她们孤独却不独立,很少能够发出自主的声音,毫无话语权。她们的声音只是各种难以言诠的哭声。无论像王阿嫂"涨开肺叶般的哭"、①"新媳妇把眼睛都哭红"般激动,②还是只剩下"我依靠墙根哭"、③小环"没有声音的在哭"的悲哀,④女性都无法把心底的意愿讲清楚。她们的声音只传达痛楚,却无权争取什么。即使到了萧红亲笔所写的最后一篇小说《小城三月》,"我"与翠姨面对女性无法反抗的命运,仍只能以近乎失声的哭声来表达:

> 我很想装出大人的样子,来安慰她,但是没有等到找出什么适当的话来,泪便流出来了。⑤

完成于青岛时期的《生死场》,跟萧红早期作品表面的故事内容很相似,"女性"同样承担沉重的苦难,同样有大量的女性例如月英、"五姑姑的姐姐"等在男性社会压迫下死亡,同样有象征未来希望的孩子夭折。不过,《生死场》中三位主要的女性人物(王婆、金枝和麻面婆),跟萧红其他作品最大的分别,就是她们未至于完全惨淡收场,她们的付出和牺牲或多或少都得到补偿——其中两位女性(王婆和金枝)不但没有死去,还在重重苦难中得到醒觉,另一位牺牲了的女性麻面婆则迫出男性(二里半)最后的醒觉。书中对于女性绝望中反抗的肯定,都跟萧红其他作品中对于"女性人物"及其身边男性的处理很不同。

---

① 萧红:《王阿嫂的死》,载《萧红全集》(中),第 524 页。
② 萧红:《出嫁》,载《萧红全集》(下),第 1054 页。
③ 萧红:《夏夜》,载《萧红全集》(中),第 690 页。
④ 萧红:《王阿嫂的死》,载《萧红全集》(中),第 526 页。
⑤ 萧红:《小城三月》,载《萧红全集》(下),第 1121 页。

虽然有些论者认为表现"北大荒的顽强生命力"是萧红作品的特色,不过对于坚强生命力的肯定,主要体现在《生死场》里。① 再从她整体的创作来看,不单只《生死场》以前的作品,即使在《生死场》之后的作品,"女性"角色在萧红笔下,大部分仍然仅仅是"受难者"、"受苦者"的象征,白白牺牲,走向孤独,毫无补偿。以《生死场》出版前后的1935、1936两年为例,作品里的女主角不是接近发疯(《小六》)、就是失去至亲(《桥》和《牛车上》),或者排斥于世界之外(《手》),绝无好收场。就萧红的创作脉络来看,《生死场》在貌似悲惨的故事框架中,对于"女性"位置有了新的诠释及确认,在她的作品中可谓绝无仅有。在《生死场》以前的作品里,只有《夜风》一篇,与《生死场》对于"女性"的处理较为相似。

《夜风》发表于1933年9月,小说中的洗衣婆及其子长青受到地主的欺压,几乎走上上吊的绝路。当此之时,洗衣婆就开始醒觉,明白反抗才是改变悲惨命运的唯一办法。最后,她、长青和其他佃农合力起来反抗地主,冲入地主家里。这篇小说是萧红早期写"农村生活和革命者的故事"中,唯一具光明结局的一篇。在她反映阶级意识的作品中,这篇作品同样可以称得上绝无仅有。《夜风》的内容虽然不免公式化,其过于光明的结局亦未尝复现于《生死场》里。不过,萧红对于洗衣婆的醒觉下,带领自己的后代(儿子长青)起革命,最后革命仍由男性领导。到了《生死场》,男性后代相继隐退,改由王婆的女儿复仇。性别角色的置换,可见《生死场》创作的自觉性,加强萧红对于"女性"位置及能力的肯定。

此外,《生死场》写于哈尔滨,1934年11月发表的《麦场》,即属于《生死场》的第一章。萧红在1934年中发表的作品,例如《出嫁》和《镀金的学说》等,女性反抗的立场渐见鲜明,不过,这些篇章重点仍然在知识女性的醒觉上,而且作品的内容亦较简单,未能摆脱浓重的自传色彩。到了《生死场》,萧红才正式从"社会视角"出发,对于女性承担苦难的能力,不再只以悲观的眼光视之,在深切同情之余,进一

---

① 萧红作品虽然有很多具"生命力"的人物,无论遇什么苦难、羞辱都能活下去,例如《家族以外的人》的有二伯、《呼兰河传》里的冯歪嘴子和《后花园》里的冯二成子等,但是萧红对他们的"生命力"并非采取正面肯定的态度,反而对于这种"混沌生命"的原始状态,只感到同情和无奈,借茅盾的讲法"然而在冯歪嘴子身上也找不出什么特别的东西。除了生命力特别顽强,而这是原始性的顽强"(茅盾:《呼兰河传·序》,载《萧红全集》(上),第108页)。笔者认为,《生死场》里女性具"抗争式"的"坚强生命力",跟冯歪嘴子等"顺从自然状态"的"原始生命力",并不相同,需要分别开来。

步肯定她们"在绝望中反抗"的位置。"女性"身份虽然孤独,但却是社会力量的坚实支援和重要支柱,她们的付出是有价值的。

不过,在《生死场》之后,萧红又开始渐渐失去飞扬的生命力,青岛时期的欢快日子,在萧红生命中一去不返。在她笔下的"女性",道路又变得崎岖难行。"女性"所寻索的道路,进一步成为"绝路"的同义词。

在萧红的作品里,不少都有"纯女性世界"片段的描写。"纯女性世界"是女性的私人空间,没有"男性"的在场和参与,也没有面对社会的压力。《生死场》和《呼兰河传》里,也有关于"纯女性世界"的片段。《生死场》第四章,妇女聚在王婆家中闲谈,年轻媳妇互相调笑,一片和皆愉快的气氛。① 女性在这里,甚至谈及在公共空间中属于禁忌的情欲世界。在这个隐秘的女性空间里,她们不但拥有自由发言的权利,同时亦释放了在精神和肉体的枷锁:

> 每个人为了言词的引诱,都在幻想着自己,每个人都有些心跳;或是每个人的脸都发烧。就连没出嫁的五姑姑都感着神秘而不安了! 她羞羞迷迷地经过厨房回家去了! 只留下妇人们在一起,她们的言词更无边际了!②

至于《呼兰河传》的"女性空间",则是出现在"野台子戏"的台下,与《生死场》不同的是,没有畅所欲言的开怀,反而充满"无法言说"的淡淡哀愁。从《生死场》到《呼兰河传》,在萧红其他作品里,"纯女性世界"还有不同形态的表现,然而如《生死场》中自成一隅的女性世界,不复再现。反而《生死场》呈现另一个同性相迫的"纯女性世界"——金枝在都市里的女工宿舍,则用变奏的形式出现在其他作品里,其中以《手》和《山下》为代表。前者可见阶级入侵下对女性关系的破裂,后者则在现实利害关系之中换来少女戒长的哀伤与失落。没有"男性"的世界并不一定就是完美的世界。社会既有的价值观逐步渗入,无形的手正控制女性内在的思想、意识,令女性群体面临不同形式的分化。在萧红的其他作品中,以"阶级女性"和"女性家长"为反面人物的数目不少,形态各异,反而直接用"男性"面目出现的恶人不算多,而且形象较刻板。"阶级女性"和"女性家长"常取代男性人物,成为

① 萧红:《生死场》,载《萧红全集》(上),第30页。
② 萧红:《生死场》,载《萧红全集》(上),第31页。

他们思想价值和言语行为的代理人。萧红基于对女性群体的认同感,于同性相迫的情况甚为痛恨,对女性的扭曲心理渐体会透彻。《呼兰河传》中对于婆婆内心世界的挖掘和剖析,可见萧红在批评中已开始了同情和悲悯,跟早期"二元对立式"的批评态度已有别。可惜在谅解的同时,还是无力改变传统社会的势力。与《呼兰河传》同期的《小城三月》,女主角同样在众人面前渐渐死去,女性声音在不同篇中悄然隐退,正表达萧红生命后期对于"女性"追求的幻灭。从《生死场》到《呼兰河传》和《小城三月》,"纯女性空间"仿似堕落了的伊甸园,渗入了现实利害、传统习俗的诱惑和污染,直到最后,即使没有外在的干预,然而由于经年累月的压抑,已经无法回复伊甸园的原貌。

三、萧红笔下的"抗战小说"

除了"女性"身份外,萧红另一个赖以认同的身份就是"作家"。在写作道路上,自《生死场》的特殊写作形式开始,她已经有打破传统小说写法的自觉意识,《马伯乐》更以叛逆"抗战文艺"成规的姿态,表明她选择文艺却不是政治、宁选择孤独但自由、却不是集体认同的作家位置。事实上,萧红在抗战期间所写的其他短篇小说,在内容和风格上都跟《马伯乐》有相似的写作信念——拆解概念化、英雄化与乐观化的抗战论述,回落具体生命感受,点出战争对小人物命运的影响。

萧红在 1938 年至离世之前,除了《马伯乐》和《呼兰河传》外,结构较完整的小说约有十一篇,其中只有一篇在内容和风格上与《马伯乐》相似(《逃难》),可以说是《马伯乐》的故事蓝本。其余十篇的作品在内容取材上虽然与《马伯乐》不同,但是却不约而同地跟"抗战文艺"的创作要求保持距离,只不过偏离的程度和方式各异,亦未致于像《马伯乐》那般大胆,直接化入不少嘲讽抗战的元素。概括而言,萧红在抗战期间所写的小说,主要有三项特色,跟"抗战文艺"要求颇有出入:一、悲惨命运的展现;二、日常生活细致化;三、略去战争场景和反英雄的倾向。

萧红在抗战期间发表的十一篇小说里,除了《逃难》一篇外,几乎全没有好结局。《汾河的圆月》、《莲花池》、《后花园》、《北中国》和《小城三月》的悲剧结局很明显,因为涉及人物的死亡和疯癫,五篇里除了《小城三月》外,其余的"死亡"都跟儿子或孩子有关,失去未来的盼望。《旷野的呼喊》中儿子失踪、《山下》少女成长的失落、《孩子的讲演》演讲失败,篇中虽然没有出现死亡,但结局的孤苦或孤独,令人黯然唏嘘多于引起抗争情绪。尤其在《莲花池》和《北中国》里,两位老人家逐步走上绝路的过程,置于"抗战文艺"的激昂时代中,对照更鲜明。

　　萧红抗战时期所写的诸篇小说,其中较接近"抗战文艺"要求的,就是发表于重庆的《朦胧的期待》和武汉的《黄河》。特别是《朦胧的期待》,结局虽然是大团圆式的恋人重聚,但此种圆满只是呈现于"无所不能"的梦里。对于人物来说,真正是"好梦成空"。萧红为了加强现实的失落,不断强化李妈梦境的细节。李妈和金立之不但能够重聚,金立之还对李妈说:"我回来安家了,从今我们一切都好了"、"我们一定得胜利的,我们为什么不胜利呢,没道理!"①在此结局之前,作者却极力描写李妈失落的心情,②加上在金立之以前,李妈已经送走了一个当红军的年轻人,然后就不知所踪,③金立之的现实结局,可想而知。发生在梦中的乐观结局被编进一连串现实的悲剧中,从文本的上下文来看,不但令梦中的团圆自我抵消了,而愈加细节的想象与推展,更加深人物的悲哀。最反讽的是,"抗战文艺"如要鼓动人心,必须强调现实的胜利,伪装胜利的梦境,一方面虽使作品可在"抗战文艺"教条下蒙混过关,但另一方面又确违背作者的声音,最后出来的梦境不难"解码",让有心人读出作品的潜在意义。

　　萧红另一篇较贴近亢战主题的作品是《黄河》,这是讲述八路军阎胡子的故事,不过篇中丝毫没有描述战争情况,也没有反映士兵抗战的激昂情绪,反而通过阎胡子和船夫的闲谈,带出阎胡子强烈的思乡情绪。两人的谈话主要都是环绕着"家"而展开,无论话题是什么、人物做什么、河上有什么活动,阎胡子都在想家。④在故事结尾,才略为突兀地加上"我们这回必胜"的对话,然而人物说出来的时候,像口号多于自己所坚持的信念。阎胡子最后的象征性动作,竟然不是公式化的"出发前进",反而是两脚"深深地陷进沙滩中",⑤人物在思乡愁绪中不能自拔。从这些小节上的安排,已可看见小说偏离了抗战文艺的要求。⑥

　　以上两篇作品调子并不直接明朗,反而在朦胧中似有隐衷,小说中的乐观从另

---

① 萧红:《朦胧的期待》,载《萧红全集》(中),第817页。
② 萧红:《朦胧的期待》,载《萧红全集》(中),第816~817页:"她的背脊被凉风拍着,好像浸在凉水里一样"、"她不期地打了个伶伶的冷战",她见到的尽是"黑黑的院子"、"苍白的铺砖的小路",她反覆只记着金立之对自己说要"安家"的承诺。
③ 萧红:《朦胧的期待》,载《萧红全集》(中),第816页。
④ 萧红:《黄河》,载《萧红全集》(中),第804页。
⑤ 萧红:《黄河》,载《萧红全集》(中),第809页。
⑥ 葛浩文:《萧红新传》,第113页。

一角度看是反讽。萧红的曲笔隐晦，"梦中相会"的牵强结局，令人想起鲁迅对《药》和《明天》的结局安排。①《朦胧的期待》和《黄河》涉及较多抗战的内容，结局又要经过一番改装打扮，跟作品发表的时地，相信不无关系。两篇作品既写于抗战初期，又发表于当时的文艺重镇，②历史时空不容许萧红有太大的背离。萧红四十年代到了香港的作品，情况则完全不同。然而，从《汾河的圆月》到《黄河》，无论怎样解读故事结局，各篇的整体构思明显跟"火和光"的"抗战文艺"不太协调，虽然未至像《马伯乐》般明显嘲讽"抗战文艺"，但至少保留萧红自己的个人风格，亦可视为一种"消极性抵抗"，贯彻她不肯为政治牺牲文艺的原则。

悲剧结局的处理萧红大部分作品的风格很一致，甚至与她早期具阶级意识的作品都有点相似——在要求积极抗争的故事类型里，偏偏见不到光明和希望。然而书写阶级斗争的故事，只是三十年代初期进步作家的自觉要求，并未成为全国的大气候，"写"与"不写"、"怎样写"等压力不算大。到了"抗战文艺"已经成为时代的大趋势，萧红又身处"抗战文艺"的重镇，作品写得如此愁云惨雾，必须冲破重重外在与心理压力，并非只是随意抒发自己的个性那么简单。到了香港后，萧红的顾忌就少了很多。相对于汉口、重庆，此时期的作品，不但人物的死亡频率增加了，而且结局不必再装扮一番，人物的悲惨命运可以推到极致，不但可以对抗战略而不谈，甚至可以拿抗战英雄来开玩笑，直接表现出她对抗战文艺背离不合的地方。

悲观结局虽然与《马伯乐》的风格很不同，但是萧红宁愿冒险保持自己对抗战生活的观察，亦没有紧随当时"抗战文艺"的号召，在作家身份和位置上，已经有所取舍。除了悲观结局外，萧红在小说里不时把抗战生活日常化、细致化，却很少出现"伟大"、"雄壮"、"崇高"等场面或人物，贯彻了她自己在《七月》座谈会上的发

---

① 鲁迅：《自选集·序》，《南腔北调集》，载《鲁迅全集》第4卷，北京人民文学出版社1981年版，第455页。

② 中国抗日战争史学会、中国人民抗日战争纪念馆编：《抗战时期的文化教育》，第62页："继上海沦陷之后，1937年12月13日，南京失守，武汉成为全国抗日文化运动的中心。"

言。① 《朦胧的期待》写李妈对金立之表达爱意的时候,用了两包烟为象征。② 全篇形容李妈的内心世界多于外在环境的描写,这个以抗战为大前提下的小说,淡化了抗战背景,反而在小事中寄寓女性纤细的感觉。③ 这种把抗战生活化、细致化的写作方式,与"抗战文艺"的惯性叙事模式相比,从写作形式来说,颇具有逆流而上的"陌生化"效果。但如从内容观之,生活化叙事却反而瓦解空洞浮泛的战争描写,从后者来说,萧红作品的真正意义,反而是"去陌生化"、"去神秘化",具还原作用——还原人性常态,从而窥探战争最根本的祸害——战争为患的本质,正是对于人性、生命的伤害。从这点看来,以写人性为主而略去战争片段的《后花园》、《小城三月》等篇章,其意义更大。略云战争描写不等于略去对战争的思考,反而是超越战争表象而去思考。生活化叙事亦非从只是叙事形式上的突破,反而表现出萧红对战争的洞察力。至于在较重抗战元素的篇章如《旷野的呼喊》,篇中虽然有参战的义勇军陈公公的儿子,④但全篇小说仍以陈妈妈的日常生活和陈公公的心理描述为主线,很难感受到抗战的情景,反而出现了家常的吃食片段,与《商市街》或《马伯乐》中借食物寄意的手法很相似:

(1)晚饭又吃什么呢?又这么大的风。她想还是先把萝卜丝切出来,烧汤也好,炒着吃也好。一向她做饭,是做三个人吃的,现在要做两个人吃的。只少了一个人,连下米也不知道下多少。那一点米。在盆底上,洗起来简直是拿不上手来。

(2)"那孩子,真能吃,一顿饭三四碗……可不吗,20多岁的大小伙子是正能吃的时候……"

(3)她用饭勺子搅了一下那剩在瓦盆里的早晨的高粱米粥,高粱米粥,凝了一个明光光的大泡。饭勺子在上面触破了它,它还发出有弹性的触在猪皮冻上似的响声:"稀饭就是这样,剩下来的扔了又可惜,吃吧,又不好吃,一热,就粥不是粥了,

① 座谈会记录:《抗战以来的文艺活动动态和展望》,《七月》第1集第7期(1938年1月16日),第195页。萧红曾对如何描写"战时生活"发表过以下意见:"我看,我们并没有和生活隔离。譬如躲警报,这也是战时生活,不过我们抓不到罢了,即使我们上前线去被日本兵打死了,如果抓不住,也就写不出来。""譬如我们房东的姨娘,听见警报就吓得打抖,担心她的儿子,这不就是战时生活的现象吗?"

② 萧红:《朦胧的期待》,载《萧红全集》(中),第816页。

③ 萧红:《山下》,载《萧红全集》(中),第864页。

④ 萧红:《旷野的呼喊》,载《萧红全集》(中),第832页。

饭也不是饭……"①(按:引文中的编号为笔者所加。)

上述引文中,第(1)(2)段已可表现儿子从军后母亲失落的心情,第(3)段,虽然可以加强表达她的心神恍惚,并暗示她对于儿子应否从军,心情颇为矛盾,然而这一段相对于第(1)(2)段,所占的篇幅不少,甚至删去亦无损文章。萧红如此仔细描述一把饭勺子的情景和声响,其"仔细化"的风格可见一斑。这种风格看不见"抗战文艺"所强调的国家民族情怀,反而回落个人卑微的日常生活里,而战争所带来的空虚,又从"掏米"、"做饭"的过程中慢慢流出来。战争从来都不只是属于沙场上的英雄,而是点点滴滴渗透在人的日常生活里。萧红早在1938年《七月》座谈会上已表示过,战时生活才是写作的核心,即使小如"躲警报骇得打抖"等小事,也具写作价值,不必刻刻追求粗浅的前线经验,描述片面的战事场面。②《马伯乐》连用大量"生活化"、"细致化"的片段,直接嘲讽"抗战文艺"所向往的"伟大"和"崇高",萧红在其他作品中同样贯彻这种独特的写作风格,实在很难说是"无心之失"。

最后,萧红写于抗战期间的中短篇小说里,其中有两篇与《呼兰河传》一样,完全略去抗战背景,那两篇就是发表在香港的《后花园》和《小城三月》,皆成为萧红后期作品中的代表。萧红脱离"抗战文艺"的文化重镇后,在毫无顾忌的情况下,即重拾个人喜爱的题材来创作。从《后花园》和《小城三月》的内容来看,均可见其选材和风格,都是与时代高昂的声音互相背离,然而却回到她所关心的"人"的命运上。而对"人"的思考,正是对战争深化反省的表现。除了略去战争的描写外,萧红抗战时期的短篇小说,另一特色就是"反英雄"的倾向。

事实上,1940年以前,萧红以抗战为背景的小说,暗中已隐伏"反英雄化"的倾向。这除了跟上文分析过的"日常化"和"细致化"有关外,还有两点是很重要的:其一,就是把小说里的"抗战英雄"刻意悬空,再描述"英雄"身边人物的反应,强调生活在战争阴影下,所有人皆受影响。萧红在小说里并非没有设置像义勇军或其他士兵等角色,但她往往将这类代表"抗战英雄"的人物悬空起来。这类"英雄"通

---

① 萧红:《旷野的呼喊》,载《萧红全集》(中),第822页
② 座谈会纪录:《抗战以来的文艺活动动态和展望》,刊于《七月》第1集第7期(1938年1月16日),第195页。

常扮演已离家或死亡的角色。"英雄"的不在场但却对在场的人具重大意义。等待或思念"英雄"的多属老弱双亲或孤苦女性,是现实生活中的小人物。萧红著力描写"英雄"旁边亲人的内心世界,他们多因"英雄"的离去而变得一片愁苦。失去至亲(儿子或情人)的真实痛苦,并没有因至亲有机会成为"英雄"而减轻。在萧红的作品里,"英雄"出场不代表拯救和盼望,反而预示"英雄"离场后的失落和哀伤,例如《汾河的圆月》、《朦胧的期待》、《旷野的呼喊》和《北中国》等。其二,萧红的小说不只写"抗战英雄"身边的人物,甚至写"抗战英雄"的反面"抗战坏人"——例如《莲花池》中被迫走上汉奸一路的老人,《逃难》中一味逃战的中学教员何南生。萧红写这类所谓的"坏人",并没有采取"非黑即白"的对立态度,《莲花池》对于老人的选择虽然持否定态度,但是对于老人的命运充满哀怜之意,读之涟然。何南生是马伯乐的底本,把抗战知识分子的形象谐谑化,在批判之余亦揭示知识分子并非必然"崇高"的形象。对比于只把"抗战英雄"缺席悬空的处理,这两篇小说唱反调的意味更多了些。如果说,"反英雄"可见战争对人的摧残,"写坏人"则可见战争对人的扭曲,并浮现人的软弱和缺陷。到了1940年以后的小说,萧红对于"抗战英雄"的嘲讽更直接,主要见于《孩子的讲演》和《北中国》上。

《马伯乐》拆解"抗战文艺"的其中一个特色,就是设置"顽皮小孩"的角色,以颠覆"抗战文艺"应有的庄严和伟大。《孩子的讲演》中孩子的角色有相似的作用,不过这次上场的不是"顽皮小孩",而是"失败小孩"。以仅得九岁的小孩作英雄式的"公开见证",本身已甚为反讽,加上全篇构思,并不是歌颂小孩的勇敢,反而不断呈现其内心的恐惧、不安和缺乏自信。"小英雄"不过是寻常小孩,充满软弱和挫败感,①篇中对于"演讲公式"的拆解,对于"庄严气氛"与"虔诚态度"的怀疑,与《马伯乐》里讽刺"抗战小说"的创作模式和抗战作家的"自我崇高感",有异曲同工

---

① 萧红:《孩子的讲演》,载《萧红全集》(中),第 907 页,"王根想:这讲演是失败了,完了,光荣在他完全变成了懊悔,而且是自己破坏了自己的光荣";萧红:《孩子的讲演》,载《萧红全集》(中),第 908 页,"可是在王根,一个礼拜之内,他常常从夜梦里边坐起来。但永远梦到他讲演,并且每次讲到他当勤务的地方,就讲不下去了。于是他怕,他想逃走,可是总逃不了,于是他叫喊著醒来了。"

之妙。① 全篇一方面以"失败小孩"拆解"台上英雄"的虚假性,另一方面对于小孩在整个战争环境与气氛下,被迫变成大人的过程感到哀怜:

虽然他才九岁,因为他做了服务团的勤务,他就把自己也变作大人。②

至于《北中国》,耿大先生因为从军的儿子死亡而疯狂,不断写信给儿子,在想象中竟称儿子为"大中华民国抗日英雄"。他的仆人更把信封倒转来看,表达他对耿大先生的烦厌。此举对于耿大先生及其所爱的"吾儿"都甚是不敬。③ 此处虽然表达了耿大先生的愚昧,但亦令所谓的"抗日英雄"增添一股荒谬感。

从文学作品角度来说,"生活化"、"细致化"的格局看来毕竟狭窄了一点,"反英雄"的倾向也不合事宜,仿佛漠视现实的需要。的确,从现实的角度来说,战争中无疑需要呼唤民族情绪与英雄人物来对付外敌,但作家如非只是为现实服务,而是对世界、人生有所反省,则战争正是一个重要的触发点,令萧红对"人性"、"人生"作深一层的思考。在萧红笔下,战争对人的伤害或扭曲,并不止于肉体,而是涉及人的思想;战争亦不止于影响年青力壮的"英雄",亦涉及幼弱的孩童;战争影响的范围,并不止于沙场,而是遍及每一角落。萧红的"反英雄",并不是等于战争(作品中从没作过类似的明示暗示),更不是"反抗战",战争的现实取向与需要,的确不是她所关注的重点。她的眼光是在既成事实的战争下,人性受到什么程度、什么范围的影响,很明显她关注的重点仍然是"人"——这一点是萧红一向以来所关注的命题。放在抗战背景下对"人"的关注,既不滞又不离于对现实的思考,其作品的意义、作者的视野,比只是抽象地思考"人"的问题深得多、阔得多。

萧红笔下的"抗战小说",无论是长篇《马伯乐》还是中短篇小说,都跟"抗战文艺"的创作要求有一段距离。造成这些距离的原因很多,例如有论者提及,这可能跟萧红转化了不少个人经历、以及投射了浓重的私人情绪有关。就创作内容来说,

---

① 萧红:《孩子的讲演》,载《萧红全集》(中),第 904~905 页:"由于开著窗子和门的关系,所有的讲演者的声音,都不十分响亮,平凡的,拖长的……因为那些所讲的悲惨的事情都没有变样,一个说日本帝国主义,另一个也说日本帝国主义。那些过于庄严的脸孔,在一个欢迎会是不大相宜。只有蜡烛的火苗抖擞使人起了一点宗教感。觉得客人和主人都是虔诚的。"

② 萧红:《孩子的讲演》,载《萧红全集》(中),第 909 页。

③ 萧红:《北中国》,载《萧红全集》(下),第 1099 页。

这些偏离"抗战文艺"的小说,可见萧红更关切抗战下的"人"——尤其是变通人的生活。抗战的主角并不是英雄,而是英雄身边的人,是生活在战争下的每一个人。他们卑微不足为道,但同样活在战争的阴影下——他们伤心、忧虑、扭曲、疯狂以至于死,战"火"影响到他们,但他们却未必有"光"。就创作的信念而言,萧红宁愿与"抗战文艺"保持距离,亦要保留个人风格,一方面贯彻她小说中对于小人物个体"生命"的重视,另一方面亦曲折地为表明自己所选择的作家位置,她要做一个认真而自主的作家——发现"生命",而非集体的发声筒——传达口号。就创作的道路而言,萧红抗战时期的小说亦表明,香港的确给予她更大的写作自由,舒展其写作才华。到了去留香港的抉择,她坚决从实际地理空间上脱离当时的"进步作家"社群,成为真正蛰居一隅的少数派,贯彻她的写作信念,实践其理想中的"作家"身份。

四、总结

从《商市街》、《生死场》、《呼兰河传》和《马伯乐》的内容来看,四部作品虽然各有特色,但其叙事底层都具"身份探寻"的隐含意义。再参照其他作品,可见这种追寻同样贯穿在她不同时期的创作里,互有变化之余,又能彼此呼应。萧红在探寻自己的数个身份之外,亦可表达她对社会上"弱势群体"或"边缘少数"的关注——包括老人、乞丐、受欺压的女性、社会上的异常者等。从同情到绝望,萧红自身抗争的失落,影响她对于少数者命运的看法。萧红最后甚至客死异乡,在文学史上处于二三流作家的位置,跟她一生的取向都有相应之处。当然,如此多别具"意义"的关连,究竟是命运的巧合,还是作家选择后的必然结果,抑或只是研究者的过度诠释,也许答案不只一个,但一切答案都只不过是一种论述的可能。至于论述是否合理周全,皆无损文学世界的完满自足,亦无改作者早已匆匆走过的一生。

萧红小说的女体符号与乡土叙述

——《呼兰河传》和《生死场》的性别论述

林幸谦①

一、萧红文本的女体/乡土叙述

自《生死场》出版以来，萧红的小说在中国现代文学史中常被誉为民族国家文学（抗日文学）之代表。《生死场》之后的其它许多小说，同样表现了萧红文本的开放性。在民族国家文学之外，女性文本的多元特质在萧红的文本书写中进一步得到延续，成为萧红见证女性叙事文体的展示场/意义场，为中国现代女性文学遗产开拓出富有符号性意义的女体空间和女性乡土想象书写。

萧红笔下农乡女性群体的身体与乡土之间，实存在着复杂深邃的交错脉络。女体/乡土的概念隐含内在的指涉意义，叙述体中迭嶂层峦的交叉罅隙映照出丰富的、富有性别意义的文化空间。

① 本文摘自《南开学报（哲学社会科学版）》2004年第2期。

林幸谦：香港中文大学哲学博士，任职于香港浸会大学，著有《礼体的仪式》、《原诗》、《幸谦之诗》、《叛徒的亡灵》、《荒野中的女体：张爱玲女性主义批评》、《女性主体的祭奠：张爱玲女性主义批评》、《历史、女性与性别政治：重读张爱玲》等。

当我们的阅读视角向萧红文本的深层结构迈步深究的同时,读者不难倾听到萧红为上世纪上半叶传统农业社会中有关农乡女性群体所发出的潜匿性声音,并以其文本的内向性资源向同时代的其它各类男女作家的文本开敞自身的符号体系。萧红作品中的女性群像,在一种富有文化和政治含义的空间领域中,展示了女性生活／文化内在空间的历史记忆。实质上,是女性作家以其符号母性空间的叙事笔法,在现代化时代来临前的最后时期中,为传统农业社会中的女性历史组构出可供现代社会凝视的女性身体的"支撑点"(anchoring point)。这些命运动人的农乡女性,既有承载女性命运受难图的功能,也有解读传统农村女性身体的文化论述。

这一位在现实生活中同样苦难深重的女性作者,把她自身的生命图示和她所观察到的农乡社会女性,描写成生／死的符号图示。萧红研究中,刘禾的《文本、批评与民族国家文学:〈生死场〉的启示》一文,对萧红文本的解读可说掌握到其中的民族家国脉络及女性身体体验的隐喻,指出本书中有关生与死的意义乃主要体现在女性人物之上,特别是和农村女性生活有密切关系的两种体验:因生育以及由疾病、虐待和自残所导致的死亡,而没有像鲁迅一样在民族兴亡的视角中落入阅读的盲点①。这种阅读避开了男性批评家如鲁迅和胡风等人的观点,不再只是把《生死场》视为民族兴亡的寓言来理解。事实上,《生死场》前 10 章主要以女性身体作"生"与"死"的重要场所,体现女性经验中"生"与"死"的特殊内蕴,而把女性身体推向小说意义生产的场所。后文从第十一章始共 7 章,则从女性世界转向男性世界,大量描述国家民族主义进入村民意识的过程。由于女性身体的种种体验集中地体现了生死内蕴,导致女性身体不能不成为小说意义生产的重要场所;而"男人"和"国家"在萧红文本中因而被紧密联系在一起:揭示出民族主体是男性空间的事实。男人和国家也就无可避免地紧密联系为民族主体的"男性空间";但更重要的,女性身体不仅成为萧红作品中的"生死场",而且更是小说获得内涵和意义的根本来源。萧红文本所创造的"意义场",其真义的复杂性是当时男作家所难企及的,这使萧红和西方作家伍尔芙(Virgivia Woolf)发生某种文化碰撞:她们虽然生活在全然不同的环境中,且却同样反抗认同各自的祖国。"除了种族和文化差异之外,她们作为父权社会里的女性这一共同身份,确实造成了她们在国家观念上不寻

---

① 刘禾:《〈生死场〉的启示》,载唐小兵编:《文本、批评与民族国家文学》,香港牛津大学出版社 1993 年版,第 35 页。

常的相似"①。

　　然而,萧红和伍尔芙两者在国家认同上应是有所差异的。刘禾对于萧红文本的阅读盲点乃在他把两人的观点同等扩展,以至把萧红对"家"观念的质疑折射为萧红对于"国家"的反抗。实际上,萧红在国家民族的反省中,存有某种矛盾、模糊的状况。这可从她一方面跟随民族主义话语的书写而致力于试图表现抗日和反战的主题,另一方面又控诉战争、传统社会和以男性为中心的民族兴亡运动所对于女性的各种各样的文化、政治和社会总体压迫中看出一二。萧红的叙述文体,即试图为这些女性命运的受难图寻找她所看到、体验到的,不同于男性书写/经验的答案。在这种意义上,我们不难在《生死场》的农乡女性族群身上及其和乡土大地的关系中,印证萧红的乡土文化想象乃含有一向被忽略了的性别观点。从中可以挖掘出萧红具有性别意识的女性乡土经验书写,除了表现了农村苦况和兼容革命主题之外,在很大程度上亦道出中国(东北)农村女性在传统农业社会中的文化迫害与性别政治,以及她试图突显农民权益、土地自主与民族抗日等内容思想。

　　因此,萧红文本表现了两性关系/性别意识与民族文化历史的双重主题。作为一个少女时代就离家出走的女作家而言,萧红即使在穷困的时候都不愿、也始终没有回头向家人伸手求济。在家与国之间,她一生的文学关怀可说都消耗在女性和民族这两个大范畴中②。其小说作品所研墨秉笔而成的叙述学触角,构成中国现代文学中一种足以讲述女性生命和整体社会结构的叙述学迷宫。她的写法,乃从女性身体为立足点,建立了一个特殊的视角去观察民族兴亡、乡土文化和性别政治的内在联系。这一角度确实使得萧红笔下的女性身体成为一个意义产生的场所,并和民族国家的空间构成交错地带,构成萧红笔下女性身体和乡土书写之间的紧

――――――――――

　　①　萧红的《生死场》和《呼兰河传》,最大的特质即表现在女性身体的生与死之意义上,而不仅仅只是民族兴旺的主题;萧红眼中的女性和自我所面对的困境即是帝国强权和父权专制。她并不是不关心民族命运,更不是缺乏所谓的民族主义的热烈情感,故不能将此视为萧红的败笔,参见刘禾《文本、批评与民族国家文学〈生死场〉的启示》一文,第36~40页、第48页。

　　②　在现实生活中,萧红除了面对长久的贫困和疾病之外,她也面对结婚的道德义务和女性怀孕生产的十字架,像无数传统女性踏过的荆棘路那样,萧红也同样背着十字架走过了她短暂的一生。在绿川英子的回忆中,她亲眼看到萧红如何走在这样一条民族自由与女性解放的道路上,但她不曾被胜利的曙光沐浴过,却带着伤痕死去了,她逃出了东北故乡的日本铁蹄,却又在千里之外的异乡,在东南孤岛上死于日本铁蹄之下,令人惋惜。参见绿川英子《忆萧红》一文,收入王观泉编《怀念萧红》,黑龙江人民出版社1984年版,第69页。

密的内在关系。从较为宏观的视角而言,《生死场》中的女性身体表现了一种生/死的大场域,是中国现代文学中关于传统农业社会在进入工业化之前女性受难图的性别论述。那些沿自晚清传统农乡社会中的女性故事寄寓在民族寓言的叙述体在现实生活之中。萧红文本中的女性生活及其乡土铭写实有着深层内在的文化历史关系。这是含有女性意识的乡二经验和文化想象书写,为传统农乡女性过渡到现代女性的乡土文化书写留下多重面向的女性文学遗产。

萧红文本中的女体/乡土叙述模式,有足够的能力将乡土想象和女性经验呈列在同一场域中,去展示传统农乡女性的意义场。特别在《生死场》和《呼兰河传》中,此种复杂交错的女性/乡土叙述,集中体现了农乡社会中的传统父权(性别政治)、经济(农业)、种族(抗日)、阶级(地主)和女性身体书写(女性主义意识)等意义。这可看出萧红如何刻画农乡女体经验和乡土想象的文化历史意义,在叙述结构中把两者作了紧密的结合,表现出深刻多重的、性别意义的女体/乡土场域,为传统乡土空间提供另一个含有父权文化、经济结构、传统文化和性别政治的符号化身体书写。

二、《呼兰河传》:女体符号及其神性化女体

本文对于萧红文本中有关女体空间和乡土凝态/想象关系的探讨,首先将分析萧红笔下女性身体的符号化寓意、以及与此有关的女体神性化现象及其象征功能;从中解读萧红如何建构富有性别意识的中国女性乡土文学与叙述模式,然后进一步再探讨有关女体/乡土叙述中的其他相关课题。

萧红笔下有关女体符号的建构,融入了多重面向的女性经验之乡土凝态/想象,使其笔下女性群体的构成含有性别意义的符号空间。事实上,许多富有女性意识的中国现代女性作家,他们的作品大都含有双重的意义①。在萧红的《呼兰河

---

① 在中国现代女性小说中,萧红的小说最像张爱玲文本中的女性人物那样,常常充分显示出双重意义的空间。这些女性人物甚至扮演着双重矛盾的角色,是自我分裂的双重身份:是父权的反抗者,同时也是父权的寄生者。在此双重意义的女性叙述中,这些女性作家笔下的女性角色因而也有着半主体半客体的矛盾与冲突。此种既能扮演主体,亦能充当从属女性的矛盾书写,使她们同时具有承载压抑和颠覆父权的双重意义(详见拙著《张爱玲论述》),在这种矛盾性质的书写中,展示了女性文本的空隙、沉默与简缺的复杂深刻文笔。

传》中,萧红大量地书写了女体空间所可能载的各种符号形态——这里将特别关注第二章中有关跳大神的仪式化女体现象。

在《呼兰河传》中,跳大神仪式应被视为是呼兰河乡民不可或缺的精神生活,是生活在这片乡土中一种卑琐平凡生活之外的另一重要精神世界。而此跳大神的仪式被置放在所有仪式书写的首要位置,即可看出跳大神在本书中所隐含的重要性,很有纲纪的作用。其符号空间形态的指涉性亦十分丰富,充满主体性和反抗批判的色彩,而且表现高高在上的女主男从的性别角色转移。

从萧红记述跳大神的女性形象中,我们不难通过神祭的仪式发现女性角色正是借助此种能够脱除日常现实生活的身份和角色的祭祀活动,仪式性地使女性人物从内在精神和外在形式上偏离了日常的文化社会角色功能。为了达到有关目的,跳大神的女人有必要改换外在的服装,以达到变更这项潜在性文化角色的目的:"她(跳大神者)穿起奇怪的衣裳,那衣裳平常的人不穿,红的,是一张裙子,那裙子一围在她腰上,她的人就变样了。开初,她并不打鼓,只是一围起那红花裙子就哆嗦。从头到脚,无处不哆嗦,哆嗦了一阵子之后,又开始打颤。"①文中强调了跳大神者改变服装的行为,穿上平常日子中女性所不穿戴的衣裳,突显了文化角色功能更变中的一种中介途径,再通过女性化的裙子去强化有关女神形象的意图。这种外在形象的改变,其用意显然除了突显女神身份及其内在元素的改变以外,亦是农乡女性透过跳神仪式达到追求主体想象空间的一种努力。这种女神身份转变的叙述方式,同时突出了女大神之下的另一个次要身份:即男人所扮演的二神形象。显然的,这位男二神并没有女大神所必须经历的仪式化行为,或者说,萧红并没有兴趣描写男二神的仪式活动,没有昏乱状态,也没有女大神那种神灵上身后的威风气势。相反的,萧红兴致勃勃地突显了女大神在跳神仪式中那种全身是劲、乘云驾雾的雄壮气势:"那女大神多半在香点了一半的时候就下来了。那神一下来,可就威风不同,好像有万马千军让她领导似的,她全身是劲。"②

女大神千军万马的威风魂魄,和男二神有很大的落差,可见萧红于男女的神化仪式模拟,其主次描写有着巨大的差距。而女大神和男二神之间的差异,更表现在两者之间的主从身份和功能之中:一为大神,主要的跳神角色;一为二神,跳神仪式

① 萧红:《呼兰河传》,台北金枫出版社 1991 年版,第 47~48 页。
② 萧红:《呼兰河传》,台北金枫出版社 1991 年版,第 48 页。

中次要的辅助角色。此外,更重要的,一能治病;一不能治病。在跳大神的象征/模拟状态中,女大神能够主宰一切的特征,突显其符号性的功能,也间接显示女体所具有的主体象征意义:最大的莫过于得到平民百姓"非常的尊敬,又非常的可怕"的尊贵地位①。萧红以此方式在叙述中为女大神形象建立起不可代替的主体质量。通过现实和非现实、日常和非日常的境界对比,在精神层面上让农业社会中的传统女性取得现实社会中不可获取的主体地位和身份。据此,日常现实社会中的农乡女性在跳大神之前的自我,被跳大神仪式中似实而虚的一种神性主体/自我所取代。女性角色在神性的仪式性行为中被强化到底,老神在在。此种神异变换的模拟行为,成为萧红叙述文体中一种身份转换的精神仪式,让传统社会的客体/从属女性得以在精神层次上,以及在仪式化的象征层次上重新得到主体身份的定位。因此,女大神所坐的凳子、牌位、香火,到她进入神灵状态的各种特异举动,如从头到脚的哆嗦、打颤、闭眼叽咕、行将昏厥的神化模拟行为等等,可以说都是女大神仪式中女性获取新生命和新身份不可或缺的模拟手法,重新定位女性自我的主体性功能。《呼兰河传》中有关女大神的主体符号空间建构,因而可为萧红文本指出此一重要的指标:含有文化意义的女体符号空间的叙述结构,隐含着一种不可忽视的女体寓意。女性身体在神化式中表现出象征性的符号功能,为萧红文本伸展出一块别具一格的身体/性别空间。而《呼兰河传》一文中有关跳女大神仪式的治病活动,以及民众所表现的集体狂欢性质,同样可以放在此一特质中加以审视(后详)。

倘若进一步考察,可发现萧红对其女体空间符号化的建构,除了转换女性在现实社会中的文化角色之外,更在时空上作了转喻的描写。跳大神的地点若在神庙举行,自然可借助寺庙的象征力量让大神跳起来更有神化的效果。但是,《呼兰河传》中的女大神却往往不是在庙寺场地进行,而是在一般人家中举行。跳神仪式由传统的庙宇移置到日常生活场所,需要更复杂的空间转化形式。为了达到和提高神化仪式空间的可信性,女大神的跳神仪式往往在时间上被安排在天黑以后进行。

时间由白天换置为夜晚,固然一方面是为了配合农业社会的客观环境,然而,这种置换不应只是被解说为表象的客观环境影响,而应注意到其中更深层的象征意义。此种时间上的转换,为女神的精神内涵提供了现实世界中所不可能得到的空间特质。从中可见萧红并没忽略时间形态方面所可能涉及的复杂因素,这也可

---

① 萧红:《呼兰河传》,台北金枫出版社1991年版,第49页。

以为我们解释,跳大神之所以安排在天黑以后,可以说是借时空转化去达到功能性转化的配套条件;从而能够强化女神/女体空间的配套因素方面的象征性功能:"跳大神,大半是天黑以后跳起,只要一打起鼓来,就男女老幼,都往这跳神的人家跑,若是夏天,就屋里屋外都挤满了人。"①白昼和夜晚的置换,让现实世界和跳神的象征世界更有效地加以分割和区分。通过跳大神的祭典仪式,无形中在精神层次和象征拟态中置换了传统农业社会中两性文化角色。女性身体的主体性被提升到超越现实人世的形而上精神层次中,在实质上打破农乡女性在现实世界中日常生活的低位属性。借助此种仪式性狂欢聚会和民间诙谐文化的构思,使萧红笔下的女性人物有足够能力演绎某种回归母体大地、回归活生生血肉生活的主题愿望。

萧红笔下女性所构成的女体符号空间,其根基因而也是建立在民间文化的基础之上。她的书写,在神灵仪式中展开"模拟"(Mimesis)行为的神化/主体化行为,为农业社会中的传统女性指出某种超越现实意义的可能形态。此种升华意义的摸拟行为,实际上为现实农业社会中传统女性提供了一项传译/指涉(rendering)的功能,而具有超越现存世界的象征。女性身体在符号化中获得文化指涉的空间特质,甚至为这些从属女性暂时性地——即在跳大神的时空期间——颠覆了她们真实的文化客体身份。这让萧红笔下的农乡女性群体,在民间俗文化祀典的隙缝中借狂欢怪诞和夸张的手段,表现出一种浪漫而怪诞的现实主义写法②。其文本特质并常带有酒神的狂欢性质、民间俗文化色彩和压抑的女性焦虑。跳大神的狂欢节/嘉年华(carnival)现象,因此也是讨论萧红文本中值得一提的观点:其中含有相当明显的巴赫汀(Mikhail Bakhtin)理论的众声喧哗(neteroglossia)之书写特质。此种狂欢特质,除了《呼兰河传》的各种神祀仪式和宗教/民间性活动之外,在《生死场》中,如描写埋葬王婆的场景中众人围着半生不死的王婆,集聚在一起吃喝的情景中亦可以看出有关特质。这完全是两种情境或两个世界的对照:一为死世界(如《生死场》中王婆、月英和小金枝等),一为活世界(如《生死场》赵三和村人等);一为现

---

① 萧红:《呼兰河传》,台北金枫出版社 1991 年版,第 49 页。
② 笔者曾探讨萧红作品中有关怪诞现实主义叙述的问题,特别是有关女体/母体的病态铭刻,指出萧红文本中所可能含有的女性史诗风格。这种独有的女性叙述,乃结合了怪诞/丑怪身体的书写特质,表现出萧红独特的现实主义的怪诞叙述策略。详见拙文:《萧红小说的妊娠母体和病体铭刻——女性叙述与怪诞现实主义书写》,《清华学报》,2001 年第 3 期,第 301～337页。

实世界(如《呼兰河传》中农村普通居民),一为神灵世界(跳大神的女人)。在女大神改换服装、治病医体、群众观神的集体参与,以及狂欢式的女大神(及民众)的身体演出等描绘中,萧红一再突显了女性作家内心的性别意识和文化思考的深度。

实际上,巴赫汀的嘉年华观念即含有意义多元化和反叛声音的空间,民间文化和大众文化以卑贱抗衡高雅,上下主客次序的倒错,表现出《呼兰河传》中富于自发性、反叛性、颠覆性的色彩。此外,所有跳大神的场景,主要都在乡间普通百姓人家中举行,更进一步配合大神所含有的女性(外在生理方面)和阴性(内在文化层次)的属性特征。跳大神的家居乡土场景因而与女体/乡土的符号空间发生联系,两者的内在关系紧密为一。在乡野家居门前的类似野台子戏上演的场合中,女大神的跳神祭祀被导入性别和乡土互涉的特质,构成萧红文本中女体符号空间的圆熟性和多元性①。

另一方面,萧红笔下的神性女体,还有一个较为被人忽视的功能:即在第二章起始就指明的女大神的治病功能②。女大神的治病功能,在跳大神仪式中有着十分重要的位置,可以说跳大神的原因,即在跳神中所进行的治病功能。此治病功能加强了女神意义的多元性质和主体力量,并与萧红文本中某些女性病体铭刻和疾病治疗仪式紧密结合。萧红笔下的女性人物在此叙述文体中得到作家悲悯的抚慰;其中最不能忽略的即是《呼兰河传》中女大神的治病能力,为女性自主的主体层面提供自力更生或再生能力的挑战和生机。传统农业社会中的女体病态现象,在女大神的照料下得到痊愈的可能机会和空间也大大地提高,强化女性力比多能量,修正了女性在现实世界中不足与匮乏之处。除了女大神外,《生死场》中月英的女佛隐喻则是另一个类型。如果说萧红早期作品中,月英还没有自我拯救的能力,也没有发展出自我主体的能力,到了《呼兰河传》,萧红的叙述文体则在寓意中已有能力自足自给,在隐喻上让女性自我拯救并拯救他人。其他如《呼兰河传》中

---

① 虽然萧红对于女体神性的主体有明确的描写,但萧红并没有全然否定了现实社会中的男性/父权主体论,这或许可以说明为何萧红在其它篇章中写下这一点现象:娘娘庙里塑泥像的人是男人,女人被塑得温顺老实,"就是好欺侮的","不但异类要来欺侮,就是同类也不同情";故"男人打女人是天理应该的,神鬼齐一。怪不得娘娘庙里的娘娘特别温顺,原来是常常挨打的缘故。可见温顺也不是怎么优良的天性,而是被打的结果,甚至是招打的原由"。见《呼兰河传》,台北金枫出版社1991年版,第75—76页。从中不难看出萧红对女性从属身分及其第二性特质的体认亦是十分的深刻。

② 萧红:《呼兰河传》台北金枫出版社1991年版,第47页。

出现的祖母,其实也是一个女性家长型的人物,掌管着家里一切财务和家政①。这类老太太人物,和张爱玲笔下众多的女性家长一样②,都有着相当明显的主体性意识,主宰着大家庭中的各种活动。

三、女体/乡土的符号空间:双重性符号的结构体

事实上,萧红对女体的想象书写和乡土的文化空间建构是双线并行的,缺一不可。在此双重性的映照之中,萧红为此女体/乡土叙述设置了双重结构的符号空间(semiotic space),女体空间的他者性和主体性互相撞击,而让叙述者得以一种深具批判性的视角为女性身体的空间提出主体升华的可能。除了《呼兰河传》,《生死场》中农乡女性群体的双重性女体同样有其符号性空间的文化意义。当萧红把女性经验注入传统乡土(未有性别意识或可能富有父权意识的概念场域)之中,女体/乡土叙述被导向生理/地理空间交叉的符号领域,使符号化后的生理性身体获得空间再生的能量,而有能力转变为一种文化场域③。这可为我们察视萧红如何以此作为她用以窥视乡土农业社会中,有关女性生命"意义场"的"内视镜"(speculum)④。

质言之,符号化的身体空间赋予萧红文本一种含有分裂而又能再度繁衍复合的叙述能力,让她能借此展开富有女性经验的乡土想象和女体书写,而把女性和乡土空间在叙述流中展示出来。这首先可在王婆探望完病重的月英离开她家后的归途景观中,从王婆思考更深刻的人生之路中显示出来:"荒寂的山上有行人走在天

---

① 萧红:《呼兰河传》,台北金枫出版社1991年版,第86页。

② 在张爱玲的小说世界中,从《沉香屑——第一炉香》和《沉香屑——第二炉香》开始,她笔下的女性家长就已经排挤掉男性家长的主体身份,甚至将其主体性放逐在叙述之外。这种在男性家长/父亲缺席的文本中所产生的女性家长相当众多:如梁太太、蜜秋儿太太、段老太太、白老太太、姜老太太、杨老太太、匡老太太、席老太太、荀老太太、顾老太太和姚老太太等。若从文本互涉的视角来看,更可构成意义更为深广的女性家长群像。详见拙著《张爱玲论述》。

③ 萧红:《呼兰河传》,台北金枫出版社1991年版,第25~29页。

④ "内视镜"原是一种用于检查女性阴道的凹透镜医学仪器,后被女性主义理论家伊丽佳莱(Luce Irigaray)转用于理论之中,强调以凹面体的凹视镜取代拉岗(Jacques Lacan)理论中传统的平面镜。此一凹视镜可较为完整地再现女性,并用以捕捉哲学及精神分析中有关"同一性"概念的本质和意涵,和一般诉诸男性中心意识的传统女性再现迥然有别。参见罗思玛丽·佟恩(Rosemarie Tong)《女性主义思潮》一书,台北时报文化出版社1996年版,第400页。

边，她（王婆）昏眩了！为着强的光线，为着瘫人的气味，为着生，老，病，死的烦恼，她的思路被一些烦恼的波所遮拦。"①文中以地理的道路象征人生的道路，强调活存下去的人，必须走更长远的路途：此道路充满了生老病死的烦恼波。有形的路和无形之生命之路，交结在有形体的生命（身体）和无形体的"生命波"中，两者深深交炽为一。萧红更具体地写出，路上的雪形象化地在王婆的脚底"狂速地呼叫"，充分反射出王婆内心的世界影像，也充满了萧红笔触中惯有的女性之焦虑心理元素。

事实上，此为萧红十分善用的叙述视角之转移手法，是萧红女性叙述中关于女性身体和社会文化层面互涉的流动性书写策略：女性身体的移动现象跨越界线而涉及社会、文化、历史等层面。此种叙述体中的流动性强而又具有不定性的特质，而且不可分割，一再通过萧红的女性叙述指向今日女性主义所强调的多元特质。

此种女体/乡土叙述凸显出历史文化交织的符号空间，一种近于女性主义批评所指称的"容器"概念。这种叙述文体的流动性视角，足以让一个女性身体到此一身体所身处的地理/社会空间，或从一主题跳入另一主题，或从一意象跃入另一意象，或从生理层面跃入地理层面，或从一个女性跳向另一个同/异性质的女性等等，都灵活地表现出萧红独特的女性叙述策略。萧红的女体/乡土叙述使其女性的人生之路和其所生活的乡之大地无形中形成一种生理/地理意义交叉的文化符号空间，在隐喻上把一向受忽视的农乡女性身体及其所生活的乡土/家居空间紧紧联系在一起。

在这意义而言，乡土的象征功能可视为萧红窥视女性身体内宇的另类"内视镜"，是女性作家藉以窥探女性内宇及其社会文化系和人生命运不可或缺的书写策略，不容忽视。作家所能在自己身上找到的女性课题，或女性身体所能指涉的文化课题，都能够在女体/乡二叙述中被找到。通过女性身体的符号化空间，萧红将其不为人知的文化内在层面表现出来，而得以深入女性深层的文化层面。

萧红从符号化的女性身体空间，转入深层文化层面的乡土领域去重写女性（农乡社会中的）身体。女体在萧红的女性叙述中因而含有符号化功能，一种含有乡土文化意义的符号空间，而乡土亦更进一步通过有关符号化空间被萧红转变成含有性别内涵的文化批判书写。个体（女性）和整体（乡土/民族）的相互观视中，映照

261

---

① 萧红：《生死场》，上海荣光书局 1935 年版，第 72 页。

出家/国两个层面;而女性/乡土和民族空间亦得以映照出个体的家和整体的国的概念。在萧红笔下,我们因此可以看出女体的象征意义往往饱含传统农村社会中有关女性的乡土寓言,饱含种种磨难的(集体)记忆。萧红的女性叙述,让女性作家得以在象征的基础上建构女性/乡土的历史、文化场域。女体不但往往可视为母性大地的符号载体,也和乡土有着内在的紧密关系,呈现出饱满的女性命运苦难图。

质言之,萧红文本中有关女性身体及其流动性质的符号空间,为萧红的乡土民族之历史文化图景提供更大的发挥空间,其中包含着不可忽视的女体和乡土之间的密切联系。此一女体/乡土叙述所展延的空间,其经纬面有许多可能性的延伸,不只是一般的农村乡土而已,亦可扩展到农村、乡镇或一般家居等领域。在传统上,农村或乡镇一向和乡土有着最密切的联系,而构成乡土不可或缺的组成结构。在《朦胧的期待》一文中,李妈置身在小镇的小巷子里的情景,可以进一步说明萧红文本空隙中所存在的、相关方面的乡镇和女体空间的互涉功能。

文中的李妈对金立之充满期待之情,使她想为金立之归连前买两包香烟送给他,让金立之能够在战壕中想起送烟的人,以此依寄情意。文中的叙述者详细地记述了李妈在漆黑的巷子中奔跑的情节:她淌着湿汗的发烧似的身体在黑巷子中流动,害怕赶不上和金立之道别。不幸的,李妈果真赶不及。她拿着烟呆立着,背脊被寒风拍打着,整个人像被浸在水中。李妈如此面对着黑暗的院子和巷子,失去了方向,重重心事涌上她的心头:"徘徊,鼓荡着的要破裂的那一刻的人生,只是一刻把其余的人生都带走了。"[①]在接下去的叙述中,叙述者进一步展现李妈眼中一幅喧哗而破败的农地风景:"唰啦啦、呼离离在人间任意地扫着",农乡景色把李妈包裹起来,充满寓意地将李妈内在的世界情感投注其中,成为李妈生命似的一种隐匿式的内在叫喊。[②] 文中的叙述细腻之极,整个巷子饱含丰富细密的女体情境的动人情愫。李妈的内在世界人融入外在社会现实之中,隐隐约约显现出李妈复杂的声音和景象。外在的地理空间紧密地包裹了李妈的身心,李妈所走过的巷子反射了李妈的内在场域,从而构成萧红笔下女体空间的组成元素之一。

同样的,在《旷野的呼唤》中,萧红对于旷野大地的描摹,最后都归到陈姑妈这

① 萧红:《旷野的呼喊》,上海杂志公司 1946 年版,第 10 ~ 12 页。
② 萧红:《旷野的呼喊》,上海杂志公司 1946 年版,第 15 ~ 16 页。

一个女性的视线里：通过陈姑妈的视线，旷野、地平线、天河繁星和乡村景致、人声、家畜声、风声、大地和山林的各种声音，都融入人间的喧哗之中。在这地理/生理的互构背景上，萧红笔下出现的自然界景象，那些被巨大旋风横扫过的柴栏，被暴雨洗刷过的庭院等村庄群落，都被萧红文本的叙述结构化整为零，消融在陈姑妈的内宇视线里，和其身体铭刻紧密结合——这即使在描写陈姑妈的一双手上亦可看出此中的女体/乡土叙述：陈姑妈的双手横横竖竖的裂出无数小口，如同"冬天里被冻裂的大地"，变得更深陷更裸露①。这种女体铭刻和乡土叙述有着多元互涉的表现形式，其叙述体中展示出来的空间不但形态多样化而且流动性高，常有不同形态的延伸。这就是为什么萧红文本的意义场，在此被视为十分具有流动性的空间界域之缘由。她的文本结构讲述了萧红女性叙述中不可或缺的文化内涵。在此叙述模式中，不难看到萧红寻找到一种能够表现、进而探讨女体符号空间和铭写农乡女性的乡土经验之书写。

　　萧红的女性/乡土叙述除了历史文化场域等含义外，亦可延伸至一般家庭层面之中。在她的小说之外，萧红早期的自传体散文《商市街》中的许多篇章，同样也把地理空间和生理空间互相指涉，家居空间饱含大量的女性内在情感，含有大量女性荒凉情境的描写："这就是'家'，没有阳光，没有暖，没有声，没有色，寂寞的家，穷的家，不生毛草荒凉的广场。"②在欧罗巴旅馆，萧红早年和萧军的穷困生活，给了她无限的生命启示和生活感触。在她眼中，狭小的房子在寓意上就像生命或命运的"广场"——一种空间形态——一般的荒凉。从中可见她早年的散文也和她后来的小说一样，地理空间中所隐含的生命/情感意境，包容着乡土、乡镇和家居等空间的概念，特别充满了女性生命的触角和人生悲痛。以下的文字，能够进一步充分表现此中的含意："窗子在墙壁中央，天窗似的，我从窗口升了出去，赤裸裸，完全和日光接近，市街临在我的脚下，直线的，错综着许多角度的楼房，大柱子一般工厂的烟囱，街道横顺交织着秃光的街树。白云在天空作出各样的曲线。高空的风吹乱我的头发，飘荡我的衣襟。市街像一张繁繁杂杂颜色不清晰的地图，挂在我的眼前。楼顶和树梢都挂住一层稀薄的白霜，整个城市在阳光下闪闪烁烁撒了一层银

---

①　萧红：《旷野的呼喊》，上海杂志公司 1946 年版，第 27～29 页。
②　萧红：《商市街》，河北教育出版社 1994 年版，第 49 页。

片,我的衣襟被风拍著作响,我冷了,我孤孤独独的好像站在无人的山顶。"①街道
上横顺交错的街树,以及白云的各种曲线呼应了女体乱发和衣襟的曲线。在第一
人称的指引下,女体抽离出现实世界,飘向天空大地,和城市结为一体;然而对于作
者/文中的叙述者而言,这又是一座孤独的城市——同也是一种空间形态——就像
孤独的主角一样,其内在世界的孤绝让她在想象中孤零零地站在无人的山顶——
另一种空间形态的展露。从萧红的小说和散文中,不难发现她对女体、社会场所和
文化空间关系的关注。

据此,萧红文本中有关女体/乡土符号空间的想象与叙述,紧密地联系构成萧
红文本独特的意象空间,含有农乡女性的心理、文化及历史脉络。作家对自身同性
角色的深厚情感,以及她对乡土的依恋,紧密地融为一体。在文化上,萧红不仅对
女性生死和民族兴亡深寄同情,在心理层次的情感上,也对女性身体和她们所生存
的乡土有着难以割舍之情。

四、《生死场》:女体/乡土叙述的文本结构

前文论及萧红的乡土建构中,常带有女性书写意识和性别启蒙色彩,在一种性
别的思考中探索女性生命/命运和社会历史、文化关系中建构文本。这里准备以
《生死场》为考察对象,进一步探讨萧红笔下女体/乡土叙述结构的某种脉络,藉以
窥探女体符号空间的结构背景。从这一层意义视角探讨《生死场》中所隐含着的
各种农乡女性之情感空间,如何在复杂的性别意识中构成萧红女体/乡土叙述的文
本结构。

首先,《生死场》书前4个章节的名称可以提供某些框架式的线索:麦场、菜圃、
屠场、荒山等,都是传统农业社会中的乡土场景。从第一章"麦场"始,有关乡土空
间已含有女性视角的性别形态,为本书的王婆及其后各章现身的农村女性演绎出
她们受难的命运图,深刻地铭写出传统农业社会中被压迫的女性群体及其性别意
义。书中开首部分所出现的那只在迷途中走失的山羊,在寓意上可以视为寻羊者/
老王婆所丧失的生命力和青春岁月。在一片荒山麦田野地中,此种迷失的山羊之
象征意义,在后文第五章中更以章名再次出现。在这片讲述女性生死命运的乡土

---

① 萧红:《商市街》,河北教育出版社 1994 年版,第 27 页。

大地山川上,深埋着老王婆这群农乡女性内宇中、一种隐喻化的女体寓言,象征女性一生岁月的苦难命运。

从萧红对于这些农乡女性的刻画中,读者可以轻易发现她特别注重这群农乡女性和土地与地理环境空间的关系,以至在王婆的描绘中,我们不难找到女性身体和土地的一些暗示性关系,甚至是明喻的身体铭刻,印证了前文各章节中所曾探讨过的女体/乡土叙述特质:"王婆穿的宽袖的短袄,走上平场。她的头发毛乱而且绞卷着,朝晨的红光照着她,她的头发恰像田上成熟的玉米缨穗,红色并且蔫卷。"①王婆的形象显然和田地的写照非常近似,萧红在此将王婆的头发和田地中成熟的玉米覆写为一体——这和前文所论及的王婆对人生之路和归家路上的指涉书写,显然有异曲同工之义。这种女体和土地的覆写和文本结构,在接下去的章节"菜圃"中同样出现。

《生死场》第二章节的"菜圃",承接了前章"麦场"的空间形态,同样表现出农乡女性主要的劳动场所和日常生活空间。此章开首部分,萧红写了菜圃上各种果子蔬菜如西红柿、青萝卜和红萝卜的丰盛收成,就已经含有隐喻本书女主角金枝怀孕的写照。前后两章的菜圃和麦场,其实都有着同样的再生性质:开花结果和繁殖的母性再生能力和母体大地的意象。此一对照关系把《生死场》前半部的女性主题充分发挥出来。土地的再生和繁殖现象,因而更能对照着在这片土地上生活劳动的农乡女体的生命内涵。更深一层而言,《生死场》的主角金枝,现身时正值17岁的青春黄金年华。而此花样年华的少女首次现身场所,就在结满大西红柿的菜园果圃中,不能只视为一巧合,而是具有女体和乡土大地的象征意义,指出金枝命中注定像大地母亲一样踏上被父权社会所耕耘垦殖的道路一样,难以逃离萧红文本中一个重要的母题:即女性怀孕繁殖的命运。萧红把这一位17岁未婚怀孕的少女置放在家园中一片结满金红色果实的柿地现身,因而自有其象征含义。金枝家园中大片柿树结满了金色的果实,柿园连着柿园再连着菜田,其中还有一些半绿色的青涩果子,似乎强调了少女年华的金枝所面临的怀孕初期的外化写照。此外,金枝家院的柿地附近也是一片菜圃,园中所种满的土豆和白菜,都已经在八月里成熟起来②。这种景象看在金枝眼里,丰收的柿园和菜圃景象,令未婚怀孕的少女更深

---

① 萧红:《生死场》,上海荣光书局1935年版,第21页。
② 萧红:《生死场》,上海荣光书局1935年版,第36页。

地沉默着,独自哀伤。她苍白的脸色变得脆弱起来,一幅患病的模样,暗底里偷偷抚摸着日渐变大的肚子,"恐怖地"担心着肚内日渐成长的胎儿和自身的命运。

在第二章中,金枝是以私会成业的热恋情态现身,而同样的命运和情节以前也发生在成业的婶婶身上:在九月毛毛雨的清晨里,当年年轻的婶婶披着蓑衣在河边钓鱼时和成业的叔叔发生了关系。这和金枝在水湿浓厚的河湾上和成业以口哨声为约会暗语的情境类似,世代相沿,甚至当年成业叔叔对婶婶所唱的情歌,亦被成业所承继①。农业社会的文化气息,被上下两代人所承袭,从另一层面表现了女体和乡土的寓意。其中女性人物所表现的哀伤悲痛内涵,和乡土大地所展示的荒凉意境交织在一起。更值得注意的是,萧红刻画福发婶和金枝在有关事件中的叙述笔触,表现出两代女性的同性质体验:当福发婶婶悄悄蹑着脚走到门边,场院前正开着满眼金灿的向日葵花丛,她听着风声在纸窗滑过耳边的声响,感到全身乏力的灰暗感伤。紧接着在下一情节即跳入金枝现身的场景,同样以渐渐发白的纸窗切入金枝的内心,以乡土景色观照映现金枝穿过高粱地的内心痛苦写照。金枝发出的低声泣语,滑过纸窗,通过风鸣声响中互相"对话"。萧红以此将上下两代的遭遇,通过女性生理媒体和外在自然界的地理环境媒体联贯为一。不同的只是,现今的福发婶对心中所爱的男人再也没有任何的幻想:男人会把娶过来的女人又打又骂,"男人和石块一般硬,叫我不敢触一触"②;而金枝在未婚怀孕的哀伤中,内心对于未来还有一丝的少女幻想。

在叙述技巧上,萧红表露出女性作家特有的细密笔触,通过发生在上下两代女性身上的同一情事,写出农村社会的男女关系,及其女体和乡土所共同具有的相同命运。两代女性的人生在她笔下因而有了整体指涉性,同时也有更大的说服力和文本建构基础。

就像萧红其他妊娠母体的病痛描写那样,金枝怀孕后的病体铭刻现象,隐含着特别丰富的符号化女体寓言。金枝此处的妊娠母体可以和上述所提及的、纸窗与风声之意象营造有异曲同工之妙:金枝从高粱田野里走回来,一边走一边幻想一边哭着,渐渐发白的窗棂发出如同金枝所发的低泣声。金枝的心情坏到了极点,等待情人成业现身的时间,长得像厌恶的苍蝇缕着的丝线那样长,她感到肚子变成了可

① 萧红:《生死场》,上海荣光书局 1935 年版,第 30~31 页。
② 萧红:《生死场》,上海荣光书局 1935 年版,第 21~30 页。

怕的怪物。怀孕对她所造成的打击之大,令她无心工作,也令她厌恶一切美丽的事物;例如她对飞来膝上的蝴蝶看成"邪恶的一对虫子",使她彷佛变成田野中的稻草人一样。中秋节过后,金枝的心情随着田园荒废的忧郁光线憔悴起来,田园的高粱和黄豆,在萧红的笔下被形容成"和乱的头发一样"的蓬乱,而她的内心情境和病情日渐严重起来,最后被萧红进一步"把她变成纸人似的,像被风飘着似的出现房后的围墙"①。此一女性病体刻画,除了和萧红笔下的妊娠母体实有着脉络交错连贯的共存关系外②,更为我们展示了女体和乡土所隐含的密切关联。

在第三章中,有关'屠场"中的女体/乡土叙述有着更为惊心动魄的身体想象书写。老王婆在这一章中带老马进屠场的描写,表现了比金枝更为绝望的伤痛,加深了上下两代女性之间的共通命运。在这背景上勾勒出王婆和老马所共有的命运:不能再生产的老马喑喻了老王婆老来丧失价值的内心独白。如此才能揭示此章最后萧红对王婆的措述:"王婆半日的痛苦没有代价了!王婆一生的痛苦也都是没有代价。"③只有捕捉到这半日赶马到屠场和王婆一生的内在关系,才能把握到萧红为何如此全力细心地追述王婆赶着老马进城到屠场的用心,顺着此一叙述策略可以更清楚地分析此章有关王婆和女体形态空间的迂回面貌;而老马正是结合两者的桥墩。马和田间的牛一样,是农村生活中和乡土有密切关系的重要家畜,因此,萧红笔下的家畜,不少都被作者纳入她的叙述文体之中;而老马在王婆的驱赶下,也同样成为乡土延伸的一种形式,带出老马和乡土背后的密切关系。在赶马进城的过程中,一人一马所走过的道路因而才有深刻的意义,而被萧红以细部描写的方式——记述下来,连一片落在王婆头上的叶子都不轻易放弃:"王婆驱着她的老马,头上顶着飘落的黄叶;老马,老人,配着一张老的叶子,他们走在进城的大

---

① 萧红:《生死场》,上海荣光书局 1935 年版,第 32～47 页。

② 笔者曾为文讨论萧红笔下的妊娠母体和其病体铭刻,认为萧红文本正是通过这些女性的妊娠、怀孕和生产过程的苦难体验,把作者现实中的女性怀孕体验和复杂的女性集体想象,结为一体,表现在幽深洞烛的女体叙述之中。大体而言,萧红笔下女性身体人部分都具有以下的特色:龌龊、肮脏、丑怪、扭曲、畸变和疾病等现象,甚至有不少的动物化和鬼魅化意象的特质:构成萧红史诗风格的女性病体铭刻。这也是萧红结合了女性丑怪身体的女性叙述,一种独有的阴性书写策略。详参拙文《萧红小说的妊娠母体和病体铭刻——女性叙述与怪诞现实主义书写》,《清华学报》2001 年第 3 期,第 301～337 页。

③ 萧红:《生死场》,上海荣光书局 1935 年版,第 58 页。

道。"①纵观第三章的情节,王婆赶老马进屠场的叙述乃颇为暧昧的,隐隐约约透露出王婆和老马含有一种不太明确的互涉替身/对照关系。笔者认为,其中乃隐喻着农乡女性在老来无依时,这些年老的女性在传统(宗法父权)农业社会中所面对的、类似的老马来到"私宰场"(萧红此章的开场语)的隐喻一样,把前一章少女金枝的花样年华过渡到老年时期,写出农乡女性一生漫长的命运受难图。前后两章对不同年纪女性的刻画,萧红揭示出两代人所可能共同面对的相同命运。

从这视角而言,我们不难理解为何王婆在赶马进城的路上,竟会幻想到有一把屠刀穿过她的背脊,令她不禁颤寒得晕昏在道旁②。此种足以令王婆感同身受的晕厥,或可说出两者在情感上的内在紧密关系。两者的对照,不只突显老马在王婆心中对老马的深厚情感而已,两者乃是一外一内形态的交错互迭,带出萧红笔下女体/乡土叙述中有关女体寓言所共有的空间情境:"凄凉的阳光,晒着所有的秃树。田间望遍了远近的人家。深秋的田地好像没有感觉的光了毛的皮革,远近平铺着。"③萧红笔下的乡土大地,指涉了这些生活在其中的女性群体人物之内心情感区域,亦饱含农乡女性心中一片荒野地带的凄凉、阳光和心事。田园大地在这群农乡女性的眼中,其所感受到的情境就和她们的身体所给予的质感一样,常有反写的表现形式,如同抽离了感觉的深层感受一样:把深秋荒废的田野和光秃凄凉的林野景色移入女性体中/眼中,平铺着、并列着共同展示。

若从女性主义批评视角加以阅读,我们更能读出其中有关女体和其所生活的土地之密切关系。两者结合下产生的新的场所/空间:女体符号化后的场域空间。这是符号化的身体空间,也是文化意义上的空间场域。女性身体和乡土大地成为双重结构中的一种场域空间形式,使乡土得以成为象征符号化的女性身体空间,而女性身体在象征意义上也得以成为符号化的乡土场域。

大体上,《生死场》前半部的结构,形成女体和土地互写的内在关系,而且是上下两代女性互相轮替、互相指涉的连环结构。首章的"麦场",不仅是农家的农耕地和稼穑地而已,同时也是整体意义上有关大地母亲和母性场域的隐性覆写;接下去的第二章"菜圃",所表现的菜园场地,同样也是大地母土/女体象征的延伸空间。

---

① 萧红:《生死场》,上海荣光书局1935年版,第51~52页。
② 萧红:《生死场》,上海荣光书局1935年版,第53页。
③ 萧红:《生死场》,上海荣光书局1935年版,第51页。

　　此两章的对比在于,前一章的麦场指涉对象为上一代老年的农乡女性,转入第二章的菜圃时则显然是以下一代的年轻少女为其凝视对象。第三章"老马进屠场"中的"屠场"空间,女体/乡土则从少女经历了风霜之后重新回到老一代的女性身体;借王婆带老马进屠场的心路历程,揭露农乡女性面临老年无助的内心写照;"屠场"折射出王婆心中的"私宰场":生命的丧失和老来无助的投射。

　　在接下去的第四章中,"荒山"又再次重新回到年轻一代的女体空间形态,符号化的女体生态的在此一篇章中重新循环再生。前后四章从不同的角度和人物,写出女性作为一种生理空间、文化空间和生命空间等各种形态。生理空间以女性身体为主要诉求,文化空间以传统农业社会中有关农地/土地的象征为诉求,而生命空间则表现了这两者结合为一后产生的、新场所/新空间的女性精神之特质。前后双重轮回替代互写,力道十足。从第五章"羊群"开始,环节又回到第一章寻羊的结构,可视为一种协调性的女性叙述,为前文几章提供补缀性的铭刻。此章在《生死场》像是开场中寻羊的情节一样,富于身体符号化空间的寓言色彩。跨过此章,女体/乡土符号空间充满了骇人惊闻的受难图,符号化的女体一幅比一幅更为令人惊心,其女性笔触极为刻骨铭心。第六章的女体/乡土叙述中,涉及女体和乡土大地的结合与分裂在双重结构中移花接木,在交替进行中繁衍扩大,将女体所象征的生命、命运、生活空间等,调和在农乡的社会文化关系之中。从第六章"刑罚的日子"始,萧红主力书写各个女性所遭遇的受难命运,一口气写下三个女性怀孕临盆的难产纪事:五姑姐姐的难产,金枝婚后的早产,以及李二婶的小产。而在第七章"罪恶的五月节",进一步写了王婆服毒和金枝面对小金枝被成业摔死的惨剧;到了第八章"蚊虫繁忙着"的生活空间中,则写王婆生病和其绝望哀伤的女性生活等等。从"麦场"到"菜圃",到从"屠场"到"荒山"到"乱葬岗"等笔法势如破竹,以及接下去的几个章节,萧红从不同的场景为中国现代文学留下女性身体、乡土和民族命运的书写模板。

　　这在整体上形成一个更广大深层的"生死场",表现女体作为一种生理空间、文化空间和精神/生命空间等各种形态的特质。萧红的阴性书写,让女性的身体和乡土空间拥有共同的文化资源,而形成含有性别意义的双重结构之共同体。女性、乡土、生活场景和社会文化空间都被包含在内;乡土所构成的真实世界,因而并非超然于形而上形态,而是属于女性符号空间的一种形式,也是母性空间得以存在之所。如此,女体则是乡土的另一层载体,也是女体/母性得以通过大地得到永恒、不

朽和象征意义之所在。两者以循环往复的"互体"形式,使女体符号空间生生不息。这和萧红的妊娠母体及女体病情之铭刻,都是作家批判传统农业男权社会的手段。这些都可视为萧红文本中独有的女体空间和乡土想象,在中国现代文学史上有着重要的意义。萧红的文本结构在其乡土想象中和女性身体紧密结合,让她找到可供模拟、互写和反思的聚焦点。

此外,农乡女性身体和农地,在《生死场》中同样成为传统男性农业社会中侵占、压迫和种植的场所形态。农村土地被传统男性社会所占有和耕耘,此一象征关系,可以从男性(传统社会)对女性身体(土地)的占有和情欲发泄中,侧面揭开萧红文本中关于女体和土地之间的另一结构。

这层意义结构,以金枝和成业的关系为例,第二章中成业对金枝身体的占有的描写,除了表现男性情欲之外,亦含有另一方面更深层的象征意涵。这可以为我们解释为何萧红会如此细心经营金枝被成业占有的粗暴刻画,充分的形象化:金枝像只"小鸡"似的"小姑娘"一样,被"野兽"般的成业压住:"男人(成业)着了疯了!大手敌意一般地捉紧另一块肉体,想吞食那块肉体,想破坏那块热的肉。"①和萧红笔下其他的女体一样,金枝的女体空间常常表现出他者的属性;少女金枝的身体,在成业男性凝视下,就像地理意义上的处女农地一样被传统社会(男性/父权欲望)开发耕耘,女体作为符号空间的他者性色彩,隐喻十足。当金枝再次面对成业时,成业在肉体和情欲上重复地粗暴地占有她:"他(成业)丢下鞭子,从围墙宛如飞鸟落过墙头,用腕力掳住姑娘(金枝);把她压在墙角的灰堆上,那样他不是想要接吻她,也不是想要热情的讲些情话,他只是被本能支使着想要动作一切。"②

萧红笔下的女性身体,在寓言上就像传统农乡的土地一样,常被父权社会/男性文化所侵占利用——暴力地加以开发、殖民和生产。这视角把成业所象征的传统父权力量,以及金枝身体的符号空间情境突显出来。女性人物所含有的他者属性,在萧红的女体/乡土叙述中占有重要位置。金枝的身体成为萧红铭刻女性在传统农业社会中处于何种处境的"内视镜",映照种种女性真实状况,以女性视角切入传统乡土文化,形成萧红在女性书写中一种更为深刻的观照能力:"观视映照"(specularization)的叙述文体。

---

① 萧红:《生死场》,上海荣光书局1935年版,第28页。

② 萧红:《生死场》,上海荣光书局1935年版,第47页。

　　综上所述，女体的符号化和乡土的女体化，让萧红笔下的农乡女性归属于此一富有女性意识的土地，也让乡土同样归属于这些生活其上的女性团体。此种富有性别意识的乡土经验——有别于传统父权/男性视下的乡土经验，让金枝在成业/父权凝视下，寓言地表现处女身体/乡土空间的意义。女性身体和乡土空间的同一性再次成为萧红映照和展示女体/乡土被男性社会占有、开发和耕耘的"观视场域"。

『改造民族灵魂』的文学

——纪念鲁迅诞辰一百周年与萧红诞辰七十周年

钱理群①

我们这里一说起就是导师导师，不称周先生，也不称鲁迅先生，你或者还没有机会听到，这声音是到处响着的，好像街上的车轮，好像檐前的滴水……

——萧红《致许广平书》
（一九三九年三月十四日）

每逢和朋友谈起，总听到鲁迅先生推荐，认为在写作前途上，萧红先生是更有希望的。

——许广平《追忆萧红》

他与她，是如此的不同，又这般的相近。

当萧红用她纤细的手，略带羞涩地扣着文学大门的时候，鲁迅已经是现代文学的一代宗师了。

一九三四年十一月，他们两人"历史性地"相见了。有人说，这是"左翼文化界一方面的主帅"和"游击战士的会师②"，毋宁说这是中国现代文

① 本文原载《十月》1982 年第 1 期。
钱理群：北大教授，鲁迅、周作人研究专家。著有《中国现代文学三十年》（与吴福辉、温儒敏合著）、《心灵的探索》、《周作人传》、《人之患》、《精神的炼狱》、《世纪末的沉思》等。
② 骆宾基：《生死场，艰辛路》。

学史上"父"与"女"两代人的会合。——他们之间整整相距了三十年;但却有着最亲密的文学的血缘关系。

这是会见时许广平(一定程度上也是鲁迅)眼中的萧红:一个刚刚冲出封建家庭,在"五花八门的形形色色的天地里"有些像"张皇失措"的"娜拉"①。这观察是准确而深刻的:萧红正是鲁迅所一分关注的"走后怎样"的中国的现代"娜拉"。萧红的悲剧命运至今仍然牵动着国内外许多人的心,其原因大概也在于此②。

鲁迅同时也看出了在萧红的"柔弱"、"稚气"的外表下有一个"不安定"的灵魂③。"命薄于纸"却"心高于天",正像茅盾后来所说,萧红在文学上是有"远大的计划",并且充满"自信"的④。

请看,就是这位爱穿红衣服、扎着两根辫子的东北姑娘,竟是这样的出语惊人:要"写《阿Q正传》、《孔乙己》之类!而且至少在长度上超过他!"⑤这是真正的"萧红式"的语言:倔强,有气魄,又有几分无邪的天真,以至女儿的娇态,但却真实地道出了她与鲁迅之间在思想、艺术追求上的相通。丁玲曾经感叹,在中国现代文学史上,"能够耐苦的,不依赖于别的力量,有才智有气节而从事于写作的女友,是如此寥寥"⑥;在"寥如晨星"的女作家中,和现代文学的宗师鲁迅最为相知的,竟是最年轻的萧红。

一

请看这一番议论:"有一种小说学,小说有一定的写法,一定要具备某几种东西,一定要写得像巴尔扎克或契诃夫的作品那样。我不相信这一套,有各式各样的作者,有各式各样的小说!"⑦这思想,这魄力,简直就是鲁迅的;它使我们想起了鲁迅那历史性的召唤:"没有冲破一切传统思想和手法的闯将,中国是不会有真的新

① 许广平:《追忆萧红》。
② 萧红的悲剧命运牵涉中国现代妇女解放及家庭、婚姻等一系列微妙而深刻的问题,不在本文论述范围之内,故仅在这里略说一句,不再展开。
③ 鲁迅:一九三一年十一月十二日致萧军、萧红书。
④ 茅盾:《论萧红的〈呼兰河传〉》。
⑤ 聂绀弩:《〈萧红选集〉序》。
⑥ 丁玲:《风雨中忆萧红》。
⑦ 聂绀弩:《〈萧红选集〉序》。

文艺的。"①——然而，说这话的却是萧红。

不言而喻，鲁迅与萧红有他们自己的"小说学"。这是鲁迅的"自白"："在我自己，总仿佛觉得我们人人之间各有一道高墙，将各个分离，使大家的心无从相印，""不再会感到别人的精神上的痛苦"；而"难到可怕"的汉字、"古训所筑成的高墙"，更使中国的百姓"像压在大石底下的草一样"，沉默"已经有四千年"！"在将来，围在高墙里面的一切人众，该会自己觉醒，走出，都来开口的罢，而现在还少见，所以我也只得依了自己的觉察"，"画出这样沉默的国民的魂灵"②……

这是一个面对世界新潮流的冲击、而"未经革新的古国"的觉醒了的战士灵魂深处发出的伟大叹息！这里有着最深沉的，对祖国、对人民的爱，有着对阻碍民族觉醒的几千年旧传统不可抑制的憎恨；有着因民族的可怕沉默、麻木而产生的巨大民族危机感，更有着对民族未来不可推卸的历史责任感。由此，产生鲁迅式的文学观、小说观：以自己的笔权当人民的"代言人"，"画出沉默的国民的魂灵"；以小说作桥梁，沟通人们互相隔绝的魂灵；作号角，唤醒麻木的魂灵，促进民族的自我反省与批判。一旦民族屈辱的时代结束，新的"民族魂"形成，沉默的人民自己开口，这样的文学就完成了自己的历史使命，将"和光阴偕逝，逐渐消亡。"③

这文学观、小说观显然不属于鲁迅个人。它是列宁所高度赞扬的二十世纪"亚洲的觉醒"的伟大历史潮流的产物。④ 当然，在西方帝国主义国家是不会出现这种文学观的，它与世界无产阶级文学观息息相通，对中国和东方传统文学观更是一个伟大的革命，它代表了中国以至东方文学的一个新的时代。

在中国，鲁迅的这种"改造民族灵魂"的文学观（小说观）及文学，影响了整整几代作家。鲁迅在评价萧红的《生死场》时，一再赞扬萧红的作品沟通了"住在不同世界"的人们，写出了"北方人民的对于生的坚强，对于死的挣扎"，预言它将扰乱"奴隶的心"⑤。

鲁迅正是从"改造民族灵魂"的文学这个角度充分肯定了萧红创作的思想和文学价值。当然，这是真正的"知人"之论。

---

① 鲁迅：《坟·论睁了眼看》。
② 鲁迅：《集外集·俄文译本〈阿Q正传〉序》。
③ 鲁迅：《写在〈坟〉后面》。
④ 列宁：《亚洲的觉醒》，收《列宁选集》第二卷。
⑤ 鲁迅：《且介亭杂文二集·萧红作〈生死场〉序》。

二

文学观的变化必然带来题材的选取、人物形象的设置及塑造方法等一系列的深刻变化。作家着眼于整个民族的灵魂的改造,他们所关注、研究的中心,就不再是脱出社会常规的个别的、奇特的、偶然的事件与人物,而是民族大多数人的最普遍的生活,是最一般的思想,是整个社会风俗。鲁迅与萧红作品中的社会风俗画的描写,是一般读者都能注意到的,但人们往往把这看作是增加作品色彩的一种手段,而不能从作家对于生活的独特认识和作家文学观的全局去认识它的意义。人们也往往把这种风俗画的描写局限于富有地方色彩的风光习俗,而忽视了巴尔扎克所说的更"基础"的东西:民族的生活方式,"人的心的历史"、"社会关系的历史"①,这正是鲁迅、萧红笔下的社会风俗画的主要着力点。鲁迅把这种描写散落于全部情节之中,而萧红在《呼兰河传》等作品里,则不惜将情节的发展中断,进行集中的描绘。这确实有些破格,并且因此受到责难。萧红却置之不顾,她有着自己的追求;也许正是这一点,构成了萧红创作的主要特色。

萧红用她那忧郁的大眼睛,凝视着她的故乡人民"卑琐平凡的实际生活"②,用她那敏感的心灵捕捉着,捕捉着……然而,她看见、她捕捉到什么呢? 没有,什么也没有。"没有花,没有诗,没有光,没有热。没有艺术,而且没有趣味,而且甚至于没有好奇心"③(这全是鲁迅的话;他们对生活的感受竟是这样相近!)。没有过去——"凡过去的,都算是忘记了";没有未来——谁又去想它呢。生活失去了目标,"活着"——就是一切:"天黑了就睡觉"(连作梦也"并不梦到什么悲哀的或是欣喜的景况"),"天亮了就起来工作";"冬天来了就穿棉衣裳,夏天来了就穿单衣裳";"生,就任其自然的长去;长大就长大,长不大也就算了";老了就老了,"眼花了,就不看;耳聋了,就不听";死了,哭一场,"埋了之后,活着的仍旧得回家照旧地过着日子:该吃饭,吃饭。该睡觉,睡觉"④——这就是我们古老中国普通人民的生活方式。死寂到了失去一切生命的活力,冷漠到了忘记一切生活的欲望,一个人,

---

① 转引自瞿秋白编译《马克思恩格斯和文学上的写实主义》。
② 萧红:《呼兰河传》。
③ 鲁迅:《热风·为俄国歌剧团》。
④ 萧红:《呼兰河传》。

一个民族到了这种地步,距离"死期"不就不远了么? 于是,作者,以及我们读者感到了一种"死的恐怖"! 从日常平凡的生活中感受到、捕捉到如此惊心动魄的东西,这不仅是艺术的才能,更是思想的才能;而这一切的原动力又是与民族命运生死与共的,刻骨铭心的爱国之情!

在死水一般的生活里,唯一起着作用的是历史的惰性力量。呼兰城的子民们正是无怨无尤地在祖先给他们准备好的"成规中生活着"①。稍有"反常",就不能为人们接受,就连那小城里的牙科医生广告牌子上的"牙齿太大",就使得人们"害怕"而不敢问津了。对统治古老中国的历史的惰性力量,鲁迅作了广阔的探索与开掘,萧红却只集中于一点,"不把人当作人"。一生受尽坎坷欺辱、创伤累累的萧红,对于"人"的尊严,有着一种近乎神经质的敏感,哪怕是最微小的无心的贬抑和伤害,都会引起她心灵的颤栗,无尽的哀怨。她不无恐怖地发现:在中国普通百姓中,"人"不是"人",已经成了生活的常态、常规、常理,而"人"要成为"人",却十分的自然地(用不着谁下命令!)被视为大逆不道,这已经成为一种病态的社会心理与习惯,如鲁迅所说的那样,构成了"无主名无意识的杀人团","古来不晓得死了多少人物!"你看,《生死场》里那些"受罪的女人"被打、折磨、蹂躏,犹如"老马走进屠场","在乡村,人和动物一起忙着生,忙着死",有谁皱过眉、说声"不"字么? 然而,《呼兰河传》里的小团圆媳妇,因为"笑呵呵"的,因为"两个眼睛骨碌骨碌地转",因为"坐到那儿坐得笔直,"因为"走起路来,走得风快"——多少有点"人"的模样儿,就被认为"不像个团圆媳妇了"! 人们就有权骂她、打她,有权用烙铁烙她,把她放到热水锅里去烫去煮,一直到"伸腿""完事"! 而且这还是"为她着想",出于一片"善心"。不要以为这里有半点虚伪做作,这一切确确实实充满了善良和真诚。然而,这搀杂着善良的残忍,不是更令人发指么? 萧红的作品里,甚至像赵太爷、鲁四老爷这样的代表社会邪恶势力的反动人物都不曾出现,有的只是"柳妈"——"无主名无意识的杀人团"的善男信女们。正是这些善男信女和小团圆媳妇们的矛盾冲突,构成了萧红笔下的悲喜剧。这是更深刻的悲剧:吃人的统治阶级的思想已经渗透到民族意识与心理之中,成为"历史"的力量,"多数"的力量②。这是更普遍的悲剧:古往今来,直接死于统治者屠刀下的人少,更多的却死于"无主名

---

① 萧红:《呼兰河传》。
② 鲁迅:《坟·我之节列观》。

无意识的杀人团"的不见血的"谋杀"之中,这难道不是一个痛苦的、令人难以接受的铁的事实?站在历史的高度上看,这又何尝不是一出民族的愚昧、人性的扭曲的喜剧?——然而,对于一个真正的爱国者,是怎么也笑不出来的啊!茅盾说,读萧红的作品,"开始读时有轻松之感,然而愈读下去心头就会一点一点沉重起来"。人们从萧红作品中得到的感受,与读鲁迅作品竟是这样的相似!

然而,人们仍然觉得,萧红作品缺乏鲁迅作品那样强烈的冲击力量,感奋力量,却多了一点忧郁与感伤;鲁迅的忧愤也比萧红更为深广。萧红只是惊人真实地描绘出历史惰力的可怕力量,却未能揭示其原因:她在历史的现象面前止了步。萧红具有鲁迅那样的艺术家的敏锐的感受力,也许在思想家的鲁迅所特具的深邃的思想力方面有所不足。萧红在找到党所领导的左翼文艺队伍之前,没有经历过鲁迅那样的曲折的过程,这是历史的幸运;但萧红却缺少了在上下求索中对中国社会与历史进行深刻研究与剖析这一课。我们也毋庸回避,后期的萧红与时代的主人公工农火热的政治斗争所保持的距离对她的限制。"我羡慕你的伟大,我又怕你的惊险","世界那么广大,而我却把自己的天地布置得这般狭小"①,这是萧红思想与生活的悲剧,它严重地影响了萧红创作才能的发挥。时代对萧红是太残酷了,给她的时间竟这样的少;我们没有理由苛责她。但从萧红与鲁迅思想、艺术的差距中,后来者是应该而且可以得到许多教益的。

萧红在现代文艺史上毕竟提供了鲁迅所不曾提供的东西。鲁迅曾经把中国的历史划为"暂时做稳了奴隶"与"想做奴隶而不得"的两个时代。在"暂时做稳了奴隶"的时代,人们按照历史的惰力麻木地动物式地生活——这正是在鲁迅和萧红的笔下深刻描绘过的。但在"想做奴隶而不得的时代",人们可怜到连动物般生活都不可能,被逼到了生活的死角、绝境。但生活的辩证法正是如此,"必死之而后生",随着生活常规的打破,人们心理上传统的信念终于缓慢地、被动地动摇了——这正是萧红所生活的日本帝国主义大举侵入中国的时代的特点。萧红用她那为鲁迅所称道的"女性作者的细致的观察"②和感受,最早敏锐地抓住了社会心理与社会关系上的微妙变动,用她那"越轨的笔致"写下了"人的心的历史"、"社会关系的

---

① 《萧红自集诗稿》,载《中国现代文学研究丛刊》一九八〇年三期。
② 鲁迅:《且介亭杂文二集·萧红作〈生死场〉序》。

历史"上"新鲜"的一页①。于是,我们终于看见了社会关系的最初解冻,那些互相隔绝的人们逐渐靠拢、汇集,"一起向苍天哭泣","共同宣誓","大群的人起来号啕"②——在共同敌人的铁蹄威胁下,人们也许是第一次发现彼此间有了休戚相关的命运,产生了心心相印的感情!而且,我们听见了那使"蓝天欲坠"的呐喊:"我是中国人!"③——麻木的"动物般"的人们第一次感到了人的尊严,民族的尊严!我们古老的民族毕竟是有生命力的,它终于获得了一颗"猛壮"的、"铜一般凝结"的"心"④!萧红以不可抑制的喜悦捕捉住了、并写下了这一切时,充满了一种历史感。她清醒地把这民族心理与社会关系的变化看作是历史发展过程中的一个环节:比之麻木、冷漠的过去,这无疑是巨大的历史的进步;然而,我们的民族与人民也没有在一个早晨就"突变"为英雄,它依然背着历史传统的重负。唯其如此,这个民族明天必然有更伟大的发展与前途。萧红所要完成的,正是鲁迅曾经提出过的历史任务;真实地、历史地写出我们的民族、人民从"个人主义"到"集团主义"其间的桥梁⑤。萧红的历史贡献也在这里。

三

鲁迅与萧红在艺术上都具有一种不受羁绊地自由创造的特质。他们不为成规所拘,总是努力地寻求与创造适合于自己的形式。这构成了他们的"小说学"的一个重要方面。萧红曾经理直气壮地引出鲁迅来为自己的小说辩护:"若说一定要怎样才算小说,鲁迅的小说有些就不是小说,如《头发的故事》、《一件小事》、《鸭的喜剧》等等"⑥。这辩护是有力的:人们确实不难发现,鲁迅与萧红就是在创造介乎传统小说与散文诗之间的小说形式上,也是相通的。

没有谁比鲁迅更重视感情在创作中的作用的了。鲁迅说:"创作总根于爱"⑦,

---

① 鲁迅:《且介亭杂文二集·萧红作〈生死场〉序》。
② 萧红:《生死场》。
③ 萧红:《生死场》。
④ 萧红:《生死场》。
⑤ 鲁迅:《三闲集·叶永蓁作〈小小十年〉小引》。
⑥ 聂绀弩:《〈萧红选集〉序》。
⑦ 鲁迅:《而已集·小杂感》。

萧红以为"一个题材必须要跟作者的情感熟习起来,或者跟作者起着一种思想的情绪"①。他们从不以旁观、冷漠的态度进行创作,总是把自己的全部感情倾注于描写对象之中;在塑造"民族魂"的同时,他们真诚地显示着自己的灵魂;在人物客观形象背后,分明闪现着主人公的主观形象,有时候两者甚至合二为一。——正是在这一点上,鲁迅与萧红的小说最接近诗。

萧红"明丽"的文笔最为鲁迅所赞赏②。读萧红的小说,有谁能够忘记在那阴暗的画面中时时闪现的亮色:

太阳在园子里是特大的,天空是特别高的,太阳的光芒四射,亮得使人睁不开眼睛,亮得蚯蚓不敢钻出地面来,蝙蝠不敢从什么黑暗的地方飞出来。是凡在太阳下的,都是健康的、漂亮的,拍一拍连大树都会发响的,叫一叫就是站在对面的土墙都会回答似的。花开了,就象花睡醒了似的。鸟飞了,就象鸟上天似的。虫子叫了,就象虫子在说话似的。一切都活了。都有无限的本领,要做什么,就做什么。要怎么样,就怎么样。都是自由的。③

这是诗,真正的诗,从心灵深处流淌出来的诗。然而,这是萧红的诗么?她不是早说过:"我的心就像被浸在毒汁里那么黑暗,浸得久了,或者我的心会被淹死的"④么?而且,在人们的印象里,她的音乐诗的主调正是那"抒情的,哀伤的,使人感到无可奈何的,无法抗拒的,细得如一根发丝那样的小夜曲"⑤呵。但是……且听一听萧红心的低诉吧:我向着"这'温暖'和'爱'的方面,怀着永久的憧憬和追求"⑥,"我们的灵魂难道不需要有这样一个美丽的所在吗?"⑦:"我要飞……"⑧。呵,这可怜的女人!生活在"原始的"、"本能的"、"野蛮的"人世间,灵魂却在那"合

---

① 萧红:在《现时文艺活动与"七月"》座谈会上的讲话,载《七月》三集三期一九三八年六月。
② 鲁迅:《且介亭杂文二集·萧红作〈生死场〉序》。
③ 萧红:《呼兰河传》。
④ 见萧军:《萧红书简辑存注释录》。
⑤ 见萧军:《萧红书简辑存注释录》。
⑥ 萧红:《永久的憧憬和追求》。
⑦ 罗荪:《忆萧红》。
⑧ 绀弩:《在西安》。

理的,幽美的,宁静的,正路的"所在①。丁玲说得多好:"她或许比较我适于幽美平静②,"——她是比我们每一个人都更"适于幽美平静"呵,可她的生活又比我们每一个人都更阴沉更不幸!她"不甘"于在不幸中沉没,挣扎着,用带血的声音呼唤阳光、鲜花、自由与美。流溢在她作品中的"明丽"色彩,与其说来自生活的实感,不如说出自她生命的呼唤。——于是,萧红的小说成了真正意义上的诗。

就是这"明丽"的色彩也让我们想起鲁迅,想到他的《好的故事》。人们往往忽视了鲁迅作品中这色彩明丽的"诗魂"。鲁迅也有一颗柔和的、富于幻想的心。"转辗而生活于风沙中",在他的灵魂上留下了"荒凉和粗糙"的"瘢痕"③,披上了坚强的硬甲。——这正是萧红所缺少的。如果说鲁迅的"明丽"之中更有一种深沉的力量,那么萧红的"明丽"里就有更多的天真。丁玲说,见到萧红,总能"唤起许多回忆",她的"纯洁和幻想"都让人想到自己无邪的童年④。也许正是这一点,使鲁迅对萧红有一种特殊的亲切感:鲁迅自己就终生不失"赤子之心"。

然而,萧红也有粗犷。当《生死场》发表时,胡风就在注意到她的"女性的纤细的感觉"的同时,看到了她的"非女性的雄迈的胸境"⑤。许广平曾对此有所辩驳,她说:萧红"文章上表现相当英武,而实际多少还赋予女性的柔和"⑥。事实上,流露于萧红文字中的"英武"之气,正表现了萧红灵魂的另一面:萧军说的她具有"不管天,不管地"、"藐视一切,傲视一切"的"流浪汉式的性格"⑦。萧红毕竟是大海般宽阔的东北大地孕育的女儿,东北人民特有的豪勇也浸入了她的灵魂。

诗人问:"何人绘得萧红影,望断青天一缕霞⑧?"真实地绘下了这坚强而软弱、向往着美却在丑恶中呻吟的寂寞的"诗魂"的,正是萧红自己……

朱自清说过:"诗的特性似乎就在回环复沓,所谓兜圈子。说来说去,只说那一点儿。复沓不是为了要说得少,是为了要说得少而强烈些⑨。"萧红正是通过这种

① 萧红:《无题》,载《七月》三集二期,一九三八年四月。
② 丁玲:《风雨中忆萧红》。
③ 鲁迅:《华盖集·题记》。
④ 丁玲:《风雨中忆萧红》。
⑤ 胡风:《〈生死场〉读后记》。
⑥ 许广平:《追忆萧红》。
⑦ 见萧军:《萧红书简存注释录》。
⑧ 绀弩:《在西安》。
⑨ 朱自清:《新诗杂话·诗的形式》。

"回环复沓"赋予她的"诗魂"以诗的形式。请看《桥》。人物的视觉、意念里，一再地重复着"桥"的形象："颤抖的桥栏"、"红色的桥栏"……"这桥,这桥,就隔着一道桥"……"桥好像把黄良子的生命缩短了"……"这穷小鬼,你的命上该有一道桥呵"……"这桥! 不都是这桥吗?"……呵,"若没有过桥……"像钉子似的强烈地打入读者的记忆里,逼得你不能不深思:这"桥"——难道仅仅是"桥"么? 难道在那可诅咒的旧时代里,不是处处都"隔着"这"一道桥":贫富的悬殊,心灵的隔绝;而这种悬殊、隔绝是另架一座新"桥"就能沟通的么? 黄良子一家不是因为有了新桥就造成了更大的不幸么? 黄良子的孩子最后"连呼吸也没有了",难道你会因此而联想到我们的同样被各种各样的"桥"窒息着生命的民族? 当小说的结尾,再一次出现那"颤抖的桥栏"、"红色的桥栏"的形象,难道你不觉得一阵冰凉的颤栗猛地爬过你的全身? 黄良子"这次,她真的哭了",而你呢? ……这是高度的艺术的"凝聚":通过作者复沓回环的艺术手法,凝聚到一个形象焦点上;这同时是高度的艺术的"扩散":通过读者的联想,扩散到无限丰富的时间与空间。——这正是"诗的艺术"。

心理活动的一再重现,更能强烈地揭示人物的内心世界。在《桥》里,一种"幻觉"恶魔似的追逐着黄良子:无论走到哪里,无论什么时候,她总是觉得女主人在喊她。清晨,"在初醒的朦胧中",她"清清楚楚"地"听得"女主人呼唤的声音,跌跌撞撞赶去,结果是一场虚惊,她害怕起来:"怎么! 鬼喊了我来吗?"白天,她推着小车去看自己的孩子:却又"象"听见"女主人在她的后面喊起来",她"吓得出了汗,心脏快要跑到喉咙边来"。小说没有写到女主人的任何凶言恶色,甚至女主人根本没有出场,然而,她所处的"主人"地位本身,就给这位善良的普通农妇以无所不在的、无形的、巨大的心理压力,足以使她终日生活在恐怖之中了。这样的心理刻画所具有的内在的深刻性与强烈性,使人想起了鲁迅的《离婚》。

诗人们常常借助于复沓回旋来加重诗的感情的浓度与强度,创造诗的氛围。在《桥》里,自始至终回旋着一种呼喊声,执拗的,凄厉的——在"雨夜",在"刮风的寻晨",在"静穆里",在孩子的哭声中;"受着桥下的水的共鸣","借助于风声","送进远处的人家去",也送进读者的心坎里,给人以难以言状的重压,使人感到生活的残酷,生命的无助与人生的悲凉。但诗人并不满足于简单的字句、感情的重复,她注意重复中的变调,追求着思想与感情在回旋中上升。从小说开始,主人"黄良子,黄良子"的"歌声般"的喊声,到小说中间黄良子的"黄良! 黄良……把孩子

叫回去……"的焦急痛苦的喊声,到小说结尾小良子"妈妈,妈妈"挣扎的喊声和哭声,小说主人公的悲剧命运一步步发展,作品的控诉力量也逐渐上升到了顶点。应该说,这是一种更高的诗的境界。

……读着鲁迅、萧红的作品,像是捧着诗人的博大的心。时间已经过去这么久,却还那样滚烫——烫得灼人。鲁迅早就期望他的、以及同类的"改造民族灵魂"的文学,随着民族的新生,"和光阴偕逝",然而,直到今天,却依然如此"新鲜"。这是怎样的一种历史现象与文学现象?是我们民族与文学的幸与不幸?那由鲁迅、萧红及其同辈作家开了头的民族"人的心的历史,社会关系的历史",该怎样续写下去?……

人们,应当思索呵!

一九八一年十月写毕

不以诗名　别具诗心

——谈谈作为诗人的萧红

熏风①

萧红一生只有三十一年,而她的创作生涯不过十年。但是,她不甘寂寞,不甘波折,不甘屈服,一拿起笔,就没有放下来,她写了近百万字的作品——包话小说、散文和少量的诗歌。她虽不以诗名,可是我却要说,她别具诗心,是一个地地道道的诗人。

不以诗名　间有诗作

萧红是一个散文作家,间或有些诗作,数量不多,发表更少。从北京鲁迅博物馆收藏的《萧红自集诗稿》看,全部诗稿仅七十一首,四百来行。但是,写诗是萧红文学创作的一个重要侧面,而且,她是从写诗开始进入文学创作的。研究萧红,不能不研究她的诗。

《跋涉》,是三郎(萧军)、悄吟(萧红)的小说、散文合集,载有萧红的《春曲》,写于 1932 年 7 月。这首诗只有四句②:

---

① 本文原载《学习与探索》1981 年第 5 期。
熏风:原黑龙江省文学研究所所长。
② 《春曲》,在《萧红自集诗稿》中是组诗第一首,词句排列上有更动。

这边树叶绿了，

那边清溪唱着：

——姑娘呵！

春天到了。

　　这是春的描绘。"绿了"——春的颜色。"唱着"——春的声音，把春写的有声有色。

　　从这个时候起，萧红的生活有了个转折点。她跨进了人生的春天，跨进了创作的春天。

　　接着，萧红开始写小说，写散文了。当然，有时也写点诗。笔名"悄吟"是悄声吟咏的意思。这正是一个诗人的名字，一个女诗人的名字。

　　萧红的诗，有组诗《春曲》（六首），《苦杯》（十一首），《沙粒》（三十六首）。这些诗，大都是写爱情生活和个人心境的。

　　她写初恋，写得真切细腻：

当他爱我的时候，

我没有一点力量，

连眼睛都睁不开，

我问他这是为了什么？

他说，爱惯就好了。

啊！可珍贵的初恋之心。

——《春曲》之六

　　她写失恋，写得悲痛深沉：

近来时时想要哭了，

但没有一个适当的地方；

坐在床上哭，怕是他看到；

跑到厨房里去哭，

怕是邻居看到；

在街头哭，

那些陌生的人更会哗笑。

人间对我都是无情了。

——《苦杯》之十

她写心境，写得自然深邃：

什么最痛苦？

说不出来的痛苦最痛苦。

——《沙粒》之二十八

人在孤独的时候，

反而不愿意看到孤独的东西。

——《沙粒》之三十三

从萧红诗的题材看，是显得狭小的。时代感不那么强。但是也有例外：
《拜墓诗——为鲁迅先生》是 1937 年 3 月由日本回到上海以后写的悼诗：

我哭着你，

不是哭你，

而是哭着正义。

你的死，

总觉得是带走了正义，

虽然正义并不能被人带走。

萧红悲悼的是正义，是为正义而毕生战斗的鲁迅先生——飘泊灵魂的安慰者，文学道路的指引者。"总觉得带走了正义"，因为代表正义的鲁迅先生逝世了；而"正义并不能被人带走"，因为毕竟还有代表正义的中国共产党，毕竟还有中国共产党领导下前赴后继地为正义而成斗的中国人民。萧红在这里对于正义的抒写，

是既深刻而又沉痛的。

萧红逝世于 1942 年 1 月 22 日,在这以前三天,咽喉管开刀,已经不能发声了,可是还在纸上写着:

> 我将与蓝天碧水永处,
> 留得半部"红楼"①给别人写了。

这是萧红的遗言,也是萧红的遗诗吧。它有着美好的诗的境界和诗的憧憬,并给人以诗的启发和诗的激励。

不以诗名　富于诗趣

萧红虽不以诗名,却以小说名,散文名。

虽然小说不是诗,散文不是诗,但是她的小说里有诗,她的散文里有诗。她往往是用诗的笔调来进行写作的。

先从她的小说谈起吧,小说是她的主要著作。

《生死场》是萧红成名的代表作,与其说它是一部中篇小说,不如说它是一部反映旧社会东北农村生活的长篇叙事诗更为合适。小说中既没有什么伏笔、悬念、巧合之类的技巧,更没有小说传统结构的公式:开端、发展、高潮、结局。而是用诗的构思、诗的结构、诗的意境写出了诗的篇章。

胡风在一九三五年十一月,给《生死场》这本书所写的《编后记》,曾经指出"这一篇不是以精致见长的史诗",提到"《生死场》底作者是没有读过《被开垦的处女地》的,但她所写的农民们对于家畜(羊、马、牛)的爱,真实而又质朴,在我们已有的农民文学里面似乎没有见过这样动人的诗片。"所谓"史诗"、"诗片",无不是从小说的本质看,是诗的,是诗呵!

《呼兰河传》,是萧红最后的一部长篇。它写的是萧红的家乡——呼兰河小城,小城的风光、风物、风俗,以及自己的童年,在童年接触到的人们。她是以诗的笔触来写的:

---

① 半部《红楼》,指萧红曾打算要写的以二万五千里长征为题材的小说。

"严寒的大地冻裂了"的景象,是诗。

"东二道街的扎彩铺"的多彩多姿,是诗。

小胡同里的种种叫卖声,是诗。

"在精神上,也还有不少的盛举,如跳大神;扭秧歌;放河灯;野台子戏;四月十八娘娘庙大会"的画面,是诗。

"我家有一个大花园",大花园的繁盛,是诗。

"我家的院子",院子的荒凉,是诗。

乃至团圆媳妇的悲惨死亡,有二伯的古怪的性格,冯歪嘴子的坚强的意志,也无不是诗。

曾经选入小学课本的"火烧云"那一段,是大家所熟知的了,那是天上的诗,也是人间的诗,把天上和人间诗化了。

锡金同志在评论《呼兰河传》时甚至说:"萧红写的这部小说,一开始似乎是郑重其事地把它当做一篇诗来写的。它的第一章可以看成是序曲一,第二章可以看成是序曲二。"茅盾同志评论《呼兰河传》时,则认为:"它是一篇叙事诗,一幅多彩的风土画,一串凄婉的歌谣。"可见,早有许多评论家,在以诗的角度来评价萧红的小说了。

至于萧红的散文,也是富于诗的特征的。

不用列举萧红的《商市街》、《桥》等散文集了,就以《给流亡异地的东北同胞书》来说吧。像这类的文章,是很容易写得非常干巴的,但在萧红的笔下,却写成了抗战的宣言书,战斗的檄文,流亡者的号角,很是感人。

此外,如萧红的《回忆鲁迅先生》,也是散文集,人们认为,它也是以诗的语言来叙述的,并且指出:"感情的真挚和文笔的优点,至今在回忆鲁迅的文字中也是少见的。"这种"少见",也是指它的诗的特征而言的。

不以诗名　擅长诗艺

下面,再进一步看看她的诗艺。

先从萧红的诗体作品谈起。

她的诗,形式短小。最短的两行,一般是几行,十几行。两首悼诗算最长的了,也只二十几行,三十几行。可见她善于从广阔的生活中,选取必要的素材,加以集

中,给予诗化。

她的诗,是自由诗。每首不拘节数,每节不拘行数,每行不拘字数(只《异国》一诗,两节,每节在行数和字数上比较对称)。不讲什么格律,也不重视押韵(只《苦杯》中有几首是押了韵的)。好比行云流水,任其所之,戛然而止,自有音节,自有节奏。可见她善于表现一种散文美。

她的诗,有诗情,有画意,有时并有哲理。也就是说,具有诗的情感,诗的意境,诗的智慧。比如她的短诗:

世界那么广大,
而我却把自己的天地布置得这样狭小!

——《沙粒》之四

理想的白马骑不得,
梦中的爱人爱不得。

——《沙粒》之二十二

这些短诗,就是富于哲理,令人深思的诗。

萧红的诗,以短小、自由、精炼取胜。这样的诗,在过去,称为小诗。这是文学革命、诗体革命中出现的诗的样式。

二是诗的节奏。

以《呼兰河传》为例。

主要是某些词句、段落的反复:

第一章:"严寒把大地冻裂了。……","人的手被冻裂了。……","水缸被冻裂了。井被冻住了。……"。

第四章:"我家是荒凉的。……","我家的院子是荒凉的。……","我家的院子是很荒凉的。……","我家是荒凉的。……"。

这些都明显地给读者以诗的节奏感。

三是诗的韵律。

有时自然而然地用了韵:

比如《呼兰河传》第二章——

满天星光,满屋月亮,人生何如,为什么这么悲凉。

过了十天半月的,又是跳神约鼓,当当的响,于是人们又都招了慌,爬墙的爬墙,登门的登门,看这一家的大神,显的是什么本领,穿的是什么衣裳。听听她唱的是什么腔调,看看她的衣裳漂亮不漂亮。

若赶上一个下雨的夜,就特别凄凉。寡妇可以落泪,鳏夫就要起来彷徨。

这种用韵,是跟诗毫无二致了。

四是诗的结构。

在文章的结构上,往往和诗相似。

像《生死场》,首尾相顾,余意不尽。

第一章"麦场",开始是"一只山羊在大道边啮嚼榆树的根端"。第十七章(最后一段)"不健全的腿",结尾是"羊声在遥远处伴着老赵三茫然的嘶鸣"。在这里,通过羊的描写,有一个诗的开端,诗的结尾。

像《呼兰河传》,短段短句。

整部小说,没有什么长的段落,长的句子。比如,第五章有一处对团圆媳妇的描写,将近四十段,而每一段只有一句话、三两句话的居多。这就给人以诗的跳跃性的感觉。

五是诗的意境。

即如《桥》吧,它是短篇小说,但是读起来,却是一篇诗或是一篇散文。

在桥东住着黄良子一家,在桥西住着主人家。

"黄良子,黄良子……孩子哭啦!"

"黄良子,孩子要吃奶啦! 黄良子,……黄良……子"。

可是黄良子天一亮就往桥西大门楼去喂小主人。她推着小车,给小主人唱着:

走——走——推着宝宝上桥头,

桥头捉个大蝴蝶,

妈妈坐下来歇一歇,

走——走——推着宝宝上桥头。

她思念着自己的孩子,往往把中间两句丢了:"在这句子里边感不到什么灵魂的契合了。"甚至呱啦啦啦离开桥头时,她同样唱着"上桥头,上桥头……","后来连小主人躺在床上睡觉的时候,她还唱着:'上桥头,上桥头……'"。

黄良子想着自己黄瘦的孩子,"她把馒头、饼干,有时就连那包着馅、发着油香不知名的点心,也从桥西抛到桥东去"。不论抛了过去或是抛落水里,她总要说:"这小穷鬼,你的命上该有一道桥啊!"

黄良子的孩子能过桥找妈妈了。
黄良子的孩子受到小主人的侮辱。
黄良子自己也受到小主人的打骂。
黄良子的孩子为找妈妈掉下水沟淹死了。

黄良子从那些围观的人们头上望到桥的方向去,"在模糊中她似乎看到了两道桥柱","于是肺叶在她的胸的内面颤动和放大。这次,她真的哭了"。

在仅仅五千多字的短篇里,含酝着多少悲酸,多少诗意呵!

六是诗的穿插。

在萧红的作品里,常常穿插一些创作或引用的诗歌。

《朦胧的期待》里的李妈,《生死场》里的成业,唱过小曲。《马伯乐》里的马伯乐哼着"人生百年三万六千日,不如僧家半日闲"之类的诗句,涉及十四首古诗。所以这些,对于人物的塑造是起了一定作用的,在这同时也增加了作品的诗意。

可见,萧红在写作中运用了多种多样的诗的手法,她是擅长诗艺的。

不以诗名　别具诗心

我们读着萧红的作品,就象读书看画一样。萧红这个艺术特色的形成,有学诗学画等等原因,然而最根本的,是她有一颗"诗心"——一颗诗的心灵,一颗诗人的心灵。正如罗荪同志所说的:"一颗诗人的灵魂,一颗崇高而纯洁的心。"或者如萧红自己所说的:"……诗人的心,是那么美丽,水一般地,花一般地……"。或者如萧军回忆萧红所说的："在我面前的只剩有一颗晶明的、美丽的、可爱的、闪光的灵魂！"

这些都是对"诗心"的写照。但是到底什么是"诗心"呢？

黑格尔曾经说过："重要的原则就是要有一个丰富充实的心胸。"我国清代叶燮说过："诗之基，其人之胸襟也。"据此可以说，"诗心"就是这样一种"心胸"、"胸襟"，它包括作家、艺术家主观上种种因素——资禀、气质、人格、性情、思想、学识、才能等等在内。

那么，萧红在这方面的情况是怎样的呢？根据人们的论述，她是这样一种人，有这样一颗心：

——"她单纯、淳厚、倔强、有才能……"（萧军）

——"爱笑，无邪的天真……"（许广平）

——"萧红是一个善于抽烟，善于喝酒，善于唱歌的不可少的脚色。"（绿川英子）

——"她的谈话是很自然很真率的。"（丁玲）

——"萧红真挚的心魂的大门，在苦难临头时是为人打开的。"（袁大顿）

——"以掀天之意气，盖世之才华，而疾病痼之，忧伤中之。"（柳亚子）

——"她是果敢坚毅的。""她的血液里没有屈服的因素。"（骆宾基）

——"一个在生活中挣扎搏斗的萧红，一个不甘心做奴隶的萧红。"（姜德明）

——"她求生的意志非常强烈。""为了追求真理而牺牲了童年的欢乐，为了把自己造成一个对民族、对社会有斥的人而甘愿苦苦地学习。"（茅盾）

萧红自己说："如果我健康起来，我一定要试探试探人生底海！"

正因为这样，"当她躺在病床上的时候，仍然提到了创作，她计划要写十个短篇……她还要写长篇《钟》……她还有更远大的计划，要写一部北大荒开荒生活的长篇小说《泥河》……她还计划着，当全国的土地都解放了，她要跟一些朋友，一道去访问当年红军两万五千里长征时走过的地方。她甚至在诗中热烈地向往着'将来全世界的土地开满了花的时候'"。（姜德明）

概括地说，她性情真挚，富感情，爱真理，有理想，肯战斗。

萧红就是具有这样一颗诗心的真正的诗人。

在生活中有诗。作家有诗心。诗心写出诗或诗一样的作品——她写了些抒情样式的诗；写了些叙事诗、牧歌或史诗般的小说，写了些散文诗般的散文。

这就是萧红的创作道路。这就是萧红的艺术特色。

让我们向萧红学习，首先具有一颗诗心，其次，以诗心去发现生活中的诗，然后以诗的彩笔去塑造一个诗的世界……

鲁迅小说传统与萧红的小说创作

秦林芳①

在二十世纪中国文学发展史上,鲁迅以其丰富的文学乳汁培养了一代又一代作家。而三十年代登上文坛的萧红"吸取的"也"一直是鲁门的乳汁"。萧红自己是这样说的:"我们在这里一谈起话来就是导师导师,不称周先生也不称鲁迅先生,你或者还没有机会听到,这声音是到处响着的,好像街上的车轮,好像檐前的滴水。"②1927 年至1930 年在中学求学期间,萧红就喜欢读鲁迅的作品。1934 年 11 月,萧红与鲁迅历史性地相见了,从此以后,萧红更是直截地站在了鲁迅这面光辉的旗帜之下,受到了鲁迅更多的卫护和指导。1936 年 10 月鲁迅去世之后,萧红仍自觉地以"接受"鲁迅没完成的事业为己任,高扬鲁迅精神的旗帜,继承鲁迅的小说传统,写出了《呼兰河传》、《马伯乐》等传世之作。萧红的小说创作与鲁迅小说传统有着亲密的血缘关系。

① 本文原载《鲁迅研究月刊》2000 年第 1 期。

秦林芳:北京师范大学文学博士,南京晓庄学院人文学院院长。著有《丁玲的最后 37 年》、《萧红研究》、《浅草——沉钟社研究》等。

② 《萧红全集》,哈尔滨出版社 1991 年版,第 1306 页。

一

作为鲁迅小说传统重要层面的小说观,是以打破中国古典文学传统的规范性特征为前提的。中国传统文学(小说)中被规范化的不仅是文学形式,而且还包括文学内容。单以人物形象而言,中国古典小说的主角或者是"勇将策士,侠盗赃官,妖怪神仙,佳人才子",或者是"妓女嫖客,无赖汉奴才之流"。人物形象单一化、类同化等古典主义特征既阻断了小说与现实人生的密切关系,遏制了小说的发展,又降抑了小说的文学品味,以至于落得"在中国,小说是向来不算文学的"结果。在中国古典文学(小说)传统负面影响的笼罩下,显然,如果"没有冲破一切传统思想和手法的闯将,中国是不会有真的新文艺的。"因此,借鉴外国小说以冲破一切传统思想和手法,打破中国传统文学(小说)的规范性特征,就成了发展新文艺、新小说的当务之急。鲁迅以现代小说开山者的勇气创作《狂人日记》时,"大约所仰仗的全在先前看过的百来篇外国作品和一点医学上的知识,此外的准备,一点也没有。"后来,鲁迅还一再声称,他"不相信'小说作法'之类的话","'小说作法'之类,我一部都没有看过"。这也正好说明他从来就未想按传统小说的规范去写小说。

鲁迅小说观对萧红小说观最突出的影响,首先就表现在这种打破固有规范的创新意识方面。1938年,已出版《生死场》并正在写作《呼兰河传》的萧红在与他人谈话时,有过这样一番议论:"有一种小说学,小说有一定的写法,一定要具备几种东西,一定要写得像巴尔扎克或契诃甫的作品那样,我不相信这一套,有各式各样的作者,有各式各样的小说。"①在临终前与骆宾基的谈话中又重申了这一主张,并且强调"一个有出息的作家,在创作上应该走自己的路"②。这种思想,这种气魄,这种语言,简直就是鲁迅的。与鲁迅不同的是,三十年代步入文坛的萧红面对的还有鲁迅小说传统本身。对鲁迅小说传统,萧红自然看到了这一"过去"的现存性(这是由思想启蒙长期性、复杂性决定的),因此,表示要继承鲁迅未竟的事业,但萧红强调的仍然是每一个作家个人的独特性、每一个作家小说的独特性。这自然也包含了对鲁迅小说传统本身的发展。但"发展说"本身却是对鲁迅小说传统精

① 聂绀弩:《〈萧红选集〉序》,人民文学出版社1981年版。
② 见刘慧心:《老作家骆宾基》,载《西湖》1982年第8期。

髓的最好继承———这是年轻的萧红与现代文学宗师最为相知之处。

当然,萧红与鲁迅一样,不可避免地共同面对着中国古典小说的消闲传统。在对待这一传统的态度上,他们又表现出惊人的一致。从中国小说的起源来看,它是"起于休息的"①,所以"依我们中国的老眼睛看起来,小说是给人消闲的,是为酒余茶后之用。"②可以说,"消闲"是中国小说的传统品性,是它的独特功能。对这种传统的小说功能观(这是传统小说观的核心),鲁迅力持否定的态度。鲁迅力倡的是社会功利性的小说观:"说到'为什么'做小说罢,我仍抱着十多年前的'启蒙主义',以为必须是'为人生'而且要改良这人生。"显然,鲁迅创作小说,其立足点并不仅仅局限于文学本身,他也并不想做一个纯文学意义上的"小说家",而在于以小说为媒介,"利用"小说来改良社会、改良人生,以现代理性对民众进行启蒙。

普列汉诺夫曾经说过,每个时代都有它中心的一环。如果说五四时代是一个启蒙的时代的话,那么,时至三、四十年代(即萧红创作的时期),民族危机的日益深重使远未完成的启蒙工作迅速退居时代的边缘。在救亡文学汇成文学主潮的时候,年轻而倔强的萧红义无反顾地宣称:"中国人的灵魂在全世(界)中说起来,就是病态的灵魂",因此,鲁迅"没完成的事业,我们是接受下来了"。③ 这显得多少有点"不合时宜",而萧红以此为指导思想的小说创作也受到了文坛的误解甚至责备。但她在那个时代依然固守着鲁迅的这一小说传统,创作出《呼兰河传》这样的启蒙作品。总之,鲁迅小说启蒙功能观的形成和萧红对它的继承,是建立在批判中国古典小说"消闲"传统的基础之上的——这是两代作家小说创作最亲密的血缘关系之所在。

在讨论鲁迅、萧红小说观时,还应注意他们所论及的小说作者与小说文本之间的距离问题。中国古典小说和十八世纪以前的外国小说,因为它们的目的是供人消闲,所讲的都是一些有趣故事,所以作者的任务也就是不动声色地充当说书人。因此,作者与小说之间的关系就是讲与被讲的关系,缺少感情的投入,也缺少人生的发现。作者与小说的暌隔,决定了小说与读者的暌隔,致使小说发生不了什么社会作用。这种小说传统对于以改造民族灵魂为旨归的小说创作来说自然是大相径

---

① 《中国小说的历史的变迁》。

② 《集外集拾遗·帮忙文学与帮闲文学》。

③ 萧红:《致萧军》,载《萧红全集》,哈尔滨出版社1998年版,第1284、1274页。

庭甚至南辕北辙的。缘此，从小说对读者"浸淫脑筋"、"改良思想"的作用出发，鲁迅强调"在写我们自己的社会"时，要"连我们自己也写进去"，"连自己也烧在这里面"；只有这样，才能促使读者参加到社会去。"连自己也烧在这里面"，意指把自己的全部感情倾注于描写对象之中；在改良社会、改造民族灵魂的同时，也要真诚地显示自己的灵魂，显示自己对人生意义的独特发现、独特领悟。鲁迅认为，诗人的心灵应该博大，要"感得全人间世，而同时又领会天国之极乐和地狱之大苦恼"；而一味"专事宣传爱国主义"等世俗化的社会意识情感，则绝不能产生"伟大的诗人"。也就是说，诗人（小说家）在反映特定民族、特定时代的现实生活的同时，还应传达出对生活和生命本身的一种诗意的妙悟、一种形上的感受、一种属于作者自己的人生哲学。在鲁迅小说中，对生活的反映这种功利意识是与对生活意义的思考这种哲学意识融合一体的。在对鲁迅小说观的认识中，强调前者而忽视后者只能导致对鲁迅小说传统过去性的肯定，而导致对它现存性以及未来性的忽视和否定。

有人说，"在中国现代作家中，也许萧红比之别人更逼近'哲学'。"①与鲁迅一样，萧红小说在反映生活的同时，也在严肃地思考生活的意义。她对民族病态灵魂的批判，不是泛泛的显示和揭露，而是有所引伸，直接引向了"人应该如何活着"的人生哲学层面。萧红小说中的人生哲学意识的萌生，与她独特坎坷的人生经历有关，与她作为女性对人生的敏感有关，更与鲁迅的传统有关。她在谈论鲁迅小说中作者与人物的关系时，多次提到了鲁迅的"悲悯"感和"受罪"感，并认为"鲁迅的小说的调子是很低沉的"。萧红对鲁迅小说情调的感悟和领会是准确的，这实际上已把握住了鲁迅小说中人生哲学的内蕴和精髓。同时，萧红也承认自己小说情调的低沉和作者自我的悲悯情感。这不正表明二者在人生哲学层面上具有相通之处么？

综上，鲁迅和萧红都有他们自己的小说观。他们的小说观既有各自的独特性，又有许多相通处。这相通处就表现为二者都具有创新意识、功利意识和哲学意识。其中，创新意识是小说观总的特点，功利意识是核心，哲学意识是灵魂。萧红小说观的确立是建立在继承鲁迅小说传统的基础之上的，这对她的小说创作起到了决定作用。

---

① 赵园：《论小说十家》，浙江文艺出版社 1987 年版，第 244、243 页。

二

　　小说观的确立内在地决定了题材的选取、人物形象的设置和主题的提炼。为了深入地透析鲁迅小说传统与萧红小说创作内蕴上的联系，笔者就以下几个问题作一集中探讨：

　　1. 对社会风俗画的精心描绘。鲁迅和萧红小说中有大量的社会风俗画的描写。我们知道，任何人物都是在特定的社会风俗气候中生长起来的，对于那些习惯于在祖先制定的成规中循规蹈矩的人们来说，社会风俗更有举足轻重的影响。因此，风俗习惯反映了一个民族的生活方式，是"人的心的历史"的凝聚体。借风俗画的描绘传达出"历史"信息，这正是鲁迅、萧红描写社会风俗画的着意之处。鲁迅是把这种描写穿插到情节发展过程之中的。在《祝福》中，鲁迅把"祝福"这种岁时风俗与"捐门槛"这种信仰风俗的描写与祥林嫂的悲剧命运胶着到了一起。与鲁迅小说一样，萧红早期小说的风俗描写也常常分散在情节发展过程中。在《生死场》第七章中，萧红把"五月节"的岁时风俗穿插到了王婆服毒、小金枝惨死的情节事件中。而在后期的创作中，她常常中断情节的发展，对社会风俗进行了集中的描绘。被茅盾誉为"一幅多彩的风土画"的《呼兰河传》用了整整一章的篇幅描写了呼兰河的子民们在精神上的"盛举"：跳大神、放河灯、野台子戏、四月十八娘娘庙大会等。鲁迅和萧红小说中的这些岁时风俗和信仰风俗，正如萧红所写，"都是为鬼而做的，并非为人而做的"。它们都展示了人对鬼神的依附。人们创造了鬼神，又反过来心甘情愿地受鬼神的支配。这种精神现象正是奴性的一种表现。我们不难看到，生活在南国未庄、鲁镇的阿Q、闰土、祥林嫂、爱姑们与北方呼兰河畔的子民们身上的奴性——这一"国民劣根性"的突出表现，正是与这种"为鬼而做"的社会风俗互为表里，具有深刻的同质关系的。

　　2. 对精神病苦的集中呈示。如果说对社会风俗画的描绘展现的是"人的心的历史"，那么，对精神病苦的呈示展现的则是"人的心的现实"。对于这种"现实"的展示，他们主要是通过对农民形象的塑造来实现的。他们笔下的农民保留了更多的原始态性。这种态性突出地表现在他们对待生与死惊人的漠视上。"他意思之间，似乎觉得人生天地间，大约本来有时也未免要杀头的"——这是阿Q在"大团圆"前的心理；"生，就任其自然的长去；长大的就长大，长不大的也就算了"——这

是呼兰河的子民们的人生态度。对生命价值的极度漠视使他们生不由己而又心甘情愿地听任着异己力量的摆布,因而从根本上丧失了人之所以为人的自主性与能动性。闰土和祥林嫂将改变命运的希望寄托在"香炉和烛台"与"捐门槛"上;那小城里的那个"大泥坑子"不知淹了多少次人和牲畜,但"若说用土把泥坑来填平的,一个人也没有。"(《呼兰河传》)独立思考能力和行动能力的丧失,使他们表现出惊人的愚昧无知。他们习惯在"老例"、"成规"中生活,这种祖传的"老例"、"成规"就是他们的价值标准,也是他们据以排外的依据。城里人把未庄叫"长凳"的叫做"条凳",阿Q就认为"这是错的,可笑!"就连那小城上牙科医生广告上的"牙齿太大",也使得那些祖先的忠实后代们害怕得不敢光顾了。(《呼兰河传》)不要以为愚昧无知只是一种心理因素,它还会导致生命的悲剧。自然,华老栓所买的那个人血馒头连接着华夏两家的悲剧;在《呼兰河传》中,为了"规矩出一个好人来",他们竟然用烙铁烙、用热水煮,终于把一个"黑忽忽,笑呵呵"的小团圆媳妇活活折磨死了。当然,说那些愚夫愚妇们麻木不仁、无动于衷,并不是说他们没有任何的精神享受的追求。鲁迅《孔乙己》、《药》、《示众》和萧红的《呼兰河传》等小说多次写到的那些看客和呼兰河畔要来"参观"冯歪嘴子上吊的男男女女们,他们享受的就是他人的痛苦,企望的就是他人的悲剧。

当然,从全面地呈示"人的心的现实"的要求出发,萧红在描写人们的精神病苦的同时,还展示了人们在新的时代里的不安、愤怒与骚动。三十年代日寇的侵略把他们逼上了生活的绝路,连动物般的生存都已不能,于是,"蚁子似地为死而生的他们现在是巨人似地为生而死了"[①]。这是萧红为我们提供的鲁迅不曾提供的东西。但是,我更注意到它与所写精神病苦的联系。有一种权威的评论,认为这些农民"当他们是个体时……都是自然的奴隶。但当他们一成为集体时……便成为一个集体英雄了"[②]。这一说法当时就没有得到萧红的首肯。试想,没有经过现代理性启蒙、没有个人意识的愚夫愚妇,怎么会"一成为集体"就变成英雄呢?《生死场》中写到"爱国军"从三家子经过,"人们有的跟着去了!他们不知道怎样爱国,爱国又有什么用处,只是他们没有饭吃啊!"可见,他们之参军抗日的直接动因在于"有饭吃"。这也难怪为什么《生死场》后七章所写的由他们参加的抗日斗争是显

---

① 胡风:《〈生死场〉读后记》。

② 聂绀弩:《〈萧红选集〉序》,人民文学出版社 1981 年版。

得那样地盲目、混乱和松散！因此，我认为，萧红所写中国挨外族鞭子的过程是为了测试出病态灵魂的病态程度和危害程度。我们从萧红提供的"人的心的历史"的新鲜一页中，看到的仍然是她与鲁迅小说传统的深刻联系。

3. 对人物形象的非典型化设置。我们应该看到，一方面，鲁迅在不少小说中刻画出了具有巨大概括性又有鲜明个性的典型人物，如狂人、阿Q、魏连殳等等；但另一方面，在许多小说中也设置了不少非典型化的人物，如华老栓、单四嫂子、车夫、七斤、闰土。尤其是在《示众》中，鲁迅有意弃置典型化方法不用（甚至也不给人物命名），以速写的方式刻划了一群看客的形象。鲁迅对自己的小说有严格的艺术要求，他说，他作小说时是"宁可将可作小说的材料缩成 sketch（随笔），决不将 sketch 材料拉成小说"。这说明这种描绘非典型化人物的方法也是出于他一种自觉的追求。因此，全面地说，鲁迅小说设置和刻划人物的传统，是由上述这两个方面构成的。

萧红小说更多继承的是后者。胡风在评论《生死场》时指出："每个人物底性格都不凸出、不大普遍，不能够明确地跳跃在读者的前面。"胡风的这一评论是准确的，同样也适用于她的其他一些农村题材作品。不论是她早期《跋涉》中的小说，还是后期《牛车上》、《桥》、《小城三月》等优秀短篇，因篇幅所限、审美趣味所在，都没有着力刻划人物性格；就是她后期重头作品长篇《呼兰河传》的"故事和人物都是零零碎碎，都是片断的"，也没有创造出鲜明突出的典型来。萧红的这种艺术追求也是自觉的。当有人指出她的小说人物面目不清、个性不明的时候，她为自己力辩，反对"小说一定的写法"，而她引以为据的竟然就是其师鲁迅的《头发的故事》、《一件小事》、《鸭的喜剧》等非典型化的小说。① 这种辩解是有力的，这也说明她对鲁迅小说的这一传统的继承也是自觉的。

根据传统的典型理论，刻画面目清晰、个性分明的典型人物是对小说应有的要求。因此指出鲁迅、萧红小说人物非典型化特征似乎是对它们的贬损。其实不然。我们认为，在小说创作中，设置人物形象只是一种手段，它是要服从于作者给小说规定的任务的。对于手段高下的评价，是不能仅仅从手段本身来说明的，而应该从它完成任务的效果来加以厘定。这一点可以从以下两个方面来认识：第一，与典型化方法首先强调个别和特殊不同，鲁迅和萧红最关注的是整个社会生活中最一般

① 聂绀弩:《〈萧红选集〉序》,人民文学出版社 1981 年版。

的人物、最普遍的事件。而社会生活中最一般的人物、最普遍的事件因为是由同一个社会模子所铸成,因而常常是相似或相同的,正如《生死场》中所写:"什么都和十年前一样"。这样,从改造整个民族的病态这一社会功利思想出发,严格地忠于现实、忠于生活,这就使得他们笔下的人物呈现出一种独特的混沌状态。从典型化的角度看,这似乎是一种损失,但是因此也导致了他们对大多数人整体生活方式的成功把握,避免了"恶劣的个性化"对整体生活把握的损害。从鲁迅、萧红赋予小说的改造国民灵魂的功利任务来看,这种非典型化的手段能"使读者摸不着在写自己以外的谁,一下子就推诿掉,变成旁观者,而疑心到像是写自己,又像是写一切人,由此开出反省的道路"①;也就是说,这种手段是有助于小说目的的实现的。第二,小说中人物的非典型化的设置也有助于传达出作者的人生哲学。我们知道,形象的典型化与意念的指向性之间有着逻辑上的因果对应关系。在典型化的过程中,为了提高意念的指向性必然要剔除许多与意念指向无关的符号和信息。从这个意义上来说,人物形象越典型,意念的指向性也就越鲜明,越有限定。在鲁迅、萧红小说中,显在的意念指向性(即第一部分里所述其小说观中的功利意识)也是存在的,即改造民族病态灵魂。但是,在它们那里,意念的指向性并没有导致意蕴的单一性,它们还有潜在的超越于这一意念之上的人生哲学意识,在所欲发表的"意思"的深层还有关于人生的深刻的"意味"。人物形象的非典型化设置就使他们的小说免却了对许多与显在意念("意思")无关的艺术符号与信息的剔除,从而使他们有可能在发表有关社会的"意思"时,把自己也烧在这里面,显示出自己对人生"意味"的发现和领悟。

4. 对人生哲学的独特发现。人们一般都能感悟到鲁迅、萧红小说具有超越时空的艺术魅力。除了它们反映的生活仍然具有"现存性"外,他们的小说在反映生活的同时又贯注了作者对生活意义的思考该是一个最为重要的原因。在他们的小说中,哲学与情节、人物,对生活意义的思考与对生活的反映达到了一种"隐秘的融合",前者是"构成充溢在作品里面的作品灵魂,像光充溢在水晶体里一般"②。这使他们的小说在形而下地反映社会现实的同时达到了有关人生哲学的形而上的境界。

---

① 《且介亭杂文·答〈戏〉周刊编者信》。
② 《别林斯基论文学》,新文艺出版社 1958 年版,第 51 页。

在鲁迅、萧红小说中，对人生哲学的领悟集中在对人生实存状态和生命价值的形上思考中，这种思考是与小说中的情节与人物结合在一起的。这里，我想以《伤逝》为例对鲁迅的人生哲学意识作一阐释。在丧失对子君的情爱之后，主人公涓生要么以个人为本以牺牲子君为代价救出自己，要么为他人以牺牲自己为代价与子君一同灭亡。这是涓生的二难境界，也是人类生存困境的象征。既然在这一境界中，任何一种选择都是合理的，同时也是不合理的，那么，生命本身似乎也就成了一场无意义的"游戏"；它不但毁坏了另一种合理性的存在，而且空耗了自己的生命，余下来的只有刺人肌骨的寒冷、黑暗与虚无。在涓生与子君的爱情发生重大转折特别是离异之后，作品中出现频率最高的有关生命体验的语词是"空虚"、"寂静"。它们不但传达出涓生而且传达出作者对人生荒诞、虚无和绝望的体验，这正是鲁迅人生哲学中的实存状态观。但是，这种体验并没有使作者陷入虚无主义，而是促进了他对"新的生路"的开辟。于是，我们看到作者笔下的涓生在清醒地意识到"悔恨和悲哀""更虚空于新的生路"后，只把这种"悔恨和悲哀"当作迈向生路的第一步，毅然地"向新的生路跨出去'。这种清醒的寻路意识，既是涓生的，也是鲁迅的。鲁迅就是这样，在体验到生命的虚无、荒诞之后，仍以自己顽强的生命意志和人格力量进行着人生道路的自我选择与自我评价，以反抗绝望的行为来证明生命的存在价值和意义，其行为方式就是不断的寻路和"走走"。这就是鲁迅小说中传达出来的生命价值观。

与鲁迅小说一样，萧红在有关生命本体的思考中，通过她创造的形象表现出了相当浓厚的虚无、绝望意识。她的这种意识有时通过形象和情节表现出来，如林姑娘的失业（《山下》）、冯二成子的失望（《后花园》）、陈公公之疯（《旷野的呼喊》）、翠姨之死（《小城三月》）；有时又直接借作品中人物的心理活动作出某种顿悟式、感兴式的人生探究：

> 但当王大妈闭一只眼向里观望时，突然她拿开它（指红玻璃花筒——笔者）。在这一瞬间，她的脸色如对命运有所悟……现在想起来，开始觉得她是这样孤独，她过的生活是这样可怕，她奇怪自己是终究怎么度过这许多年月的呢！

这是《红玻璃的故事》中的主人公在经受了人生磨折之后由一个偶然事件所触发的对于深潜在生命深处的孤独感的体验，在这种体验中充满了深刻的人生悲剧感

和迷惘感。马伯乐在书店倒闭后回到家中,备受冷视。他"思来想去,古人说得好,人生是苦多乐少……人活着就是这么一回事"。这是马伯乐经受了世态炎凉之后对生命的悲观和怀疑。在这些作品中,我们又"恍然感到了萧红作品中潜藏最深的悲观,关于生命的悲观。"①

韦勒克、沃伦指出,文学中的哲学问题是诗人"要表达一种对生活的态度"。在意识到生命的虚无、悲观、绝望之后,萧红并没有通过小说中人物的"走"的行为来张扬生命的价值,而是通过作家主体对虚无、绝望的呈示表达了自己对生命价值的思索,"表达了一种对生活的态度"。萧红笔下的那些愚夫愚妇们只是按照自己本能生活——"在乡村,人和动物一起忙着生,忙着死"(《生死场》)。这一描绘对农民生存方式作了惊心动魄的概括:这是一种动物般的生存方式和生存状态。这种生存方式自然无法(也无可能)把他们从绝望中救赎出来。但是,萧红忠实地描述和有力地鞭挞这种令人绝望的"绝望",不也构成对绝望的反抗么?生命的价值不能建立在对生命的无意义的毁灭和无人道的虐杀之上;人应该有感情、有勇气、有热血、有人性——这是萧红小说通过负面的鞭挞所呈现出来的对生活的一种积极态度、对生命价值的一种形上思索。

三

鲁迅、萧红小说创作的创新意识不但表现在题材、形象、主题等小说的内容层面,也表现在小说的形式层面。早在二十年代,鲁迅就被称誉为中国新文坛上"创造'新形式'的先锋"。而鲁迅在评价萧红的《生死场》时也着重指出了萧红小说为其"增加了不少明丽和新鲜"的"越轨的笔致"。这种"越轨的笔致"也使其代表作《呼兰河传》"不像是一部严格意义上的小说"。鲁迅创造的小说新形式以及其中包含的创新意识给后起的萧红以极大的影响。这主要表现在以下三个方面:

1. 持久强烈的抒情功能。鲁迅与萧红非常重视情感在创作中的作用。鲁迅说:"创作总根于爱";萧红认为"一个题材必须要跟作者的情感熟习起来,或者跟作者起着一种思恋的情绪",由此出发,她对"故意压制着"的中国式的"东方情感"进行了批评。鲁迅称萧红的《生死场》"做得好",其主要原因之一是"充满着热

① 赵园:《论小说十家》,浙江文艺出版社1987年版,第244、243页。

情";从这知人之论中,我们不难看出他们对小说抒情性美学品格的共同追求。

从大的文学背景来看,鲁迅、萧红小说的抒情功能是对古典小说主导性叙事功能的陌生化,它们引"诗骚"入小说,改变了古典小说的史传传统。在他们的小说中,其抒情性主导功能主要表现在以下两个方面:首先是他们小说中的叙事成分大大削弱。抒情性主导功能的存在,淡化了小说的情节性,而使小说诗化、散文化了。叙事成分虽还存在着,但常常失去了自身的独立性,而成为抒情的凭借。鲁迅的《故乡》和萧红的《后花园》等作品在描写非情节化的细碎生活情景时,穿插了与叙事无关的景物描写、场面描写和心理刻画,从而使散文化了的叙事成分更见单薄。其次是抒情成分大大增加。抒情性是以抒情主体的存在为前提的,在他们的作品中,作者自己就充当了这个抒情主体,其丰富的内奥情热构成了小说抒情成分的主要来源。他们总抑制不住自己的情感活动,常常在作品中直接发抒自己的情思。《故乡》结尾处,作者表示了对于遥远未来的期望,感情从境界中涌溢而出,表现为直接的抒情形式。《生死场》中的小金枝出生只有一个月,就被父亲活活摔死。萧红悲愤之情不能自已,发出了这样深沉激越的控拆:"婴儿为什么来到这样的人间?使她带了怨恚回去!仅仅是这样短促呀!仅仅是几天的小生命!"

在鲁迅、萧红小说中,他们运用更多的则是间接抒发的方法,即把自我的主体情感交融到具体的景、象之中,把"景"情化,把"情"景化,使之间接地流露出来。这种交融形成了他们小说中最富传统特色的范畴,这就是意境和情调。

意境是中国古典美学中的一个重要范畴。他们非常重视对意境的创造,其特定情感的抒发常常与适当的景、境相联系,使二者达到了完美融合的境界。鲁迅《在酒楼上》开头对废园中"斗雪开着满树的繁花"的老梅和"从暗绿的密叶里显出十几朵红花"的山茶树的描写,结尾处对"屋宇和街道都织在密雪的纯白而不定的罗网里"的暮雪图的描绘,寄寓着"我"向往热烈而又凄凉孤寂的情怀。再看萧红《小城三月》对翠姨坟头的抒写:

> 翠姨坟头的草籽已经发芽了,一掀一掀地和土粘成一片,坟头显出淡淡的青色,常常会有白色的山羊跑过。

在这幅色彩凄清的墓穴图中寄寓着"我"悲凉的忆旧之情,蕴含着萧红自己人生如梦的身世之叹。在这些作品中,外在的物象成了作者内在心理情绪的客观对应物,

二者的结合形成了情景交融的意境。

意境是鲁迅、萧红作品中富有情致的片断,而要使之融为一体,则必须由情调来贯穿、激活。在他们的作品中,情调是创作主体与对象世界相拥抱、相撞击而产生的一种贯穿其创作过程的具有高度审美价值的情感态度,它来自于他们对历史过程和现实生活的诗意妙悟。当他们以深情而忧愤的眼光注视着江南水乡和东北大地上生存的愚昧民众时,一种难言的历史创痛感和现实焦虑感煎熬着他们的心灵。因此,由此而产生的这种感伤、悲凉的人生哲学便成了贯穿其创作过程的情调。这种情调在作品中很难象意境那样从整体中分解开来,但是,我们却能随时感觉得到、体察得到:

他们走不上二三十步远,忽听得背后"哑——"的一声大叫;两个人都竦然的回过头,只见那乌鸦张开两翅,一挫身,直向着远处的天空,箭也似的飞去了。(《药》)

这里,我们分明体味到的是鲁迅本人"或此生终不能改"的"伤感情调"。再如萧红的《北中国》:

耿大先生被炭烟焗死了。

外边凉亭四角的铃子还在咯棱咯棱地响着。因为今天起了一点小风,说不定一会工夫还要下场雪的。

这里,比死更令人窒息的关于生命的悲凉跃然纸上、逼人心脾。就是充满了喜剧气氛的《马伯乐》也令人感到一种生命的无奈和哀伤。萧红曾称主人公是"忧伤的马伯乐",这不就传达出这样的一种情调吗?

2. 自由创造的表现手法。抒情作为一种功能,需要凭借艺术表现手法这种表层组织传达出来。鲁迅、萧红小说抒情性功能的强化,也就意味着他们在小说艺术表现手法上的自由创造。这主要表现在:

首先,是题材取向上的怀旧倾向。鲁迅小说创作始于《怀旧》,终于"怀旧"的《故事新编》。即使被人们称为反映现实生活的小说,从宽泛的意义上来看,其创作动机也还是"怀旧"。他在《呐喊·自序》里说得很分明:对于年青时候做过的许多梦,"我偏苦于不能全忘却,这不能全忘的一部分,到现在便成了《呐喊》的来由。"这种怀旧倾向形成了其惯用的叙事模式,这种"惯用的模式是一个孤独者对于个人往事的回忆"①。从题材趋向这一狭义的角度来看,《呐喊》、《彷徨》中的许多名篇均有怀旧倾向:如《故乡》、《社戏》对儿时生活的回忆,《一件小事》对"使我至今忘记不得"的"一件小事"的追叙,《头发的故事》中"第一个双十节前后的事"在 N 先生心头的浮现,《在酒楼上》中的吕纬甫对"先前"的回顾,《孤独者》对主人公悲剧的回想(小说首句就是"我和魏连殳相识一场,回想起来倒也别致……"),《伤逝》中涓生对"过去一年中的时光"的咀嚼……

萧红生活在一个动荡的时代,也写过一些迅即反映现实的作品,但大都不很成功。从本质上来看,萧红是一位怀旧型的作家,她所有成功的小说几乎都是怀旧的。《生死场》所写的是五年以前,以及更早的哈尔滨。对"五年以前"现实抗日斗争的描写在取材上有脱离自我的趋向倾向,显然不很成功;而描写"更早"的储存在她的情绪记忆里的农村生活却既具真实感,又有深刻的思想内涵。至于在其长篇小说代表作《呼兰河传》里,"我所写的并没有什么幽美的故事,只因他们充满我幼年的记忆,忘却不了,难以忘却,就记在这里了"(《呼兰河传》尾声)。其短篇小说代表作《牛车上》、《后花园》、《小城三月》等也无一例外地都是从她情绪记忆中的童年生活取材的。

鲁迅和萧红为什么会执着地以小说创作来怀旧呢?从创作过程来看,这是出于造成适当的审美心理距离的需要。这种距离不但为他们提供了反思的时间,也为他们提供了一个题材与情感相拥抱的时间。鲁迅认为:"创作须情感,至少总得发点热";但在情感和题材没有很好地结合时,非艺术化的现实情感又容易把诗美杀掉。萧红也认为:题材与情感的熟习,"这多少是需要一点时间才能够把握的"。随着审美心理距离的拉开,当他们以一种审美静观的态度去忆旧时,原始的情绪就升华为一种审美的情感,并进而与题材融为一体,从而"在回忆过程中营造伤感的气氛"。

其次,是叙述方式上对限制叙事的重点运用。鲁迅和萧红小说的叙述角度丰富多样。他的《阿 Q 正传》、《高老夫子》和她的《生死场》、《马伯乐》等运用的是全

---

① 李欧梵:《漫谈中国现代文学中的"颓废"》,《二十世纪中国文学史论》(第 1 卷),东方出版中心 1997 年,第 64 页。

知叙事角度;在他的《示众》、《肥皂》中还采用了客观叙事角度。尽管如此,他们小说中的大部分作品(如他的《故乡》、《祝福》、《在酒楼上》、《孤独者》、《伤逝》和她的《手》、《牛车上》、《呼兰河传》、《后花园》、《小城三月》等)都重点运用了第一人称限制叙述角度。从创作主体的审美追求来看,使用第一人称的叙述角度便于作家灵活地叙事、抒情。它以第一人称叙述者的内心感受作为表现的中心,以叙述者的主观感受来安排故事发展的速率,因而摆脱了"故事"的束缚,得以突出作家的审美体验和感情态度。因此,"若从表现作家自身生活经验与感情需求的角度考虑,第一人称叙事无疑是最适宜的。"这种叙述角度作为一种方法也是指向抒情功能的。借助于这一角度,他们既可以叙"我"的所见所闻,自然也可以抒"我"的所感。因此,对那些非情节性的抒情因素(如意境、情调)的艺术追求也就得以实现。

再次,是情感评价上的心理视角。怀旧倾向和第一人称叙述角度的重点运用都说明鲁迅和萧红在审美趣味上是偏于主观的。这样,在艺术的情感评价上,他们都较少以纯客观的描写显示其倾向性,而主要以心理视角直接显示其主观的情感评价。与他们侧重使用的叙述角度相应,他们所采用的情感评价上的心理视角主要是属于第一人称的。这样,作品中的"我"往往一身而二任,既是事件的见证人,同时也是事件的评价者。王瑶先生指出,鲁迅第一人称小说中"那些引起我们强烈地关心他们命运的主人公的遭遇却都是通过他的感受来写出的,并且首先在他的心弦上引起了震动"。这实际上也指出了这一情感评价上的心理特色。在《故乡》中,与闰土从"欢喜"、"凄凉"到"恭敬"、叫"老爷!……"的情感变化相应,"我"的情感变化也经历了从"兴奋"、"打了一个寒噤"到"叹息"、"悲哀"的心理过程。在萧红的小说中,这种情感评价往往与事件的描述融为一体,似叙似议,水乳交融。请看《呼兰河传》中描写大泥坑子的一段文字:

　　一年之中抬车抬马,在这泥坑子上不知抬了多少次,可没有一个人说把泥坑子用土填起来不就好了吗?没有一个。

这段文字既是"我"作为见证人的叙述,也是"我"作为评价者在自我心理中所作的饱含情感的议论。外向的叙述与内倾的评价就是这样天衣无缝地结合到了一起。

与这种直捷式的情感评价不同,在另一类作品中,鲁迅、萧红通过对叙述者的巧妙安排,从未谙世事的少儿所特有的心理视角出发来作出情感评价的。这样,由这种心理视角所作出的情感评价与作品的总体倾向之间就形成了一定的暌离,作家与叙述者有意识的间离导致了艺术反讽的出现。鲁迅在《孔乙己》中所设定的那个叙述者"我"是一个十多岁的少年。凭着"我"的认识水平,显然是不会洞穿孔乙己悲剧的内在意蕴,而其由此所作的奚落嘲笑式的情感评价自然也很难切中要害。但是,只是"我"真实地道出"我"之所见,对于认识水平显然高于"我"的读者而言,并不难领会到其中的深刻内涵。这就是反讽的力量所在。青年男女的恋爱悲剧在其他许多作家的笔下常常写得缠绵悱恻、哀婉动人。但萧红描写翠姨和堂哥恋爱悲剧的《小城三月》却远没有那种呼天抢地、令人痛不欲生的美学效果。这是与从"我"这个"不识愁滋味"女孩的心理视角出发进行情感评价有关。情感评价上的心理视角既增加了作品心理情感的容量,又为读者提供了思考的线索,增强了作品内部的张力。

3. 新颖独特的结构形式。在中国古典小说中,结构方式通常以线形的时间关系和因果关系为线索来组织完整的故事情节,其结构的主要依据在于情节。如前所述,随着鲁迅、萧红小说自由创造的艺术表现手法所传达出的抒情功能的强化,他们小说中的叙事内容大大削弱,情节性也大为淡化,从而使其结构呈现出了非情节性、非戏剧性的散文化特征。

鲁迅小说的结构形式,主要是受了近代外国短篇小说的影响。与近代外国短篇小说通过"抒情作品对叙事作品的渗透"淡化情节的倾向相同,"鲁迅对小说情节的处理是要使之简练,把情节压缩成最简单的成分"。从改造民族病态的目的出发,鲁迅把着眼点放在具有普遍性的人物精神病苦和社会思想状况的剖析上。因此,鲁迅小说的结构形成了两种基本范式:一是以《故乡》、《药》等为代表,对人物精神病苦和社会思想状况进行静态解剖。这类小说极大程度上淡化了情节,构成情节要素的时间关系和因果关系被极大地削弱,甚至不复存在(如《示众》);它们所注重的是与时间相对的空间,通过空间的场景或场景之间的组合,来突现社会思想意识的某个侧面,这种结构实际上被空间化了。二是对封建制度吃人本质的动态性剖析,这以《阿Q正传》、《孤独者》等为代表。这种结构虽然有时间关系,但没有围绕特定事件进行,采用的是"以突出的生活插曲来互相连结的写法",所写的这些生活插曲之间仍然缺乏起承转合的因果过程,因此,对生活插曲的这种"连结"与强调因果链的传奇体或演义体的中国古典小说的结构不同,实际上也是一种空间化的"并置"。

萧红小说自觉继承鲁迅小说结构的方法,有意忽略时间性因果关系。《生死场》写了季节的更换、年代的轮回,但时间的自然流转没有提供为情节发展所需的因果关系,因而那里的生活只是一个个各自相对独立的场景之间的空间组合:第一章写二里半找羊,第二章写金枝与成业的恋爱,第三章写王婆卖马……如果说过程还是存在的话,那它客观上也是被作者有意打碎了;你必须进行一种"对照阅读",在你的头脑中把这些被作者打碎的散落在各处的片段连缀起来,庶几可以找到(如金枝的生活"过程")。如果说在《生死场》中,你还能找到一根模糊的时间线索的话,那么,在《呼兰河传》中这种寻找必然会使你失望、一无所得。与上述两部小说不同,《马伯乐》本质上类似于西方流浪汉小说。它虽然有时间,也有过程,但是这种过程本身是没有必然的因果联系的。这种结构实际上也不同于传统的情节叙事的结构模式,而同样被空间化和散文化了。

当然,我们说鲁迅、萧红小说的结构是一种散文化的结构,这并不意味着他们的作品只是一些随机片断的随意堆砌。它们在开放之中仍然有紧凑的结构性,在放任之中仍然有内在的统一感。这种结构的统一感来自于创作主体的心理情感逻辑。这种逻辑实际上就是上文所说的他们小说中所特有的那种情调。当他们从自己所拥有的这种生命的哲学意识出发抒写为这种主体情调所激活、所照亮的对象主体时,这种情调就会呈现在物化的对象主体中,从而赋予他们小说以内在的秩序和结构。表面上看来缺乏联系的对象主体,如《药》中夏瑜的死、华小栓的病、西关外的丛冢、铁铸一般站着的乌鸦,《呼兰河传》中风俗这位历史老人、小团圆媳妇、有二伯、冯歪嘴子等形象,无一不是浸透这种情调的。这样,不管作者在选取对象主体时跳跃性有多大,只要情调在乎其中,也就取得了内在的统一性和结构感。可见,情调对于鲁迅、萧红小说起到了一种自组织的作用。

西方学者指出:文学有意义的影响必须以内在形式在文学作品中表现出来,它可以表现在文体、意象、人物形象、主题或独特的手法风格上,它也可以表现在具体作品所反映出的内容、思想、意念或总的世界观上。本文就是试图从上述有关方面探讨鲁迅小说传统与萧红小说创作的血缘关系的。因论题所规定的影响研究的视角,本文侧重探讨的是鲁迅小说传统对萧红小说创作的直接"影响"和萧红对鲁迅小说传统的自觉"接受"。

心灵的妙悟

——论萧红与佛学的沟通

黄晓娟[①]

在文化的历史长河中,艺术与哲学的发展过程可说是同步的。"一个艺术家没有哲学思想,便只是个供玩乐的艺人。"[②]古往今来,有成就的文学家,大多自觉或不自觉地接受过哲学的影响;古今中外,伟大的艺术作品里,无不充溢着哲思之美。"在中国现代作家中,也许萧红比之别人更逼近'哲学'。"[③]萧红不是哲人,她没有自己的生命哲学。萧红的作品具有超越时空的艺术魅力,一方面在于反映的生活仍然具有"现存性",另一方面在于她的作品在反映生活的同时又贯注了作者对生活意义的思考。在萧红的作品中,不时闪现出对于生命的哲思和彻悟,哲学与对情节、人物的反映达到了一种"隐秘的融合"。这种哲学意味着她对生活的一种诗意的妙悟,内在的契合,是她

① 本文原载《学术论坛》2002 年第 5 期。

黄晓娟:广西民族大学教授,文学院副院长。著有《雪中芭蕉——萧红创作论》、《广西散文百题》、《中国新诗名著导读》等。

② 《泰纳·巴尔扎克论》,载《文艺理论译丛》,1957 年,第 94～95 页。

③ 赵园:《论萧红小说兼及中国现代小说的散文特征》,载《论小说十家》,浙江文艺出版社1987 年版,第 213 页。

经由自己特有的生命意识而进入到这个层面的,是对描写本身的超越。这里所说的悟性,是一种自由的、内动的、深层的思维活动,是一个知觉融于感觉的思维世界。

一、生与死的体验与参悟

萧红是一个怀着理想追求生命价值和尊严的人,她的一生几乎都是为苦难所缠绕,她的一生似乎总生活在与命运的抗争之中。她以柔弱多病的身躯,面对了离家、寻家、思家的种种苦难和坎坷,在民族灾难中,经历了反叛、觉醒、抗争的历程。历史的风雨和家庭的破裂迭织在一起,使她的情感和肉体倍受摧残,饱受了人间的严酷与心酸。坎坷的人生经历,促使了萧红对人,对人生命运的思考,而人生体验在心灵深层沉积,使其创作中对宇宙人生的悟性愈加深刻。正因如此,萧红同常人相比,获得了多维眼光和多重性角度观看世界的方式。萧红的创作,就是在排遣自己内心孤独、寂寞以及忧郁、悲哀情绪的氛围中,渗透了人生的"生老病死,前尘后影",并获得生命透悟般的启示。这份悟性,或许并非萧红有意为之的造作,而是她发自内心的艺术性灵。由此,她在这样的思想基础上与禅宗的世界观有了一定的相近性,这种发现,赋予了萧红作品一种宗教情绪的人生态度,如果没有这种超越,而仅止于通过艺术形象体现出一定的历史内容,那么,时过境迁,这类作品便会渐渐失去它们的价值,逐渐为人所淡忘。萧红作品永久的艺术魅力就来源于她对人生真谛的独特发现,这种发现超越了特定的现实和历史,提高了萧红作品的文化意识,对于人类具有普遍的意义和永久的价值。

苦质情绪是一种深潜的苦闷、忧郁等情感体验和心理氛围,它制约着人观察人生与世界的方式与角度。萧红善于在生存与死亡之间进行边缘性的思考,所以她体验到的悲剧已经远远超出了像阶级压迫、社会不公、封建礼教、红尘因缘等等层次,而是作为存在本体的生命悲剧,是对人生与现实的苦痛、悲寂一面的把握。对于萧红来说,人生的迷惘与困惑,不是作为过程的种种,而几乎是作为人的终极生命的本质。因而,她专著于不可言喻的人生命运之苦,她笔下的生命,都是在命运的簸弄下完成的一个悲惨、阴暗的过程。这种悲剧是与生俱来的,任何生命一旦诞生,就无可逃脱地开始这种生生死死、生死轮回的悲剧过程。在《生死场》中,萧红细致而深刻地描写了东北农民对于生与死的盲目态度和原始的生活方式,传达出她对生命价值的思考。小说描写了东北土地上的儿女在平常岁月里，如野草野花一般任遗弃、任践踏的自然状态："在乡村，人和动物一起忙着生，忙着死。""农家无论菜棵，或是一株茅草也要超过人的价值"。萧红以忧郁的眼光谛视这片土地上平凡百姓的生与死，描绘出故乡农民如"死"般的"生"，比"死"更不如的生，为了"死"而降临的"生"。在这里，人们死于生产、死于殴斗、死于"蚊虫的繁忙"和传染病；更多的却是死于不该死去的人类对自身、对他人的冷漠、暴虐和毫无主张。浑噩的"死"，无聊寂寞的"生"，荒凉的"乱坟岗子"，就像魔鬼一样静悄悄地等候着每一个"蚊虫"似的人。萧红以女性细腻、真切的笔触写出了这种死亡的感觉和它对人的生命的威胁。她不仅写出了像动物一样被一种原始梦幻所支配着的人的生命活动及其文化特质，也写出了像动物一样盲目而又惊惧的面对死亡的麻木、沉寂而又无力支配自身的人生。他们处身于非生非死，虽生犹死的状态，犹如被蒙上眼罩的马，机械地、无休止地在岁月的年轮边划过一个又一个相同的圆圈，直到肉体死亡。

　　萧红在《呼兰河传》中所写的，也都是尘世中的阴界和地狱。萧红看到的是悠悠岁月里无涯无际的黑暗："生、老、病、死，都没有表示。生了就任其然的长大，长大就长大，长不大就算了。""假若有人问他们，人生是为了什么？他们并不会茫然无所对答的，他们会直截了当地不假思索地说了出来：'人活着是为吃饭穿衣。'再问他：'人死了呢？'他们会说：'人死了就完了。'"染缸房里，一个学徒把另一个学徒按进染缸里淹死了，这死人的事"不声不响"地就成了古事，不但染缸房仍然在原址，甚或连那淹死人的大缸也许至今还在那儿使用着。从那染缸房发卖出来的布匹，仍旧是远近的乡镇都流通着。蓝色的布匹男人们赶做棉裤棉袄，冬天穿它来抵御严寒。红色的布匹，则给十八九岁的姑娘做成大红袍子。在作者看来，生命的悲剧不仅是因为有了社会、人事等因素的介入才开始的，在这里，生命本身就是悲剧。

　　生与死是人的生命的起点和终点，对于生与死的态度是最能反映出人的生命价值观。从"生死场"上和"呼兰河畔"的人们对"死亡"的态度上，可以看出他们的生存状态和生命形式。正是基于人物对死亡缺乏充分自觉的承重，死亡形态尤其显得偶然和残酷。而这种生死观，是与孔子的"不知生，焉知死"是截然不同的。在萧红的笔下，人生运行就像一个轮子在转动，周而复始，永无休止。因而，无意间与佛教的生死观相通了。因此，对生命价值的思考和改造民族生活方式的热望，是

构成萧红小说有关生死的描写的主要心理背景。

萧红生与死的体验,不仅针对人类,也针对人类之外的一切生命。这种普泛的生命意识,使得她的作品打通了生与死的界线和人与动物的界线,使她的悲剧精神表现出十分罕见的广度和深度,也正是这种普泛的生命意识,使得她的精神意识与佛家学说沟通起来。

按照佛家思想,世间所有的生命都是平等的,万物有灵,应该互相悲悯、共求超度,而不应该互相戕害,而且所有的生命都具有无边的苦难、痛苦和悲哀。他们不但在"生"的意义上平等,也在"苦"的意义上平等,当然也在"死"的意义上平等。与此同时,他们还在七情六欲上相通,在"虚无"上相通。萧红对佛学无所了解,她几乎是凭着自己的精神本能,直接悟出了这样的生命奥秘。她对于生命痛苦的悲悯,不是出于伦理意义上的善良,也不是出于佛陀般的慈悲,而是源自于人类最深沉的生命情感和最深刻的生命体验,她是从共通的生命现象中,体悟到了生命本体的虚无与痛苦。

在萧红的普泛生命意识中,人对动物常常表现出出自本能的怜悯,动物的生命等同于人的生命,人对动物的爱甚至超过了对于同类的爱,这份虔诚,来自她对生命本体的深切体验。一条小鱼生命的挣扎会敏感地牵动她的悲喜,并引起她对命运的感伤,如散文《同命运的小鱼》,文中记录了一条小鱼被她从刀俎下解救出来,养在水盆里,然而,它虽幸免于难,却失了自由,最后还是死掉了。作者将小鱼拟人化,借小鱼将死得生,生而复死的"命运",慨叹生命自由的可贵。物的生命与人的生命原是没有差别的,世间原本就是心物同一的,也正是这种普泛的意识,使萧红的生命境界趋向丰满浓郁。

在《生死场》的第三章《老马走进屠场》中,萧红用细腻的笔触,描绘了农民对牲畜的爱。在秋风瑟瑟,枯叶飘零的深秋时节,王婆为了生计,含着眼泪将老马送进屠场。它以前是一匹年青的马,为了主人耕种,受尽了伤害,但现在收割完了而且老了没有用处了,只好送进屠场,最后留给主人一张马皮,就这样它结束了整个一生。在去往屠场的路上,老马仿佛也懂得主人的情感,"它的眼睛哭着一般,湿润而模糊。"在萧红那双泛灵的眼光里,人和动物的感情似乎是息息相通的,他们在默默地交流着命运的凄凉。被送进了屠场的老马,挣脱了屠夫们的绳子,又依依不舍地想跟着王婆往回走。马对于人的依恋是出于本能,人对于动物的爱也是本能的,人已将其视为生命中的一部分了。萧红在这里把马在屠场被杀和人在刑场受难放在一条线上,在王婆与她心爱的牲畜的生离死别中,真切地写出了死亡的感觉,和它对人的生命的胁迫。既体现了老妇的心境,又隐含了作者自身的人生体验——对生命中的"生"与"病"的无可奈何。马的劳作和马的死是无可反抗的命运,这个命运即使去尽了社会因素仍是一种悲剧宿命。萧红由马推想到了人,一种难言的历史创痛感和现实焦虑感煎熬着她的心灵,她在无限的惆怅中诉说着生命冰骨浸心的无奈。这近于禅宗的自心开悟,使她的精神既超越了马,也超越了人,她超越了一切生命现象,而是直接看到了生命本身的痛苦。

二、生命悲剧的感悟

萧红小说生命意识的另一个思想内涵是通过对个体生命存在质量的观照,传达出对生命悲剧的感悟。如《王四的故事》和《山下》,充满了生命苦短和悲欢离合的苦味。此外,萧红还深深地感觉到了故乡人们永远无法逃脱命运的摆布,命运总是左右着他们,把他们牢牢地固定在一条苦难的人生小路上,在她弥留之际,她在无法把这种由生活体验所孵化出来的哲思化成文字的情况下,将这种体验口述给了骆宾基,让他完成她的遗构,这就是《红玻璃的故事》。在这个故事里,王大妈的丈夫去黑河挖金子多年杳无音讯,15 年来,她一个人支撑着家,在忙忙碌碌的操劳中带大了孩子,过着还算温饱的生活。外孙女过生日那天,王大妈去看望因女婿去黑河掏金而寡居 5 年的女儿,当她看到外孙女玩着一只彩色玻璃花筒时,她突然想到自己小的时候,女儿小的时候,不都玩过这样一只万花筒吗? 顿然,在她心中升起了陈陈相因的"命运感":

但当王大妈闭一只眼向外观望时,突然她拿开它。这一瞬间,她的脸色如对命运有所悟……现在想起来,开始觉得她是这样孤独,她过的生活是这样可怕,她奇怪自己是终究怎么度过这许多年月的呢![①]

她感到冥冥之中似乎有一个看不见的命运之神在驱使着她们祖孙三代人。无疑,这个万花筒曾给她们带来过美好的想象和憧憬,如今她们的命运又都一样凄

---

① 萧红:《红玻璃的故事》,载《萧江小说全集》,时代文艺出版社 1996 年版,第 390 页。

苦,难道外孙女还要重复这样可怕的命运吗? 王大妈感到了生命的无常和荒诞,看到了生命在无止尽的轮回中重复着固定不变的人生轨迹和方式,她所期盼的丈夫与女婿采金归来的希望将永远是一个无法兑现的梦。在生命个体以及自然界一切事物的"成"的背后,她窥破了必然的无可挽回的"毁"。这一缘自成熟的体验触发了深潜在生命深处的悲剧感,她被生命顿悟似的洞穿与玄思震惊了,击倒了,从女儿家归来之后,王大妈便失去了支撑生命的信念,她的生命也由此渐渐萎缩、衰亡了。

最能体现出人生悲凉感和幻灭感的是《后花园》。《后花园》是萧红晚期的作品,小说中所讲述的冯二成子的故事,是乡土人生的寻常故事,是萧红对于人生悲剧自觉的理性的探讨。磨倌冯二成子三十多岁了,头发发白,牙齿脱落,"看起来像一个青年的老头。"母亲死了之后,他在这个世界上便没有了任何牵挂。除了拉磨之外,好像什么都忘了,小城沉滞的生活更使他自己忘记了生命的存在。是邻居赵姑娘的笑声唤醒了他生命的活力,把他从混沌中惊醒。他偷偷地爱上了赵姑娘,可是,对于穷人而言,爱情也是一种奢侈。他因为爱而快乐,但"他的眼睛充满了亮晶晶的眼泪,他的心中起了一阵莫名的悲哀"。不久,赵姑娘出嫁了;又过了一段时间,老太太也搬家了。在送别赵大妈的路上,冯二成子突然产生了一种异样的感觉:他的胸怀像飞鸟似地张开着,他面向着前方,放着大步,好像他一去就不回来了。

他看见了旷野,看见了无比广阔的天空,内心胀满了飞跃的欲望。因而,在回来的路上,他的脑海里出现了不曾有过的新的心理与思绪:

他越走他的脚越沉重,他的心越空虚,就在一个有树荫的地方坐下来。他往四方左右望一望,他望到的,都是在劳动着的,都是在活着的,赶车的赶车,拉马的拉马,割高粱的人满头流着大汗。还有的手被高粱秆扎破了,或是脚扎破了,还浸浸的沁着血,而仍是不停地在割。

……总之,他越往回走,他就越觉得空虚。路上他遇上一些推手车的,挑担的,他都用了奇怪的眼光看了他们一下:

你们是什么也不知道,你们只知道为你们的老婆孩子当一辈子牛马,你们都白活了,你们自己还不知道。你们要吃的吃不到嘴,要穿的穿不上身,你们为了什么活着,活得那么起劲!①

　　面对着这些固守在家园的辛苦劳动者,冯二成子仿佛一念点破似的从昏睡中片段地苏醒,他开始了痛苦的思索。然而,在冯二成子的面前,没有可供他选择的路,他也无力选择。由于缺乏自觉的生命意识和具体的人生目标,他只能几十年如一日地重复着单调枯寂的生活,磨房磨道就是他的人生轨迹,他终于宿命地退回到磨房。时间的磨盘转了一圈又一圈,最后,连同赵姑娘引起的内心的那些骚乱也一点点平息了,杳无痕迹了。生育和死亡,如同后花园的花草一样,不过是一种自然现象,磨倌的生活像拉磨的小驴一样,怎么也转不出这磨道。

　　从王大妈到冯二成子,萧红笔下人物思想的深处,是一种被播弄的命运途中的自慰的人生哲学。对于生活没有一定的目标,依随命运的摆布而生活,在难耐的迫害和突袭的厄运面前,他们又表现了惊人的忍受力,无可奈何,逆来顺受。萧红不仅在人物身上传达出她对于人生悲剧的理解,而且将她个人的宿命般的寂寞感渗透于其中,曲折而深切地与笔下人物的人生迷惘相融汇。

　　在萧红所有的作品中都有对生命痛苦的悲悯、感叹和抚慰。随便翻开她的文字,处处闪现出她沉重、凄凉的心声。这种心声弥漫于她的全部文章。在《呼兰河传》中,读者经常可以看到,在描写了一些呼兰河小城凄凉落后的人生视景和场面情境之后,紧接着萧红就会发出一些"人生为什么这样悲凉"的具有形而上的"天问"。这些有关人生的价值、生命的本源,幸福与不幸,美善与丑恶,此岸与彼岸的形而上"天问",使所有的生命存在都笼罩在无边的迷雾之中。这些曾被无数人问遍了宇宙的问题,无一不是萧红心态情感的外射与凝聚,是在远离故乡的动乱岁月和异地他乡饱经沧桑,对已逝岁月的温情回忆和思乡心切的流露。同样,《后花园》中冯二成子向大地上的普通劳动者所提出的"你们为什么活着"的质问,实质上就是萧红在探索自身所感到的困惑。在这里,萧红流露出越来越强烈的主观思绪与心理。尽管没有结论,在默默的生死和那亘古的忧愁之中,表达了生命原始的悲哀。

　　人生命运的不可知,在萧红的散文《"九一八"致弟弟书》中,又做了一次诠释。到东京神田町与弟弟相会,原本是促成极欲摆脱心理烦恼的萧红只身赴日的契机,

---

　　① 萧红:《后花园》,载《萧红小说全集》,时代文艺出版社 1996 年版,第 321 页。

可是，当她怀着急迫的心情前往其弟寄居之处时，却扑了个空。尤其使她难以承受的是，虽然在月初弟弟就回国了，而他曾经住过的那间小屋仍旧挂着帘子，"帘子里头静悄悄的"，仿佛他正在里边睡午觉似的。物是人非，置身此境，世事无常、人去楼空的怅惘之情便油然而生。正是由于萧红胸中那份挥之不去的人生短促、命运无常之感的渗透，使其作品总有一份莫名的、悲从中来的忧伤，令读者为其深寓于字里行间的那一声声沉郁的、对生命悲剧性的咏叹而持久震撼。同样在极具喜剧色彩的《马伯乐》当中，也传达出了作者对生命价值的思考。马伯乐在书店倒闭后回到家中，备受冷视，他"思来想去，古人说得好，人生是苦多乐少……人活着就是这么一回事"，这是马伯乐经受了世态炎凉之后对生命的悲观和怀疑，也是萧红自己在战争中的生命体验。在这些作品中，我们可以感受到在萧红作品中潜藏最深的悲观，关于生命的悲观。它体现了萧红作为创作主体，既是对自身情感体验的认同和追求，又是对它的超越，在这普泛的悲剧意识里，活动着她对于人的价值的渴求，对生命尊严和温暖的渴望，达到了哲学境界。

幻灭的程度是与一个人遭受痛苦的程度成正比的，佛教是人生斗争中的一个潜意识的信号。佛家的"苦谛"否定现实人生，而走向寂灭，把无声无灭的涅槃视为人生的归宿。文学中的哲学问题是诗人要表达一种对生活的态度，在意识到生命的虚无、悲观、绝望之后，在行文之间，仍活动着萧红对人的价值的渴求，对生命意义的呼唤。这是萧红通过负面的鞭挞所呈现出来的一种积极态度，对生命价值的一种形而上的思索。萧红对现实社会的否定，隐含了满腔的忧愤及一定程度的抗争。因而，与佛家的虚无观比较起来，萧红的虚无感中含有强烈的人间烟火味和强烈的反抗因素。从《生死场》《呼兰河传》对人类生存价值的探寻，再到《小城三月》《后花园》等对生命自由、生命质量的追求，萧红对人生的理解既有虚玄和悲观的一面，也有坚韧达观的一面。在对这些形象的刻画中，直接引向了"人应该如何活着"的哲理层次，表达了她对人类生存方式的哲理思考。

佛教意识在萧红作品中的体现，是一种覆盖了前生今世的多苦意识，所有的时空都弥漫着数不尽的苦难。萧红对于人生哲学的领悟，集中在对人生实存状态和生命价值的形而上的思考中，她尤其注重从日常生活的细微小事中探测人生与世界的深度。萧红在《商市街》中所描绘的那段日子，正是她身心状况非常痛苦的时候，她以女性作者特有的敏锐、细腻的心理，重新感受这种生活的细枝末节所带给她的苦痛，以一种十分动人的坦诚的态度，叙述了她对于饥饿、寒冷、贫穷的感受与忍耐,她在无计可施的情况下所感受到的孤独、愤恨和无聊,以及她可悲的处境在精神上刻下的伤痕和影响。《饿》《搬家》《最后的一块木柈》《黑列巴和白盐》《白面孔》清晰地记录了他们曾经面临过怎样的艰辛:饥饿难耐的时候只能去朋友家以瓜子一类的点心充饥;冷的时候成天披着破棉絮御寒;穷的时候一根鞋带分成四截,两人来用;租不起五角钱一天的铺盖,买不起五分钱一个的"列巴圈"。吃饭、穿衣、住房,这一个个具体的生活细节,无不围绕着生存的问题。然而,多少的风风雨雨,多少的悲欢离合,萧红不是悲天怆地,而是平淡地从容地面对人间的沧桑和不幸,坚韧地承受着自己所面临的厄运,或浓或淡地传递着个体生命倍受压抑的忧患意识。在体悟到了人生的悲剧感和迷惘感之后,她流露出了对现实生存状态的深深忧郁,并由一些生活情景引导读者去思考生命的奥秘。这种深刻而又独特的体验,既渗透了佛教的"人生苦多乐少,变幻无常"的因素,又以自身的理性、悟性压倒了大悲大怒,从而趋向一种祸福得失任其自然的态度,达观地消释着世间的种种烦恼。正因如此,使得萧红从一开始就与同时代别的作家大异其趣:她不但因此取得了别具一格的艺术成就,而且独具哲学的深度。

三、结语

中国传统的儒家文化是一种乐感文化,追求的是个体与社会的和谐。道家文化主张与世无争,在忘情于自然山水时,忘却了现实的悲苦。佛教从人生问题出发创立了"苦"的理论,"人生皆苦"是佛教理论的出发点和基本命题。佛教对苦作了详尽的论述,最为人们所了解的是生、老、病、死、爱离别、怨憎会、求不得、五取蕴八苦。由于其植根于人生,因此很容易变成人们观察、思索人生与现实的一种态度、观点、方法。在萧红所有的文字当中,没有一处谈到佛教对她的影响,但在字里行间又分明能感受到这一份悲苦。缘其对生命终极的近乎一种思维冲动的追究,使她无意间与佛学沟通了。或许,任何一种令人痛苦、忧愁的现象,本身也许并没有什么特殊意义,谁都可能不期而遇。但萧红的悲苦是一种高度内化了的心理体验,是忧愤的一个注解。因而,萧红的悲剧感与许地山对佛教的价值评判大异其趣:许地山看到的是人生苦的境遇,欲在宗教中寻求答案,因而更富哲学的沉思与宗教的冥想;而萧红负载的悲剧情绪,更多地表现在对人生命运的深沉反思和对生活的执著思考。

　　凭借自身对苦难的体验和对人生悲剧的悟性,萧红在她的创作中一步步地向哲学靠近。她将对生命的深沉思考和对生活的执著追求,融入到自然和一切有生命的存在中,从中寻求启悟,进而体现出超越时空的哲理性的思想,这启发着后来读者的思考。

从『反饥饿』到『反压迫』

葛红兵①

萧红《生死场》中写金枝逃离家乡流落哈尔滨街头:"满天星火,但那都疏远了!那是与金枝绝缘的物体。"这个时候,世界对于金枝来说,像是隐退了,世界"疏远"了金枝,仿佛成了"与金枝绝缘的物体",什么意思呢?世界并未主动展现它万全者的面目,而是以相反的姿态显现在人地两疏的金枝面前:"许多街头流浪的人,挤在小饭馆门前,等候着最后的施舍。金枝腿骨断了一般酸痛,不敢站起。最后,她挤进要饭的人堆去,等了好久,不见伙计送饭出来,四月里露天睡宿打着寒战,别人看她的时候,她觉得这个样子难看,忍了饿又来在原处。"在金枝的意识中,这里的一切都是生疏、隔膜、无情感的。通往世界的道路仿佛被阻绝着,但是,世界并未真正隐退,世界依然存在着,它通过饥饿感显现于金枝的意识之中,或者说,它通过不断加强的饥饿感在金枝的意识中阐明着自己的存在。

---

① 本文节选自葛红兵著《中国文学的情感e状态》,山东文艺出版社2008年版。
葛红斌:作家、文学批评家,上海大学中文系副主任、教授。著有《未来集团》、《财道》、《沙床》、《我的N种生活》、《现在活着》等。

饥饿感对于在者是如此重要,如果没有饥饿感的存在,我们很难说世界对于在者来说是必需的,金枝完全可以安适地躺在夜空之下,世界不成其为金枝的世界,金枝也不成其为世界的金枝在者。正是饥饿感的左右,金枝时刻保持着在者的警醒——她时刻向着世界发出自己的叩问,第一次她失败了:"在街树下,一个缝补的婆子,她遇见对面去问:'我从乡下来的。'"她试图获得老婆子的帮助,"看她做窘的样子那个缝婆没理她,面色在清凉的早晨发着淡白走去。"但是,第二次,她成功了,当金枝再次发出"老婶娘,我跟你去,去赚几个钱吧"的呼告时,"那个婆子终于领她走,把她带进了缝婆的队伍。尽管世界对她依然没有显出万全者的面目,她依然受着饥饿的折磨,但是,和当初躺在街头时已经不一样了,小说这样写道:

袜子补完,肚子空虚的滋味不见终止,假若得法,她要到无论什么地方去偷一点东西吃。很长时间她停住针,细看那个立在街头吃饼干的孩子,一直到孩子把饼干的碎末一块送进嘴去,她仍在看。
"你快缝,缝完吃午饭。……可是你吃了早饭没有?"
金枝感到过于亲热,好像要哭出来似的,她想说:"从昨夜就没吃一点东西,连水也没喝过。"

尽管依旧是饥饿,但是,此刻的饥饿确实不一样的,它向金枝展现的是"中午吃饭"的可能性,而不再像前天晚上那个饥饿了。

不久,金枝就解决了吃的问题,她甚至有了小小的积蓄。"她在裤腰里缝了一个小口袋,把两元钱票子放进去,而后缝住袋口。女工店向她收费用时她同那人说:'晚几天给不行吗?我还没赚到钱。'她无法又说:'晚上给吧!我是新从乡下来的。'"金枝试图拖欠或者不给女工店的钱,为什么呢?饥饿感依然在发挥作用。唯一的解释是饥饿感和饥饿并不是同一的,饥饿感无处不在,甚至在一个并不饥饿的人的身上也会存在,它是一种恒久体验。

在这里我们可以看到饥饿感是如何在一个并不饥饿的人身上发挥作用的。饥饿已经解除,但是,饥饿感却牢牢地扎根在金枝的脑海里,即使是金枝已经不再受到饥饿威胁了,甚至她还有了积蓄,饥饿感依然牢牢控制着金枝的行为——金枝生活在对饥饿反复体验和恐惧之中,她时刻都在恐惧着饥饿感的再度侵袭,因此,她冒着危险偷偷掩藏着自己的钱——她变得吝啬了。她并不是不知道拒绝交钱的结果,她也知道她这样做是不符合道德的,她必须付出道德的代价,同时她也必须付出现实的代价,惩罚有多么严厉,她是知道的(事实上不久她藏匿钞票的秘密就被发现了,她的钱被强行夺走了四分之三),但是,她还是拒绝交钱,为什么呢?"永恒饥饿"支配了她,她觉得只有钱才是可以倚靠的,为此她不惜战战兢兢地走到了单身汉们的屋子里,出卖了自己的身体,为此她愿意忍受着天天被催逼的折磨拒不交钱给女工店。

我们要知道,正是饥饿感的这种属性使饥饿成了政治革命的原动力之一,使"反饥饿,反压迫"成了20世纪中国社会一个重要的革命政治口号。饥饿感不能以身体本能的面目参与政治革命,当然它要经过政治理论的转换,必须武装以"革命理论"。那么,让我们来看看革命理论的"饥饿逻辑",在革命的政治理论中:饥饿是压迫的产物,而不是懒惰、愚钝以及道德欠缺的产物。这个论证非常重要,中国古代,传统道德认为勤劳使人富有(勤劳致富),知识(学而优则仕)使人获得地位和尊严,在这种道德信条的左右下,贫穷和饥饿常常被认为是卑贱的象征,但是,如果这个逻辑反过来:饥饿是因为被剥削,富人是因为剥削穷人的劳动而免除了饥饿,穷人恰恰是因为他们的勤劳(他们的勤劳成了被剥削的前提,他们越是勤劳就被剥削得越多)而成为挨饿者,他们之所以一无所有,不是因为不勤劳而是因为他们劳动的成果被剥削。富人的富有恰恰是因为他们道德上堕落,压迫穷人,剥削穷人,穷人之所以挨饿是因为他们的劳动成果被堕落的富人剥夺了。现在,逻辑颠倒了过来:贫穷是道德的象征,而富有则成了无德的象征;饥饿是光荣的——人们不应该为饥饿感到羞耻,而应该为饥饿感到光荣;也不应该试图通过劳动来免除饥饿,相反免除饥饿的唯一正途是"革命",因为饥饿的根源不是懒惰而是被剥削被压迫,只有革命才能消灭饥饿的真正根源。这就是20世纪中国的饥饿政治学。

当饥饿的人意识到这种逻辑的时候,他就开始"觉醒"了——饥饿感从身体感觉上升到了政治觉悟,进而发展成政治革命的动力。萧红很深刻地展现了这个过程。《生死场》中,萧红写了两类人,一类是金枝这样的女人,她们的"永恒的饥饿"尚没有发展成革命的"政治觉悟",她们只是在个人的层面上使用着身体的本能,用最本能的方式克服着饥饿感的威胁,而第二类人则是像李青山、赵三那样的男人。他们是懵懂的,受着饥饿的折磨,另一方面他们又凭借着本能找到了突破的焦点:他们意识到不可能在劳动中获得温饱,"赵三感到牛羊和种地不足(以帮助他免除饥饿),……他渐渐不注意麦子,他梦想着另一桩有望的事业"。赵三首先决

定的是抗租,地主试图提高地租,赵三起来联络大家商议抵抗,后来他又意识到,饥饿来自日本人的侵略,他不能一边做亡国奴一边吃饱肚子,于是他想组织"革命军",然后懵懂的抵抗总是要失败的,在身体的饥饿感和革命的政治觉悟之间横亘着万丈天堑。一个朴素的农民,不可能仅仅凭借着饥饿的身体感觉而找到真正的革命政治。赵三注定要失败——事实上萧红根本就不相信赵三们有任何成功的可能。

论萧红

石怀池①

  ——从她的身世:寂寞,死亡,和那份文学遗产,谈知识分子作家自我改造的斗争,藉此纪念那凄凉的死亡的第三周年。

一

  另一位同样地被现实迫害而终于夭折了的诗人李满红,在哀悼萧红的时候,无限凄楚地低吟道:

> 在天国的花园里,
> 开了一枝永恒美丽的花朵;
> 但在这个人间的地上啊,
> 却有一枝,
> 同样美丽的花朵,
> 含着露珠凋谢了……

---

① 本文选自《石怀池文学论文集》,上海耕耘出版社1946年版。
石怀池:原名束布,江苏丹阳人,抗战时期曾就读重庆复旦大学,撰写了大量的文艺评论。抗战胜利后渡嘉陵江时,因船覆溺水而亡,靳以搜其文辑成《石怀池文学论文集》出版。

是的,萧红是一枝人间的花朵,虽然她很瘦弱,经受不住狂风暴雨的抽打,正当是怒放争妍的时候,就顺从地走向天国;但是,这枝花朵却是值得宝贵的蓓蕾,会给苦难的大地带来希望,而她的苍白的哭泣和愤怒的控诉更煽起人民埋伏在她心的"复仇的火焰",使吸血者在巨雷似的吼声前颤抖起来,因而我们不得不与李满红同样的伤感:

> 对于死,
> 这战争的年代,
> 我是不常悲哀或感动的;
> 但如你那青春的夭折,
> 我却要向苍天怨诉了。……

战争,人世的纷纭,特别是这抑闷的在混浊的代潮里打滚的日子,很使人容易遗忘,甚至最亲密的友人,都是如此。萧红,那枝苗长于贫瘠的中国土地上的凄凉的花朵,默默地,痛苦地在无人照料和被遗弃的悲惨情况中凋谢,已经三年了。她是在春天死亡的,死在被敌人奸污的土地上,现在,青草已三度发芽,大地再次回春,她的寂寞孤独的荒冢上,该是比她生时更为凄凉,或许已经在敌人的胡骑践踏下变成一块荒秃秃的平地了。

但是,我们是不应该忘记萧红的。我们应该时时记起她,她的寂寞和死亡,以及留下的那份文学遗产;我们要拷问摧残萧红的年轻生命的真正的敌人,同时,我们也可以在萧红的镜子里,照出一点自己的影子,无告的寂寞和莫名的悲哀,看看萧红,省察自己,才不致如同萧红一般,遭到敌人的毒手。

我们悼念萧红,重要的是,从对于她的考察里探寻向现实搏斗的真正方向。

二

萧红原姓张,是一位地主家庭的小姐。正如同我们这个古老国家的所有知识分子的觉醒过程一般,最初,萧红就在争取婚姻自由,反对封建专制的家长独断的抗争中,从家里逃出来。然而,萧红的悲苦的命运也就从此开始。从家庭走向社会,接待她的却是一副凉冷的面目,恶毒的欺瞒和无休止的迫害;这个世界是充满着不义和耻辱的。她和一个政法大学的学生恋爱怀孕，终于被遗弃了。但萧红没有屈服，继续着她的抗争。她离开哈尔滨到上海，转日本，又归上海。她抓起笔把它当做犀利的匕首，掷向无耻的敌人。由于鲁迅先生的帮助，《生死场》出版了。它唤出了一种新的呼声，是人类二十年来的磨折的悲哀，反抗和希望的呼声。（无垢：悼萧红）

"八一三"战事发生，这是全民族的大激动，是翻身的日子，正如同那时期的所有热爱人民和祖国的进步者一般，她走入更深的内地，去西北，但又停住在临汾，转回武汉，武汉失守，来重庆。但跟随着国内政治走向低潮，爱祖国的人不能自由地在自己的国土里行动和说话。她又走向香港，此后就一直在病痛中生活。1941年12月8日，太平洋战事发生，萧红更在病中几度流徙，翌年春天，便荷载着一颗无限沉重的愤怒和凄凉的心与世长逝了。但是，那一支笔，萧红的武器却是一直握在她手里的。即便到今天，她的作品还放射着光芒，给行走暗夜里的人群，照亮走向黎明的途程。

萧红体质很弱，多病，"消瘦的身材，苍白的脸"。另一位与萧红身世相同，但却终于在狂风暴雨的冲击里健壮起来，现在奔走于西北大风沙里的女作家在《风雨中忆萧红》一文里叙述道："萧红和我认识的时候，是在初春，那时山西还很冷，很久生活在军旅之中，习惯于粗犷的我，目睹着她的苍白的脸，紧闭着的嘴唇，敏捷的举动和神经质的笑声，使我觉得很特别，而唤起很多回忆。"靳以先生在回忆的文章里也这样叙述："我记得她从香港是这样写来的：谢谢你关切我，我没有什么大病，就是身体衰弱，贫血，走在路上有时会晕倒。……"

萧红在临死的前几天，对一个朋友说："我最大的悲哀和苦痛，便是做了女人。"在这句绝望的感叹里，是有着无限深广的内容的。伟大诗人玛亚珂甫斯基在一首诗里解释他自己的生活意识说："这人生，死并不艰难；活下去，却艰难得多。"一个知识分子出身的作家，要把自己从旧社会带来的臭包袱完全掷掉，是一项艰而且巨的工程，无数的雄伟才智的心灵，都在可怕的自我斗争中败北了。但是，作为一个"女人"，一个小市民出身的知识分子女作家，她的因袭的负担就更沉重，更可怕了，特别是中国这个特殊性格的社会里。

萧红曾经一再被卷进爱情的旋涡里，被伤害了，但又不能解脱自己。所谓"恋爱"的悲剧，差不多是与"斗争"的悲剧同时开始，也一起完结的。她的对旧社会的朦胧的抗争，是与一个法政科大学生的恋爱事件同时迸发，此后，她卷进大的风暴

里,投入人民的解放斗争。正如同所有的知识分子出身的战士一般,经历着寂寞和孤独的自我心灵的苦恼和挣扎,但同时又一次再一次地,被爱情腐蚀着她的年轻的生命。她的友人无垢女士说得很中肯:"一个年轻女人,投身在群众的运动中但又不能单独地站起来生活。经历了爱的创伤,萧红仍旧企图凭着新的爱情,来医治自己过去的创伤;想凭着这新的爱情,重新把自己建设起来,把自己的生活未来融进群众的生命和未来中。萧红想消极地驱除寂寞,驱除阶级的苦闷,遗忘做女人的悲哀,而积极地成为一个战士。但是,也就像仅以男人的感情为自己生命之泉源,因而愈来愈把自己和群众的生活相隔离的女人的命运一般,萧红一再尝受人情的冷落。"萧红是寂寞的、是孤独的,她没有把自己的生命与群众的生命融汇成一个整体,她始终在狭小的圈子里寻找出路,一再陷于情感的泥淖里。靳以先生叙述她的坎坷的遭遇说:

"当她与 D① 同居的时候,在人生的路上怕已经走得疲乏了,她需要休息,需一点安静的生活,没有想到她会遇见一个自私的人。他自视甚高,抹杀一切人的存在,虽然在文章中也还显得有茫昧的理想,可是完全过着为自己打算的生活。而萧红从他那里所得到的呢,是精神上的折磨。他看不起她,好像更把女子当成男子的附庸。她怎样能安静呢,怎样能使疾病脱离她的身躯呢;——而从前那个叫做 S② 的人,是不绝地给她身体上的折磨,像那些没有知识的人一样,要殴打妻子的。"(《悼满红和萧红》,皆载于《现代文艺》)

这里,我们除对那两个唤做 D 和 S 的人,感到无限的气愤外,同时,却也可以看出一个进步的知识分子,不肯积极地踏入斗争,泅向人民的海洋,仅仅消极地保留一个美丽的理想,在私人感情的圈子里求得超脱,是一条怎样走不通的道路。

萧红,应该是一面知识分子走进革命的镜子。

三

前面,我们已经粗枝大叶地指出:造成萧红悲剧的原因是三个:出身、女人和体质。

---

① "D":指端木蕻良。
② "S":指萧军。

但,必须强调的是：出身,也就是自我改造斗争的失败,是萧红悲剧的基础。

打开一部近代革命文学史,像一根红线似的,这种自我改造斗争的悲剧,贯穿着所有的文学事业的基本主体：作家。他们攻打专制和愚昧,抗争压迫和欺凌,但同时,在他们的内心也正进行着无比惨烈的两条路线的斗争,普希金对于沙皇尼古拉是一个激进的革命家,是旧社会的反抗庸俗的卓绝的战士,但是,他却始终不能和那些新的人们取得和谐,"新的民主主义的灵魂和旧的地主阶段的灵魂的不断的斗争继续存在着。"（米而斯基：《论两个死》）理亚珂夫斯基更是另一个特别明显的例子,最初,他孤独地咏唱："我像盲人的,最后的眼睛一般地孤独。"他反抗资本主义世界的愚劣和丑恶。但他的反抗带着小有产阶层的无政府性质。革命开始了,他与人民连结起来,取得了生命,他就："我不和党隔离。虽然没有党员证,但是我觉得有执行党一切决议的义务。"他坦白地自白："我要在△△的旗帜下面清算自己,为着永远地涌入革命的池沼。"可是,他的对外国侵略者和自己贵族的斗争也就与困难的内心斗争同时开始,他没有胜利,他的生活上和观念上的矛盾没有克服,将他导引到了自我分裂的路上——自杀。萧红,也同样是这样的,虽然她的死亡的直接敌人是病魔,但她一生的孤独,那枝美丽的花朵终究没有结起丰硕果实,归根结底,是由于她在走着自己的、知识分子的狭窄路径。

作品,是作家的社会实践的具体产物。这里,我们从萧红的作品来探索并求出理解萧红的自我改造斗争的悲剧。

萧红是一位很严谨的,某种程度说来,这是有点拘束的作家。她的作品的产量很少,除去三本散文集子——《商市街》（文化生活版）、《回忆鲁迅先生》（时代版）和《萧红散文》（时代版）,以及短篇集子《牛车上》（文化生活版）和一点零星发表没有积集的短篇小说外,可以算得出来的代表作品仅只三部："《生死场》（奴隶社版）、《马伯乐》（时代版）和《呼兰河传》（上海杂志公司版）。这是萧红留下来的宝贵文学遗产,然而这三部在不同时期写成的长篇小说,也正反映出萧红本人的自我改造斗争的复杂过程：她怎样以一般青年人的英勇气慨投入斗争,与黑暗和庸俗的现实社会抗争,但由于脚跟站得不稳,与人民大众没有血肉相依的联系,便感到黯然的悲哀和空漠的孤独；最后,她终于滑出斗争的领域,她在现实生活里无法汲取创作源泉,"生命已经像池水般失去活力,再没有力量流入江河,流入大海"。她开始把视线拉向往昔回忆,虽然在三观上还想写出人民朴质和沉重的苦难负担,但事实上表现出来的,却是一位田园诗人的冲淡恬适的风度,所谓"人民",是"愚昧"和

"无知"的代表名词了。

《生死场》是与《八月的乡村》同时出现的,在1935年的中国文坛上,这的确是新的、粗健的声音,不仅因为在风格上,一扫那时上海的靡颓文风,特别是在内容上,对于那些关于在亭子间里,看天花板吐出白烟圈的苍白的作家,是一个陌生的领域,是广漠无边的生活海洋。她的主题是:那些几千年来被糟踏蹂躏的人民,在"勤勤苦苦地蠕动于自然的暴君和两只脚的暴君底威力下面"的生活中,突然卷来新的风暴,可怕的"黑色的舌头",他们被刻上"亡国奴"的灰印,被带来新的杀害,新的压榨,于是,血淋淋的事实把他们——蚁子似的愚夫愚妇——从古老的迷梦中唤醒,走上抗争的道路。正如同当时的批评所论述:"这写的只是哈尔滨附近的一个偏僻的村庄,而且是苏醒的最初的阶段,然而这里面是真实的受难的中国农民:是真真的野生的奋起。它显示着中国的一份和全部,现在和未来,死路与活路,……由于《八月的乡村》和这一部,我们才能够真切地看见了被抢去的土地上的被讨伐的人民,用了心的激动更紧地和他们拥合。"(胡风:生死场题记)

在《生死场》里,充分地表现着一种相信人民的乐观主义的气息,她歌颂人民的抗争,为他们的受难提出愤怒的控诉。在风格上,她也是新鲜健壮的。而这个时期,萧红本人也正生活在激情和苦难里,并没有和斗争脱节,她在燃烧,……我们说,这是萧红的创作,也是生命活动的高潮时期,萧红向自己搏斗,沉溺在斗争的高潮里。

"八一三"战事发生后,如同我们前面已经叙述,她与当时的一些进步文化工作者一样,走入内地,在苦难的土地上流徙奔波。但是,她没有在人民中生活,由于她自己的那个知识分子根性,虽然现实向有志者打开所有的门窗,但萧红的搏斗的力量不够提高,终于没有沉入人民的深处。"她想着世界上其他在苦难挣扎斗争里的人群,她也便是其中的一个,但她却又似乎属于大众,和人群隔离。她不但身体上的病痛,并且还有心头无边际的荒漠和苦恼,但却没有人去了解她,没有人来听她的诉苦。萧红是寂寞的。"(无垢:悼萧红)套一句某位政治论客的术语,假如有所谓"上坡路"和"下坡路"的话,萧红,在自我改造的斗争中,还是向下坡滑着了。

而《马伯乐》便是这个时期产生的,"叙述一个由无助,麻痹而致于形同浮尸的青年。"他在生活上是一个无所依靠的利己主义者,在公共场合上,他又是一个狡猾者和寄食者。他的朋友们也像他一般的懒惰,他们都是那些与群众公共利益背道而驰的人们。充满着对于私人利益的打算。在这部作品里萧红企图捏造一个失败主义的小布尔典型,像高尔基创造《奥古洛夫镇》似的,把马伯乐作为一切可耻的卑琐人物的概括。在批判的意义上,马伯乐是成功的。然而,如果我们把问题发掘得更深刻一些,这部从风格到内容——整体上是灰沉烦琐的小说未尝也不可认作这个时期的,萧红本人实际生活主观情绪的反映。她是孤独的,灰沉的,烦琐的。她的朋友无垢先生在提及这部小说时也说:"我觉得萧红的描写有一点近得琐碎,失去她旧有的新鲜和反亢的朝气。有些朋友谈到她,会带着亲切责备说:"啊,她只关在自己的小圈子里。……""

《马伯乐》是与"关在自己的小圈子里"的生活密切地联系的。这构成萧红的自我改造斗争悲剧的第二阶段。

而《呼兰河传》出现,萧红就全然走悲苦的破灭了。

《呼兰河传》在某种程度上说,是受《狂人日记》的影响很大的,凭着她的童年的记忆,把北中国的风土人情勾画出来,优美而动人。她描写了呼兰河,这个朴质的小城的风景,以及那里的居民们的卑琐平凡的生活,他们的各种精神活动,如跳大神,放河灯,唱野台子戏,以及四月十八日娘娘庙大会等等,作者的表现方式,常常转换着,有时是叙述自己的见闻和印象,有时也让作品里人物单独行动,给他们以自主的思想和活动。因而,记载着自己的童年生活,和她的亲切慈爱的老祖父,都是散记式的叙述,但第五章所描写的一个童养媳妇,第六章的有二伯,第七章的冯歪嘴子,却都又可能是独立的短篇小说。作者以一种娓娓动人的抒情的色彩,把所有这些叙述、描写、人物和故事的片断连结起来,"交织成一幅幽美的图书"。

从《呼兰河传》里,我们可以看出作家萧红的两个无可奈何的走向支离破灭的特征:

首先,她已经与现实脱了节,这个惊天动地的民族解放战争事业对她已经是陌生的了,她的现实的创作源泉已经枯竭,甚至连知识分子对于时代的心灵的搏动也无法捉摸。她坠落在灰白的空虚的生活泥淖里。"她耻于诉说个人的哀怨,耻于述出自己的心怀,甚至不能透过个人的苦恼,把同时代同阶级同性别的人的苦恼,赤裸裸地写绘出来。"因而,她只得往昔的记忆里,搜寻写作的素材,丢开眼前的现实斗争的丰富内容,拖回遥远的逝去的田园生活,这对萧红说来,是一个含有无限深刻意味的悲剧。

《呼兰河传》与《生死场》虽是同样描写北中国的苦难农村,但是在《生死场》里的人民的欲望,那些蚁子似的愚夫愚妇的朦胧的觉醒,和对于胜利远景的乐观主义

的相信,现在是被一种农民的不可救药的无知、愚昧、迷信代替;自然,这里也接触到农民的悲苦和穷迫,以及他们永无休止的不断遭受的欺凌和迫害,但是,"生活的真实"似乎已经降到次要地位了,那优美的农村图景,浓厚的地方情调和作者私人的怀旧的抒情,被提到第一意义,——萧红已经无力和现实搏斗,她屈服了。

《呼兰河传》是在香港写成的,萧红生活在病苦与寂寞里。她的走下坡路的自我改造斗争,已经是一个尾声,但也是具有决定性的悲剧,意味最深刻的末后的挣扎,"她愤懑着自己,小我的悲哀愤懑着自己,摆脱不了阶级身世和性别所留给她的感情;愤懑在人类日益扩大尖锐的斗争里,自己不能做一个积极的参与者,体会着千百万人群在无声地忍受悠长的苦恼,贫困,磨折,而自己虽然是他们中间的一个,却又偏不,把小我的感情汇合到大苦痛里:明白只有壮大自己的生活,只有凭着自己的意志感情,不再依靠别人的感情来生活,才能逃出这恶魔似的压迫,然而,萧红仅仅能不断地在身体和内心的病痛中挣扎着。"(无垢:悼萧红)萧红愤懑自己,也明白解脱苦恼的出路是扩大生活,她在改造过去的自己,但又不断深陷于过去的不健康的纠缠里,她挣扎着,她胜利没有呢?

没有解答,接着,太平洋战争爆发,香港失陷,她在病痛中流徙,逃亡,终于"在缺乏医生的诊治和人类的温情,误食药片后,病情突变而逝世了"。

四

萧红,这枝人间的凄凉而美丽的花朵,已经凋萎了三年了,她曾经把这场艰苦的,内心的自我改造斗争支持到临终的前一刹那的。她死去了,她悲苦地失败了,但是,这幕悲剧没有演完,正如同萧红不是最初的演员,她也不可能是最终的结束者。今天,在这个世界上,在我们中国无数知识分子出身的文化工作者,都在斗争,同外界的恶魔、一切黑暗、愚昧和倒退斗争,同时,也正在进行内心的凄楚黯淡的两条路线的斗争。有的在坚持着,有的走向胜利,有的已经彷徨。有的更跌于没有出息的市侩主义的泥坑里。我们论萧红,应该看出一个方向:悲剧是不能演下去的,今天,新的知识分子,健全的知识分子,都应该是自我改造斗争的、卓越成功的喜剧演员。

未来的真正进步的社会文化的创造者,不外是两个力量:一是真正从底层创造出来的知识分子,譬如另一个力量就是真正觉醒的革命知识分子,丢掉他们的旧社会的包袱走向人们,走向斗争。在今天,在中国,前一种文化创造力量虽已开始萌芽,但还没有壮大,真正创造进步文化担子,是落在进步知识分子的身上。因而,为着祖国的解放,为着未灭的文化,知识分子要坚持自我改造斗争,把往昔的悲剧,转变成今天的喜剧。

我们在前面已经提及的蒋冰之,另一位同样经过复杂的自我改造斗争,现在正某种程度地演着喜剧角色的知识分子在《风雨中忆萧红》一文中说:"我很愉快,因为我感到我身体内有东西在冲撞,它支持了我的疲倦,它使我看到将来,它使我跨过现在,它会使我更冷静地包括了真理与智慧,是我生命中的力量,此少年时代的那种无愁的青春更可爱啊。"是的,蒋冰之能胜利,由于"身体内有东西在冲撞",是什么呢,是走向人民的决心,是斗争意志的燃烧与坚持,仅只是观念的倾向进步,是不能获取自我改造斗争的胜利的。

萧红,是悲剧的英雄,但却向我们指示出:走向喜剧的斗争道路是真正面向人民,扩大生活,成为人民中的一员,也就是:

"横眉冷对千夫指,俯首甘为孺子牛。"(鲁迅)

一个作家的重生

——关于萧红的当代文学影响力

张莉①

萧红的生命短暂,这使她丧失了很多机会:她没有可能完成她的半部红楼和《马伯乐》;她没有可能成为我们文坛的世纪祖母,膝下有儿孙绕膝;她没有机会重忆当年的情感私密,以使未来的遗产执行人一年又一年地制造出版"炸弹",粘住读者们的"八卦"之眼;她更没能力出版晚年口述史,对男人们那漏洞百出的回忆录发表看法、表达蔑视。——厄运一下子裹挟住她,将她拖进永远的黑暗里。

然而,她用生命血泪写下的字却神奇地从死灭中飞翔而出。七十年来,尤其是近三十年来,当作为普通读者的我们谈起文学史上的著名原乡、那最难忘的小城;或者谈起现代文学史中最优秀的那几位作家时,也总是会情不自禁地谈起她。而批评家也似乎对她越来越惦记了,读到让人难忘的作品时,他们常常喜欢使用类似的句式来表达:"他/她让我想到了萧红……""这让我想到萧

① 本文原载《文艺争鸣》2011 年 3 月号(上半月)。
张莉:天津师范大学文学院副教授。

红的《呼兰河传》……"

一

　　"我们爬上最高的山，山顶上寒冷、风大，开遍白色的碎花。"这是《我的阿勒泰·喀吾图的永远之处》中的话，因为这句话出自一位年轻的来自疆北地区的姑娘李娟，它也呼唤出了一个遥远的天山世界；一个率真自然的女孩子，一位坚忍又乐观的母亲；一位在夏日里拄着拐杖微笑的外婆；一个生活贫苦但有人情味的家庭。当然，除此之外，我们也看到了一个有舞会、歌声、沙漠的广阔空间，那里有无边无际的白云和蓝天，那里有人和牛羊互相追逐，人与自然和谐共处。作为2010年突然而至的作家，李娟的散文为我们勾勒了非风光化、非传奇化也非戏剧化的新疆，藉由她的文字，我们和她建立了一种神奇的关系：关于阿勒泰，我们信任她的讲述，觉得她的一切都是有趣的、清新的、陌生化的，令人流连忘返的。

　　李娟是生活在北疆的以经营杂货铺为生的青年，她的文字卓而不同，开篇方式殊为独特。"我在乡村舞会上认识了麦西拉。他是一个漂亮温和的年轻人，我一看就很喜欢他。"（《乡村舞会》）"在库委，我每天都会花大把大把的时间用来睡觉——不睡觉的话还能干什么呢？"（《在荒野中睡觉》）。"我听到房子后面的塑料棚布在哗啦啦地响，帐篷震动起来。不好！我顺手操起一个家伙去赶牛。"她的开头总是那么直接和自在，是属于年轻女子独有的天真之气，自然，率性，而非矫揉造作。

　　这让人不知不觉想起七十年前的萧红。李娟和《商市街》时的萧红一样，喜欢书写她身在的日常：她陪伴母亲和外婆，她们随牧民们在辽阔之地辗转，从这里到那里。年轻人离开家，把兔子或小耗子留给母亲和外婆，她们把小动物当作她。"兔子死了的时候，我妈对我说，以后再也别买这些东西了，你能回来，我们就很高兴了。"那是多么有趣可爱的外婆啊，年迈的她拄着拐杖天天赶牛，一扭身牛们又来了，她便和那些动物们说着话，唠着嗑。"又记得在夏牧场上，下午的阳光浓稠沉重。两只没尾巴的小耗子在草丛里试探着拱一株草茎，世界那么大，外婆拄杖站在旁边，笑眯眯地看着。她那暂时的快乐，因为这'暂时'而显得那样悲伤。"

　　李娟苍老的外婆让人想到萧红后花园里的老祖父，想到那一老一小在荒芜的园子里如何自在相处："祖父戴着一个大草帽，我戴一个小草帽，祖父栽花，我就栽

333

花;祖父拔草,我就拔草。"他为她遮风避雨,为她摘果子讲故事。这两位作家讲述祖孙之情时的语气也很相似:娇憨、生动、一往情深,日常生活经由她们的文字变得温暖、恍惚而令人心生惆怅。其实她们说的也不过是家常话,讲的也都是自然平实之事,但是,却自有一股魔力,那是一种天然的书写本领。

出生于新疆,但李娟对作为故乡的内地抱有深深的好感,"我不是没有故乡的人,那一处我从未去过的地方,在我外婆和我母亲的讲述中反复触动我的本能和命运,永远地留住了我。"忧伤感使有着天真之气的女孩子凭空多了沧桑。但她文字中的另一种忧伤也是迷人的,那是关于爱情的片断。她在乡村舞会上爱上一个叫麦西拉的年轻人,但是,却无法与他相识相爱。"我想我是真的爱着麦西拉,我能够确信这样的爱情,我的确在思念着他——可那又能怎样呢?我并不认识他,更重要的是,我也没法让他认识我。而且,谁认识谁呀,谁不认识谁呀……不是说过,我只是出于年轻而爱的吗?要不又能怎么办呢?白白地年轻着。"作为地域的阿勒泰,碧水白云晴空万里,但因为这忧伤,风光变成了风景:阿勒泰温暖、空旷、辽远,成为了某种象征。对于书写故乡的作品而言,感受到某种寂寞是重要的,一切会因为寂寞而变得有内容——李娟的阿勒泰与我们的想象不一样,原因就在于故乡感和异乡感混杂在她那里成功地发酵,发生了令人惊异的化学反应。这很象是离开家乡的萧红对故乡的回望。藉由李娟的文字,作为生活和生存的阿勒泰展现了与我们通常文学意义上的纸上原乡,它丰美而富饶,神秘而热情,一个富有象征意义的阿勒泰世界正日益显露出光芒,就象"呼兰河"一样。

为什么读到李娟时我们会想到萧红?因为她们各有属于自己的纸上原乡,因为她们身上与生俱来的"天真"之气,那是身在大自然中的"物我两忘"。当李娟讲述母亲在森林里与蛇周旋,互相吓了一跳然后向各自的方向逃跑;当她讲述她和牛羊以及骏马一起追逐相处时,这样的场景无时无刻不让人想到《呼兰河传》里那寂寞女孩子对美好情感的再现:"砖头晒太阳,就有泥土来陪。有破坛子,就有破大缸。有猪槽子就有铁犁头。像是它们都配了对,结了婚。而且各自都有新生命送到世界上来。比方坛子里的似鱼非鱼,大缸下边的潮虫,猪槽子上的蘑菇等等"。

这是我们何以在李娟文字中马上辨认出萧红的最隐密缘由:在她们的世界里,动物、植物和人都是一样的世界存在,大自然同是她们书写的主题,同是她们书写中带有意义的光;并且,她们书写日常生活和大自然时,都会使用一种迷人的"女童"之声:天真中有莫名的诗意,娇憨中有无端的怅惘。

二

同有天真和清新，但相比萧红，李娟拥有更多的明亮、青春和欢快，——也难怪，李娟并没萧红那'被毒汁浸润"的人生，那被苦痛紧紧裹挟的身体。萧红无疑是"命苦"之人，饥饿、寒冷和疾病似乎一直与她如影随形。但是，这些黑暗的负累一到萧红的文字里便消失得无影踪。《商市街》中，萧红写他们生活中的困顿："有了木柈，还没有米，等什么？越等越饿。他教完武术，又跑出去借钱，等他借了钱买了一大块厚饼回来，木柈又只剩下了一块。这可怎么办？晚饭又不能吃。对着这一块木柈，又爱它，又恨它，又可惜它。"没有自怜自艾，甚至还有着一些自我解嘲。尽管身体饥声四走，但这饥饿到底不属于她一个人，寒冷不是，哀哭也不是："墙根、转角，都发现着哀哭，老头子，孩子，母亲们……哀哭着的是永久被人间遗弃的人们！"她看自己就象看他们，看他们也象看自己，——萧红可以从个人苦难中抽离出来，写自己，如同写他人：

窗子在墙壁中央，天空似的，我从窗口升了出去，……高空的风吹破我的头发，飘荡起我的衣襟。市街和一张灯火烦杂杂颜色不清晰的地图挂在我的眼前。楼顶和树梢都挂住一层稀薄的白霜，整个城市在阳光下闪闪灼灼撒了一层银片，我的衣襟被风拍着作响，我冷了，我孤孤独独的好象站在无人的山顶。每家的楼顶的白霜，一刻不是银片了，而是些雪花、冰花，或是什么更严寒的东西在吸我，像全身浴在冰水里一般。

这是一段令人深有感触的书写，又冷又饿的影像逼直地呈现在我们面前，她耐心地勾画着，不动声色，以至于这个困在寒冷中的饿者形象最后飞跃出了她的肉身，成了具有象征意义的图景。

天真中"力透纸背"，这是萧红作品的最大标识，这是年轻的李娟尚不能及之处。对苦难的书写和认知没有人比萧红更痛切和直接，也没有人比她更冷静，更有克制力。非常庆幸的是，2008 年，我们在塞壬的散文集《下落不明的生活》里看到了萧红那种面对苦难时的强大认知。塞壬是生活在中国南方的年轻作家，也是一位以书写普通人运命见长的散文家。也许生活中塞壬与萧红便具有共通之处：她们都是颠沛流离之人；她们都居无定所；常常为疲惫、疼痛侵袭；她们内心都具有强烈的文艺气质。

塞壬喜欢书写人们不断地流浪，游走，从此地到彼地的运命。她看着公车上那些讨生活者："拥挤的人，很多来自乡村，男人黑糙的脸，油脏的头发，一绺绺地奓着，袖口一圈黑渍的衬衣皱巴巴的，破旧皮鞋的鞋边沾着泥土。他们一靠近，一开口说话，乡音伴着一股刺鼻的气味。……这些来自乡村的人，远离土地，背井离乡，此刻，他们跟我一样，从常平去虎门，为着生计。车厢里呈现出的那些物的信息，散发着他们生存真相的气息。201 路车，记录真相的表情，他们在城市如此突兀地存在，生腥，怪异，像卑贱的尘埃，城市根本无视于他们。"和生活在哈尔滨最底层的萧红一样，塞壬拥有的是生活在深圳、广州、东莞的边缘经验和"底层视角"。

和萧红《商市街》书写了一个时代的饥饿和寒冷一样，塞壬《下落不明的生活》书写了我们这个时代的"不由分说"：我们不由自主地奔跑，也不由分说地被侵略和剥夺。当然，虽没有萧红的天真和天籁般的声音，但她面对时代和苦难的直接和无畏不得不令人注目而视：她记述她坐在火车上看到的人群，讲她在路上突然被摩托车上的人抢走皮包，她被拽倒在地上，被车拖了几米远，手肘铲得都是血；她的钱包没了，手机没了，身份证没了……她讲的是她自己，可是，经由她的讲述，你会觉得她是在讲述我们，这与我们通常理解的一种"个人写作"保持了距离。有一种写作中，书写者喜欢在屋子里走来走去，放大自己的疼痛，给自己的哭泣加上扬声器，——那样的文字会让人觉得那是一种变相的撒娇，是以弱者的名义在文字里向读者索取。而塞壬的魅力则在于使她的"自己的疼痛"与他者血肉相连。

一如又饥又饿的萧红无数次看到窗外那些要饭断腿的穷人，塞壬大睁着眼睛看四围，知道穷苦人也都是自己的手足弟兄，自己是他们中的一员："我看见，那样的一些人，我能闻到他们的气味。他们走着，或者站立，他们三三两两，在城市，在村庄，在各个角落。他们瘦弱、苍白，用一双大眼睛看人，清澈如水，他们看不见苦难，他们没有恨。他们退避着它，默默无语。我突然觉得这就是力量，日复一日，年复一年，这样的力量没有消弭，它只是永久地持续着。"对"这样的力量"的正视、体悟使塞壬文字拥有了光泽。这尤其体现在她的《转身》中，这个文字里，塞壬讲述了她 1994—1998 年的工人经验：国有企业的价值观、机器的巨大轰鸣声、下岗、分流、"算断"，一个时代就此划上句号。

说到底，塞壬文字有一种与泥土有关的生命力，其质感与萧红文字相同。这种美令人想到北方山野中的植物,也许是向日葵,也许是大椒茨花,也许是马蛇菜……它们泼辣地在原野里盛放,拥有独属于自己的春天,《呼兰河传》中曾经书写过那美好景象的:"这些花从来不浇水,任着风吹,任着太阳晒,可是却越开越红,越开越旺盛,把园子里煊耀得闪眼,把六月夸奖得和水滚着那么热。"

<h2 style="text-align:center">三</h2>

在李娟和塞壬的文字里遇到萧红是"喜相逢"。但这并非偶然,也非牵强。她们和当年萧红的出现方式也很相似,突然间其文字便在文坛鲜明地开放,旺盛、热烈、有光泽,被许多同行、读者、批评家们共同赞美和推荐。事实上,李娟和塞壬在访问中都提到过许多读者当面或写信告诉她们,从她们身上,他们联想到萧红;而就这两位作家而言,她们也都坦言自己是萧红的读者。只可惜,这两位才气逼人的青年散文家尚未引起现当代文学研究者们足够的关注,毕竟"影响说"是玄而又玄的事情,崇尚实证的研究者们喜欢"稳妥"。——在萧红研究领域,讨论到萧红作品的当代影响力时,人们通常会谈起一些同样出生于东北的女作家,比如孙惠芬。

《歇马山庄的两个女人》是孙惠芬的成名作,它书写了一个村子里两个女人之间的战争与友情。海桃和李平惺惺相惜而成为闺中蜜友,但嫉妒之心使海桃将李平曾经的"小姐"身份泄露,李平因此断送了一段美好的婚姻。小说书写的是姐妹情谊的脆弱,写的是天生的嫉妒之心如何摧毁一个人内心的美好。孙惠芬进入了人物内心的肌理,她将女性内心的隐密写得百转千回,也使这部作品成为当代文学中关于女性情谊书写的美好收获。萧红的《生死场》也书写了女性之间的情谊,女人们去看瘫痪在床上的月英,帮她擦洗,听她说话,为她的悲惨际遇掉下眼泪;乡村女人们聚集在老王婆的家中听她讲"故事",她如何死而复生,她的孩子如何死去,她如何理解人的生死。通过女人们聚集在一起的这些具体场景描写,萧红书写了女人经验在民间获得流传的方式。相比而言,孙惠芬更注重书写女性心理内部的迂回,她更擅长具象意义上的女性情谊和情感的书写。

《生死场》书写了特殊时代男人们的生存与尊严,他们的生活贫困、贫瘠,如蚁子般生灭。日本鬼子的入侵唤发了他们身上特有的尊严,正如刘禾在《重返〈生死场〉》中所说的,当半残废二里半被当作一个男人来看待、和老赵三们一起去抗击外族时,男人们藉由战争的到来获得了作为男人的尊严。这是属于战争时期的特

有经验。孙惠芬《民工》则书写的是这个世纪的农民们,如萧红一样,她以一位女性特有的敏锐透视到了我们所在的这个社会和时代最难耐的隐痛。今天的农民来到了城市的工地上,成为农民工。但他们依然在为饥饿困扰,生活和基本生存权利毫无保障,而在农村中留守的妻子则在疾病与寂寞中死去。小说结构精妙缜密,通过奔丧,孙惠芬既书写了农民工父子的困窘和穷苦,也书写了那位死去的永远沉默的女性,——她的悲苦、她的疾病、她在丈夫和儿子离开村子讨生活后的无助和脆弱。

将目光定格在东北大地上的农夫农妇,但孙惠芬和萧红对于人的书写角度有大不同。萧红没有进入人物心理内在的肌理,将她/他们内心中的层层褶皱深刻挖掘。年轻的萧红对具体人事的理解逊于孙惠芬,萧红仿佛天生对整体性的东西保持敏感;或者可以说,萧红实际意义上的乡村经验是短暂的和疏离的,这决定了她也只能写到她理解的那个层面。而孙惠芬的优秀之处大约在于从萧红最不擅长处开始写起,就农村生活经验层面,她比萧红丰富。

研究者们将孙惠芬与萧红对比,主要停留在其写作的散文化追求。孙惠芬的作品《小窗絮语》、《变调》、《歌哭》、《歌者》都有此种倾向。"她的散文化笔调与萧红类似,东北大地,尤其东北农村沉滞凝重的气氛都以她们细致委婉的女性笔触表达出来了,表现了她们的灵气,有扑面而来的生活气息。"(董之林:《不断发现陌生的自己——评孙惠芬创作中的女性小说倾向》,《当代作家评论》,1991 年 06 期)孙惠芬的长篇小说《上塘书》将此种联想变得更为结实,书前的一段简介可以视作将孙惠芬与萧红共同讨论的"证据":"虽然没有男作家笔下的大悲大喜大苦大难,却依然是泣血之作。其深痛和深爱,让人想起同一块土地上诞生的乡村经典《呼兰河传》"。

《上塘书》的确可以看作《呼兰河传》的当代版,它以上塘的地理、上塘的政治、上塘的交通、通讯、教育、贸易、文化、婚姻和历史为标题,试图从整体书写一个村庄。既然比附,便免不了被拿来比较:与萧红的《呼兰河传》相比,《上塘书》中人们的爱与怨何其具象和坚实,以至于整部小说没有空间飞升。——《上塘书》中,孙惠芬细致耐心地讲述了徐兰的偷情与苦痛,鞠文通的难言之苦,以及乡间女人们的愚昧和无助,但是,她却无法使读者将一个乡村女教师的爱情理解为"我们人类的爱",也无法将一个村中人人景仰的男人的苦理解为"我们的苦"。可是,当我们想到《呼兰河传》中那有着向日葵般大眼睛的王大姑娘时,我们无法不想到人间所有朴素百姓的爱的"庄严";当我们想到那亘古不变的大泥坑,当我们想到那被无端折磨的小团圆媳妇,我们无法不想到惯性和因循,不想到常态对"异类"的野蛮摧残……萧红不擅长写人际纠缠,不擅长想象他人的情感,她的本领在于经由个人世界书写"我们的爱"和"我们的命运"。《上塘书》当然是中国当代文学独具特色的作品,它的魅力在于它的脚踏实地,《呼兰河传》的特异则是呼兰上空暧昧的艺术之光。

孙惠芬发表于2002年的长篇散文自传体小说《街与道的宗教》与萧红的《呼兰河传》的美学追求更接近。也许使用贴近个人亲身体验的材料更自在,也许面对非虚构的题材时作家更为得心应手,作品写得随心、坦然、诚恳,牵动整部作品流动的是情感和空间,儿童时的家院,前门、后门、院子、粪场、场园、前街、小夹地都承载着作家儿童时代的记忆,也都能看到萧红影响的影子。《街与道的宗教》有质朴和洗尽铅华的美德,尤其是此作品并没有《上塘书》里那些交通、通讯、教育、贸易等抽象而令人望而生畏的词汇,因而也使作品脱去了与这些词汇相伴随的生硬和疏离。

孙惠芬最近关于萧红的一段话令人感慨:"萧红的《呼兰河传》让我百读不厌,她写荒芜的土地上忧伤的情感,童年自由的心灵,让我从此知道好的小说家更像大地上的野草,落到哪里都能生根发芽,在任何时空里都能自由思想。"(《孙惠芬:这是一次黑暗里的写作》,《中华读书报》2011年2月12日),——是不是以真实记忆为蓝本的写作对结构的缜密要求相对较弱而更为自在,是不是散文化写作更强调一种心随情动,境由心生?作为同行,《街与道的宗教》可能是作家孙惠芬之于萧红的一种致敬,从她对萧红写作特点的理解上也可以感受到,与孙惠芬其它作品相比,《街与道的宗教》因其"随性"而更接近《呼兰河传》由内容和形式共同编织的"自在"神韵。

四

当然,今天,讨论到萧红之于当代文学的关系时,我们无法绕开的一个名字是迟子建。在迟子建初登文坛时,她就已经被联想到萧红。——戴锦华认为她的《秧歌》书写了一如《生死场》那般沉重、艰辛的边地生活。近三十年来,关于萧红与迟子建之间比较的论文众多,研究者们不断地发掘迟子建与萧红之间联系的话题:都

出生于东北黑龙江,都擅长以情动人,都在追求小说散文化倾向;作品中都有着某种带着露珠的轻盈;都受到萨满教的影响;写作中每时每刻都有黑土地和皑皑白雪的浸润……其至还包括这两位小说家都喜欢用"空间"和"具象"的方式起名字,比如《生死场》、《商市街》、《呼兰河传》、《后花园》,而迟子建也有《额尔古纳河右岸》、《伪满洲国》等等。

她们都喜欢将"生"与"死"并置书写,这种生死观尤其体现在迟子建中年以来的作品《世界上所有的夜晚》中。在这部有着瑰宝般光泽的小说中,迟子建将各种各样的离奇的死亡,同时,她也写了人的活着:无常、吊诡、卑微、无奈。这是属于迟子建的"生死场",与萧红的《生死场》不同,它是清晰的和透明的。萧红的人物是蚁子般的死生,经由这些人的混沌存在,萧红书写了人作为"物质层面"的"生"与"死"。迟子建则讲述了"人的感受层面"上的"生"与"死"。

萧红世界里人们对生和死的理解并不敏感,人们的感觉甚至是迟钝;但《世界上所有的夜晚》不同,每一个死亡都令人震惊和触动,——蒋百嫂在黑夜停电后凄厉地喊叫出我们这个时代埋在地下的疼痛时;当"我"打开爱人留下的剃须刀盒,把这些胡须放进了河里,读者和作者都分明感受到了某种共通的疼痛。"我不想再让浸透着他血液的胡须因禁在一个黑盒子中,因禁在我的怀念中,让它们随着清流而去吧。"——情感是《世界上所有的夜晚》的经络,个人情感和悲悯情怀相互交织,正如叙述人最终使自己的悲苦流进了一条悲悯的河。她咽下了自己的悲伤,看到了另一个世界。在那个世界里,世界上所有的黑夜中,都有哭泣的人群,她只是其中一个。也正是在此处,迟子建和萧红在某个奇妙的高度获得了共振:她们都放下一己之悲欢,将目光放得辽远。

但萧红和迟子建对世界的理解依然有很大的差异。萧红到底是"忍心"的,这一点与张爱玲很相似,从《生死场》开始,萧红的世界便是"天地不仁""生死混沌";而即使是在《呼兰河传》中写祖孙情与世间暖意,她也分明有着诀别时的彻悟和"放下";并且,萧红有强大的批判精神,即使她写到她热爱的故乡人事,也有反讽、沉痛和严厉的审视。迟子建写作的起点和终点一直都是"人生有爱","人间有情",迟子建的世界里永远都有温暖烛照,即使是身处最卑微之处,她也执拗地为读者和自己点起微火;迟子建以自己对这块土地的热爱使读者相信这里的美好。因此,即使是同样书写"哈尔滨"的生活,两个人对世界的温度感也是如此地不同:萧红书写的是以她个人经验出发的人间生活:饥寒交迫;而迟子建的《白雪乌鸦》即使面对罕见的瘟疫,人也是坚忍生存,有情有义。

正是在对"生"与"死"的书写上,萧红和迟子建相遇;也正是因为对世界观的整体认知不同,两个作家又各自出发,各行各路。这也意味着,两个人的风景貌似相同,但又有内在肌理的巨大差别。萧红是萧红,迟子建是迟子建。于是,同有"放河灯"的细节,同写看"放河灯"的风俗,因为立场和情感的不同,看到的世界也并不相同。

迟子建的"河灯"里,放着她的委屈、思念以及爱情:

它一入水先是在一个小小的旋涡处耸了耸身子,仿佛在与我做最后的告别,之后便悠然向下游漂荡而去。我将剃须刀放回原处,合上漆黑的外壳。虽然那里没有光明的,但我觉得它不再是虚空和黑暗的,清流的月光和清风一定在里面荡漾着。我的心里不再有那种被遗弃的委屈和哀痛,在这个夜晚,天与地完美地衔接到了一起,我确信这清流上的河灯可以一路走到银河之中。

这是萧红的"放河灯":

但是当河灯一放下来的时候,和尚为着庆祝鬼们的更生,打着鼓,叮咚地响;念着经,好象紧急符咒似的,表示着这一工夫可是千金一刻,且莫匆匆地让过,诸位男鬼女鬼,赶快托着灯去投生吧。

同时那河灯从上流拥拥挤挤,往下浮来了。浮得很慢,又镇静、又稳当,绝对的看不出来水里边会有鬼们来捉了它们去。

这灯一下来的时候,金忽忽的,亮通通的,又加上有千万人的观众,这举动实在是不小的。河灯之多,有数不过来的数目,大概是几千只。两岸上的孩子们,拍手叫绝,跳脚欢迎。灯光照得河水幽幽地发亮,水上跳跃着天空的月亮。真是人生何世,会有这样好的景况。

迟子建看河灯,是"此岸"望"彼岸",是"人间"遥祝"天上"。而萧红的"看",则是"天上"看"人间",是"彼岸"看"此岸",有对"人世"的留恋,更是对"世界"的诀别。

人到中年的迟子建的创作变得气象万千,她的小说由轻盈开始变得厚实,伤怀

之美变成沉郁之气。迟子建的变化还有无限空间,而年轻的萧红已经定格。但是,迟子建的写作依然会让我们想到萧红,想到她与土地和人民的某种共同关系:她们身上都共有某种与东北土地有关的悲悯情怀。

萧红和迟子建的关系是什么样的关系? 萧红和迟子建之间是影响者与承继者的关系吗? 萧红和迟子建之间谁写得更好,谁超越了谁? 这是许多研究者们乐于讨论和分析的话题,我猜,它也会成为未来学术研究领域的"显学",一如今天很多人讨论张爱玲和王安忆的关系一样。也许大可不必如此。作家之间的承继恐怕比我们想象的更为复杂,——世界上哪一个真正的优秀作家是走在他人身后的呢,一个总是走在他人身后的作家从未超越过目标的作家又有哪个称得上优秀?

把萧红和迟子建,乃至张爱玲和王安忆等作家之间的关系看成世界上所有优秀作家之间应该具有的关系也许更恰切。没有谁超越了谁,每个作家都生活在大的优秀的文学传统中,她/他们各自都会"人尽其才",发出属于她/他们各自的光芒,建设属于他/她们各自的星空。又或者说,具有优秀传统的文学史就像迂回曲折的道路,两端都是方向,人们经过萧红之后,可能会来到迟子建的车站;反之,人们经过了迟子建后,同样也会回抵萧红。正如余华在分析作家与文学史的关系时所言,"两个各自独立的作家就象他们各自独立的地区,某一条精神之路使他们有了联结,他们已经相得益彰了。"(余华:《温暖和百感交集的旅程》,上海文艺出版社,125 页。)

如果文学研究领域不以"地域"限制我们对文学传承关系的理解,如果我们不把萧红的影响想当然地看作只是对东北女作家的影响,不把"酷似"视作"影响力"的唯一根据,我们会发现,那被命名为萧红的中国现代文学之源正在滋养着中国当代许多作家,我们不仅仅在林白、红柯等人的散文作品里看到萧红的名字,更在另一些作家那里看到萧红写作精神的光芒:阎连科《年月日》、《受活》中那"蚁子似的农民的死生";魏微笔下那清明俊逸的小城微湖闸;散文家周晓枫作品中面对女性身体疾病和污秽时那份冷静与审视……

当我们从许许多多当代作家作品中与熟悉的萧红不期而遇时,意味着什么?

不是谁在着意模仿谁,——那些被认为受到影响的作家不过是自觉地将自己的写作变成了优秀文学传统中的一部分;那些被看到萧红身影的作家们,不过是因由作品的某种特质而进入了绵延不绝奥维德。

第二编

萧红在上海事迹考

丁言昭①

萧红于 1934 年 11 月从青岛到上海, 于 1937 年 10 月离沪去武汉, 在这当中又曾两度离开上海去日本和北京。这样计算下来, 萧红在上海只住了两年光景。在这两年中, 萧红在上海住过六个地方。弄清这些住处和当时有关的情况, 对我们研究萧红的生平和创作活动, 显然是有一定帮助的。下边我就把近几年来有关这方面的研究成果, 整理成这篇《萧红在上海事迹考》, 献给"萧红诞辰七十周年学术讨论会", 希望能得到专家和同好们的批评指正。

襄阳南路 283 号
(1934 年 11 月——12 月)

萧军、萧红是 1934 年 11 月 1 日离开青岛去上海的。王德芬同志在她的《沧海浮沉一叶留——萧军著〈八月的乡村〉出版简要过程》中曾

---

① 本文原载《东北现代文学史料》,1982 年 3 月第 4 辑。

丁言昭:编剧,传记作家,曾供职上海木偶剧团。著有《中国木偶史》、《爱路跋涉——萧红传》、《许广平的故事》、《谍海才女》等。

谈及此事。当时和二萧同行的还有梅林,他们三人乘的一艘名叫"共同丸"的日本船,坐在专门堆放咸鱼、粉条等杂品货仓里,一路上啃着干粮又说又笑,于第二天,也就是11月2日到了上海。一上岸就找了处廉价的小客栈安顿好行李。然后分头去找房子和朋友。当天晚上,二萧住在小客栈里,①梅林则住在法租界的环龙路(今南昌路)同学杨君家里。11月3日一早,梅林赶到小客栈,不见二萧和他们的行李,只见桌上有张钢笔画的地图,他一眼就认出这是萧军画的。那上边很详细地画了方向、路标、弄堂,连如何拐弯也一一注出。萧军进过讲武堂,对画地形图较内行。这张图梅林一直留着作为纪念,可惜在十年浩劫中被抄走了,至今没有下落。那天,梅林拿着地形图,按上边标明的线路,一路上问了好几个行人,终于找到了他们的住处。

二萧到上海后的第一个住处,我在萧军同志写的《在上海拉都路我们曾经住过的故址和三张画片》里找到两个线索:一是"拉都路北段路东有一座名叫'元生泰'的小杂货店";另一是"我们住处的马路西边斜对面就是'敦和里'……"。上海是冒险家的乐园,从19世纪中叶开始,各帝国主义在上海割地为界,横行霸道。拉都路属法租界,法租界内的路名,大都是法国人的名字。拉都是旅沪法侨,他是法国邮船公司的职员,后在欧战中战死。拉都路现已改名为襄阳南路。"拉都路北段"即指永嘉路(解放前的西爱咸斯路)以北的襄阳南路。敦和里现在是襄阳南路306弄,位于路西,都是双号。路东都是单号。"元生泰"小杂货店应该是单号的二百多号,但到底是哪一幢楼,尚待继续查考。

经查《上海市行号路图录》,在下册二九五页上,有襄阳南路北段沿街铺子的详细商号。襄阳南路283号(283号还有[A]和[B],名为永顺兴鞋店和水电工程铺)上标的是"永生泰",没有找到"元生泰"。"永生泰"是否就是萧军记忆中的"元生泰"呢?为了弄清这个疑点,我曾拜访了几位三十年代就住在襄阳南路上的老人。一位是住在襄阳南路309号的司机徐忠,今年71岁;一位是当年在襄阳南路334号开同丰水果店的陆贤珍,今年68岁。他们都记得当年在敦和里斜对面是

---

① 关于小栈有两种说法:萧军回忆说:"到了上海,就住进了法租界,靠近吕班路(按:今重庆南路)附近一条东西方向名叫浦柏路(按:今太仓路)一家公寓里。"(萧军:《在上海拉都路我们曾经住过的故址和三张画片》)梅林回忆说:"一上岸,我们就在外滩码头附近一带找了个小客栈安顿下来……"(丁言昭:《访老人忆故人——听梅林同志谈萧红》)1981年5月23日下午,我去拜访梅林时,又问起了此事,他还是坚持原来的说法。

有一爿小胭脂店,卖小杂货的,但叫什么商号,都记不起来了。据他们说这小胭脂店的老板还在,叫汤日新,今年70岁。徐忠老人后来自告奋勇地帮我查询,原来汤日新开的店也不叫"元生泰",汤记得隔壁283号那爿店叫"永生泰",是个小小的文具店,门面只有三米宽。老人的回忆和书中的记载是一致的,可见关于"铺号",萧军为什么把文具店回忆成了杂货铺呢?徐忠老人说:"以前上海的文具店,卖纸、笔、墨等,俗称为杂货铺,文具店是现在的叫法。"由此可以断定:萧军到上海的第一个住处,应该是现在的襄阳南路283号。这幢房子现在是居民住宅,沿马路的铺面已砌上了水泥墙,开有门和窗。

二萧在有了固定住址后,曾于11月3日一早给鲁迅写了封信,这是他们到上海给鲁迅写的第一封信。据梅林对我说,二萧和鲁迅的通信,是在青岛时候开始的。当时二萧手头都有作品,有次在谈起作品的出路问题时,梅林说:寄给上海的鲁迅先生吧。梅林在20年代就参加了C·Y·(共产主义青年团),因参加革命活动还坐过牢。他在烟台当的是葡萄园管理员,却经常看一些左翼杂志,很注意文艺战线上的论战。从杂志中,他知道了鲁迅先生常去内山书店。因此,便给二萧出主意说:你们在信封上只要写上海内山书店,树人先生收,就行了,千万不能写鲁迅先生收。后来二萧果然给鲁迅写了信,鲁迅在1934年10月9日收信的当天就回了信。

二萧在1934年11月3日给鲁迅的信中说到,希望能见见他。鲁迅当天收到信后即答复说:"见面的事,我以为可以从缓,因为布置约会的种种事,颇为麻烦,待到有必要时再说罢。"二萧在11月4日的信中又提出要见鲁迅,还是被婉言谢绝:"你们如在上海日子多,我想我们是有看见的机会的。"那末,二萧与鲁迅究竟何时才见面呢?曾有不同的说法:

许广平在《追忆萧红》中说:"在一个多月之后的11月27日,由于他们的邀请,鲁迅先生和我们在北四川路底一间小小的咖啡店作第一次的会面了。"

骆宾基在《萧红小传》中说:"1934年11月27日,由于两萧的邀请,他们夫妇和鲁迅先生在北四川路底一间咖啡馆第一次的见面了。"

丁言昭和萧耘辑录的《萧红生平年表》(见萧军《萧红书简辑存注释录》,1981年1月黑龙江人民出版社出版)中则写:"11月31日,第一次应约,在上海'内山书店'见到了鲁迅先生,并一同到北四川路底一家俄国人开设的咖啡馆……"

以上诸说,许广平是误记,骆宾基沿用了许的说法,因为他在同一章节("十六,被尊敬与被爱护之间")里还引用了许文《追忆萧红》里的其他话。萧也显然有笔误,因为11月是没有31日的。二萧与鲁迅的第一次见面时间应为1934年11月30日,这在鲁迅书信和日记中都有记载。鲁迅在11月27日给二萧写过一封信,曾提到"本月30日(星期五)午后两点钟,你们两位可以到书店来一趟吗? 小说如已抄好,也就带来,我当在那里等候。"11月30日,二萧果然赴约,并把抄好的《八月的乡村》带去。鲁迅在这天的日记中记着:"萧军、悄吟来访。"

二、襄阳南路 411 弄 22 号
(1934 年 12 月底——1935 年 3 月)

二萧是在1934年12月底搬家的。鲁迅在1934年12月26日致二萧的信中说:"今年(按:指1934年)不再写信了,等着搬后的新地址。"1935年1月2日二萧搬到新家后,立即写信告诉鲁迅。鲁迅在一月四日回信说:"二日的信,四日收到了,知道已经搬了房子,好极好极,但搬来搬去,不出拉都路……"

二萧1934年底搬家的线索,在木刻家黄新波的回忆文章《不逝的记忆》中也可以找到。黄新波当年由鲁迅先生介绍,替叶紫的《丰收》和萧军的《八月的乡村》负责装帧和插图,曾得到鲁迅的好评。他在《不逝的记忆》中有一段关于萧军和萧红的回忆,他说:"也还是一九三四年底,我在替田军设计《八月的乡村》封面之前的某一天,田军、萧红夫妇突然到吕班路(即今重庆路)我的住处找我。田向我自称是'刘三郎',说是鲁迅先生介绍他们来找我们。……他们告诉我,是鲁迅先生知道我保管有铁床,故特介绍他们前来商借。在那个时候,我们大都是未婚青年,几个人合租一个房间共住。当时形势比较紧张,同住的朋友、同学各自搬居,遗下一些家具,我因走得晚,这些东西便自然由我保管起来了。田军夫妇提出这个要求,而且又是鲁迅先生介绍来的,当然慨然允诺,立即借给两张(两张单人铁床合并起来好可作大床用),并到外面唤了两辆黄包车,把他们送走了。"1979年王观泉同志因编《一八艺社五十周年纪念集》到广州组稿,访问黄新波时,这位木刻界老前辈又兴致勃勃地说到这件事,并再三说:"我到现在还不知道鲁迅先生何以得知这儿有余的铁床。"到黄新波处借床的事,萧军在回忆文章中也提到过,但对黄新波提出

的疑问,却没说到。后来我在伊之美写的《三个奴隶的解放》(载《北方文学》1980年第六期)中找到了答案:"经我们再三了解,原来是奴隶社成员叶紫告诉的。"

根据萧军回忆,第二个住处是拉都路南段的福显坊。拉都路南段即永嘉路以南的襄阳南路,正巧,我外婆在1930年就住在南段的448号,我去一打听,原来福显坊就是我外婆家对面的411弄。

关于福显坊里的住处,不少作家的文章中都提到过,而且都以为是二萧一到上海就住在这儿的。如梅林在一九四二年春写的《忆萧红》里说:"我安置好了行李,第二天回到客栈去,三郎和悄吟已经在拉都路尽头租到了房子,一早搬出去了。……这是近似效外的贫民区域了,临窗有着菜园和蓬寮。空气倒还清新。他们租的房子是新建筑的一排砖房子的楼上,有黑暗的楼梯和木窗。我探头向窗外一看,一派绿色的菜园映进眼帘。"我在1979年12月和1981年5月23日访问梅林时,他都说二萧一到上海,就住在拉都路尽头的弄堂房子里,不记得有"元生泰"杂货铺。

骆宾基的《萧红小传》中也说:"在上海一开始,她和萧军就在法租界拉都路底找到了房子,那是一排砖房的楼上,那里临近效外的贫民区。楼梯黑暗,住室有口小窗。窗外就是一片碧绿的菜园。"

萧军对自己是否住在福显坊22号印象有点模糊,好在关于这个住处的方位,在萧军的文章中有详细的记载。1980年初的一个夜晚,我和爸爸一起去找了住在福显坊里我的老师和中学同学。同学的爸爸是位铁路退休老工人,30年代起就住在这条弄堂里。在他的热情陪同下,我们按照萧军文中所示:"一进大门向右拐,在西南转角的地方"走了进去,发觉门牌是22号。

福显坊里总共有二十多幢房子,都是座北朝南的石库门弄堂房子,围墙比较矮。二萧住的22号,是在弄堂右转弯的突出角子上,属北边的最后一排,当年房主量地造屋,最后一排房屋的面积都较狭小。萧红住的这幢房子,既没有石库门,也没有天井。

当年的拉都路已是上海市区法租界西南角的边陲,房屋稀少,夹着荒地、菜园和坟墩,路上行人极少,显得很荒凉。马路朝西的半边是煤屑路,东半边是柏油路,没有公共汽车,在法租界内行驶的22路公共汽车,紫红色的车身,俗称"红汽车",只通到逸园跑狗场(今文化广场),直到1939年左右,才通到襄阳南路上来。

我们顺着狭窄的树梯上了二楼前房,那是一间十五、六平方米见方的房间。正如萧军所说:"我们所住的是一间不算太大的二层前楼。"(萧军:《萧红书简辑存注

释录》)据陪同者告诉我们,这条弄堂里当年住了好几家白俄,情况比较复杂,有的是看门人或者售票员,也有巡捕房里的"包打听"(暗探),或者干其它不正当职业的。22 号里就住着白俄。记得 1934 年 11 月 20 日鲁迅致二萧的信中曾告诫他们说"万不可以跟他们说俄国话,否则怕他们会疑心你是留学生,招出麻烦来。他们之中,以告密为生的人们很不少。"鲁迅替初到上海的青年想得多周到啊!

　　二萧对福显坊的住处很满意,觉得这儿的自然景色富有诗意,能给人以创作的灵感。在给鲁迅的信中,把新居大大描绘了一番,对门前的大草地更是赞不绝口。鲁迅在 1935 年 1 月 4 日(年初一)的复信中,曾诙谐地说:"有大草地可看,在上海要算新年幸福……"

　　就在这样的"优美的"写作环境中,萧红开始了在上海的创作活动。梅林说:"悄吟和三郎工作得很有秩序,每天有一定的时候静静的执笔……"(梅林:《忆萧红》)在这期间,她写了《小六》(收入 1940 年出版的《萧红散文》时,改名为《搬家》)、《过夜》(收入《萧红散文》时,改名为《黑夜》等短篇)。《小六》通过小六一家被旧势力逼迫多次搬家以至发疯的悲剧,控诉了旧社会的黑暗,揭示了劳动人民的辛酸遭遇。萧红把它寄给了鲁迅先生,鲁迅收到后很快就推荐给陈望道编辑的《太白》半月刊。1935 年 2 月 8 日《鲁迅日记》"寄陈望道信并悄吟稿一篇"就是指的这篇《小六》。鲁迅在同年 3 月 1 日致二萧的信里又提到:"悄吟太太的一个短篇,我寄给《太白》去了,回信说就可以登出来。"后来该文登在同年 3 月 5 日出版的一卷十二期《太白》半月刊的《速写》栏内。

三、襄阳南路 351 号
(1935 年 2 月底——6 月)

　　1935 年 4 月 2 日,二萧在又一次搬家后告诉鲁迅。鲁迅当天即回信说:"2 日信收到。内云'同一条路,只是门牌改了号数'这回是没有什么'里'的么? 那么,莫非房子是临街的?"

　　这次搬到拉都路 351 号,即现在的襄阳南路 351 号,从解放前到现在门牌号码一直没有改换过。351 号不在什么'里',也不是临街的,而是小弄堂里的第二幢房子。解放前,上海有的门牌号码,不一定都是×弄×号,有时将弄堂里的房子也编上象临街房子的号码。349、351、353、355 号,四幢房子东西方向连成一排(357 号就是我们家的后弄堂,以前叫永安别业),这是座北朝南中西式的假三层的楼房,朝西临街处,有一扇宽大的铁条栅门,朝南靠近357弄的地方有堵墙,里边是长方形的一处空地,墙边和门边还有些栽着花木的池子和墙已不在了,种了些开白花的树,铁条栅门却仍然立着。萧红和萧军当时住在三楼。

搬到351号后不久,有一次萧红上街买油条,发现包油条的纸,竟是鲁迅先生译《表》的原稿(按:萧红在《回忆鲁迅先生》中误写成《死魂灵》的原稿)感到非常惊讶,当即写信给鲁迅。可是鲁迅自己却不以为奇,反而写信安慰她:"我的原稿的境遇,许(按:指许广平同志)知道了似乎有点悲伤;我是满足的,居然还可以包油条,可见还有一些用处。我自己是在擦桌子的,因为我用的中国纸,比洋纸能吸水。"(鲁迅1935年4月12日致萧军信)

关于这卖油条小铺子的地址,据福显坊里的老工人回忆说:"福显坊门口泡开水的老虎灶隔壁有片卖点心的店,但只卖生煎馒头和蟹壳黄,并不卖大饼油条。敦和里那边才有。"敦和里是襄阳南路306弄,351号离那儿很近,穿过永嘉路,几分钟就到了。萧军在文章中说:"那家卖油条的小铺子,正座落在敦和里的大门口北边……"根据这个线索,我请教了徐忠和陆贤珍二位老人。他们说:敦和里北边296号是片叫"新福兴"的点心店,但卖的是糕团,不卖大饼油条。我把萧红买油条,发现鲁迅手稿的故事讲给他们听,再请老人仔细回忆。陆贤珍老人终于想起来了,她说敦和里隔壁是有卖大饼油条的,但不是在敦和里的北边,而是在南边的老虎灶里。老虎灶里怎么会卖大饼油条呢?原来老虎灶的老板姓王,今年83岁,尚在。1932年"一·二八"后王夫妇在陆的同丰水果店后门,即永嘉路300弄的弄堂口摆了个卖大饼油条的小摊,不久,赚了些钱,就租了襄阳南路上的324号,一半开老虎灶,一半就卖大饼油条,楼上住王夫妇。现在,这个老虎灶还在,但早已不卖大饼油条了。

鲁迅先生的手稿怎么会落到卖油条的处所?这终究是个谜。我曾四处打探,后来总算在黄源同志写的《鲁迅书简漫忆》中找到了谜底。他说:"这原稿是我丢失的。我当时不考虑鲁迅的原稿之可贵,清样校完后,就把有的原稿散失了。一张原稿,落在拉都路一家炸油条铺用来包油条,和我同住在拉都路的萧红,去买油条,发现包油条的是鲁迅先生的原稿"。敦和里是条很大的弄堂,有三个出口,那时译文社、文学社的编辑部都设在里边。当时,黄源是译文社的编辑,他把鲁迅的原稿散失后,那小铺子里的人大约就顺手拿去当包油条纸了。

　　萧军在 1977 年 7 月 1 日曾对来访者说：搬到拉都路 351 号后，"房子大了，我们就请先生来玩……"查鲁迅书信，可以发现他们当时确实邀请过鲁迅先生。先生在 1935 年 4 月 12 日的信中说："7 日信早到；我们常想来看你们，孩子的脚也好了，但结果总是我打发了许多琐事之后，就没有力气。一天一天的拖。到后来，又不过是写信。"后来，鲁迅还是抽空去看了二位年青的东北作家。萧军回忆说："5 月 2 日上午鲁迅先生和许广平先生以及海婴他们全家，突然来到这里做客了。这当然使我们感到了最大的兴奋和欢喜！他们休息了约有一个钟头以后，鲁迅先生邀我们和他们一同去吃午饭，我们没有推辞，就无目的地在'法租界'一家西餐饭馆里随便吃了一些什么，然后送他们上了电车，我们也就步行回来……"（萧军：《在上海拉都路我们曾经住过的故址和三张画片》）这天，鲁迅在日记中也记着："上午同广平携海婴往拉都路访萧军及悄吟。在盛福午饭。"

　　萧红在 1936 年 8 月 17 日从日本东京写给萧军的信中所说的东到黄浦江，西到徐家汇的"黑色的河"，就是在拉都路南端尽头，东西贯穿的肇嘉浜。那是帝国主义租界和国民党统治的"市政府"的界河。肇嘉浜两岸搭界"滚地龙"，当地人唱道："破草棚，三尺高，走进走出要弯腰"。浜中浮着一只芦席作篷的小木船——"艋艋船"。萧红和萧军住在拉都路时，"吃过午饭之后，趁着冬天中午温暖的阳光"，常常要沿着拉都路往南散步，"有时用去六枚铜元买得两包带糖咸味花生米，每人一包，放在衣袋里，边走、边读、边吃、边谈着、……"（萧军：《萧红书简辑存注释录》）这条臭水浜，在上海解放后填没，改名肇嘉浜路，路中央是花木掩映、芳草如茵的街心花园。花园两侧，是两条单向行车道，平坦宽阔。当年的污秽不堪的景象早已成为历史上的陈迹了。住在 351 号时，萧红主要写了长篇散文《商市街》，作者以女作家特有的细腻笔调，生动地描述了 1932 年，她和萧军住在哈尔滨商市街 25 号时的艰难困苦的生活。

　　这个地址在鲁迅 1935 年《居帐》中也有记载："拉都路 351 号。"

四、淡水路2××号
（1935 年 6 月——1936 年 3 月）

　　鲁迅在 1935 年 4 月 28 日致萧军信中说："一时不见得搬家罢？"这个问题是针对二萧在 4 月就打算离开拉都路 351 号而提的。据萧军回忆，他们直到 6 月，才又一次地搬到萨坡赛路 190 号,在那里住到 1936 年 3 月搬走。证实他们在这里搬走的证据有二:一是鲁迅给二萧的最后一封信是 1936 年 2 月 23 日,以后因为二萧的住处与鲁迅的家很近,就不通信了;二是当时住在萨坡赛路 16 号的陈涓(二萧的朋友,著名的翻译家)曾在 1936 年二、三月的时候,和妹妹一起到 190 号去看过二萧,当时萨坡赛路 190 号是"唐豪律师事务所"。唐豪,字范生,是二萧的朋友。已故。二萧就住在他家二楼的后楼。

萨坡赛路地属法租界,萨坡赛(chapsaj)在 1890 年(清光绪十六年)任法公董局总董。这条马路现改为淡水路。我曾请陈涓同志带我去故地重游。由于淡水路上的门牌号码更换过,一时找不到这所房子。陈涓说,她原来住的是 16 号,现在改为 92 号,两个号码相差 76 档。根据这个线索,我把 190 加上 76,即 266 号,发现却是一条弄堂,不是街面房子。陈涓回忆说:"这周围的几幢样式一样的老式外国洋房,却有点像,但不能最后肯定。因为到底是 45 年前的事了。"后来我又问了徐忠老人,他说:"解放前,以金陵路为界,北边是英租界,当时就叫淡水路;南边是法租界,叫萨坡赛路。你只要找到现在的金陵西路以南的淡水路口的第一个门牌号码,就能推算出当年萨坡赛路 190 号是现在的淡水路几号了。"结果按这个办法推算出来,依然是淡水路 266 号。问题仍没有解决,但我还是在 266 弄的附近拍了一些照片,想请萧军同志协助鉴定。

萧红住在萨坡赛路时,在她的文学生涯中发生了一件影响深远的大事:1935 年 12 月《生死场》出版了。这部著作奠定了她在中国现代文学史上的地位。《生死场》稿子究竟何时何地寄给鲁迅先生的?过去曾有两种说法:

一种说法是:二萧是在青岛时将《生死场》稿子寄给鲁迅的。如陈隄说:"两萧接到鲁迅先生的第一封复信后,即将《生死场》的稿子连同由哈尔滨带出来的一本短篇小说、散文集《跋涉》,还附了一封信寄给了鲁迅先生。"(陈隄:《从青岛到上海·在青岛的日子》,载《文艺百家》1979 年第一期)又如姜德明:在青岛时,萧红"在信中还附上了刚刚抄就的《生死场》和当年在哈尔滨印的《跋涉》。"(姜德明:《鲁迅与萧红·小小的"抗议"》,载 1979 年 2 月《海洋文艺》第六卷第二期,署名余时)

另一种说法是:二萧到了上海后才将《生死场》稿子寄给鲁迅。如骆宾基说:"1934 年 10 月底,萧红和萧军各人带着他们的长篇到了上海。"(骆宾基:《萧红小传》)梅林说:二萧在青岛"第一次给鲁迅写信时,就把小说散文集《跋涉》一同寄去,《生死场》稿子是到上海后寄去的。"(丁言昭:《访老人忆故人——听梅林同志

谈萧红》,载《东北现代文学史料》第二辑）

据考,二萧是在 1934 年 10 月底在青岛时,将《生死场》稿子寄给鲁迅的。其根据有二:一是萧军的回忆,二是鲁迅的书信和日记。

萧军在 1936 年 11 月 3 日写了《让他自己……》,登在 1936 年 11 月 15 日出版的《作家》第二卷第二号上。这篇文章的内容是鲁迅给二萧的九封信和萧军写的注,萧军在鲁迅 1934 年 10 月 9 日写的信后,注道:"这是 1934 年我在青岛,他(按:指鲁迅)给我的第一封信;……接着我把《生死场》连同另外我和萧红在满洲国合著的一本小说集,寄给了他;……""在满洲国合著的一本小说集"是指《跋涉》。

《生死场》稿和信,鲁迅是 1934 年 10 月 28 日收到的,因为他在这天的日记中写着:"午后得萧军信并稿。"1934 年 11 月 3 日二萧到上海后,写给鲁迅的第一封信中就急切地问鲁迅是否收到稿件。鲁迅在当天的回信中说:"来信当天收到,先前的信,书本,稿子,也都收到,并无遗失,我看没有人截去。""书本"指《跋涉》;"稿"指《生死场》。鲁迅由于身体欠佳,工作繁忙,这部稿子直到 1935 年的春天,才"到了"鲁迅的"桌上"(鲁迅《萧红作〈生死场〉序》)而等鲁迅看完已是 1935 年 11 月 14 日的夜里,就在看完的当天,鲁迅为她写下了著名的序言。

五、北四川路永乐里①
(1936 年 3 月——7 月)

据萧军回忆:"1936 年春天,我们搬到了北四川路底一处叫'永乐里'的地方住下来……"(萧军:《萧红书简辑存注释录》)查阅《上海市分区里弄详图》,北四川路永乐里即现在的四川北路 903 弄。但经实地查考,四川北路上根本没有这个号码。在四川北路海宁路南是四川北路 897 号,一个百货商店;在四川北路海宁路北是四川北路 911 号,一个卖水果和食品的商店,当中缺了 899、901、903、905、907、909 等 6 个号码。会不会当时没有海宁路这条小马路,就是这 6 个号码的房子? 这事只能待以后再考察了。

如果 903 弄确实存在的话,也显然与萧军、萧红、许广平等人的有关回忆对不起来。

① 此处没找到故用旧名。

萧军说:"1936年春天,我们搬到了北四川路底一处叫'永乐里'的地方住下来,意图是搬到距鲁迅先生住的地方较近,也可能会对先生的生活方面有所帮助,——事实什么帮助也谈不上——因此北四川路,施高塔路(按:今山阴路)……每天总要经过的,有时每天要经过几次,为了去'大陆新村'鲁迅先生的家中。"(萧军:《萧红书简辑存注释录》)

萧红说:"以后也住到北四川路来,就每夜饭后必到大陆新村来了,刮风的天,下雨的天,几乎没有间断的时候。"(萧红:《回忆鲁迅先生》)

许广平说:"他们搬到北四川路离我们不远的地方来住下。据萧军先生说:'靠近些,为的可以方便,多帮助。'"(许广平:《忆萧红》)

他们三人回忆的共同点是:二萧的住处离鲁迅的住处很近,每天去,甚至有时一天去几次。

永乐里——四川北路903弄,在四川北路海宁路口,属四川北路的段,不是四川北路底,如果乘当时在日租界上行驶的一路无轨电车的话,从海宁路车站上车,当中要经过虹江路、横浜桥、长春路三个站,到第四站才到达山阴路,如果走路的话,起码要走半个小时,这不能算近的路。我因此对"永乐里"的准确性产生了疑问,在俗称为四川北路底的山阴路口(其实四川北路一直要延伸到虹口体育场那边)另外寻看了几条弄堂。一是四川北路1999弄的丰乐里,这条弄堂很大,有很多支弄,支弄门口都有园形的拱门,弄堂里的房子属老式石库门二层楼房,座西朝东,大弄堂口的正东对着溧阳路(过去的狄司威路)。

二是四川北路1774弄的永乐方,弄内大都住的是广东人。

这三条弄堂与鲁迅的住处都比较近,而且与萧军回忆的永乐里都只差一个字。

关于这段时期的生活,在萧红自己写的《回忆鲁迅先生》和许广平的文章中都有详细的描述,许广平在《追忆萧红》中有这样一段记载:二萧到鲁迅家去,"有时是手里拿着一包黑面包及俄国香肠之类的东西。有一回而且挟着一包油腻腻的东西,打开一看,原来是一只烤鸭的骨头,大约是从菜馆里带来的;于是忙着配黄芽菜来烧汤,谈谈吃吃,也还有趣。"

六、重庆南路 256 弄

（1937 年 1 月——11 月）

　　萧红于 1936 年 7 月 17 日东渡日本，直到 1937 年 1 月才回到上海，这时他们搬到了在上海的最后一个住所：吕班路 256 弄。据萧军回忆，这是"由俄国人经营的家庭公寓"（萧军：《萧红书简辑存注释录》）。吕班路也属法租界，吕班（Dubail）是 1898 年（清光绪二十四年）时的法国驻华公使。吕班路即现在的重庆南路。

　　前不久，我请吴渤（笔名白危）同志领我到重庆南路 256 弄寻访。吴渤同志是位老作家，今年 70 岁，当时曾到二萧住处作客，与萧军现在的夫人王德芬的姐姐王德谦极熟。1938 年他到甘肃榆中、兰州时，就住在王家，并和王家兄弟姐妹同演宣传抗日的广场剧《放下你的鞭子》。王德芬同志最近给我的一封信中，说到这样一件趣事：吴渤在剧中扮演青年工人，由于他是广东人，又说官话，兰州人听不懂，有一次差点被值勤兵逮走。

　　吴渤一走进重庆南路 256 弄的弄堂口，就说："对，就是这儿，一点儿也没变。"弄堂里是一排整齐的西班牙式楼房，门口有石阶，最最顶层是假三层，弄内六、七幢房子都是座北朝南的。吴渤回忆说：弄内朝西原来没有门的，可以通到思南路的周公馆，楼房门前朝南的一排树，原先也没有的。弄堂斜对面是邹韬奋住过的房子。那时弄内时有空房子，房客大部分是白俄，东北作家曾集居在这里。

　　为了更详细地了解当时吕班路的情况，我还走访了我国书籍装帧前辈，著名的书法篆刻家钱君匋同志，他在吕班路上住过许多年，现在住在重庆南路 154 弄，今年八十多岁，当他知道我的来意后，立即说："萧红，我一直没见到，真可惜。我记得曾为萧军的书作过封面，大约是《八月的乡村》吧，我手头没这本书，你如果看到，请拿来给我看看。"接着，他介绍了当年吕班路的一些情况。那时马路上很寂静，难得有人走过。马路当中，行驶的是一辆 10 路单节的有轨电车，三分之一的车厢涂墨绿色，属一等车，三分之二的车厢涂银灰色，属三等车，没有二等车的。车速很慢，没有车门，只要你有本事，可以随便跳上跳下。由于乘车的人少，20 分钟才来一辆车。重庆路靠近淮海路（当时叫霞飞路）的地方，有不少俄国大菜馆，四角钱就可以吃得很饱了。二萧住的那段路上没有大菜馆，要吃，只有到我们这段来吃。

　　有不少作家在回忆录里都提到这个住处。著名的世界语学者绿川英子，就曾在吕班路 256 弄住过，"偶然和萧红作了一个月余同楼的房客。"可是为了避人耳目的绿川英子，"没敢去拜访这位女作家，每天只在灶披间烧饭洗衣服的时候，看见过她几回衔着烟嘴的面孔，或听见过她在楼上的谈话声。"（绿川英子：《忆萧红》）

　　张琳在《忆女作家萧红二三事》中也曾提到过这所房子，她说："在上海法租界一间东北作家集居住的房子里，那时大家都在打算，如何投身到抗战的烽火中去，而萧红却不忙，她的脸色很黄，样子也很憔悴……"其实萧红当时还是很忙的。1937 年"八一三"，日本侵略军在上海开战后的第二天，萧红就写了篇《天空的点缀》，文中记述了"从昨夜（按：指 8 月 13 日）就开始的这战争"，天空中一直飞着日本的银白色飞机，"并且又都叫着鸣鸣的声音。""一个去了，一个又来了。"他们是"去轰炸虹桥飞机场的。""看着这些东西，实在的，我的胸口有些疼痛。"萧红满怀着爱国主义的激情，顽强地用笔来战斗。在 8 月 17 日和 10 月 22 日她又连续写了两篇反映上海人民抗战情绪的《窗边》和《小生命和战士》。

　　1936 年 10 月 19 日鲁迅先生的逝世，给当时在东京的萧红带来了极大的悲伤。后来她曾写了《拜墓》、《在东京》、《回忆鲁迅先生》等多篇文章，来纪念鲁迅先生。1937 年 7 月 17 日下午 2 时，在静安路大厦八楼召开"鲁迅先生纪念委员会成立大会"时决定在鲁迅先生逝世周年前夕，出版《鲁迅先生纪念集》。萧红负责新闻报道的一部分的剪辑及校订，萧红在完成这项工作量很大的任务中，倾注了她对导师鲁迅先生无限的哀思和敬意。

　　萧红住在上海的二年时间，共出版了《生死场》、《商市街》、《桥》、《牛车上》四本书。还发表了许多没收入集子的文章，计有《马房之夜》、《感情的碎片》、《拜墓》、《两个朋友》、《来信》、《一粒土泥》、《天空的点缀》、《火线外》（二章）、《失眠之夜》、《在东京》、《一九二九底愚昧》等十几篇文章。

　　1937 年 10 月，上海文化界人士开始撤退，二萧离沪去武汉，从此萧红再也没回到过上海，1942 年 1 月 22 日病逝于香港。

1981 年 5 月 22 日初稿

1981 年 6 月 4 日修改

萧红在东京

（日）平石淑子①

一、前言

1936 年，即抗日战争爆发前一年，萧红曾在东京客居半年。关于她在东京期间的活动情况，现在我们只能通过她寄给萧军的 35 封书信②和几篇散文有所了解。例如，此间她曾听过郁达夫的讲演，并在东亚学校学过日文等。当时东亚学校的日文教师中有几位是中国文学研究会③的成员。但目前尚未发现萧红与他们交流的记录④。从萧红的书信来看，她似乎并没有本人的诸种内情，特别是涉及到她来东京的目的。

---

① 本文原载《北方文学》2011 年第 6 期。
平石淑子：日本女子大学教授。
② 萧军：《萧红书简辑存注释录》，黑龙江人民出版社 1981 年版。
③ 1930 年代以竹内好（1910～1977）和武田泰淳（1912～1976）等东京帝国大学（现在的东京大学）的学生为中心成立的研究会。应该说，是在日本的中国现代文学研究史上值得大书一笔的研究会。
④ 在《东亚学校职员名单》里，有"（教师）鱼返善雄（1910～1966），（讲师）长濑诚、冈崎俊夫（1909～1959）、竹内好"等人的名字（冈田英树《在孤独中奋斗——萧红的东京时代》（《立命馆文学》451—453 号 1983 年 1～3 月号）。冈崎俊夫 1955 年翻译过萧红的短篇《手》（《现代中国文学全集》第 14 卷，河出书房所收）。

二、萧红来到东京的目的

1933 年,萧红在萧军影响下,于哈尔滨走上了作家之路,并在那里投身于抗日文艺运动。短篇集《跋涉》(1933 年 10 月)出版后,两人为了摆脱险境,寻求新天地而南下上海①。在上海他们分别以《八月的乡村》(1935 年 8 月)和《生死场》(1935 年 12 月)引起文坛的注目,而在旁观者看来,她们不外是以鲁迅为后盾走红上海的幸运。

正当成功之时,萧红为何突然决定远渡东京?飘洋过海是否有什么必然因素?何况,萧红不懂日文。而且 1932 年,"满洲国"成立,因此萧红不得不背井离乡。即便有必要出走海外,但选择日本,实在令人难解。

萧军自己在《注释录》里曾就萧红去东京的理由这样写道:

1936 年我们住在上海。由于她的身体和精神全很不好,黄源兄提议,她可到日本去住一个时期。上海距日本的路程不算太远,生活费用比上海贵不了多少;那里环境比较安静,既可以休养,又可以专心读书,写作;同时也可以学学日文。由于日本出版事业比较发达,如果日文能学通了,读一些世界文学作品就方便得多了。黄源兄的夫人华女士就正在日本专攻日文,还不到一年,已经能够翻译一些短文章了。何况有华夫人在那里各方面全能够照顾她……

经过反复研究商量,最后我们决定了:她去日本;我去青岛,暂时以一年为期,那时再到上海来聚合。(第一信注释)

从这里可以看出,萧红当时身体和精神状态都很不好,可是在这种情况下,她却偏偏要同爱人和朋友以及熟人远别。

一般看来,萧红出走海外,是因为她与萧军之间产生了隔膜,而选择日本为目的地,是由于当时黄源夫人正在东京学习日文,对萧红来说比较方便。可华女士,

---

① 关于二萧在哈尔滨的活动情况,请参阅拙文:《在哈尔滨的抗日活动的情况绪论——以金剑啸的活动为中心》(御茶之水女子大学《人间文化研究年报》第 9 号,1986 年 3 月)及拙著《萧红研究——她生平和作品世界》(2008 年 2 月,汲古书院)等。

在萧红来日一个多月后,因经济方面的事由不得不提前回国①。结果是萧红孤零一人留在了陌生的东京。问题是在极端孤独的情况下,她仍决然要实现最初的留日一年的打算,并且每隔四五天必有一信寄给萧军。如果说她与萧军之间已经有了很深的裂痕,那么,这些书信以及信中的体贴关怀都是虚假之言吗?

在我看来,关于萧红为何出走海外的问题,除了应从个人生活的角度推察之外,还应从"作家萧红"的视点加以分析。

作为作家起步不久后,二萧即从北方南下,来到当时的文艺以及舆论的中心上海。在上海崭露头角使她们喜出望外,但也隐约开始不安。因为她们清楚,作为作家自己还未成熟,所以很难不断写出好作品以满足人们的期待。萧军说:"到了上海以后的后期,虽然经济情况略有好转,但是,不管是她还是我,为了文学工作而工作,或是为了生活而工作,但工作却是一天也不能够停顿的"(第六信注释)。我们不难想象在这种情况下,没有什么过多的成就,也没有什么经验的年轻作家逐渐疲惫的情景。特别是决意以作家为使命的萧红的心境比起"做一个'作家'也不是终生的目的"(第二十七信注释)的萧军无疑更不会轻松。对热心参与国防文学论争的萧军的举动,她不能不感到隔膜。许广平所说的"有一个时期,烦闷、失望、哀愁笼罩了她整个的生命力"(《追忆萧红》),可能指的就是这一时期。

初到上海时,二萧除了鲁迅以外别无熟人,对整个城市、语言都觉得陌生。她们只有应人们的要求,写一些带有自传色彩的短篇。但是她们毕竟已经远离故乡,只凭回忆往时怎么能在陌生的土地上安稳落足? 眼前的上海和往日的故乡,两者之间的隔阂尤其在萧红的心里日愈加深。

到上海后二萧写的一些作品,收集在《桥》(萧红,1936年11月)和《绿叶底故事》(萧军,1936年12月)里。这两部书都是萧红在东京时期出版的,在此以前,萧红还出版了《商市街》(1936年8月),写的是她与萧军在哈尔滨开始同炊时期的回忆。关于这部作品,萧红在书信中曾写到:"被人家喜欢,也很感谢"(第二十九信:11月19日),但是对《桥》和《绿叶底故事》却说:"关于这两本书我的兴味都不高"(第三十信:11月24日),由此,我们可以觉察到萧红苦涩的内心。

总之,对萧红来说,为了完成作家的使命,她必须摆脱眼前的处境。上海和故

① "黄的父亲病重,经济不够了,所以她必得回去。大概二十七号起身"(第六信:8月22日)。

乡之间的隔阂,如不设法解除,苦恼很可能使她无力生存。为了摆脱眼前的巨大的危险,即为了维持作家的生命力,她有必要去寻找一片新的,完全陌生的土地。这大概就是萧红远渡东京的目的。

三、在东京的生活

来到东京后,萧红住在"东京麴町区富士见町二丁目九一五中村方"①(第七信:8 月 27 日)。这里离中央线饭田桥车站较近,大约只有 350 米的距离。1936 年的"二·二六事件"②就发生在附近,27 日东京全城戒严,直到 7 月 18 日——乘船到达长崎的日子——除。但是从二萧的信章中却找不到有关事件的记述。相反萧军却说:"那里的环境比较安静"。那么,当时的东京到底给了萧红一些什么印象呢? 让我们依据萧红的文章和书信,重新再现一下当时的情况。

从萧红的住处南下九段坂,现在是北之丸公园。这一带当时驻扎着近卫步兵第一、第二连,周围有宪兵司令部,宪兵队宿舍和军人会馆等。可是萧红却对此只字未提。

在我住所的北边,有一带小高坡,那上面种的或是松树,或是柏树。它们在雨天里,就像同在夜雾里一样,是那么朦胧而且又那么宁静! 好像飞在枝间的鸟雀羽翼的音响我都能够听到。(《在东京》)

这里写的可能是现在的外堀公园的情况。

萧红住在民房的二楼,一个有六张榻榻米大的房间(大约有 10 平方米的面积)。因为第一次住进日本式的住房,所以她感到"像住在画的房子里面似的"(第二信:7 月 21 日)。在第十四信里附有萧红自己画的房间的简图。角度是从内向外。正面有日式拉门,左边有挂着竹帘的纸拉窗。还有一张桌子和一把藤椅,可是这些都没有画在图上(第二信等)。后来家具越来越多:先买了几张画来挂在壁上

---

① 我曾查访过萧红在东京的踪迹。但是在这个地址已经找不到萧红的脚印。有关详情,请参阅拙文:《有关萧红在东京事迹调查》(《北方文学》1984 年 1 月)。

② 是由日本陆军青年军官发动的武装政变。

（第二十三信：10月20日，二十九信：11月19日），又买了草褥来当沙发（第二十三信），到11月冷起来，则买了火盆（第二十九信）。她的邻居是一个日本老妇人（第二十九信）。因萧红说："'筝'在我的邻居家里响着"（第二十五信：10月29日）。估计这里的"筝"可能是这个老妇人弹的。楼下是房东一家。房东的五岁左右的孩子是萧红的第一个日本朋友（第七信：8月27日）。这张房间的简图是画在一张信纸上的。信纸是"生长之家"的专笺。而这个"生长之家"是当时正得势的新兴宗教，在太平洋战争中曾主张天皇中心主义，全力拥护军部。萧红同他们不可能有什么关系，估计这张信纸是她向房东讨的或是房东送给她的。

女房东待人很亲切。她常常给萧红"一些礼物"，比如方糖、花生、饼干、苹果、葡萄、一盆花等等（第十八信：9月19日）。萧红同房东一家也相处很好。如在买来火盆后，她从房东那儿借了一个锅来烧菜，跟房东的小孩儿一起吃（第二十九信）。有一次，警察来找麻烦时，女房东为了萧红曾拦挡了他们（第十五信：9月12日）①。

从9月起，萧红开始去东亚学校学习日语。这所学校是1914年由著名教育家松本龟次郎（1866～1945）创办的②。松本曾在宏文学院教过鲁迅③。这所学校当时在神田区神保町2—20，离萧红的住处有1500米左右④。学生都是中国人（第十四信：9月10日），老师基本上用日语讲课（第三十二信：12月15日）。刚上学时，为了不落后于人，害得她经常胃疼（第十九信：9月21日）。但是每天学习长达六七个小时（第二十二信：10月17日），后来成绩逐渐好起来，12月25日的信上她得意地写道："现在很多话，都可以懂了。即使找找房子，与房东办办交涉也差不多行了"（第三十二信：12月15日）。可是10月份有关鲁迅逝世的新闻报道，她却根本没看懂（第二十三信：10月20日）。

在萧红上学时可能经过的途中，有一处景致在萧红看来很像上海徐家汇。下面是萧红来东京一个月后，"第一次自己出去走个远路"到神保町去时的见闻。

---

① 日本警察来到萧红住处的事因不详。此后一些日子她"被'跟'了"（第二十三信：10月20日）。

② 松本龟次郎（1866～1945）1914年在东京神田创办东亚高等预备学校。

③ 宏文学院（弘文学院）是嘉纳治五朗创办的。嘉纳是著名的教育家和柔道家。

④ 关于当时东亚学校的情况，冈田英树有过详细的研究。请参照注5。

那地方的书局很多,也很热闹,但自己走起来也总觉得没什么趣味,想买点什么,也没有买,又沿路走回来了。觉得很生疏,街路和风景都不同,但黑色的河,那和徐家汇一样,上面是有破船的,船上也有女人,孩子。也穿破衣裳。并且那黑色的气味也一样。象这样的河巴黎也会有!(第五信:8月17日)

后来萧红曾说要到法国研究美术(第三十信:11月24日),因此在这儿提到了巴黎。不过这所东京的徐家汇,可能现在已经在首都高速道路第五路下变成阴沟了。

萧红早饭和晚饭都在外边吃,午饭吃面包等(第七信:8月27日)。每天去浴池过磅(第七信)。晚上在蚊帐里睡觉(《孤独的生活》)。她写道:"这里的蚊子非常大,几乎使我从来没有见过"(第七信)。

看了几次电影(第十一信:9月4日),好像没有到过银座等热闹的地方。过了二三个月,一个人坐了几次"高架电车"(中央线)找朋友(第十九信:9月21日)。接到鲁迅逝世的消息时,为了确认事实,她去东中野见了唯一的熟人(第四十三信:10月24日①)。有一次她迷路时,把"空中飞着的大气球"(离学校不远的一家商店的广告)当做目标总算平安归宿。她很得意地向萧军报告了这个情况(第十九信)。广告气球是进入昭和以后逐渐多起来的,当时广告气球和霓虹灯都是东京的特景。

她常常苦于头疼和腹疼,但是总的说来可以说是生活比较舒适。她最喜欢的是东京的安静。

我很爱夜,这里的夜,非常沉静,每夜我要醒几次的,每醒来总是立刻又昏昏的睡去,特别安静,又特别舒适。早晨也是好的,阳光还每晒到我的窗上,我就起来了,想想什么,或是吃点什么。(第十九信)

刚来日本时,她对"木屐"很介意。这大概反映了她的不安和焦躁的心情。

昨天到神保町的书铺去了一次,但那书铺好像与我一点关系也没有,这里太生

---

① 第四十三信为《海外的悲悼》,发表于《中流》第一卷第一期(1936年11月5日)。

疏了,满街响着木屐的声音,我一点也不惯这声音。这样一天一天的我不晓得怎样过下去,真是好像充军西伯利亚一样。

比我们起初来到上海的时候更感到无聊,也许慢慢的就好了,但这要一个长的时间,怕是我忍耐不了。(第三信:7 月 26 日)

这种不安和焦躁,随着习惯了东京的生活,好像缓和下来,但在鲁迅逝世后,又开始紧紧地包围起她来。

此外,在书简上还可以看到种种费用的记录。萧军曾说,《八月的乡村》和《生死场》的版税由两人分配,用这些钱,萧军去了青岛,萧红去了东京(第一信注释)。分配按多少比率不清楚。只是萧红好像不够用,好几次向萧军请求寄钱。

[9 月 10 日　向东亚学校交学费。三个月连书在一起 21～22 圆①]

[9 月 21 日　买了一件小毛衣,2 圆 50 钱]

10 月 13 日　手上还有 30 多圆,月底想买外套,请寄来一些

[看电影②]

10 月 20 日　[买了一套毛料洋装,6 圆,还买了草褥,5 圆]

现在手上只有 20 圆了,需要把归国的路费留在手里,希望月底寄钱来

[10 月 21 日　前些日子买了一本画册]

10 月 29 日　41 圆 25 钱的汇票收到。买了外套,余下的钱,11 月大概不够。需要把路费留在手里,请再寄 100 圆

11 月 6 日　40 圆的汇票收到了

[11 月 9 日　送黄源和萧军每人一副手套]

[11 月 17 日　买了火盆]

11 月 19 日　50 圆的汇票收到了,明年 1 月末,照预算大概够用的

[买了三张画]

[11 月 24 日　讲演会,50 圆]

---

①　昭和 11 年(1936 年),料理学校的学费,一个月四节课,6 圆(另要交材料费)。

②　关于首轮影院的票价,昭和 8 年(1933 年)50 钱,昭和 14 年(1939 年)55 钱(周刊朝日《价格风俗史》,昭和 56 年 1 月,朝日新闻社)。

12 月 2 日　　收到了汇票(款额不明)

书信上记录的金额共计大约 140 圆,再加来日时带来的,萧红的逗留费大约 250 ~ 300 圆。她说一个月需要 50 圆(第三十信:11 月 24 日),其它还需要路费和学费,可能另外还有寄款。

这里让我们看看当时日本一般的工资阶层的情况。一般一个月的收入是 92 圆 23 钱,支出是 82 圆 46 钱①。关于当时租房的行情,按照昭和 3 年(1928 年)6 月 1 日的调查,东京市内是:一间平均有 5.2 张榻榻米大(大约 8.5 平方米)。6 张榻榻米大的房间,房费一个月要 12 圆 50 钱。要包伙食,饭费一天两顿 18 圆 93 钱,一天三顿 22 圆 35 钱。另外还要电费,木炭费等。这个资料比较旧,仅供参考。

萧红不要饭费,在外边吃时,早饭要 10 钱,晚饭要 15 ~ 20 钱(第七信:8 月 27 日)。当时更科的小笼屉荞麦面条 10 ~ 13 钱,加哩饭 15 ~ 20 钱,普通的炸虾大碗盖饭 40 钱②。

她一边说生活费不够,一边就买了不少东西。特别是 10 月 13 日第一次请求寄钱后,20 日却花了 11 圆,结果是"不够 20 圆了"。另外信中还写到,东亚学校的第一期结束后"打算一个私人教授的地方去读"(第 26 信:12 月 2 日③)。从这些事实来看,萧红好像很缺少经济观念。

萧红似乎很担心归国的路费。那么,当时从上海到东京要多少路费呢? 萧红 7 月 17 日从上海出发④,18 日到达长崎(第一信:7 月 18 日),从这些记述可以知道,萧红是坐日本邮船的长崎丸或者上海丸,经长崎抵达神户,从神户坐火车到东京来的。如果用这条路线,从上海到长崎大约要一天,长崎到神户也要一天,神户到东京还要一天。那么 20 日已经到达东京,21 日可以找好房子了(第二信:7 月 21 日)。这条路线,如果买最便宜的座席,上海到神户 18 圆,神户到东京 6 圆 21

---

①　内阁统计局《家计费调查》(昭和 11 年:1936 年)。

②　依据《价格风俗史》。

③　第二十六信的日期,《注释录》中原记作 11 月 2 日。但从内容看,可能有误,准确日期大概是 12 月 2 日。关于这一问题,铃木正夫有过详细的研究(《在〈萧红书简辑存注释录〉与〈郁达夫诗词抄〉中的编辑上的错误》:《中国文艺研究会会报》40,1983 年 5 月 15 日)。

④　萧耘:《鲁迅题字的一张照片——关于女作家萧红的一点史料》(《哈尔滨文艺》1979 年第四期)。

钱,一共 24 圆 21 钱。但回国时萧红似乎没走过这条路线。因为按照高原的回忆(《离合悲欢忆萧红》),萧红 1 月 12 日正在秩父丸上。查阅当时的轮船时刻表,可知秩父丸是航行于香港和旧金山之间的日本邮船的轮船,途中在上海和横滨停留。上海到横滨要五六天,最便宜的票 24 圆。可是这里有一个问题,就是从时刻表上看,秩父丸登录的航线仅有从香港开往旧金山的单程,从旧金山开往香港的航路上有浅田丸、浅间丸和大洋丸等①。此事还有待继续查证。

萧红提前半年回国,来得很突然。因为从即将回国之前的 12 月的信上,完全察觉不到她要回国的动静。

东亚学校,十二月二十三日第一学期终了,第二学期我打算到一个私人教授的地方去读,一面读读小说,一方面可以少费一些时间,这两个月什么也没有写,大概也许太忙了的缘故。(第二十六信:12 月 2 日)

学校只有四天课了,完了就要休息十天,而后再说,或是另外寻先生,或是仍在那个学校读下去。(第三十三信:12 月 18 日)

可是,年末写的信,有了很大的变化。顽固的态度好像要拒绝一切。

你亦人也,吾亦人也,你则健康,我则多病,常兴健牛与病驴之感,故每暗中惭愧。现在头亦不痛,脚亦不痛,勿劳念念耳。(第三十四信:12 月末日)

不到半个月的时间,为什么发生了如此急剧的变化,我想原因一定有两点。第一点是,鲁迅逝世后她的孤独感越来越深,第二点是,萧军另有所爱的问题。萧红在东京期间,萧军曾跟某女士谈过一场"无结果的恋爱",为了结束这场恋爱,他促使萧红马上回国(第三十九信的注释②)。

---

① 《汽车汽船旅行案内》第 492 号(昭和 10 年:1935 年)。
② 第三十七信是 1937 年 5 月 4 日萧红(在北京)寄给萧军(在上海)的信,也收于《注释录》,有萧军注释。

四、鲁迅逝世后

　　日本报纸登载鲁迅逝世的消息是 10 月 20 日，即逝世的第二天。萧红看到这个消息时没有看懂(第二十三信：10 月 20 日)。而萧军在鲁迅逝世后，一是为了葬礼等事很忙，再是没有勇气把这消息直接告诉萧红(第四十三信注释)，以致萧红22 日才从中国报纸上知道了鲁迅的死(第四十三信：10 月 24 日)。鲁迅的死给她心里留下很大创伤。因为当时自己不能在场跟朋友们一起流泪，这使她感到了一种离群般的寂寞。

　　此后，萧红好像为了甩开悲伤，开始着手写作一万字的作品。并说，写完了这一篇，打算写十万字的(第二十五信：10 月 29 信)。但是事实上，她已无法专心写作。这时她又想钻到曾给过她欢乐的日语里，可是"自己以为日语懂了一些，但找一本书一读还是什么也不知道"(第二十七信：11 月 6 日)。在鲁迅逝世后的她的信上，到处可以看到无处发泄的焦躁。

　　这里的天气还不算冷，房间里生了火盆，它就像一个伙伴似的陪着我。花，不买了，酒也不想喝，对于一切都不大有趣味，夜里看着窗棂和空空的四壁，对于一个年青的有热情的人，这是绝大的残酷，但对于我还好，人到中年总是能熬住一点火焰的。(第二十六信：12 月 2 日)

　　其实那时萧红刚刚 25 岁，谈不上"中年"。那熬住的火焰，终于熬不住了，在第三十二信(12 月 15 日)中一下子燃烧起来。下面是在萧红书信里比较长的一封。

　　这地方，对于我是一点留恋也没有，若回去就不用想再来了，所以莫如一起多住些日子。

　　(中略)

　　这里短时间住住则可，把日语学学，长了是熬不住的，若留学，这里我也不赞成，日本比我们中国还病态，还干枯，这里没有健康的灵魂，不是生活。中国人的灵魂在全世界中说起来，就是病态的灵魂，到了日本，日本比我们更病态。既是中国人，就更不应该来到日本留学，他们人民的生活，一点自由也没有，一天到晚，连一

点声音也听不到,所有的住宅都像空着,而且没有住人的样子。一天到晚歌声是没有的,哭声笑声也都没有。夜里从窗子往外看去,家屋就都黑了,灯光也都被关于板窗里面。日本人人民的生活,真是可怜,只有工作,工作得和鬼一样,所以他们的生活完全是阴森的。中国人有一种民族的病态,我们想改正它还来不及,再到这个地方和日本人学习,这是一种病态上再加上病态。我说的不是日本没有可学的,所差的只是他的不健康处也正是我们的不健康处,为着健康起见,好处也只得丢开了。

同前文引用的第十九信比起来,那时曾喜爱的肃静,现在却变得可恨了。

鲁迅逝世后,她还有过这样一篇文章。模模糊糊知道鲁迅死了,可是心里仍不肯相信,抱着这种心情"我"从外面回来。

那天,我走在道上,我看着伞翘上不住地滴水。

"鲁迅是死了吗?"

于是心跳了起来,不能把"死"和鲁迅先生这样字样相连接,所以左右反复着的是那个饭馆里下女的金齿,那些吃早餐的人的眼镜、雨伞、他们好像小型木凳似的雨鞋;最后我还想起了那张贴在厨房边的大画,一个女人,抱着一个举着小旗的很胖的孩子,小旗上面就写着:"富国强兵";所以以后,一想到鲁迅的死,就想到那个很胖的孩子。

我已经打开了房东的格子门,可是我无论如何也走不进来,我气恼着:我怎么忽然变大了?

女房东在瓦斯炉旁斩断一根萝卜,她抓住了她白色的围裙开始好像鸽子似的在笑:

"伞……伞……"

原来我好像要撑着伞走上楼去。

她的肥胖的脚掌和男人一样,并且那金牙齿也和那饭馆里下女的金牙齿一样。日本女人多半镶了金牙齿。(《在东京》)

对女房东原来抱着的好感,在这儿完全消失了。读得出的只有厌烦。她继续写下去:

我知道鲁迅先生是死了,那是二十二日,正是靖国神社开庙会的时节①。我还未起来的时候,那天天空开裂的爆竹,发着白烟,一个跟着一个在升起来。隔壁的老太婆呼喊了我几次,她阿拉阿拉的向着那爆竹升起来的天空呼喊,她的头发上开始束了一条红绳。楼下,房东的孩子上楼来送我一块撒着米粒的糕点,我说谢谢他们,但我不知道在那孩子脸上接收了我怎样的眼睛。因为才到五岁的孩子,他带小碟下楼时,那碟沿还不时的在楼梯上磕碰着。他大概是害怕我。

萧红的焦躁也冲向了房东孩子。她似乎忘记了这个孩子是她的第一个好朋友。

她还写过东亚学校里的情况。一次有一个日本老师向学生问:你们对鲁迅有什么看法?这位老师曾读过中国的古典文章和诗,他的北京话说得很流利。有一个常常写旧诗,以文人自居的男学生站了起来。

"我说……先生……鲁迅,这个人没有什么,没有什么了不起的,他的文章就是一个骂,而且人格上也不好,尖酸刻薄。"

他的黄色的小鼻子歪了一下。我想用手替他扭正过来。

一个大个子,戴着四角的帽子,他是"满洲国"的留学生,听说话的口音,还是我的同乡。

"听说鲁迅不反对'满洲国'的吗?"那个日本教员,抬一抬肩膀,笑了一下:"嗯!"

这篇文章里还写了一个女学生的事,只有她一个人参加了日华学会举办的鲁迅追悼会。估计这一定是萧红自己。

过了几天,日华学会开鲁迅追悼会了。我们这一班中四十几个人,去追悼鲁迅先生的只有一位小姐。她回来的时候,全班的人都笑她,她的脸红了,打开门,用脚

---

① 当时,靖国神社每年5月和11月举行定期祭祀,从东京市内,其他地方,很多人来此参拜,拥挤不堪(《大东京照相案内》1933年,博文馆)。

尖向前走着,走得越轻越慢,而那鞋跟就越响。她穿的衣裳颜色一点也不调配,有时是一件红裙子绿上衣,有时是一件黄裙子红上衣。

这就是我在东京看到的这些不调配的人,以及鲁迅的死对他们激起怎样不调配的反应。

萧红显然是焦躁的。在刚知道鲁迅的死后寄给萧军的信上写道,这"是那么痛苦的一刻。可是我的哭声不能和你们的哭声混在一道"(第四十三信:10月24日)。由此可知她的切身的感情,她的悲伤多么深。但是这种心情,甚至连同胞也不理解,这使她的孤独感越发强烈起来。这或许就是鲁迅曾在日本体验过的"病的灵魂"?而几十年后萧红也随后蒙害了吗?

五、结论

萧红在东京期间,日本国内发生了哪些事情和事件呢?让我们从一般百姓的关心事中摘录一部分。

7月18日	西班牙内战
20日	东京、横滨、川崎三市联合防空演习开始
	昭和7年(1932年)起东京组成"联合防护团",1933年起每年实行防空演习
31日	国际奥林匹克委员会决定1940年在东京举办第十二届大会
8月1日	柏林奥林匹克大会开幕
	在这次大会上,日本田岛直人在三级跳远比赛中以世界新纪录获得第一名,前畑秀子在二百米蛙泳比赛中获得冠军,朝鲜的孙基祯在马拉松比赛中获得第一名,因悬挂日本国旗,在朝鲜发生抗议斗争等
	东京市内举行"捕蝇活动",共计捕获了9871只苍蝇
18日	"满洲国"皇帝傅仪之弟傅杰来日留学
24日	在成都日本记者被中国人杀害,此后同样事件屡次发生
9月10日	"第一期满洲移民五年计划"获准

25 日　棒球巨人军投三泽村荣治第一次创无出垒无失分纪录

10 月 9 日　在东京,一万中学生参加军事大演习

11 月 1 日　上海纺织工厂发生了抗日罢工,四万工人要求加薪

7 日　帝国议会新议事堂(现国会议事堂)举行落成典礼

8 日　九万多中学生参加明治神宫参拜式

14 日　绥远事件

12 月 12 日　西安事件

与今日相比,当时的情报网尚未发达,但是已经有报纸,也有了收音机。收音机在大正 18 年(1925 年)实行试播,进入昭和时代后迅速普及到民间,昭和 5 年(1930 年)开始播送广播电台自己编辑的新闻节目。昭和 6 年(1931 年)"九一八"爆发后,由于临时新闻增多,确立了收音机新闻节目的地位。特别是 1936 年"二·二六"事件时的"告兵士"广播,以及夏季奥运会上播音员的"前畑加油"的喊叫,都是我们也所熟知的。此外这一年的 5 月,大相扑关胁双叶山连战连捷取得冠军,升级为大关①,开始走向黄金时代的报导,也可能通过广播成了街头巷尾的话题。

萧红通过报纸知道了鲁迅的死,因此可知她平常在看报。但是在她的文章里对西安事件却只有潦潦几笔(第三十二信:12 月 15 日②)。

前文已经说过"萧红如何如何摆脱这种处境"。她一定在希求着消除各种麻烦,希求着可以专心写作的环境。若不然,对在东京或者日本发生的各种事件,即便她不懂日语,也不至于如此毫无介意。

依据她对日本如此不感兴趣的态度,可以认为,萧红出走海外的目的地并不一定是日本东京。但无论她去哪儿,大概都会像她自己所说的那样,在那里"和蛹一样,自己被卷在茧里去"(第二十九信:11 月 19 日),走完自己命里注定的路。萧红并未向东京本身寻求什么,是由于无所求而无所得,或是东京本来就没有可以给予她的什么,无论如何,结果无疑是萧红苦苦做了半年茧中蛹。刚来日本时对周围的人抱着好感,时常外出,对日语进步觉得很高兴,但是鲁迅逝世后,她的茧算是做牢

---

①　大相扑最高等级的力士叫横纲,第二位叫大关,第三位叫关胁。

②　"礼拜六夜(即十二日)我是主在沉女士住所的,早晨天还未明,就读到了报纸,这样的大变动(就是西安的"双十二事变":萧军注释)使我们惊慌了一天,上海究竟怎么样,只有等着你的来信。"

固了。在那茧里,只有离开现实梦想的,对欲归不能的故乡的甜甜的回忆,那么在东京,萧红得到了些什么呢? 她所得到的,一是明白了萧军不一定是自己的终身伴侣,再是加深了对故乡的恋慕。几年后于香港,这种恋慕之情孕育出著名的《呼兰河传》,而与萧军,则在 1938 年分手于西安。

综上所述,远渡东京决定了萧红的"晚年"的生活方式,但是这并不意味着当时除了东京,她别无选择。

(本文是作者在"第 44 届国际东方学者会议"上的发表稿,2011 年改写)

有关萧红在东京的事迹调查

（日）平石淑子①

　　萧红 1936 年 7 月中旬至第二年初,曾在东京住过,据说主要目的是养病和学习日语。在这短暂的时期里,她承受着鲁迅逝世这一沉重的打击,克制着在异国他乡的孤独,写下了《红的果园》(1936·9)《家族以外的人》等等优秀的作品。从现存的萧红书简等资料中可以看到,在东京的生活对她的影响是很大的。不用说,在萧红的创作生活方面,这是一段不可忽略的时期。近年来,由于中国热心于萧红研究的专家们的努力,对萧红在中国的事迹及其资料,都进行了充分调查,取得了成果。这对外国的萧红研究者来说是非常有意义的,使我们进而了解了萧红作品中的广阔世界,其贡献是非同小可的。但是,有关萧红在东京这段时期的生活尚未有过文字记载,这不能不说是我们日本萧红研究者的疏忽。后来虽然开始着手这方面的调查,却不料一开始就遇到了障碍。四十六年的漫长岁月抹去了人们许多的记忆,而且,要想在 1945 年曾遭受美军空袭,大片土地被烧毁

---

① 　本文载《北方文学》1984 年第 1 期,姚媛媛、洪左光译。

的东京街上寻找萧红的足迹也是困难的。现在,把这些很不完全的调查结果公诸于众,不过是为了使后来的研究者,无须再寻找这个遗迹罢了。

一、关于萧红的住所

在《萧红书简》第七封信上,地址写的是:"东京麹町区富士见町 2 丁目 9—5 中村方"。自从东京颁布了市政制度以后,街道的行政区划经过了多次的变更,现在麹町区已经和神田区合并,称为千代田了;不过,"富士见町"这个地名还保留着。富士见町一带也遭受了美军的空袭,虽然未被完全烧毁,却也已经与先前面目全非。

若能找得到萧红住过的"中村"家,也就能了解萧红在东京的这段生活情况了。然而,当时的(1936 年)"富士见町 2 丁目 9—5"这个地方根本没有叫"中村"的住户。1953 年的区域划分图上也没有叫"中村"的。千代田区公所只保管了1965 年以后的居民户口。看来要寻找原籍、姓名都不明的人几乎是不可能的。幸而战前就一直住在富士见町一带的人很多,那里的人还多少记得当时的几个居民的名字,可是最终也想不起有叫"中村"的人。据现在住在"富士见町 2 丁目 9—5"的 Q 某说:那块地方过去是 Q 家的地产,他们 1939 年搬到那里定居;至于在这以前有谁住过,不清楚。1939 年搬来的时候,并没有"中村"这个人。Q 某又将当时住在那一代的 U 某介绍给我,U 某 1936 年也曾在富士见町住过,可是他不记得有叫"中村"的人,也不记得有中国人曾在那附近住过。

结果,有关"中村"的调查也就到此中断了。即使人的记忆靠不住,四十六年的岁月太长,可是当地居民们能共同回忆出几个相同的人名,偏偏不记得"中村",这不能不让人感到奇怪。估计有三种可能性:

第一种可能性:"中村"只是借住在"富士见町 2 丁目 9—5",他将自己借住的房屋的一部分又借给了萧红。《萧红书简》中提到是和房东"中村"一块儿住在那里的,萧红所说的"房东",是否不是中村,而是受中村委托管理房产的人也未可知。若果真是中村出门在外,把家交给了保管人,住在附近的居民应该是有印象的。另外,如果说所谓"房东"就是"中村",家里还有个五岁左右的小姑娘,若说完全不与左邻右舍交往,这种说话是很脱离实际的。

第二种可能性:《萧红书简》中所写的住址会不会有错的地方。然而找不到容易与"麴町区"搞混的类似的地名，并且，在"麴町区"内，容易和"富士见町"混同的地名也没有。这样的话，非常有可能写错的地方便是"2丁目9—5"了。当时，富士见町划分1丁目—3丁目；可是，在1丁目以及3丁目，没有"9—5"或者"915"或"95"这样的牌号，唯有2丁目有9—5牌号，假若2丁目是正确的，9—5是错的话，当时住在"富士见町2丁目"附近的相当多的人却全然不记得有"中村"这样一个人。何况"富士见町2丁目"这个地方根本不大。

第三种可能性：住址正确，"中村"搞错了。或者不论住址还是中村都搞错了。信封上的地址以及收信人姓名，若多少有点错误的话，对熟悉那个地区的邮递员来说也是不成问题的，这样的情况，我也经历过好几次。所以，写有收信人地址的萧红第七封信连同这以后的28封信都保存着、和萧军的通信往来也并未遇到丝毫妨碍，这样看来，第三种可能性似乎能说得过去。但是，从汉字之国的中国而来，又是作家的萧红，写错数字尚可理解，难道会把汉字也写错吗？

二、关于东亚补习学校

《萧红书简》中提到，东亚补习学校的开学时间是9月5日，到12月23日第一学期结束。萧红9月14日开始上课，上课时间是下午12点40分开始，一共4个小时，课本有好几册；全班都是中国人，那个学校就是为中国人开办的。

可是，称作"东亚补习学校"的校址，目前仍未弄清楚。如果只以萧红信中所提及的"东亚学校"为线索的话，"东亚高等予备学校"看来是个很有把握的线索；在当时的日本，这所学校教中国留学生的日语做出很大贡献，很有可能它在1936年的时候改称为"东亚学校"了。"东亚高等予备学校"每年都存着学籍名册；东京都立日比谷图书馆实藤文库保存了一部，遗憾的是1936年这部分遗失了。况且，这个名册是以五月的在校生为对象的，所以即使现在仍保存着这部分名册，也无从查找萧红的学籍。把"东亚高等予备学校"和"东亚补习学校"联系起来考虑的又一最有力的根据是"地利"。虽然无法从《萧红书简》中找到学校的校址，但是，一句日语也不会说的萧红，来到人地生疏的东京，而且最主要的目的是学习日语，为上日本语学校，当然会考虑选择一条上学方便的路径。"东亚高等予备学校"在邻接麴町区的神田区神保町2—20号的地方。萧红的住处若是在"富士见町2丁目9—5"的话，到学校的距离大约有1公里多远。慢步走到学校也不过20分钟左右。

"东亚高等予备学校"和其他学校不同,采取学期制而不采取学年制。这种情况也和《萧红书简》第 26 封信上的记述不矛盾。

但是,目前还没有足够的材料确定"东亚补习学校"就是"东亚高等予备学校"。当时在东京,由于中国留学生急遽地增加,出现了各种类型的私塾和讲习会。所以,萧红是否会到这些私塾或讲习会去呢,这种可能性也不能忽略。根据《萧红书简》第 26 封信:"第二期我打算到一个私人教授的地方去读"的记述来推断,"东亚补习学校"是个规模相当大的,具有正规组织的学校吧。

如上所述,调查的结果目前只能到此为止了。实在没有值得发表的价值。不过,正如开始时说的那样,为考虑其他研究萧红的有志者无须再寻找这一遗迹,就特此记述到这里吧。

十里山花寂寞红

——萧红在香港

卢玮銮①

萧红（1911—1942）为了"逃避"——逃避特务，日人的轰炸也好②，逃避那种苦缠的感情热病也好，在 1940 年初，和端木蕻良由重庆来到了远离炮火的南方小岛③，总以为可以找到一个身心俱静的环境，继续她的创作，同时也可挣脱多少年来的感情的死结。

来港之前，萧红的文章已在《星岛日报》和《大公报》发表了，例如《旷野的呼喊》，在 1939 年 4 月 17 日到 5 月 7 日，于《星岛日报》的《星座》连载，此外，还有《花狗》④、《汾河的圆月》⑤、《茶食店》⑥、《记忆中的鲁迅先生》⑦。她和端木蕻良是

---

① 本文载《香港文纵》，香港华汉文化事业公司 1987 年版。

卢玮銮：香港中文大学教授，作家。著有《路上谈》、《承教小记》、《日影行》、《香港文学散步》等。

② 肖凤：《萧红传》，天津百花文艺出版社 1980 年版，第 98～109 页，文中所用端木蕻良 1997 年 9 月的口述资料。

③ 《文化情报》，载《立报》1940 年 2 月 30 日，第 2 版。

④ 《星岛日报·星座》第 371 号，1939 年 8 月 5 日，第 8 版。

⑤ 《大公报·文艺》第 407 号，1938 年 9 月 6 日，第 8 版。

⑥ 《星岛日报·星座》第 419 号，1939 年 10 月 2 日，第 10 版。

⑦ 《星岛日报·星座》第 27 号～432 号，1939 年 10 月 18 日开始连载至 10 月 28 日第 10 版。

著名作家,到香港来,"文协香港分会"为了表示欢迎,就在 2 月 5 日假大东酒店举行全体会员餐聚。那天晚上,出席的作家四十多人,由林焕平(1911—)当主席,萧红还报告了"重庆文化粮食恐慌情形,希望留港文化人能加紧供应工作"①。

为了解决生活问题,创作或找一份稳定的工作是必须的。有一天,胡愈之(1896—1986)到九龙乐道住所去找他们,说带他们到中环认识一位东北同乡周鲸文(1909—1985)。周鲸文在香港办了一份《时代批评》,鉴于香港没有什么文艺杂志,很愿意出钱,找个人来合作,出版一份纯文学杂志②。那天下午,端木和萧红就到中环雪厂街十号《时代批评》的办公室,认识了周鲸文。同是东北人,又是文化界,他们"真是一见如故,彼此非常亲近"③,周是个社会活动很多的人,兴趣也全放在《时代批评》上,对于端木蕻良提出唯一的要求:"编辑有自主权,不要过问及干预",也十分乐于答应了④。以后的日子里,他们常常见面。周鲸文很关心萧红,甚至可以说很怜惜她,认为她在感情上所受的苦楚,实在太重了,正因如此,直到三十多年后提到这件事时,对当时在萧红身边的端木蕻良,似有微词。⑤

三月初,本港好几间著名女校,联合成立了一个"纪念三八劳军游艺会"的筹备委员会,该会在 3 月 3 日晚 7 时,在圣道养中女子中学举行座谈会,讨论题目是"女学生与三八妇女节"。妇女领袖廖梦醒、萧红等都参加了。⑥

四月,萧红以"中华全国文艺界抗战协会"会员身份,登记成为"文协香港分会"的会员⑦。这段日子,萧红应该是集中精神在构思她那本充满自传色彩,弥漫着对童年往事及故乡思绪的《呼兰河传》,因为在 4 月 10 日开始,她发表了《后花园》⑧。这个短篇与后来出现的《呼兰河传》,有极其密切的关系。"后花园"是《呼兰河传》的重要场景,是萧红童年生活中最奇妙、最宽阔的天地,自该书第三章开

---

① 《文艺协会昨晚聚餐》,载《立报》1940 年 2 月 6 日,第 2 版。
② 据 1986 年 10 月 7 日端木蕻良口述资料。
③ 周鲸文:《忆萧红》,载《时代批评》第 33 卷 12 期,1975 年 12 月,第 19～22 页。
④ 据 1986 年 10 月 7 日端木蕻良口述资料。
⑤ 据 1978 年 10 月 2 日周鲸文口述资料。
⑥ 《纪念三八妇女节,决在港联合举行》,载《大公报》1940 年 3 月 2 日,第 6 版。
⑦ 《总会来函(关于会员登记事)》,载《星岛日报》1940 年 4 月 23 日,《文协》第 50 期,第 2 版。
⑧ 《后花园》自 1940 年 4 月 10 日至 4 月 25 日,共十二段连载于《大公报·文艺·学生界》。

始，后花园的一草一木，四季变化，都成为萧红生命的一部分，荒凉的气氛和在园中活动过的人物，都使身处于南方海隅的萧红念念不忘。《呼兰河传》内容及描叙的人物都很多，《后花园》却只集中在书中第七章的磨倌冯歪嘴子身上。这个"生命力最强"①的人物，是萧红童年记忆中最热爱，笔下最"光明"的描写对象，在这小说里，交代得更详细。我们知道他叫冯二成子，曾经单恋了邻家赵老太太的女儿。更清楚他怎样跟那个王大姐偷偷结了婚，而王大姐原来是个三十多岁的寡妇。这些情节，对读过《呼兰河传》的人来说，简直就象插叙或倒叙的镜头，也是一段补充。这个短篇，究竟是《呼兰河传》的试笔练习，还是修订重写？是一个很有趣味的研究课题。

1940 年 8 月 3 日，是鲁迅先生六十岁诞辰纪念，本港文化团体，包括"文协香港分会"、"中华全国漫画作家协会香港分会"、"青年记者协会香港分会"、"华人政府文员协会"、"乐余联谊社"、"中华全国木刻协会香港分会"等联合主办了一个前所未有，规模很大的纪念大会②。这会在 8 月 3 日下午 3 时，在加路连山的孔圣堂举行。萧红在会中负责报告鲁迅生平事绩，内容"大部系根据先生自传，并参证先生对人所讲述者，加以个人之批评'。

该日晚上，又在孔圣堂举行内容相当丰富的纪念晚会。单是戏剧节目，便占三项，包括田汉编的《阿Q正传》、哑剧《民族魂鲁迅》、鲁迅写的《过客》③。其中《民族魂鲁迅》的剧本，本来是"文协香港分会"戏剧组请萧红执笔的，因为在港的文化人中，她是最熟习鲁迅生活的人④。萧红接过这个任务后，发现要把鲁迅丰富的一生，包括在一个短剧中，并不容易，与端木蕻良商量斟酌，终于决定用较新的形式——哑剧来表现⑤。她认为自己"取的处理态度，是用鲁迅先生的冷静、沉定，来和他周遭世界的鬼祟跳嚣作个对比"⑥。这个四幕哑剧，出场人物除了鲁迅之外，还有何半仙、孔乙己、阿Q、当铺掌柜甲、乙、单四嫂子、王胡、牵羊人、蓝皮阿五、祥

---

① 茅盾：《论萧红的〈呼兰河传〉》，载《文艺生活》新第 10 期，1946 年 12 月，第 21～23 页。
② 《本港文化界今日纪念鲁迅诞辰》，载《大公报》1940 年 8 月 3 日，第 6 版。
③ 《本港文艺团体昨纪念鲁迅诞辰》，载《大公报》1940 年 8 月 4 日，第 6 版。
④ 冯亦代：《哑剧试演〈民族魂鲁迅〉》，载《大公报》1940 年 8 月 11 日，第 8 版。
⑤ 据 1986 年 10 月 7 日端木蕻良口述资料。
⑥ 萧红：《民族魂鲁迅·附录》，载《大公报·文艺·学生界》，1940 年 10 月 21 日～10 月 31 日。又载香港《明报月刊》第 14 卷 11 期，1979 年 11 月，重刊。

林嫂、日本人甲、朋友、鬼、绅士、强盗、贵妇、恶青年、好青年、卖书小贩、外国朋友、开电梯人、德国领事馆人、僵尸、买书青年君。萧红写的这个剧本,设计剧情、表演形式、灯光、布景,也很细意做了一些处理手法上的说明,例如在第四幕,她写1933年的鲁迅事迹后,就作如下的交代:

鲁迅先生在抗议书和欢迎外国朋友,在时间的顺序上是倒置了,这是为了戏剧效果而这样处理的,请诸位注意并且予以原谅,作者特别声明。①

整个剧本,处理手法,就是现在看来,仍是很新,但嫌过于繁复,牵涉的事与人物也过多,所以,尽管"萧红费了几昼夜的功夫完成了一个严密周详的创作。可惜鉴于文协的经济情况,人力与时间的局促,"只好临时由冯亦代(1913—)与"文协香港分会"和"中华全国漫画作家协会香港分会"的会员,参照了原作,写成了另一个一幕四场的剧本,排练后在纪念会中上演。至于萧红原作,就在十月的《大公报》上发表,并注明"剧情为演出方便,如有更改,须征求原作者同意"。这是萧红很特别的创作,值得研究者注意。

自从参加这个纪念会后②,萧红就不再参加什么公开的文艺界大型活动了,并开始一连串写作计划。9月1日《星岛日报·星座》开始刊出她的巅峰之作《呼兰河传》,一直到12月27日才登完。文前注明:"本书由作者保留一切权益",这种说明在当时报刊上很罕见,不知道是不是出自萧红自己的意思,她大概也没有想到这个时候,就伏下了"他日版权给谁"的契机,造成了几十年后,一场版权之争。③

1940年底,《呼兰河传》的完成,标志着萧红创作成绩的丰收,同时,她的健康,也显明的出现更大的危机,其实,身体本来已经不够好的萧红,到了香港后,虽然住

---

① 萧红:《民族魂鲁迅·附录》,载《大公报·文艺·学生界》,1940年10月21日~10月31日。又载香港《明报月刊》第14卷11期,1979年11月,重刊。

② 据丁言昭1980年12月10日来信说,当年在《民族魂鲁迅》中扮演青年甲的漫画家丁聪,对她证实萧红那天晚上也出席了纪念会,并在演出后,到台上去和演员们握手。

③ 《呼兰河传》的版权之争,最先我见于孙陵的《骆宾基》。(《文坛交游录》,1955年4月,台湾大业书店,第5~10页)葛浩文在《萧红评传》中(1979年9月,香港文艺书屋)也用了这条资料。骆宾基在《写在〈萧红选集〉出版之前》(《初春集》,1982年10月,江西人民出版社)说:"版权之争一类,纯属虚构。"但1986年10月8日,接受笔者访问时,又说出另一个"版权之争":萧红的继母女儿,曾因《呼兰河传》版权问题,向中宣部告状,要骆宾基把权益交出。

的吃的都比重庆舒服,但健康却一直没有好转,1940 年 6 月 24 日她给朋友华岗的
信中,说:

> 我来到了香港,身体不大好,不知为什么,写几天文章,就要病几天。大概是自
> 己体内的精神不对,或者是外边的气候不对。①

在"写几天文章,就要病几天"的情况下,七月已经写成长篇《马伯乐》的第一章②,
这书的单行本出版日期是 1941 年 1 月,从出版所需时间考虑,《马伯乐》第一部,可
能在 1940 年八、九月间完成。圣诞前夕,她单独一个人带了一盒圣诞糕到周鲸文
家去,"她走了一段山坡路和登楼梯,累得她呼吸紧张,到屋里坐了一会才平伏
了。"③从周鲸文这段描写,我们可以推想她的健康情况如何不妙,但她并没有因此
而停止费尽心神的创作,因为她正在着手写《马伯乐》的第二部,在 1941 年 2 月出
版的《时代批评》62 期开始连载。3 月 26 日,又完成了短篇小说《北中国》④,6 月
又完成了《小城三月》⑤,由此可见,由 1940 年到 1941 年 6 月,她正以惊人的速度,
完成她一生创作历程的重要段落,仿佛早已预知时日无多,要拼尽气力,发出最后
又是最灿烂的光茫。7 月她终于实在熬不住,在朋友的关心安排下,进了玛丽医
院⑥,开始她进出医院,身心受尽折磨的生活。最后,在炮火连天的情况下,带着惊
惶与痛楚,死在刚刚陷落于日本人手中的小岛,结束短暂的一生,而直到今天,还有

---

① 《萧红、端木蕻良在香港期间致华岗的信》,载《萧红研究》,哈尔滨师范大学 1983 年版,
第 8~17 页。

② 《萧红、端木蕻良在香港期间致华岗的信》,载《萧红研究》,哈尔滨师范大学 1983 年版,
1940 年 7 月 28 日信。

③ 周鲸文:《忆萧红》,载《时代批评》第 33 卷 12 期,1975 年 12 月,第 19~22 页。

④ 《北中国》自 1941 年 4 月 13 日至 4 月 29 日,共 14 段连载于《星岛日报·星座》,我自旧
报找出后,重刊于香港《抖擞》第 40 期,1980 年 9 月。后收入《萧红短篇小说集》中,黑龙江人民
出版社 1982 年版。

⑤ 萧红:《小城三月》,载《时代文学》第 1 卷第 2 期,1941 年 7 月 1 日,第 68~84 页。文末
注"1941 年,夏重抄。"

⑥ 《文化广播》,载《青年知识》第 10 号,1941 年 10 月 8 日,第 186 页。文中提及:"萧红女
士因肺病留玛丽医院已将三月",可推断约在 7 月初进院。至于关心她的朋友及进院后情况,论
及的文章很多,在此不再一一重复。

一大半骨灰散落在香江某一角落。寂寥飘泊恐无过于这个可怜女性了。

1979 年 9 月 10 日初稿

1986 年 12 月 6 日定稿

后　记

　　本文是从七年前一篇旧作《1940 年萧红在香港》改写过来的。七年来,萧红研究,在中国已由冷变热,又渐渐由热变冷。研究者、亲与非亲的人都纷纷以萧红为题,把可挖的萧红事与文都挖出来了,看过了许多文字,忽然对自己这篇书文,有点意兴阑珊,但为了出版单行本,重看时感到从前有些资料引用不恰当,还是动手删去,也同时加入一些新的材料,在这一删一增之间,大概也显示了我对某些人某些事的不同看法。

　　愈看得多写萧红的文章,特别与她有过亲密关系的人写的东西,就愈感到萧红可怜——她在那个时代,烽火漫天,居无定处,爱国爱人都是一件很困难的事,而她又是个爱得极切的人,正因如此,她受伤也愈深。命中注定,她爱上的男人,都最懂伤她。我常常想,论文写不出萧红,还是写个爱情小说来得贴切。

　　一直以为 1957 年她的骨灰迁葬广州,总算在祖国土地上落叶归根,但又怎料,那只是一半的骨灰而已,还有一半竟仍散落在香江。我说“散落”,是一个悲观的估计,因为端木蕻良先生说当年他把一半萧红骨灰,偷偷埋在圣士提反女校校园小坡上,他还要我为他找找看。那个倚在屋兰士里旁的小校园,多年前是我天天路过的,园里小坡上,树影婆娑,也没人走动,静悄悄地恐怕比萧红的“后花园”更岑寂,我从没想过那儿的朝东北坡上,竟也悄悄的埋着一个可怜女人的一半骨灰。几年前,花园里大翻土一次,大概在修园墙,和修了一条沿坡小径。我不知道那一次翻土,会不会惊动了那坎坷的灵魂,怕只怕修筑的人发现了那一尺高的好看花瓶,就会扔掉瓶中灰,当成古董卖。又或者那瓶子早已碎于锄下,骨灰已和泥土混合,永回不了呼兰河畔。我接到这份委托,实在感到为难,回到香港,几次站在圣士提反校园外满心凄怆。我在想办法,但能不能找到这一半骨灰,那就得看天意了。

　　如此深爱着人的人,竟如斯寂寞,才华文章,对她来说,又有甚么意义?

1986 年 12 月 6 日深夜

萧红和端木蕻良在香港

岭南大学的一次文艺座谈

杨玉峰①

近年来,东北作家的研究进行得如火如荼②,尤其是萧红(张荣华,1911—1942)、萧军(刘鸿霖,1907—1988)和端木蕻良(曹汉文,1912—)更成了研究者的焦点对象。香港学者由于条件的优势,对四十年代来港的东北作家的活动,掌握较具体,研究成果也很可观;即如卢玮銮(1939—)《十里山花寂寞红——萧红在香港》和刘以鬯(1918—)的《端木蕻良在香港的文学活动》③,便是资料翔实、叙说有据的力作。既然百密总有一疏,他们对萧红和端木二人曾经应邀到香港岭南大学座谈抗战文艺一事,无只字道及,稍嫌美中不足。现就有关材料,略作补叙如下。

---

① 本文原载《香港文学》,1991 年 2 月第 74 期。
② 有关东北作家的研究专著近来出版了不少,如张毓茂:《东北新文学论丛》,沈阳出版社 1989 年版;沙金成:《东北新文学初探》,吉林文史出版社 1989 年版等,都甚具参考价值。
③ 参看卢玮銮:《香港文纵——内地作家南来及其文化活动》,香港华汉文化事业公司 1987 年版,第 162~170 页;刘以鬯:《短绠集》,中国友谊出版公司 1985 年版,第 112~137 页。

　　岭南大学创基于广州,之所以还来香港,实因战争的影响。1937 年抗日战争爆发,翌年 10 月日军侵占广州。政府当局下令疏散人口,教育厅也通令各校停课。此时岭大由李应林掌校政,他一方面将学生疏散,一方面规划迁地复课。最后,决定迁移香港,借用香港大学校舍复课。李应林《本校迁港复课经过》记述:

　　抵港后,即承永安银行借地为临时办事处,承蒙香港大学允予借用校舍,校址问题,先得解决。同时查悉本校学生大多数寓在港澳,于是决定借用香港大学校舍复课;设立办事处于香港大学内,呈奉教育部及广东省政府核准备案。旋于 11 月 12 日召集学生覆核注册,14 日正式复课。①

　　如是,岭南大学于 1938 年 11 月 14 日正式在港复课,办事处设在香港大学钟楼内(即现在的港大本部大楼)。岭大学生的课,只得在夜间进行。
　　虽然是寄借性质,岭大在师生一心的努力下,校务日趋稳定。不用一月,岭大书记室编印的《岭南大学校报》港刊第 1 期(1938 年 12 月 5 日)便顺利出版;而由学生自治总会编辑的《岭南周报》,也继承以往宗旨,于 1939 年 2 月 20 日星期一复刊②。此两种刊物,对于维系师生、促进校务,无疑有很大作用。随着时局的发展,岭大学生课余也积极参与社会活动,特别是筹款救济难民,慰劳伤兵等义举,他们是不甘人后的。另一方面,他们也非常重视文艺问题,甚至于 1940 年 5 月 4 日正式组成岭南大学艺文社,推动校内的文艺活动。③ 5 月 15 日《岭南周报》40 期报道:

　　5 月 4 日正午 12 时,艺文社假座宁养台开成立大会。到会者有谢扶雅,吴重翰,李兆强,何格恩,鸿操等教职员及同学十余人。主席宣布开会理由后,即席通过

　　① 载《岭南大学校报》港刊第 1 期(1938 年 12 月 5 日)第 1 版。
　　② 《岭南大学校报》港刊第 11 期(1939 年 2 月 13 日)预告:"本校学生自治总会出版之《岭南周报》,于本校迁港时停刊。现该会已在港复课,经已数月,《岭南周报》亟应继续发刊,因特推定姚文辉君为总编辑,区锡龄君为副编辑,主理一切。准于本周起复刊,每星期六日出版。记载关于政治,经济,财政,评论,文学,戏剧,诗歌,校闻,翻译等文字,欢迎各同学投稿。"(第六版)查《岭南周报》港刊第 1 期实际出版于 2 月 20 日星期一,晚于"预告"七天,但并非如"预告"所说,逢星期六日出版。
　　③ 《岭南周报》港刊四十期(1940 年 5 月 11 日),第 1 页。

社章。继续选出干事三人,如下:常务郑树荣,出版李宗强,研究黄庆云。以后该社当经常举行文艺座谈会及一切文艺问题之讨论。……①

艺文社成立的宗旨,报道虽无明言,但从他们后来编辑并附刊于《岭南周报》的《艺文专刊》中署名"白云"的《写在前面》一文,可以看到他们的方向:

"在这儿,就拿锋利的笔尖,作为我们先锋的白刃,以最大的力量,展开文艺的战线。暴露侵略者的罪恶,揭开汉奸的无耻,和指出他们必然的末落;同时我们更要歌颂为自由而作战的勇士,加强反侵略的怒吼,和鼓励争取最后胜利的雄心。"②

由此可见,宣传抗战,以文艺作为战斗工具,是艺文社所标榜的。事实上,他们的确能够言行一致。艺文社除了编辑《艺文专刊》,发表创作外,他们更积极举行一连串的文艺座谈会,邀请那时在港的知名文学家主持,藉以提高同学对文艺的兴趣和认识。而他们的第一次座谈会,便是请到当时南下香港仅数月的萧红和端木蕻良两人主持,日期为 1940 年 5 月 11 日。

这次座谈会的经过和内容,萧红和端木蕻良事后并无片言提及;幸而那天的聚会,被当时身任艺文社的常务郑树荣撰成报道,于 1940 年 5 月 29 日的《艺文专刊》上刊布,此篇题为《关于抗战文艺的几个问题》的纪录,虽然不是萧红和端木二人的正式议稿,但经郑树荣摘要复述,从中也可透视他们讲话的重点。首先,是端木和萧红就抗战文艺谈自己的一些意见。端木认为文学是"整个的",不能任意分流派;"文学是不能离开人类的生活,生活是什么? 就是现实。"所以他指出"不能把抗战文艺和过去的文艺对立。他们是同一的血统,有如儿子之与母亲。另一方面,要认清楚抗战的现实,确立新的人生观,不要消沉。而萧红则呼吁作家在战时应加倍努力,互相批判地写作,用文学纠正抗战的缺点,改进现实。至于取材,不限于前线,"后方的现实只要我们能深入地反映也同样有价值";作家本人熟悉的生活题材,自然也可以写。

很明显,萧红和端木都主张文艺反映现实,而抗战文艺理应从战时生活取材,

① 《岭南周报》港刊四十二期(1940 年 5 月 29 日),第 3 页。
② 《岭南周报》港刊四十二期(1940 年 5 月 29 日),第 3~4 页。

积极地宣传抗战。另外,他们又分别就文艺的公式化、软性文艺、诗歌创作和文学的方言问题等表达了意见。由于郑树荣的纪录较简括,从中我们只知端木主张创作要避免公式化;作诗要顺其自然,不要造作,并重视写实的作品如杜甫(712—770)的诗歌。而萧红则认为写作应尽量避免采用方言,但间中在对话中也可运用;假若作家有意向某地区的读者进行宣传,应用方言也是无妨的。至于"软性文艺"的问题,纪录不太明确,使人难以理解端木的意见。

总的来说,《关于抗战文艺的几个问题》是一篇值得重视的纪录,它为萧红和端木蕻良在港的一次文学活动留下了鳞爪,对研究两位作家有一定的资料价值。篇中文字虽非作家的讲稿原文,但两人的写实主义抗战文艺观还是十分明晰,这与他们较早前对抗战文艺的看法是贯彻相承的[①]。此外,纪录之中有一幅署名"TD"的素描插图,把萧红和端木当日座谈的神态呈现于读者眼前,增强了文学的纪实效果。图中萧红身穿旗袍,端木则西装革履,一起坐在一张长椅上,正分别与两旁的同学交谈,神情认真而又从容不迫。看看这幅插图,仿佛身处其境,回到四十年代的岭大,聆听着两位作家侃侃而谈哩!

① 参看端木蕻良《寄在战争中成长的文艺火枪手们》,载《七月》第3期(1937年11月16日),第65~67页;及艾青、萧红等《抗战以来的文艺活动动态和展望》(座谈会纪录),载《七月》第7期(1938年1月16日),第193~198页。

附：关于抗战文艺的几个问题①

端木蕻良　萧红／发言　郑树荣／记录整理

5月11日,本校艺文社举行第一次文艺座谈会,同时请端木蕻良及萧红先生演讲,下面所记,是他们对抗战文艺的一些意见,因为时间关系,本文没有交给他们看过,如果与两先生的原意有什么出入,由记者负责。

郑树荣记

(一)端木蕻良先生之意见

很多文学家往往把文学分成若干派别或若干时代,但我们要知道,文学是整个的,从十八世纪以后,文学从诗歌演变到散文,再由散文演变到小说,这三个阶段的发展,也是整个的;我们不能把文学分成浪漫主义时代或写实主义时代,在文学史上,真正的浪漫主义的运动是没有的。文学指

---

① 本文是端木蕻良和萧红于1940年5月11日在岭南大学举办座谈会的报告记录。载香港《岭南周报》第42期,1940年5月29日。转摘自《端木蕻良和萧红在香港》,白山出版社2000年版,第68~70页。

示什么？文学暴露什么？它便是我们的生活史。文学是不能离开人类的生活，生活是什么？就是现实。

不论什么主义，不能脱出这个范畴，我们今天讨论抗战文艺，不能把抗战文艺和过去的文艺对立。他们是同一的血统，有如儿子之与母亲。

抗战带给我们以新的现实，新的人生观，我们要看清楚目前的现实，不能模糊，抗战后很多作家消沉了，因为他们看不清目前的现实，但对于战前的文艺作品，我们不应取对立的态度。

一时代有一时代的世界观和人生观，但我们应该注意过去与未来，文学是整个的。

（二）萧红先生的意见

萧红先生演说颇长，在下面只作简明的记录，演词略谓：

在抗战的今日，我们应该努力，互相批判地写作。我们的文艺作品，应该比之普通人的常识更为深刻，抗战也有缺点，但我们要用文学把它的缺点纠正。文学除了纠正现实之外，还要改进现实。

作家未到过战场可以写作品吗？可以的。在后方的现实只要我们能深入地反映也同样有价值，因为抗战影响了全中国每一个角落。譬如香港吧，香港不是有很多人在做救国工作吗？他们的工作也是与抗战有关的。

对于自己生活的阶层较为熟悉，你也可以写的。

我们要看清楚目前，但不要不注意过去。

（三）关于公式化问题

（端木蕻良先生答）

这是一个很严重的问题。

我以为文学形式方面应从欧化的阶段变成中国化。如中国的《水浒传》，里面对于人物的性格，对话和时间写得很成功。

我们要避免公式化，我们必须把一种事物之间的过程交代清楚，因为读者需要很真实的观念，不希望笼统的观念。

（四）关于软性文艺问题

（端木蕻良先生答）

我们对于一个活的战前与战后的人,我们应该把他看做一个活的人,人是要生活的,不论软硬都是他的生活。

描写的时候,取材软性的人太懒了,他们把一个人写成平面,这是不对的。托尔斯泰的《安娜·卡列莲(尼)娜》,他在里面用了三个主角,他不是纯粹写她的罗曼史,他为了表现当时社会的情形,他用了三个人,以表现主题的意义。这二方面深入的描写,才可以成功。

（五）文艺可否用方言问题

（萧红先生答）

大概说来,文学不可用方言,但有时在对话里可以用。有时为了一个小地方的人们宣传,也不妨用。

（六）关于诗歌的写作

（端木蕻良先生答）

诗歌要有散文味,不必造作,我们要看莎士比亚的作品便可明白。中国的诗人,对于杜甫的诗应该注意,因为他描写的是当时社会的情形。

（民国）廿九年五月十七日于冰庐

萧红和她逝世后的一些情况

（美）沙洵泽
孙凯①

1934年，即东北沦陷后三年，萧红同萧军逃入关内，和其他东北流亡知识青年一样，过着艰难困苦的生活，由于左翼革命文艺的影响和鲁迅的指导，她在1935年以后的作品中充分地表现了她那爱国主义的激情和她对革命前景的热切希望。

最近几年来，国内对萧红文学创作重新给了很高的评价，人们一致认为她是30年代的一位比较有成就的杰出的中国女作家，国内外欣赏萧红作品的人们都认为她的文笔细腻，描述动人，真实地反映她那个时代的社会和精神面貌，艺术地反映了北大荒的农村生活，哈尔滨的"文明社会"，把富有生命力的广阔的松花江平原的和那些勤劳勇敢的劳动人民的心声传播到祖国各地，振奋人心，鼓舞人们的抗战斗志。

30年代东北作家在国内外比较出名的有萧红、萧军和端木蕻良。国外研究中国现代文学的学者很多人都对萧红给予很高的评价。我们在1973年夏季应邀参加在哈佛大学举办的国际性

① 本文原载《萧红研究》第1辑，哈尔滨出版社1993年版，第244~248页。

的现代中国文学讨论会,在会上我们以《乡土文学》为题做了一个关于萧红、萧军与端木蕻良等东北作家作品的历史和社会背景的报告,当时因为中美关系好转,美国的中国文学学者们便扩大了研究中国现代文学的范围。过去他们只讲明清小说和30年代的几个著名作家,一提起30年代和40年代的文艺就全部被说成是"抗战八股",没有文艺或学术价值。1973年哈佛主办的现代中国文学讨论会的一个结果就是改变了好多人对30年代中国文学的看法和态度,给一些研究和爱读抗战时期的和全中国解放后的革命文学作品的人们开扩了眼界,打开了大门。过去诬蔑讽刺无产阶级文学的几个写中国近代文学史的教授,这时也不再受欢迎了。他们有的改变了态度,有的采取观望态度,但是再没有人能够完全否定革命文学的价值了。

1942年萧军的《八月的乡村》的英译本在纽约出版。斯诺先生和夫人曾向美国读者热情地介绍过二萧和他们的作品。他们都认为萧军和萧红是30年代中国文坛上最优秀的作家,因为他们的作品充分地表达了中国老百姓的奋斗精神。抗战胜利以后因为种种国内和国外的因素很少真正地客观地评论萧红和萧军,台湾出版的几本关于"30年代文坛"的书籍多是冷嘲热讽,别有用意。现在除了葛浩文的《萧红评传》和他英译的《生死场》与《呼兰河传》合订本,李欧梵介绍萧军的文章以外,新出版的比较全的英译中国现代文学选集里都包括萧红和萧军的作品。

今年7月我们有幸由二萧的老友,黑龙江大学陈隄老师陪同到呼兰参观萧红的故居,得知政府已经发款维修保护那座古老大瓦房作为纪念萧红的场所,如果萧红有灵她该含笑安息了。到了她出生和生活的地方我们对她所出生的大地主家庭有了进一步的了解,显然她的幼年是充满了苦难,没有富贵和荣华,但那里大自然的秀美和田野的芳香却是给予她无限的启示。我们对她那短暂的一生,虽然看了许多关于她的生平资料,又和萧军和端木蕻良谈了话,更有几位研究过萧红的专家给我们作过解释,但我们仍然是有许多不解的问题。葛浩文曾说过关于萧红最大的迷是围绕她逝世的一些问题。关于这些问题,1979年我们在解放后首次回国时曾与端木蕻良谈过,那年返美经过香港时曾做过仔细调查,从朋友手中得到一部分关于萧红逝世和迁葬的官方资料。其中最重要的一点是香港政府承认端木蕻良是萧红的合法丈夫,端木本人也曾向我们说过和萧红正式结婚,他向我们详细地述说了萧红从1941年末病重到她于1942年1月22日逝世那段时间的苦痛艰难生活。为了治病筹款,他跑遍香港九龙,因为自己不能经常亲身照顾而把病妻托给同乡友

人,无论萧红临终前说什么后悔或瞒怨的话,在那种兵荒马乱、炮火连天的情况下,端木是尽可能地尽到了丈夫的责任。

萧红死后,端木费了很大的心血才能找到一个比较安全肃静的地方埋葬萧红遗骨的一部分。据调查亲殓萧红的香港马超棟先生,他曾写过一篇《殓萧红》的文章,发表在1949年的《周末报》,在1942年马先生任日本占领的香港政府卫生督察,负责处理港岛区的尸体收集和埋殓等事务。日军占领香港初期,对市民采取镇压的政策,再加上粮食奇缺,所以被杀死饿死的中国人民是很多的。1942年1月末,马先生按常规带领工人和车辆到柏道医院(圣士提反女校址),挪运存放在殓房的尸体,准备埋葬。据马先生说那时他遇见一位有北方口音的中国人,他叫端木蕻良,是死者萧红女士的丈夫,要求马先生协助安葬亡妻。端木本身带200元现款准备作为殓葬费,但在赴院中途,他身上所有的钱被人抢劫。这件事端木没有向我们说过,不知是否属实。当时因为使用墓地有限制,如死亡者无人认领,日本控制下的政府即派人将尸体倾倒在西营盘高街陶淑运动场埋葬。可是马先生是喜爱萧红著作的读者,也很同情那夭折的从塞北来到南国的年轻女作家,所以他破格予以优待,没有把萧红遗体放入乱尸堆里,经过马先生的指导,端木蕻良取得一位日本熟人的帮助,到日军政府办领死亡证,火葬证和认领遗体手续,所有被占领当局埋葬的尸体不穿衣服,尸体不分男女,全部搬上尸车运出埋葬,为了表示对萧红尊重,马先生取得医院毛毡来遮盖她的遗体,并另外将尸体放置车中的特别车厢里,和其他尸体分隔,最后,他把萧红遗体移送到东区日本火殓场火化(即今天的东区卫生局旧址,在东华东院附近)。火殓后两天的一个黄昏端木领回萧红骨灰,把一部分埋葬在那时候颇为荒凉而景色美丽的浅水湾(丽都餐厅山边)。自1942年1月起到1957年5月的十五个年头里萧红的遗骨静静地埋藏在那个太平洋和印度洋的水流交汇的香港浅水湾畔。人们在那寂寞的沙滩上凭吊萧红的坟墓,从此,"人们便常常把这一代著名女作家的坟墓,与浅水湾的青山绿水相提并论"。(香港《文汇报》1957年5月7日)据说第二次世界大战结束后,有人建议把萧红的骨灰移出迁葬到祖国大陆去,但是也有人主张把她的浅水湾坟墓维修整理,留在香港不动。虽然浅水湾不是墓场,萧红安葬在浅水湾又没有香港政府的许可证,但是,萧红的墓却一直安静地保留在那里。战后十五年中浅水湾有了很大的变化,附近修建许多建筑物,商业机构也渐渐向浅水湾延伸,原来萧红的墓上有一块大石碑,碑上刻有"萧红之墓"四个大字,坟墓的周围有一个水泥圆圈儿护墙,墓旁有树木,墓上有时出现不知什么人放置的花圈儿。萧红死后的头十五年是很平静的,可以说是悠闲的,谁知在1957年她却死后又经历了一场风暴,因为香港资本主义经济发展的需要,萧红占有那一小块土地,又受到被人霸占的威胁。

1957年5月2日萧红浅水湾墓开始被人拆除了,当消息传出后,香港中英文报纸都有反应。根据报纸消息,拆除萧红墓的主要原因是浅水湾丽都酒店准备在那里修建一个水池,给儿童们作为玩汽艇玩具的地方,坟墓上的建筑拆除工作完毕后,把原来的水泥圆圈绛修整齐,圈内又摆上一个可供儿童游玩的铁梯子。因为丽都酒店附近的海滩已变成游客游泳散步的风景区,在刚拆除的坟墓上,有人便开始做起小生意来,有卖冰糕的,有出租游泳衣的……

当拆除萧红浅水湾墓的消息传出后,香港文化界一些人士都很关心,希望拆除工程暂时停一停,给他们一个机会以便考虑如何处理萧红墓的问题,是否把它迁葬到香港的一个墓地或是移葬到祖国内地。他们需要一些时间商讨研究完以后才能决定,最后,他们和国内有关单位取得联系,决定把萧红骨灰移葬到国内,由香港叶灵凤出面向香港市政府申请移葬许可。在1957年7月19日香港市政事务署发给迁移或检拾遗骸执照,号码是51950。

国内主要负责移葬萧红骨灰的机构是中国作家协会广州分会,叶灵凤说端木蕻良以萧红丈夫的名义委托他办理的,于是他把在浅水湾海滨掘出的萧红骨灰存在香港红锄厝房,1957年8月3日,萧红生前几位好友在红锄厝房永别亭举行一个简单的辞别仪式,然后把骨灰盒交给中国旅行社由火车运往广州移葬。萧红的骨灰在香港浅水湾存留十五年后终于归还她热爱的祖国大陆,她小说中的那支象征性的红旗今天飘扬在她的坟墓上,她被安葬在距家乡遥远的珠江之畔的银河公墓。我们想如果她的遗骨被松花江的一个支流呼兰河水滋润着的时候,萧红的英灵是不是更会安静些,她是不是会更安心于"九泉之下"呢?

萧红如何在美国成名

柳无忌①

我前为《鲁迅逝世五十周年纪念集》写了一篇《英语世界里的中国"今圣人"》。最近在报上看到《柳亚子与萧红的忘年交》一文，因此想起我对于萧红作品在国外的流传曾有一点贡献，把它写出来，会使我父亲高兴，而读者也许亦乐于知道。依照那篇纪念鲁迅的文章，如把此篇文章的题目作为《英语世界里的"天涯孤女"》，也会相当引人注意，但何必做"自抄公"呢？因此，就老实地用了上面这个题目。

闲话少说，正传如此开始：十五年前我在美国印第安纳大学教书，有一天，在我那个布满书架、书籍有如围城的办公室里，来了一位高个子的年轻美国人，他的中文名字叫葛浩文，在旧金山州立大学得了硕士，此次来印大读博士学位，预备跟我写论文。说明来意，并告诉我他对于东北作家特别有兴趣，就如数家珍地列举萧军，萧红，端木蕻良，罗烽，白朗，舒群等人，还有些我从没有听见过的。我心中好生惊异，他如何知道的那么多，却一

① 本文原载《新民晚报》，1986年10月18日第6版。
柳无忌：柳亚子之子，曾在美国印第安纳大学执教。

本正经地对他说:当然呢,一篇论文,即使是博士论文,也写不进去这许多作家。倘在其中选择一位来写,如萧军或端木蕻良,尤其是萧军的《八月的乡村》已有叶君健的英译本,那是可以的;但他们二人的作品很多,而且还活着,不容易写得好。因此我建议,在东北作家群中,可以研究萧红的身世与作品。她早死,从她创作的年龄算来,文字的产量固然丰富,但在论文内尚可掌握得住,经得起详细的评介与分析,作为一位芳龄早逝的女作家,他的生活经历虽无传奇性,却相当悲惨动人,如她自己所说,"天涯孤女有人怜",容易引起读者同情,是一篇文艺传记的好对象。我与葛浩文的这番谈话,没有料到,注定了萧红在英语世界的命运。

此后,葛浩文一帆风顺地在我的传记文学班上写出《萧红传略》的学期报告;博士班功课读完后,穿梭似地去香港、台湾、日本访问萧红生前的友好,搜集有关萧红的研究资料,以充实他于 1974 年完成的博士论文《萧红的文学历程 1911—1942》;回母校旧金山州立大学任教,在课余加工修改论文,出版他的第一部英文著作《萧红》(世界作家丛书,1976)。近十年来,葛浩文仍是念念不忘萧红的研究。在此期间,他的英文书已译为中文本《萧红评传》,有香港版(1979),台北版(1980),与国内北方文艺出版社 1985 年的新订本。他尤勤于萧红小说的编译,一连用英文译出了三部:(1)《生死场》(合译);(2)《呼兰河传》(此两部合成一册,1979 年出版);(3)《商市街》(1986 年出版);还译了一些零星的萧红的短篇小说,如《牛车上》、《手》(此前已有两种英译本),《家族以外的人》,陆续在刊物上发表。这样,在广大的英语读者中,他着实提高了萧红的知名度。如我的另一位印大学生,也是葛浩文同学、刘绍铭所讲,"葛浩文把萧红带到西方世界来,功不可没。"(《葛浩文与萧红》,载葛浩文著《弄斧集》,1984 年台湾出版。)

在《弄斧集》封面后页本书的广告内,有下面几句:"如果没有葛浩文这个美国人,那么台湾读者就不知道中国曾有一个叫萧红的女作家。不信,看完本书便可体会到这句话的真实性。"近年来,不但台湾读者知道了萧红,从《弄斧集》的一篇文章内,还可看到现今中国大陆文坛上的"萧红热"。在这方面,葛浩文亲身经历着。一九八一年六月十八日,他是唯一的国外萧红专家,被邀去哈尔滨参加萧红诞辰七十周年纪念会,与萧军,塞克,舒群,骆宾基等八十余人当场摄影留念。这已是他第二次哈尔滨之游。上一年八月,在北京拜访了萧军,端木蕻良,骆宾基,舒群诸人后,他曾独自北上哈尔滨,抱着浪漫的感伤情绪,去访问萧红故里,又南下广州,在银河公墓萧红的墓碑前默默站了好多分钟。当时,距他到印大办公室看我的时候,

整整有十年之久。世变沧桑,在她七十五周年生辰的今日,萧红不但闻名国外,在国内文坛上亦已复活了,热得发红了。据说,研究她的文章"如雨后春笋处处发芽"(许定铭:《喜读新版〈萧红评传〉》,载《读书良友》,1986年1月版),实在太可喜了!

月前,葛浩文自旧金山驾车来此,向我辞别,说不久就要去中国,为期一年,大部份时间将在哈尔滨作研究,但不是关于萧红或其他东北作家。他并赠我一册新出版的《商市街》英文本,这是他最后编译萧红的一部小说,他对萧红的写、译工作至此告一段落。在谈话中我告诉他,小时候在上海听人说道,哈尔滨冬天奇冷,不宜出门,倘在外边走得太长久,连鼻子都会落下来的,他叫我放心。读了这许多萧红的作品,他对此早有心理上的警诫,与行动的准备,届时会到南方走走,但倘使读者要问,他既然与萧红绝交了,在哈尔滨要做些什么研究工作呢?我却无意泄露天机。好在此事与萧红无关,我认为没有在本文内谈及的必要。

1986年9月7日,加州孟乐公园

萧红研究在韩国

（韩）金昌镐①

中韩两国山水相连，唇齿相依，两国在政治、经济、文化等方面一直就有着密切的联系和深入的交往，两国的文学交流也有着深远的历史。特别是中国东北与韩国在现代以来都经历了共同的历史命运，形成了一些相似的文学现象，因此，在韩国的现代文学研究中，研究东北现代作家就具有特殊的价值和意义。

众所周知，萧红不仅是中国现代文学史上的著名作家，而且她更是中国现代文学史上的一个重要的文学群体——东北作家群的一员。她独特的艺术世界，天才般的艺术创造力在中国现代文学史上的女作家中是少见的，而她的有乡土色彩的小说，更是蕴含了丰厚的地域文化底蕴，在思想文化的深层体验着生命的流程。

中韩在历史上确实有着密切的联系，但是二战后由于意识形态的原因，双方的交往中断了，因此在这一时期韩国的中国现代文学研究自然也是发展缓慢。只是随着 20 世纪 80 年代以来中国改

---

① 本文原载《呼兰师专学报》第 19 卷第 4 期。

革开放的深入扩大,特别是在 1992 年两国关系正常化后,韩国的中国现代文学研究才有迅速的发展,①而其中对于萧红及其作品的研究,也取得了一些成果。我们对此进行了一个简单地梳理,并且试从研究"范式"的角度,谈谈对韩国的萧红研究的看法。

目前,韩国的研究主要可以分为四个层次:一是集中于萧红的某个代表作研究;二是在论文中提及了萧红的部分作品;三是对萧红的作品整体性的研究;四是从比较文学的视角切入萧红小说研究。

萧红的中篇小说《生死场》标志着萧红创作的飞跃。这部作品出版之后产生了重大的社会影响,它也牢固地确立了萧红在中国现代文学史上的位置,自然这种情况也就引起了韩国学者的关注。1995 年 2 月金美子发表了《萧红的〈生死场〉研究》。② 该文的突出特点是考察了对萧红文学创作有重大影响的三位男士:祖父张维祯、萧军、鲁迅。文章中,作者考察萧红的生平时,没有采用一般的通篇传记形式,而是通过萧红与三位男士的关系来把握的,也就是从萧红与小时候深爱她并培养了她文学素质的祖父;在生活和精神极度痛苦时遇到的知己、爱人,赋予了自己人生崭新意义的萧军;她的精神支柱,文学上的老师鲁迅。从与他们的关系中来把握萧红的"具有反抗精神的女性——王婆","积极向上的女性——金枝",以此来突显女性在生活困境中的反抗精神和探索精神。

对于萧红的《生死场》的关注还有 1992 年韩国《中国现代文学》上刊载的甲振浩的《萧红〈生死场〉》③。论者首先根据作家的生平,介绍了她的文学活动。在此该文参考了日本的《野草》(1980 年 26 号)上刊载的萧红传记。在创作背景的介绍中,作者突出强调了"30 年代文学流派中占很大比重的东北作家群"。在结构和特征方面,文章前半部分"从日常生活开始,而后半部却以旗帜"结束,把日本帝国主义侵略东北的事实明晰地表现出来,在对人物的评价上,前半部分出现的多是"象动物一样"生活的人,而后半部分的人物都是已觉醒,走上抗日前线斗争的人物。该文还考察作品中的民众形象。论者认为《生死场》中没有出现"阿 Q"式个性鲜明的人物形象,只是"群体"形象。接着分析了《生死场》中主要人物在前半部反封

① 在 1980 年以前硕士、博士论文共 9 篇,而在 1980 年至今二十多年的时间里,就有博士论文 60 篇、硕士论文 240 篇以上,朴宰雨:《韩中现代文学交流史考》(二),1998 年。
② 全美子:《萧红的〈生死场〉研究》,载《韩国外国语大学》1995 年第 2 期。
③ 申振浩:《萧红的〈生死场〉小考》,载《中国现代文学》1992 年第 5 期。

建和后半部反帝斗争中的不同面貌,以及在帝国主义和封建主义压迫下的悲惨生活及反抗精神。

《呼兰河传》是萧红后期的代表作,是全面评价萧红后期创作的重要作品。它倾注了萧红的大量心血和感情,表现了它顽强的创作个性。这些也受到了韩国学者的重视,千贤耕的《萧红的〈呼兰河传〉研究》就是重要的一篇。① 在绪论中,考察了萧红的生平及她在东北作家群的位置,然后概括了萧红的创作倾向和文学世界,在本论中从创作过程,作品概要、构成、主题问题等方面对《呼兰河传》进行了比较透彻的分析,向人们展示了曾一度有所争议的《呼兰河传》的优秀性。作者认为这部以"并列式结构"构成的共七章的《呼兰河传》继承了鲁迅先生的文学传统,是"致力于对国民灵魂的探索和国民性的改造"的作品,并且在文体上有着"抒情诗性的细腻,简洁而又有点诙谐性的"特点。该文的另一个特点是对《呼兰河传》进行了多角度解释之后,还单设"萧红的和东北作家群"一章,简单地考察了东北作家群的文学特点和他们在中国现代文学史上的作用和地位。我们也认为,对于东北作家群的研究是全面、客观地评价萧红必不可少的一个重要环节。

以上的三篇论文都是研究萧红某个具体作品的,分析单个"文本"中蕴含的文化意识和生命体验,此外还有把萧红纳入到中国现代文学史中考察的。在其中以"主题"方式来考察中国现代文学史的两篇论文中提到了萧红的作品,它们是李珠鲁的《现代中国农民小说研究》②和李时活的《中国现代抒情小说研究》③。李珠鲁的论文认为《生死场》"对题材的组织力度不够,描写散漫,让人感觉不到故事向中心发展的紧张和迫力"。并认为《生死场》的意义在于它把"农村社会的变化,帝国主义的侵略,农民意识的改变和民族意识的觉醒"这四者结合起来;李时活在《中国现代抒情小说研究》中分析了萧红的《牛车上》、《桥》、《后花园》和《呼兰河传》,论者认为萧红的抒情小说"主要表现了悲剧现实生活的同质性:孤独和绝望"。萧红作品描写的故乡不是童憬的对象和理想社会,而是现实的不合理社会。萧红同时也编织了一个征服现实的梦,这是由她的抒情创作手法而产生的力量。

上述的五篇论文中,无论是分析萧红的某部作品的,还是在考察中国现代文学

---

① 李时活:《萧红小说研究》,载《庆北大学》1993 年第 6 期。

② 千贤耕:《萧红的〈呼兰河传〉研究》,载《成均馆大学》1991 年第 11 期。

③ 李珠鲁:《现代中国农民小说研究》,载《汉城大学》1992 年第 2 期。

史过程中提及到萧红的都没有能够从整体上全面评价萧红的作品,在韩国的萧红研究中,萧红被评说的作品基本限于《生死场》,其他的作品则语焉不详。因此也就无法展示萧红文学创作的全貌以及客观公正地评价萧红的文学活动,为了改变韩国萧红研究的这种状况,韩国的学者也进行了一些探索,试图从整体上把握萧红的小说创作。

李时活1993年6月发表的《萧红小说研究》①是从整体上全面研究萧红小说的奠基作之一。该文共分4章:绪论、文学生涯、小说分析、结论。作者首先在预备作品"最短时间内跑得最快的作家"题目下对"萧红文学的传奇性背景"进行了研究。她以萧红逃离封建家庭进入流亡生活的1930年为中心,分为"童年和学生时代(1930年)"、"离家出走和文学活动(1942年)"两个部分,从第三章"萧红小说的展开状况"开始进入本论。在本论里作者按"时间"的顺序深入分析了萧红的小说,首先是第一个作品集《跋涉》,然后是《生死场》、《手》、《牛车上》、《桥》,最后分析了《呼兰河传》。在此之后,作者重点分析了《生死场》和《呼兰河传》。这里既显示了作者对这两部作品的重视,同时也缘于两部作品在中国现代文学史上产生的重要影响。在绪论的引言部分作者叙述了东北作家群的诞生过程。我们认为,这篇论文的最大特点是站在女性主义立场上研究萧红小说。她在论文中提到"萧红式"女性,她们"不是知识阶层的女性,是在社会的最底层受剥削和压迫的苦难的女性"。作者把萧红的小说概括为四个特点。第一:萧红的小说是"鲁迅先生开创的国民性改造的文学"。萧红关注底层人民在日常生活中表现出来的病态心理和精神麻木,并引导他们从现实世界的迷梦中觉醒起来,企望"民族灵魂和国民性的改造"。第二:在早期作品《跋涉》中表现出来的直接的观念性,越到后来越把对现实的生动描写与普遍的抒情性融合在一起,表现出对未来的展望。第三:从表现技巧方面看,萧红的小说并没有采取通常采用的紧急事件的展开和叙述人物变化发展的叙述方式,而是采取了重视民众集体生活环境的手法,再现了一般群众的集体性格和社会风俗,而非个人的命运。第四:萧红的作品包含着丰富的抒情性。通过这些形成了萧红"小说的散文化"、"小说的绘画化"、小说"浓郁的乡土色彩"等她特有的风格。综上我们可以看出,李时活试图从总体上把握萧红的创作世界。这也是有关萧红的6篇学位论文唯一从整体上把握作家的论文。

---

① 李时活:《中国现代抒情小说研究》,载《庆北大学》2000年第2期。

在李时活之后,高恩爱在 1998 年 2 月发表了《萧红的氛围小说研究》①,从小说的内容分类和文体形式的视角分析了萧红的 11 篇小说,也可以算作是对萧红小说创作中一个重要倾向的整体把握。

该文主要以巴金主编的《中国现代名家名著珍藏本》中的《萧红——氛围小说》卷为文本。作者把萧红的"氛围小说"定义为"散文化的小说"和"抒情诗的小说",然后把《王阿嫂的死》、《夜风》、《哑老人》等 11 篇氛围小说的特征分为主题思想,结构特征、描写技巧和修辞特征,作者认为"氛围小说"在形式上采取短篇和自传体形式。短篇能更好地表现人生的压缩性、集中性和强化性。采用自传形式能把生活中的主观心情和人生体验表达出来。作为表现特征的抒情性能更好地表现心理,使人物、背影描写更抒情化。作为修辞特征的象征和明喻能更好地表达作者的感情和事件的氛围。该文的另一个特点是将萧红的"创作活动"分为哈尔滨时期、青岛时期、日本东京时期和武汉、重庆时期及香港时期,通过细致的论述,更全面地向韩国介绍萧红。

李福熙的论文《论萧红小说的悲剧意识》②通过分析萧红作品中的文学旨趣,来揭示作品中所蕴含的深刻的"悲剧意识"。文章从考察萧红的人生经历入手,来分析萧红悲剧意识的形成,认为"萧红小说的历史性考察,在哲学的意义上确认了萧红小说悲剧意识,在形式的层面上分析了萧红小说中的悲剧意象"。

作者认为萧红小说中的悲剧意识其有"本体论"的意义。她认为"萧红所体验到的悲剧已远远超出了像阶级压迫社会不公、封建礼教、红尘等层次,而是作为存在本体的生命悲剧。也就是说,生命不仅是因为有了社会、人事因素的介入而成为悲剧,生命本身即是悲剧。"

李福熙通过对《生死场》第三章《老马走进屠场》和《散文》中的花狗的分析,认为萧红的悲剧意识超越了人与动物的界限。"萧红的悲剧意识,不仅是针对人类,也针对着人类之外的别的生命或者说是一切生命,正是这种生命意识,使得她的作品打通了生与死的界线和人与动物的界线,使她的悲剧精神表现出十分罕见的广度和深度。"

萧红的悲剧意识通过各种方式淋漓尽致地表现在她的作品中,李福熙认为最

---

① 高恩爱:《萧红的氛围小说研究》,载《庆熙大学》1998 年第 2 期。
② 李福熙:《论萧红小说的悲剧意识》,载《中国现代文学研究丛刊》1998 年第 3 期。

主要的方式"就是悲剧的意象的提炼和引深。像疾病、瘟疫、坟墓、棺材等意象,都对生命构成直接而又有力的否定,因而都是具有最悲凉的表现力的悲剧意象。作者还特别关注了死之意象中的婴儿的死亡和《生死场》中乱坟岗子的意象。

作为一个经历过男性凌辱和欺骗以及人间苦难的萧红,自然也十分关注女性的苦难人生,女性生命的悲剧意识。这突出表现在对于《生死场》第六章《刑罚的日子》的分析,通过对动物生产与人的生产的对比描写,揭示了女性凄惨地充当着生育工具的悲惨命运。此外对《王阿嫂的死》、《祖父死了的时候》的分析中,也揭示了女性的悲剧命运。

随着20世纪九十年代初中韩关系正常化后,两国文化交流的日益深入,已经有学者从比较文学的视野来研究中国的现代文学,其中重要的就有李福熙的《女性的苦难、抗争与悲剧——萧红与玄镇健小说比较》①。

在论文中作者通过萧红的《王阿嫂的死》、《桥》、《呼兰河传》、《牛车上》中的王阿嫂、穷妇黄良子、小团员媳妇、王阿嫂与玄镇健的《故乡》、《贞操与药费》、《贫妻》、《火》中的"她"、"妻子"、"K的妻子"及顺伊的比较后,认为"萧红与玄镇健都具有强烈的女权意识,他们以犀利的笔锋揭露了以男性为中心的封建社会的局面。而且她们都注重刻画与塑造女性形象,表现女性的悲苦的命运,展示她们顽强的生命力和反抗精神,以及对她们悲剧性的结局抱以很大的同情和崇高的礼赞"。李福熙显然是受到了20世纪九十年代在亚洲兴起的"女性主义"批评话语的影响,以"女性的视角"在中韩文学的比较中开掘萧红作品中"女性意识"。这明显地改变了以往用"他者"的视角来看待萧红作品中的女性形象的情况。

进入20世纪九十年代以来伴随着韩国中国现代文学研究的发展,韩国的萧红研究也取得了相应的成就,获得了相对的发展。文章由浅入深,由表及里,由具体的作品分析到整体研究,不断地开掘着研究的深度和广度。但是由于研究资料,研究视角的限制,目前韩国的萧红研究仍然存在一些有待改进、更新的问题。

首先,七篇论文都对萧红作品进行了具体的分析,也简述了萧红与东北作家群的关系。但是对于萧红的研究大部分都是从中国现代文学史上总体上着手的,即把萧红看作是现代文学史上的著名作家,而忽视了她作为东北作家群一分子的特

---

① 李福熙:《女性的苦难、抗争与悲剧——萧红与玄镇健的小说比较》,载《山东矿业学院学报》1999年第1期。

殊身份,没有从东北作家群创作的共同点上来研究萧红的作品。其次,七篇论文忽视萧红在东北沦陷区早期的文学活动,而多是侧重于"流亡"时期的文学活动。脱离了东北地区的历史文化语境,所以很难展示萧红小说中具有的乡土气息和乡土特色。再次,在文学批评的范式上七篇论文多是采用"知人论世"的批评范式。即作者多是从萧红的人生经历和生命旅程来分析她的作品,划分她的创作阶段。而不是从萧红作品——"文本"本身表现出的规律和变化,深入文学内部研究。这也反映了韩国的中国现代文学研究方法上是比较单一的,还缺少多样性。最后,当今的时代是一个全球化的时代,各国都共同地处于一个"地球村"之中,相互紧密联系,韩国的萧红研究就充分地利用全球化背景,以比较文学的视角来研究中韩的文学关系,从而构造东亚文学的新格局。随着中韩关系的进一步发展,文化的深入交流,韩国的中国现代文学研究应该扩大自己的研究视野和研究对象,更为完整地展示中国现代文学的发展。同时也应该不断更新研究的理论框架,变换研究问题的视角,更为全面、准确、深入地分析文学思潮和文学作品。

萧红研究在日本

（日本）平石淑子①

日本的中国现代文学研究，可以说到近来才走上轨道。原来日本跟中国文学从公元七世纪初到现在一直有很亲密的关系。日本的中国文学研究者也很多。但是日本的中国文学研究的主流从古一直到现在是所谓诗文研究，中国现代文学研究是支流，可以说是异端。又在文化大革命时期发生了很多可忧的事件，那些事情对我们日本人来说都是很难理解的。在文化交流方面来看已断绝了，文学研究方面必需的材料很少了。我看这样的各种各样的情况妨碍日本的中国现代文学研究的发展。

到最近，日中交流才活跃了。我们日本人跟中国觉得比以前的感情更亲密了。关于中国现代文学有兴趣的人也越来越多了。我们能看的中国现代文学作品和材料也渐渐地多起来了。各种情况几年前是比不上的。中国现代文学研究现在已走上它的轨道了。

但是在日本专门研究中国现代文学的研究者

---

① 本文原载《东北现代文学史料》，1982 年 3 月第 4 辑。选入本书时略有删节。

还不多。我们不但依照自己关心的问题进行研究,而且开定期的研究会进行集体研究。研究会的数目不少,其中如果提出代表的研究会,可能是东京大学东洋文化研究所的三十年代研究会和日本关西地方的中国文艺研究会。中国文艺研究会有他们的刊物,叫《野草》,至今年春天发行了二十七号了。我自己是这两个研究会的成员。

可以说在日本中国现代文学研究到近来才开始,所以论文、翻译之类还不多。一般的日本人不很熟悉中国现代文学。

在这种情况下,鲁迅是特别的存在。翻译方面有岩波书店的《鲁迅选集》,还有竹内好的翻译集。研究方面也有很多论文。两三年以前由在仙台的爱好鲁迅的人们编辑了一本书,叫《关于仙台时代的鲁迅的纪录》。诸位先生都知道,鲁迅在日本留学时代在仙台学习医学。我们日本的中国现代文学研究者之中以鲁迅为他研究的引子的人可能很多。

反之关于其它的中国很多著名的作家来说,比如说郭沫若、茅盾、老舍等,现在日本的研究业绩很少。一般的日本人不很熟识。

从这种情况来看,关于萧红的情况比较好。翻译方面来看已经翻译了七篇作品,就是《马房之夜》、《手》、《家族以外的人》、《红的果园》、《红玻璃的故事》、《黑列巴和白盐》、《呼兰河传》,还有骆宾基先生的《萧红小传》也已经翻译了。

一九三七年,萧红还在世的时候,翻译了《马房之夜》的是高杉一郎。他,一九〇八年生在静冈县,是英国文学研究者、作家,还是世界语学者。他翻译过爱罗先珂和史沫特莱女士的著作,还有最近写了绿川英子的小传。他不会中文,《马房之夜》是从英文转译来的。现在是和光大学的教授。

一九四〇年翻译了《手》的长野贤,同年翻译了《家族以外的人》的武田泰淳,第二年翻译了《红的果园》的中山樵夫,一九五五年翻译了《红玻璃的故事》的小野忍和饭冢朗,同年翻译了《手》的冈崎俊夫,都可能是中国文学会的成员。中国文学会在日本三十年代和四十年代在介绍中国现代文学方面很有贡献。

武田泰淳是一位著名的作家。他一九一二年生在东京,上了东京大学文学部中文系。他写了跟中国现代文学有关系的很多随笔。

小野忍是我恩师,一九〇六年生,去年底急逝了。他对于中国文学有很深的造诣。他翻译了郭沫若自传、茅盾著作,还有《红楼梦》。翻译《西游记》是他的毕生事业,可是未完。

饭冢朗,一九〇七年生。现在是中国文学会的成员之中还在的只有他一个人。他是关西大学教授。

冈崎俊夫,一九〇九年生,一九五九年逝世了。他还有关于丁玲的著作。

关于长野贤和中山樵夫,我不详细。

一九七二年翻译了《黑列巴和白盐》和《呼兰河传》的立间祥介是一九二八年生的。是庆应大学教授。

一九七一年翻译了骆宾基先生的《萧红小传》的市川宏是法政大学教授。现在四十五六岁。他还写了一篇文章介绍萧红和沈从文。

刚才介绍的研究者之中,有的先生我见过面,有的先生没见过。关于没见过的先生我不详细。他们都可能有很杰出的业绩。可是现在我没有材料,不能介绍。

关于萧红研究方面还有一种情况。日本大学生之中,以萧红研究为毕业论文题目的学生比较多。作为毕业论文题目,丁玲和萧红是日本大学生,特别是女学生爱好的双璧,这么说法也不算过分。

这种情况来看,可以说萧红是日本人比较爱好的作家。日本人爱好她纤细的笔锋。可是在日本研究萧红的学术论文很少。翻译文后边大都附有作家介绍。可是那些文章都是很短的,只是很简单地介绍她生平的,不能说是论文。翻译过萧红著作的先生们到现在没写论文,现在还没有专门研究萧红的学者。

去年底,在中国文艺研究会刊报《野草》第二十六号上,大阪外国语大学的中川俊副教授发表了一篇论文,叫《萧红研究记录其一》。这篇就是在日本国内关于萧红的第一篇论文。听说他打算把续篇发表在大阪外国语大学学报上,现在我还没有到手,不好介绍。

在《野草》第二十六号上,还有我的《萧军·萧红著作以及有关资料目录稿》。那篇目录是整理截至一九八〇年三月我到手的材料的。一九八〇年三月以后到手的材料,例如丁言昭先生、萧耘先生和方凌先生辑录的《萧红已出版著作目次年表》里有的新材料,还没收在我目录里。我编的目录,现在已经是不完全的,我应该不久作补订。

我还写了一篇论文,叫《萧红〈生死场〉论》。这是我的关于萧红的第一篇论文,今年四月登载在御茶之水女子大学人间文化研究年报上。

在日本还有一些萧红研究者。

川俣优是东京都立大学文学院的毕业生。他以前在黑龙江大学教日文,正在准备写关于萧红的香港时代的论文。

　　佐野里花是立命馆大学的毕业生。她热心地收集萧军、萧红关系资料。去年初她在日本复制了《跋涉》①。

　　冈田英树是立命馆大学副教授。下出铁夫是东京大学的研究生。他们原来是研究萧军的,关于萧红也很有兴趣。

　　以上所说的是在日本萧红研究的大略的情况。可能有还不充分的地方,请你们原谅。我趁这么好机会很希望请你们指教,并且很希望互相的文化交流更深,更亲密起来。请你们不客气地向我提意见。谢谢。

---

　　①　根据黑龙江省社会科学院文学研究所 1979 年的复制本再复制。

俄苏的萧红研究与翻译

高莽①

我是哈尔滨人,自从事俄苏文学研究以来,我一直关心哈尔滨以及整个东北地区作家创作在国外的传播情况。由于历史的特殊条件,哈尔滨居住过人数众多的外国侨民,以俄罗斯人为最多。俄罗斯文化在那里也有过深远的影响。成长于抗日战争年代的东北作家在踏上文学之路时,曾把目光投向新兴的国家苏联,但在文学艺术上只是单向欣赏和引进,却不曾有过输出和交流。

我与俄罗斯文学界朋友交谈时,常常提到东北的作家,但他们几乎一无所知。我翻阅过一些历史文献,总算查出为数不多的有关材料,主要是介绍我国最值得骄傲的东北女作家萧红的。苏联最早翻译发表萧红作品的是汉学家弗·科洛科洛夫(汉文姓名郭质生,1896—1979)。科洛科洛夫出生在我国新疆,精通汉文,上世纪20年代瞿秋白访苏时他曾担任陪同翻译。后来长期在苏联几座大学任教,著作等身。1944年莫斯科出版过一

---

① 本文原载 2010 年 11 月 12 日《文艺报》。

　高莽:翻译家,画家。笔名乌兰汗,曾任《世界文学》杂志主编。著有《久违了,莫斯科!》、《枯立木》、《圣山行》、《俄罗斯美术随笔》等。

本《中国短篇小说集》，收有他译的萧红的《莲花池》。这是萧红第一篇与苏联读者见面的短篇小说。1960 年，苏联出版了一套《东方文选》，第三集中发表了亚·拉林（1932—）译的短篇小说《桥》。拉林上世纪 50 年代曾在我国进修多年，还曾在我国工作过一个时期，回国后曾在苏联科学院远东所工作。1963 年莫斯科出版的《东方小说选》，刊登了奥·费什曼译的《小城的春天》。费什曼是前苏联科学院远东研究所研究员和苏联作协会员，一生发表了一百多篇论文。20 世纪 50 年代，苏联《国际文学》《新世界》《旗》等杂志以及奥·鲍洛金娜（1945—）关于老舍的文章中，列·车尔卡斯基（汉译名车连义，1925—2003）的专著《战争年代的中国诗歌：1937—1949》和《艾青——太阳之子：关于诗人的书》中，只是提到了萧红的名字。近年，俄罗斯科学院远东研究所出版的七卷《中国精神文化大典》中，在"文学、艺术"卷中收有纳·列别捷娃撰写的萧红介绍，还首次刊登了萧红的两幅照片。

今年夏天，我应邀到俄罗斯远东临海城市符拉迪沃斯托克举行画展。从那里带回一批书籍，其中就有该市远东科学出版社 1998 年出版的《萧红——生平、创作、命运》，它的作者正是纳·亚·列别捷娃。我遗憾在符拉迪沃斯托克时不知情，未能专门去拜访这位女学者。回匡后我立即写信请求朋友代购两本《萧红——生平、创作、命运》。

纳·亚·列别捷娃（1954—）1977 年毕业于苏联国立远东大学，后来在俄罗斯科学院远东历史、考古和民族风俗研究所任职，她最早的学术论文是《叶圣陶创作中的儿童题材》。我细细阅读了她撰写的关于萧红的专著。这是俄苏第一本研究东北作家的专著。作者完稿于 1996 年，1998 年才出版，而且仅印了 300 册。封面是黄色纸上印的徐悲鸿古典仕女图，单色，相当简陋，封面与内容很不协调。

列别捷娃在"致读者"一文中基本上写出了她对萧红的看法。

"敬爱的读者！摆在您面前的是用俄文写成的关于本世纪（指 20 世纪——笔者注）中国最富有天才的女作家萧红的生平与创作的书。

当我开始研究中国当代东北文学时，我了解了萧红，曾经准备在论述有关该地区文学史中为她，如同为其他作家一样，专门写成一章或两章。可是她的命运与创作的材料、外国学者和中国文学史家们对于萧红的小说的研究，使我作出了另外的安排：显然，应当为这位命运悲惨的可爱的年轻女性写成单独的一本书。只有了解了作家的文学遗产，他的个性才能更充分地揭示出来，形成一种概念。因此，这部传记中又附上了萧红的五篇短篇小说，这几篇作品也是初次被译成俄文的。

　　萧红在中国为人熟知。中国最伟大的散文巨擘鲁迅先生是她的导师。萧红是属于富有爱国主义情绪的左倾知识分子圈内的人。她的名字和她最著名的中篇小说《生死场》是和中国人民抗日战争紧密相联的。战争迫使萧红浪迹天涯，从东北的满洲到南方的香港。命运对她毫不慈悲，但我觉得所有写她的人都没有注意到她与命运的长期抗争，没有注意到她是怎样想从为她固定的生活樊篱中挣脱出来。也许，正是这位敢于抵御恶势力的弱者的勇气和大无畏精神，使我对萧红的兴趣与其说是视为经典，不如说是看重其人性。我希望东方学同行们和所有重视中国文化的人都能了解她。

　　我相信，我在这本书中加进的与某一主题有关的个人在东北访问时的印象并不多余。

　　我感到高兴的是在这本关于萧红的著作中，有幸向你们——向读者们介绍满洲的另一块土地，即她的故乡，直到她在香港逝世时还把它保留在心中，她在自己的作品里表达了对故乡的思念。

　　31岁——对于一个人来说时间太短了，想到这位具有无穷创作潜力的女作家未能度过的岁月、未能写出的著作，让人感到痛心。然而萧红不会被人遗忘。请读者翻开这本书吧……"

　　列别捷娃的《萧红——生平、创作、命运》一书，共分11章，按时间顺序写下来的，附了5篇小说译文。作者在书中较详细地介绍了萧红的生平。她还几次引用俄罗斯女诗人阿赫玛托娃的诗句或事迹作了衬托。如谈到萧红初到哈尔滨时，她引用了阿赫玛托娃的诗句："我已准备好/迎接命运中的/狂风巨浪"。萧红经历坎坷，面对着不幸，她又引证了阿赫玛托娃的诗句："少了一个希望/多了一首歌"。

　　萧红与萧军结合以后，二人同时从事文学创作，作者又以阿赫玛托娃与第一个丈夫诗人古米廖夫的关系，说明二人必然要各寻找自己的路："当两个相爱的人，都从事创作，他们的关系相当难处，作为例子可以提到安娜·阿赫玛托娃和尼古拉·古米廖夫这两名诗人的结合。他们之间根本不存在女性依附男性的儒教思想，也没有因循保守的男性傲慢。两个名气相等的个人都想保持自己的自由，又不失却心爱的人……表面上他们的婚姻持续了八年，其实早在这之前就已经中断。"

　　写到萧红与萧军的关系时，作者认为：萧红容忍，萧军放任。萧军有了新欢，刺伤了萧红的心，于是她写下短诗《苦杯》11首。作者将它们译成俄文并附在书中。作者又用阿赫玛托娃的诗作了对照。作者写道："这些充满了悲伤、哀怨和备受屈辱的心的短诗还用注释吗？自从人有了这种感受之后，它就超越时间与空间存在于世上。这种感情蕴育在安娜·阿赫玛托娃的诗歌里，她的诗《二十一日夜星期一》正和萧红诗的最后一节相吻合。某一个无所事事的人编造说／人间有爱情／由于懒怠或是由于寂寞／都信以为真，而且如此生活／他们期待会晤，他们害怕分离／他们吟唱爱情之歌／但另外一种秘密／却被一片沉静蒙住着……如此期盼爱情的人，除了被凌辱的心的疼痛之外，还有什么？萧红与萧军意识到，他们的关系应当有所变化，便决定暂时分开……"萧军和萧红分手时，作者又引用了阿赫玛托娃的诗句："二人分手了／不是几周／不是几个月／而是几年／终于吹来一股真正自由的清风／鬓角已戴上了苍白的花环"。作者说："其实这几句诗完完全全地反映出这对中国情侣长期分离的经历。"

作者还为中国学子们的勤奋努力所感动。她在分析萧红的短篇小说《手》中的主人公王亚明时，写到她那双"蓝的、黑的又好紫的、从指甲一直变化到手腕以上的双手"。她用这双由于染布而变色的手，帮助改善家中的困境。这种顽强的精神使作者联想到她在中国目睹学子们努力学习的意志。她写道："传统——在中国是根深蒂固的，对于教育和修养也是如此，中国知识分子在文化大革命年代历尽苦难和屈辱，到了八九十年代的改革时期，这种精神重又得到发扬……大学教室的窗户直到很晚还亮着灯。这种顽强的精神不能不引起人们的敬佩，这种传统的力量不能不令人思考这个国家人民的雄厚的潜在能量。"

俄苏对我国现当代文学的研究、翻译和介绍十分薄弱。一方面对我国现当代文学缺乏足够的认识，另一方面汉语和文字之难也是很大的障碍。俄罗斯汉学家列别捷娃关于萧红的专著，不能不被看成是一种突破。从她的论述和翻译可以看出她的汉文修养比较高，她的研究也比较深。

我们希望有更多精通汉语、热爱中国文学的人的涌现，使俄中两国文学的交流走向繁荣发展的新阶段。

萧红研究综述

奚晓红①

在中国现代文学史上,萧红是个天才型女作家。在短短9年的创作生涯(从1933年5月发表第一篇小说《弃儿》算起)中,共出版过11部集子:《跋涉》、《生死场》、《商市街》、《桥》、《牛车上》、《旷野的呼喊》、《回忆鲁迅先生》、《萧红散文》、《小城三月》、《呼兰河传》和《马伯乐》②,创作总字数近百万,显示了不可多得的艺术才华和创作生命力。从上个世纪30年代跻身文坛以来,萧红一直以她特有的魅力吸引着众多研究者的目光。然而萧红又是不幸的,她的作品跟她的人生一样,长久在风雨飘零中饱受寂寞之苦,因为她的作品长久以来并没有获得应有的理解。

自上个世纪三四十年代以来,萧红研究大致可以分为3个阶段。第一是确立期(1935—1942),鲁迅和胡风对《生死场》的经典性评价,开创了萧红研究的先河。二是回忆期(1942—文革

① 本文原载《十堰职业技术学院学报》,2007年6月第20卷第3期。
奚晓红:浙江师范大学人文学院教师。
② 《小城三月》在萧红去世以后出版单行本,所以萧红生前出版的文集为10部。——编者注。

结束前后),此时多为悼念性文章,表达了友人、朋友对萧红本人及其作品的感性印象,较有影响的是茅盾为《呼兰河传》作的序,骆宾基的《萧红小传》,许广平的《忆萧红》、《追忆萧红》,聂绀弩的《在西安》,丁玲的《风雨中忆萧红》。茅盾对萧红后期创作滞后于大时代的评价代表了那个时期主流评论话语的声音。三是发展期(新时期至今),新时期以来,萧红研究一度形成热潮并呈纵深发展趋势,主要集中在这样6个方面:1. 对萧红生平、身世和情感经历的研究;2. 对萧红作品研究,特别是萧红后期的一些作品在此时也引起了广泛关注和研究;3. 对萧红其他小说、散文及诗歌的研究;4. 研究角度的多元化,如从比较学的角度关照萧红,从女性主义视角研究萧红等;5. 对萧红创作源流的研究;6. 对萧红独特的审美风格和艺术追求的研究等等,这些都在一定程度上推动了萧红研究的向前发展。

新时期以前的萧红研究除了鲁迅、茅盾等权威评价外,成果不多。本文主要以新时期以来的萧红研究为主,着重从以下6个方面对萧红研究进行梳理,试图从中寻找萧红研究中存在的问题并寻找新的突破口。

一、对萧红生平、身世和情感经历的研究

萧红个人的复杂身世和传奇经历在新时期研究的初期就吸引了广大研究者的目光。一时间许多研究者致力于萧红生平经历的考证,撰写了大量的回忆录,并且还陆续有许多萧红传记问世。如美国葛浩文的《萧红评传》①、日本中村龙夫的《火烧云——萧红小传》②、肖凤的《萧红传》③、王观泉的《怀念萧红》④、松鹰和刘慧心的《落红萧萧》⑤、李重华的《呼兰学人说萧红》⑥、孙延林和姜莹编的《怀念你——萧红》⑦、铁峰的《萧红传》⑧、王小妮的《人鸟低飞——萧红流离的一生》⑨、季红真

① (美)葛浩文:《萧红评传》,北方文艺出版社1985年版。
② (日)中村龙夫:《火烧云——萧红小传》,哈尔滨出版社1993年版。
③ 肖凤:《萧红传》,百花文艺出版社1980年版。
④ 王观泉:《怀念萧红》,黑龙江人民出版社1981年版。
⑤ 松鹰、刘慧心:《落红萧萧》,四川文艺出版社1983年版。
⑥ 李重华:《呼兰学人说萧红》,哈尔滨出版社1991年出版。
⑦ 孙延林、姜莹编:《怀念你——萧红》,哈尔滨出版社1991年版。
⑧ 铁峰:《萧红传》,北方文艺出版社1993年版。
⑨ 王小妮:《人鸟低飞——萧红流离的一生》,长春出版社1995年版。

的《萧红传》①、曹革成的《跋涉生死场的女人萧红》②等等。这些对于我们更好地进入萧红的文学世界有着至关重要的作用。其中有很多关于萧红身世和经历中有所争议的问题在此得到解决,如1980年萧军的《萧红书简辑存注释录》③问世,其中谈到"疑心以致确定他(张秀珂)现在的父亲张选三并不是他和萧红真正的亲生父亲",由此引发了萧红"生女说"和"养女说"的身世之辩。后经调查,得出萧红为张选三亲生女的结论。2004年3月孙茂山主编的萧红研究最新研究文集《萧红身世考》由哈尔滨出版社正式出版,从此"生女说"、"养女说"之争画上了句号。

对作家身世及生活道路上一些谜团的澄清有助于我们更好地了解作家和进入作品,但是假如在一些无关痛痒的细枝末节上过多地纠缠,花费过多的精力,似乎有些失当。而且在一些问题上由于当事人的健在,众说纷纭,也会使许多原本简单的东西变得复杂了,这些都应当引起研究者们的注意。就像一位研究者所说的"问题的关键不是事实的真相,而是已经发生的事情对萧红创作的影响"。

二、对萧红作品的研究

作为一个真正的研究者,吸引他们目光的还是萧红以"细致的观察力和越轨的笔致"写出来的那一部部表现北方人民"对于生的坚强,对于死的挣扎"的"力透纸背"(鲁迅语)的作品。由于鲁迅和胡风两位大家的序跋,《生死场》一出来,就让上海文坛接受了它,也使萧红一夜成名。并且这篇序言和读后记从一开始就给《生死场》树立了一个权威评价,影响至今。以前的研究者一般把《生死场》定性为"抗日文学",但新时期以来,许多研究者从新的角度来观照,发现了其中被忽略的内涵,提出了不同意见。如邢富君、陆文采的《农民对命运挣扎的乡土文学——〈生死场〉再评价》④指出这部作品其实是以抗日战争为背景,是以农民对命运的挣扎为主题的。也有学者认为不能用一个单一的先行主题来解释《生死场》,而应该从作家对生与死的人类命运的思考出发,许多不能解释或解释牵强的问题便可迎刃而

---

① 季红真:《萧红传》,北京十月文艺出版社2000年版。
② 曹革成:《跋涉生死场的女人萧红》,华艺出版社2002年版。
③ 萧军:《萧红书简辑存注释录》,黑龙江人民出版社1981年版。
④ 邢富君、陆文采:《农民对命运挣扎的乡土文学——〈生死场〉再评价》,载《北方论丛》1982年第1期。

解(皇甫晓涛《一语难尽——〈生死场〉的多层意蕴与中国现代文化思想的多维结构》,《现代文学研究丛刊》1990 ∈第 3 期)。刘禾的《文本、批评与民族国家文学》在讨论中国现代文学批评实践与国家民族文学的关系问题时,以萧红的小说《生死场》为例,从生产层面与接受层面上指出了"萧红在小说的空间里与民族国家话语的交锋"①,为我们研究萧红提出了新的角度。而摩罗的《〈生死场〉的文本断裂及萧红的文学贡献》②认为,《生死场》主要不在于写抗战,其三分之二的内容与抗战毫无关系……简单来说,就是写生民的生、老、病、死,这体现了萧红最深彻的人生感触。

新时期以来的许多评论都试图摆脱萧红研究中旧有权威的框架,并力图全方位地接近作家本身,这是可喜的现象。萧红在上个世纪 30 年代中期,受"抗日救亡"呼声震天的这样一个潮流的裹挟,加上萧红本身是个爱国的热血青年,在她的第一本小说里写抗日是理所当然的。但由于个人的经历和学养,使她无法深入直接地描写抗日,所以才会在她的文本中呈现出对农民底层生活的大量描写,而对抗日主题描写不多。可以说萧红的《生死场》在当时是无意识地打了一个擦边球,由于时代关系,把它定性为"抗日文学"无可厚非,但我们今天的研究就应该更深入到文本本身了,把作品原有的主题意义、思想内容等还原出来。

萧红自《生死场》之后的所有创作都与时代要求显得很隔膜,1940 年萧红创作完成长篇《呼兰河传》。"当萧红写《呼兰河传》时,其他中国作家们大都在写战时报道文学、短文、戏剧,或者写抗日性的小说或短篇宣传品等作品"③。对当时的萧红来说,首先要面对的就是批评界的责难。20 世纪 40 年代影响最大的评论文章无疑是茅盾的《〈呼兰河传〉序》:"它是一篇叙事诗,一幅多彩的风土画,一串凄婉的歌谣"④。这与鲁迅先生的"生的坚强"、"死的挣扎"一样成为评论萧红作品的名句。但是艺术上的有限肯定之后,茅盾作为一个现实主义创作的代表作家和权威评论家,对萧红这样一个以《生死场》崛起文坛的作家却"在 1940 年前后这样的大时代",怀着"苦闷而寂寞"的情绪,"回忆这寂寞的小城",认为"多少有点不可解"。因为在萧红的这部小说里"看不到封建的剥削和压迫,也看不到日本帝国主义那种

---

① 刘禾:《文本、批评与民族国家文学》,东方出版社 2003 年版,第 470～486 页。
② 摩罗:《〈生死场〉的文本断裂及萧红的文学贡献》,载《社会科学论坛》2003 年第 10 期。
③ 葛浩文:《萧红评传》,北方文艺出版社 1985 年版,第 137～138 页。
④ 茅盾:《〈呼兰河传〉序》,载《萧红全集》,哈尔滨出版社 1991 年版,第 704～706 页。

血腥的侵略。"这就在思想上否定了《呼兰河传》。在当时的语境中,茅盾的这一评价与其说是赞扬,不如说是否定,这也就直接导致了以后几十年评论界对《呼兰河传》的低调处理。

新时期以来,随着萧红研究热潮的掀起,萧红后期的作品也备受瞩目,并在20世纪80年代初对萧红后期创作思想产生了争议。铁峰在《萧红的文学之路》中认为:"《呼兰河传》的最大缺点,就是由于作者在抗战时期创作思想出现偏差,否定文学作品的阶级性,把揭露批判的笔触'对着人类的愚昧',从而过分夸大了劳动人民的愚昧无知,麻木不仁,没有写出一个积极的人物,也没反映出时代的根本特点,更没表现出抗战时期人民的要求和愿望。这就大大削弱了作品的政治思想和教育意义。"[①]但是大多数学者对萧红后期创作思想则持肯定态度。韩文敏《〈呼兰河传〉我见》[②]认为《呼兰河传》是《生死场》之后对生活的认识和理想的深化,她较早地指出了《呼兰河传》深刻的思想性,认为其并非思想创作上的退步。皇甫晓涛在《萧红现象——兼谈中国现代文化思想的几个困惑点》[③]中认为,《呼兰河传》与时代审美要求在整体上是一致的,同时也为"国民性"主题的发展寻找到一个新的转折点,因而是萧红"走向成熟的标志"。此外,刘乃翘和王雅茹在《萧红评传》[④]中认为:从萧红"作家不是属于某个阶级,作家是属于人类的。现在或者过去,作家们写作的出发点是对着人类的愚昧"[⑤]的主张中,我们也看出了萧红创作思想的逐步提高和深化,她创作的着眼点不仅仅局限在国民抗战意识的鼓动、激发和歌颂上,更将视角深入到国民觉醒并抗争的根本——国民性上,这一点同鲁迅先生的创作思想是相通的。

萧红后期的长篇《马伯乐》一直无人问津,研究甚少,一般认为《马伯乐》是一部失败之作,主人公马伯乐更是一个自私自利的逃跑主义者。不过李重华在《也评马伯乐形象》[⑥]中却为之辩驳,认为马伯乐是一个复杂的新人形象,他有着进步的

---

① 铁峰:《萧红的文学之路》,哈尔滨出版社1991年版,第218页。
② 韩文敏:《〈呼兰河传〉我见》,载《文学评论》1982年第4期。
③ 皇甫晓涛:《萧红现象——兼谈中国现代文化思想的几个困惑点》,天津人民出版社1991年版。
④ 刘乃翘、王雅茹:《萧红评传》,哈尔滨出版社2002年版。
⑤ 《现时文艺活动与〈七月〉》,载1938年6月1日《七月》第15期。
⑥ 李重华:《也评马伯乐形象》,载《绥化师专学报》1991年第2期。

倾向,此观点较为新颖。秦林芳《论萧红的创作道路——从题材说起》①认为《马伯乐》是萧红师承了鲁迅的文学观,站在"改造民族的病态"的高度来选择并表现题材的,是"改造病态思想"的继续。另外黄晓娟在她的博士论文《雪中芭蕉——萧红创作论》②中也认为萧红的《马伯乐》写的是在当时作品中几乎被遗忘的国民性病态。总之,小说《马伯乐》争议颇多,虽有一些研究文章问世,但深度和新意不够,还有待后继研究者来提高!

三、对萧红其他小说、散文及诗歌的研究

在对萧红成名作和成熟作的研究之外,许多研究者还把目光投向了萧红的其他小说、散文及诗歌的研究上,并有了一系列成果。李计谋的《萧红短篇小说论》③细针密脚地分析了萧红短篇创作从形象的单薄到丰实,从现实主义浅层到深化,从草创期到风格的形成、发展和演变的转变,论述较为全面。邢富君的《〈商市街〉简论》④充分肯定了萧红散文成就,指出其散文文笔优美、简练清新,有浓郁的抒情色彩。陈乐山《"寂寞"——萧红散文的基调》⑤中把萧红的散文分为前后期加以研究。马云的《萧红〈商市街〉的创作心境与情感世界》⑥从创作心理学的视角对萧红当时的创作心境与情感世界进行阐释。并认为《商市街》表现的是"危机中的两人世界","生理饥渴中的情感饥渴","寂寞中的爱"以及"独语中的对话",观点新颖,立意高远。"不以诗名,别具诗心"的萧红一生创作了 70 多首诗歌,这些是从她心中"滴出快乐和忧愁的血",是她内心情感的流露,因此颇引起一些研究者的浓厚兴趣。熏风《不以诗名,别具诗心——谈谈作为诗人的萧红》⑦较早地指出萧红用

---

① 秦林芳:《论萧红的创作道路——从题材说起》,载《北京师范大学学报》1990 年第 4 期。

② 黄晓娟:《雪中芭蕉——萧红创作论》,中央编译出版社 2003 年版。

③ 李计谋:《萧红短篇小说论》,载《社会科学辑刊》1985 年第 1 期。

④ 邢富君:《〈商市街〉简论》,载《辽宁师范学院学报》1982 年第 3 期。

⑤ 陈乐山:《"寂寞"——萧红散文的基调》,载《惠阳师专学报》1986 年第 2 期。

⑥ 马云:《萧红〈商市街〉的创作心境与情感世界》,载《河北师范大学学报》2002 年第 2 期。

⑦ 熏风:《不以诗名,别具诗心——谈谈作为诗人的萧红》,载《学习与探索》1981 年第 5 期。

诗心写出诗或诗一样的作品。但是相对于对萧红小说的研究,对于她散文和诗歌的研究就显得比较薄弱。

四、研究角度的多元化

在新的开放态势和多元研究格局的指导下,萧红研究也呈现出多元化的研究视角。20 世纪 80 年代中后期,女性主义文学批评在我国兴起,许多学者开始用这一新的批评方法介入到萧红研究中,并取得了丰硕成果。孟悦、戴锦华《浮出历史地表——现代妇女文学研究》①从"女权主义"视角出发,用了一章的篇幅对萧红进行了女性主义剖析。黄长华的《论萧红的女权主义思想》②从女性的性爱、生育、死亡等角度切入到萧红小说的文本之中,指出亲身领受了极端父权制社会强加于女性悲惨命运的萧红,以艺术的手段真实地记录下了自己所遭受的身心伤害,从而表达了对男权社会的批判、愤恨和抗争。单元在《萧红与二十世纪中国女性文学》③中将萧红置于 20 世纪中国女性文学的参照系中进行考察,认为萧红始终如一地以女性视角和女性生命体验为切入点,从生与死、心灵与肉体等多重层面写出了中国广大女性生存真相。平原、郭运恒《女性之态和人生之梦》④则从男性形象入手,分析了萧红以女性作家特有的眼光对男权社会的批判。指出,萧红从个体生存经验出发表达出一种集体生存的经验:男人的处世方式、秉性、德行并不比女人强,这是对男性清醒认识之后来自女性生命生存与生命发展的一种欲望和冲动。

除了女性主义的引进,萧红研究中的比较研究也十分引人注目,不仅将萧红与同时期的作家比较,还与外国作家作比,并取得了一定成就。如韩国李福熙在《女性的苦难、抗争与悲剧——萧红与玄镇健小说比较》⑤中通过萧红与玄镇健小说的比较,略述了中韩两国现代小说的共同世界。认为他们两人都具有强烈的女权意识,并以犀利的笔锋揭露了以男性为中心的封建社会的黑暗面,表现了女性的悲苦

---

① 孟悦、戴锦华:《浮出历史地表——现代妇女文学研究》,人民文学出版社 2004 年版。
② 黄长华:《论萧红的女权主义思想》,载《福建商业高等专科学校学报》2002 年第 5 期。
③ 单元:《萧红与二十世纪中国女性文学》,载《湘潭大学学报》2002 年第 6 期。
④ 平原、郭运恒:《女性之态和人生之梦》,载《河南师范大学学报》2002 年第 1 期。
⑤ (韩)李福熙:《女性的苦难、抗争与悲剧——萧红与玄镇健小说比较》,载《山东科技大学学报》1999 年第 1 期。

命运。另外,李福熙在《东方女作家萧红与姜敬爱小说中的人间悲剧——以〈生死场〉、〈人间问题〉与〈地下村〉为中心》①中,又将萧红与韩国女作家姜敬爱的小说进行了比较,认为两位东方女作家都曾长期生活在中国东北,亲身体验了日本侵略者的野蛮和残忍,因此她们不约而同地将下层人民作为小说主人公,表达了她们对社会不公、对于日本侵略者的憎恨,展示了两国社会当时的人间悲剧。

此外,在把萧红与中国现代女作家的比较研究中也取得了令人瞩目的成就。如黄晓娟在她的博士论文《雪中芭蕉——萧红创作论》中把萧红与中国现代女作家丁玲、张爱玲进行比较,认为萧红在创作中虽以个人的女性体验为起点,却扩展到广大中国人的群体体验,把女性的苦难置于民族的、人类的苦难之中来表现。杨义在《中国现代小说史》(第二卷)中也说"以30年代最有成就的两个女作家相比较,我们感到,丁玲是一座突兀的山,萧红是一江明澈的水。山有'群峰共驰骛,百谷争往来'的气势,水有'缥碧千丈见底,泉水击石成韵'的魅力。高山流水,各具力度或风致,开拓了女作家创作的新格局。"②除了与陈衡哲、冯沅君、凌叔华、苏雪林、白薇、冰心、庐隐、丁玲等女作家共性与个性的对比分析外,还将萧红与三毛、迟子建等进行比较,如王金城、武文茹的《萧红与三毛:跨越时空的比较》③、单元的《童心映照的自然之美——萧红、迟子建比较论之一》④等。此外,还有一批研究者将萧红同乡土文学作家叶紫,"乡土文学派"的王鲁彦、许钦文、许杰、彭家煌、王任叔、台静农,"京派作家"师陀、沈从文等作了比较,指出萧红乡土文学作品的独到之处。

五、对萧红创作源流的研究

从萧红的人生经历和创作道路来看,萧红跟同时代的名人大家们相比,她所受

---

① (韩)李福熙:《东方女作家萧红与姜敬爱小说中的人间悲剧——以〈生死场〉、〈人间问题〉与〈地下村〉为中心》,载《对外贸易大学学报》2004年第7期。

② 杨义:《中国现代小说史》第二卷,人民文学出版社1993年版,第557~559页。

③ 王金城、武文茹:《萧红与三毛:跨越时空的比较》,载《萧红研究》第3辑,哈尔滨出版社1993年版。

④ 单元:《童心映照的自然之美——萧红、迟子建比较论之一》,载《江汉论坛》2002年第3期。

的文化教育、艺术修养属较差的一个,但是她的个人风格又是那么鲜明、独特、浑然一体,以致使人产生一种审美错觉,以为她主要是一个"天赋型"的作家,就像有学者说的"她是一个天才,但是一个没有经琢磨过的天才"。

但有不少研究者从萧红的创作与中外文化的联系中来研究,认为"萧红是一个善于学习和创新的作家,她在借鉴别人的东西的同时,经过自己的'文化过滤'揉进新的意境,再造就完全属于自己的艺术品。""由于地理位置的接近和种种历史机缘,使得萧红在一定程度上受到了俄苏文化的影响和熏陶。萧红观照和反映生活角度的选择和确立,受到了辛克莱与契诃夫的影响;对于民族灵魂的探索和自省接近于屠格涅夫、罗曼·罗兰,带着主观表现温情脉脉的现实主义。萧红是一个善于将外国文学影响消融于自己独创风格的作家,她在接受影响的同时也在创造自己的艺术个性和独特创作角度。"①

另外,不少研究者也关注到萧红和鲁迅的师承关系,以及由此带来的对萧红创作生涯的影响。单元的《试论鲁迅对萧红文学创作影响》②认为,鲁迅的文学观、精神力量和伟大的人格都对萧红产生了深远影响。林敏洁在《鲁迅与萧红交往考察——兼论〈回忆鲁迅先生〉〈民族魂鲁迅〉》③中,通过比较发现萧红作品与鲁迅作品之间有着密切的血缘关系,并且认为这是鲁迅对萧红潜在影响和萧红对鲁迅自觉接受的结果。

六、对萧红独特的审美风格和艺术追求的研究

萧红的作品有着她自己独特的审美风格和艺术追求,就如同她自己所说的:"有一种小说学,小说有一定的写法,一定要具备某几种东西,一定写得像巴尔扎克或契诃夫那样,我不相信这一套,有各式各样的作者,有各式各样的小说。"④

在萧红的研究中,萧红那独特的审美风格和艺术追求是研究者们所绕不过去的。她的许多小说和散文是相互渗透的,因此有许多研究者从小说散文化、散文小

---

① 黄晓娟:《雪中芭蕉——萧红创作论》,中央编译出版社 2003 年版,第 249 页。

② 单元:《试论鲁迅对萧红文学创作影响》,载《喀什师范学院学报》1991 年第 4 期。

③ 林敏洁:《鲁迅与萧红交往考察——兼论〈回忆鲁迅先生〉〈民族魂鲁迅〉》,载《新文学史料》2001 年第 3 期。

④ 聂绀弩:《〈萧红选集〉序》,载《萧红选集》,人民文学出版社 1981 版,第 2~3 页。

说化、抒情诗化、绘画化等方面研究她的创作艺术。如陈乐山的《"寂寞"——萧红散文的基调》①，秦林芳的《论萧红的文体特色》②等等。茅盾在为萧红的《呼兰河传》作序时写到："这是一篇叙事诗，一幅多彩的风土画，一串凄婉的歌谣。"这是对她独特审美风格和艺术追求的最好概括。

　　萧红的生命是短暂的，她的创作活动也不足十年，但在这短暂的文学创作生涯中却给世人留下了这么富有审美价值的文学作品，并长久以来引起人们的关注。在半个多世纪的萧红研究中，我们取得很大成果，使萧红的文学史意义越来越凸现出来。但多年来对萧红的评价不是过低就是过高，萧红作为一个批评研究的对象，我们是否已经让她在文学史上找到了一个恰当的位置呢，这还有待商榷。此外，萧红的生命本真及其作品中的思想价值和艺术价值并没有完全呈现，还有待我们后继研究者深入挖掘以向萧红研究的尽善尽美无限趋近。

①　陈乐山：《"寂寞"——萧红散文的基调》，载《惠阳师专学报》1986 年第 1 期。
②　秦林芳：《论萧红的文体特色》，载《江海学刊》1992 年第 2 期。

『持久力』和『亲切感』

——两代研究者关于萧红的对谈

（美）葛浩文　张　莉

萧红研究的缘起

张莉：葛浩文先生您好，很高兴能有这样一个机会和您讨论萧红，您是最早研究萧红的外国学者，您的《萧红评传》在整个萧红研究领域具有里程碑意义。80年代后期的研究者们，读萧红大都要从这本书开始。而就我个人而言，您和您的研究都曾给予我的学术成长以深刻影响。但是，老实说，十年前我读到这本书时便有一个困惑，即，作为一个美国人，是什么样的机缘使您开始写《萧红评传》的，另外，我看到一个访问说，您读的第一部中国小说是《八月的乡村》，那么，读的第一本萧红作品是哪部？是什么样的想法使您决定做萧红的研究？

葛浩文：我在大学念硕士学位时，有一位老师开了一门现代文学课。当时大部分中文课程所关注的是传统文学及语言学。老师有一天简单地介绍了三位三四十年代的东北作家，即二萧和端木蕻良,主要提到生活方面的若干事情而有关他们的作品他说的不多。我很好奇地去大学图书馆看看有没有他们三位的小说。有,只有一本:萧军的《八月的乡村》。要知道,这是 70 年代的美国,中国现当代文学根本没人注重,带回家看,印象不坏,但因为忙于别的课等等,没怎么放在心里。后来去念博士学位,有一天在图书馆看到了萧红的《呼兰河传》,想起了当年有关二萧的介绍,就带回家看,看完了后便与老师柳无忌先生(毛泽东好友柳亚子的儿子;其父亲在香港认识萧红)说想以萧红的著作作为论文的题材。大约五年后,我那本英文名为《萧红》的书就出版了。

张莉:您好像是做完博士论文后很久才看到萧红照片。

葛浩文:我记不得到底是什么时候,在怎么样的情况下头一次看到萧红的照片(可能是在她的一个短篇小说集的香港版里),但实在是比较晚的。我有何印象也记不得,不过大概多少有点亲切感吧。

张莉:您第一次来中国时已经做完了博士论文,是专门为了萧红而来。

葛浩文:1980 年,我头一次赴中国,有三个目的(或说愿望妥当些):(一)见见一些我从他们的作品可说已经有了初步认识的老作家(前一年在美国已经认识了萧乾),主要是三四十年代的东北作家;(二)头一次看看中国大陆;(三)去一趟哈尔滨。第一个,结果超过我的愿望:萧军、骆宾基、舒群、萧乾、罗烽等很多老作家(后来也见了端木蕻良、白朗和更多人士)在第一天的晚餐都同时见到了。后来,也非常侥幸地见到了我崇拜好多年的大翻译家杨宪益夫妇、王蒙、艾青等人。第二个目的也实现了。我坐了俄式老飞机从北京飞往东北三省(当时我对作家协会陪同说,"啊,我们要越过万里长城",他有点紧张地说"但愿如此!")。后来,飞机到达了黑龙江省会;下了飞机一眼在机场远处看了"哈——尔——滨"三个字,双脚几乎离地,心脏蹦蹦跳。这是好多年想都不敢想能到达的一天。到了居住的地方(宾馆只叫"107")后跟两位接待人王观泉老师和陈隄老先生谈天。几年后我才得知,因为我太兴奋,谈得很晚,所以没有公车了,他们两位不得不走路回家,让我很愧疚。

张莉：那次您还踏上了呼兰县的土地。看到您年轻时在萧红墓前的照片，我想到戴望舒那首著名的诗，《萧红墓畔口占》："走六小时寂寞的长途，/到你头边放一束红山茶，/我等待着，/长夜漫漫，/你却卧听着海涛闲话。"

葛浩文：那回我也很幸运有机会去一趟萧红老家，呼兰（河），这是一个意料之外的大好事情。总而言之，开始研究萧红的生平、作品十年以后，终于追到了她的影子。最后，出境以前到上海的法租界，参观了她住过的房子和鲁迅的故居，然后在广州的银河公墓，拜访了萧红的坟墓，真是感慨万千。我只说了一句："我来了！"我不敢确定，但那天有可能就是萧红诞辰 70 周年的日子！

《生死场》和《商市街》

张莉：让我们先谈谈《生死场》吧，这是萧红第一部引起关注的作品。关于《生死场》是一部"抗日作品"的判断一直以来持续不断，在当年鲁迅和胡风的序言里也明确地表达过。正是在此意义上，您对《生死场》的解读很不一样："我们认为作者原意只是想将她个人日常观察和生活体验中的素材——她家乡的农民生活以及他们在生死边缘挣扎的情况，以生动的笔调写出。"您认为"作者并没有从一种广义的历史观点来写战争，而是一种微妙而尚有力的手法来叙述村民及作者本身所经历的种种不幸遭遇。"——我觉得，这种书写可能源出于萧红的本能，她是靠艺术家本能创作的作家。不知您怎样看这个问题。

葛浩文：我基本上同意你和我自己（哈哈）的看法。无论是鲁迅、胡风，或任何其它的人所站的立场，我无法接受《生死场》是一部"抗日作品"的说法。以作者的背景、年龄和性格来看，我认为要逼她写她也写不出来。不信，那请看她在哈尔滨写的一些短篇，在武汉写的短篇，在重庆写的一些散文，以及她在香港写的《马伯乐》，基本上毫无"抗日精神"（偶然的偶然有例外，但不太明确）。像你说，她写的是："农民及作者本身所经历的种种不幸遭遇。"（Oh，那是引用我的自己的话，那更好！）

张莉：您今年出版的《萧红传》对《生死场》的看法有了些改变。

　　葛浩文:《萧红传》是多年前出版的《萧红评传》修改过的版本,而最重要的改变是有关我对《生死场》后半部的看法。我本来对书中风格和主题的豁然改变表示不满,以为全书的统一性给破坏了。后来我推翻我自己的看法,觉得这种看法忽略了小说后半部的主旨,即描写当时的女性之如何间接的经历战争。女子不上战场。书中人物碰都碰不到一个日军的影子,只听他人传来的消息。萧军则不同,他人物主要面对的就是那些可恨的"鬼子"的残酷行为。萧红——那时以及后来——所关怀的是女人在中国社会的低微地位。

　　张莉:"间接经历战争"的说法我很同意,从主观上来讲,萧红是想写"抗日",但是,正如您所说,作为女人,她是间接经历战争者,她只能写她的间接经验。这让我想到美国学者刘禾《重返〈生死场〉》的文章,在她看来,《生死场》书写了女性身体与民族国家话语之间的纠缠,这个观点在萧红研究领域的影响很大。她的出发点跟您刚才讲的妇女间接经历战争的出发点有相近之处。另外,我同意您提到的,《生死场》的主题就是生与死的柜走相亲,相生相克的哲学。"'春'和'生'在一般小说中一向是相提并论的。但却很少有人能象萧红这样的描写。只有她能将'生'和'死'的荒原赤裸裸地呈现在读者眼前。"在对"生"与"死"的理解力方面,萧红具有天才般的敏感。——和其它传记相比,《萧红评传》的最大魅力在于"评"。

　　葛浩文:你说我那本书"最大魅力在于它的'评'"。这是肯定的说法。不过也可以说令人最不满的是书中的"传"。这的确是合理的评论。近一二十年来,有关萧红生平的书和文章如雨后春笋,而且都拥有宝贵、准确的资料,甚至对萧红生活方式的评语。我呢? 开始作研究之时资料少得如凤毛麟角,因此无法写出十全十美的传记。后来资料渐渐的浮现,有的是我先发掘出来的,但大部分是中国学者和老作家提供的。我因为忙于教书、翻译的工作,不能把所有时间放在萧红研究上,慢慢儿与她的作品接触得不多。我不得不承认,我写有关萧红生活不可能没有错误和遗漏(舒群老先生有一次来信说他看了最早的版本,认为写的不坏,只是有些地方不符事实。我当然只好承认,回了他信表示歉意)。几十年后的今天还是只能如此。

张莉：在中国大陆，《生死场》被著名导演田沁鑫成功改编为同名话剧，上映百余场，有很大的观众群。我观看时觉得，这是另一位艺术家的再创作，有不甚令人满意之处。比如，剧作强化了抗日的主题，小说中的人物最后喊出了不当亡国奴的口号，而这些在小说中是薄弱的；话剧也强化了阶级的主题，而萧红的作品也并不明晰。不知您看过这个话剧没有，但对这种改编观众们似乎很买帐。我想，这说明，关于《生死场》是抗日作品的定位依然有很大观众市场；当然，从另一个角度讲，话剧的改编为《生死场》做了一次重要的普及。

葛浩文：话剧我没看。你说因为是个"再创作，有不甚令人满意之处"。这恐怕是一个年轻的萧红迷用心（heart），不用心（mind）的看法。其实，话剧/电影家改编的文学作品不能不成为再创作，与原著距离远近的关系不太重要，而值得注意的是拍得好不好。不过，象你所点出，强化了抗日以及阶级的主题，的确有可能会让看过话剧而未读过小说的人士留下了对文学家萧红不够确切的认识的可能性。

张莉：《萧红评传》中非常肯定地指出了《商市街》的重要性，"《商市街》是萧红作品中最有自传性和最有力、动人的作品"。"这是一本极类似印象主义的作品，所回忆的事件是以创造性的笔调表示出来的。"您把此书与同期发表的奥威尔《巴黎伦敦受困记》进行了对比。——您常常把萧红的作品与其它同时期或同类题材的西方文本进行横向比较，与其他诸多萧红传记相比，它具有"世界文学的视野"，进而也将萧红的理解放进一个更大的空间。我认为这与您的西方人和双语读者的身份有关，不知您怎样看自己身份与萧红研究的关系？

葛浩文：我应该指出，我原来英文著作的读者对20世纪的中国文学一无所知，但西方的名著大概接触过，多多少少有印象，随时都能够拿出来看。作这样的比较给他们一个很大的方便。毫无疑问对一般的中文读者就不一样。再说，我一直认为萧红应该可能拥有中国以外的读者，所以故意以"世界文学的视野"来评她的作品。

张莉：您对《商市街》中的"意识流"手法的分析令人记忆深刻。不过，人们今天对《商市街》的认识并不够。我以为,《商市街》中那种天真、直接和有力地面对生存际遇的书写很迷人,她面对苦难并不自怜自艾,与一般作家非常不同,有乐天知命的东西蕴含其中,这种天真的力量以及面对苦难的强大是萧红留下的宝贵财富。

葛浩文:我曾经写过一篇英文的文章,叫 Life as Art:Xiao Hong and Autobiography(生活 = 艺术:萧红与自传),用了一些西方理论讨论《商市街》,该算是以散文风格写出的名副其实的自传而不是一般的散文,更不是虚构作品。至于主角郎华(萧军)及悄吟(萧红)心态等没怎么注意,不过我很欣赏你的分析。

《马伯乐》和《呼兰河传》

张莉:在《萧红评传》中,您评价《马伯乐》:"它读来令人捧腹,书中的幽默与讽刺笔调,刻划出战时的中国的形形色色,在当时非常难得。""萧红在书中将她锋利的笔尖指向那些无人敢碰的战时文学和那些自以为是所谓爱国的作家们。"——您认为如果萧红能最终完成这本书,可能会使她跻身一流讽刺作家之林。当然,你也批评了她写人物漫不经心,有些啰嗦。

葛浩文:伯乐,啊伯乐,你好!这(匹)"马"萧红没完全治好,心有余而力不足。我一直认为是一件非常可惜的事。萧红在"晚年"只能写这长篇的正篇和续篇,没能完成她的理想。老马离开青岛后老追着萧红自己的足迹:上海、武汉、重庆……这肯定该有下文,但萧红很可惜旦过世,马伯乐何去何从就不了了之了。怎么办?只好让老葛来插手。我已经开始帮萧红成全她的目标,把马伯乐的故事写完,让他在香港追到了他的创作人,然后为了一件有趣的事去一趟哈尔滨和呼兰小镇。小说是用英文写,里头插进一些我翻译萧红那时候写的零星的散文。至于马伯乐的最终下落,必须等明年全书(头两本我早就翻好了)的英文版问世后才得知,很抱歉。

张莉:呵呵,这些情节听起来就有趣,期待这本书的问世。《马伯乐》的幽默和讽刺也引起了国内研究者的注意,艾晓明女士有一篇非常优秀的论文叫《女性的洞

察》，主要谈的就是《马伯乐》的贡献。不过，《马伯乐》依然没有能获得足够的重视，我想原因在于很多人并不习惯这种类型的作品。

葛浩文：艾晓明女士的文章我没读过，很想看。在哪儿发表？

张莉：是她的书《世纪文学与中国妇女》中的一章，《女性的洞察：萧红最后一部小说〈马伯乐〉》，我寄给您。正如您书中所说，《呼兰河传》是萧红个人回忆文体的巅峰之作，我特别同意，与《生死场》相比，它的技术纯熟、内容与形式浑然天成。"文学评论家们在时空上距战时的中国越远就越认为该书是写作技巧最成功之作。这一看法，即为此书不朽的最有力例证。"这些话很有预见性啊，《呼兰河传》越来越受人们关注，普通读者喜欢，作家们也喜欢，研究者们认为她为小说的散文化做出了很大的贡献。

葛浩文：我前面说过，《呼兰河传》是我开始研究萧红作品的主要因素，而至今仍是最能让我欣赏的作品，也是我最早翻译的她的作品。那是 1979 年的事——三十多年前——而因为我对该翻译不大满意，所以一旦绝版的话，我一定要重翻。其实，绝版的可能性不大，因为美国大学的中国现代文学课程年年都有不少同事们用此书。我那本翻译问世的第二年我去了呼兰，亲眼看到萧红小时候住的房子（那时还没有整修，说实话比现在的样子更是有历史意义）以及她读过的小学。给你说个有趣的小事：那年呼兰（河）的龙王庙还作为小学校的地点。陪同问我愿不愿意进去看看，我当然很乐意！老师给小朋友们介绍后，我只说了几句话，而正要离开时，一个小朋友走来把他有多处摺角或磨损的课本递给我。我一看，里头有萧红《呼兰河传》取材的"火烧云"一小部分。我心里的感触可想而知。小册子至今还保存着。

张莉：是的，直到现在，孩子们的教科书里依然有"火烧云"这篇，每年都有无数孩子颂读。我注意到，谈论《呼兰河传》时你提到萧红的一个文学创作观念，"萧红也有她的想法，但她的传播方式都是她自选自定的；她要做个道道地地的作家，而不愿仅做个宣传家。"这个创作观念从《生死场》开始恐怕她就有了，她忠实她个人的感受，这使《呼兰河传》成为了一个独特的美学存在，永远地存在中国的文学版图上，非常地了不起。

葛浩文：《呼兰河传》的确是本独一无二的自传性的小说。说是一本"散文化的小说"也可以，但是我认为它的内容（自传）比它的结构更值得我们注意。萧红写了三部形式上都不一样的长篇（《马伯乐》正篇和续篇算一部），很多短篇小说，及一些重要的散文。无论结构、语言以及地点背景方面，题材几乎都离不开作者的生活经验，她所见所闻的事物和人物。那就是说，不知是艺术本能的限制，还是生活情况所逼，但以我看来，萧红是一位观察力很强，想象力比较弱的作家。说不定，她若能多活几十年（她才活到阳历三十岁呀），也许我这话就站不住脚；不过，因为她死后抗战还持续了四年，紧接着四年的内战，然后中华人民共和国的"头十七年"和文化大革命的关系，除非不离开香港，她再写有份量作品的可能性不大。在这儿我要强调的是，千万别以为我这话是对萧红的文学作品反面或否定的批评。相反，这可证明她是一个中国现代文坛上非常独特，非常了不起的人物。

萧红与鲁迅

张莉：鲁迅是萧红生命中的"贵人"，他的日记中多次提到过她，看得出他很关心她。我注意到《萧红评传》中的一个注释。"萧红常一个人到鲁迅家作客；据鲁迅的一位门徒对笔者表示过：鲁迅几次因为萧军对萧红的态度之坏而感到不满，便不许萧军陪萧红来。"我对这个注释很感兴趣，因为我觉得这段话显示了鲁迅和萧红之间的深厚情谊，并且，以鲁迅的立场来看，他是一位长辈，看到年轻人之间相处不和谐后有此做法也很可信。——我觉得萧红对年长男性很依赖可能与她年少时缺少父爱有关。

葛浩文：鲁迅和萧红的关系很复杂，从她的《回忆鲁迅先生》那篇能看出一些蛛丝马迹，从鲁迅的日记以及他与二萧书信看到一些，而且从他人的回忆也可看到一些。不过，因为中间也有许广平和萧军，他们的关系基本上还是一个谜。你的猜测可能是对的，我真的不知道。但我可以给你说一个有趣的小插曲吧。1981年，鲁迅诞辰100周年，萧军到过美国参加一个三天的学术会议。我也参加了。有一天晚上大家边喝酒边谈天，我跟萧军说我想问他一件事。"好，随便问吧！"我说，

"萧老,我看了一篇梅林写的回忆录,里头说,有一天他去过你们在法租界的房子找你们谈话。萧红开门,他吓了一跳,她的眼睛似乎打青了。是不是你打了她?"哇!萧军很不高兴,火了,我怕他也要打我。他开始骂。旁边有人——可能是俄文翻译家戈宝权或小说家吴祖缃,记不清楚——看情况不妙,就说,"算了,算了,你们两位'情敌'可不要吵啊!"大家哈哈大笑就完了事。然后,萧军跟我说,"小葛,听说你有意思写我的传。我看不要写。"我说,"萧老,您放心,我不写。"你说,好不好玩?

张莉:《回忆鲁迅先生》写得好,你的评价也很高,——萧红为我们回忆和纪念鲁迅提供了最好的和最鲜活的文字标本。不过,您也提到萧红在此文中的一不小心,暴露了鲁迅的毛病:"在文章中某些地方他竟以脾气坏、固执而又刻薄的形象出现",另外,您也提到许广平在这文章中偶尔竟象个漫无主见的鲁迅附庸,等等。我的理解稍有不同。对于萧红与鲁迅之间的情谊而言,也许正是因为她全心全意想写鲁迅,所以便没有顾及到其它人的存在,这是其一。其二,萧红的文字非常有特点,是那种简单、生动而直接的传达,有一种不谙世事的天真之气。我想,她不是为了树立一个伟大人物而写,而只是想写一个生活中的人,于她而言,是生活中特别重要的那个人。那么,鲁迅的脾气坏等形象在别人看来是缺点,而在喜欢和热爱他的萧红那里,也只是性格中的一部分罢了。

葛浩文:你说萧红这篇写得很生动、很亲切的回忆录不是为了"树立一个伟大的人物,"我同意。鲁迅的坏脾气等,无论怎么看,还是毛病,但谁没有毛病?萧红只是回忆她生活中的人。我写《萧红传》同样不想树立一个伟大的人物。指出她弱点的目的只不过是希望她能在书上成为一个活生生的人。就事论事是我写传的宗旨。评文学作品也要如此。

张莉:关于萧红与鲁迅之间的情谊问题是很多读者热衷讨论的话题。余杰在他的文章中声称过自己怀疑,我也看到过女作家虹影关于萧红与鲁迅之间关系的一个猜想。不知道您怎么看这个问题。《萧红评传》中曾经就萧红为何会去日本以及去了日本后为何没有给鲁迅写过一封信做过详细分析和揣测。我想,你对这个问题一定有自己的看法和理解。

葛浩文：这些问题我现在不大放在心里。以前，因为是要写传，不能不顾及这些私人小事。如果对写作有影响，那当然值得多分析。

张莉：从文学层面理解，萧红是鲁迅的同路人，是非常优秀的"那一个"。她的《呼兰河传》、《马伯乐》都承继了鲁迅作品中的批判精神。而且，从她与聂绀弩的那段著名谈话中也可以看到，她是他作品的知音。萧红既有独立于鲁迅的地方，但又有承继的精神，她也不仰视他，这非常难得。钱理群先生关于纪念鲁迅和萧红诞辰的文章《"改造民族灵魂"的文学》对此做过精彩的论述，我很认同。作为生活中的人，也许萧红和鲁迅完全不同，她很软弱，完全不象许广平年轻时那样的绝决和勇敢。但是，萧红的作品却不一样，"越轨的笔致"与"力透纸背"是鲁迅的评价，更象是预言，《呼兰河传》更可以配得上这样的评价，这么说来，鲁迅也是她的知音吧，他说她会取代丁玲，就象丁玲取代冰心一样。

葛浩文：关于萧红承续了鲁迅的精神与否，我恐怕得多想这问题。有说马伯乐这个人物与阿Q相似，我也同意（我正在为百周年纪念大会写一篇这样的文章）。可是萧红毫无疑问取代了冰心、丁玲。今天无论在国内国外，这么多作家的作品，还仍有相当多的读者的，萧红是少数的几个人之一。

张莉：现代文学史上最重要的三位批评家鲁迅、胡风、茅盾建构了我们对萧红的理解，这一直潜在影响着我们的阅读。胡风的评价中提到"蚊子似的为死而生的他们现在是巨人似的为生而死了"。茅盾关于《呼兰河传》的序很长，是基于对萧红的纪念，很温和，他给予了他能给予的最大褒奖："要点不在《呼兰河传》不象是一部严格意义上的小说，而在于它这不象之外，还有些别的东西——一些比象小说更为诱人些的东西，它是一篇叙事诗，一幅多彩的风土画，一串凄婉的歌谣。有讽刺，也有幽默。开始读时有些轻松之感，然而愈读下去心头就会一点一点沉重起来。可是，仍然有美，即使这美有点病态，也仍然不能不使你炫感。"您认为这个序比鲁迅的要好。

葛浩文：我已经表示我对《生死场》的抗日精神的否认，因此，鲁迅的序、胡风的跋虽然都算是好评，这方面我不赞成。至于茅盾的评语，我喜欢你引用他那句：

"它是一篇叙事诗,一幅多彩的风土画,一串凄婉的歌谣。有讽刺,也有幽默。开始读时有些轻松之感,然而越读下去心头就会一点一点沉重起来。可是,仍然有美,即使这美有点病态,也仍然不能不使你炫感。""病态"之美?这点我就不大同意。

萧红与萧军、端木蕻良、骆宾基

张莉:几乎所有读萧红的人都会被她与萧军的关系困扰,您甚至也对此很不理解,我也同样。萧军可以算做她生命中很重要的人,但过程和结局都令人遗憾。您是和萧军有过现实接触的,怎样理解他们之间的关系?在晚年,萧军对萧红及其作品的理解是否改变一些?——在年轻时候,萧军也认为萧红只会写散文,不会写小说。他曾回忆说,萧红不太适合做妻子。我最近读到的一篇文章说,晚年萧军认为自己的写作是积极浪漫主义,而萧红是消极浪漫主义。

葛浩文:萧红与萧军的关系,实在让我困扰;我自己与萧军的关系也够复杂。我说过,他的《八月的乡村》是我读过中文小说的第一本。他的短篇《羊》是我发表的第一篇翻译。他文革"出土"后不久便覆我的一封信,请我到北京与他见面。从此我见了他好几次面。他送我不少他的书,包括他和萧红合著的《跋涉》的影印本,和照片,甚至于他给我写了一幅字画。我们几年内通过不少信。在这儿顺便提一件让我对他家人不满的事:81年他回国后,陪他来美国的女儿萧耘来信说要编一本她父亲的书信集,请我把他写给我的信寄给她,影印完了就还。结果一封也没还,写信催她,她也不覆,理都不理人。这种缺德的事真令人够懊恼。

接着说吧。我越看萧军及其家人发表的书和文章就越觉得他们似乎有意思美化他的形象。关于他对他们俩作品的评论,我无法接受他的看法。他的《第三代》虽然写的不坏(其它作品很一般),但我看也比不上萧红的长篇。总而言之,萧军绝对没有萧红的文采。他说自己积极(接近暴烈),萧红消极(甚至于懦弱)有一点道理,但浪漫不浪漫,那是个疑问。

张莉:您对端木蕻良的个人印象怎样?他晚年回忆萧红的态度可以仔细描述一下吗?当然,了解萧红生平的人对他可能多少都有些成见。很多人注意到萧红《呼兰河传》中与端木的小说都写到"跳大神",——有研究者认为萧红晚期的写作受到了端木的影响,您怎么看这个问题?

葛浩文:端木蕻良一直都被看成是"东北作家群"以外的东北作家。不过,他的确是一位很有成就的小说家。研究他作品的人似乎不多,这是一个令人费解的现象。我见过他两三次,每次谈得都很投机。有一天在他家里谈萧红在香港生病的过程。他说到她开刀,效果不良,他突然蒙着脸放声大哭,然后说他应该反对那次动手术,因此萧红之死,他认为他自己多少要负责任,他非常自责。

张莉:端木的反应让人感慨,也许会让我们对他的看法有些改观。接着上面的说,我个人觉得,"影响说"需要谨慎。如果说影响,萧军的影响之于萧红也应该很大才对,但是,他们共同生活的时光并没有使萧红趋近他的文风。——在同一个问题上,比如抗战,萧红和萧军的理解差别很大。这也是《生死场》优于《八月的乡村》之处。我觉得,虽然萧红在个人生活方面很依赖他人,依赖男性(这种依赖甚至到了让人无法理解的程度),但是,她在创作上是一个有主见并能贯彻到底的人。她的创作从一开始就在走一条与众不同的路,一直到最后。如果说受到重要影响,应该是鲁迅的影响而不是其它人。不知您怎样理解她的"受影响"这个问题。

葛浩文:文学影响的确是一个无法确定的问题。我知道端木认为萧红在写作方面是受了他的影响。难说。光看"跳大神"一个例子的话,我相信萧红是看过的,别的无法说。但我猜测萧红的武汉、重庆、香港与端木一起生活说不定不会比与萧军在一起好多少。说萧红的悲剧就是她与男人的关系是一个有理的结论。

张莉:萧红在作品中的女性意识明显,可生活中却是另个样子,——看起来她完全没有办法将自己变成生活的"强者",一生为情所困,为男人所累,真是让人心痛。您采访骆宾基时的情形是怎样的,他是第一位写《萧红小传》的人,关于萧红最后一刻的讲述非常感人。

葛浩文:骆宾基、舒群、罗烽、白朗、聂绀弩、丁玲等作家我都采访过(大部分都录了音),收获很大。骆宾基的《萧红小传》给了我一个很大的启发。只是,他的一些说法,特别是日军占领香港后的若干事,与端木有出入。

张莉:我对丁玲很感兴趣,她当时谈萧红的情形是怎样的,您印象如何?

葛浩文:丁玲给我的印象不错,她说话很直。她那时身体不太好,我们只谈了半小时的样子,主要当然谈的是她跟萧红在西安的接触。她挺喜欢萧红,只是希望她能坚强一点。我问了她,当时萧军在延安的时候怎么样,对萧红如何。她说得很简单:"你见过他吗?"我说见过。"现在的萧军就是当时的萧军!"有意思。

张莉:您刚才提到的这么多萧红的朋友,哪位给您印象最深刻?

葛浩文:我印象也许最好的是病中的聂老。陪我去的好友,王观泉兄,告诉我一些在北大荒所发生的事情,聂老真是值得钦敬的人。

张莉:我对您在《萧红评传》中将几个人的观点同时列出的作法很认可,传记资料如何"采信"很重要。事实上,萧红的生平研究有很多疑点,比如她的出生月份,是否是端午节那天,还比如第一个与她同居并抛弃她的人是姓李还是姓汪等等,我知道后面很多传记与您的看法不一样,我更倾向存疑,尤其是与此事有干系的人的看法更需要分析。现在,萧红传记的版本很多,您对萧红的生平理解有变化吗?

葛浩文:萧红的传记很多,我很高兴。多多益善。另外也有以萧红的一生作为小说、电影、话剧等的取材,非常有趣。关于你提的那些细节,我无法关注,只能听/看他人的资料。我对她的作品的理解有变化。至于她的生平,不断有进一步的认识,但基本的理解没甚么改变。

永远的怀念

张莉:夏志清的《中国现代小说史》中并没有给萧红以特别的位置,他后来特意在文章中写过这个问题,——因为他在当时并没有看到她的作品。这与萧红作品在当时的传播有很大关系。近二十年来,事情发生了变化,因为您的翻译,美国大学的现代文学课已经开始阅读她了。在今天,一方面,您在采访中还是会提到自己"和萧红从未离过婚",另一方面,您在中国被人广泛了解的身份是中国文学的"首席翻译家和唯一的接生婆",为中国现当代文学的英译做出了卓越的贡献。您做翻译的源动力是什么。

葛浩文:老实讲,我把我大部分时间、精力放在中英翻译上有两个源动力:(一)我爱这份工作,也作得不坏。(二)这是唯一能够引起一些西方读者对中国现当代文学的认识。有人说这是我(惟一?)的优点和贡献。天晓得!

张莉:"我不敢说是我'发现'了萧红的天分与重要性——那是鲁迅和其他人的功劳,不过,如果这本书能够进一步激起大家对她的生平、文学创作、和她在现代中国文学上所扮演角色的兴趣,我的一切努力就都有了代价。"重读当年的话您一定有很多感慨吧? 当时的看法虽然短也没有详细分析但很敏锐,从数量庞大的萧红研究资料可以看到,您对重要作品的看法和认识都得到了回应或者发挥,成为萧红研究的起点了。

葛浩文:过奖过奖! 问我有什么感慨,很简单:不好意思。但也高兴有这次宝贵机会谈谈萧红的文学成就,而再过几个月也可回到三十多年没见的哈尔滨及呼兰(河)。我的心情你可想而知。

张莉:《萧红评传》的发表已经有二十五年的时间,又是在纪念萧红一百周年诞辰的年份里谈萧红,您有特别的话要说么?

葛浩文:我话已经说得太多。不多说了。不过应该指出我的一个遗憾。那就是我写传时不知道萧红写了不少诗,后来读了老朋友丁言昭的《萧萧落红情依依》发现我的研究有个大遗漏,但现在来不及弥补,只好留给下一辈萧红迷来作。

新近发现的『萧红日记』

——写在萧红诞辰百年之际

袁权[①]

最近一个时期，因为查寻与萧红有关的资料，赶写参加在哈尔滨举办的萧红百年诞辰研讨会的论文，埋首在图书馆的故纸堆里翻阅民国时期的有关报刊，偶然发现了几篇以前不曾见过的萧红佚文。

此次发现的萧红佚文共三篇，均刊载于1937年汉口的《大公报》副刊《战线》。

它们分别是：

一、《八月之日记一（上）》

1937年8月1日作，载1937年10月28日汉口《大公报》副刊《战线》第三十六号。署名萧红。

二、《八月之日记一（下）》

1937年8月1日作，载1937年10月29日汉口《大公报》副刊《战线》第三十七号。署名萧红。

三、《八月之日记二》

1937年8月2日作，载1937年11月3日汉口《大公报》副刊《战线》第四十一号。署名萧红。

由于这三篇佚文都以"日记"题名，我们姑且

① 本文选自《新文学史料》2011年第3期，收入本书时，作者略有改动。
袁权：萧红研究学者，著有《萧红全传》等。

就把它们叫作"萧红日记"。这几篇"日记"的发现给我们带来了惊喜，它们在很大程度上具备了填补空白的意义——首先，就萧红作品的体裁而言，所有作品中都没有"日记"这种形式；其次，迄今为止出版的萧红作品集，所有结集的出版物，包括黑龙江大学出版社 2011 年出版的最新的《萧红全集》中，均未收入这三篇"日记"。

三篇佚文篇幅都不长，也很符合"日记"体的特征，全文如下——

第一篇
《八月之日记一（上）》

为了疲乏的原故，我点了一只纸烟。

绿色的星子，蓝色的天空，红色的屋顶，黑色的蝙蝠，灰色的小蛾。我的窗子就开在它们的中间，而我的床就靠在这窗子的旁边，我举着纸烟的手指的影子就印在窗子的下面。

我看一看表，我还是睡得这么样的早，才九点钟刚过了。

有点烦恼，但又说不出这烦恼，又像喝过酒之后的心情，但我又并没喝酒。

也许这又是想家了吧！不，不能说是想家，应该说所思念的是乡土。

人们所思念着的那么广大的天地，而引起这思念来的，往往是几片树林，两三座家屋，或是一个人物，……也或者只凭着一点钟的记忆，记忆着那已经过去的，曾经活动过的事物的痕迹。

这几天来，好像更有了闲情逸致，每每平日所不大念及的，而现在也要念及，所以和军一谈便到深夜。

而每谈过之后，就总有些空寞之感，就好像喝过酒之后，那种空寞。

虽然有时仍旧听着炮声，且或看到了战地的火光，但我们的闲谈，仍旧是闲谈。

"渥特克（很辣的酒）还有吧！喝一点！"他说，他在椅子上摇着。

为着闲情逸致，在走廊上我抄着一些几年来写下来的一些诗一类的短句。而且抄着，而且读着，觉得很可笑，不相信这就是自己写下来的了。

抄完了，我在旧册子上随便的翻着，这旧册是军所集成，除去他替我剪贴着我的一小部份之外，其余都是他的，间或有他的友人的。于是我就读着他的朋友用紫色墨水写成的诗句，因为是古诗，那文句，就有些不解之处，于是请教于军，他就和我一起读起来了。

第二篇
《八月之日记一(下)》

他读旧诗,本来有个奇怪的韵调,起初,这是我所不喜欢的,可是这两年来,我就学着他,并且我自己听来已经和他一腔一调。我常常是这样,比方我最反对他正在唱着歌的时候,我真想把耳朵塞了起来,有时因为禁止而禁止不住他,竟要真的生气,但是又一想,自己从什么地方得来的这种权力呢?于是只好随他唱,这歌一经唱得久了!我也就和他一齐唱了,并且不知不觉之间自己也常常一方面烧着饭,一方面哼着。

这用紫色墨水写成的诗句,我就用着和他同一的怪调读在走廊上。

我们的身边飞来了小蛾的时候,他向我说,他要喝一点酒。

本来就在本身之内起着喝过了酒的感觉,我想一定不应该喝了:

"喝酒要人多喝,喝完了说说笑笑也就不醉,一个人喝不好,越喝越无聊。"

"我正相反,独饮独酌……。"

而后我说"渥特克"酒没有了。(其实是有的,就在我脚边的小箱子里。)

"朋友们,坐监牢的……留在满洲的,为了'剿匪'而死了的……作这诗的人,听说就在南京'反省院'里。"

"你为什么走的这一条路呢?照理说,不可能,"因为他是军官学生。"我想:就是因为你有这样的几个朋友……很难,一个人的成长,就差在一点点上……。"我常常把人生看得很可怕。

"嗯!是的……"他的眼睛顺着走廊一直平视过去,我知道,他的情感一定伸得很远了。

这思念朋友的心情,我也常有。

一做了女人,便没有朋友。但我还有三五个,在满洲的在满洲,嫁了丈夫的,娶了妻子的,为了生活而忙着的,比方前两天就有一个朋友经过上海而到北方战地去。

他说:"朋友们别开,生死莫测。"

我说:"尽说这些还行吗?那里有的事情?"

他站在行人道上高高地举着手臂。

我想,朋友们别开,我也不知道怎么样!

一些飞来的小蛾,它们每个都披着银粉,我一个个的细细地考查着那翅子上的纹痕。

这类似诗的东西,我就这样把它抄完了。

睡在了床上,看一看表,才九点钟刚过,于是一边看着这举着纸烟的落在墙上自己的手指,一边想着这战争,和这诗集出版的问题。

八月一日

这两篇加在一起不足 1400 字,两篇其实是一个整体,都是八月一日的日记;第一篇(上)篇末没注什么,第二篇(下)篇末注明"八月一日"。应该是因为版面问题分两次刊出,当时《大公报》副刊《战线》的版面是非常有限的一块。

从内容来看,这篇写于 1937 年 8 月 1 日的"日记"所记述的,主要是"卢沟桥事变"之后,北平和天津相继沦陷,日军又在长江沿线大批撤侨并集结兵力准备向上海发动进攻,其更险恶的用意直指国民政府所在地南京——处于这种形势下,萧红和萧军在上海的精神状态,还有那几天的生活状态。因为"七七事变"带来的新局面,使他们似乎看到了打回老家去的一线希望,于是思念家乡的情绪油然而生。

有点烦恼,但又说不出这烦恼,又像喝过酒之后的心情,但我又并没喝酒。

也许这又是想家了吧!不,不能说是想家,应该说所思念的是乡土。

人们所思念着的那么广大的天地,而引起这思念来的,往往是几片树林,两三座家屋,或是一个人物,……也或者只凭着一点钟的记忆,记忆着那已经过去的,曾经活动过的事物的痕迹。

这几天来,好像更有了闲情逸致,每每平日所不大念及的,而现在也要念及,所以和军一谈便到深夜。

这段话集中地概括了他们因怠念家乡而交织产生的那种沉醉和茫然,以及希望与失望并存的那种困惑。而"人们所思念着的那么广大的天地,而引起这思念来的,往往是几片树林,两三座家屋,或是一个人物,……也或者只凭着一点钟的记忆,记忆着那已经过去的,曾经活动过的事物的痕迹",则是最典型的萧红口吻,萧红风格。

还有就是我们看到了下面这样的句子：

为着闲情逸致,在走廊上我抄着一些几年来写下来的一些诗一类的短句。而且抄着,而且读着,觉得很可笑,不知道这就是自己写下来的了。

这些在走廊上抄着的、觉得很可笑的所谓的"几年来写下来的一些诗一类的短句",是否就包括了不久之后最终留在许广平先生那里的手抄本《自集诗稿》呢?是否就是那些个经过诗人自己筛选之后的《可纪念的枫叶》、《偶然想起》、《静》、《栽花》、《公园》、《春曲》(六首)、《苦杯》(十一首)、《沙粒》(三十六首)、《拜墓》、《一粒土泥》等诗呢? 太有可能了。

再就是她和萧军所共有的对朋友的思念和担忧。

"朋友们,坐监牢的……留在满洲的,为了'剿匪'而死了的……作这诗的人,听说就在南京'反省院'里。"

这思念朋友的心情,我也常有。

一做了女人,便没有朋友。但我还有三五个,在满洲的在满洲,嫁了丈夫的,娶了妻子的,为了生活而忙着的,比方前两天就有一个朋友经过上海而到北方战地去。

他说:"朋友们别开,生死莫测。"

我说:"尽说这些还行吗? 那里有的事情?"

他站在行人道上高高地举着手臂。

我想,朋友们别开,我也不知道是怎么样!

除了对朋友的思念和担忧,里面还透露出一个重要的信息,就是:

一做了女人,便没有朋友。但我还有三五个……

纵观作家的一生,我们不妨把它看做是半年前从日本孤旅回国的萧红内心女性自主意识觉醒的外在表现。

第三篇
《八月之日记二》

军几次的招呼着我：

"看山啊！看山啊！"

正是将近黄昏的时候,楼廊前飞着蝙蝠。

宁静了,近几天来,差不多每个黄昏以后,都是这样宁静的,炮声,飞机声,就连左近的难民收容所,也没有声音了! 那末吵叫着的只有我自己,和那右边草场上的虫子。

我不会唱,但我喜欢唱,我唱的一点也不合曲调,而且往往是跟着军混着唱,他唱:"儿的父去投军无有音信。"我也就跟着:"儿的父去投军无有音信。"他唱杨延辉思老母思得泪洒胸膛,我也就跟着溜了一趟,而且,我也无所不会溜的。溜得实在也惹人讨厌,而且,又是一唱就溜。他也常常给我上了一点小当,比方正唱到半路,他忽然停下了,于是那正在高叫着的我自己,使我感到非常受惊。常常这样做,也就惯了,只是当场两个人大笑一场,就算完事,下次还是照样的溜。

从打仗开始,这门前的走廊,就总是和前些日子有点两样,月亮照着走廊上那空着的椅子,而倒影就和栏杆的影子交合着被扫在廊下的风里。

"看山啊！看山啊！"他停止了唱的时候,又在招呼着我。

天西真像山一样升起来的黑云的大障壁,一直到深夜还没消去,在云的后边,不住的打着小闪。

他把身子好像小蛇似的探出廊外去,并且摇着肩膀:

"我这身子发潮,就要下雨的……"

我知道,他又以为这是在家乡了。

家乡是北方,常常这样,大风,大雨,眼看着云彩升起来了,也耳听着雨点就来了。

"雨是不能下……南方……"我刚一说到"南方",我想我还是不提到什么"南方""北方"的好。

于是他在走廊上来回的走着,他说了好几次他身上起着潮湿的感觉。这感觉在家乡那边,就一定是下雨的感觉了。但这是在"南方"。

我就想要说"南方"这两个字,当他在走廊上来回的跑着的时候。他用手做成

望远镜,望着那西北部和山峰似的突起的在黄昏里曾镶过金边的黑云。

他说他要去洗澡了,他说他身上发潮,并且他总说是要下雨。

起初我也好像有那种感觉,下雨了,下雨了。等我相信这黑云是在南方的天空上,而不是在北方的天空上,我就总想说服他。

后来,我一想,虽然是来到了南方,但那感觉却总是北方养成的,而况这样的云,又是住在南方终年而不得见的。

自从这上海的炮声开始响,常常要提起家乡,而又常常避免着家乡。

于是,又乱唱起来了。到夜深的时候,雨点还没一粒来碰到我的鼻尖,至于军的身子潮与不潮,我就不知道了。

八月二日

这八月二日的日记中,也是跟思乡有着脱不开的干系,主要的表现形式,是萧军在北方养成的习惯在南方的一些连锁反应:

他(萧军)把身子好像小蛇似的探去廊外去,并且摇着肩膀:

"我这身子发潮,就要下雨的……"

我知道,他又以为是在家乡了。

家乡是北方,常常这样,大风,大雨,眼看着云彩升起来了,也耳听着雨点就来了。

于是他在走廊上来回的走着,他说了好几次他身上起着潮湿的感觉。这感觉在家乡那边,就一定是下雨的感觉了。但这是在"南方"。

他说他要去洗澡了,他说他身上发潮,并且他总说是要下雨。

起初我也好像有那种感觉,下雨了,下雨了。等我相信这黑云是在南方的天空上,而不是在北方的天空上,我就总想说服他。

后来,我一想,虽然是来到了南方,但那感觉却总是北方养成的,而况这样的云,又是住在南方终年而不得见的。

自从这上海的炮声开始响,常常要提起家乡,而又常常避免着家乡。

而"军"在咏唱的间歇不时招呼着我"看山啊!看山啊!",那所谓的"山"根本就不是什么山,而是在天西"像山一样升起来的黑云的大障壁,一直到深夜还没消去,在云的后边,不住的打着小闪*,"那西北部和山峰似的突起的在黄昏里曾镶过金边的黑云",这也是他们思念故土的一种情怀,寄居在南方都市,哪里有什么山可看,不过是变化不定的黑云的状貌让他们又想到了北国的山峰。

"日记"的写作时间是八月初,两萧还在上海为时局担忧;"日记"发表的时间是两个月后的十月下旬,他们已经到达武汉。《大公报》副刊《战线》就是在汉口创刊的。1937年9月18日,《大公报》在这个特殊的日子里推出了第一号《战线》,上面刊登了蒋锡金先生的诗歌;此后尽管版面很有限,但几乎每天都有《战线》副刊,只在周日是延续以往的《文艺》副刊。

当然,萧红在《战线》上发表的作品远远不止这三篇"日记"。

1938年8月26日,短篇小说《汾河的圆月》在《大公报》副刊《战线》第一百七十七号刊出。

散文《寄东北流亡者》,见于1938年9月18日《大公报》副刊《战线》第一百九十一号。

其中,写于1937年10月17日,刊载于1937年10月20日《大公报》副刊《战线》第二十九号的散文《逝者已矣!》最值得关注。这是为鲁迅先生周年祭而写,且长期游离于广大读者视线之外的一篇文章,黑龙江大学出版社新版的《萧红全集》已将其收入。虽只有1000多字,却有着远远超过"日记"的含金量;全文如下:

逝者已矣!

自从上海的战事发生以来,自己变成了焦燥和没有忍耐,而且这焦燥的脾气时时想要发作,明知道这不应该,但情感的界限,不知什么在鼓动着它,以致于使自己有些理解又不理解。

前天军到印刷局去,回来的时候,带回来一张《七月》的封面,用按钉就按在了墙上。"七月"的两个字,是鲁迅先生的字。(从鲁迅书简上移下来的)接着就想起了当年的海燕,"海燕"的两个字是鲁迅先生写的。第一期出版了的那天,正是鲁迅先生约几个人在一个有烤鸭的饭馆里吃晚饭的那天。(大概是年末的一餐饭的意思)海燕社的同人也都到了。最先到的是我和萧军,我们说:

"海燕的销路很好,四千已经销完。"

"是很不坏的!是……,"鲁迅先生很高的举着他的纸烟。

鲁迅先生高兴的时候,看他的外表上,也好像没有什么。

等一会又有人来了,告诉他海燕再版一千,又卖完了。并且他说他在杂志公司眼看着就有人十本八本的买。

鲁迅先生听了之后:

"哼哼!"把下腭抬高了一点。

他主张先印两千,因为是自费,怕销不了,赔本。卖完再印。

那天我看出来他的喜悦似乎是超过我们这些年青人。都说鲁迅先生沉着,在那天我看出来鲁迅先生被喜悦鼓舞着的时候也和我们一样,甚至于我认为比我们更甚。(和孩子似的真诚。)

有一次,我带着焦燥的样子,我说:

"自己的文章写得不好,看看外国作家高尔基或是什么人……觉得存在在自己文章上的完全是缺点。并且写了一篇,再写一篇也不感到进步……"于是说着,我不但对于自己,就是对于别人的作品,我也一同起着恶感。

鲁迅先生说:"忙! 那不行。外国作家……他们接受的遗产多么多,他们的文学生长已经有了多少年代! 我们中国,脱离了八股文,这才几年呢……慢慢作,不怕不好,要用心,性急不成。"

从这以后,对于创作方面,不再作如此想了。后来,又看一看鲁迅先生对于板画的介绍,对于刚学写作的人,看稿或是校稿。起初我想他为什么这样过于有耐性? 而后来才知道,就是他所常说的:"能作什么,就作什么。能作一点,就作一点,总比不作强。"

现在又有点犯了这焦燥的毛病,虽然不是在文章方面,却跑到别一方面去了。

看着墙上的那张七月的封面上站着的鲁迅先生的半身照像:若是鲁迅先生还活着! 他对于这刊物是不是喜悦呢? 若是他还活着,他在我们流亡的人们的心上该起着多少温暖!

本来昨夜想起来的纪念鲁迅先生的文章并不这样写法,因为又犯了焦燥的毛病,很早的就睡了。因为睡得太多,今天早晨起来,头有点发昏,而把已经想好的,要写出来纪念鲁迅先生的基本观点忘记了。

一九三七,十,十七日

这一篇纪念鲁迅先生的文章《逝者已矣!》,和另外的两篇纪念鲁迅先生的文

章《在东京》、《万年青》都是为鲁迅先生逝世一周年而写,当年,三篇文章几乎同时发表在武汉的不同刊物上:《在东京》首发于胡风主编的刚在武汉复刊的《七月》半月刊第一集第一期,时间为1937年10月16日,后来收入《萧红散文》时,篇名改为《鲁迅先生记(二)》;《万年青》首发于孔罗荪、锡金和冯乃超在武汉主办的《战斗旬刊》第一卷第四期,时间为1937年10月18日,收入《萧红散文》时,篇名改为《鲁迅先生记(一)》;《逝者已矣!》则首发于《大公报》副刊《战线》第二十九号,时间为1937年10月20日。

这三篇纪念鲁迅先生的文章的内容,和两年后所写的系列文章《鲁迅先生生活散记》、《鲁迅先生生活忆略》、《记我们的导师——鲁迅先生生活的片断》等文,以及后来成书的《回忆鲁迅先生》单行本里的内容几乎没有什么重复,这些文字是构成萧红对鲁迅先生忆念之情的重要组成部分,因而具有不可忽视的价值和意义。

另外值得一提的是,这两天"日记"的刊登日期分别是1937年10月28、29日和1937年11月3日,在此期间的11月1日《大公报》第四版上,也登载了一篇与萧红有关的"本报特写",题目是《最近来汉的四位女作家缩写 萧红 白朗 子冈 彭慧》;900字左右,全文如下:

最近来汉的四位女作家缩写
萧红 白朗 子冈 彭慧

[本报特写]自从各地文化界人士逐渐集中武汉后,文化运动一天比一天地蓬勃起来,新的刊物先后出了不下一几种,听说在市政府正在登记中的尚有二三十种。同时,有些作家们,不但预备在这里寻找些材料完成他们的长篇巨著,并且在救亡运动上也想尽一点一己的责任。他们不但把思想和时代配合起来,在态度上更像一团使人烘暖的火。这里,记者先介绍从上海来的四位女作家。

萧红

她是《八月里的乡村》①著者萧军的太太,一对富于革命思想的伙伴。她第一

---

① 《八月里的乡村》应为《八月的乡村》。原文误。——作者注

篇长作《生死场》,和《八月里的乡村》,同被一般爱好文艺的青年们爱读。《商市街》,和《桥》出版后,也都销售一空,以至再版。听说,最近又出版了一部《牛车上》。三年以前,她和萧军在国内文坛上是寂寂无名的,但在松花江畔却露了头角。那时,哈尔滨的国际协报国际公园中,就常有俏吟①(萧红)和三郎(萧军)的文章。大概他们那时候为了恋爱,受了很大的痛苦,俏吟常常赤裸裸地写他们恋爱故事,在那时候,似乎还曾听见号称道学的批评家们惊讶着说:"俏吟这个姑娘真够泼辣,怎么这么不害羞呢?"其实,她那时候所写的文字是充分地流露着朴质的爱,蕴藏着革命的烈火,一行一字都是从实际生活中汲取来的。所以尽管是几行小诗,几百字的散文,都充满着爱,火,光明,美丽。

她当时读书的学校是曾培植全国闻名的体育五虎将的市一女中,校长是位女先生,绰号孔大板牙,封建,低能。萧红在学校的名字叫张廼莹,因为她的一举一动都和这位教女生作贤妻良母的校长的思想相去很远,她时常被责罚。后来,她索性离开了学校去创造她的新天地去了。从那时起,她就被人目为叛逆女性了。

到上海以后,她极受鲁迅先生的赏识。二三年来,她埋头写作,除了长篇以外,她和萧军同编过海燕,在各种文艺刊物上,也时常写些文章。这回到武汉来,并不是躲避炮火,而是想多走几个地方,得点新材料,以充实写作,并和胡风先生编《七月》。我预料着:这位呼兰河上,年纪才二十六岁的叛逆女性,假如中国能把这段艰苦的路程渡过去,使她能安心写作,她一定能在民族解放后的中国文坛上,再开出一朵灿烂的花!

这篇不足 1 000 字的介绍,使我们非常罕见地看到了当时媒体对萧红的相对详细的报道和相对具体的评价,也许不那么客观,也许不十分准确,但其中这样的文字还是让我们感到亲切:"其实,她那时候所写的文字是充分地流露着朴质的爱,蕴藏着革命的烈火,一行一字都是从实际生活中汲取来的。所以尽管是几行小诗,几百字的散文,都充满着爱,火,光明,美丽"。

也许我们永远都无法考证出这位记者的姓名,但是文末的这段预期,在七十多年以后的今天读来,依然使我们共鸣,也依然使我们动容:

---

① "俏吟"应为"悄吟"。原文误。——作者注

我预料着：这位呼兰河上，年纪才二十六岁的叛逆女性，假如中国能把这段艰苦的路程渡过去，使她能安心写作，她一定能在民族解放后的中国文坛上，再开出一朵灿烂的花！

那时的萧红还是一个创作势头被普遍看好的作者，大家对她有更多的期待也在情理之中；不料仅仅四年之后，她正当青春的生命就被疾病和战火的黑洞吞噬，留给人们的是无尽的惋惜和心悸。

这三篇佚文（也包括其他有关文字）的发现，不仅填补作品集的空白，也为解读萧红生平提供了新的视角和新的材料；至于它们的思想价值和艺术价值，更有待于广大的爱萧者研究和阐发。我只是拨开七十多个年轮的尘封把它们打捞出来，呈献给大家。

作者附识：

公元两千零一十一年，会逢萧红之百年华诞。

心底无穷思爱，祈愿魂兮归来！

此时得见萧红佚文不啻是一份前世的积缘，一读再读终于确认之时，百感交集泪眼朦胧，仿佛听到命运前来敲门，细细想来，那一定是对我们深情呼唤的垂爱，她"盛装"前来赶赴我们的纪念盛宴和心灵邀约，她的生命与文字都与我们同在。

此刻得见萧红佚文，心中的喜乐难以言表；是冥冥之中的不期而遇，更是献给她百年诞辰的一束绚丽的花。

第三编

萧红身世释疑

张抗①

萧军先生在《萧红书简辑存注释录》第十三封信（日本东京——青岛，1936年9月9日发）的注释中谈到："张秀珂疑心以至确定他现在的父亲张选三并不是他和萧红真正的亲生的父亲……我认为这是：'可能的'。"②萧军这个结论是失实的。萧军先生把张秀珂③在特殊时期同朋友之间谈的心中疑惑，在没有经过调查和确认的情况下，作为证据在几十年后公开发表，使谬误千里，是不妥当的。

---

① 本文选自《萧红身世考》，哈尔滨出版社2003年12月版。

张抗：张秀珂的儿子，原黑龙江少年儿童出版社编审。

② 萧军先生的这个观点在二十世纪七十年代末就散见于很多报刊之中，更有一些人将此事"发扬光大"。1979年萧军先生来哈尔滨时，作者曾向他说明了事实真相，希望他改变结论，遗憾的是未能引起重视。1980年5月，作者旅行结婚到北京，几次拜访萧军，再次谈到这个问题，并将萧红小时同其生母的照片送与萧军。萧老认为，我提供的情况有助于澄清某些事实，但他又表示《萧红书简辑存注释录》此时业已付梓（黑龙江人民出版社出版），可考虑以后再版修订时予以吸收。萧老还提出让作者写一篇文章说明史实，由他负责联系刊发。回哈尔滨后，作者写了《萧红家庭情况及其出走前后》一文寄给萧老，却杳无音信。

③ 张秀珂（1916—1956），1937年初参加工农红军，1939年加入中国共产党，曾任新四军七旅宣传教育科科长、东北二纵队政治部秘书、北满军区调查研究室主任等职，1956年病逝。

我作为萧红和张秀珂的后人,觉得自己有责任将这个问题的来龙去脉说清楚,以避免以讹传讹,保证萧红研究的健康发展。①

据我母亲②回忆,父亲当年的确同她谈过这个怀疑,并请她帮助分析。父亲曾说:"在当时心情苦闷的情况下,这种怀疑无人可以诉说,后来在哈尔滨碰到萧军,因我们一直保持着友谊,所以就同他讲了。"③母亲问父亲持有这种怀疑的根据,父亲向母亲详细讲了自己的童年和少年时代,据父亲讲,他幼小时,没有得到多少父母之爱,父亲常年在外,亲妈在自己3岁时就已去世。④ 继母来后很快也有了孩子,因此对他的关照是不多的。他同萧红一样,幼时都是靠祖父的关爱长大的。他曾回忆说:"爷爷后来有了嗜好(抽大烟),我就搬到下屋同老厨子睡在一起,我的被子凉冰冰滑腻腻的,黑得发亮,我和老厨子身上的虱子来回爬。""我和姐姐的学费、纸笔钱,都是父亲离家时算好的,没有多余的零头。看有一次馋糖吃,就从家里偷了一个玻璃瓶去换糖球,糖球中间还粘着草棍,放到嘴里含着慢慢品尝着甜味。"老厨子曾对父亲说:"你的命苦啊,没有亲妈,爹也不像个亲爹。"这段话使父亲经久不忘,这便是"生"与"养"怀疑的产生。

我的四姑张秀珉(张廷举二哥张廷选的女儿)曾对父亲当时的生活状况有过一段回忆:"那时,我和三姐(张秀琴)在呼兰第一女子小学念书,住在三叔(张廷举)家,每天早上我们和秀珂都是胡乱吃几口小米饭就上学了。因为三婶(萧红和张秀珂的继母)爱看牌,睡得晚起得也晚,我们背书包走时,才听见厨房里又熘又炒

---

① 作者曾在1982年8月《东北现代文学史料》第5辑上发表《萧红家庭情况及其出走前后》一文,该文即前面提到的那篇寄给萧老而未果的文章。本文为《萧红家庭情况及其出走前后》节选并重新整理而成,观点与史实没变,只是作了一些补充和调整。重新整理的原因是,《东北现代文学史料》在编发《萧红家庭情况及其出走前后》一文时,将注释移到正文中,造成了文字和称谓上的混乱,使人不知所云。

② 张秀珂的夫人李性菊(1921—),山东解放区北上干部,曾任呼兰甜菜试验场首任场长,现为哈尔滨商业大学离休干部。

③ 张秀珂在战争年代患了风湿性心脏病,不能随军作战,被组织上安排在地方休养。张秀珂与萧军在哈尔滨相见,应是1947年左右,当时张秀珂尚未认识李性菊,正值离开呼兰不久。病情的折磨、远离部队战友的孤独、地方工作生活陌生、从呼兰带来的逐渐加重的疑问等等,都造成了张秀珂的思想苦闷和精神压力,偏巧此时遇到了萧军,自然话题多多,敞开心扉向老友谈谈自己的一些疑虑,也是人之常情,但这与萧军所说的"哈姆雷特式的悲哀"完全是两码事。

④ 姜玉兰(1886—1919):萧红、张秀珂生母,呼兰县城北姜家窝棚地主姜文选长女,姜氏婚后生一女三子,即荣华(萧红)、富贵(夭亡)、连贵(张秀珂)、连富(夭亡)。

准备早饭。上学的路上,秀珂肚子饿,常到豆腐坊的木盘子上拿两块豆腐边走边吃。后来豆腐坊伙计到家里要钱,三婶就把这事告诉三叔了,为此秀珂还受到三叔的责骂。"我的五大爷张秀琳(张廷举二哥张廷选的儿子)曾说过一件发人深思的事:"秀珂在阿城住时,有一次我爹曾开玩笑地对我和秀珂等十几个晚辈的叔伯兄弟说:'今晚你们都去马房帮着喂马。'别人都睡觉不去,只有秀珂老老实实地去了。"可见父亲当时的怀疑是多么强烈呀,他的心里始终装着一个"寄人篱下,缺少亲情"的阴影。

萧红同家庭决裂后,祖父视姑姑如"洪水猛兽",严令家人不得与其来往,而特别担心的是父亲。据继祖母梁氏后来说,姑姑走后曾与父亲有过书信往来。有一次,信为祖父所得,感到特别紧张,曾严厉盘问父亲:"这是谁来的信?"父亲已认出姐姐那熟悉的笔迹,但不敢如实回答,只好说:"不知道。""这是逆子写的,你给她写过信吗?""没有。"父亲撒了谎。"那好,你如果同她来往,这个家也是不要你的。"继祖母后来给我母亲讲这段往事时,还学着父亲当时的样子说:"秀珂当时跟他爸说话时,两只手都在发抖。"

父亲在 1936 年考取了伪满洲国公费赴日留学生,在日期间因与中国关内信函频繁,并广泛涉猎进步书刊,受到日本政府的注意,不得不中断学业,提前回国。祖父曾带着父亲走了一些门路,想在伪政府谋个差事,均未成。后来,继祖母不知出于什么想法,竟违背祖父的禁令,同意父亲去关内寻找姐姐萧红。祖母说:"秀珂走时,我怕他身体不好,叫他穿上了他爸爸的大衣,我还把兜里的钱都掏给了他,一直送他上了官道。"宁可"做一个家庭不要的人",也要去找姐姐萧红,父亲也要开始漂泊了,由此可能加重了以往的怀疑。现在看来,继祖母让父亲离家实际的情况,恐怕是一个简单的家业继承问题,同"生"与"养"毫无关系。我父亲当时年满 20 岁了,祖父又常年在外,而我继祖母所生的叔叔姑姑们年纪还小,必然带来一个"长子主政"的问题。这个问题现在看来纯属正常,不过是私有制产生以来,很多家庭特别是稍富裕的家庭都面临过的同样问题罢了。

光复后,我父亲随部队(原为新四军三师,后改为东北民主联军一部)返回东北,驻齐齐哈尔。祖父曾连续两次派人去接父亲回呼兰,父亲都没有动。后来祖父亲自找到部队,在黄克诚同志陪同吃饭时,再次提出了这个要求。黄克诚同志考虑到前方正在打仗,父亲在战争环境中患了严重的心脏病,到了咯血、全身浮肿的程度,需要治疗和休养,便同意了这个要求。

我父亲回到阔别十年的家乡后,感到祖父和继祖母对他的关爱超过以往。继祖母亲自下厨为他做饭,祖父还从抽屉的底板夹层中取出几张地契给儿子:"我以为你这次回来,得老婆孩子一大帮了,没想到你还是独身一人,这是给你准备的一份儿,好养家糊口。"父亲是个很敏感的人,感到这种热情的背后似乎隐藏着什么,心中的疑虑不仅没有减少,反而更加大了。一次偶然的原因,父亲发现祖父同继祖母背着自己商量什么,转过身又装出一副笑脸面对自己,这使父亲坚定了自己的怀疑。

不久土改开始了,父亲觉得自己的身份不便久留家中,便决定返回部队。他把自己的决定告诉了祖父,要求祖父听从土改工作队的命令和积极响应党的号召。不久,当警卫员为父亲整理行装时,发现马褡子(一种用帆布制作的大口袋,行军时搭在马背上)里塞满了绫罗绸缎和金银细软,似乎是想把这些"家底"通过父亲之手转移出去。父亲不但没这么做,反而叫警卫员直接把这些东西送交给工作队了,对此,祖父和继祖母甚为不满,曾说了一些很苛刻的话,而这些话恰恰又都被父亲听到了,这便是父亲怀疑的全部根据。

当年,母亲曾同父亲认真讨论了这个问题,母亲还利用曾在呼兰工作过的便利条件,向一些老同志询问过我祖父在土改时的表现等等,认为老厨子的话很可能是出于对剥削者的气愤,说出的一些"诳语",否则这类"谋妻害命"之事,作为土生土长的大地主在当年虽无人敢于声张,但必定是躲不过土改运动的。"死者"的家属、朋友难道在这场轰轰烈烈的群众运动中还能沉默不语吗?另外,根据谱书①记载,姜家当时在呼兰也有一定的社会经济地位,是绝不会把自己的姑娘下嫁给"地户"的。祖父由于在土改中表现尚好,又没有劣迹和民愤,曾当选为民主政府的松江省参议员。"文革"前,母亲曾领着我去呼兰和兰西等地看二姨奶和三姨奶(父亲生母姜玉兰的二妹和三妹),两位老人都回忆了她们年轻时的事:"大姐结婚时摆了好几天宴席,家里买了好多花,我们还把花戴在头上坐着大车去送的亲。"这种结婚的排场恐怕是一般贫农所不能负担的。至于祖父和继祖母背着父亲商量着什

---

① 谱书:即《东昌张氏宗谱书》,1935年(伪满康德二年)8月编印,十六开铜版印刷,由分布各地的族人集资而成,张秀珂参与了誊写工作。谱书中有家族每个成年男子及其配偶的照片,并附有简短生平和子女的姓名。经过土改和解放后历次政治运动,族人多将它毁掉或上缴给政府了,故所存无几。谱书中没有萧红的记载,一是因为萧红已被"开除了祖籍";二是萧红当时已有"反满抗日"之名,家人恐被祸及。

么，直到两位老人1951年以后，搬到我们家（我家当时住哈尔滨市南岗区人和街附近）同住以后，才对父亲和母亲说了实话：一是当年听到土改的消息后，慌乱不已，只知道土地和房子留不住了，合计着怎么处理家里的浮财，从心里想要多藏一些，以备生计；二是想法子留住父亲，企图用这把"大红伞"来保护这个地主家庭。继祖母说："当时听外面传，闹土改丕打死了人，谁不怕呀！起码秀珂在家，他爹也能少遭点罪。"因为父亲对土改的态度非常明确，祖父同他没有商量的余地，只好背后同继祖母商量，又怕父亲知道，所以闹出了如前所述的尴尬场面。

父亲1954年到北京治病时，已经完全否定了自己以前的怀疑。他在北京一年多的时间里会见了许多萧红的老朋友，如罗烽、白朗、端木蕻良、骆宾基、姜椿芳、舒群等老先生们，他们之间的谈话，从未提起"养父"之说，萧军当时不在北京，两人未曾谋面，如若两人相见了，可能几十年后也就不会闹出什么"生"与"养"的风风雨雨了。

1955年，父亲曾应人民文学出版社之邀，为萧红作品集写序，但因病情严重，已不能握笔，只能口述，请别人记录整理（父亲对这篇口述不满意，因此未发表）。父亲当时认为，萧红父女的矛盾发展到不能相容的程度，不是什么血缘关系不同之故，而是萧红的思想与行为超越了封建阶级所能允许的极限范围。我想我父亲的这个观点，应该是"养父""生父"之争的结论吧。

萧红生日考

章海宁①

　　一个人的生日，自其出生起，是确定不变的，应该不会产生争议。但萧红是个例外。萧红幼年丧母，父女关系又恶化，父亲对此缄口不言。萧红自己辞世较早，作品中从未涉及自己的生日，以至于这个极为简单的问题成了谜。本来萧红出生的张氏家族有自己的族谱——《东昌张氏宗谱书》②，族谱上其家族每一位成员都有较为详细的生卒年月日记载，也能解决萧红生日的问题，但恰恰是这本记载详细的族谱，没有萧红的名字。③这在学界曾引起轩然大波，萧红"养父说"一度甚嚣尘上。经萧红故乡呼兰学者的调查考证，"养父说"纯属子虚乌有。④ 萧红的名字没有被写进族谱，此前的说法是，萧红的父亲张廷举因萧红离家

---

　　① 章海宁：黑龙江省萧红研究会副会长，著有《萧红画传》、《萧红年谱》等。
　　② 《东昌张氏宗谱书》：1935 年由张氏族人出资编印。
　　③ 据《东昌张氏宗谱书》记载，萧红父亲张廷举、母亲姜玉兰、继母梁亚兰生四男（张秀珂、张秀珐、张秀琢、张秀琬）二女（张秀玲、张秀珑），没有萧红出生的记载。
　　④ 关于萧红"生父、养父说"的考证，可参见张抗《萧红身世释疑》、白执君《萧红身世之谜》、孙茂山《关于萧红身世问题的结论》等文章，载《萧红身世考》，哈尔滨出版社 2003 年版。

出走而开除了她的族籍。① 但张家的后人对此有异议，真正的原因是萧红、萧军1934 年因出版《跋涉》而避走青岛，引起了日伪的警觉，日伪特务机关曾两次到张家搜查、拍照，张廷举为免灾祸，求助在日伪政府军政部任大臣的表哥，才躲过一劫。② 萧红生日之争近三十年从未停歇，即使在萧红诞辰百年，该在哪一天纪念这位传奇而伟大的作家，已莫衷一是。曾有研究者认为，萧红的身世几乎被"发掘"殆尽，"连出生日期也有一番考订，'传记式'研究很难再有发展的空间。"③这种说法并不符合实际。关于萧红的身世，我们至今知之甚少。特别是她离家出走之前的经历，说法众多，相互矛盾，一团迷雾。我们连生日这样最基本的问题都没有搞清楚，说萧红研究被"发掘殆尽"，还为时过早。

1993 年 9 月，呼兰举办首届萧红文化节期间，出版了一套"萧红文化节丛书"，铁峰的《萧红传》说，"萧红出生在中国半封建半殖民地社会的新旧交错的时代，清宣统三年五月初五，即公元 1911 年 6 月 1 日"。有趣的是，铁峰在注释中说，"本传根据萧红故居主任孙延林先生的建议，采用《呼兰县志》的说法"④。这个说法，与他此前的说法完全不同。铁峰在 1979 年的《文艺百家》撰文说，萧红出生于辛亥年五月初六，即 1911 年 6 月 2 日。⑤ 此前，他的另一种萧红传记也说，"清宣统三年五月初六，即 1919 年 6 月 2 日，萧红便在这个家庭里诞生了"⑥。这里的 1919 年显然是 1911 年之误。即使在《萧红传》出版五年之后，铁峰一直坚持萧红"6 月 2 日"出生的说法。⑦ 后来，笔者访问铁峰，他透露说，1993 年出版"萧红文化节丛书"时，萧红故居的主任孙延林不同意他的观点，劝他改为与《呼兰县志》的统一说法，否则在萧红生日上容易引起混乱，因为"萧红文化节丛书"有出版经费的资助，所以铁

---

① 季红真《萧红传》说，"萧红出逃以后，张廷举便宣布'开除她的族籍'。后来，他们父女曾在哈尔滨街头相遇，当时萧红贫病交加，两个人冷眼相对，像陌生人一样迎面而过，连话也不说"。北京十月文艺出版社 2000 年版，第 75 页。

② 参见王化钰《萧红生父张廷举其人其事》，载《萧红生世考》，哈尔滨出版社 2003 年版，第 148 页。

③ 陈洁仪：《现实与象征——萧红"自我"、"女性"、"作家"的身份探寻》，香港中文大学出版社 2005 年版，第 8 页。

④ 铁峰：《萧红传》，北方文艺出版社 1993 年版，第 1 页。

⑤ 铁峰：《从呼兰到哈尔滨——萧红家世及早期生活和创作》，载《文艺百家》1979 年第 1 期。

⑥ 铁峰：《萧红文学之路》，哈尔滨出版社 1991 年版，第 8 页。

⑦ 铁峰：《萧红生平事迹考》，载《萧红全集》，哈尔滨出版社 1998 年版，第 1390 页。

峰按《呼兰县志》的说法,改为萧红"6月1日"出生。由此可见,萧红生日之争,虽然表面上达成了妥协,而问题一直存在。

萧红的生日之争,除上述两种说法之外,至少还有"8月6日说"和"6月5日说"两种,这四种说法到底哪个准确呢? 黑龙江大学出版社新版《萧红全集》收录的《萧红年谱》倾向于"6月1日说"①。需要说明的是,《萧红年谱》的"6月1日说",并非要与《呼兰县志》的说法保持一致,而是在考证基础上得出的结论。

一、缺少依据的"8月6日说"

萧红"8月6日"出生的说法,见于陈澄之主编的《中国著作家辞典》(Charles K. H. Chen, A Biographical and Bibliographical Dictionary of Chinese Authors [Hanover N. H. ,1971,P. 25]),其中列出萧红是"1911年8月6日生"。美国学者葛浩文在其萧红研究专著注释中,提到了这个说法。②

葛浩文就"8月6日说"曾多次去信请教陈澄之,但"陈先生仍无法提供他资料来源"。这个"8月6日说"只见于陈澄之主编的书中,既无任何依据又无旁证,葛浩文认为极不可靠,但又没有萧红生日的确切说法,所以他的《萧红评传》只说"萧红就是在满清被推翻的那年出生在这里的一个乡绅之家"③,而不提萧红出生的确切日期。此后,葛浩文的萧红传记又出版过四个版本④,但这个提法没有改变。这种模糊的处理方法,与萧红的第一本传记——《萧红小传》如出一辙,骆宾基在萧红生命最后一段时间里,与她相处四十余日,萧红曾向骆宾基讲述了自己的生平,但骆宾基没有记录萧红出生的准确日期,只是说"她的本名是张廼莹,一九一一年

---

① 章海宁、叶君的《萧红年谱》:"6月1日(农历五月初五),萧红生于黑龙江省呼兰县(现哈尔滨市呼兰区)城内龙王庙路南的张家大院。"载《萧红全集》(第四卷),黑龙江大学出版社2011年版,第465页。

② 葛浩文:《萧红评传》,香港文艺书屋1979年版,第10页。

③ 葛浩文:《萧红评传》,香港文艺书屋1979年版,第2页。

④ 葛浩文萧红传记另四个版本为:《萧红评传》,台湾时报出版公司1980年版、北方文艺出版社1985年版;《萧红新传》,香港三联书店有限公司1989年版;《萧红传》,复旦大学出版社2011年版。

在黑龙江省呼兰县一个地主家庭里降生"①。《萧红小传》,有四个不同的版本,其中三个版本出版于骆宾基生前,其中两个版本经骆宾基亲手修订,但关于萧红生日的叙述,没有任何修改。

二、"6月5日说"源于换算错误

"6月5日说"出自于萧军。《新文学史料》第五辑载萧军所作《萧红生平及著作年表》说,萧红出生于"6月5日,古历五月初五"。萧军所说的古历应指农历,1911年农历五月初五,是公历1911年6月1日,而不是6月5日。《萧红传》作者肖凤曾就萧红的生日问题请教萧军,到底是哪一种提法更准,萧军说"以其女萧耘的材料为准",恰好萧耘当时也在座,她说"经过调查,应以6月2日,阴历五月初五为准"。② 所以,肖凤在她的《萧红传》中说"就在这样一个光怪陆离的家庭中,一九一一年六月二日(阴历五月初五端午节)出生了一个女孩,大人们给她取名叫张廼莹"。③

"6月5日"也好,"6月2日"也好,都是由阴历五月初五端午节推算出来的。这里,萧耘与萧军出了同样的差错,就是辛亥年"阴历五月初五端午节"既不在6月5日,也不在6月2日,而是6月1日。如果说萧红出生于"阴历五月初五端午节",那么萧红"6月5日"和"6月2日"出生说,都是错误的,正确的说法应该是"6月1日"。

三、"6月2日说"缺少确实的根据

"6月2日说"来源于铁峰,前文说过,铁峰在《萧红文学之路》等著述中,一直认为萧红出生于"6月2日"。铁峰的根据有三。其一,铁峰1958年开始作萧红研究,曾向萧红生前好友许广平、骆宾基、萧军、端木蕻良、白朗、罗烽、舒群等人写信询问过萧红的出生日期,他们"都说不知道";其二,1960年,铁峰寻访过张廷举的

① 骆宾基:《萧红小传》,中原出版社1947年版,第1页;建文书店1947年版,第2页;黑龙江人民出版社1981年版,第11页;香港天地图书出版社1991年版,第29页。
② 肖凤:《萧红传》,百花文艺出版社1980年版,第13页。
③ 肖凤:《萧红传》,百花文艺出版社1980年版,第3页。

老友于兴阁,萧红称于兴阁为"二姨夫",是"萧红与王恩甲"的证婚人,又与"萧红未婚夫王恩甲之父王廷兰同在呼兰警备队和马占山帐下为将,了解萧红很多事"。据于兴阁回忆,"他早已忘记萧红的生辰八字,因数月前,张廷举从呼兰返回沈阳途中经过哈尔滨来找他,让他带他到哈尔滨市图书馆古旧书库(于的女儿在市图工作)查找萧红的作品。在喝酒时,张庭举怀念起萧红,讲到萧红是宣统三年五月初六生人,活到现在将是多大岁数,所以记得"。其三,铁峰曾访问过与萧红关系最好的堂妹张秀珉核实萧红的生日,张秀珉说她"也恍惚记得是五月节的后一天,但不敢说准"①。

铁峰这三条根据,细分析起来,问题很多。其一,铁峰说向萧红生前好友询问过萧红的生日,他们"都说不知道"。这与事实不符,因为端木蕻良在铁峰研究萧红的前一年,曾撰文《纪念萧红,向党致敬!》,文中提到了萧红出生于端阳节②(下文会谈到端木的这篇文字)。铁峰向萧红生前好友写信询问萧红生平和作品资料,但不会一封信中只问萧红生日一个问题,萧红生前好友可能有的回答了这个问题说不知道,有的可能回答了别的问题,没有涉及萧红生日的问题。否则端木蕻良明明知道萧红生日,会给铁峰信中说不知道吗?铁峰又没有引用信中的内容,所以,这个理由是缺少根据的。铁峰提到的于兴阁这个人,问题更大。铁峰说于兴阁是萧红与王恩甲订婚的证婚人,并且"与王恩甲之父王廷兰同在呼兰警备队和马占山帐下为将"。关于萧红的未婚夫,呼兰曾作过细致的调查。王廷兰没有一个叫"王恩甲"的儿子,他只有一儿一女,儿子叫王凤桐,女儿叫王凤霞。王凤桐在16岁时(1924年)与呼兰北街开皮铺的孟氏结婚,次年就生了一个儿子。1928年王凤桐考入齐齐哈尔东北讲武堂黑龙江分校。1930年8月第九期毕业分配到张学良部队。1932年5月其父王廷兰被日本人杀害后,日特多次搜查王家,王凤桐全家逃往关内,投奔张学良参加抗日。王凤桐解放后在北京汽车五厂工作,1986年病逝。③ 从王凤桐的经历来看,与所谓的萧红未婚夫"王恩甲"没有任何关系。其实,萧红的未婚夫不叫王恩甲,而叫汪恩甲。汪恩甲住哈尔滨郊区顾乡屯,汪恩甲的哥哥汪大澄与萧红的六叔张廷献是阿城师范的同学,曾在哈尔滨道外教育局为官。萧红在

---

① 铁峰:《萧红生平事迹考》,载《萧红全集》,哈尔滨出版社1998年版,第1396~1397页。
② 端木蕻良:《纪念萧红,向党致敬!》,载1957年8月15日《广州日报》。
③ 姜世忠:《萧红生平考订》,载《萧红身世考》,哈尔滨出版社2003年12月版,第189页。

哈尔滨读书期间常去道外她六叔家,汪大澄在张廷献家见过萧红,求张廷献为他弟弟汪恩甲保媒,张廷献找他三哥张廷举商量后,婚约就这样定了下来。呼兰本地学者,对萧红未婚夫汪恩甲的情况有多篇文章记述。① 由此看来,于兴阁所谓萧红与王廷兰之子王恩甲订婚之说,完全不成立,他是萧红与王恩甲订婚的征婚人的身份就难以站住脚了。以这样一个破绽百出的人来证实萧红的父亲说过萧红"是宣统三年五月初六生人"是难以令人信服的。为了增加可信度,铁峰请出萧红的堂妹张秀珉,可惜,张秀珉的回答不能说明任何问题,铁峰向张秀珉讲了于兴阁关于萧红生于五月初六的说法,再让张秀珉来回忆,其实这是一种诱导,张秀珉只好说"也恍惚记得是五月节的后一天,但不敢说准"。

正因为有诸多疑点,既缺少直接证据,又没有可靠的文字记载,连铁峰自己都说,"我认为,萧红的生日究竟是哪一天,至今仍是个谜"②。

四、"6月1日说"最为可靠

"6月1日说"出自端木蕻良。端木蕻良在《纪念萧红,向党致敬!》一文中说,"萧红同志,生于1911年。她初生的那一天,实际是端阳节。在旧中国人们都认为生在这一天是不祥的,所以要错开它,说她是阴历五月初八生的"③。虽然,端木蕻良关于萧红生日没有说明根据,但间接证据说明这个提法是可靠的。

我们知道,萧红逝世于1942年,端木此后很长一段时间过着独身的生活,直到18年后才与钟耀群结婚。端木此间一直遭到萧军、骆宾基、舒群、罗烽等萧红旧友的或明或暗的打击,他也从不与这些人有任何来往,并且,这些友人也不知道萧红的生日,即使是萧军也不例外,他关于萧红出生于端午节的说法,是通过女儿萧耘调查来的。端木也没有与呼兰张家后人有任何接触,他如何知道萧红出生于端午节呢?此外,1957年端木发表《纪念萧红,向党致敬!》一文时,国内尚无一人研究萧红,更没有萧红生日之争一说,他没有任何造假的动机和必要,即使是造假,能造得与所谓的生日只差一天,是完全不可能的。那么,端木关于萧红生日的记载,惟

① 参见王化钰《萧红家世及其青少年时代》、孙茂山《萧红传》、王云《萧红年谱》,以上文章载《萧红身世考》,哈尔滨出版社2003年版。
② 铁峰:《萧红生平事迹考》,载《萧红全集》,哈尔滨出版社1998年版,第1397页。
③ 端木蕻良:《纪念萧红,向党致敬!》,载1957年8月15日《广州日报》。

一可能的来源应该是萧红本人。

端木蕻良的说法也不是孤证,萧红的小姨梁静芝晚年回忆说,"在当时呼兰的老人中有传说,男莫占三、六、九,女莫占二、五、八,说是女孩五月初五出生,很不吉利,所以,萧红家人说她是五月初六出生的。"梁静芝比萧红小三岁,少年时常与萧红在一起做伴,她对萧红生于端午节记忆准确。

姜德明根据端木蕻良的说法,曾在《新文学史料》第四辑上发表《鲁迅与萧红》一文,对此进行引申和补充,他说"她(萧红)一生下来便受到家人的诅咒,因为按照旧时迷信的说法,端阳节生下的孩子是不吉祥的。因此,萧红连生日的自由都没有,她从小就被人们指定推迟三天出世,硬说生日是五月初八。"姜德明的说法,在当时产生了很大的影响,尽管当时没有拿出证据来,却被很多萧红传记所采用。如丁言昭的《爱路跋涉——萧红传》、《萧红传》①、曹革成的《跋涉生死场的女人萧红》、《我的婶婶萧红》②、季红真的《萧红传》、《萧红大传》③、林贤治《漂泊者萧红》④都说萧红生于端午节,因为出生日子不吉利,而被改了生日。

当然,这一说法曾遭到质疑,最早的质疑者是铁峰。铁峰质疑的原因是他只知道此说来源于端木蕻良,但不知道端木此说的出处,便武断地认定这一说法没有根据。

呼兰学者王化钰也提出不同看法。他说,"呼兰从未有端午节生孩子不吉利"的说法。⑤ 但王化钰并不否认萧红出生于端午节⑥,只是对端午节出生不吉利提出不同的看法。但王化钰的这个说法本身经不住推敲。早在南北朝的梁代就有记载,"五月,俗称恶月,多禁。"⑦五月初五是个燃艾蒿、点雄黄、禳毒气的日子,虽然

---

① 丁言昭:《爱路跋涉——萧红传》,台湾业强出版社 1991 年版,第 2 页;《萧红传》,江苏文艺出版社 1993 年版,第 6 页。

② 曹革成:《跋涉生死场的女人萧红》,华艺出版社 2002 年版,第 4—5 页;《我的婶婶萧红》,江苏文艺出版社 2011 年版,第 3 页。

③ 季红真:《萧红传》,北京十月文艺出版社 2000 年版,第 14 页;《萧红全传》,现代出版社 2011 年版,第 23 页。

④ 林贤治:《漂泊者萧红》,人民文学出版社 2009 年版,第 3 页。

⑤ 转引自叶君《从异乡到异乡——萧红传》,中国社会科学出版社 2009 年版,第 6 页。

⑥ 王化钰《萧红家世及其青少年时代》说,"萧红,原名张廼莹,1911 年 6 月 1 日出生在黑龙江省呼兰县龙王庙胡同道南侧一个地主家庭。载《萧红身世考》,哈尔滨出版社 2003 年版,第 152 页。

⑦ 曹革成:《跋涉生死场的女人萧红》,华艺出版社 2002 年版,第 5 页;

它演化为踏青、吃粽子、赛龙舟的热闹节日，在人们心头，依然是个不祥的日子。①季红真认为，"因为萧红在《呼兰河传》中讲到七月十五盂兰盆会的时候，有乡间认为这一夜出生的孩子是野鬼乘着河灯托生的，不被父母喜欢，要隐瞒生日等等说法。同是祭日，五月初五出生不祥之说，未必就不存在。可能年代久远，加上1949年之后大破迷信的宣传，以及'文革'中破'四旧'等运动，这个禁忌已经淡出了人们的记忆"②。现代统计学认为，缺少科学的抽样样本的调查，其结果是没有真实意义的。王化钰是依据自己的经验还是经过简单的调查不得而知，即使是真的有调查，以萧红出生七十年后的调查结果，来推论七十年前的风俗，本身就是令人怀疑的。

叶君对"6月1日"说，也曾表示怀疑。他在引用王化钰的文章后认为，"或许，在潜意识里，人们为萧红生于五月节而在不经意地寻找合理的说法。这更透露出萧红应该生于五月节后一天"。叶君对梁静芝的说法也不认同，但他没有直接的批驳证据，只是分析说"出生于五月节，或许在呼兰当地人看来，真的是一种比较特殊的诞生，亦似乎暗示萧红一出生就如此不平凡，因而衍生出种种说法就不足为奇。现在，已成为一个政府机构的萧红故居，为了每年端午节名正言顺地在呼兰举办'端午诗会'，在各种宣传资料上将萧红生日硬性定在五月初五。事实上，萧红的生日成了一个无从查考的谜"③。正因为"无从查考"，叶君比较后认为，铁峰的"6月2日说"更为合理。

关于这些质疑，有一个重要的前提，就是这些批驳不是依据某种事实和根据，而是靠想象和推理，更重要的是这种想象和推理的前提是错误的。比如，萧红的生日为"五月初五"，并非发生在1980年代萧红研究热中，而是在1950年代，那时既没有纪念萧红的官方机构，也没有端午诗会。所以，关于官方机构硬性规定萧红生日是为了举办端午诗会的想象，违背了基本事实。

对于作家来说，人生的隐秘在作品中会自然地流露出来，中外作家作品此类现象举不胜举。萧红出生于端午节，尽管她的生日被人为地改为端午节后一天或是某日，但端午节还是潜伏在她的记忆里，时时会以某种象征性的节点，回到虚构的

① 参见曹革成：《跋涉生死场的女人萧红》，华艺出版社2002年版，第5页；
② 季红真：《萧红全传》，现代出版社2011年版，第23页。
③ 叶君：《从异乡到异乡——萧红传》，中国社会科学出版社2009年版，第6页。

场景中。如萧红的《生死场》第七章为"罪恶的五月节",小金枝的惨死和王婆的服毒,都发生在五月节。① 为什么这两个不幸的事件都被安排在五月节,其实这里可能隐藏了萧红人生的秘密,小金枝和王婆与萧红都是女性,而五月节在萧红潜意识里被视为不幸的,两位虚构女性的不幸,成为出生在五月节的萧红自身不幸命运的某种暗示和象征。

综上所述,萧红生于1911年6月1日是较为可靠的。

---

① 萧红:《生死场》,载《萧红全集》,黑龙江大学出版社2011年版,第85页。

萧红未婚夫考

姜世忠①

　　萧红是我国著名的东北女作家,她在三四十年代发表的《生死场》、《呼兰河传》、《跋涉》、《商市街》等小说、散文,不仅奠定了她在中国文学史上的地位,也使她成为东北乡土作家的突出代表。因此,萧红及其作品自然成为我国现代文学史研究的重要对象和课题。20 世纪 80 年代以后,关于萧红生平的评论和传记,国内外已出版不少,然而关于萧红早期生平的研究,却始终是个较为薄弱的环节。这不仅表现在所记史实过于简略,留有很多空白,而且众说纷纭,真假难辨,甚至把一些道听途说当做信史,互相抄传。这种状况不能不在某种程度上影响对萧红的认识。笔者多年从事地方史志工作,本文根据一些史料、档案和口碑调查,试图就萧红的早期生平作些粗浅的考订,以对一些著作中的不足与空白之处有所补充,失实与混乱之处有所澄清,从而有助于进一步加深对萧红的认识。

　　在萧红生平研究中,一些著作都谈到受家庭

---

① 　本文选自《萧红身世考》,哈尔滨出版社,2003 年 12 月版,标题为编者所加。
姜世忠:原呼兰县地方志办公室主任,主编《生死场研究》、《呼兰河传研究》。

父母包办,将萧红许配给呼兰王帮统的儿子。如《萧红作品欣赏》(1985年广西人民出版社出版)第234页载:"1924年由父亲做主,将她许配给呼兰县王家之子为妻。"《萧红全集》(1991年哈尔滨出版社出版)第1319页载:"1923年(12岁)父亲包办把她许配给呼兰县驻军王帮统王廷兰之次子王恩甲。"

既然说把萧红许配给王帮统的儿子,我们有必要对王帮统及其儿子有所了解。近年来,笔者访问了王帮统的女儿、孙子、侄孙子、侄孙女等多人,并查阅了一些档案、史料,对此说提出了否定。

查民国十八年(1929年)编纂的《呼兰县志》卷七载:"王廷兰,字子馨,呼兰籍,陆军少将衔骑兵上校、游击队帮统官、警备队统带官。"县志记载比较简单,但老人们都说:"在20年代,就王帮统在呼兰的身份、地位来看,比萧红的父亲要高,可比起平民百姓来,两家还可说是门当户对。小时将女儿许配人家,也是当时的呼兰风俗。因此说将萧红许配给王帮统的儿子为妻,似乎也是顺理成章之事。但事实并非如此。民国时期,因剿匪和维持社会治安,王帮统在呼兰县是声名显赫、家喻户晓。1931年"九一八"事变后,王帮统跟随马占山将军抗日,在黑龙江大地南北驰骋。1932年5月联合国调查团专门委员海伊林等5人飞赴齐齐哈尔调查,马占山派王廷兰去齐齐哈尔,寻找机会,面见调查团,揭发日本制造伪满洲国的阴谋。王廷兰到齐齐哈尔后,被叛徒出卖,日伪警特将王廷兰秘密逮捕。王廷兰不惧威胁利诱,虽受尽酷刑,仍坚持抗战誓死不变。敌人无奈,将王廷兰装在麻袋里,从高楼推下,王廷兰壮烈为国捐躯。

王帮统只有一个儿子和一个女儿,儿子叫王凤桐,女儿叫王凤霞。王帮统没有第二个儿子,所谓把萧红许配给王帮统之次子,也就不存在了。那么,是否许配给王帮统的儿子王凤桐了呢?事实也非如此。王凤桐生于1908年,虽然比萧红大3岁,但结婚较早,1924年王16岁时,与住在呼兰北街、家开皮铺的孟氏结婚,次年(1925年)就有了儿子王玉春(现在天津大港)。1928年王凤桐考入齐齐哈尔东北讲武堂黑龙江分校。1930年8月第九期毕业分配到张学良部队。1932年5月其父王廷兰被日本人杀害后,日特多次搜查其家,王凤桐全家逃往关内,投奔张学良参加抗日。解放后在北京汽车五厂工作,1986年病逝。从王凤桐的生平来看,和萧红的婚姻没有关系。因此可以说,萧红没有许配给呼兰王帮统的儿子,此说应予澄清。

萧红年谱

章海宁　叶君①

1911 年(一岁)

6 月 1 日(农历五月初五),萧红生于黑龙江省呼兰县(现哈尔滨市呼兰区)城内龙王庙路南的张家大院。乳名荣华,学名张秀环,后改名张廼莹。

生父张廷举(1888—1959),字选三,黑龙江省立优级师范学堂毕业,获奖励师范科举人,中书科中书衔,先后在汤原、呼兰等地任教并担任地方教育官员。1945 年抗战胜利后参加土地改革,拥护共产党的领导,被定为开明绅士。

生母姜玉兰(1886—1919),婚后生一女三子,长女荣华、长子富贵(夭亡)、次子连贵(即张秀珂)、三子连富(夭亡)。

①　本文选自《萧红全集》,黑龙江大学出版社 2011 年版。

叶君:黑龙江大学文学院副教授,黑龙江省萧红研究会副会长。著有《参与、守持与怀乡——孙犁论》、《乡土·农村·家园·荒野——论中国当代作家的乡村想象》、《从异乡到异乡——萧红传》等。

10 月 10 日,武汉地区的革命团体文学社和共进会发动武昌起义,获得各省响应,史称"辛亥革命"。

1912 年(二岁)

开始学走路。祖父张维祯(1849—1929)与祖母范氏(1845—1917)的三个女儿早已出嫁,育有一子夭亡,家中久无小孩,萧红的出生给张家带来了快乐。祖父对其疼爱有加。

1913 年(三岁)

开始与祖父进入后花园玩耍。

1914 年(四岁)

大弟富贵出生。更多时候与祖父在一起,后花园是最为快乐的去处。

1915 年(五岁)

大弟富贵夭亡。

1916 年(六岁)

二弟连贵(张秀珂)出生。

随母回娘家省亲,二姨姜玉环得知外甥女大名张秀环,坚持要父亲给其改名。外祖父姜文选将萧红学名改为"张廼莹"。

1917 年(七岁)

7 月 9 日,祖母范氏病故。其后,萧红搬到祖父房间,祖父开始口授《千家诗》。

1918 年(八岁)

渐渐对家里租住户的生活有所了解。

1919 年(九岁)

1 月初,三弟连富出生。

8月26日（农历闰七月初二），母亲姜玉兰不幸染上霍乱，三天后病故。三弟连富被送往阿城张廷举四弟家寄养。

12月15日（农历十月十四日），张廷举续娶梁亚兰。

继母梁亚兰（1898—1972），婚后生三子（张秀珏、张秀琢、张秀琬）二女（张秀玲、张秀珑）。

1920 年（十岁）

秋，入呼兰县乙种农业学校女生班，上初小一年级。该校俗称龙王庙小学，后改称第二十国民小学、南关小学，现为萧红小学。

1921 年（十一岁）

秋，升入初小二年级。

三弟连富感染霍乱夭亡。

1922 年（十二岁）

秋，升入初小三年级。弟弟张秀珂入龙王庙小学读一年级。

1923 年（十三岁）

秋，升入初小四年级。

1924 年（十四岁）

夏，初小毕业。

秋，入北关初高两级小学校女生部，读高小一年级。学校位于城北二道街祖师庙院内，后曾称为道文小学、第二初高级完全小学校、胜利小学校等。不久，张廷举出任该校校长。

1925 年（十五岁）

秋，转入呼兰县第一女子初高两级小学校（即后来县立第一初高两级小学校的女生部，该校校址在今呼兰县第一中学院内），插班高小二年级。

5月30日，震惊中外的"五卅惨案"发生。全国人民抗日反帝爱国的热潮风起

云涌。受这股潮流影响，呼兰县中学联合会发起游行、讲演、募捐等活动，支援上海工人、学生们的斗争。萧红积极参与这一社会活动，并与同学傅秀兰一起到居住县城东南隅有钱有势的"八大家"募捐。

7月末，呼兰县学生联合会在西岗公园举行联合义演，答谢募捐民众。萧红在话剧《傲霜枝》中扮演一个贫苦的小姑娘。

1926 年（十六岁）

6月末，高小毕业，到哈尔滨继续上中学的愿望遭父亲、继母反对。萧红以与家长冷战的方式进行抗争。

秋，同班同学田慎如因抗婚到呼兰天主教堂当修女。

1927 年（十七岁）

夏，因抗争无果，扬言效仿田慎如到天主教堂当修女，张廷举终于妥协，同意萧红继续读书。

秋，入哈尔滨"东省特别区区立第一女子中学校"就读，该校前身为私立"从德女子中学"，现名为萧红中学。

1928 年（十八岁）

3月15日（农历二月初五），祖父张维祯八十寿诞。黑龙江省"剿匪"总司令、东北陆军十二旅中将旅长马占山和上校骑兵团团长王廷兰，呼兰县长廖飞鹏等人前来祝寿。马占山赠送题为"康疆逢吉"的牌匾一块，并由他提议，将张家大院所在的英顺胡同更名为"长寿胡同"。

6月，张廷举出任呼兰县教育局局长。

9月中旬，张廷举转任黑龙江省教育厅秘书。

11月9日，哈尔滨市学生维持路权联合会发起反日护路游行示威活动，史称"一一·九"运动。萧红参加游行，主动担任宣传员。

1929 年（十九岁）

1月初，由六叔张廷献（张廷举的异母弟）保媒，萧红父将其许配给哈尔滨顾乡屯汪恩甲，两人正式订婚。

6月7日(农历五月初一),祖父病故,回家奔丧。

下半年,了解到汪恩甲的庸俗和吸食鸦片的恶习,萌生退婚之念。

11月17日,苏军攻占满洲里和扎兰诺尔。是月中旬,参加"佩花大会"进行募捐。

1930年(二十岁)

4月,萧红表哥陆哲舜从哈尔滨法政大学退学,就读北平中国大学。

上半年,向父亲表达初中毕业后到北平继续读高中的愿望,遭到拒绝。

夏,初中毕业。父亲和继母主张萧红与汪恩甲完婚。在同学徐淑娟等的鼓动下,萧红准备抗婚求学。

初秋,假意同意与汪恩甲结婚从家里骗出一笔钱,出走北平,入女师大附中读高中一年级。与陆哲舜在二龙坑西巷一小院分屋而居。家里震怒,给陆家施加压力。陆家劝说无果,断绝陆哲舜的经济来源。

冬,陆哲舜向家庭妥协。

1931年(二十一岁)

1月中旬,回呼兰,遭软禁,精神极度痛苦,后与家庭和解。

2月下旬,返回北平。汪恩甲随后找到萧红。

3月初,返回呼兰。

4月初,随继母搬到阿城福昌号屯,开始长达六个月的软禁生活。

9月18日,日军借口中国军队破坏南满铁路,向东北军驻地北大营发动进攻,开始对中国发动侵略战争。

10月3日夜,在姑姑和七婶帮劝下,离开福昌号屯逃至阿城,旋即乘火车逃至哈尔滨。

10月上旬,开始在哈尔滨街头流浪,生活困苦不堪,再次与汪恩甲交往。

12月初,住进在东省特别区第二女子中学就读的堂妹张秀珉宿舍,经张秀珉、张秀琴姐妹斡旋,在该校高中一年级插班,十多天后发现自己怀孕不辞而别,与汪恩甲住进道外东兴顺旅馆。

1932年(二十二岁)

2月5日,日军占领哈尔滨。

春,回继母梁亚兰家。当天下午汪恩甲找至,两人旋即一起离开。其间,创作《可纪念的枫叶》、《静》、《偶然想起》、《栽花》、《春曲》等诗。

5月中,汪恩甲离开东兴顺旅馆,被家庭扣下。萧红不满汪恩甲之兄汪大澄代弟解除婚约,状告其"代弟休妻"。因汪恩甲在法庭上为其兄开脱,官司败诉。

6月中,因欠旅馆食宿费四百余元,萧红被扣为人质,陷于被卖到低等妓院的困境。

7月9日,向《国际协报》文艺副刊主编裴馨园发信求助。裴馨园随即带人到旅馆探访,并与友人商讨营救方案,未果。

7月12日黄昏,萧军受裴馨园之托到东兴顺旅馆探访。二萧第一次相见便相互倾慕。次日,萧军再来旅馆,两人迅速陷入热恋。

8月7日,松花江决堤二十余处,整个道外区顷刻一片汪洋,街可行船。

8月8日黄昏,舒群泅水前往东兴顺旅馆探望萧红。

8月9日上午,搭搜救船离开东兴顺旅馆,住进裴馨园家,不久,与裴家人产生隔阂。

8月底,在哈尔滨市公立第一医院(现哈尔滨市儿童医院)产下一名女婴,旋即送人。

9月下旬,被接回裴家。几天后与萧军一起搬出,住进欧罗巴旅馆。

11月中旬,二萧从欧罗巴旅馆搬出,安家于商市街二十五号。经金剑啸介绍,参加"牵牛坊"的活动,结识了一些新朋友。

1933年(二十三岁)

年初,在萧军鼓励下,参加《国际协报》征文,开始文学创作。

4月18日,完成长篇纪实散文《弃儿》。该文连载于5月6日至17日《大同报》文艺副刊《大同俱乐部》。此后,陆续创作了小说《腿上的绷带》、《太太与西瓜》、《看风筝》等。

7月,参加"星星剧社"活动,排演《小偷》、《娘姨》等剧目。

10月3日,与萧军的小说、诗歌、散文合集《跋涉》自费在哈尔滨《五日画报》印刷社出版,引起满洲文坛注意,作者被誉为黑暗现实中两颗闪闪发亮的明星,奠定了二萧在东北文坛的地位。

10月中旬,"星星剧社"解散。

12 月底,《跋涉》因有"反满抗日"倾向遭查禁,二萧在哈处境日艰。年底,与萧军计划离开哈尔滨。

1934 年(二十四岁)

3 月中,舒群去青岛,不久来信,约二萧去青岛。

4 月 20 日至 5 月 17 日,小说《麦场》(即《生死场》前两章《麦场》、《菜圃》)连载于《国际协报》副刊《国际公园》。

5 月间,因病在萧军乡下友人家居住十多日调养身体。

6 月 12 日,与萧军悄然离开哈尔滨。

6 月 15 日,与萧军经大连抵达青岛。端午节后搬进观象一路一号。不久,舒群、倪青华夫妇搬来同住。

9 月 9 日,完成《麦场》的创作。

10 月初,二萧以萧军的名义给鲁迅写信。不久,鲁迅回信,二萧备受鼓舞。

11 月 1 日,二萧与作家张梅林乘坐"共同丸"离开青岛,次日抵达上海。与萧军住进拉都路上的一个亭子间。次日,给鲁迅去信。

11 月 4 日,得鲁迅回信,从此开始与鲁迅先生的书信往来。

11 月 30 日,二萧与鲁迅全家在一家咖啡馆见面。

12 月 19 日,二萧赴鲁迅全家的宴请,结识茅盾、叶紫、聂绀弩夫妇等人。

1935 年(二十五岁)

3 月 5 日,在鲁迅推荐下,小说《小六》发表于《太白》第一卷第十二期。

3 月中,开始写作《商市街》系列散文。

5 月 15 日,完成系列散文《商市街》。

6 月 1 日,散文《饿》在《文学》第四卷第六号上发表。

6 月中,搬到萨坡赛路一九〇号唐豪律师家。

10 月,因《麦场》公开出版无望,决定自费印行。后从鲁迅信中得知,《麦场》改名《生死场》。

11 月 6 日,与萧军第一次赴鲁迅家宴。

11 月 14 日,鲁迅为《生死场》作序。

12 月中,《生死场》作为"奴隶丛书"之三假托"荣光书局"自费印行,作者署名

"萧红"。该书收鲁迅《序言》、胡风《读后记》。

1936 年(二十六岁)

1 月 19 日,与萧军、聂绀弩等人共同编辑的《海燕》创刊,当日售完 2000 册,鲁迅夫妇携海婴在梁园设宴庆贺。《海燕》创刊号载萧红散文《访问》。

3 月 1 日,散文《广告员的梦想》载《中学生》第六十三期。此后,《同命运的小鱼》、《春意挂上了树梢》、《公园》、《夏夜》等多篇散文先后在《中学生》杂志发表。

3 月中,与萧军搬至北四川路"永乐坊"。

3 月 23 日午后,在鲁迅先生家结识美国作家史沫特莱。

春,陈涓回上海,萧军与其产生情感纠葛,萧红受到巨大伤害。

4 月 15 日,《作家》创刊号载萧红小说《手》。

5 月 16 日,鲁迅病重。月底,连续多日前往鲁寓。

6 月 15 日,在鲁迅、茅盾、巴金等 67 位作家联合署名发表的《中国文艺工作者宣言》上签名。

7 月中,决定东渡日本一年,并期待与在日本留学的弟弟张秀珂会面。

7 月 15 日晚,鲁迅夫妇设家宴为之饯行。

7 月 16 日,黄源设宴为萧红送行,饭后与萧军、黄源到照相馆拍合影一张。

7 月 17 日,乘船赴日。

7 月 21 日,抵达东京,在黄源夫人许粤华的帮助下,开始旅日生活。

7 月 26 日,给萧军去信,告知弟弟张秀珂已于 7 月 16 日回国。

8 月中,散文集《商市街》作为由巴金主编的《文学丛刊》第二集第十二册,由上海文化生活出版社初版,内收散文 41 篇。

9 月初,为《大沪晚报》写作纪念"九一八"的散文《长白山的血迹》。

9 月 12 日晨,遭日本便衣警察盘查。

9 月 14 日,进入"东亚补习学校"学习日语。

9 月中,散文集《商市街》再版。

10 月 19 日,鲁迅病逝,三日后,萧红获悉死讯,极度哀伤。后致萧军信(10 月 24 日)以《海外的悲悼》为题载《中流》第一卷第五期。

11 月,散文集《桥》作为巴金主编的《文学丛刊》第三集第十二册,由上海文化生活出版社初版。

1937 年(二十七岁)

1 月 9 日,接萧军信,中断在日本的日语学习和创作,乘"秩父丸"回国。1 月 13 日,回到上海,住法租界吕班路。

3 月 15 日,组诗《沙粒》载《文丛》第一卷第一期,将与萧军间的情感危机公之于众。

4 月间,与萧军关系恶化,离家出走至一家犹太人开办的寄宿画院准备学画,旋即,被萧军朋友找回。

4 月 23 日夜,离开上海到北平访友、散心。在北平期间与李洁吾、舒群有较多接触。

5 月中旬,返回上海。

5 月下旬,参加《鲁迅先生纪念集》的资料搜集和整理工作。与萧军关系持续恶化中。

5 月中,短篇小说集《牛车上》由上海文化生活出版社初版,为巴金主编"文学丛刊"第五集第五册。

7 月 7 日,"卢沟桥事变"爆发,中国开始全面抗战。19 日收到北平李洁吾的来信,记叙事变后北平现状。后将来信发表于《中流》第二卷第十期。

8 月 13 日,淞沪抗战爆发,不避危险鼎力帮助日本友人鹿地亘、池田幸子夫妇。

8 月底,胡风出面邀请萧红、萧军、曹白、艾青、彭柏山、端木蕻良等作家商议筹办新的文学杂志。萧红提议将即将创刊的新杂志命名为《七月》,得到大家赞同。此次集会上,与端木蕻良第一次见面。

9 月下旬,二萧离开上海抵达汉口,通过于浣非结识诗人蒋锡金,旋即搬进蒋锡金位于武昌水陆前街小金龙巷二十一号的住处。

10 月 17 日,写作回忆鲁迅的散文《逝者已矣!》,该文载 10 月 20 日《大公报·战线》第二十九号。

10 月 18 日,散文《万年青》载武汉《战斗旬刊》第一卷第四期"鲁迅先生周年祭特辑",该文后改篇名《鲁迅先生记(一)》收入 1940 年 6 月重庆大时代书局初版的《萧红散文》。

10 月下旬,端木蕻良应胡风、萧军之邀前来武汉,随后也搬进小金龙巷与二萧

住在一起。到武汉安顿下来之后,开始长篇小说《呼兰河传》的创作。

12月10日,与萧军、端木蕻良突遭当局逮捕。次日,在胡风托人斡旋下,三人获释。

年底,二萧搬进冯乃超位于武昌紫阳湖畔寓所。

1938 年(二十八岁)

1月16日下午,参加《七月》座谈会,题为"抗战以来的文艺活动动态与展望",表达了自己关于抗战文艺的见解。同日,书评《〈大地的女儿〉与〈动乱时代〉》载《七月》第二卷第二期。

1月27日,与萧军、聂绀弩、艾青、田间、端木蕻良等人离开武汉,前往山西临汾民族革命大学任教。

2月6日,抵达临汾,与丁玲率领的"西北战地服务团"相遇,结识丁玲,并建立深厚友谊。

2月间,日军逼近临汾。下旬,随"西北战地服务团"转移运城,萧军执意留下打游击,二人在临汾分手。

2月24日到达潼关,给高原去信,表示"将去延安看看",后因故未能成行。

3月初,抵达西安,住进梁府街(现"青年路")莲湖公园旁陕西女子师范学校。与塞克、端木蕻良、聂绀弩等人共同创作三幕话剧剧本《突击》。发现自己怀孕,想找医生堕胎未果。

3月16日,《突击》在西安隆重公演,一连三天七场,场场爆满,轰动西安城。萧红与其他主创人员受到周恩来等领导人的接见。

4月初,萧军随丁玲、聂绀弩来到八路军驻西安办事处。向萧军正式提出分手,其后明确与端木蕻良的恋爱关系。

4月下旬,与端木蕻良一起回到武汉,再次入住小金龙巷。

4月29日下午,出席由胡风召集的文艺座谈会,题目是《现时文艺活动与〈七月〉》。会上,直率地表达了自己的创作观。

5月下旬,与端木蕻良在汉口大同酒家举行婚礼,胡风、艾青、池田幸子等人出席。

8月上旬,因武汉形势危急,端木蕻良离开武汉前往重庆。

8月11日前后,搬至位于汉口三教街的"中华全国文艺界抗敌协会"总部,与孔罗荪、蒋锡金等人住在一起，等候买船票入川。

9 月中旬，与冯乃超夫人李声韵结伴去重庆。行至宜昌李声韵不幸大咯血，萧红手足无措，幸得同船《武汉日报》副刊《鹦鹉洲》编辑段公爽帮助，将她送进当地医院。两天后，一个人到达重庆。

11 月，在江津一家私人小妇产医院产下一名男婴。产后第四天，平静告知白朗孩子头天夜里抽风而死。几天后，离开江津返回重庆。

12 月，与池田幸子、绿川英子共住在米花街小胡同池田寓所。

12 月 22 日，在塔斯社重庆分社，接受苏联记者罗果夫的采访。

1939 年（二十九岁）

春，蛰居歌乐山潜心创作，完成了散文《滑竿》、《林小二》、《长安寺》，短篇小说《山下》、《莲花池》等作品。

4 月 5 日，致许广平信（3 月 14 日）以《离乱中的作家书简》为题，载《鲁迅风》第十二期。

4 月 17 日至 5 月 7 日，香港《星岛日报》副刊《星座》连载小说《旷野的呼喊》。

5 月间，与端木蕻良搬至嘉陵江畔的黄桷树镇，住进复旦大学苗圃。

9 月 22 日，整理完成《鲁迅先生生活散记——为纪念鲁迅先生三周年祭而作》，后载《中苏文化》第四卷第三期。此后，发表多篇回忆鲁迅的文字。

10 月下旬，将整理好的有关回忆鲁迅的文字结集为一本小册子，取名《回忆鲁迅先生》。

秋，与端木蕻良搬进名叫"秉庄"的一座二层小楼。

11 月，与端木应邀参加苏联大使馆在枇杷山举行的十月革命纪念节的庆祝活动。

12 月中，重庆北碚不断遭到轰炸，因不能忍受惊扰，与端木蕻良商量离开重庆，参考友人华岗的意见，最终决定前往香港。

1940 年（三十岁）

1 月 17 日，与端木蕻良离开重庆，乘飞机抵达香港，入住九龙尖沙咀金巴利道纳士佛台三号。

2 月 5 日，"文协"香港分会在大东酒店举行全体会员聚餐会，热烈欢迎萧红、

端木蕻良来港。次日,《立报》报道了该欢迎会的消息。

3月3日晚,参加在坚道养中女子中学举行的座谈会,讨论题目是:《女学生与三八妇女节》。

3月,短篇小说集《旷野的呼喊》由上海杂志公司初版,列入郑伯奇主编的《每月文库》第一辑之十。

4月,以"中华全国文艺界抗敌协会"会员身份,登记成为"文协"香港分会会员。

5月11日,与端木蕻良应岭南大学艺文社之邀参加该校学生组织的文艺座谈会。

5月12日,与端木蕻良一起参加由香港文协与中国文化协进会共同举办的"黄自纪念音乐欣赏会"。

6月,《萧红散文》由重庆大时代书局初版。

6月24日,给华岗去信,关心其现状。此后一月间,与华岗书信往来频繁。

7月,《回忆鲁迅先生》由重庆妇女生活社初版。

8月3日下午3时,香港各界"纪念鲁迅先生六十生诞纪念会"在加路连山孔圣堂举行。会上,萧红报告鲁迅先生生平事迹。晚上,在孔圣堂举行晚会,上演萧红编写的哑剧《民族魂鲁迅》。

9月1日,《呼兰河传》开始在《星岛日报》副刊《星座》连载,12月20日《呼兰河传》完稿,至12月27日连载完毕。

1941年(三十一岁)

1月,《马伯乐》第一部由大时代书局初版,5个月后再版。

2月1日,长篇小说《马伯乐》第二部在香港《时代批评》杂志第六十四期开始连载。

2月初,与端木蕻良搬家至九龙乐道八号二楼。

2月17日,"文协"香港分会等文化团体,在思豪酒店举办茶会欢迎史沫特莱、宋之的、夏衍、范长江等人来港。茶会由萧红主持,史沫特莱发表演讲。

3月初,史沫特莱前来乐道八号看望。见萧红居住环境非常糟糕,执意邀请她到林荫台别墅与自己同住,两人共度了近一个月的时光。从林荫台回来,听说茅盾来港,与史沫特莱一起前往拜访,想劝说茅盾夫妇一同前往新加坡,遭婉拒。

5 月初,史沫特莱返回美国,行前带走了萧红、端木蕻良的一些作品,准备在美国发表。萧红托其将一册《生死场》代送给美国作家辛克莱。

5 月 30 日,《呼兰河传》单行本作为"每月文库"第二辑之六,由桂林上海杂志公司初版。

6 月 4 日,收到辛克莱回赠的书和表示感谢的电报回信。

7 月 1 日,小说《小城三月》载《时代文学》第二期。

7 月间,常常失眠,咳嗽加剧,为治疗痔疮,再次住进玛丽医院。

8 月 4 日,与端木蕻良应邀去香港大学讲学。当天下午,二人接到许地山病逝的消息。

9 月中,美国女作家海伦·福斯特与他人合作将萧红《马房之夜》译出,发表在自己主编的《亚细亚》月刊九月号上。萧红、于毅夫、端木蕻良、周鲸文等 374 人在《旅港东北人士九一八十周年宣言》上签名。

11 月初,出院回家,茅盾、巴人、杨刚、骆宾基、胡风等友人先后前来探望。

11 月上旬,诗人柳亚子前来拜访端木蕻良,与萧红相识。

11 月中旬,再次住进玛丽医院。因不满医生护士的冷遇,急于出院。

11 月下旬,于毅夫前来看望,萧红向其倾诉内心苦楚,于毅夫在没有办理出院手续的情况下将其接回。

12 月 8 日,日军偷袭珍珠港,对英美宣战,进攻九龙。柳亚子前来看望,骆宾基于电话中向端木蕻良辞行,在端木蕻良的挽留下,应允留下帮助照料萧红。是夜,从九龙转移至香港。

12 月 9 日,住进思豪酒店。

12 月 18 日,被迫转移至周鲸文家,后又转移到告罗士打酒店。在日军占领酒店前,端木蕻良、骆宾基又将萧红转移出来,曾在何镜吾家落过脚,最后安置在中环一家裁缝铺里。

12 月 24 日,转至斯丹利街时代书店的书库安顿下来。

12 月 25 日,香港沦陷。

1942 年(三十二岁)

1 月 12 日,住进养和医院,次日手术,术后发现医生误诊。

1 月 18 日中午,转至玛丽医院。下午 2 时,安装了喉口呼吸铜管。因没有气流

经过声带,不能说话。

1月19日夜12时,写下"我将与蓝天碧水永处,留得半部'红楼'给别人写了。……半生尽遭白眼、冷遇,身先死,不甘、不甘!"

1月22日晨,玛丽医院被日军接管,病人一律赶出。萧红被转至一家法国医院。其后,法国医院亦被军管。随即又被送至法国医生在圣士提反女校设立的临时救护站。6时许陷于深度昏迷。

1月22日上午10时,在法国医院设在圣士提反女校的临时救护站逝世。

1月24日,遗体在香港跑马地背后的日本火葬场火化。

1月25日黄昏,部分骨灰安葬在浅水湾丽都酒店前花坛里(1957年8月15日,迁葬广州银河公墓)。

1月26日,剩余骨灰安葬在圣士提反女校后院土山坡下。

萧红创作年表

章海宁①

1932 年

《可纪念的枫叶》（诗歌），创作于 1932 年春，收入自编诗稿中，生前未公开发表，首刊于 1980 年 10 月《中国现代文学研究丛刊》第三辑《萧红自集诗稿》。

《静》（诗歌），创作于 1932 年春，收入自编诗稿中，生前未公开发表，首刊于 1980 年 10 月《中国现代文学研究丛刊》第三辑《萧红自集诗稿》。

《偶然想起》（诗歌），创作于 1932 年春，收入自编诗稿中，生前未公开发表，首刊于 1980 年 10 月《中国现代文学研究丛刊》第三辑《萧红自集诗稿》。

《栽花》（诗歌），创作于 1932 年春，收入自编诗稿中，生前未公开发表，首刊于 1980 年 10 月《中国现代文学研究丛刊》第三辑《萧红自集诗稿》。

《公园》（诗歌），创作于 1932 年春。收入自编诗稿中。首刊于 1980 年 10 月《中国现代文学

---

① 本文选自《萧红全集》，黑龙江大学出版社 2011 年版。本年表以作品创作时间先后为序，只有首刊时间的作品，以首刊时间先后为序，不再标注创作时间；作者署名为"萧红"的不作标注，与他人合著的作品、文集均标注作者署名。

研究丛刊》第三辑《萧红自集诗稿》。

《春曲》(六首)(诗歌),创作于 1932 年春。收入自编诗稿中。《春曲》(之一)收入 1933 年 10 月 3 日五日画报印刷社(哈尔滨)初版的《跋涉》(与萧军诗文合集)。首刊于 1980 年 10 月《中国现代文学研究丛刊》第三辑《萧红自集诗稿》。

《幻觉》(诗歌),创作于 1932 年 7 月 30 日,首刊于 1934 年 5 月 27 日《国际协报·国际公园》,署名悄吟。

1933 年

《弃儿》(散文),创作于 1933 年 4 月 18 日,首刊于 1933 年 5 月 6 日—17 日《大同报·大同俱乐部》(长春),署名悄吟。

《王阿嫂的死》(短篇小说),创作于 1933 年 5 月 21 日,收入 1933 年 10 月五日画报印刷社(哈尔滨)初版的《跋涉》(与萧军合集),署名悄吟。

《看风筝》(短篇小说),创作于 1933 年 6 月 9 日,首刊于《哈尔滨公报·公田》,署名悄吟。收入 1933 年 10 月五日画报印刷社(哈尔滨)初版的《跋涉》(与萧军合集),署名悄吟。

《腿上的绷带》(短篇小说),首刊于 1933 年 7 月 18 日—21 日《大同报·大同俱乐部》(长春),署名悄吟。

《小黑狗》(散文),创作于 1933 年 8 月 1 日,首刊于 1933 年 8 月 13 日《大同报·夜哨》(长春)第一期,署名悄吟。收入 1933 年 10 月五日画报印刷社(哈尔滨)初版的《跋涉》(与萧军合集),署名悄吟。

《太太与西瓜》(短篇小说),首刊于 1933 年 8 月 4 日《大同报·大同俱乐部》(长春),署名悄吟。

《两个青蛙》(短篇小说),创作于 1933 年 8 月 6 日,首刊于 1933 年 8 月 6 日《大同报·夜哨》(长春)创刊号,署名悄吟。

《八月天》(诗歌),首刊于 1933 年 8 月 13 日《大同报·夜哨》(长春)第一期,署名悄吟。

《哑老人》(短篇小说),创作于 1933 年 8 月 27 日,首刊于 1933 年 8 月 27 日、9 月 3 日《大同报·夜哨》(长春)第三期、第四期,署名悄吟。

《夜风》(短篇小说),创作于 1933 年 8 月 27 日,首刊于 1933 年 9 月 24 日—10 月 8 日《大同报·夜哨》(长春)第七至九期,署名悄吟。收入 1933 年 10 月五日画报印刷社(哈尔滨)初版的《跋涉》(与萧军诗文合集),署名悄吟。

《叶子》(短篇小说),创作于 1933 年 9 月 20 日,首刊于 1933 年 10 月 15 日《大同报·夜哨》(长春)第十期,署名悄吟。

《广告副手》(散文),收入 1933 年 10 月五日画报印刷社(哈尔滨)初版的《跋涉》(与萧军诗文合集),署名悄吟。

《跋涉》(诗歌、短篇小说、散文集),1933 年 10 月五日画报印刷社(哈尔滨)初版,萧红(悄吟)、萧军(三郎)诗文合集,收萧红、萧军作品 12 篇,附萧军《书后》一篇。收入萧红的作品:《春曲》、《王阿嫂的死》、《广告副手》、《小黑狗》、《看风筝》、《夜风》,署名悄吟。

《中秋节》(散文),首刊于 1933 年 10 月 29 日《大同报·夜哨》(长春)第十二期,署名玲玲。

《清晨的马路上》(短篇小说),首刊于 1933 年 11 月 5 日—12 日《大同报·夜哨》(长春)第十三至十四期,署名悄吟。

《渺茫中》(短篇小说),创作于 1933 年 11 月 15 日,首刊于 1933 年 11 月 26 日《大同报·夜哨》(长春)第十六期,署名悄吟。

《烦扰的一日》(散文),创作于 1933 年 12 月 8 日,首刊于 1933 年 12 月 17 日—24 日《大同报·夜哨》(长春)第十九至二十期,署名悄吟。收入 1936 年 11 月文化生活出版社(上海)初版的《桥》。收入 1940 年 6 月大时代书局(重庆)初版的《萧红散文》时,改篇名为《一天》。

《破落之街》(散文),创作于 1933 年 12 月 27 日,收入 1936 年 11 月文化生活出版社(上海)初版的短篇小说、散文集《桥》,署名悄吟。

1934 年

《离去》(短篇小说),创作于 1934 年 2 月 13 日,首刊于 1934 年 3 月 10 日—11 日《国际协报·国际公园》(哈尔滨),署名悄吟。收入 1936 年 11 月文化生活出版社(上海)初版的《桥》,署名悄吟。

《夏夜》(散文),首刊于 1934 年 3 月 6 日—7 日《国际协报·国际公园》(哈尔滨),署名悄吟。收入 1936 年 11 月文化生活出版社(上海)初版的《桥》,署名悄吟。收入 1940 年 6 月大时代书局(重庆)初版的《萧红散文》。

《患难中》(短篇小说),创作于 1934 年 3 月 8 日,首刊于 1934 年 3 月—5 月间

的《国际协报·文艺》(哈尔滨),署名田娣。目前该篇小说仅发现刊于 5 月 3 日的最后一部分。

《出嫁》(短篇小说),创作于 1934 年 3 月 8 日,首刊于 1934 年 3 月 20 日《国际协报·国际公园》(哈尔滨),署名悄吟。

《蹲在洋车上》(散文),创作于 1934 年 3 月 16 日,首刊于 1934 年 3 月 30 日—31 日《国际协报·国际公园》(哈尔滨),署名悄吟。收入 1936 年 11 月文化生活出版社(上海)初版的《桥》,署名悄吟。收入 1940 年 6 月大时代书局(重庆)初版的《萧红散文》时,改篇名为《皮球》。

《麦场》(小说),首刊于 1934 年 4 月 20 日—5 月 17 日《国际协报·国际公园》(哈尔滨),署名悄吟。该篇为 1935 年 12 月上海荣光书局初版的《生死场》前两章(《麦场》、《菜圃》)。

《镀金的学说》(散文),首刊于 1934 年 6 月 14 日—28 日《国际协报·文艺》(哈尔滨),署名田娣。

《进城》(短篇小说),首刊于 1934 年夏《青岛晨报》副刊。该篇目前只存篇目,刊载的具体时间和署名不详。

《生死场》(中篇小说),创作完成于 1934 年 9 月 9 日,共十七章。作为"奴隶丛书之三",1935 年 12 月由上海荣光书局初版。该书鲁迅作《序》,胡风作《读后记》。

《去年今日》,该篇只存篇目,首刊于 1934 年《国际协报》(哈尔滨)副刊,文体、创作日期、首刊的日期、署名均不详。

1935 年

《小六》(散文),创作于 1935 年 1 月 26 日,首刊于 1935 年 3 月 5 日《太白》(上海)第一卷第十二期,署名悄吟。收入 1940 年 6 月大时代书局(重庆)初版的《萧红散文》时,改篇名为《搬家》。

《过夜》(散文),创作 1935 年 2 月 5 日,首刊于 1936 年 2 月 20 日《海燕》(上海)第二期,署名萧红。收入 1936 年 11 月文化生活出版社(上海)初版的《桥》,署名悄吟。收入 1940 年 6 月大时代书局(重庆)初版的《萧红散文》时,改篇名为《黑夜》。

《欧罗巴旅馆》(散文),创作于 1935 年 3 月至 5 月间,首刊于 1936 年 7 月 1 日《文季月刊》第一卷第二期,署名悄吟。收入 1936 年 8 月上海生活出版社初版的

《商市街》。

《雪天》(散文),创作于 1935 年 3 月至 5 月间,收入 1936 年 8 月上海生活出版社初版的《商市街》。

《他去追求职业》(散文),创作于 1935 年 3 月至 5 月间,收入 1936 年 8 月上海生活出版社初版的《商市街》。

《家庭教师》(散文),创作于 1935 年 3 月至 5 月间,首刊于 1936 年 2 月 1 日《中学生》(上海)第六十二期,署名悄吟。收入 1936 年 8 月上海生活出版社初版的《商市街》。

《来客》(散文),创作于 1935 年 3 月至 5 月间,收入 1936 年 8 月上海生活出版社初版的《商市街》。

《提篮者》(散文),创作于 1935 年 3 月至 5 月间,收入 1936 年 8 月上海生活出版社初版的《商市街》。再刊于 1937 年 1 月 31 日《泰东日报》(大连)《辽水周刊》。

《饿》(散文),创作于 1935 年 3 月至 5 月间,首刊于 1935 年 6 月 1 日《文学》(上海)第四卷第六号,署名悄吟。收入 1936 年 8 月上海生活出版社初版的《商市街》。

《搬家》(散文),创作于 1935 年 3 月至 5 月间,收入 1936 年 8 月上海生活出版社初版的《商市街》。

《最末的一块木柈》(散文),创作于 1935 年 3 月至 5 月间,收入 1936 年 8 月上海生活出版社初版的《商市街》。

《黑列巴和白盐》(散文),创作于 1935 年 3 月至 5 月间,收入 1936 年 8 月上海生活出版社初版的《商市街》。

《度日》(散文),创作于 1935 年 3 月至 5 月间,收入 1936 年 8 月上海生活出版社初版的《商市街》。

《飞雪》(散文),创作于 1935 年 3 月至 5 月间,收入 1936 年 8 月上海生活出版社初版的《商市街》。

《他的上唇挂霜了》(散文),创作于 1935 年 3 月至 5 月间,收入 1936 年 8 月上海生活出版社初版的《商市街》。

《当铺》(散文),创作于 1935 年 3 月至 5 月间,收入 1936 年 8 月上海生活出版社初版的《商市街》。

《借》(散文),创作于 1935 年 3 月至 5 月间,收入 1936 年 8 月上海生活出版社

初版的《商市街》。

《买皮帽》(散文),创作于 1935 年 3 月至 5 月间,收入 1936 年 8 月上海生活出版社初版的《商市街》。

《广告员的梦想》(散文),创作于 1935 年 3 月至 5 月间,首刊于 1936 年 3 月 1 日《中学生》(上海)第六十三期,署名悄吟。收入 1936 年 8 月上海生活出版社初版的《商市街》。

《新识》(散文),创作于 1935 年 3 月至 5 月间,收入 1936 年 8 月上海生活出版社初版的《商市街》。

《牵牛房》(散文),创作于 1935 年 3 月至 5 月间,收入 1936 年 8 月上海生活出版社初版的《商市街》。

《十元钞票》(散文),创作于 1935 年 3 月至 5 月间,收入 1936 年 8 月上海生活出版社初版的《商市街》。

《同命运的小鱼》(散文),创作于 1935 年 3 月至 5 月间,首刊于 1936 年 4 月 1 日《中学生》(上海)第六十四期,署名悄吟。收入 1936 年 8 月上海生活出版社初版的《商市街》。

《几个欢快的日子》(散文),创作于 1935 年 3 月至 5 月间,收入 1936 年 8 月上海生活出版社初版的《商市街》。

《女教师》(散文),创作于 1935 年 3 月至 5 月间,收入 1936 年 8 月上海生活出版社初版的《商市街》。

《春意挂上了树梢》(散文),创作于 1935 年 3 月至 5 月间,作为"随笔三篇"(之一)首刊于 1936 年 5 月 1 日《中学生》(上海)第六十五期,署名悄吟。收入 1936 年 8 月上海生活出版社初版的《商市街》。

《小偷车夫和老头》(散文),创作于 1935 年 3 月至 5 月间,收入 1936 年 8 月上海生活出版社初版的《商市街》。

《公园》(散文),创作于 1935 年 3 月至 5 月间,作为"随笔三篇"(之二)首刊于 1936 年 5 月 1 日《中学生》(上海)第六十五期,署名悄吟。收入 1936 年 8 月上海生活出版社初版的《商市街》。

《夏夜》(散文),创作于 1935 年 3 月至 5 月间,作为"随笔三篇"(之三)首刊于 1936 年 5 月 1 日《中学生》(上海)第六十五期,署名悄吟。收入 1936 年 8 月上海生活出版社初版的《商市街》。

《家庭教师是强盗》(散文),创作于 1935 年 3 月至 5 月间,收入 1936 年 8 月上海生活出版社初版的《商市街》。

《册子》(散文),创作于 1935 年 3 月至 5 月间,作为"随笔三篇"(之一)首刊于 1936 年 6 月 1 日《中学生》(上海)第六十六期,署名悄吟。收入 1936 年 8 月上海生活出版社初版的《商市街》。

《剧团》(散文),创作于 1935 年 3 月至 5 月间,作为"随笔三篇"(之二)首刊于 1936 年 6 月 1 日《中学生》(上海)第六十六期,署名悄吟。收入 1936 年 8 月上海生活出版社初版的《商市街》。

《白面孔》(散文),创作于 1935 年 3 月至 5 月间,作为"随笔三篇"(之三)首刊于 1936 年 6 月 1 日《中学生》(上海)第六十六期,署名悄吟。收入 1936 年 8 月上海生活出版社初版的《商市街》。

《又是冬天》(散文),创作于 1935 年 3 月至 5 月间,收入 1936 年 8 月上海生活出版社初版的《商市街》。

《门前的黑影》(散文),创作于 1935 年 3 月至 5 月间,收入 1936 年 8 月上海生活出版社初版的《商市街》。

《决意》(散文),创作于 1935 年 3 月至 5 月间,收入 1936 年 8 月上海生活出版社初版的《商市街》。

《一个南方的姑娘》(散文),创作于 1935 年 3 月至 5 月间,收入 1936 年 8 月上海生活出版社初版的《商市街》。

《生人》(散文),创作于 1935 年 3 月至 5 月间,收入 1936 年 8 月上海生活出版社初版的《商市街》。

《又是春天》(散文),创作于 1935 年 3 月至 5 月间,收入 1936 年 8 月上海生活出版社初版的《商市街》。

《患病》(散文),创作于 1935 年 3 月至 5 月间,收入 1936 年 8 月上海生活出版社初版的《商市街》。

《十三天》(散文),创作于 1935 年 3 月至 5 月间,作为"随笔两篇"(之一),首刊于 1936 年 8 月 1 日《文季月刊》第一卷第三期,署名悄吟。收入 1936 年 8 月上海生活出版社初版的《商市街》。

《拍卖家具》(散文),创作于 1935 年 5 月,收入 1936 年 8 月上海生活出版社初版的《商市街》。

《最后的一个星期》(散文),创作于 1935 年 5 月 15 日,作为"随笔两篇"(之二)首刊于 1936 年 8 月 1 日《文季月刊》(上海)第一卷第三期,署名悄吟。收入 1936 年 8 月上海生活出版社初版的《商市街》。

《三个无聊人》(散文),创作于 1935 年 6 月 12 日,首刊于 1935 年 8 月 5 日《太白》(上海)第二卷第十期,署名悄吟。收入 1936 年 11 月文化生活出版社(上海)初版的《桥》(短篇小说、散文集),署名悄吟。收入 1940 年 6 月大时代书局(重庆)初版的《萧红散文》。

《祖父死了的时候》(散文),首刊于 1935 年 7 月 28 日《大同报·大同俱乐部》(长春),署名悄吟。

《初冬》(散文),创作于 1935 年初冬,首刊于 1936 年 1 月 5 日《生活知识》(上海)第一卷第七期,署名萧红。收入 1936 年 11 月文化生活出版社(上海)初版的《桥》,署名悄吟。收入 1940 年 6 月大时代书局(重庆)初版的《萧红散文》。

1936 年

《访问》(散文),创作于 1936 年 1 月 7 日,首刊于 1936 年 1 月 19 日《海燕》(上海)第一期。收入 1936 年 11 月文化生活出版社(上海)初版的《桥》,署名悄吟。收入 1940 年 6 月大时代书局(重庆)初版的《萧红散文》。

《手》(短篇小说),创作于 1936 年 3 月,首刊于 1936 年 4 月 15 日《作家》(上海)第一卷第一号。收入 1936 年 11 月文化生活出版社(上海)初版的《桥》。收入 1943 年 5 月桂林远方书店初版的《手》(英汉对照);再收入 1947 年 2 月上海世界英语编译社初版的《手》(英汉对照)。

《索非亚的愁苦》(散文),首刊于 1936 年 4 月 10 日《大公报·文艺》(上海)第一二五期。收入 1936 年 11 月文化生活出版社(上海)初版的《桥》。收入 1940 年 6 月大时代书局(重庆)初版的《萧红散文》。

《马房之夜》(短篇小说),创作于 1936 年 5 月 6 日,首刊于 1936 年 5 月 15 日《作家》(上海)第一卷第二号。

《苦杯》(组诗),该组诗共 11 首,约创作于 1936 年 7 月去日本之前,生前未公开发表,收入作者自编诗稿中,首刊于 1980 年 10 月《中国现代文学研究丛刊》第三辑《萧红自集诗稿》。

《孤独的生活》(散文),创作于 1936 年 8 月 9 日,首刊于 1936 年 9 月 5 日《中流》(上海)第一卷第一期,署名悄吟。收入 1937 年 5 月文化生活出版社(上海)初版的《牛车上》。

《异国》(诗歌),创作于 1935 年 8 月 14 日(致萧军书信:1936 年 8 月 14 日),生前未公开发表,收入黑龙江人民出版社 1981 年 1 月初版的《萧红书简辑存注释录》。

《商市街》(系列散文集),创作于 1935 年 3 月至 5 月间,1936 年 8 月作为巴金主编的"文学丛刊"第二集第十二册,由文化生活出版社(上海)初版,署名悄吟。内收散文 41 篇:《欧罗巴旅馆》、《雪天》、《他去追求职业》、《家庭教师》、《来客》、《提篮者》、《饿》、《搬家》、《最末的一块木柈》、《黑列巴和白盐》、《度日》、《飞雪》、《他的上唇挂霜了》、《当铺》、《借》、《买皮帽》、《广告员的梦想》、《新识》、《"牵牛房"》、《十元钞票》、《同命运的小鱼》、《几个欢快的日子》、《女教师》、《春意挂上了树梢》、《小偷车夫和老头》、《公园》、《夏夜》、《家庭教师是强盗》、《册子》、《剧团》、《白面孔》、《又是冬天》、《`门前的黑影》、《决意》、《一个南方的姑娘》、《生人》、《又是春天》、《患病》、《十三天》、《拍卖家具》、《最后的一个星期》,后附郎华(萧军)的《读后记》。

《家族以外的人》(短篇小说),创作于 1936 年 9 月 4 日,首刊于 1936 年 10 月 15 日、11 月 15 日《作家》(上海)第二卷第一号、第二号;选入 1936 年 11 月 5 日上海《每日文选》第一辑第二集。收入 1937 年 5 月文化生活出版社(上海)初版的《牛车上》。

《红的果园》(短篇小说),创作于 1936 年 9 月初,首刊于 1936 年 9 月 15 日《作家》(上海)第一卷第六号。收入 1937 年 5 月文化生活出版社(上海)初版的《牛车上》。

《长白山的血迹》(散文),首刊于 1936 年 9 月 18 日《大沪晚报》(上海)第三版。

《王四的故事》(短篇小说),创作于 1936 年,首刊于 1936 年 9 月 20 日《中流》(上海)第一卷第二期。收入 1937 年 5 月文化生活出版社(上海)初版的《牛车上》。

《牛车上》(短篇小说),创作日期不详,首刊于 1936 年 10 月 1 日《文季月刊》(上海)第一卷第五期。《牛车上》收入 1937 年 5 月文化生活出版社(上海)初版的《牛车上》;选入 1940 年 9 月上海启明书局"八十家佳作集之七"《牛车上》(1940

年11月再版,1945年11月三版)。

《海外的悲悼》(书信),1936年10月24日致萧军,首刊于1936年11月5日《中流》(上海)第一卷第五期。

《女子装饰的心理》(散文),创作日期不详,首刊于1936年10月29日—30日《大沪晚报》(上海)第七版。

《亚丽》(短篇小说),首刊于1936年11月16日《大沪晚报》(上海)第三版。

《感情的碎片》(散文),首刊于1936年11月29日《大公报·文艺》(上海)第二五七期。

《桥》(短篇小说),创作于1936年。收入1936年11月文化生活出版社(上海)初版的《桥》。

《桥》(短篇小说、散文集),作为巴金主编的"文学丛刊"第三集第十二册,1936年11月由文化生活出版社(上海)初版,署名悄吟。内收小说、散文13篇:《小六》、《烦扰的一日》、《桥》、《夏夜》、《过夜》、《破落之街》、《访问》、《离去》、《索非亚的愁苦》、《蹲在洋车上》、《初冬》、《三个无聊人》、《手》。

《永远的憧憬和追求》(散文),创作于1936年12月12日,首刊于1937年1月10日《报告》(上海)第一卷第一期。

1937 年

《沙粒》(组诗),该组诗共37首,创作完成于1937年1月3日,其中3首生前未公开发表。另34首,首刊于1937年3月15日《文丛》(上海)第一卷第一期,署名悄吟。后收入1937年《好文章》第七期。组诗中36首收入作者自编诗稿中,该自编诗稿首刊于1980年10月《中国现代文学研究丛刊》第三辑。其中的《沙粒》与《文丛》公开发表的《沙粒》部分词句稍有不同。

《拜墓》(诗歌),创作于1937年3月8日,首刊于1937年4月23日《大公报·文艺》(上海)第三二七期,署名萧红。收入作者自编诗稿中。

《两朋友》(短篇小说),首刊于1937年5月10日《新少年》(上海)第三卷第九期,署名悄吟。

《牛车上》(短篇小说集),作为巴金主编的"文学丛刊"第五集第五册,1937年5月由文化生活出版社(上海)初版。内收短篇小说4篇、散文1篇:《牛车上》、《家族以外的人》、《红的果园》、《王四的故事》、《孤独的生活》。

《一粒土泥》(诗歌),创作于 1937 年 6 月 20 日,收入 1937 年 8 月 1 日夜哨丛书出版社(上海)初版的《兴安岭的风雪》附录中。

《来信》(书信),摘编自 1937 年 7 月 19 日北京友人李洁吾的来信,首刊于 1937 年 8 月 5 日《中流》第二卷第十期。

《八月之日记一》(散文),创作于 1937 年 8 月 1 日,首刊于 1937 年 10 月 28 日—29 日《大公报·战线》(汉口)第三十六至三十七号。

《八月之日记二》(散文),创作于 1937 年 8 月 2 日,首刊于 1937 年 11 月 3 日《大公报·战线》(汉口)第四十一号。

《天空的点缀》(散文),创作于 1937 年 8 月 14 日,首刊于 1937 年 9 月 11 日《七月》(上海)第一期。该篇后刊于 1937 年 10 月 16 日《七月》(武汉)第一集第一期。

《失眠之夜》(散文),创作于 1937 年 8 月 22 日,首刊于 1937 年 9 月 18 日《七月》(上海)第二期。该篇后刊于 1937 年 10 月 16 日《七月》(武汉)第一集第一期。

《窗边》(散文),创作于 1937 年 8 月 17 日,首刊于 1937 年 9 月 25 日《七月》(上海)第三期。

《在东京》(散文),创作于 1937 年 8 月,首刊于 1937 年 10 月 16 日《七月》(武汉)第一集第一期。收入 1940 年 6 月大时代书局(重庆)初版的《萧红散文》时,改篇名为《鲁迅先生记(二)》。

《万年青》(散文),首刊于 1937 年 10 月 18 日《战斗旬刊》(武汉)第一卷第四期"鲁迅先生周年祭特辑"。收入 1940 年 6 月重庆大时代书局初版的《萧红散文》时,改篇名为《鲁迅先生记(一)》。

《逝者已矣!》(散文),创作于 1937 年 10 月 17 日,首刊于 1937 年 10 月 20 日《大公报·战线》(武汉)第二十九号。

《小生命和战士》(散文),创作于 1937 年 10 月 22 日,与《窗边》另题为《火线外(二章)》,刊于 1937 年 11 月 1 日《七月》(武汉)第一集第二期。

《火线外(二章)》(散文),该篇包括《窗边》和《小生命和战士》,刊于 1937 年 11 月 1 日《七月》(武汉)第一集第二期。

《一条铁路底完成》(散文),创作于 1937 年 11 月 27 日,首刊于 1937 年 12 月 1 日《七月》(武汉)第一集第四期。收入 1940 年 6 月大时代书局(重庆)初版的《萧红散文》。

《一九二九底愚昧》（散文），创作于 1937 年 12 月 13 日，首刊于 1937 年 12 月 16 日《七月》（武汉）第一集第五期。

1938 年

《〈大地的女儿〉与〈动乱时代〉》（书评），创作于 1938 年 1 月 3 日，首刊于 1938 年 1 月 16 日《七月》（武汉）第二集第二期。

《记鹿地夫妇》（散文），创作于 1938 年 2 月 20 日，首刊于 1938 年 5 月 1 日《文艺阵地》（武汉）第一卷第二期。

《突击》（剧本），三幕剧，与塞克、端木蕻良、聂绀弩等共同创作于 1938 年 3 月初，由塞克整理完成，首刊于 1938 年 4 月 1 日《七月》（武汉）第二集第十期，署名萧红、塞克、端木蕻良、聂绀弩。

《无题》（散文），创作于 1938 年 5 月 15 日，首刊于 1938 年 5 月 17 日《七月》（武汉）第三集第二期。

《黄河》（短篇小说），创作于 1938 年 8 月 6 日，首刊于 1939 年 2 月 1 日《文艺阵地》（汉口）第二卷第八期。收入 1940 年 3 月上海杂志公司初版的《旷野的呼喊》。

《汾河的圆月》（短篇小说），创作于 1938 年 8 月 20 日，首刊于 1938 年 8 月 26 日《大公报·战线》（汉口）第一七七期。

《寄东北流亡者》（散文），首刊于 1938 年 9 月 18 日《大公报·战线》（汉口）第一九一期。

《孩子的讲演》（短篇小说），创作于 1938 年 10 月，收入 1940 年 3 月上海杂志公司（重庆）初版的《旷野的呼喊》。

《朦胧的期待》（短篇小说），创作于 1938 年 10 月 31 日，首刊于 1938 年 11 月 18 日《文摘战时旬刊》第三十六期。收入 1940 年 3 月上海杂志公司初版的《旷野的呼喊》。

《我之读世界语》（散文），首刊于 1938 年 12 月 29 日《新华日报》（重庆）副刊。

1939 年

《牙粉医病法》（散文），创作于 1939 年 1 月 9 日，收入 1940 年 6 月大时代书局（重庆）初版的《萧红散文》。

《逃难》（短篇小说），首刊于 1939 年 1 月 21 日《文摘战时旬刊》（重庆）第四十一至四十二期合刊。收入 1940 年 3 月上海杂志公司初版的《旷野的呼喊》。

《旷野的呼喊》（短篇小说），创作于 1939 年 1 月 30 日，首刊于 1939 年 4 月 17 日—5 月 7 日《星岛日报·星座》（香港）第二五二至二七二号。收入 1940 年 3 月桂林上海杂志公司初版的《旷野的呼喊》。

《滑竿》（散文），创作于 1939 年春，收入 1940 年 6 月大时代书局（重庆）初版的《萧红散文》。

《林小二》（散文），创作于 1939 年春，收入 1940 年 6 月大时代书局（重庆）初版的《萧红散文》。

《离乱中的作家书简》（书信），写于 1939 年 3 月 14 日（致许广平信），首刊于 1939 年 4 月 5 日《鲁迅风》（上海）第十二期。

《长安寺》（散文），创作于 1939 年 4 月，首刊于 1939 年 9 月 5 日《鲁迅风》（上海）第十九期。收入 1940 年 6 月大时代书局（重庆）初版的《萧红散文》。再刊于 1940 年 8 月 1 日《天地间》（上海）第二期。

《莲花池》（短篇小说），创作于 1939 年 5 月 16 日，首刊于 1939 年 9 月 16 日《妇女生活》（重庆）第八卷第一期。收入 1940 年 3 月上海杂志公司（重庆）初版的《旷野的呼喊》。

《放火者》（散文），创作于 1939 年 6 月 9 日，首刊于 1939 年 7 月 11 日《文摘战时旬刊》第五十一至五十三期合刊。后以《轰炸前后》为篇名，刊于 1939 年 8 月 20 日《鲁迅风》第十八期。收入 1940 年 6 月大时代书局（重庆）初版的《萧红散文》。

《山下》（短篇小说），创作于 1939 年 7 月 20 日，首刊于 1940 年第一号《天下好文章》。收入 1940 年 3 月上海杂志公司（重庆）初版的《旷野的呼喊》。

《梧桐》（短篇小说），创作于 1939 年 7 月 24 日，首刊于 1939 年 8 月 18 日《星岛日报·星座》（香港）第三七五号。

《花狗》（短篇小说），首刊于 1939 年 8 月 5 日《星岛日报·星座》（香港）第三七一号。

《茶食店》（散文），创作于 1939 年 8 月 28 日，首刊于 1939 年 10 月 2 日《星岛日报·星座》第四一九号。

《鲁迅先生生活散记——为鲁迅先生三周年祭而作》（散文），创作于 1939 年 9 月 22 日，首刊于 1939 年 10 月 1 日《中苏文化》（重庆）第四卷第三期。再刊于

1939 年 10 月 14 日—28 日《星州日报·晨星》(新加坡)。又刊于 1939 年 11 月 1
日《文艺阵地》(武汉)第四卷第二期。

《记忆中的鲁迅先生》(散文),首刊于 1939 年 10 月 18 日—28 日《星岛日报·
星座》(香港)第四二七至四三二号。后以《鲁迅先生生活忆略》为题,再刊于 1939
年 12 月《文学集林》第二辑《望——》。

《记我们的导师——鲁迅先生生活的片段》(散文),该篇在《鲁迅先生生活散
记》基础上改写,首刊于 1939 年 10 月 20 日《中学生》(重庆)战时半月刊第十期。

1940 年

《旷野的呼喊》(短篇小说集),作为郑伯奇主编的"每月文库",1940 年 3 月由
上海杂志公司初版。该集收入短篇小说 7 篇:《黄河》、《朦胧的期待》、《旷野的呼
喊》、《逃难》、《山下》、《莲花池》、《孩子的讲演》。1946 年 5 月,上海杂志公司再版
时,删去《黄河》。

《后花园》(短篇小说),创作于 1940 年 4 月,首刊于 1940 年 4 月 10 日—25 日
《大公报·文艺》(香港)第八一四至八二四号、《大公报·学生界》(香港)第一一
七至一一九号。再刊于 1940 年 9 月—10 月《中学生》(桂林)战时半月刊第三十一
至三十二期。

《〈大地的女儿〉——史沫特烈作》(散文),创作于 1940 年 6 月 28 日,首刊于
1940 年 6 月 30 日《大公报·文艺》(香港)第八七一号。

《萧红散文》(散文选集),作为"大时代文艺丛书",1940 年 6 月由大时代书局
(重庆)初版,内收散文 17 篇:《一天》、《皮球》、《三个无聊人》、《搬家》、《黑夜》、
《初冬》、《索非亚的愁苦》、《访问》、《夏夜》、《鲁迅先生记(一)》、《鲁迅先生记
(二)》、《一条铁路底完成》、《牙粉医病法》、《滑竿》、《林小二》、《放火者》、《长安
寺》。

《民族魂鲁迅》(剧本),哑剧,创作于 1940 年 7 月,首刊于 1940 年 10 月 21
日—31 日《大公报·文艺》(香港)第九五二至九五九号、《大公报·学生界》二三
六至二三八号。

《回忆鲁迅先生》(散文),1940 年 7 月,妇女生活社(重庆)初版。该书《后记》
为端木蕻良作,附录收许寿裳的《鲁迅的生活》和景宋(许广平)的《鲁迅和青年
们》。

《呼兰河传》(长篇小说),创作完成于 1940 年 12 月 20 日,首刊于 1940 年 9 月 1 日—12 月 27 日《星岛日报·星座》(香港)。1941 年 5 月 30 日,上海杂志公司(桂林)初版。

1941 年

《马伯乐(第一部)》(长篇小说),作为"大时代文艺丛书",1941 年 1 月由大时代书局(香港)初版。

《马伯乐(第二部)》(长篇小说),首刊于 1941 年 2 月 1 日—11 月 1 日《时代批评》(香港)第六十四至八十二期。该篇因萧红病重未能完稿,连载到第九章结束,全文未完。1981 年 9 月,黑龙江人民出版社将《马伯乐》第一部、第二部合并出版。

《北中国》(短篇小说),创作于 1941 年 3 月 26 日,首刊于 1941 年 4 月 13 日—29 日《星岛日报·星座》(香港)第九〇一至九一七号。

《骨架与灵魂》(散文),首刊于 1941 年 5 月 5 日《大公报·灯塔》(香港)。再刊同日《华商报·华灯》(香港)第二十一号。

《小城三月》(短篇小说),首刊于 1941 年 7 月 1 日《时代文学》(香港)第二号。

《给流亡异地的东北同胞书》(散文),该篇在《寄东北流亡者》一文基础上改写,改写日期不详,首刊于 1941 年 9 月 1 日《时代文学》(香港)第四号。

《九一八致弟弟书》(散文),首刊于 1941 年 9 月 20 日《大公报·文艺》(香港)第一一八六号。再刊于 1941 年 9 月 26 日《大公报》(桂林)副刊。

后　　记

读完《萧红印象》丛书最后一页书稿,如释重负。

《萧红印象》丛书包括《记忆》、《研究》、《序跋》、《故家》、《影像》、《书衣》六卷,洋洋二百余万言,从不同视角走近萧红,诠释经典。虽然丛书还有不足,但已经是迄今为止内容最为丰富的萧红研究资料了。

《记忆》卷收录了萧红同时代的作家、友人、亲人以及当代作家、学者的回忆、纪念文字;《研究》卷收录了三部分文字,其一是作品研究,其二为基础研究和萧红研究概况,其三是萧红的年谱和年表等考证文字;《序跋》卷是萧红研究的延伸,收录七十余年来萧红作品文集、传记、研究专著、纪念集等著述的"序"、"跋",这些文字,有珍贵的回忆,有专业的研究,也有深情的纪念,因为文体特殊,不少"序"、"跋"游离于研究者的视线之外,这次结集出版,弥补了缺憾;《故家》卷收录了叶君撰写的萧红家世的考证,以及萧红自己关于家世、生平的记述,同时介绍了萧红故居的保护、纪念等方面的重要资料;《影像》卷为萧红的纪念图集,很多图片都是第一次面世,其珍贵性不言而喻;《书衣》卷中除了老版和重要版本的书衣外,还是一本关于萧红的迷你"书话",虽行文短小,但都言之有物。

《萧红印象》丛书的编辑,得到了萧红的侄子、黑龙江省萧红研究会副会长张抗先生,沈阳师范大学教授季红真女士,文津出版社原副总编辑曹革成先生,黑龙江大学文学院副教授、黑龙江省萧红研究会副会长叶君博士,呼兰萧红故居纪念馆馆长李继翔先生,原呼兰萧红故居纪念馆副馆长王连喜先生,绥化学院郭玉斌教授,萧红研究学者袁权女士的帮助和支持。叶君博士亲自为该丛书撰稿,张抗先生、王连喜先生、李继翔先生提供了部分珍贵的图片资料,袁权女士多次到国家图书馆,代为查找、校勘了部分萧红研究资料,张抗先生在百忙中为丛书审定篇目,提出了中肯的意见和建议。黑龙江大学图书馆的肖又莲女士为丛书资料的编选做了很多工作。在此向大家致以衷心的感谢!

还要特别感谢著名学者、诗人林贤治先生,早在编辑《萧红全集》时,林先生就为萧红作品出版、研究提出过很好的建议。他得知笔者在编辑《萧红印象》丛书后,多次给予鼓励和帮助,并欣然为该书作序。

《萧红印象》丛书的出版,得到了黑龙江大学出版社的大力支持。黑龙江大学出版社社长李小娟作为该丛书的总策划,多次为丛书的篇目结构、编选体例等的确定进行研究,并多次组织相关专家、编辑开会研讨。副总编辑刘剑刚对该丛书的编辑出版十分关心,提出了很多宝贵的意见。责任编辑安宏涛、林召霞、张怀宇、王剑慧对书稿的校勘精益求精。对他们为该书的出版付出的努力,表示诚挚的谢意。

还要感谢我的家人。在近半年的编辑工作中,我的家人给予了很大的帮助和支持,如果没有他们的付出,完成这样一项工作,对我来说是难以想象的。

章海宁

2011 年 6 月 1 日于哈尔滨

说明·敬启

　　《萧红印象》丛书的《研究》、《记忆》、《序跋》分集所收部分文章发表年代较久远，如鲁迅的《萧红作〈生死场〉序》发表于 1935 年，本丛书编选时皆选自初刊本、初版本或早期版本。本丛书立足于选编内容的完整性和学术性，注重编选文章的文献资料价值。关了向读者展示这些文章的原貌，本丛书在编辑过程中，对这些文章没有按照现代汉语的标准规范进行校改，只是对其中某些明显讹误等作了订正。列举如下：其一，对这些文章中某些特定年代的用语没有按照现代汉语标准予以规范（如"诗片"未改为"诗篇"，"星加坡"未改为"新加坡"等）；其二，原文置中存在对某事件叙述或引用他人文字时的误记现象（如萧红逝世时的年龄有的说三十岁，有的说三十一岁；又如"坚士提反女校"或许为"圣士提反女校"的笔误等），编选时保存其原貌，未予更正等等。特此说明。

　　另，本丛书编选的都是有关萧红的研究资料或回忆性的文章，以期能从多个层面向读者展现萧红的生平风貌。但由于所收文章作者较多、时代不一，加之本丛书的编辑时间仓促，至今尚有部分收录作品未能与摘选文章的原作者取得联系。为保护原作者的著作权益，黑龙江大学出版社真诚敬启：凡拥有该丛书所选作品著作权的编撰者，请与黑龙江大学出版社联系，我们将按照国家的有关规定及时付酬。在此，特别感谢各位对我们的理解与支持。

黑龙江大学出版社

2011 年 10 月 18 日